2025 박진혁 세무사의
전산회계 1급 단기합격 PLAN

3주 완성 학습 PLAN

- 학습 대상 : 전공자, 회계에 대한 기본지식이 있는 학습자
- 교재 전영역을 3주간 집중적으로 학습하는 플랜입니다.

주차	일차	학습 시간	교재 목차	페이지
1주	1일차	월 일 (시간)	[이론] 왕기초 회계원리 (Ⅰ)	P.14 ~ P.33
	2일차	월 일 (시간)	[이론] 왕기초 회계원리 (Ⅱ)	P.34 ~ P.69
	3일차	월 일 (시간)	[이론 + 실무] 기초정보의 등록 및 수정, 일반전표입력 메뉴 알아보기, 현금 및 현금성자산	P.70 ~ P.118
	4일차	월 일 (시간)	[이론 + 실무] 당좌자산과 관련 유동부채 (Ⅰ), 당좌자산과 관련 유동부채 (Ⅱ)	P.118 ~ P.142
	5일차	월 일 (시간)	[이론 + 실무] 당좌자산과 관련 유동부채 (Ⅱ) 기출문제, 당좌자산과 관련 유동부채 (Ⅲ)	P.144 ~ P.169
	6일차	월 일 (시간)	[이론 + 실무] 재고자산	P.170 ~ P.199
	7일차	월 일 (시간)	[이론 + 실무] 투자자산, 유형자산	P.200 ~ P.222
2주	8일차	월 일 (시간)	[이론 + 실무] 유형자산 기출문제, 무형자산과 기타비유동자산, 부채	P.223 ~ P.265
	9일차	월 일 (시간)	[이론 + 실무] 자본	P.266 ~ P.285
	10일차	월 일 (시간)	[이론 + 실무] 수익과 비용, 재무회계 개념체계, 부가가치세 총칙	P.286 ~ P.327
	11일차	월 일 (시간)	[이론] 과세대상 거래, 영세율과 면세	P.328 ~ P.344
	12일차	월 일 (시간)	[이론] 세금계산서와 공급시기, 과세표준	P.345 ~ P.369
	13일차	월 일 (시간)	[이론 + 실무] 납부세액의 계산구조와 신고 및 납부, 간이과세자, 매입매출전표 매출유형	P.370 ~ P.400
	14일차	월 일 (시간)	[이론 + 실무] 매입매출전표 매입유형, 오류수정	P.401 ~ P.451
3주	15일차	월 일 (시간)	[이론] 원가계산의 기초, 원가의 흐름	P.454 ~ P.483
	16일차	월 일 (시간)	[이론] 원가계산절차, 개별원가계산	P.484 ~ P.505
	17일차	월 일 (시간)	[이론 + 실무] 종합원가계산, 수동결산	P.506 ~ P.533
	18일차	월 일 (시간)	[실무] 자동결산, 결산 기출문제	P.534 ~ P.561
	19일차	월 일 (시간)	[실무] 전기분 재무제표와 거래처별 초기이월, 재무제표 및 제장부조회	P.562 ~ P.625
	20일차	월 일 (시간)	[이론 + 실무] 116회 기출문제, 115회 기출문제, 114회 이론 기출문제	P.628 ~ P.673
	21일차	월 일 (시간)	[이론 + 실무] 114회 실무 기출문제, 113회 기출문제, 112회 기출문제	P.674 ~ P.735

4주 완성 학습 PLAN

- 학습 대상 : 비전공자, 회계를 처음 공부하는 학습자
- 교재 전영역을 4주 동안 꼼꼼하게 학습하는 플랜입니다.

주차	일차	학습 시간	교재 목차	페이지
1주	1일차	월 일 (시간)	[이론] 왕기초 회계원리 (Ⅰ)	P.14 ~ P.24
	2일차	월 일 (시간)	[이론] 왕기초 회계원리 (Ⅱ)	P.25 ~ P.43
	3일차	월 일 (시간)	[이론] 왕기초 회계원리 (Ⅲ)	P.44 ~ P.69
	4일차	월 일 (시간)	[실무] 기초정보 등록 및 수정, 일반전표입력 메뉴 알아보기	P.70 ~ P.115
	5일차	월 일 (시간)	[이론 + 실무] 당좌자산과 관련 유동부채 (Ⅰ)	P.116 ~ P.133
	6일차	월 일 (시간)	[이론 + 실무] 당좌자산과 관련 유동부채 (Ⅱ)	P.134 ~ P.151
	7일차	월 일 (시간)	[이론 + 실무] 당좌자산과 관련 유동부채 (Ⅲ)	P.152 ~ P.169
2주	8일차	월 일 (시간)	[이론 + 실무] 재고자산	P.170 ~ P.199
	9일차	월 일 (시간)	[이론 + 실무] 투자자산, 유형자산(Ⅰ)	P.200 ~ P.214
	10일차	월 일 (시간)	[이론 + 실무] 유형자산(Ⅱ)	P.214 ~ P.243
	11일차	월 일 (시간)	[이론 + 실무] 무형자산과 기타비유동자산, 부채	P.244 ~ P.265
	12일차	월 일 (시간)	[이론 + 실무] 자본	P.266 ~ P.288
	13일차	월 일 (시간)	[이론 + 실무] 수익과비용, 재무회계 개념체계	P.288 ~ P.311
	14일차	월 일 (시간)	[이론] 부가가치세 총칙, 과세대상 거래	P.314 ~ P.329
3주	15일차	월 일 (시간)	[이론] 재화의 간주공급, 영세율과 면세	P.329 ~ P.344
	16일차	월 일 (시간)	[이론] 세금계산서와 공급시기	P.345 ~ P.359
	17일차	월 일 (시간)	[이론] 과세표준, 납부세액의 계산구조와 신고 및 납부	P.360 ~ P.374
	18일차	월 일 (시간)	[이론 + 실무] 납부세액의 계산구조와 신고 및 납부 기출문제, 간이과세자, 매입매출전표입력	P.375 ~ P.414
	19일차	월 일 (시간)	[실무] 매입매출전표입력 기출문제, 오류수정	P.415 ~ P.451
	20일차	월 일 (시간)	[이론] 원가계산의 기초, 원가의 흐름	P.454 ~ P.473
	21일차	월 일 (시간)	[이론] 원가의 흐름 기출문제, 원가계산절차, 개별원가계산	P.474 ~ P.499
4주	22일차	월 일 (시간)	[이론] 개별원가계산 기출문제, 종합원가계산	P.500 ~ P.518
	23일차	월 일 (시간)	[실무] 결산	P.522 ~ P.556
	24일차	월 일 (시간)	[실무] 결산 기출문제, 전기분 재무제표와 거래처별 초기이월	P.557 ~ P.594
	25일차	월 일 (시간)	[실무] 재무제표 및 제장부 조회	P.595 ~ P.625
	26일차	월 일 (시간)	[이론 + 실무] 116회 실무 기출문제, 115회 기출문제	P.628 ~ P.669
	27일차	월 일 (시간)	[이론 + 실무] 114회 실무 기출문제, 113회 기출문제	P.670 ~ P.712
	28일차	월 일 (시간)	[이론 + 실무] 112회 기출문제, 최종정리	P.713 ~ P.735

한국세무사회 출제위원 출신 집필!

2025 박진혁 세무사의
전산회계 1급
3주 완성

이론 + 실무 + 최신기출

교재전용 강의
회계원리 강의
무료제공

3주 합격
학습 플랜
PDF 제공

2025 대비
최신기출 12회분
(24년, 23년)

- 비전공자도 쉽고 빠르게 독학 할 수 있는 핵심개념 총정리!
- 개정 세법 및 전산회계 1급 최신 출제경향 완벽 반영!
- 단기합격을 위한 효율적인 이론 & 실무 병행 학습구성
- 시험에 꼭 출제되는 빈출유형 + 최신 기출문제 12회분 제공
- 알기 쉬운 상세한 KcLep 프로그램 설명

노베이스를 위한 단기 합격자료 제공

교재 전용 스타트팩
인강 3일 무료제공

회계원리 초보탈출
인강 30일 무료제공

최신 기출문제 PDF
해설강의 제공

빈출분개 TOP 100
핵심요약집 PDF 제공

전산회계 1급 3주 완성

머리말

대부분 개인사업자는 세무사 사무실에서 기장대리를 하고, 어느 정도 규모가 있는 기업들은 별도 회계팀에서 회계 프로그램으로 작업을 수행하고 있다. 이렇듯, 실무 회계 프로그램을 정확히 숙지하고 있는 전문인력을 필요로 하고 있는데 이에 대한 능력을 검증하는 자격시험이 전산세무회계이다. 운전을 하기 위해서는 운전면허증이 필수이듯이 세무사 사무실 및 회계팀에 취업을 하기 위해서는 국가공인인 전산세무회계 자격증이 필수인 것이 현실이다. 이에 본서는 전산회계 1급 합격을 위한 다음의 특징을 갖는다.

1. 기출문제를 완벽하게 분석하였다.

1회부터 최신 기출문제까지 철저히 분석하여 시험의 출제경향을 파악할 수 있게 하였다. 기출문제를 유형별로 정리하여 시험에 나오는 문제를 출제위원의 입장에서 바라볼 수 있도록 구성하였다. 즉, 시험에 꼭 나오는 문제유형은 난이도별, 단계별로 빠짐없이 수록하여 본 교재 한 권으로 최근까지 출제된 모든 유형의 문제를 풀 수 있도록 하였다.

2. 이론을 학습 후 해당 분야의 실무를 바로 연습하도록 구성하였다.

전산회계 1급 시험은 이론(30%)과 실무(70%)로 구성되며 동시에 시행하고 있다. 이론과 실무를 따로따로 학습하기보다는 이론을 배운 후 해당 분야의 실무를 바로 학습함으로써 논리적인 반복학습이 되도록 하였다.

3. 다양한 실무 사례를 통해 시험을 준비한다.

실무에서 중요하게 다루어지는 다양한 사례를 일관성 있게 연결하여 마치 하나의 회사인 것처럼 기장부터 결산까지 직접 경험할 수 있도록 하였다. 즉, 시험합격과 동시에 실무에서 바로 활용할 수 있도록 하였다.

4. 단기간 합격을 목표로 서술하였다.

15년간의 실무 경험과 강의를 통해 터득한 문제풀이 노하우를 아낌없이 수록하였다. 어려운 회계와 세법이론을 보다 알기 쉽고 빠르게 전달하기 위해 최대한 쉬운 사례를 들어 설명하였으므로 오랜 시간 고민하지 않도록 하였다. 실무 프로그램은 바로 따라할 수 있도록 강의하듯이 서술하였으며 최근 출제 경향을 벗어난 터무니없이 어렵게 출제된 문제는 과감하게 배제하여 군더더기 없는 학습이 되도록 하였다.

본 교재만으로 고득점 합격이 가능한 최고의(Best) 교재가 되도록 혼신의 힘을 다해 집필하였습니다. 만약 부족한 부분이 있다면 수험생의 격려와 충고를 통해 계속 보완해 나갈 것을 약속드립니다. 더불어 본 교재를 집필하는 데 아낌없는 성원과 도움을 준 도서출판 배움의 무한한 발전을 기원합니다.

저자 박진혁

전산세무회계 시험안내

❶ 시험개요

전산세무회계의 실무처리능력을 보유한 전문인력을 양성할 수 있도록 조세의 최고전문가인 1만여 명 세무사로 구성된 한국세무사회가 엄격하고 공정하게 자격시험을 실시하여 그 능력을 등급으로 부여함으로써, 학교의 세무회계 교육방향을 제시하여 인재를 양성시키도록 하고, 기업체에는 실무능력을 갖춘 인재를 공급하여 취업의 기회를 부여하며, 평생교육을 통한 우수한 전문인력 양성으로 국가발전에 기여하고자 함

❷ 시험정보

- 종목 및 등급: 전산세무 1·2급, 전산회계 1·2급
- 자격종류: 국가공인 민간자격
- 시험주관: 한국세무사회(http://license.kacpta.or.kr)
- 응시자격: 제한 없음(다만, 부정행위자는 해당 시험을 중지 또는 무효로 하며 이후 2년간 시험에 응시할 수 없음)

❸ 시험방법

- 시험구성: 이론시험 30%(4지 선다형)와 실무시험 70%(컴퓨터 프로그램 이용)
- 시험시간

종목 및 등급	전산세무 1급	전산세무 2급	전산회계 1급	전산회계 2급
시험시간	15:00 ~ 16:30	12:30 ~ 14:00	15:00 ~ 16:00	12:30 ~ 13:30
	90분	90분	60분	60분

❹ 2025년 시험일정

회차	원서접수	장소공고	시험일자	발표일자
제118회	01.02 ~ 01.08	02.03 ~ 02.09	02.09(일)	02.27(목)
제119회	03.06 ~ 03.12	03.31 ~ 04.05	04.05(토)	04.24(목)
제120회	05.02 ~ 05.08	06.02 ~ 06.07	06.07(토)	06.26(목)
제121회	07.03 ~ 07.09	07.28 ~ 08.02	08.02(토)	08.21(목)
제122회	08.28 ~ 09.03	09.22 ~ 09.28	09.28(일)	10.23(목)
제123회	10.30 ~ 11.05	12.01 ~ 12.06	12.06(토)	12.24(수)

❺ 원서접수

- 접수방법: 각 회차별 접수기간 중 한국세무사회 홈페이지(http://license.kacpta.or.kr)로 접속하여 단체 및 개인별 접수(회원가입 및 사진등록)
- 응시료: 30,000원

❻ 시험장소

서울, 부산, 대구, 광주, 대전, 인천, 울산, 춘천, 원주, 안양, 안산, 수원, 평택, 의정부, 청주, 천안, 당진, 포항, 구미, 안동, 창원, 김해, 진주, 전주, 순천, 목포, 제주
- 상기지역은 상설시험장이 설치된 지역이나 응시인원이 일정인원에 미달할 때는 인근지역을 통합하여 실시함
- 상기지역 내에서의 시험장 위치는 응시원서 접수결과에 따라 시험시행일 일주일 전부터 한국세무사회 홈페이지에 공고함

❼ 합격자 결정기준 및 발표

- 합격자 결정기준: 100점 만점에 70점 이상
- 합격자 발표: 해당 합격자 발표일에 한국세무사회 홈페이지와 자동응답전화(ARS: 060-700-1921)를 통해 확인할 수 있음

❽ 보수교육

국가공인 전산세무회계 및 세무회계 자격증의 유효기간은 합격일로부터 5년이며 매 5년 단위로 갱신하여야 함
- 보수교육을 이수하고 자격증이 갱신등록되면 유효기간 5년이 연장됨
- 자격증을 갱신하기 위하여 유효기간 만료일 3개월 전부터 만료일까지 보수교육을 받고 자격증을 갱신하여야 함

❾ 검정기준

종목 및 등급	검정기준
전산세무 1급	대학 졸업수준의 재무회계와 원가관리회계, 세무회계(법인세, 소득세, 부가가치세)에 관한 지식을 갖추고, 기업체의 세무회계 관리자로서 전산세무회계프로그램을 활용한 세무회계 전분야의 실무업무를 완벽히 수행할 수 있는지에 대한 능력을 평가함
전산세무 2급	전문대학 졸업수준의 재무회계와 원가회계, 세무회계(소득세, 부가가치세)에 관한 지식을 갖추고, 기업체의 세무회계 책임자로서 전산세무회계프로그램을 활용한 세무회계 전반의 실무처리 업무를 수행할 수 있는지에 대한 능력을 평가함
전산회계 1급	전문대학 중급수준의 회계원리와 원가회계, 세무회계(부가가치세 중 매입매출전표와 관련된 부분)에 관한 기본적 지식을 갖추고, 기업체의 회계실무자로서 전산세무회계 프로그램을 활용한 세무 회계 기본업무를 처리할 수 있는지에 대한 능력을 평가함
전산회계 2급	대학 초급 또는 고등학교 상급수준의 재무회계(회계원리)에 관한 기본지식을 갖추고 기업체의 세무회계 업무보조자로서, 전산회계 프로그램을 이용한 회계업무 처리능력을 평가함

❿ 전산회계 1급 평가범위

이론시험	회계원리	당좌·재고자산, 유·무형자산, 유가증권, 부채, 자본금, 잉여금, 수익과 비용
	원가회계	원가의 개념, 요소별·부문별 원가계산, 개별·종합(단일, 공정별)원가계산
	세무회계	부가가치세법(과세표준과 세액)
실무시험	\multicolumn{2}{l	}{기초정보의 등록·수정 - 초기이월, 거래처 등록, 계정과목의 운용}
	\multicolumn{2}{l	}{거래자료의 입력 - 일반전표 입력, 결산자료 입력(제조업포함)}
	\multicolumn{2}{l	}{부가가치세 - 매입·매출거래자료 입력, 부가가치세신고서의 조회}
	\multicolumn{2}{l	}{입력자료 및 제장부 조회}

시험절차

❶ 신분증, 수험표, 필기도구 지참하고 시험시작 20분 전까지 입실(유효신분증을 미소지할 경우 시험응시가 불가함)

　* 유효신분증
　- 주민등록증(분실 시 주민등록증 발급 확인서)
　- 운전면허증
　- 여권
　- (사진이 부착된) 생활기록부 사본(학교 직인이 있어야 함)
　- (사진이 부착된) 본인 확인이 가능한 중고등학생의 학생증
　- (사진이 부착된) 중고등학생의 재학증명서(생년월일과 직인이 명시되어야 함)
　- 청소년증(분실 시 임시 발급 확인서)

❷ 시험 시작 전에 시험 감독관이 입실하여 답안매체(USB) 배부

❸ 답안매체가 본인의 응시종목급수가 맞는지 확인 → 컴퓨터에 꽂고 윈도우탐색기 시행 → 해당 드라이브상에서 문제설치파일(Tax.exe) 찾아 더블클릭

❹ 화면에 [설치], [취소] 버튼이 팝업창으로 나타나면 [설치] 클릭

❺ [수험번호/성명/문제유형/감독관번호] 입력대기화면에 본인의 수험번호와 성명을 정확하게 입력(수정불가) 후 대기

❻ 시험지가 배부되면 본인의 응시종목급수가 맞는지 확인한 → 문제유형(A, B) 입력(수정불가)후 대기

❼ (시험 시작 시간이 되면) 감독관이 공지하는 [감독관확인번호]를 입력(엔터)하면 메인화면이 나타나면서 시험이 자동 시작됨

❽ 실무문제를 풀고 [답안저장] 버튼을 클릭하여 이론답안 체크(이론문제를 먼저 풀고 실무문제를 풀어도 무방)

❾ (시험을 마쳤으면) 답안매체를 제출해야 하므로 반드시 [저장] 버튼과 [확인] 버튼을 차례로 클릭

❿ 시험 종료 후 답안매체 제출(저장 소요 시간도 시험 시간에 포함됨)

구성과 특징

사례 & 합격 Tip

본문과 이어지는 내용의 사례를 실어 내용 이해의 폭을 넓혔고 합격 Tip을 수록하여 내용 숙지의 집중도를 높였습니다.

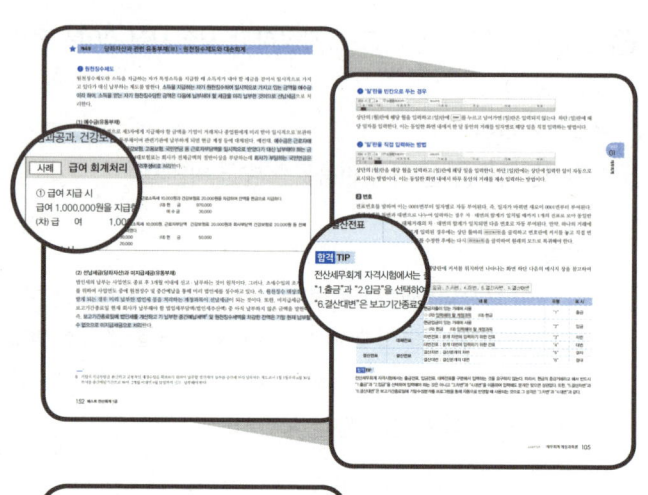

표와 도표를 이용한 간결한 내용 정리

표를 이용하여 내용을 정리하고 다소 어려운 내용을 도표화하여 간결하게 본문을 구성함으로써 가독성을 높였습니다.

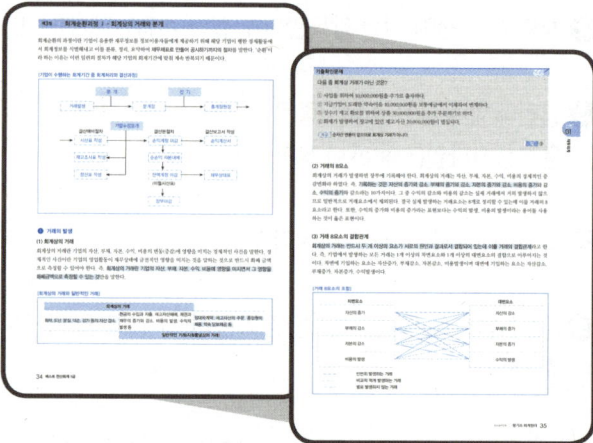

기출확인문제 & 객관식 기출문제

기출확인문제를 본문 사이사이에 구성하여 학습한 이론을 실전 문제로 바로 확인할 수 있도록 하였고, 각 단원의 절마다 선별된 객관식 기출문제를 수록하여 난이도 및 상세한 정답 및 해설을 제시하였습니다.

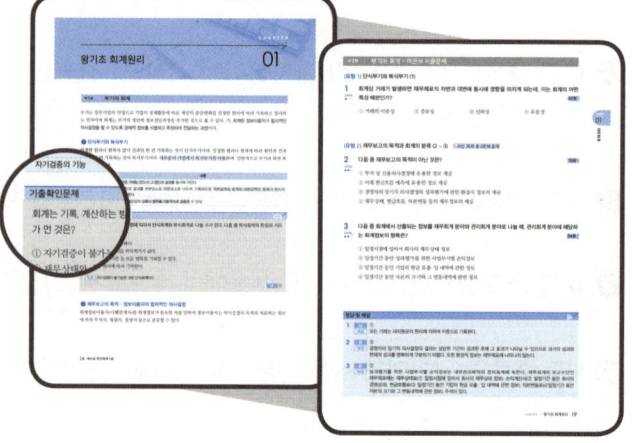

따라하기 & 해설

본문 내용에 대한 풀이를 누구나 쉽게 따라 할 수 있는 친절한 '따라하기' 방식으로 설명하였습니다.

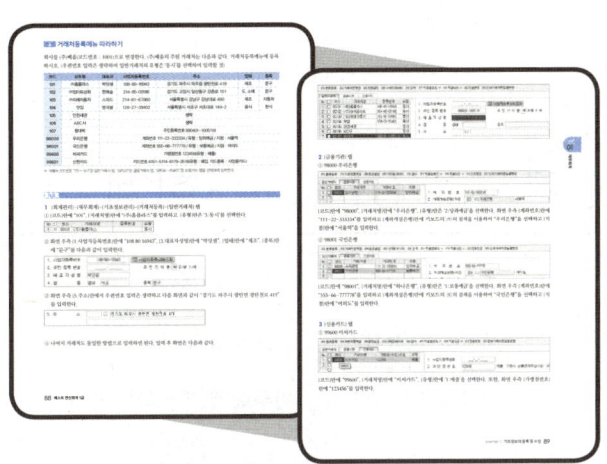

실무 기출문제

유형별로 중요한 회차의 문제를 선별하여 수록하였고 출제가 예상되는 문제를 덧붙여 다양하게 대비할 수 있도록 하였습니다.

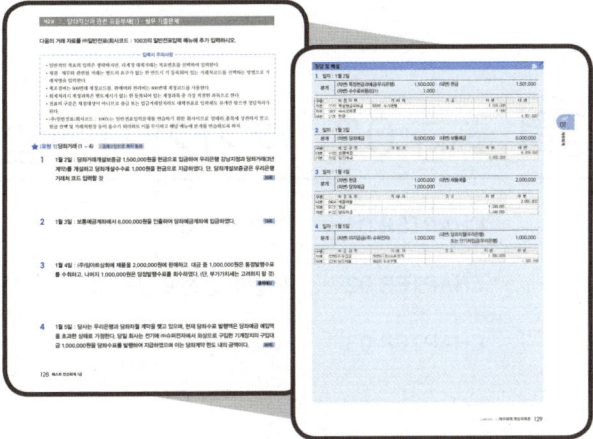

최신 기출문제 5회분 수록

부록을 편성하여 지금까지 교재를 통해 공부한 내용을 최종 점검할 수 있도록 최신 기출문제 5회분을 수록하였습니다.

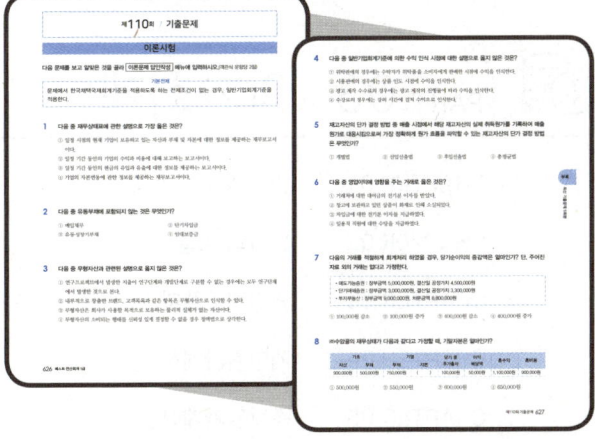

CONTENTS

PART 01 재무회계

CHAPTER 01	왕기초 회계원리	14
CHAPTER 02	기초정보의 등록 및 수정	70
CHAPTER 03	재무회계 계정과목론	104

PART 02 부가가치세법

CHAPTER 01	부가가치세 이론	313
CHAPTER 02	매입매출전표입력 메뉴	386
CHAPTER 03	오류수정	431

PART 03 원가회계

CHAPTER 01	원가계산의 기초	453
CHAPTER 02	원가의 흐름	470
CHAPTER 03	원가계산절차	484
CHAPTER 04	개별원가계산	495
CHAPTER 05	종합원가계산	506

PART 04　결산 및 장부조회

CHAPTER 01　결산　522
CHAPTER 02　전기분 재무제표와 거래처별 초기이월　562
CHAPTER 03　재무제표 및 제장부 조회　595

 부록　최신 기출문제

제116회 / 기출문제　628
제115회 / 기출문제　649
제114회 / 기출문제　670
제113회 / 기출문제　692
제112회 / 기출문제　713

※ 기출문제 안내 : 5회분 교재로 제공(116회 ~ 112회) + 7회분 PDF 파일로 제공(111회 ~ 105회)
※ PDF 파일 신청방법 : "애드투" 홈페이지 고객센터 공지사항 게시판 참조. www.addto.co.kr

전산회계 1급 3주 완성

PART

01

재무회계

CHAPTER 01 왕기초 회계원리

제1절 부기와 회계

부기는 장부기입의 약칭으로 기업의 경제활동에 따른 재산의 증감변화를 일정한 원리에 따라 기록하고 정리하는 절차이며 회계는 부기의 개념에 정보전달과정을 추가한 것으로 볼 수 있다. 즉, 회계란 정보이용자가 합리적인 의사결정을 할 수 있도록 경제적 정보를 식별하고 측정하여 전달하는 과정이다.

❶ 단식부기와 복식부기

일정한 원리나 원칙이 없이 결과만 한 번 기록하는 것이 단식부기이며, 일정한 원리나 원칙에 따라 원인과 결과 나누어 두 번 기록하는 것이 복식부기이다. 대부분의 기업에서 복식부기를 이용하며, 일반적으로 부기라 하면 복식부기를 말한다.

복식부기의 특징	내용
거래의 이중성	모든 거래는 반드시 그 원인과 결과를 동시에 가진다.
대차평균의 원리	원인과 결과를 차변요소와 대변요소로 나누어 기록하므로 차변금액의 합계와 대변금액의 합계가 반드시 일치한다.
자기검증의 기능	기록계산상의 오류나 탈루를 자동적으로 검증할 수 있다.

기출확인문제

회계는 기록, 계산하는 방법에 따라서 단식회계와 복식회계로 나눌 수가 있다. 다음 중 복식회계의 특징과 거리가 먼 것은?

① 자기검증이 불가능하다
② 재무상태와 손익을 파악하기가 쉽다.
③ 자산, 부채, 자본 등 모든 변화를 기록할 수 있다.
④ 일정한 원리에 따라 기록한다.

해설 자기검증이 불가능한 것은 단식회계이다.

답 ①

---

❷ 재무보고의 목적 : 정보이용자의 합리적인 의사결정

회계정보이용자(이해관계자)란 회계정보가 필요한 자를 말하며 정보이용자는 의사결정의 목적과 제공하는 정보에 따라 투자자, 채권자, 경영자 등으로 분류할 수 있다.

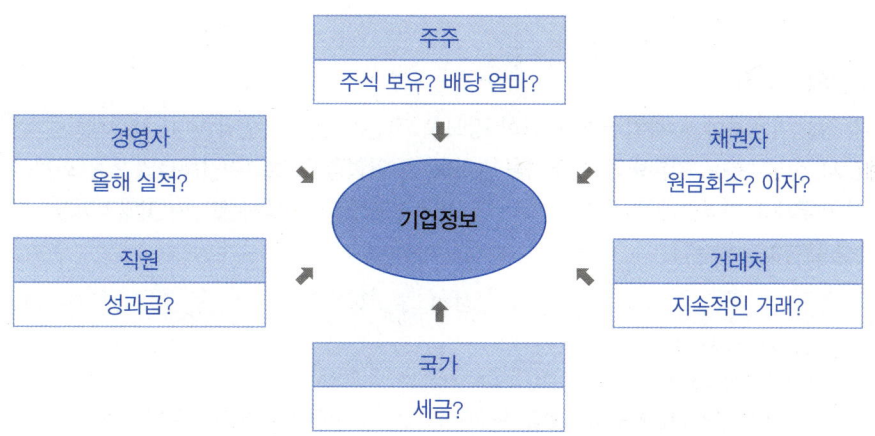

즉, 재무보고의 목적은 다음과 같다.
- 투자 및 신용의사결정에 유용한 정보 제공
- 미래 현금흐름예측에 유용한 정보 제공
- 재무상태, 경영성과, 현금흐름 및 자본변동에 관한 정보 제공
- 경영자의 수탁책임평가에 유용한 정보 제공

3 회계의 분류

회계는 정보이용자에 따라 재무회계와 관리회계, 그리고 세무회계로 분류한다.

구분	재무회계	관리회계	세무회계
정보이용자	외부정보이용자(주주, 채권자 등)	내부정보이용자(경영자 등)	과세관청
목적	기업의 외부이해관계자의 경제적 의사결정에 유용한 정보제공	기업 내부이해관계자인 경영자의 관리적 의사결정에 유용한 정보제공	세금부과의 적정소득을 산출하는 것
보고수단	일반기업회계기준에 의해 작성된 재무제표	특수목적 보고서	세무보고서
특징	과거정보를 기록	미래정보 강조	적정 세금산출이 목적

기출확인문제

회계분야 중 재무회계에 대한 설명으로 적절한 것은?

① 관리자에게 경영활동에 필요한 재무정보를 제공한다.
② 국세청 등의 과세관청을 대상으로 회계정보를 작성한다.
③ 법인세, 소득세, 부가가치세 등의 세무 보고서 작성을 목적으로 한다.
④ 일반적으로 인정된 회계원칙에 따라 작성하며 주주, 투자자 등이 주된 정보이용자이다.

해설 일반목적의 재무제표 작성을 목적으로 하며 주주, 투자자, 채권자 등이 회계정보이용자이다.
- ① 원가관리회계의 목적이다.
- ② 세무회계의 정보이용자에 해당한다.
- ③ 세무회계의 목적이다.

답 ④

④ 재무제표

(1) 재무제표의 정의와 종류

재무제표는 외부정보이용자에게 기업실체에 관한 정보를 전달하는 보고수단이다. **재무제표는 재무상태표 (대차대조표), 손익계산서, 현금흐름표, 자본변동표, 주석을 말하며,** ① 기업명 ② 보고기간종료일 또는 회계기간 ③ 보고통화 및 금액단위를 각 재무제표의 명칭과 함께 기재한다. 단, **재무제표에는 주기, 시산표 및 이익잉여금처분계산서(또는 결손금처리계산서)를 포함하지 않는다.**

구분	의의	재무제표 여부
재무상태표	일정시점의 재무상태	○
손익계산서	일정기간의 경영성과	○
현금흐름표	**일정기간 동안 영업활동, 투자활동, 재무활동**으로 나누어 현금유입과 현금유출에 관한 정보를 제공	○
자본변동표	**일정기간 동안 소유주의 투자와 소유주에 대한 분배에 관한 정보를 제공**	○
주석	재무제표의 해당과목 또는 금액에 기호를 붙이고 별지에 그 내용을 간결하게 기재	○
주기	재무제표상의 해당과목 다음에 내용을 간단한 자구 또는 숫자로 괄호 안에 표시	×
이익잉여금 처분계산서	이익처분에 관한 내용 등 이익잉여금의 총 변동사항을 제공. 만일, 미처분이익잉여금이 결손상태라면 **결손금처리계산서**가 된다.	×
시산표	총계정원장 기록에 대한 오류점검표	×
제조원가명세서	당기 완성된 제품의 제조원가표	×

기출확인문제

다음 중 일반기업회계기준에서 말하는 재무제표에 해당하는 것을 모두 고르면 몇 개인가?

- 재무상태표
- 수입금액조정명세서
- 현금흐름표
- 손익계산서
- 자본변동표
- 제조원가명세서
- 합계잔액시산표
- 주석
- 주주명부

① 5개　　② 4개　　③ 3개　　④ 2개

해설
- 재무상태표, 손익계산서, 현금흐름표, 자본변동표, 주석까지 재무제표에 포함한다.
- 수입금액조정명세서, 제조원가명세서, 합계잔액시산표, 주주명부는 재무제표에 포함하지 않는다.

답 ①

참고 회계기준의 종류

상장기업과 금융기관, 일반기업 중 원하는 기업은 국제회계기준(K-IFRS : International Financial Reporting Standards)을 적용하여 재무제표를 작성하며 국제회계기준을 적용하지 않는 기업 중 외부감사대상 회사 및 공공기관은 일반기업회계기준에 따라 작성한다. 반면, 국제회계기준과 일반기업회계기준의 적용을 받지 않은 나머지 대부분의 중소기업은 중소기업회계기준에 따라 재무제표를 작성할 수 있다.

회계기준의 종류	적용대상
국제회계기준	모든 상장기업과 금융기관, 일반기업 중 원하는 기업
일반기업회계기준	국제회계기준을 적용하지 않는 기업 중 외부감사대상 주식회사 및 공공기관
중소기업회계기준	국제회계기준과 일반기업회계기준 적용대상 이외

(2) 발생주의 회계

경제적 거래나 사건을 언제 인식하느냐에 따라 현금주의와 발생주의로 구분된다. 현금주의란 현금의 유입과 유출 여부에 따라 수익과 비용을 인식하는 것을 말하며 발생주의란 기업실체의 수익과 비용을 그 현금의 유입과 유출이 있는 기간이 아닌 당해 거래나 사건이 발생한 기간에 인식하는 것을 말한다. 재무제표 중 재무상태표, 손익계산서, 자본변동표는 발생주의에 의해 작성되나 현금흐름표는 현금주의에 의해 작성된다.

(3) 재무제표 작성과 표시의 일반원칙

구분	내용
① 계속기업	경영진은 재무제표를 작성할 때 계속기업으로서의 존속 가능성을 평가해야 한다. 경영진이 기업을 청산하거나 경영활동을 중단할 의도를 가지고 있지 않거나, 청산 또는 경영활동의 중단 외에 다른 현실적 대안이 없는 경우가 아니면 계속기업을 전제로 재무제표를 작성한다.
② 작성책임과 공정한 표시	재무제표의 작성과 표시에 대한 책임은 경영진에게 있다
③ 재무제표 항목의 구분과 통합표시	중요한 항목은 재무제표의 본문이나 주석에 그 내용을 가장 잘 나타낼 수 있도록 구분하여 표시하며, 중요하지 않은 항목은 성격이나 기능이 유사한 항목과 통합하여 표시할 수 있다.
④ 비교재무제표의 작성	재무제표의 기간별 비교가능성을 제고하기 위하여 전기 재무제표의 모든 계량 정보를 당기와 비교하는 형식으로 표시한다. 또한 전기 재무제표의 비계량 정보가 당기 재무제표를 이해하는 데 필요한 경우에는 이를 당기의 정보와 비교하여 주석에 기재한다.
⑤ 항목의 표시와 분류의 계속성	재무제표의 기간별 비교 가능성을 제고하기 위하여 재무제표 항목의 표시와 분류는 다음의 경우를 제외하고는 매기 동일하여야 한다. ㉠ 일반기업회계기준에 의하여 재무제표 항목의 표시와 분류의 변경이 요구되는 경우 ㉡ 사업의 결합 또는 중단 등에 의하여 영업의 내용이 유의적으로 변경된 경우 ㉢ 재무제표 항목의 표시와 분류를 변경함으로써 기업의 재무정보를 더욱 적절하게 전달할 수 있는 경우

기출확인문제

다음 중 재무제표의 작성과 표시의 일반원칙에 관한 내용으로 틀린 것은?

① 재무제표의 작성과 표시에 대한 책임은 경영진에게 있다.
② 재무제표는 기업의 재무상태, 경영성과, 현금흐름 및 자본변동을 공정하게 표시하여야 한다.
③ 중요하지 않은 항목이라 할지라도 성격이나 기능이 유사한 항목과 통합하여 표시할 수 없다.
④ 주식회사의 잉여금은 자본잉여금과 이익잉여금으로 구분하여 표시하여야 한다.

해설 중요한 항목은 재무제표의 본문이나 주석에 그 내용을 가장 잘 나타낼 수 있도록 구분표시하며, 중요하지 않은 항목은 성격이나 기능이 유사한 항목과 통합하여 표시할 수 있다.

  ③

(4) 재무제표를 통해 제공되는 정보의 특성과 한계

① 재무제표는 화폐단위로 측정된 정보를 주로 제공한다.
② 재무제표는 대부분 과거에 발생한 거래나 사건에 대한 정보를 나타낸다.
③ 재무제표는 추정에 의한 측정치를 포함하고 있다.
④ 재무제표는 특정기업실체에 관한 정보를 제공하며, 산업 또는 경제 전반에 관한 정보를 제공하지는 않는다.

❺ 회계연도(회계기간)

기업의 재무상태와 경영성과를 명백히 계산하기 위하여 인위적으로 1년 이내의 기간적 범위를 말하며, 이러한 기간을 회계연도 또는 회계기간이라 한다. 개인기업은 회계연도가 무조건 1월 1일부터 12월 31일까지 정해져 있으나 법인기업은 설립 시 작성되는 정관에서 설정한 기간을 말한다. 단, 현행 상법에서 회계연도는 원칙적으로 1년을 초과할 수는 없다고 규정하고 있다.

【회계연도(회계기간)가 1.1 ~ 12.31 인 경우】

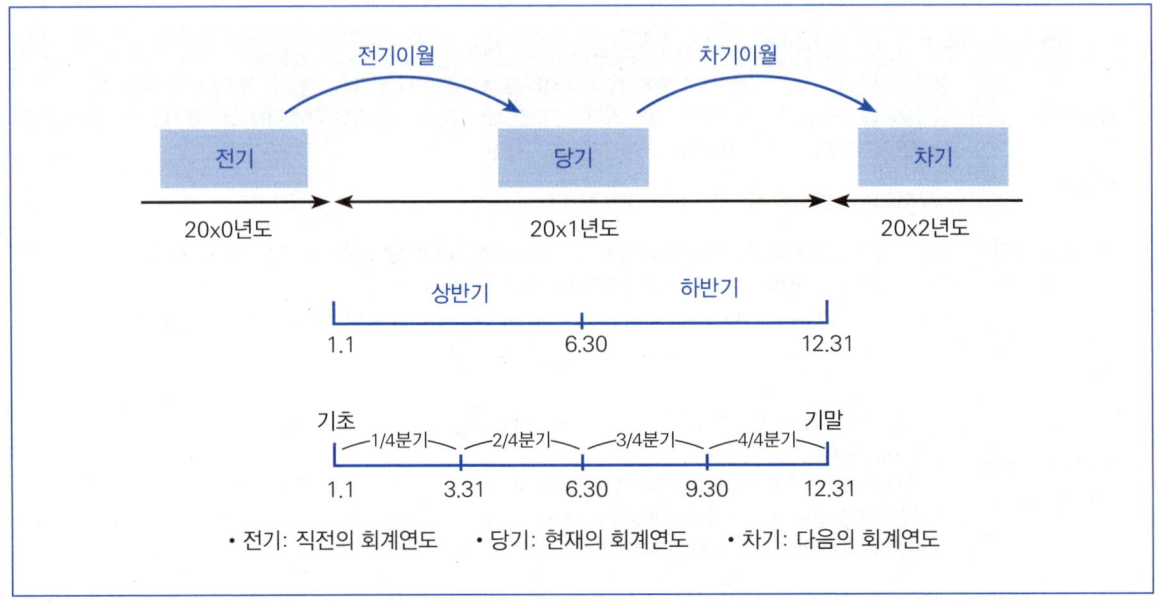

제1절 부기와 회계 - 객관식 기출문제

[유형 1] 단식부기와 복식부기 (1)

1 회계상 거래가 발생하면 재무제표의 차변과 대변에 동시에 영향을 미치게 되는데, 이는 회계의 어떤 특성 때문인가?　　　42회

난이도 ●○○

① 거래의 이중성　　② 중요성　　③ 신뢰성　　④ 유동성

[유형 2] 재무보고의 목적과 회계의 분류 (2 ~ 3)　최신 30회 중 2문제 출제

2 다음 중 재무보고의 목적이 아닌 것은?　　　70회

난이도 ●●○

① 투자 및 신용의사결정에 유용한 정보 제공
② 미래 현금흐름 예측에 유용한 정보 제공
③ 경영자의 장기적 의사결정의 성과평가에 관한 환경적 정보의 제공
④ 재무상태, 현금흐름, 자본변동 등의 재무정보의 제공

3 다음 중 회계에서 산출되는 정보를 재무회계 분야와 관리회계 분야로 나눌 때, 관리회계 분야에 해당하는 회계정보의 항목은?　　　94회

난이도 ●●○

① 일정시점에 있어서 회사의 재무상태 정보
② 일정기간 동안 성과평가를 위한 사업부서별 손익정보
③ 일정기간 동안 기업의 현금 유출·입 내역에 관한 정보
④ 일정기간 동안 자본의 크기와 그 변동내역에 관한 정보

정답 및 해설

1 답 ①
해설 모든 거래는 대차평균의 원리에 의하여 이중으로 기록된다.

2 답 ③
해설 경영자의 장기적 의사결정의 결과는 상당한 기간이 경과한 후에 그 효과가 나타날 수 있으므로 과거의 성과와 현재의 성과를 명확하게 구분하기 어렵다. 또한 환경적 정보는 재무제표에 나타나지 않는다.

3 답 ②
해설 성과평가를 위한 사업부서별 손익정보는 내부관리목적의 관리회계에 속한다. 재무회계의 보고수단인 재무제표에는 재무상태표(① 일정시점에 있어서 회사의 재무상태 정보), 손익계산서(② 일정기간 동안 회사의 경영성과), 현금흐름표(③ 일정기간 동안 기업의 현금 유출·입 내역에 관한 정보), 자본변동표(④일정기간 동안 자본의 크기와 그 변동내역에 관한 정보), 주석이 있다.

[유형 3] 재무제표와 회계연도 (4 ~ 9) 최신 30회 중 7문제 출제

4 다음 중 일반기업회계기준에 따른 재무제표에 대한 설명으로 가장 옳지 않은 것은? 116회

① 재무상태표는 일정 시점 현재 기업실체가 보유하고 있는 경제적 자원인 자산과 경제적 의무인 부채, 그리고 자본에 대한 정보를 제공하는 재무보고서이다.
② 손익계산서는 일정 시점 현재 기업실체의 경영성과에 대한 정보를 제공하는 재무보고서이다.
③ 현금흐름표는 일정 기간 동안 기업실체에 대한 현금유입과 현금유출에 대한 정보를 제공하는 재무보고서이다.
④ 자본변동표는 기업실체에 대한 자본의 크기와 그 변동에 관한 정보를 제공하는 재무보고서이다.

5 다음 중 재무제표에 해당하지 않는 것은? 113회

① 기업의 계정별 합계와 잔액을 나타내는 시산표
② 일정 시점 현재 기업의 재무상태(자산, 부채, 자본)을 나타내는 보고서
③ 기업의 자본에 관하여 일정기간 동안의 변동 흐름을 파악하기 위해 작성하는 보고서
④ 재무제표의 과목이나 금액에 기호를 붙여 해당 항목에 대한 추가 정보를 나타내는 별지

6 다음 중 발생주의에 따라 작성되지 않는 재무제표는? 77회

① 재무상태표   ② 현금흐름표   ③ 자본변동표   ④ 손익계산서

7 재무제표 작성과 표시의 일반원칙으로 가장 틀린 것은? 59회

① 전기 재무제표의 모든 계량정보를 당기와 비교하는 형식으로 표시한다.
② 재무제표의 작성과 표시에 대한 책임은 회계담당자에게 있다.
③ 재무제표는 이해하기 쉽도록 간단하고 명료하게 표시하여야 한다.
④ 재무제표는 기업의 재무상태, 경영성과, 현금흐름 및 자본변동을 공정하게 표시하여야 한다.

8 재무제표를 통해 제공되는 정보에 관한 내용 중 올바르지 않은 것은? 100회

① 화폐단위로 측정된 정보를 주로 제공한다.
② 특정기업실체에 관한 정보를 제공하며, 산업 또는 경제 전반에 관한 정보를 제공하지는 않는다.
③ 대부분 과거에 발생한 거래나 사건에 대한 정보를 나타낸다.
④ 추정에 의한 측정치는 포함하지 않는다.

9 각 재무제표의 명칭과 함께 기재해야 할 사항으로 틀린 것은? *83회*

① 기업명　　② 보고기간종료일　　③ 금액단위　　④ 기능통화

10 회계기간(회계연도)에 대한 다음 설명 중 옳은 것은? *출제예상*

① 모든 기업은 1월 1일이 기초이고 12월 31일은 기말이다.
② 회계기간은 반드시 1년을 기준으로 설정하여야 한다.
③ 기업의 경영성과와 재무상태를 파악하기 위해 설정한 시간적 범위이다.
④ 사업개시일로부터 청산일 까지를 말한다.

정답 및 해설

4 답 ②
해설 손익계산서는 일정 기간 동안 기업실체의 경영성과에 대한 정보를 제공하는 재무보고서이다.

5 답 ①
해설 합계잔액시산표에 관한 설명으로 합계잔액시산표는 재무제표에 해당하지 않는다. 재무제표는 재무상태표, 손익계산서, 현금흐름표 및 자본변동표와 주석으로 구성되어 있다. 보기 ②은 재무상태표, ③은 자본변동표, ④은 주석을 말한다.

6 답 ②
해설 현금흐름표는 발생주의에 따라 작성되지 않는다.

7 답 ②
해설 재무제표의 작성과 표시에 대한 책임은 경영진에게 있다.

8 답 ④
해설 재무제표는 대손예상액의 추정 등 추정에 의한 측정치를 포함한다.

9 답 ④
해설 재무제표는 재무상태표, 손익계산서, 현금흐름표, 자본변동표 및 주석으로 구분하여 작성하며, 다음의 사항을 각 재무제표의 명칭과 함께 기재한다. (1) 기업명 (2) 보고기간종료일 또는 회계기간 (3) 보고통화 및 금액단위 반면 기능통화란 기업이 영업활동을 할 때 주로 사용하는 통화를 말하며 재무제표에 기재하지 않는다.

10 답 ③
해설 회계기간이란 기업의 경영성과와 재무상태를 파악하기 위해 설정한 시간적 범위이다.

제2절 기업의 재무상태와 경영성과

★ ❶ 재무상태표

재무상태표는 일정시점 현재 기업이 보유하고 있는 경제적 자원인 자산과 경제적 의무인 부채, 그리고 자본에 대한 정보를 제공하는 재무보고서로서, 정보이용자들이 기업의 유동성[1], 재무적 탄력성[2] 등을 평가하는데 유용한 정보를 제공한다.

재무상태표

(주) 배움   단위 : 원
20x1. 12. 31

자 산	유동자산	당좌자산	부 채 (타인자본)	유동부채
		재고자산		비유동부채
	비유동 자산	투자자산	자 본 (순자산, 자기자본)	자본금
		유형자산		자본잉여금
		무형자산		자본조정
		기타의 비유동자산		기타포괄손익누계액
				이익잉여금

(1) 재무상태표 등식

자산을 왼편(차변)에 기재하고 부채와 자본을 오른편(대변)에 기재하여 왼쪽의 자산의 총계와 오른편의 부채와 자본의 총계가 항상 일치하게 작성되는 것이다.

> 자산 = 부채 + 자본

(2) 자산

과거의 거래나 사건의 결과로서 현재 기업실체에 의해 지배되고 미래의 경제적 효익을 창출할 것으로 기대되는 자원을 말한다.

1) **유동자산** : 현금 또는 보고기간종료일로부터 1년 이내에 현금화할 수 있는 자산
① **당좌자산** : 현금 또는 즉시 현금화할 수 있는 자산
② **재고자산** : 판매를 목적으로 보유하고 있는 자산

구 분		【 외부공시용 자산의 종류 】
유동자산	당좌자산	현금및현금성자산, 단기투자자산(단기금융상품, 단기대여금, 단기매매증권, 1년 이내 만기가 도래하는 매도가능증권, 만기보유증권), 매출채권, 미수금, 미수수익, 선급금, 선급비용, 기타의 당좌자산 등
	재고자산	상품, 제품, 원재료, 재공품, 반제품, 저장품, 미착품, 위탁품, 시송품 등

2) **비유동자산** : 보고기간종료일로부터 1년 이후에 현금화할 수 있는 자산
① **투자자산** : 장기적인 투자수익을 얻기 위하여 보유하고 있는 자산
② **유형자산** : 영업활동에 1년을 초과하여 사용할 목적으로 보유하고 있는 물리적 실체가 있는 자산

---

[1] 유동성이란 빨리 현금화되는 정도를 나타내는 척도이다.
[2] 재무적 탄력성이란 해당 업체의 전반적인 자금흐름 상황에 대한 그림을 그린 후, 만약 해당 업체가 재무적으로 어려운 상황에 처할 경우에 그로 인한 자금압박 요인을 얼마나 잘 극복할 수 있는가를 측정하는 척도이다.

③ **무형자산** : 영업활동에 1년을 초과하여 사용할 목적으로 보유하고 있는 물리적 실체가 없는 자산
④ **기타비유동자산** : 비유동자산 중 투자자산 및 유형자산, 무형자산에 속하지 않는 자산

구 분		【 외부공시용 자산의 종류 】
비유동자산	투자자산	장기금융상품, 장기투자증권(매도가능증권, 만기보유증권), 장기대여금, 투자부동산 등
	유형자산	토지, 건물, 구축물, 기계장치, 선박, 차량운반구, 건설중인자산, 비품 등
	무형자산	영업권, 개발비, 산업재산권, 광업권, 어업권 등
	기타 비유동자산	장기매출채권, 장기미수금, 임차보증금 등

자산의 종류	【 내부관리용 자산의 내용 】
현 금	기업이 보유하고 있는 현금 (지폐와 동전)
보 통 예 금	입·출금이 자유로운 예금
당 좌 예 금	지불수단의 편의를 위해 당좌수표를 발행하여 돈을 인출하기 위해 가입한 예금
정 기 예 금	일정금액을 일정기간 동안 금융기관에 맡기고 일정한 기한 후에 일정금액과 이자를 받기로 한 예금
정 기 적 금	목돈을 만들기 위해 일정기간 동안 일정금액씩 금융기관에 맡기고 정한 기한 후에 목돈를 받기로 한 예금
상 품	상기업에서 판매를 목적으로 구입한 물건
제 품	제조기업에서 판매를 목적으로 만들어낸 물건
비 품	영업활동에 사용할 목적으로 구입한 책상, 컴퓨터, 에어컨 등
소 모 품	영업활동에 사용할 목적으로 구입한 사무용품 등
외상 매출금	재고자산을 외상으로 매출한 경우
받 을 어 음	재고자산을 외상으로 매출하고 어음을 받은 경우
매 출 채 권	외상매출금과 받을어음의 합
미 수 금	재고자산 이외의 자산을 외상으로 처분한 경우
단 기 대여금	보고기간 종료일 현재 1년 이내에 회수하기로 하고 빌려준 돈
장 기 대여금	보고기간 종료일 현재 1년 이후에 회수하기로 하고 빌려준 돈
선 급 금	재고자산 등을 매입하기로 하고 미리 지급한 계약금
토 지	회사가 보유하고 있는 땅
건 물	회사가 보유하고 있는 건물
차량 운반구	영업용으로 사용하는 승용차, 승합차, 트럭, 오토바이 등
기 계 장 치	제품생산을 위한 구입한 기계 등

(3) 부채

과거의 거래나 사건의 결과로 현재 기업실체가 부담하고 있고 미래에 자원이 유출 또는 사용이 예상되는 의무로서, **타인자본**이라고도 한다.

1) 유동부채 : 보고기간종료일로부터 상환기간이 1년 이내에 도래하는 부채
2) 비유동부채 : 보고기간종료일로부터 상환기간이 1년 이후에 도래하는 부채

구 분	【 외부공시용 부채의 종류 】
유동부채	매입채무, 단기차입금, 미지급금, 선수금, 예수금, 미지급비용, 당기법인세부채, 미지급배당금, 유동성장기부채, 선수수익, 기타 유동부채 등
비유동부채	사채, 장기차입금, 장기성매입채무, 임대보증금, 기타 비유동부채 등

종 류	【 내부관리용 부채의 내용 】
외상매입금	재고자산을 외상으로 매입한 경우 지급하지 않은 돈
지급어음	재고자산을 외상으로 매입하면서 회사가 발행해 준 어음
미지급금	재고자산 외의 물품을 외상으로 구입한 경우 지급하지 않은 돈
단기차입금	보고기간 종료일 현재 1년 이내의 기간을 만기로 빌려온 돈
장기차입금	보고기간 종료일 현재 1년 이후에 기간을 만기로 빌려온 돈
선수금	재고자산 등을 판매하기로 하고 미리 받은 계약금

합격 TIP 채권과 채무

자 산 (채 권)	구 분		부 채 (채 무)
외상매출금	상거래	외상	외상매입금
받을어음		어음	지급어음
미수금	상거래 이외	외상	미지급금
		어음	
대여금	금전대차거래		차입금
선급금	계약금		선수금

(4) 자본

기업의 **자산에서 부채를 차감한 잔액**으로 회사의 소유주가 투자한 출자금이며 **순자산 또는 자기자본**이라고 한다.

(5) 재무상태표 작성기준

작성기준	내 용
유동성배열법	**자산과 부채는 유동성(현금으로의 전환가능성)이 큰 항목부터 배열**하여야 한다. 유동성배열원칙에 따라 자산은 당좌자산, 재고자산, 투자자산, 유형자산, 무형자산, 기타비유동자산 순서로 배열하며 부채는 유동부채, 비유동부채 순서로 배열되는 것이다.
구분표시	재무상태표 항목인 **자산, 부채, 자본**은 적절히 **구분**하여 이해하기 쉽게 표시되어야 한다.
1년 기준 또는 정상영업주기	자산과 부채는 **1년 또는 정상영업주기**[3]를 기준으로 하여 유동자산 또는 비유동자산, 유동부채 또는 비유동부채로 구분하는 것을 원칙으로 한다. 유동자산이란 보고기간 종료일로부터 1년 이내에 현금으로 전환되거나 소비될 것으로 예상되는 자산이다. 다만, 정상적인 영업주기 내에서 판매 또는 사용되는 재고자산과 회수되는 매출채권 등은 보고기간 종료일로부터 1년 이내에 실현되지 않더라도 유동자산으로 분류한다. 마찬가지로 정상적인 영업주기 내에 소멸할 것으로 예상되는 매입채무와 미지급비용 등은 보고기간 종료일로부터 1년 이내에 결제되지 않더라도 유동부채로 분류한다.
총액표시의 원칙	**자산, 부채 및 자본은 총액에 의하여 기재함을 원칙**으로 하고, 자산의 항목과 부채 또는 자본의 항목을 상계함으로써 그 전부 또는 일부를 재무상태표에서 제외하여서는 안 된다.
잉여금구분의 원칙	**자본거래에서 발생한 자본잉여금과 손익거래에서 발생한 이익잉여금을 구분**하여 **표시**한다.
미결산항목 및 비망기록 표시금지	가지급금 또는 가수금 등의 미결산항목은 그 내용을 나타내는 적절한 과목으로 표시하고, 비망계정은 재무상태표의 자산 또는 부채항목으로 표시하여서는 안 된다.

---

3 영업주기는 제조업의 경우에 제조과정에 투입될 재화와 용역을 취득한 시점부터 제품의 판매로 인한 현금의 회수완료시점까지 소요되는 기간을 나타낸다. 숙성과정이 필요한 업종이나 자본집약적인 업종의 경우에는 영업주기가 1년을 초과할 수도 있다. 반면에 대부분의 업종의 경우에는 영업주기가 1년 이내인 경우가 보통이다. 정상적인 영업주기가 명확하게 확인되지 않는 경우에는 1년으로 추정한다.

> **기출확인문제**
>
> 다음은 재무상태표의 기본구조에 대한 설명이다. 틀린 것은?
>
> ① 자산과 부채는 유동성이 작은 항목부터 배열하는 것을 원칙으로 한다.
> ② 자산은 유동자산과 비유동자산으로 구분한다.
> ③ 비유동자산은 투자자산, 유형자산, 무형자산 및 기타 비유동자산으로 구분한다.
> ④ 자본은 자본금, 자본잉여금, 자본조정, 기타포괄손익누계액 및 이익잉여금(또는 결손금)으로 구분한다.
>
> [해설] 자산과 부채는 유동성이 큰 항목부터 배열하는 것을 원칙으로 한다.
>
> 답 ①

★ ❷ 손익계산서

손익계산서는 일정기간의 경영성과를 나타내는 표이며, 기업의 미래현금흐름과 수익창출능력 등의 예측에 유용한 정보를 제공한다. 판매비와관리비는 당해 비용을 표시하는 적절한 항목으로 구분하여 표시하여야 하며 일괄표시도 가능하다. 다만, 일괄표시하는 경우에는 적절한 항목으로 구분하여 주석으로 기재한다.

손 익 계 산 서
제1기 20x1년 1월 1일부터 20x1년 12월 31일까지

회사명 : (주)배움 (단위 : 원)

Ⅰ. 매출액	×××
Ⅱ. 매출원가	×××
Ⅲ. 매출총이익	×××
Ⅳ. 판매비와관리비	×××
Ⅴ. 영업이익	×××
Ⅵ. 영업외수익	×××
Ⅶ. 영업외비용	×××
Ⅷ. 법인세비용차감전순이익	×××
Ⅸ. 법인세비용	×××
Ⅹ. 당기순이익	×××

(1) 손익계산서 등식

- 수익 − 비용 = 순이익
- 비용 − 수익 = 순손실

(2) 수익

수익이란 기업실체의 경영활동과 관련된 재화의 판매 또는 용역의 제공 등에 대한 대가로 발생하는 자산의 유입, 또는 부채의 감소를 말한다.

1) **영업수익** : 기업의 주된 영업활동에서 발생한 수익
2) **영업외수익** : 기업의 주된 영업활동이 아닌 활동으로부터 발생하는 수익과 차익

구 분	종 류
영업수익	상품매출, 제품매출
영업외수익	이자수익, 배당금수익, 단기투자자산평가이익(단기매매증권평가이익), 단기매매증권처분이익, 유형자산처분이익, 외환차익, 외화환산이익, 투자자산처분이익 등

종 류	내 용
상 품 매 출	상품을 매출 시 발생하는 금전 및 금전청구권
제 품 매 출	제품을 매출 시 발생하는 금전 및 금전청구권
임 대 료	건물이나 토지 등을 대여하고, 집세나 지대를 받은 경우
이 자 수 익	대여금이나 은행예금 등에 대하여 발생한 이자
수 수 료 수 익	용역을 제공을 하고 수수료를 받은 경우 예) 상품중개알선료 등
배 당 금 수 익	주식, 출자 등의 투자에 대한 이익분배를 받은 금액
잡 이 익	영업활동 이외에서 발생하는 기타의 이익 금액 예) 폐휴지매각대금 등
유형자산처분이익	유형자산을 처분하였을 때 발생하는 이익
자산수증이익	결손보전 등 주주 등이 무상으로 증여한 자산 금액
채무면제이익	결손보전 등 채권자에 의해 채무를 면제받은 금액

(3) 비용

비용이란 기업실체의 경영활동과 관련된 재화의 매입 또는 용역의 소비 등에 따라 발생하는 자산의 유출이나 사용 또는 부채의 증가를 말한다.

1) **매출원가** : 제품, 상품 등의 매출액에 대응되는 원가로서 판매된 제품이나 상품 등에 대한 제조원가 또는 매입원가
2) **판매비와관리비** : 제품, 상품, 용역 등의 판매활동과 기업의 관리활동에서 발생하는 비용으로서 매출원가에 속하지 아니하는 모든 영업비용
3) **영업외비용** : 영업활동과 관련이 없는 비용
4) **법인세비용** : 법인이 벌어들인 소득에 낸 세금

구 분	종 류
매출원가	상품매출원가, 제품매출원가
판매비와 관리비	급여, 퇴직급여, 복리후생비, 임차료, 통신비, 기업업무추진비, 감가상각비, 무형자산상각비, 세금과공과, 광고선전비, 연구비, 경상개발비, 대손상각비 등
영업외비용	이자비용, 기부금, 단기매매증권평가손실, 단기매매증권처분손실, 매출채권처분손실, 외환차손, 외화환산손실, 재해손실, 기타의대손상각비 등
법인세비용	법인세

종 류	내 용
상 품 매 출 원 가	매입한 상품 중 판매된 금액
제 품 매 출 원 가	제조원가 중 판매된 금액
급 여	근무에 대한 대가로 직원에게 지급되는 급품
상 여 금	정기적으로 지급되는 급여 이외에 지급되는 금품
잡 급	일용직 근로자에게 지급하는 일당
퇴 직 급 여	직원이 퇴직할 때 지급하는 금액
복 리 후 생 비	직원의 복리를 위해 지급하는 금액 예) 직원회식비 등
임 차 료	토지 건물 등의 부동산을 빌리고 지급하는 금액
기업업무추진비	영업 목적상 접대를 위하여 지출하는 금액

세금과공과	국가에 대한 세금과 기타의 공과금 (예) 재산세, 자동차세, 상공회의소회비, 협회비 등
광고선전비	판매를 위한 광고, 홍보, 선전 등을 위한 지출액
여비교통비	업무상 교통요금과 출장경비 등으로 지급하는 금액
소모품비	영업활동에 사용할 소모품을 구입하고 지급한 금액
통신비	전화, 인터넷, 우편 등의 이용 금액
운반비	상품 발송 등의 운송비 지급 금액 예) 택배비 등
보험료	보험료 지급 금액
수도광열비	수도, 전기, 가스 등의 이용 금액
수선비	건물, 기계장치 등의 수리비 지급 금액
차량유지비	차량운행을 위한 유류, 부품 및 차량수리비
교육훈련비	직원의 교육과 훈련을 위한 지출액
도서인쇄비	신문, 도서 등의 구입액 및 인쇄비
이자비용	차입금 등에 대한 이자로 지급하는 금액
수수료비용	용역의 제공을 받고 지급하는 수수료 금액 예) 계좌이체수수료, 세무기장료 등
기부금	영업과 무관하게 기부하는 금품 및 물품의 금액
잡손실	영업활동 이외에서 발생하는 기타의 손실 금액 예) 분실, 도난 등
재해손실	천재지변이나 재해 등으로 입은 손실금액
유형자산처분손실	유형자산을 처분 시 발생하는 손실

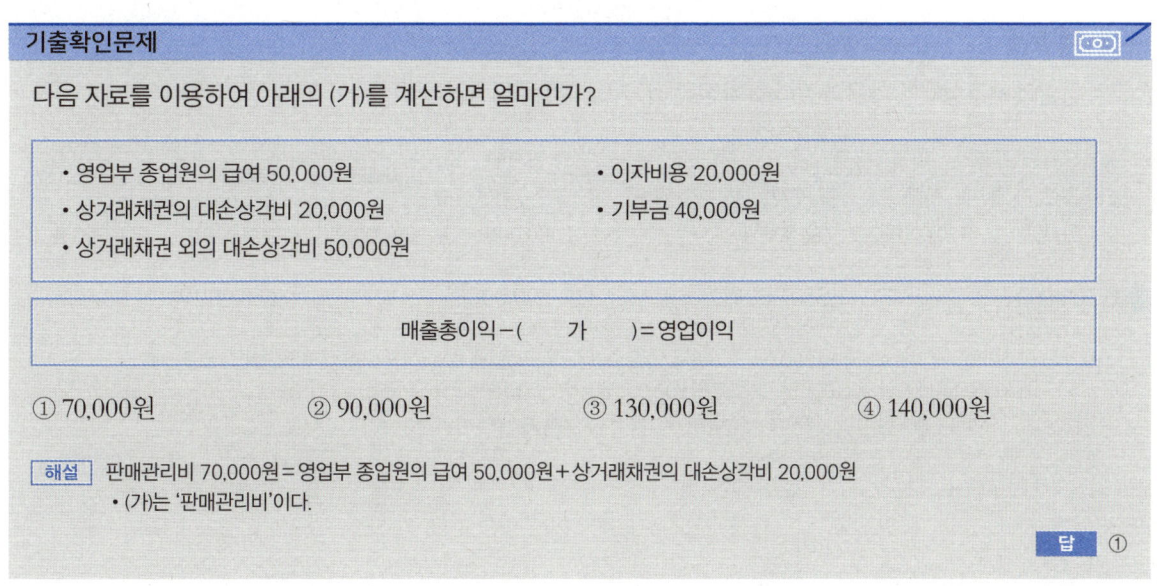

(4) 손익계산서의 작성기준

작성기준	내용
발생주의	수익과 비용은 그것이 발생한 기간에 정당하게 배분되도록 인식한다.
실현주의	수익은 실현되었을 때 인식한다.
수익·비용대응의 원칙	비용은 관련수익에 대응하는 기간에 인식한다.
총액주의	수익과 비용은 일부를 상계하여 제외하지 않고 총액으로 표시한다.
구분계산의 원칙	손익은 매출총손익, 영업손익, 법인세비용차감전순손익, 당기순손익으로 구분하여 표시한다.

(5) 재무상태표와 손익계산서 계산산식

① 기초자산 = 기초부채 + 기초자본
② 총수익 − 총비용 = 당기순이익
③ 기초자본 + 당기순이익 + 추가 출자액 − 이익배당액 = 기말자본
④ 기말자본 = 기말자산 − 기말부채(or 기말자산 = 기말부채 + 기말자본)

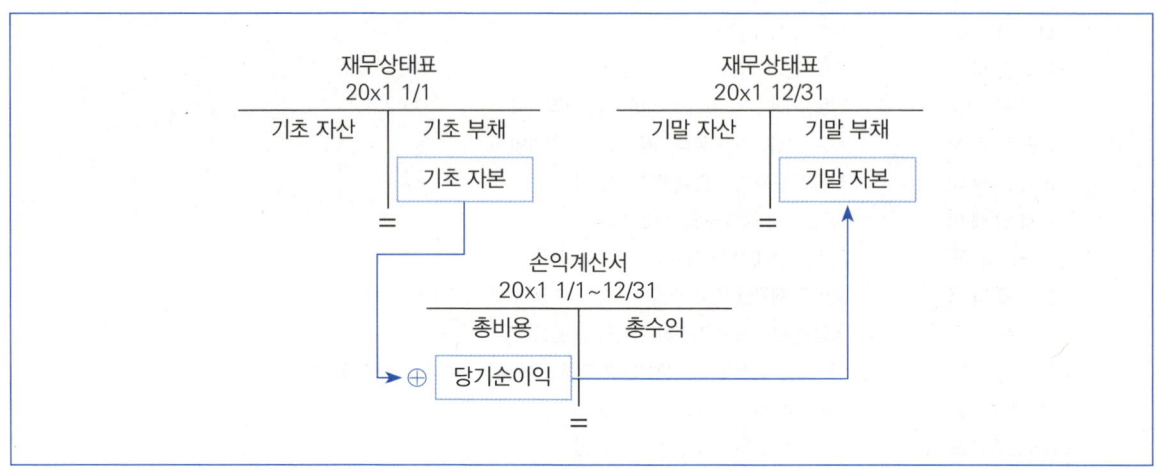

기출확인문제

㈜수암골의 재무상태가 다음과 같다고 가정할 때, 기말자본은 얼마인가?

| 기초 | | 기말 | | 당기 중 추가출자 | 이익배당액 | 총수익 | 총비용 |
자산	부채	부채	자본				
900,000원	500,000원	750,000원	( )	100,000원	50,000원	1,100,000원	900,000원

① 500,000원   ② 550,000원   ③ 600,000원   ④ 650,000원

해설
- 650,000원 = 기초자본 400,000원 + 추가출자 100,000원 − 이익배당액 50,000원 + 당기순이익 200,000원
- 기초자본 : 기초자산 900,000원 − 기초부채 500,000원 = 400,000원
- 당기순이익 : 총수익 1,100,000원 − 총비용 900,000원 = 200,000원

답 ④

제2절 기업의 재무상태와 경영성과 - 객관식 기출문제

★ [유형 1] 재무상태표 (1 ~ 8)　최신 30회 중 10문제 출제

1 다음 중 재무상태표에 관한 설명으로 가장 옳은 것은?　110회

① 일정 기간 동안의 기업의 수익과 비용에 대해 보고하는 보고서이다.
② 일정 기간 동안의 현금의 유입과 유출에 대한 정보를 제공하는 보고서이다.
③ 기업의 자본변동에 관한 정보를 제공하는 재무보고서이다.
④ 일정 시점의 현재 기업이 보유하고 있는 자산과 부채 및 자본에 대한 정보를 제공하는 재무보고서이다.

2 다음 중 재무상태표가 제공할 수 있는 정보로서 가장 적합하지 않는 것은?　47회

① 경제적 자원에 관한 정보
② 경영성과에 관한 정보
③ 유동성에 관한 정보
④ 지급능력에 관한 정보

3 다음의 자산을 일반기업회계기준에 따라 유동성배열법으로 나열할 경우 배열 순서로 옳은 것은?　2020년 8월 특별회

| a. 재고자산 | b. 투자자산 | c. 무형자산 | d. 유형자산 | e. 당좌자산 |

① 당좌자산-투자자산-재고자산-유형자산-무형자산
② 당좌자산-재고자산-투자자산-유형자산-무형자산
③ 재고자산-당좌자산-유형자산-무형자산-투자자산
④ 재고자산-당좌자산-투자자산-유형자산-무형자산

정답 및 해설

1　답 ①
해설　재무상태표는 일정 시점 현재 기업이 보유하고 있는 자산과 부채, 그리고 자본에 대한 정보를 제공하는 재무보고서이다.
- 일정 기간 동안의 기업의 수익과 비용에 대해 보고하는 보고서는 손익계산서이다.
- 일정 기간 동안의 현금의 유입과 유출의 정보를 제공하는 보고서는 현금흐름표이다.
- 기업의 자본변동에 관한 정보를 제공하는 재무보고서는 자본변동표이다.

2　답 ②
해설　경영성과에 관한 정보는 손익계산서에서 제공하는 정보이다.

3　답 ②
해설　유동성배열법은 e.당좌자산, a.재고자산, b.투자자산, d.유형자산, c.무형자산 순이다

4 다음 중 일반기업회계기준에 따라 유동성배열법으로 나열할 경우 배열 순서로 옳은 것은? `94회`

- 건설중인자산
- 상품
- 투자부동산
- 외상매출금

① 상품, 외상매출금, 건설중인자산, 투자부동산
② 상품, 외상매출금, 투자부동산, 건설중인자산
③ 외상매출금, 상품, 건설중인자산, 투자부동산
④ 외상매출금, 상품, 투자부동산, 건설중인자산

5 다음 자료는 20x1년 12월 31일 현재 재무상태표의 각 계정의 잔액이다. 외상매입금은 얼마인가? `103회`

- 보통예금 : 300,000원
- 외상매출금 : 700,000원
- 외상매입금 : ?
- 미지급금 : 150,000원
- 자본금 : 300,000원
- 이익잉여금 : 100,000원

① 450,000원　② 550,000원　③ 750,000원　④ 850,000원

6 다음 중 회계보고기간 종료일이 12월 31일인 경우, 유동자산에 속하지 않는 항목은? `68회`

① 7월 1일부터 내년 10월 말까지 보유예정인 현금및현금성자산
② 7월 1일 수취하여 내년 10월 말에 현금으로 실현될 받을어음
③ 7월 1일 투자목적으로 취득하여 2년 후에 매각예정인 회사주변의 땅
④ 7월 1일 단기매매목적으로 구입한 상장회사 ㈜무릉의 주식

7 다음 중 부채에 대한 설명으로 가장 옳지 않은 것은? `42회`

① 부채는 과거의 거래나 사건의 결과로 현재 기업실체가 부담하고 있고 미래에 자원의 유출 또는 사용이 예상되는 의무이다.
② 유동성장기부채는 유동부채로 분류한다.
③ 부채는 1년을 기준으로 유동부채와 비유동부채로 분류한다.
④ 정상적인 영업주기 내에 소멸할 것으로 예상되는 매입채무와 미지급비용 등이 보고기간 종료일로부터 1년 이내에 결제되지 않으면 비유동부채로 분류한다.

8 재무상태표의 기본요소 중 하나인 자본에 대한 설명으로 잘못된 것은? `102회`

① 자본이란 기업실체의 자산에 대한 소유주의 잔여청구권이다.
② 배당금 수령이나 청산 시에 주주간의 권리가 상이한 경우 주주지분을 구분표시 할 수 있다.
③ 재무상태표상 자본의 총액은 자산 및 부채를 인식, 측정함에 따라 결정된다.
④ 재무상태표상 자본의 총액은 주식의 시가총액과 일치하는 것이 일반적이다.

[유형 2] 손익계산서와 회계등식 (9 ~ 14) `최신 30회 중 13문제 출제`

9 다음 중 영업이익에 영향을 주는 거래로 옳은 것은? `110회`

① 거래처에 대한 대여금의 전기분 이자를 받았다.
② 창고에 보관하고 있던 상품이 화재로 인해 소실되었다.
③ 차입금에 대한 전기분 이자를 지급하였다.
④ 일용직 직원에 대한 수당을 지급하였다.

정답 및 해설

4 답 ④
해설 유동성배열법은 당좌자산, 재고자산, 투자자산, 유형자산, 무형자산, 기타비유동자산 순이다

5 답 ①
해설 부채총액 600,000원 – 미지급금 150,000원 = 450,000원
• 자산총계 : 보통예금 300,000원 + 외상매출금 700,000원 = 1,000,000원
• 부채총계 : 자산총계 1,000,000원 – 자본금 300,000원 – 이익잉여금 100,000원 = 600,000원

6 답 ③
해설 ①②④는 유동자산으로 분류하며, ③은 투자자산으로 분류한다.

7 답 ④
해설 부채는 1년을 기준으로 유동부채와 비유동부채로 분류한다. 다만, 정상적인 영업주기 내에 소멸할 것으로 예상되는 매입채무와 미지급비용 등은 보고기간종료일로부터 1년 이내에 결제되지 않더라도 유동부채로 분류한다. 이 경우 유동부채로 분류한 금액 중 1년 이내에 결제되지 않을 금액을 주석으로 기재한다.

8 답 ④
해설 재무상태표상의 자본의 총액은 주식의 시가총액과는 일치하지 않는 것이 일반적이다.

9 답 ④
해설 일용직 직원에 대한 수당은 잡급(판)으로 처리한다. 이자수익은 영업외수익으로, 재해손실과 이자비용은 영업외비용으로 처리한다.

10 다음 일반기업회계기준에 의한 손익계산서의 작성기준 중 옳지 않은 것은? 〔99회〕

① 현금 유·출입시점에 관계없이 당해 거래나 사건이 발생한 기간에 수익·비용을 인식하는 발생주의에 따른다.
② 수익은 실현주의로 인식한다.
③ 비용은 관련 수익이 인식된 기간에 인식한다.
④ 서로 연관된 수익과 비용은 직접 상계함으로써 순액으로 기재해야 한다.

11 손익계산서에 대한 설명 중 잘못된 것은? 〔73회〕

① 제품, 상품 등의 매출액에 대응되는 원가로서 판매된 제품이나 상품 등에 대한 제조원가 또는 매입원가를 매출원가라 한다.
② 판매비와관리비는 제품, 상품, 용역 등의 판매활동과 기업의 관리활동에서 발생하는 비용으로서 매출원가에 속하지 아니하는 모든 영업비용을 포함한다.
③ 판매비와관리비는 당해 비용을 표시하는 적절한 항목으로 구분하여 표시하여야 하며 일괄표시할 수 없다.
④ 기업의 주된 영업활동이 아닌 활동으로부터 발생하는 수익과 차익은 영업외수익에 해당된다.

12 다음 중 재무상태표 및 손익계산서에 대해 잘못 설명한 것은? 〔73회〕

① 자산은 유동자산과 비유동자산으로 구분되고, 비유동자산은 투자자산, 유형자산, 무형자산 및 기타비유동자산으로 구분된다.
② 부채는 유동부채와 비유동부채로 구분되며, 사채·장기차입금·퇴직급여충당부채계정은 비유동부채에 속한다.
③ 손익계산서는 매출총손익·영업손익·경상손익·법인세비용차감전순손익 및 당기순손익으로 구분 표시하여야 한다.
④ 재무상태표는 유동성배열법에 따라 유동성이 큰 항목부터 먼저 나열한다.

13
난이도 ●●○

회사의 자산과 부채가 다음과 같을 때 회사의 자본(순자산)은 얼마인가?   81회

- 상품 : 100,000원
- 대여금 : 40,000원
- 매입채무 : 70,000원
- 현금 : 10,000원
- 비품 : 80,000원
- 미지급금 : 20,000원

① 110,000원 ② 120,000원 ③ 130,000원 ④ 140,000원

14
난이도 ●●○

다음의 회계등식 중 옳지 않는 것은?   59회

① 기말자산 = 기말부채 + 기초자산 + 이익
② 총비용 + 이익 = 총수익
③ 기말자본 − 기초자본 = 이익
④ 자산 = 부채 + 순자산

정답 및 해설

10 답 ④
해설 수익과 비용은 각각 총액으로 보고하는 것을 원칙으로 한다. 다만, 다른 장에서 수익과 비용을 상계하도록 요구하는 경우에는 상계하여 표시하고, 허용하는 경우에는 상계하여 표시할 수 있다.

11 답 ③
해설 ~ 일괄표시할 수 있다. 일괄표시하는 경우에는 적절한 항목으로 구분하여 주석으로 기재한다. 또한, 주된 영업활동이 아닌 활동에서 발생한 수익과 차익은 영업외수익에 해당한다. 여기서, 수익은 생산적 활동에 의한 가치의 형성 또는 증식을 말하며 차익은 매매의 결과나 가격, 환시세의 변동으로 인한 이익을 말한다.

12 답 ③
해설 손익계산서는 매출총손익 · 영업손익 · 법인세비용차감전순손익 및 당기순손익으로 구분 표시된다.

13 답 ④
해설 자산(상품, 대여금, 현금, 비품) = 230,000원
부채(매입채무, 미지급금) = 90,000원
자산 − 부채 = 자본(순자산)이므로 230,000원 − 90,000원 = 140,000원

14 답 ①
해설 기말자산 = 기말부채 + 기초자본 + 이익

제3절 회계순환과정 I - 회계상의 거래와 분개

회계순환의 과정이란 기업이 유용한 재무정보를 정보이용자들에게 제공하기 위해 해당 기업이 행한 경제활동에서 회계정보를 식별해내고 이를 분류, 정리, 요약하여 재무제표로 만들어 공시하기까지의 절차를 말한다. '순환'이라 하는 이유는 이런 일련의 절차가 해당 기업의 회계기간에 맞춰 계속 반복되기 때문이다.

[기업이 수행하는 회계기간 중 회계처리와 결산과정]

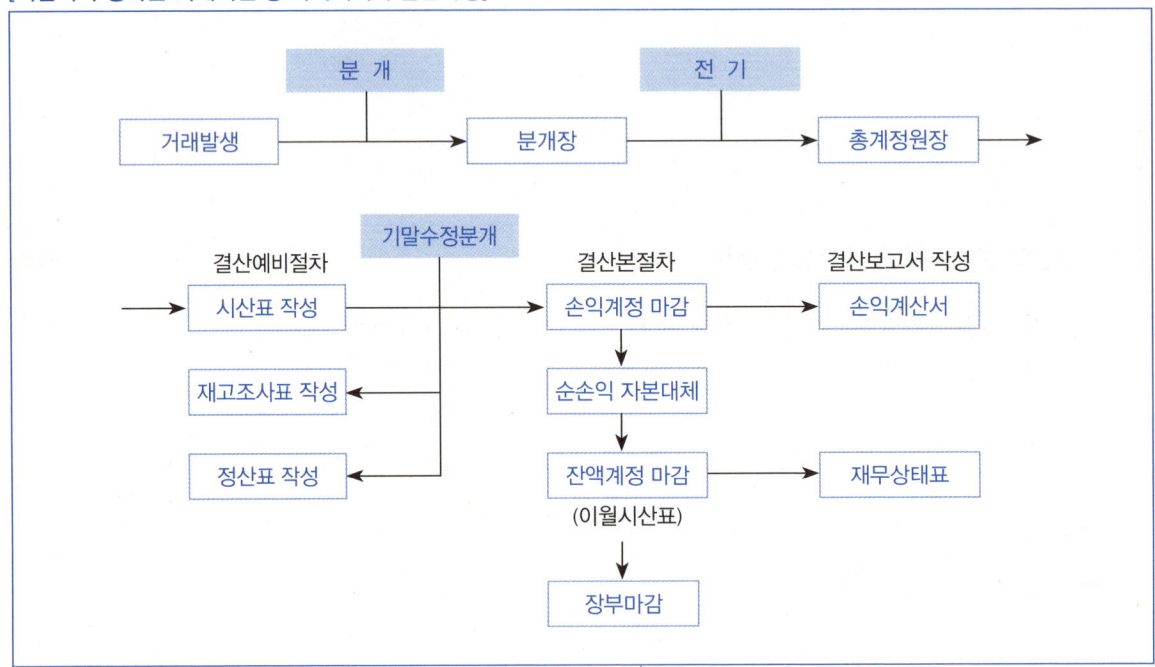

❶ 거래의 발생

(1) 회계상의 거래

회계상의 거래란 기업의 자산, 부채, 자본, 수익, 비용의 변동(증감)에 영향을 미치는 경제적인 사건을 말한다. 경제적인 사건이란 기업의 영업활동이 재무상태에 금전적인 영향을 미치는 것을 말하는 것으로 반드시 화폐 금액으로 측정할 수 있어야 한다. 즉, 회계상의 거래란 기업의 자산, 부채, 자본, 수익, 비용에 영향을 미치면서 그 영향을 화폐금액으로 측정할 수 있는 것만을 말한다.

[회계상의 거래와 일반적인 거래]

회계상의 거래		
화재, 도난, 분실, 대손, 감가 등의 자산 감소	현금의 수입과 지출, 재고자산매매, 채권과 채무의 증가와 감소, 비용의 발생, 수익의 발생 등	임대차계약, 재고자산의 주문, 종업원의 채용, 약속 담보제공 등
	일반적인 거래(사회통념상의 거래)	

기출확인문제

다음 중 회계상 거래가 아닌 것은?

① 사업을 위하여 10,000,000원을 추가로 출자하다.
② 지급기일이 도래한 약속어음 10,000,000원을 보통예금에서 이체하여 변제하다.
③ 성수기 재고 확보를 위하여 상품 30,000,000원을 추가 주문하기로 하다.
④ 화재가 발생하여 창고에 있던 재고자산 20,000,000원이 멸실되다.

해설 순자산 변동이 없으므로 회계상 거래가 아니다.

답 ③

(2) 거래의 8요소

회계상의 거래가 발생하면 장부에 기록해야 한다. 회계상의 거래는 자산, 부채, 자본, 수익, 비용의 경제적인 증감변화라 하였다. 즉, 기록하는 것은 자산의 증가와 감소, 부채의 증가와 감소, 자본의 증가와 감소, 비용의 증가와 감소, 수익의 증가와 감소라는 10가지이다. 그 중 수익의 감소와 비용의 감소는 실제 거래에서 거의 발생하지 않으므로 일반적으로 거래요소에서 제외된다. 결국 실제 발생하는 거래요소는 8개로 정리할 수 있는데 이를 거래의 8요소라고 한다. 또한, 수익의 증가와 비용의 증가라는 표현보다는 수익의 발생, 비용의 발생이라는 용어를 사용하는 것이 옳은 표현이다.

(3) 거래 8요소의 결합관계

회계상의 거래는 반드시 두 개 이상의 요소가 서로의 원인과 결과로서 결합되어 있는데 이를 거래의 결합관계라고 한다. 즉, 기업에서 발생하는 모든 거래는 1개 이상의 차변요소와 1개 이상의 대변요소의 결합으로 이루어지는 것이다. 차변에 기입하는 요소는 자산증가, 부채감소, 자본감소, 비용발생이며 대변에 기입하는 요소는 자산감소, 부채증가, 자본증가, 수익발생이다.

[거래 8요소의 조합]

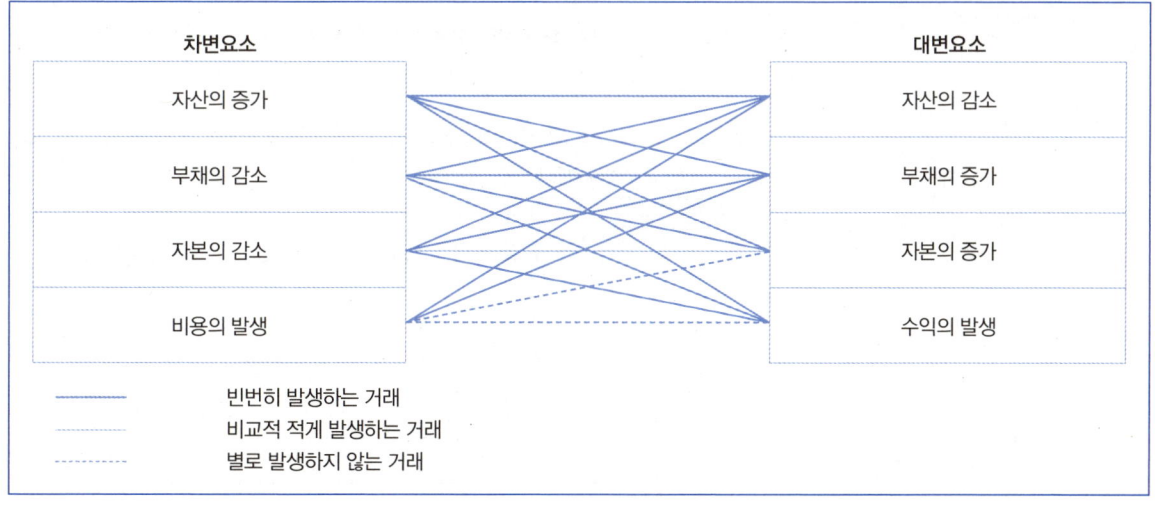

8요소의 결합관계		거래의 예
자산의 증가	자산의 감소	상품을 현금으로 매입하다.
	부채의 증가	상품을 외상으로 매입하다.
	자본의 증가	현금을 출자받아 개업하다.
	수익의 발생	이자를 현금으로 받다.
부채의 감소	자산의 감소	외상매입금을 현금으로 상환하다.
	부채의 증가	외상매입금을 어음 발행하여 상환하다.
	수익의 발생	채권자로부터 외상매입금을 면제받다.
자본의 감소	자산의 감소	기업주가 개인적으로 현금을 인출해가다.
	수익의 발생	타인의 출자금을 무상으로 기업에 기증하다.
비용의 발생	자산의 감소	복리후생비를 현금으로 지급하다.
	부채의 증가	차입금의 이자를 원금에 가산하다.

합격 TIP 계정과 계정과목

계정이란 어떤 항목의 증가와 감소를 구분하여 기록하는 장소이며 회계상의 거래는 증감의 변동이 발생하기 때문에 계정은 차변과 대변에 나누어 기재한 T자의 형태인 T계정을 사용하는 것이다.

(차변)	현 금	(대변)		(차변)	비 품	(대변)

위에서 예시한 두 계정은 현금과 비품이라는 명칭을 가지고 있는데 계정에 표시하는 구체적인 명칭이 계정과목인 것이다. 또한, 계정은 크게 재무상태표 계정과 손익계산서 계정으로 구분된다. 재무상태표 계정은 다시 자산, 부채, 자본 계정으로 구성되며, 손익계산서 계정은 비용, 수익계정으로 구성되어 있다.

[계정의 분류]

구 분	계 정	계 정 과 목
재무상태표 계정	자산계정	현금, 외상매출금, 상품, 비품 등
	부채계정	외상매입금, 지급어음, 미지급금 등
	자본계정	자본금
손익계산서 계정	수익계정	매출, 이자수익, 임대료 등
	비용계정	매출원가, 급여, 접대비, 이자비용 등

[재무상태표 계정]

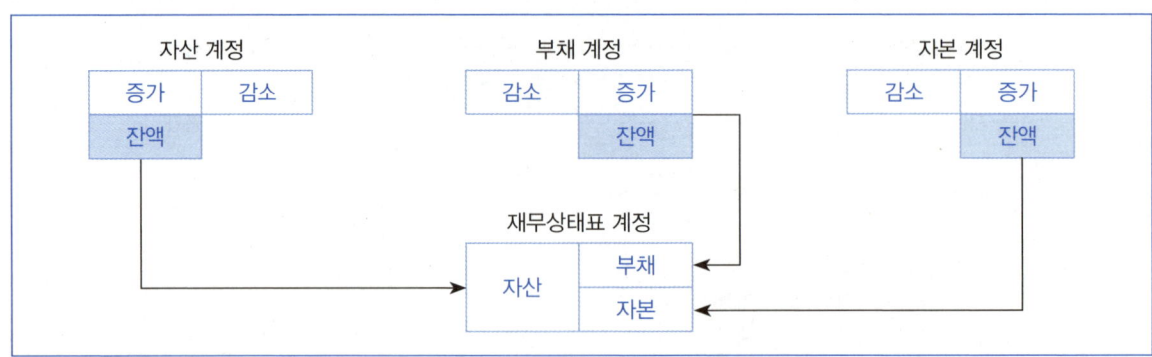

[손익계산서 계정]

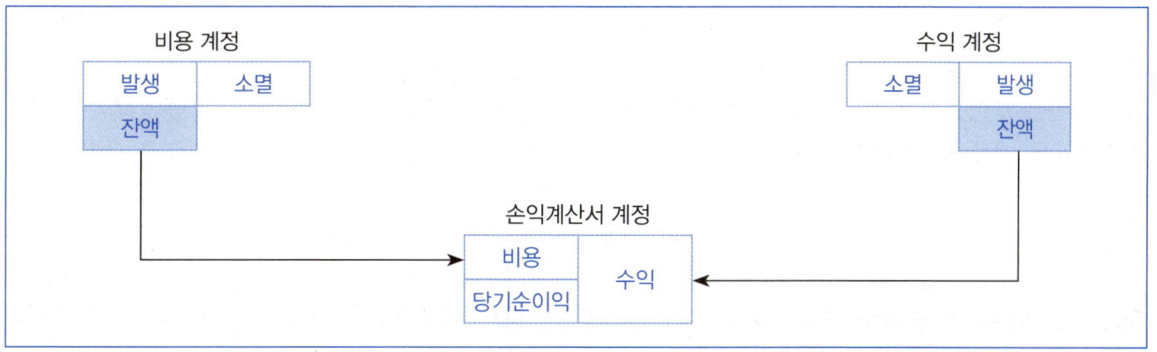

> **기출확인문제**
>
> 다음 중 분개의 구조 상 차변 요소가 아닌 것은?
>
> ① 자본의 감소 ② 자산의 감소
> ③ 비용의 발생 ④ 부채의 감소
>
> 해설 자산의 감소는 대변 요소이다.
>
> 답 ②

★ ❷ 분개

(1) 분개의 의의

분개란 거래가 발생하면 회사의 장부에 복식부기에 의해서 차변항목과 대변항목을 나누어서 기입하는 방법을 말한다. 회사의 분개들이 모여서 재무상태표 및 손익계산서 등의 재무제표가 완성되는 것이다. 분개 수행의 절차는 다음과 같다.

분개 수행의 절차
① 회계상의 거래인가?
② 자산, 부채 등 어떤 계정에 기록할 것인가?
③ 차변과 대변 중 어디에 기입할 것인가?
④ 금액은 얼마인가?

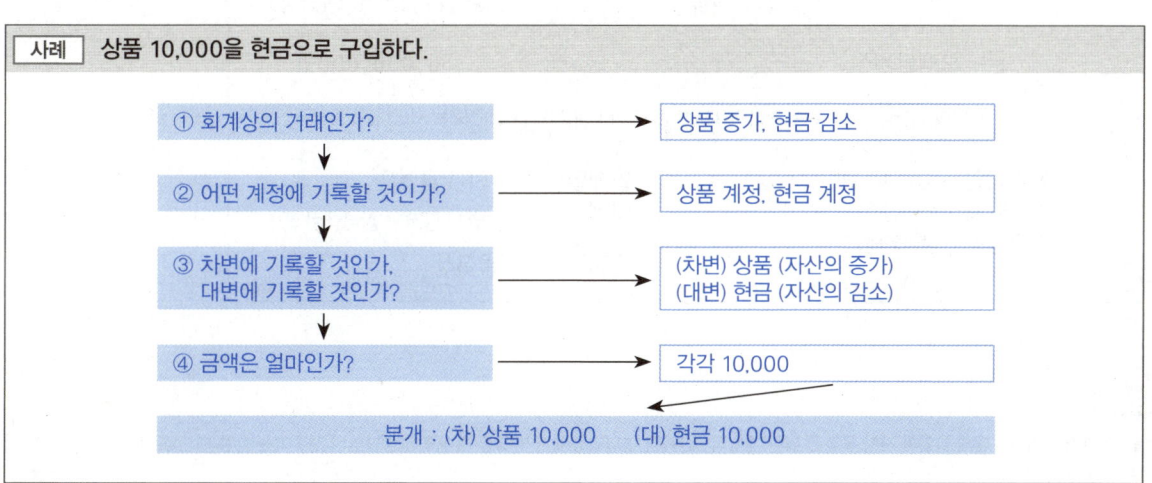

(2) 대금결제수단 : 수표와 어음

① 당좌수표

당좌예금이란 기업이 은행과 당좌거래약정을 맺고 당좌수표를 발행할 수 있는 은행 계좌를 말한다. 은행과 당좌거래 계약을 맺으면 은행은 회사에 대해 당좌수표용지를 주는데, 회사는 현금을 지급할 일이 있을 때에 이 당좌수표용지에 그 금액을 적어주면 그 용지를 받는 사람이 은행에 가서 돈을 찾도록 된 시스템을 갖춘 것이 당좌예금 제도이다.

당좌예금을 이용하게 되면 기업의 현금관리 업무가 당좌예금 통장을 통해 가능하다. 당좌예금은 입금은 자유로우나 출금은 수표를 발행해야 되는 것이 특징이다. 즉, 당사가 대금결제수단으로 당좌수표를 발행하면 당좌예금 계좌에서 인출이 되므로 당좌예금이 감소하게 되며 타인이 발행한 당좌수표를 받은 경우에는 은행으로 가서 바로 인출가능한 금액이므로 현금의 증가로 처리해야 한다.

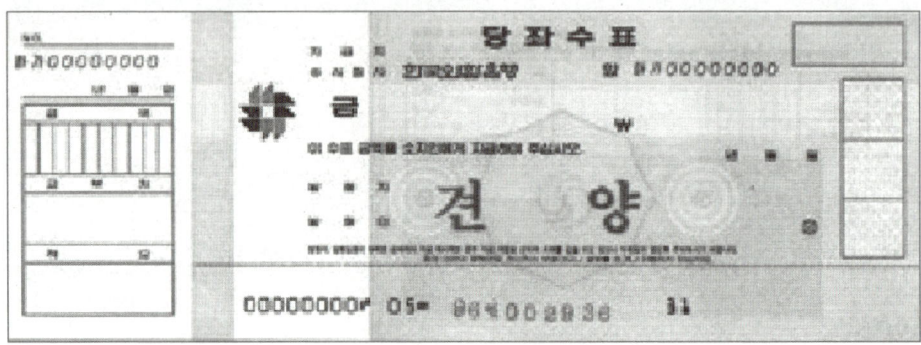

② 어음

발행인이 소지인에 대하여 일정기일에 일정금액을 지급할 것을 약속한 증권을 말한다. 일반적인 상거래[4]에서 발생한 채권(돈 받을 권리)·채무(돈 줄 의무)에 대하여 어음을 받는 경우 받을어음이라고 하며, 어음을 발행하여 지급하는 경우는 지급어음이라고 한다. 반면, 일반적인 상거래 이외 거래에서 어음을 지급한 경우에는 미지급금, 일반적인 상거래 이외 거래에서 어음을 받은 경우에는 미수금으로 처리해야 한다. 외상거래에서 어음을 주고 받는 이유는 어음법에 의하여 어음상의 권리와 의무를 보호받을 수 있기 때문이다.

```
                         전 자 어 음
              ㈜길동상사 귀하              00420180702123406789

        금  오백만원정                        5,000,000원

            위의 금액을 귀하 또는 귀하의 지시인에게 이 약속어음과 상환하여 지급하겠습니다.

        지급기일  20X1년 3월 31일     발행일  20X1년 1월 1일
        지 급 지  국민은행            발행지
        지급장소  강남지점            주  소  서울특별시 강남구 강남대로 552
                                      발행인  ㈜배움상사
```

---

[4] 일반적 상거래 : 당해 기업의 사업 목적을 위한 계속적·반복적 영업활동에서 발생한 거래로서 상기업의 경우에는 상품 매입 후 판매하는 거래를 말한다.

(3) 분개의 연습

1) 자산증가 – 자산감소

기업입장에서 영업활동을 위해 상품 등을 취득하게 되면 자산이 증가하므로 차변에 기입하고, 대금결제로 돈을 지급한 경우 자산이 감소하므로 대변에 기입해야 한다.

① 상품을 10,000원에 구입하고 대금은 현금으로 지급하다.

키워드	상품 구입		현금 지급	
결합관계	자산의 증가		자산의 감소	
분 개	(차) 상 품	10,000	(대) 현 금	10,000
핵심정리	기업입장에서 상품이 들어왔으므로 차변에, 돈은 나갔으므로 대변에 기입한다.			

② 업무용 책상을 200,000원에 구입하고 대금은 자기앞수표로 지급하다.

키워드	책상 구입		자기앞수표 지급	
결합관계	자산의 증가		자산의 감소	
분 개	(차) 비 품	200,000	(대) 현 금	200,000
핵심정리	영업활동에 사용할 목적으로 구입한 책상은 비품에 해당한다. 자기앞수표는 결제수단으로서 현금처럼 사용되니까 자기앞수표 지급은 대변에 현금으로 처리한다.			

③ 제품 제조에 사용하기 위하여 기계를 500,000원에 구입하고 대금결제는 수표발행하다.

키워드	기계 구입		수표 발행	
결합관계	자산의 증가		자산의 감소	
분 개	(차) 기계장치	500,000	(대) 당좌예금	500,000
핵심정리	기계를 사 온 경우 계정과목은 기계장치이며 수표를 발행하면 당좌예금에서 돈이 인출되어 나간다.			

④ 업무용 승용차를 1,000,000원에 구입하고 대금으로 보통예금으로 이체하다.

키워드	승용차 구입		보통예금 계좌이체	
결합관계	자산의 증가		자산의 감소	
분 개	(차) 차량운반구	1,000,000	(대) 보통예금	1,000,000
핵심정리	운반수단인 승용차는 차량운반구에 해당한다. 보통예금으로 결제한 경우 대변에 보통예금을 기입한다.			

합격 TIP

① 돈·물건 들어오면 – 자산 증가(차변)
② 돈·물건 나가면 – 자산 감소(대변)

2) 자산증가 – 부채증가

기업입장에서 영업활동을 위해 상품 등을 취득하게 되면 자산이 증가하므로 차변에 기입하고, 대금결제를 외상으로 하는 경우 부채가 증가하므로 대변에 기입해야 한다.

① 상품을 5,000원에 구입하고 대금은 외상으로 하다.

키워드	상품 구입			외상	
결합관계	자산의 증가			부채의 증가	
분개	(차) 상품	5,000	(대)	외상매입금	5,000
핵심정리	기업입장에서 상품이 들어오면 자산증가로 차변에 기입, 또한 외상결제 하였으므로 대변에 외상매입금이라는 부채가 증가한다.				

반면, 부채는 상환하게 되면 차변으로 사라지게 된다.

①-1 외상매입금 5,000원을 현금으로 상환하다.

키워드	외상매입금 상환			현금 지급	
결합관계	부채의 감소			자산의 감소	
분개	(차) 외상매입금	5,000	(대)	현금	5,000

② 상품을 15,000원에 구입하고 대금으로 약속어음을 발행하다.

키워드	상품 구입			어음 발행	
결합관계	자산의 증가			부채의 증가	
분개	(차) 상품	15,000	(대)	지급어음	15,000
핵심정리	상품을 매입하고 약속어음을 발행한 경우 대변에 지급어음이라는 부채가 증가한다.				

③ 업무용 책상을 30,000원을 구입하고 대금은 외상으로 하다.

키워드	책상 구입			외상	
결합관계	자산의 증가			부채의 증가	
분개	(차) 비품	30,000	(대)	미지급금	30,000
핵심정리	상품 이외의 자산을 구입하고 대금을 외상으로 한 경우 대변에 미지급금이라는 부채가 증가한다.				

④ 업무용 책상을 35,000원에 구입하고 대금은 약속어음을 발행하여 주다.

키워드	책상 구입			어음 발행	
결합관계	자산의 증가			부채의 증가	
분개	(차) 비품	35,000	(대)	미지급금	35,000
핵심정리	상품 이외의 자산을 구입하고 대금결제를 어음발행한 경우 대변에 미지급금이라는 부채가 증가한다.				

합격 TIP
① 줄 돈이 생기면 – 부채 증가(대변)
② 줄 돈을 상환하면 – 부채 감소(차변)

합격 TIP 자산구입시의 거래 상황

차 변	대 변	
상 품	현금으로 구입	현 금
	자기앞수표로 지급	현 금
	수표발행하여 지급	당좌예금

상 품	보통예금으로 계좌이체	보통예금
	외상구입	외상매입금
	어음으로 구입	지급어음
상 품 이외 자산	외상구입	미지급금
	어음으로 구입	
	할부거래. 신용카드로 구입	

3) 자산증가 – 자본증가

기업입장에서 영업활동을 위해 장사밑천인 자본금을 받아오게 되면 대변에 자본금을 기입하고, 돈이나 물건 등 자산이 들어오면 자산의 증가에 해당하므로 차변에 기입하면 된다.

① 현금 1,000,000원을 출자하여 상품매매업을 개시하다.

키워드	현금			출자	
결합관계	자산의 증가			자본의 증가	
분 개	(차) 현 금	1,000,000	(대)	자 본 금	1,000,000
핵심정리	장사밑천을 출자 받으면 대변에 자본금을 기입하고, 기업입장에서 돈이 들어오니까 자산증가에 해당한다.				

② 기업주가 업무용 차량 2,000,000원을 추가로 출자하다

키워드	차량			출자	
결합관계	자산의 증가			자본의 증가	
분 개	(차) 차량운반구	2,000,000	(대)	자 본 금	2,000,000
핵심정리	출자는 현금 이외의 자산으로도 가능하며 이러한 출자를 현물출자라 한다.				

합격 TIP

장사밑천을 출자 받으면 – 자본 증가(대변)

4) 자산증가 – 수익발생

수익은 번 돈을 의미한다. 돈이 들어오면 자산의 증가에 해당하므로 차변에 기입하고 번 돈의 원인인 수익은 남아있는 대변에 기입하면 되는 것이다.

① 상품을 5,000원에 판매하고 대금은 외상으로 하다.

키워드	외상			상품 판매	
결합관계	자산의 증가			수익의 발생	
분 개	(차) 외상매출금	5,000	(대)	상품매출	5,000
핵심정리	상품을 판매하면 수익이 발생하고 수익발생은 대변에 기입한다. 또한 대금결제가 외상이면 돈 받을 권리인 외상매출금이라는 채권(자산)이 차변에 증가하게 된다. 만약, 500원인 상품을 5,000원에 판매한다고 가정하면 500원인 상품이 대변에 감소하게 되고 차변에 매출원가라는 비용이 인식된다. 그러나 판매될 때마다 얼마짜리가 팔렸는지 알기는 어렵다. 따라서, 실무에서는 판매할 때에는 상품매출이라는 수익만 인식하게 되고 매출원가는 기말에 한꺼번에 인식한다. 매출원가산정은 재고자산 파트에서 자세히 살펴보도록 하겠다.				

반면, 돈 받을 권리인 채권은 회수하게 되면 대변에서 사라지게 된다.

①-1 외상매출금 5,000원을 현금으로 회수하다.

키워드	현금		외상매출금 회수	
결합관계	자산의 증가		자산의 감소	
분개	(차) 현금	5,000	(대) 외상매출금	5,000

② 상품을 15,000원에 판매하고 대금으로 약속어음을 받다.

키워드	어음 수령		상품 판매	
결합관계	자산의 증가		수익의 증가	
분개	(차) 받을어음	15,000	(대) 상품매출	15,000
핵심정리	상품을 판매하고 약속어음을 교부받은 경우 차변에 받을어음이라는 자산이 증가한다. 상품 이외의 자산의 판매는 계정과목론에서 자산별로 나누어 살펴보도록 하.			

합격 TIP
① 번 돈의 원인이 발생하면 – 수익 발생(대변)
② 받을 돈이 생기면 – 자산 증가(차변)
③ 받을 돈을 회수하면 – 자산 감소(대변)

합격 TIP 자산판매시의 거래 상황

차 변		대 변
현 금	현금판매	
현 금	자기앞수표를 받은 경우	
현 금	타인발행수표를 받은 경우	상품 매출
보통예금	보통예금으로 계좌이체	또는
외상매출금	외상판매	제품 매출
받을어음	어음을 수령	

③ 판매대행 의뢰를 받아 이를 해주고 수수료로 현금 100,000원을 받다.

키워드	현금		수수료	
결합관계	자산의 증가		수익의 발생	
분개	(차) 현금	100,000	(대) 수수료수익	100,000
핵심정리	판매대행이라는 서비스를 제공하고 수수료를 받는 경우 대변에 수수료수익을 기입한다.			

④ 배움상사에 빌려준 대여금으로부터 발생한 이자 200,000원을 현금으로 받다.

키워드	현금		받은 이자	
결합관계	자산의 증가		수익의 발생	
분개	(차) 현금	200,000	(대) 이자수익	200,000
핵심정리	대여금에 대한 받은 이자는 이자수익으로 대변에 기입한다.			

5) 비용발생 – 자산감소

비용은 벌기 위해 쓴 돈을 의미한다. 돈을 쓰게 되면 자산의 감소에 해당하므로 대변에 기입하며 쓴 돈의 원인인 비용은 남아있는 차변에 기입하면 되는 것이다.

① 직원에게 1개월 간 월급 2,500,000원을 현금으로 지급하다.

키워드	월급			현금 지급		
결합관계	비용의 발생			자산의 감소		
분 개	(차)	급 여	2,500,000	(대)	현 금	2,500,000
핵심정리	돈이 나가면 자산 감소이므로 대변에 기입하고 쓴 돈의 원인은 차변에 기입한다. 또한, 비용 중 근로의 대가로 지급하는 인건비는 급여에 해당한다.					

② 직원이 결혼하여 축의금으로 100,000원 현금으로 지급하다.

키워드	축의금			현금 지급		
결합관계	비용의 발생			자산의 감소		
분 개	(차)	복리후생비	100,000	(대)	현 금	100,000
핵심정리	급여 이외의 임·직원의 후생과 복지를 위해 지급하는 식당운영비, 체육비, 경조사비 등은 복리후생비이다.					

핵심체크 ✓

쓴 돈의 원인이 발생하면 – 비용 발생(차변)

6) 비용발생 – 부채증가

비용이 발생하고 대금결제를 신용카드로 한 경우 대변에 부채가 증가하게 된다.

① 거래처 식사접대에 100,000원을 사용하고 대금은 신용카드로 결제하다.

키워드	거래처 접대			신용카드 결제		
결합관계	비용의 발생			부채의 증가		
분 개	(차)	기업업무추진비	100,000	(대)	미지급금	100,000
핵심정리	거래처 접대는 일반적 상거래가 아니므로 신용카드 결제로 생긴 부채는 미지급금에 해당한다.					

7) 부채감소 – 자산감소

부채는 상환하면 감소하게 되므로 차변에 기입하고 대금결제로 돈 등이 지급되는 경우는 자산감소이므로 대변에 기입한다.

① 비전상사로부터 5개월간 차입했던 차입금 6,000원 현금으로 상환하다.

키워드	차입금 상환			현금 지급		
결합관계	부채의 감소			자산의 감소		
분 개	(차)	단기차입금	6,000	(대)	현 금	6,000
핵심정리	회사입장에서 단기차입금을 상환하였으므로 부채가 감소하고 현금이 감소한다.					

② 배움상회의 외상매입금 중 120,000원 보통예금에서 계좌이체하여 상환하다.

키워드	외상매입금 상환		보통예금 계좌이체	
결합관계	부채의 감소		자산의 감소	
분 개	(차) 외상매입금	120,000	(대) 보통예금	120,000
핵심정리	외상매입금을 상환하게 되면 차변에 부채가 감소한다.			

③ 상품 구입을 위해 발행한 약속어음 20,000원이 만기가 되어 수표를 발행하여 상환하다.

키워드	어음 상환		수표 발행	
결합관계	부채의 감소		자산의 감소	
분 개	(차) 지급어음	20,000	(대) 당좌예금	20,000
핵심정리	발행한 어음이 만기가 되어 상환하면 부채는 감소하고, 수표를 발행하면 당좌예금이 감소한다.			

④ 기계 구입을 위해 발생한 외상대금 100,000원 자기앞수표로 상환하다.

키워드	외상대금 상환		자기앞수표 지급	
결합관계	부채의 감소		자산의 감소	
분 개	(차) 미지급금	100,000	(대) 현 금	100,000
핵심정리	기계 구입하고 생긴 외상대금은 미지급금이며 이를 상환하면 부채는 감소한다.			

8) 부채감소 – 부채증가

부채를 상환하기 위해 새로운 부채가 생기는 유형의 거래이다.

① 외상매입금 6,000원을 상환하기 위해 약속어음을 발행하여 지급하다.

키워드	외상매입금 상환		어음 발행	
결합관계	부채의 감소		부채의 증가	
분 개	(차) 외상매입금	6,000	(대) 지급어음	6,000
핵심정리	외상매입금을 갚기 위하여 어음을 발행한 경우 대변에 지급어음이 증가한다.			

② 어음대금 6,000원 만기가 되어 상환하면서 3개월 만기로 은행에 차입하다.

키워드	어음대금 상환		차입	
결합관계	부채의 감소		부채의 증가	
분 개	(차) 지급어음	6,000	(대) 단기차입금	6,000
핵심정리	만기가 된 어음대금을 상환하기 위하여 차입한 경우 대변에 차입금이 증가한다.			

9) 금전대차거래의 회계처리

① 채권자

채권자 입장에서 돈을 빌려준 시점에 돈 받을 권리인 대여금이 차변에서 증가하게 되며, 이 대여금은 회수하게 되면 대변에서 없어지게 된다. 대여금은 회수기한에 따라 단기대여금과 장기대여금으로 구분된다. 단기대여금이란 자금의 대여로 보고기간종료일로부터 회수기한이 1년 이내에 도래하는 대여금을 말하며 장기대여금은 보고기간종료일로부터 회수기한이 1년을 초과하는 경우의 대여금이다.

구 분	차 변		대 변	
대여시	단 기 대 여 금	×××	현 금	×××
회수시	현 금	×××	단 기 대 여 금 이 자 수 익	××× ×××

② 채무자

채무자 입장에서 돈을 빌린 시점에 갚을 돈인 차입금이 대변에서 증가하게 되며, 이 차입금은 상환하게 되면 차변에서 없어지게 된다. 차입금은 상환기한에 따라 단기차입금과 장기차입금으로 구분된다. 단기차입금이란 보고기간종료일로부터 상환기한이 1년 이내에 도래하는 차입금을 말하며 장기차입금은 보고기간종료일로부터 상환기한이 1년을 초과하는 경우의 차입금이다.

구 분	차 변		대 변	
차입시	현 금	×××	단 기 차 입 금	×××
상환시	단 기 차 입 금 이 자 비 용	××× ×××	현 금	×××

10) 계약금의 회계처리

① 구매자

구매자 입장에서 재고자산 등을 매입하기로 하고 먼저 지급한 계약금인 선급금(자산)을 차변에 기입하며, 계약금인 선급금은 구매 시 대변으로 없어지게 된다.

구 분	차 변		대 변	
계약시	선 급 금	×××	현 금	×××
구매시	재 고 자 산 등	×××	선 급 금 현 금	××× ×××

② 판매자

판매자 입장에서 재고자산 등을 판매하기로 하고 먼저 받은 계약금인 선수금(부채)을 대변에 기입하며, 계약금인 선수금은 판매 시 차변으로 없어지게 된다.

구 분	차 변		대 변	
계약시	현 금	×××	선 수 금	×××
판매시	선 수 금 현 금	××× ×××	상 품 매 출 등	×××

합격 TIP

구 분	의 의	계정과목
자 산	먼저 준 돈이 자산임 (받을 권리 있음)	선급금
부 채	먼저 받은 돈이 부채임(해줄 의무 있음)	선수금

* 계약금 문제가 나오면 선급금, 선수금으로 한다.

> **기출확인문제**
>
> 다음 중 거래의 8요소와 그 예시로 가장 적절하지 않은 것은?
>
> ① (차) 비용발생 (대) 자산감소 : 신용카드 연회비 1만원이 신용카드로 결제되다.
> ② (차) 자산증가 (대) 수익발생 : 보통예금의 결산이자 100만원이 입금되다.
> ③ (차) 자산증가 (대) 부채증가 : 원재료 2,000만원을 외상으로 구입하다.
> ④ (차) 부채감소 (대) 부채증가 : 외상매입금 1,000만원을 신용카드로 결제하다.
>
> **해설** (차) 수수료비용　　×××(비용발생)　　(대) 미지급비용 또는 미지급금　　×××(부채증가)
>
> **답** ①

③ 전표와 분개장

(1) 전표

전표는 회계상 거래의 내용을 한 장의 종이에 기록한 서식을 말한다.

전표에는 현금이 증가할 때 사용하는 입금전표, 현금을 지출할 때 사용하는 출금전표, 그 외의 경우에 사용하는 대체전표가 있다. 거래가 발생하면 전표에 거래의 내용을 기록하고 전표의 뒷면에 관련 증빙서류를 부착하는 것이 일반적이다.

① 입금전표

입금전표는 분개를 할 경우 **차변에 현금만 기록되는 경우** 사용된다. 입금전표에 기록되는 거래를 입금거래라 한다.

사례	1/1 우리상점으로부터 외상매출금 3,000,000원을 현금으로 회수하였다.

입 금 전 표 20x1년 1월 1일			
과목	외상매출금	거래처	우리상점
적　　요			금액
우리상점에서 외상매출금 현금회수			3,000,000
합　　계			3,000,000

② 출금전표

출금전표는 분개를 할 경우 **대변에 현금만 기록되는 경우** 사용된다. 출금전표에 기록되는 거래를 출금거래라 한다.

| 사례 | 1/2 직원의 경조사비로 100,000원을 현금으로 지급하였다. |

출 금 전 표
20x1년 1월 2일

과목	복리후생비	거래처	
적 요			금액
직원 경조사비 지급			100,000
합 계			100,000

③ 대체전표

<u>입금전표와 출금전표 이외의 경우 대체전표를 사용</u>한다. 대체전표는 차변항목과 대변항목을 같이 집계하여 기록하게 되며, 대체전표에 기록되는 거래는 대체거래가 된다.

| 사례 | 1/3 상품 1,000,000원을 미래상사에 판매하고, 어음을 수취하였다. |

대 체 전 표
20x1년 1월 3일

(차변) (대변)

과목	거래처	금액	과목	거래처	금액
받을어음	미래상사	1,000,000	상품매출		1,000,000
합계		1,000,000	합계		1,000,000
적 요	미래상사에 상품 판매 후 어음 수취				

(2) 분개장

회계상 거래가 발생하면 각 전표에 기록된 분개들을 발생한 순서대로 기입하는 장부를 분개장이라고 하고, 분개장의 양식에는 병립식과 분할식이 있다.

(병립식 분개장)　　　　　분 개 장　　　　　　(1)

월일	적 요	원면	차 변	대 변
2 1	(현금)	1	112,000	
	(자본금)	15		112,000
	현금을 출자하여 상품매매업을 시작하다.			

(분할식 분개장)　　　　　분 개 장　　　　　　(1)

차 변	원면	적 요	원면	대 변
112,000		2/1 (현금)		
		(자본금)		112,000
		현금을 출자하여 상품매매업을 시작하다.		

❹ 전기와 회계장부

(1) 전 기

거래가 발생하면 이에 대한 전표가 작성되고 분개장이 만들어진다. 분개장은 거래가 발생한 순서대로 기록되어 있는 장부이기 때문에 **계정과목별로 잔액을 파악할 수가 없다.** 이를 해결하고자 분개를 계정에 옮기는 작업인 전기를 하게 된다. 이들 계정들을 모아 놓은 장부를 원장 혹은 **총계정원장**이라 부른다. 원장의 형식에는 표준식과 잔액식이 있다. 현재 전산화로 인해서 분개를 입력하면 자동으로 전기가 되어 총계정원장이 작성되지만 기초이론과정에서는 전기를 해보고 그 의미를 파악하는 것은 매우 중요한 일이다.

(표준식 총계정원장)

현 금

월일	적 요	분면	금 액	월일	적 요	분면	금 액
9 16	자 본 금	1	112,000				

(잔액식 총계정원장)

현 금

월일	적 요	분면	차 변	대 변	차·대	잔 액
9 16	자 본 금	1	112,000		차	112,000

전기하는 절차는 다음과 같다.
① 분개장의 차변금액은 원장상 해당 계정과목의 차변에 기입한다.
② 분개장의 대변금액은 해당 계정과목의 대변에 기입한다.
③ 원장에 전기된 금액 앞에 거래의 원인을 표기하기 위하여 분개장의 상대편 계정과목을 기입한다. 이 때 상대편 계정과목이 두 개 이상인 경우에는 제좌라고 기입한다.

사례 다음의 거래를 분개 후 전기하시오.

1. 거래
3/8 상품 450,000을 외상으로 매입하다.

2. 분개
(차변) 상품 450,000   (대변) 외상매입금 450,000

3. 전기

상　품		외상매입금	
3/8 외상매입금 450,000		3/8 상　품 450,000	

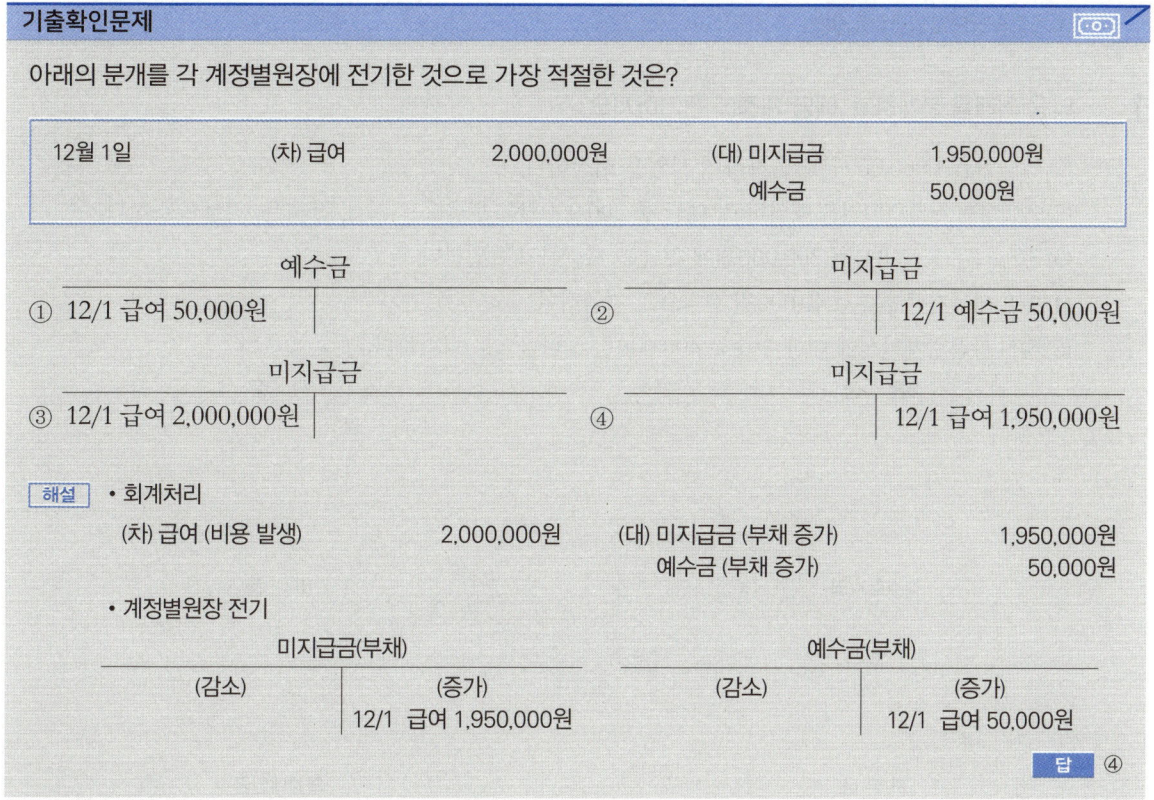

(2) 회계장부

회계장부란 재무상태와 경영성과를 파악하기 위해 기업 활동을 기록·계산·정리하기 위한 기록부를 말한다. 회계장부는 법령에 따라 장기간 보존하여야 하며 기업의 거래 내용에 대한 증거 자료가 되므로 법령의 규제가 없다 하더라도 잘 관리해야 한다. 회계장부에는 주요장부와 보조장부가 있다. **주요장부는 모든 거래를 총괄하여 기록·계산하는 장부로 분개장과 총계정원장**을 말하고, 보조장부는 주요장부를 보충해주는 역할을 한다. 보조장부는 특정계정의 증감 변동내역을 발생순서에 따라 상세히 기입한 보조기입장과 총계정원장의 특정계정에 대한 구성내용을 보충하는 역할을 하는 보조원장이 있다.

또한 회계장부는 기업회계기준에 의해 작성되어야 하며 기업회계기준은 각 회계장부의 기록에 대한 오류나 변칙방법 등을 막아주는 역할을 수행한다.

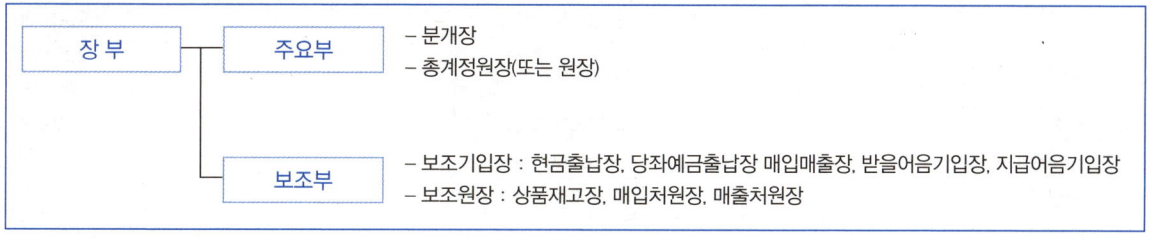

문제: 총계정원장으로의 전기(轉記)

1 다음 거래를 분개하고, 해당 계정에 전기하시오.

(1) 1/1 현금 1,000,000원을 출자하여 사업을 시작하다.
(2) 2/2 상품 600,000원을 매입하고, 대금 중 200,000원은 현금으로 지급, 잔액은 외상으로 하다.
(3) 3/3 사무용 컴퓨터를 300,000원에 현금을 지급하고 구입하다.
(4) 4/4 세무자문수수료 40,000원 현금으로 지급하다.
(5) 5/5 상품중개알선에 대한 수수료 400,000원을 현금으로 회수하다.

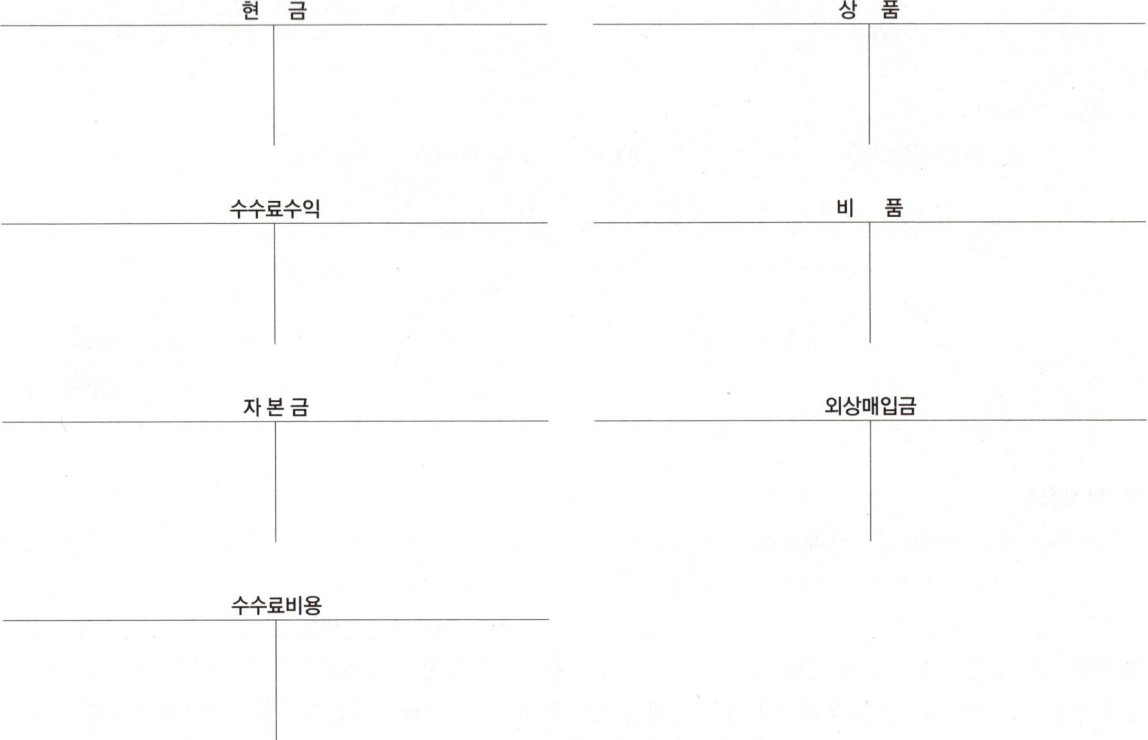

정답

	차 변		대 변	
(1)	현금	1,000,000	자본금	1,000,000
(2)	상품	600,000	현금 외상매입금	200,000 400,000
(3)	비품	300,000	현금	300,000
(4)	수수료비용	40,000	현금	40,000
(5)	현금	400,000	수수료수익	400,000

현금
- ❶ 자본금 1,000,000　❷ 상 품 200,000
- ❺ 수수료수익 400,000　❸ 비 품 300,000
- 　　　　　　　　　　　❹ 수수료비용 40,000

상 품
- ❷ 제 좌 600,000

비　품		수수료수익	
❸ 현　금　　300,000			❺ 현　금　　400,000

외상매입금		자 본 금	
	❷ 상　품　　400,000		❶ 현　금　　1,000,000

수수료비용	
❹ 현　금　　40,000	

제3절 회계상의 거래와 분개 - 객관식 기출문제

[유형 1] 회계상의 거래 (1) 최신 30회 중 2문제 출제

1 다음 중 회계상 거래가 아닌 것은? [79회]

① 사용하던 기계장치를 거래처에 매각처분하였다.
② 사무실 임차계약을 체결하고 임차보증금을 지급하였다.
③ 거래처에서 외상매입금을 면제해 주었다.
④ 경영진이 미래에 특정 자산을 취득하겠다는 의사결정을 하였다.

★ [유형 2] 분개 (2 ~ 7) 실무시험 포함 매회 출제

2 다음 중 거래내용에 대한 거래요소의 결합관계를 바르게 표시한 것은? [114회]

거래요소의 결합관계	거래내용
① 자산의 증가 : 자산의 증가	외상매출금 4,650,000원을 보통예금으로 수령하다.
② 자산의 증가 : 부채의 증가	기계장치를 27,500,000원에 구입하고 구입대금은 미지급하다.
③ 비용의 발생 : 자산의 증가	보유 중인 건물을 임대하여 임대료 1,650,000원을 보통예금으로 수령하다.
④ 부채의 감소 : 자산의 감소	장기차입금에 대한 이자 3,000,000원을 보통예금에서 이체하는 방식으로 지급하다.

3 다음 중 거래의 8요소와 그 예시로 가장 적절하지 않은 것은? [102회]

① 자산증가/자본증가 : 회사의 설립을 위한 자본금 1,000만원을 보통예금에 입금하다.
② 자산증가/자산감소 : 마스크생산에 사용되는 원단 구입대금 3,000만원을 현금으로 지급하다.
③ 자산증가/부채증가 : 직원의 주택구입자금 1억원을 보통예금에서 이체하여 대여하다.
④ 부채감소/부채증가 : 약속어음을 발행하여 외상매입금을 지급하다.

4. 다음 거래에 대한 회계처리 시 나타나는 거래요소의 결합관계를 아래의 보기에서 모두 고른 것은?

103회

단기대여금 50,000원과 그에 대한 이자 1,000원을 현금으로 회수하다.

보기
가. 자산의 증가 나. 자산의 감소 다. 부채의 증가
라. 부채의 감소 마. 수익의 발생 바. 비용의 발생

① 가, 나, 바   ② 나, 다, 마   ③ 나, 라, 바   ④ 가, 나, 마

5. 다음 연속된 거래에서 7월 5일 한국상사의 분개로 옳은 것은?

- 7월 1일: 한국상사는 대한상사에 갑상품 100,000원을 주문하고, 계약금으로 현금 10,000원을 지급하다.
- 7월 5일: 대한상사에 주문한 상품이 도착하여 계약금을 차감한 잔액은 1개월 후에 지급하기로 하다.

	(차변)		(대변)	
①	상품	90,000원	외상매입금	90,000원
②	상품	100,000원	외상매입금	100,000원
③	상품	100,000원	선 급 금	10,000원
			외상매입금	90,000원
④	상품	100,000원	선 급 금	10,000원
			미 지 급 금	90,000원

정답 및 해설

1 답 ④
해설 자산을 취득하기로 한 의사결정만으로는 자산, 부채, 자본, 수익, 비용의 변화가 없다.

2 답 ②
해설 (차) 기계장치 27,500,000원(자산 증가)   (대) 미지급금 27,500,000원(부채 증가)

3 답 ③
해설 (차) 대여금(자산증가) ×××원   (대) 보통예금(자산감소) ×××원

4 답 ④
해설 (차) 현금 51,000원 (자산의 증가)   (대) 단기대여금 50,000원(자산의 감소)
                                              이자수익   1,000원 (수익의 발생)

5 답 ③
해설 상품을 주문하고 지급한 계약금은 선급금 계정이다. 상품이 도착하면 선급금을 차감하고 잔액은 대금을 지급해야 한다. 상품을 외상으로 한 경우에는 외상매입금, 외상매출금 계정으로 처리한다.

6 다음은 ㈜○○자동차의 일련의 거래 내용이다. 분개 시 (가)~(다)에 기입할 계정과목으로 바르게 짝지은 것은? 출제예상

> 10/13 : K승용차 1대를 계약하고, 계약금으로 현금 1,000,000원을 받다.
> 11/28 : 5톤 화물차 3대를 30,000,000원에 12개월 무이자로 할부판매하다.
> 12/15 : 10/13에 계약한 K승용차를 출고하고, 계약금 1,000,000원을 차감한 잔액 15,000,000원은 현금으로 받아 당좌예금하다.

	차 변			대 변	
10/13	현금	1,000,000원	(가)		1,000,000원
11/28	(나)	30,000,000원	상품매출		30,000,000원
12/15	(?) (다)	1,000,000원 15,000,000원	상품매출		16,000,000원

```
   (가)      (나)       (다)              (가)      (나)        (다)
① 선수금   미수금     현금         ② 선수금   외상매출금   당좌예금
③ 가수금   미수금     현금         ④ 가수금   외상매출금   당좌예금
```

7 다음 (가), (나)의 거래를 분개할 때 대변에 기입되는 계정과목으로 바르게 짝지은 것은? 108회

> (가) 신제품을 생산하기 위하여 기계를 1,000,000원에 구입하고, 대금은 1개월 후에 지급하기로 하였다.
> (나) 신제품을 공급해 주기로 하고 계약금 100,000원을 거래처에서 발행한 당좌수표로 받았다.

① (가) 미지급금   (나) 선급금   ② (가) 미지급금   (나) 선수금
③ (가) 외상매입금 (나) 선수금   ④ (가) 외상매입금 (나) 선급금

[유형 3] 전기와 회계장부 (8 ~ 11) 최신 30회 중 2문제 출제

8 다음 거래에서 아래 계정의 증감 내용이 기입될 계좌로 바른 것을 모두 고른 것은? 출제예상

> 거래 은행에서 현금 300,000원을 차입하고 2개월 후에 갚기로 하다.

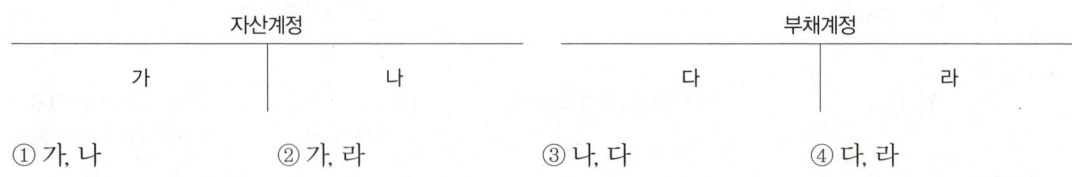

① 가, 나   ② 가, 라   ③ 나, 다   ④ 다, 라

9 다음 총계정원장을 보고 10월 20일의 거래 내용을 추정한 것으로 옳은 것은?

현금	(단위:원)		단기대여금	(단위:원)
10/1 자본금 500,000	10/8 단기대여금 50,000	10/8 현 금 50,000	10/20 현 금 30,000
10/20 단기대여금 30,000			

① 단기대여금 중 30,000원을 현금으로 회수하다.
② 단기대여금 중 50,000원을 현금으로 회수하다.
③ 현금 30,000원을 대여하고, 1개월 후에 받기로 하다.
④ 현금 50,000원을 대여하고, 1개월 후에 받기로 하다.

정답 및 해설

6 답 ②
해설 (가)–'선수금' 상품 대금의 일부를 계약금으로 먼저 받는 경우이다.
(나)–'외상매출금' 상품을 매출하고 대금을 다음에 받기로 하면 외상매출금 계정의 차변에 기입하고, 현금 등으로 회수하면 대변에 기입하고, 잔액은 항상 외상매출금 차변에 미회수액으로 나타낸다. 그리고 ㈜○○자동차의 자동차는 상품이다.

7 답 ②
해설 (가)는 상품외의 외상 거래는 미수금, 미지급금 계정을 사용한다. 따라서 대금을 1개월 후에 지급하는 것은 미지급금 계정을 사용한다. (나)는 계약금을 먼저 받을 때는 선수금 계정으로 회계처리하고, 타인이 발행한 당좌수표를 수취한 경우에는 현금 계정으로 회계처리한다.

8 답 ②
해설 제시된 거래를 분개하면 다음과 같다.
(차변) 현금 300,000(자산의 증가)   (대변) 단기차입금 300,000(부채의 증가)

9 답 ①
해설 10월 20일의 거래를 분개하면 다음과 같다.
(차변) 현금 30,000원   (대변) 단기대여금 30,000원

10 다음 현금계정의 기입 내용을 보고 설명한 것으로 옳은 것은?

현 금				(단위:원)
자 본 금	800,000원	단 기 대 여 금		300,000원
외 상 매 출 금	400,000원	지 급 어 음		500,000원
당 좌 예 금	200,000원			

① 기업주가 현금 800,000원을 인출해 가다.
② 외상매출금 400,000원을 현금으로 회수하다.
③ 현금 200,000원을 거래은행에 당좌 예입하다.
④ 현금 500,000원을 차입하고, 차용증서를 작성하여 주다.

11 다음 장부 중 주요부에 해당하는 것끼리 짝지어진 것은?

① 분개장, 매입장　　　　　　　② 총계정원장, 분개장
③ 매출장, 매입장　　　　　　　④ 분개장, 현금출납장

정답 및 해설

10 답 ②
해설　현금의 수입액은 차변, 지출액은 대변에 기입한다. ②번의 거래를 분개하면 다음과 같다.
(차변) 현금 400,000원　　　　　(대변) 외상매출금 400,000원
① 기업주가 현금 800,000원을 출자하다.
③ 당좌수표를 발행하여 현금 200,000원을 인출하다.
④ 어음대금 500,000원을 현금으로 상환하다.

11 답 ②
해설　장부 중 주요부는 분개장과 총계정원장이다. 매출장, 매입장, 현금출납장 등은 보조부에 속한다.

제4절 | 회계순환과정 II - 결산절차

결산이란 보고기간 종료일에 장부를 마감하여 재무상태를 파악하고 경영성과를 계산하는 절차이다.

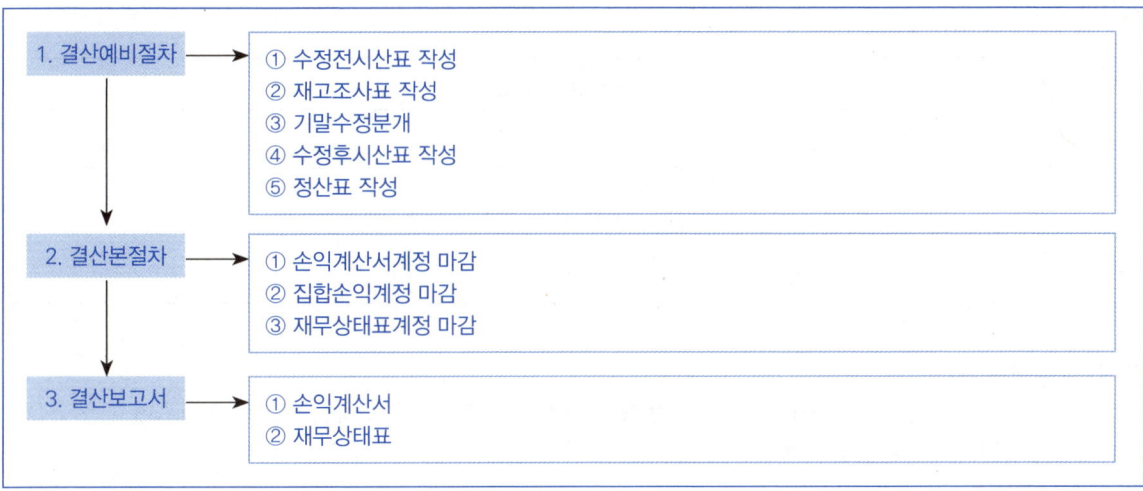

1 결산예비절차

(1) 시산표 작성

원장의 기록이 올바르게 기입되었는지 알아보기 위한 점검표로서 모든 계정의 차변금액과 대변금액을 한 곳에 모아 정리한 표이다. 시산표는 회계장부의 일부도 아니고 외부에 공시되어야 하는 재무제표도 아니므로 꼭 작성해야 할 의무는 없다. 시산표는 작성방법과 목적에 따라 합계시산표, 잔액시산표, 합계잔액시산표가 있다.

1) 합계시산표
총계정원장상의 각 계정과목의 차변금액의 합계와 대변금액의 합계를 모아 작성하는 표이다.

합 계 시 산 표		
차 변	계 정 과 목	대 변
합 계		합 계

2) 잔액시산표
총계정원장상의 각 계정과목의 대차금액의 합계를 비교하여 차감한 잔액만을 모아서 작성하는 표이다.

잔 액 시 산 표		
차 변	계 정 과 목	대 변
잔 액		잔 액

3) 합계잔액시산표
합계잔액시산표는 합계시산표와 잔액시산표를 하나의 표에 모아놓은 것이다.
합계잔액시산표의 차변금액의 합계와 잔액 및 대변금액의 합계와 잔액을 비교해서 이 금액이 일치하면 기록과정에서 오류는 없었다고 판단할 수 있다.
만약, 차변합계액과 대변합계액이 일치하지 않는 경우에는 회계기간 중에 기록한 분개나 전기과정에 오류가 발생한 것이므로 이를 찾아서 수정한 후에 다시 시산표를 작성해서 차변합계액과 대변합계액이 일치하는지를 확인한다.

차 변		계정과목	대 변	
잔 액	합 계		합 계	잔 액

합계잔액시산표

4) 시산표 오류의 발견

시산표에서는 원장에 전기할 때 **차변과 대변 중 한 쪽만을 잘못 기록한 경우의 오류만 발견**할 수 있으며 다음과 같은 금액차이가 발생하지 않는 오류는 발견할 수 없다.
① 거래 전체의 분개가 누락되거나, 전기가 누락된 경우
② 분개는 틀렸으나 대차의 금액은 일치하는 경우와 어떤 거래의 분개가 이중으로 분개된 경우
③ 분개장에서 원장에 대차 반대로 전기하였을 때
④ 다른 계정과목에 잘못 전기하였을 때
⑤ 오류에 의하여 전기된 금액이 우연히 일치하여 서로 상계되었을 때

5) 시산표등식

재무상태표 등식은 「기말자산 = 기말부채 + 기말자본」이며 순손익계산은 「기말자본 = 기초자본 + 당기순이익 (총수익 - 총비용)」이다. 이 두 산식을 가산하면 다음의 등식을 만들 수 있는데 이를 시산표 등식이라 한다.

시산표 등식 : **기말자산 + 총비용 = 기말부채 + 기초자본 + 총수익**

기출확인문제

다음 합계잔액시산표상 A, B, C에 들어갈 금액의 합은?

차 변		계정과목	대 변	
잔 액(원)	합 계(원)		합 계(원)	잔 액(원)
10,000	(A)	현 금	240,000	
20,000	(B)	외 상 매 출 금	310,000	
	110,000	외 상 매 입 금	(C)	10,000
		자 본 금	500,000	500,000
250,000	250,000	여 비 교 통 비		
		이 자 수 익	110,000	110,000

① 560,000원　② 620,000원　③ 680,000원　④ 700,000원

해설 250,000원 + 330,000원 + 120,000원 = 700,000원

답 ④

(2) 재고조사표 작성

시산표에 의해서 각 계정의 기입이 정확하다더라도 그 계정의 잔액 중에서 실제로 남아 있는 현재액과 일치되지 않는 것이 있다. 따라서, 장부잔액을 실제재고액에 일치시키기 위하여 자산·부채의 현재액을 조사하거나 기간 중 수익·비용의 실제발생액을 조사하는 것을 재고조사라 하며, 그 결과를 기재한 표를 재고조사표라고 한다.

(3) 기말수정분개

결산일에 각종 장부를 마감하고 총계정원장의 기록을 기초로 하여 재무상태표와 손익계산서를 만들게 되는데 이를 결산이라 한다. 결산일에 실제재고액과 장부상재고액이 일치하지 않는 경우가 발생한다. 이러한 불일치를 수정·정리하여 분개할 필요가 있는데 이를 기말수정분개라고 한다.
결산정리분개는 재무상태표 계정과 손익계산서 계정의 주요 거래별 분개를 알아야 쉽게 이해할 수 있으므로 구체적인 계정과목론을 공부한 후 살펴보자.

(4) 정산표 작성

회계기간 동안의 거래를 분개하고 총계정원장에 전기해 놓은 것을 회계연도말 최종적으로 정리해서 재무상태표와 손익계산서를 작성하는 결산과정은 매우 복잡하다.
이 과정을 단순화하여 결산을 신속하고 정확하게 마칠 수 있도록 하기 위해 정산표를 사용하는 기업이 있다. 여기서 정산표란 원장 각 계정의 마감 전에 신속·정확하게, 또는 간단한 방법으로 기업의 경영성과와 재무상태를 알기 위하여 작성한 일람표를 말한다.
정산표는 장부나 재무제표가 아니고 결산을 단순화하기 위해 임의적으로 작성하는 표로서 그 중 가장 대표적인 형식의 정산표는 다음과 같은 10위식 정산표이다.

계정과목	수정전시산표		기말수정분개		수정후시산표		손익계산서		재무상태표	
	차변	대변	차변	대변	차변	대변	차변	대변	차변	대변

❷ 결산본절차

기말수정분개를 정확한 계산한 후에는 총계정원장의 각 계정들을 마감하여 다음 회계기간의 경영활동을 기록하기 위한 준비를 하여야 한다. 계정을 마감하는 방법은 영구계정과 임시계정이 다르므로 이를 구분하여야 한다. 여기서 영구계정은 잔액이 차기로 이월되어 영구적으로 존재하는 계정으로 자산, 부채, 자본계정 등 재무상태표계정을 의미한다. 반면에 임시계정은 결산기말에 계정을 마감하고 나면 잔액이 다음기로 이월되지 않고 특정기간만 일시적으로 존재하는 계정을 말하며 손익계산서계정은 모두 임시계정이다.

(1) 손익계산서계정의 마감

수익계정과 비용계정은 당기의 경영성과를 나타내주는 것으로 다음기의 경영성과를 파악할 때 영향을 미쳐서는 안 된다. 따라서, 수익·비용계정은 한 회계기간이 끝나게 되면 잔액을 '0'으로 만들어서 다음기의 수익계정과 비용계정은 '0'에서 출발하도록 해야 한다. 이를 위해서 수익계정과 비용계정은 다음의 단계에 따라 계정을 마감해야 한다.

1) 1단계 : 집합손익계정의 설정
수익계정과 비용계정을 마감하여 잔액을 '0'으로 만들기 위해 마감을 위한 임시계정인 집합손익계정을 설정해야 한다.

2) 2단계 : 수익계정의 마감
수익계정은 대변에 잔액이 남아 있으므로 이를 '0'으로 만들기 위해서는 수익계정의 잔액을 차변에 기록하고 집합손익계정의 대변에 동일금액을 기록해서 수익계정의 잔액을 집합손익계정으로 대체한다.

| (차) 수　　익　　×××　　　　　　　　　　(대) 집 합 손 익　　××× |

이처럼 모든 수익계정을 마감분개하면 수익계정의 잔액은 모두 '0'이 된다.

3) 3단계 : 비용계정의 마감
비용계정은 차변에 잔액이 남아 있으므로 이를 '0'으로 만들기 위해서 대변에 비용계정의 잔액을 기록하고 집합손익계정의 차변에 동일금액을 기록해서 비용계정의 잔액을 집합손익계정으로 대체한다.

| (차) 집 합 손 익　　×××　　　　　　　　　　(대) 비　　용　　××× |

4) 4단계 : 집합손익계정의 마감
수익계정과 비용계정을 마감하게 되면 수익계정잔액은 집합손익계정의 대변에 집계되고 비용계정 잔액은 집합손익계정의 차변에 집계된다. 따라서, 집합손익계정이 대변잔액이면 수익이 비용보다 큰 것으로 당기순이익을 구하게 되며 집합손익계정이 차변잔액이면 비용이 수익보다 큰 것으로 당기순손실이 발생한 것이다. 마지막으로 두 경우 모두 집합손익계정의 잔액을 '0'으로 만들면서 재무상태표계정인 '이익잉여금'계정으로 대체하게 된다.

```
                        집 합 손 익
비      용           ×××   │  수      익           ×××
```

① 당기순이익이 발생한 경우
당기순이익이 얻어진 경우 집합손익계정은 대변에 잔액이 남게 된다. 이를 마감하기 위해서는 대변잔액을 집합손익계정의 차변에 기록하고 동일금액을 이익잉여금의 대변에 기록하면 된다.

| (차) 집 합 손 익　　×××　　　　　　　　　　(대) 이익잉여금　　××× |

② 당기순손실이 발생한 경우
당기순손실 발생한 경우 집합손익계정은 차변에 잔액이 남게 된다. 이를 마감하기 위해서는 차변잔액을 집합손익계정의 대변에 기록하고 동일금액을 이익잉여금계정의 차변에 기록하면 된다.

| (차) 이익잉여금　　×××　　　　　　　　　　(대) 집 합 손 익　　××× |

이처럼 수익과 비용계정을 집합손익계정에 대체하고, 집합손익계정의 잔액인 당기순손익을 이익잉여금계정에 대체하기 위하여 분개장에 분개를 하는데 이 분개를 마감분개라고 한다.

(2) 재무상태표의 마감

재무상태표계정은 수익과 비용계정과는 달리 한 회계기간이 종료되더라도 잔액이 '0'으로 되지 않고 계속해서 잔액을 유지하게 된다. 왜냐하면 자산이나 부채를 및 자본계정은 영구계정으로 다음연도에도 권리나 의무가 그대로 존속되기 때문이다. 따라서, **재무상태표계정 잔액을 다음 회계기간으로 이월시켜야 하는데 이를 재무상태표 계정의 마감**이라고 한다. 재무상태표계정 중에서 자산계정은 차변에 잔액이 남아있고 부채와 자본계정은 대변에 잔액이 남아있으므로 다음과 같은 방법으로 마감해야 한다.

1) 자산계정의 마감

자산계정은 차변에 잔액이 남아있으므로 대변에 차변잔액만큼 기입하여 차변과 대변을 일치시켜 마감한다. 그리고 다음연도의 첫 날짜로 남아 있던 대변 잔액을 전기이월이라고 기록해서 기초에 가지고 있는 자산금액이라는 것을 표시한다.

		자	산		
1/1	기 초	×××	감 소		×××
12/31	증 가	×××	차기이월		×××
1/1	전기이월	×××			

2) 부채 및 자본계정의 마감

부채 및 자본계정은 대변에 잔액이 남아있으므로 차변에 대변잔액만큼 기입하여 차변과 대변을 일치시켜 마감시킨 뒤에 그 잔액만큼 다음연도 장부의 동일 계정과목 대변에 기입하여 다음 회계기간으로 이월시킨다.

		부채 및 자본			
	감 소	×××	1/1	기 초	×××
12/31	차기이월	×××		증 가	×××
			1/1	전기이월	

기출확인문제

다음 중 기말 결산 시 계정별원장의 잔액을 차기에 이월하는 방법을 통하여 장부를 마감하는 계정과목은?

① 기부금　　　② 기업업무추진비　　　③ 현금　　　④ 광고선전비

[해설] 재무상태표 계정은 차기이월 방식을 통하여 장부마감을 하여야 하며, 손익계산서 계정은 집합손익 원장에 대체하는 방식으로 장부마감을 하여야 한다. 따라서, 자산 계정인 현금만 차기이월을 통하여 장부마감을 하여야 한다. 반면 광고선전비, 기업업무추진비, 기부금은 모두 비용 계정이다.

  ③

실무사례 연습문제

(주)배움의 20x1년의 거래를 통해 회계순환과정을 살펴보자.

1/1 현금 500,000원을 출자하여 영업을 시작하다.
2/2 업무용으로 소유한 건물의 재산세 30,000원을 현금으로 지급하다.
3/3 거래처 직원과의 식사비 20,000원 현금으로 지급하다.
4/4 사무실을 빌려주고 대가로 받은 200,000원을 보통예입하다.
5/5 직원의 급여 100,000원을 보통예금에서 계좌이체하여 지급하다.

1 분개하시오.

월일	차변과목	금액	대변과목	금액
1/1				
2/2				
3/4				
4/4				
5/5				

2 총계정원장에 전기하시오.

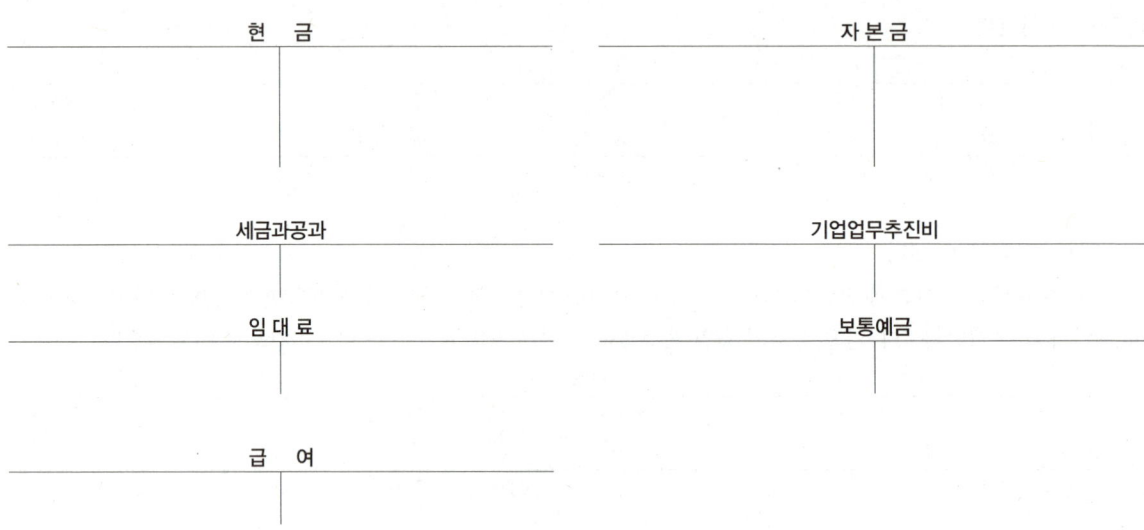

3 합계잔액시산표를 작성하시오.

합계잔액시산표

차변		계정과목	대변	
잔액	합계		합계	잔액
		현 금		
		보통예금		
		자 본 금		
		임 대 료		
		세금과공과		
		기업업무추진비		
		급 여		
		합 계		

4 총계정원장을 마감하시오.

(1) 손익계산서 계정을 마감하시오

1) 수익계정의 마감

12/31 (차)   (대)

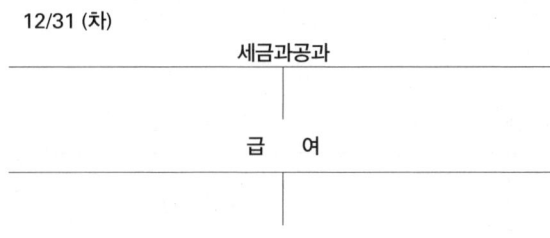

2) 비용계정의 마감

12/31 (차)   (대)

3) 집합손익계정의 마감

12/31 (차)   (대)

집합손익   이익잉여금

(2) 재무상태표 계정을 마감하시오

(차)   (대)

5 손익계산서를 작성하시오.

손 익 계 산 서

(주) 배움 20x1년 1월1일부터 20x1년 12월31일까지 단위 : 원

[차변] 비 용	[대변] 수 익
(순)이익	
합 계	합 계

6 재무상태표를 작성하시오.

재 무 상 태 표

(주) 배움 20x1년 12월 31일 현재 단위 : 원

[차변] 자 산	[대변] 부 채
	자 본
합 계	합 계

해설

1

월일	차변과목	금액	대변과목	금액
1/1	현 금	500,000	자 본 금	500,000
2/2	세 금 과 공 과	30,000	현 금	30,000
3/3	기 업 업 무 추 진 비	20,000	현 금	20,000
4/4	보 통 예 금	200,000	임 대 료	200,000
5/5	급 여	100,000	보 통 예 금	100,000

2

```
              현 금                                  자본금
1/1 자본금   500,000 | 2/2 세금과공과   30,000              | 1/1 현 금   500,000
                    | 3/3 기업업무추진비 20,000

            세금과공과                              기업업무추진비
2/2 현 금    30,000 |                    3/3 현 금   20,000 |

             임 대 료                                보통예금
                    | 4/4 보통예금  200,000   4/4 임대료  200,000 | 5/5 급여  100,000

              급 여
5/5 보통예금  100,000 |
```

3

차 변		계정과목	대 변	
잔 액	합 계	계정과목	합 계	잔 액
450,000	500,000	현 금	50,000	
100,000	200,000	보 통 예 금	100,000	
		자 본 금	500,000	500,000
		임 대 료	200,000	200,000
30,000	30,000	세 금 과 공 과		
20,000	20,000	기 업 업 무 추 진 비		
100,000	100,000	급 여		
700,000	850,000	합 계	850,000	700,000

4

1) 수익계정의 마감

12/31 (차) 임대료 200,000 (대) 집합손익 200,000

```
                    임 대 료
12/31 집합손익   200,000 | 4/4 보통예금   200,000
```

2) 비용계정의 마감

12/31 (차) 집합손익 150,000   (대) 세 금 과 공 과   30,000
　　　　　　　　　　　　　　　　기업업무추진비   20,000
　　　　　　　　　　　　　　　　급　　　　여   100,000

세금과공과
2/2 현 금	30,000	12/31 집합손익	30,000

기업업무추진비
3/3 현 금	20,000	12/31 집합손익	20,000

급　여
3/3 현 금	100,000	12/31 집합손익	100,000

3) 집합손익계정의 마감

12/31 (차) 집합손익 50,000   (대) 이익잉여금   50,000

집합손익
12/31 세 금 과 공 과	30,000	12/31 임 대 료	200,000
12/31 급　　　　여	100,000		
12/31 기업업무추진비	20,000		

이익잉여금
		12/31 집합손익	50,000

(2) 재무상태표 계정을 마감하시오

현　금
1/1 자본금	500,000	2/2 세 금 과 공 과	30,000
		3/3 기업업무추진비	20,000
		12/31 차 기 이 월	450,000
1/1 전기이월	450,000		

보통예금
4/4 임 대 료	200,000	5/5 급　여	100,000
		12/31 차기이월	100,000
1/1 전기이월	100,000		

자본금
12/31 차기이월	500,000	1/1 현　금	500,000
		1/1 전기이월	500,000

이익잉여금
12/31 차기이월	50,000	12/31 집합손익	50,000
		1/1 전기이월	50,000

5

손 익 계 산 서

(주) 배움 20x1년 1월1일부터 20x1년 12월31일까지 단위 : 원

[차변] / [대변]

비 용		수 익	
세 금 과 공 과	30,000	임 대 료	200,000
기업업무추진비	20,000		
급 여	100,000		
(순) 이익 50,000			
합 계	200,000	합 계	200,000

6

재 무 상 태 표

(주) 배움 20x1년 12월 31일 현재 단위 : 원

[차변] / [대변]

자 산		부 채	
현 금	450,000		
보통 예금	100,000	자 본	
		자 본 금	500,000
		이익잉여금	50,000
합 계	550,000	합 계	550,000

제4절 | 결산절차 - 객관식 기출문제

[유형 1] 결산예비절차 (1 ~ 4)   최신 30회 중 3문제 출제

1 다음은 이론상 회계순환과정의 일부이다. 순서가 가장 옳은 것은?   86회

① 수정후시산표 → 기말수정분개 → 수익·비용계정 마감 → 집합손익계정 마감 → 자산·부채·자본계정 마감 → 재무제표 작성
② 수정후시산표 → 기말수정분개 → 자산·부채·자본계정 마감 → 수익·비용계정 마감 → 집합손익계정 마감 → 재무제표 작성
③ 기말수정분개 → 수정후시산표 → 수익·비용계정 마감 → 집합손익계정 마감 → 자산·부채·자본계정 마감 → 재무제표 작성
④ 기말수정분개 → 수정후시산표 → 자산·부채·자본계정 마감 → 집합손익계정 마감 → 수익·비용계정 마감 → 재무제표 작성

2 다음 중 합계잔액시산표에서 발견할 수 있는 오류는?   73회

① 동일한 금액을 차변과 대변에 반대로 전기한 경우
② 차변과 대변의 전기를 동시에 누락한 경우
③ 차변과 대변에 틀린 금액을 똑같이 전기한 경우
④ 차변만 이중으로 전기한 경우

3 다음 중 시산표등식으로 맞는 것은?   52회

① 기말자산 + 총비용 = 기말부채 + 기말자본 + 총수익
② 기말자산 + 총비용 = 기말부채 + 기초자본 + 총수익
③ 기말자산 + 총비용 = 기말부채 + 기초자본 + 총수익 − 순손실
④ 기말자산 + 총비용 + 순이익 = 기말부채 + 기초자본 + 총수익

4 결산과정에서 시산표를 작성하였는데, 차변합계는 491,200원이고 대변합계는 588,200원이었다. 다음과 같은 오류만 있다고 가정한다면 시산표의 올바른 합계금액은 얼마인가?   55회

- 당기 중 소모품비로 지급한 45,500원을 복리후생비로 기입하였다.
- 미수금 23,500원을 대변에 잘못 기록하였다.
- 상품재고 50,000원이 누락되었다.

① 588,200원   ② 564,700원   ③ 541,200원   ④ 538,200원

[유형 2] 결산본절차 (5 ~ 6) 최신 30회 중 5문제 출제

5 다음 중 집합손익계정에 대한 설명으로 틀린 것은? 85회

① 수익계정의 잔액을 손익계정의 대변에 대체한다.
② 비용계정의 잔액을 손익계정의 차변에 대체한다.
③ 수익과 비용계정은 잔액을 손익계정에 대체한 후에는 잔액이 0(영)이 된다.
④ 손익계정의 잔액을 당기순이익(또는 당기순손실)계정에 대체한다.

6 기말 결산시 손익계정으로 대체되는 계정과목은?

① 매출원가   ② 선수금   ③ 단기차입금   ④ 외상매출금

정답 및 해설

1 답 ③
해설 거래식별 → 분개 → 전기 → 수정전시산표 → 기말수정분개 → 수정후시산표 → 수익·비용계정 마감 → 집합손익계정의 마감 → 자산·부채·자본계정 마감 → 재무제표 작성

2 답 ④
해설 차변만 이중으로 전기한 경우, 차변 합계금액이 대변 합계금액 보다 커지므로 오류를 발견할 수 있다.

3 답 ②
해설 시산표 등식 : 기말자산 + 총비용 = 기말부채 + 기초자본 + 총수익

4 답 ② 564,700원

수 정 전	491,200원	수 정 전	588,200원
미 수 금	23,500원	미 수 금	−23,500원
상 품	50,000원		
수 정 후	564,700원	수 정 후	564,700원

5 답 ④
해설 손익계정의 잔액을 자본계정(미처분이익잉여금 또는 미처리결손금)에 대체한다.

6 답 ①
해설 손익계산서 계정은 집합손익으로 계정대체되어 마감된다.

CHAPTER 02

기초정보의 등록 및 수정

제1절 회사등록

회사등록은 학습하고자 하는 회사를 등록하는 메뉴이며 가장 기본적이고 우선적으로 실행해야 하는 작업이다. 세무서에서 교부 받은 사업자등록증과 정관 등을 참조하여 정확히 입력하여야 재무제표 출력 및 각종 신고서의 정확성을 확보할 수 있다. 회사를 처음으로 등록하는 경우에는 바탕화면의 아이콘을 더블클릭하면 나오는 다음의 화면에서 급수를 '전산회계1급', 드라이브(작업할 데이터가 저장될 장소)를 'C:\kcLepDB'로 선택하고 화면 우측 하단의 회사등록 을 클릭한다.

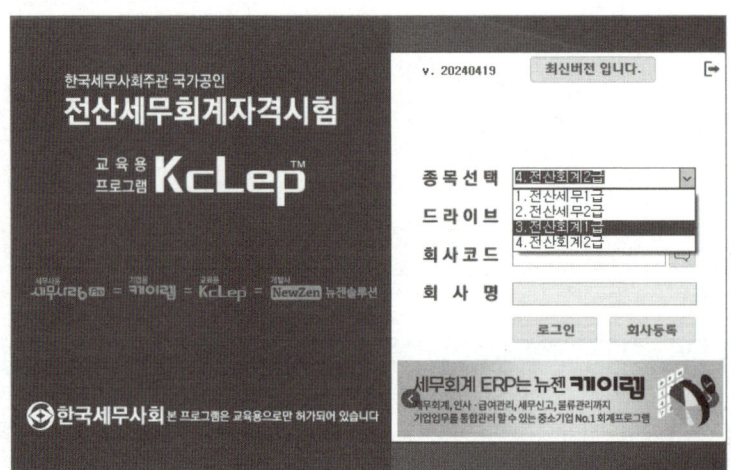

I 회사등록메뉴 알아보기

회사등록 메뉴는 학습하고자 하는 회사의 기본정보를 등록하는 메뉴이다. 사업자가 관할세무서에 사업자등록을 신청하면 사업자등록증을 교부받게 되는데, 회사등록 메뉴는 이 사업자등록증을 보고 작성하는 것이다.

① 코드 [0101~9999]

학습할 회사의 코드번호를 '0101~9999'중 원하는 숫자 4자리를 입력한다.

② 회사명

사업자등록증에 기재된 상호명을 입력하며 한글 15자, 영문 30자 이내로 입력할 수 있다.

③ 구분[1:법인, 2:개인]

학습할 회사가 법인인 경우에는 '1:법인', 개인인 경우에는 '2:개인'을 선택한다. 전산회계 1급의 시험범위는 법인기업이므로 '1:법인'을 선택하거나 키보드의 Enter 키를 누르면 '1:법인'이 기본값으로 반영된다.

④ 미사용[0:사용, 1:미사용]

학습할 회사를 사용하는 경우에는 '0:사용', 사용하지 않는 경우에는 '1:미사용'을 선택한다. 또한, 키보드의 Enter 키를 누르면 '1:미사용'이 기본값으로 반영된다.

2 기본사항 탭

❶ 회계연도

학습할 회사의 기수와 회계연도를 입력한다. 기수는 사업개시이후 몇 번째 회계연도인지를 말하는 것으로 개업연월일을 확인하여 산정한다. 회사등록메뉴의 최소한의 입력사항이므로 기수와 회계연도를 정확히 입력해야 프로그램이 정상적으로 실행된다.

구 분	회계연도
법인	회사는 정관규정에 따르나 일반적으로 1/1 ~ 12/31이다. ● 12월말법인 : 1/1~ 12/31, 3월말법인 : 4/1 ~ 3/31
개인	무조건 1/1 ~ 12/31이다.

❷ 사업자등록번호

사업자등록증상의 사업자등록번호를 입력한다. 사업자등록번호는 일정한 규칙에 의하여 부여된 번호이므로 잘못된 번호를 입력하면 적색으로 표시되는 자동체크 기능이 있다. 따라서, 적색으로 표시되는 경우 올바른 사업자등록번호를 확인 후 다시 입력해야 한다.

□□□	–	□□	–	□□□□□
세무서코드		법인, 개인구분		일련번호 + 검증번호로 구성

❸ 법인등록번호

법인사업자만 해당되며 사업자등록증상의 법인등록번호를 입력한다.

❹ 대표자명

사업자등록증상의 대표자를 입력한다. 대표자가 2인 이상일 때는 대표자 1명만을 입력하고 그 밖의 대표자는 '외 몇 명'(예 : 홍길동외 1명)으로 입력한다. 만약, 대표자가 외국인이라면 한글로 풀어서 입력해야 한다.

❺ 대표자주민번호 / 대표자외국인여부[0:부, 1:여]

대표자가 내국인인 경우에는 주민등록번호를 입력하고 외국인인 경우에는 외국인등록번호를 입력한다. 또한, 대표자가 내국인인 경우에는 '0:부', 외국인인 경우에는 '1:여'를 대표자외국인여부에 입력한다. 키보드의 Enter 키를 누르면 '0:부'가 기본값으로 반영된다.

❻ 사업장주소 / ❼ 본점주소

사업자등록증상 사업장소재지와 본점소재지를 입력한다. 우편번호를 통해 입력하는 경우에는 우편번호란 커서가 위치할 때 키보드의 F2 키를 누르거나 🔍을 클릭하면 다음의 「우편번호검색 보조창」이 나온다.

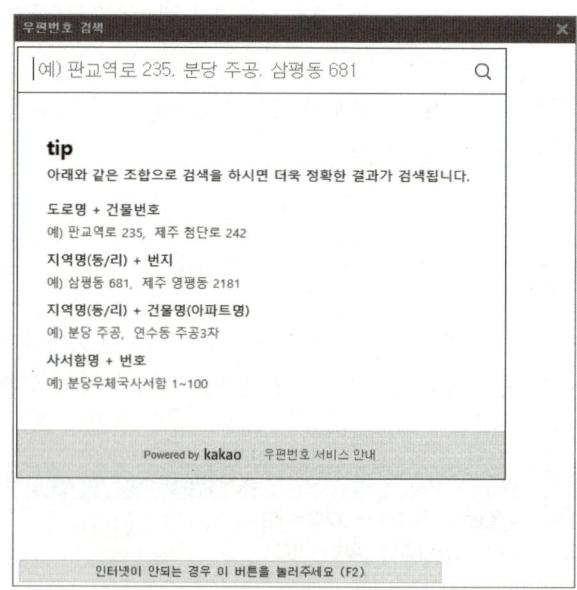

「우편번호검색 보조창」에서 도로명과 건물번호 등을 입력한 후 검색되는 주소를 클릭하여 반영한다.

⑧ 업태 / ⑨ 종목

사업자등록증상의 업태와 종목을 입력한다. 업태란 사업의 형태이며 제조업, 도·소매업, 음식, 숙박업, 보건업, 농업, 수산업, 공업, 서비스업, 임대업 등으로 분류된다. 또한, 종목이란 업태에 따라 취급하는 주된 품목인 문구, 전자제품, 가구 등을 말한다.

⑩ 주업종코드

부가세 전자신고 시 수록될 주업종코드를 입력한다. 키보드의 F2 키 또는 🔍 을 누르면 나오는 「주업종도움」 보조창의 전체 란에 수입금액이 가장 큰 업종을 입력한다. 해당 업종은 선택하고 확인(Enter) 을 클릭한다.

⑪ 사업장전화번호 / ⑫ 팩스

사업장 전화번호와 팩스번호를 입력한다.

⑬ 법인구분['1:내국법인', '2:외국법인', '3:외투법인']

⑭ 법인종류별구분['1:주권상장중소 ~ 15:기타상호출자제한기업']

법인의 구분과 종류별 구분을 선택한다.

⑮ 중소기업 여부['0:부', '1:여']

학습할 기업이 중소기업이면 '1:여', 중소기업에 해당하지 않으면 '0:부'를 선택한다.

⑯ 설립연월일 / ⑰ 개업연월일 / ⑱ 폐업연월일

법인의 설립연도, 월, 일을 입력하고 사업자등록증 상의 개업연도, 월, 일을 입력한다. 만약, 폐업 시 각종 신고서에 반영될 폐업연월일을 입력한다.

⑲ 사업장동코드 / ⑳ 본점동코드

사업장과 본점의 주소지 법정동코드를 입력한다. 키보드의 F2 키 또는 🔍 을 누르면 나오는 「동코드도움」 보조창의 [검색]란에 동명을 입력하고 키보드의 Enter 를 친다. 해당 동을 선택하고 확인(Enter) 을 클릭한다.

㉑ 사업장관할세무서 / ㉒ 본점관할세무서

사업장 관할세무서와 본점 관할세무서를 코드번호 세 자리를 입력한다.

㉓ 지방소득세납세지

지방소득세 납세지명을 입력한다.

③ 추가사항 탭 – 자격시험과 무관함

```
기본사항  추가사항
1. 부가세신고방법     사업장별    1.사업장별    반기별납부여부  부
                            2.총괄납부
3. 신고담당자                3.사업자단위
4. 신고담당자전화번호   )  -      5.대표자핸드폰번호   )  -
6. 신고담당자이메일                  홈택스로그인ID
7. 주류코드
8. 국세환급금계좌                    지점
9. 국세환급금계좌번호
10. 사업자단위승인번호               11. 종사업자번호
12. 영문회사명
13. 영문주소
14. 영문대표자명
15. 비밀번호
16. 본점여부    여           17. 본점회사코드
18. 본점전화번호   )  -
19. 수입부가가치세 납부유예  부
No   시작일   종료일
 1
```

❶ 부가세신고방법

부가가치세는 사업장마다 사업자등록을 하고 신고·납부하는 것이 원칙이다. 다만 두 개 이상의 사업장을 가지고 있는 사업자는 총괄 납부와 사업자 단위 과세를 신청할 수 있다.

구 분	내 용
1: 사업장별	사업장별로 부가가치세를 신고·납부하는 경우
2: 총괄 납부	부가가치세 납부만 총괄하여 한 사업장에서 하는 경우
3: 사업자 단위	사업자등록, 세금계산서 교부 및 부가가치세 신고·납부를 모두 한 사업장(본점, 주사무소)으로 동일하게 하는 경우

❷ 반기별납부여부

근로소득세 납부는 지급한 달의 다음 달 10일까지 신고·납부하는 것이 원칙이다. 다만 상시근로자가 20인 이하 사업장은 예외적으로 반기 납부 소득 지급일이 속하는 반기(1월 ~ 6월, 7월 ~ 12월)의 다음 달 10일까지 납부할 수 있다.

구 분	내 용
0:부	근로소득세 납부를 매월 하는 경우
1:여	근로소득세 납부를 반기별로 하는 경우

❸ 신고담당자 / ❹ 신고담당자 전화번호 / ❺ 대표자핸드폰번호 / ❻ 신고담당자 이메일, 홈택스 로그인 ID

신고담당자의 성명, 담당부서, 전화번호, 대표자핸드폰번호, 신고담당자 이메일, 홈택스 로그인 ID를 입력한다.

❼ 주류코드
주류 도·소매업을 영위하는 기업의 주류코드를 조회하여 입력한다.

❽ 국세환급금계좌 / ❾ 국세환급금계좌번호
국세환급 받을 은행명을 조회하여 선택하고 지점명과 계좌번호를 입력한다.

❿ 사업자단위승인번호 / ⓫ 종사업자번호
사업자단위 과세제도를 적용받는 사업자는 관할세무서로부터 승인 받은 승인번호와 종사업자번호를 입력한다.

⓬ 영문회사명 / ⓭ 영문주소 / ⓮ 영문대표자명

⓯ 비밀번호
비밀번호를 입력하여 관리할 수 있다.

⓰ 본점여부 / ⓱ 본점회사코드 / ⓲ 본점전화번호
해당 사업장이 본점인 경우에는 '1:여'를, 아닌 경우에는 '0:부'를 입력한다. 본점 여부에서 '0:부'를 입력한 지점 회사의 경우에는 본점 회사코드와 본점 전화번호를 입력한다.

4 프로그램 상단 툴바의 기능

상단 툴바	키보드	기능
⊗ 닫기	Esc	실행하고 있는 메뉴를 종료하는 기능이다.
	F1	학습하는 프로그램의 기능을 설명하는 PDF파일을 볼 수 있다.
💬 코드	F2	커서위치의 코드도움 박스를 불러온다. 전체 란에서 찾고자 하는 단어를 입력하고 Enter을 누르면 조회하고자 하는 내용이 검색된다.
🗑 삭제	F5	해당 라인 또는 칸의 데이터를 삭제하는 기능이다.
🖨 인쇄	F9	해당 문서를 인쇄하는 기능이다.
🔍 조회	F13	해당 화면을 다시 불러오는 기능이다.
F4 회사코드재생성		[C드라이브] - [kclepDB 폴더] - [kclep 폴더]의 회사코드 데이터가 변경된 경우에는 변경된 데이터를 불러오는 기능이다.
F6 회사명되돌리기		회사명을 수정하였다면 수정전 회사명으로 되돌리는 기능이다.

Ⅱ 회사등록 메뉴 따라하기

(주)배움(회사코드 : 1001)은 제조업을 영위하는 중소법인기업이다. 당기(제15기)의 회계기간은 2025년 1월 1일부터 ~ 12월 31일까지이다. 다음의 사업자등록증을 보고 코드번호를 1001번으로 입력하시오. 단, 제시된 자료 이외의 내용은 기본값을 적용하거나 입력을 생략한다.

사 업 자 등 록 증

(법인사업자)

등록번호: 114-81-74514

상　　　호: (주)배움
성　　　명: 고득점
개 업 년 월 일: 2011년 4월 5일
법 인 등 록 번 호: 130111-0006246
사업장 소재지: 서울특별시 강남구 남부순환로
　　　　　　　2931(대치동)
사 업 의 종 류: 업태 제조업　종목 문구용품
교 부 사 유:

사업자단위과세 적용사업자여부: 여(　) 부(✓)
전자세금계산서전용메일주소 : pklein@hanmail.net

2011년 4월 5일

삼성 세무서장 (인)

NTS 국세청　전자문서(pdf파일)로 발급된 소득공제증명서류입니다. 전자문서는 출력용으로 사용할 수 없습니다. 전자문서 진본여부 확인은 홈페이지(yesone.go.kr) 자료실을 참고 바랍니다.

해설

▶▶ [회계관리]-[재무회계]-[기초정보관리]-[회사등록]을 선택

① [코드]란에 "1001", [회사명]란에 "(주)배움"를 입력하고, [구분]란에 "1 : 법인", [미사용]란에 "0 : 사용"을 선택한다.

② 사업자등록증의 '개업연월일 : 2011년 4월 5일'이므로 2011년은 1기, 2012년은 2기, …, 2025년은 15기로 입력하고 회계연도를 "2025.01.01 ~ 2025.12.31"을 입력한다. [1.회계연도]란은 연습 시에는 반드시 입력하여야 하지만 시험에서는 항상 입력되어 있다.

1.회계연도　　제 15 기 2025 년 01 월 01 일 ~ 2025 년 12 월 31 일

③ [2.사업자등록번호]란에 "114-81-74514", [3.법인등록번호]란에 "130111-0006246" [4.대표자명]란에 "고득점"을 입력한다. 또한, [대표자주민번호], [대표자외국인여부]란은 주어진 자료가 없으므로 입력을 생략한다.

사업자등록번호, 주민등록번호, 법인등록번호는 세무 신고 시 중요한 자료이므로 잘못된 사업자등록번호 등을 입력한 경우 붉은 색으로 표시된다. 붉은 색으로 표시된 경우에는 올바른 번호를 확인 후 수정한다.

2.사업자등록번호	114-81-74514	3.법인등록번호	130111-0006246
4.대표자명	고득점		

④ [6.사업장주소] 우편번호란에 커서를 놓고 F2 코드도움를 클릭하거나 또는 🗨을 클릭하여 다음의 '우편번호 검색' 보조창이 나타나면 [검색]란에 '남부순환로 2931'을 입력한 후 🔍을 클릭하여 검색한다.

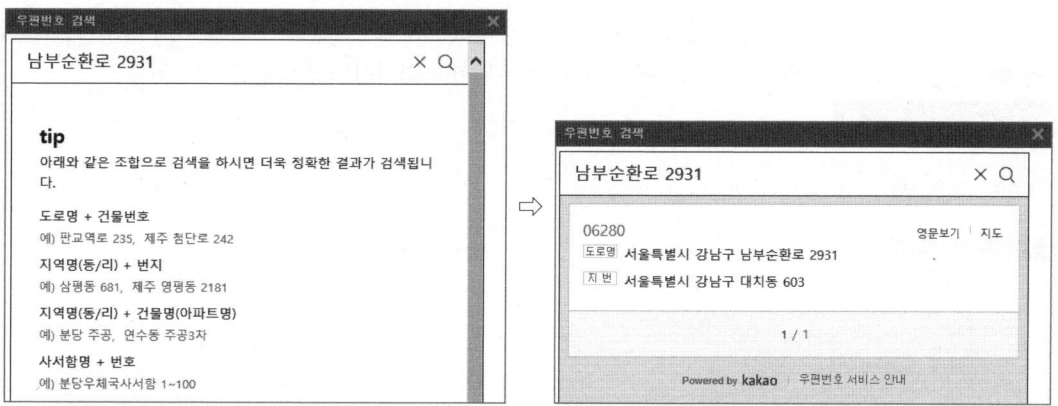

위와 같이 찾고자 하는 주소가 나오면 해당 주소를 클릭하여 다음과 같이 반영한다.

6.사업장주소	06280	🗨 서울특별시 강남구 남부순환로 2931		
	(대치동)		신주소	여

또한, 사업장 주소를 입력하면 [19.사업장동코드], [20.본점동코드], [21.사업장관할세무서], [22.본점관할세무서], [23.지방소득세납세지]란은 다음과 같이 자동 반영된다.

19.사업장동코드	1168010600	🗨 서울특별시 강남구 대치동			
20.본점동코드	1168010600	🗨 서울특별시 강남구 대치동			
21.사업장관할세무서	120 🗨 삼성		22.본점관할세무서	120 🗨 삼성	
23.지방소득세납세지	강남구	🗨	24.지방세법인구분		🗨

⑤ [8.업태]란에 "제조업", [9.종목]란에 "문구용품"을 입력한다.

8.업태	제조업	9.종목	문구용품

⑥ 개업연월일

개업연월일은 사업자등록증상의 [17.개업연월일]란에 "2011-04-05"를 입력한다.

17.개업연월일	2011-04-05	

⑦ 만약 [21.사업장관할세무서]란을 수정하고자 한다면 F2 코드도움 또는 □ 을 누르고 「세무서도움」 보조창 상단의 [전체 ∨] [ ]란에 수정하고자 하는 관할 세무서를 입력하여 반영한다.

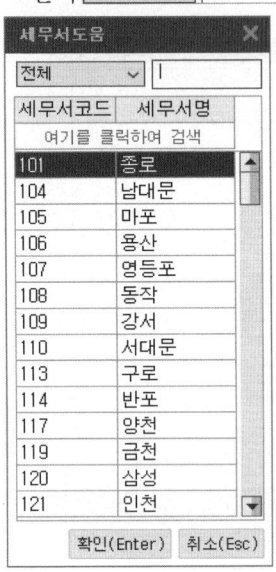

⑧ [회사등록] 메뉴의 우측 상단 추가사항 탭을 클릭한 후 [6.신고담당자이메일]란에 "pklein@hanmail.net"으로 입력한다.

⑨ 완성된 회사등록메뉴

기본사항	추가사항				
1.회계연도	제 15 기 2025 년 01 월 01 일 ~ 2025 년 12 월 31 일				
2.사업자등록번호	114-81-74514		3.법인등록번호	130111-0006246	
4.대표자명	고득점				
5.대표자주민번호	_____-_____		대표자외국인여부	부	
6.사업장주소	06280	서울특별시 강남구 남부순환로 2931			
	(대치동)			신주소	여
7.본점주소	06280	서울특별시 강남구 남부순환로 2931			
	(대치동)			신주소	여
8.업태	제조업		9.종목	문구용품	
10.주업종코드					
11.사업장전화번호	) -		12.팩스	) -	
13.법인구분	내국법인		14.법인종류별구분		
15.중소기업여부	여		16.설립연월일	____-__-__	
17.개업연월일	2011-04-05		18.폐업연월일	____-__-__	
19.사업장동코드	1168010600	서울특별시 강남구 대치동			
20.본점동코드	1168010600	서울특별시 강남구 대치동			
21.사업장관할세무서	120 삼성		22.본점관할세무서	120 삼성	
23.지방소득세납세지	강남구		24.지방세법인구분		

Ⅲ 회사등록 메뉴 출제포인트   최신 30회 중 2문제 출제

1 회사등록사항 중 중요한 항목이 누락되거나 오류가 제시되면 제시된 사업자등록증과 비교하여 추가등록하거나 수정하는 문제가 출제된다. 전산회계 2급에서 주로 출제가 되므로 전산회계 1급에서는 가끔 출제된다.

2 중요출제유형
① 법인사업자와 개인사업자의 구분
② 사업자등록번호와 개업연월일의 수정
③ 대표자명과 주민등록번호의 수정
④ 업태와 종목의 수정
⑤ 사업장주소와 관할 세무서의 수정

> **참고** 데이터 설치와 회사변경 기능
>
> ① 애드투 사이트 가입 및 로그인. www.addto.co.kr.
> ② 사이트 [선생님] 메뉴에 있는 박진혁 선생님 [학습자료실] 게시판에서 '2025년 전산회계 1급 KcLep 백데이터'를 클릭한다.
> ③ 페이지 상단의 '첨부파일'을 클릭하고, 반드시 '실행'을 선택한다. '파일을 바꾸시겠습니까?'라는 팝업창이 나오면 '예'를 클릭하여 C드라이브의 KcLepDB 폴더로 자동 저장시킨다.
> ④ KcLep 프로그램을 실행 후 급수에서 전산회계 1급을 선택한다. 이미 등록된 임의의 회사를 선택하여 메인화면으로 들어간다. [회사등록] 메뉴에서의 화면 상단 F4 회사코드재생성 을 클릭하면 나오는 다음의 창에서 예(Y) 를 누른다.

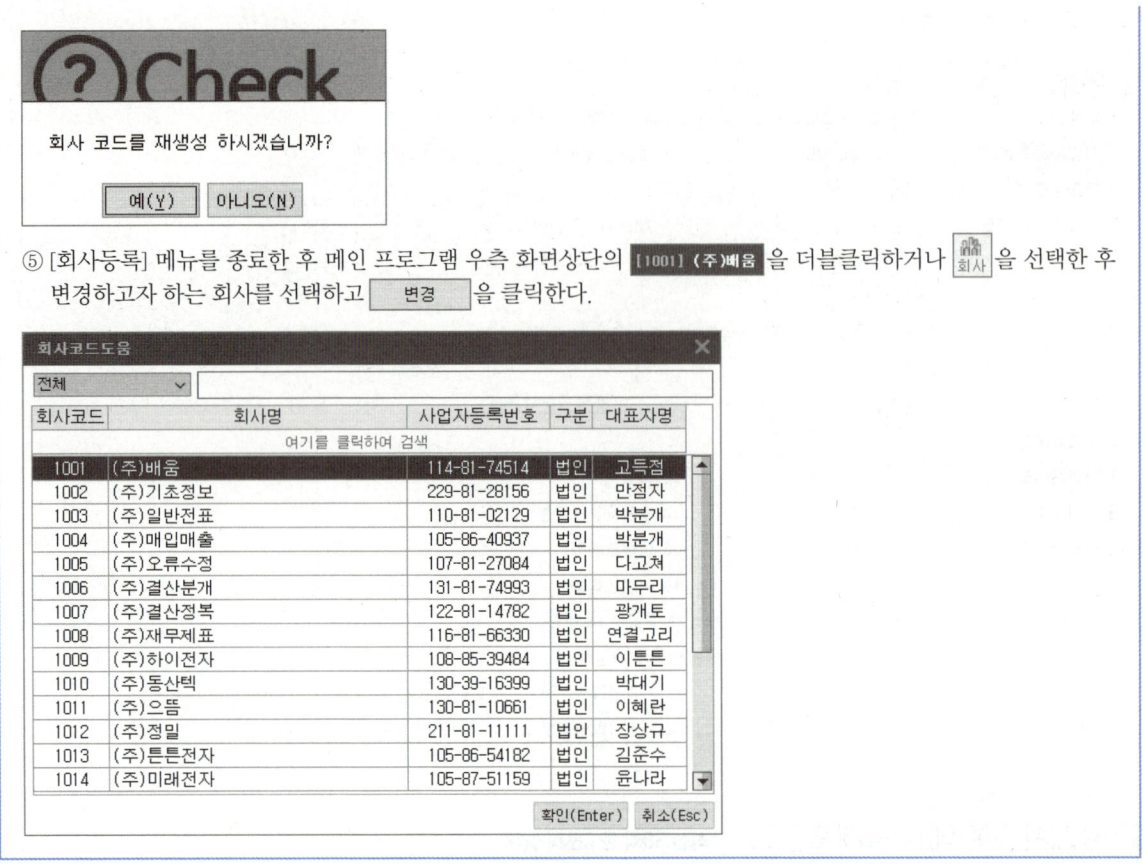

⑤ [회사등록] 메뉴를 종료한 후 메인 프로그램 우측 화면상단의 [1001] (주)배움 을 더블클릭하거나 [회사] 을 선택한 후 변경하고자 하는 회사를 선택하고 변경 을 클릭한다.

Ⅳ 기출문제 연습하기

회사를 (주)기초정보(코드번호 : 1002)로 회사를 변경한다. 다음은 회사코드 1002. (주)기초정보가 사업장을 이전하면서 새로 교부받은 사업자등록증이다. 새로 교부받은 사업자등록증의 내용대로 회사등록 사항을 수정하시오. 단, 주소 입력 시 우편번호는 입력하지 않고 주소만 직접 입력한다.

103회 유사

사 업 자 등 록 증

(법인사업자용)

등록번호 : 112 – 81 – 21646

법인명(단체명) : (주)기초정보
대　표　자 : 만점자
개 업 연 월 일 : 2012년 6월 26일
법인등록번호 : 110111 – 1754864
사업장소재지 : 서울특별시 서초구 서운로 3(서초동)
사 업 의 종 류 : 업태 – 제조, 도매
　　　　　　　　종목 – 휴대폰부품, 무역

교 부 사 유 : 사업장 이전

2012년 6월 26일

서 초 세 무 서 장

해설 회사등록사항 다음과 같이 수정한다.

① 개업연월일 : "2012년 5월 26일"을 "2012년 6월 26일"로 수정한다.
② 사업장소재지 변경 : "서울특별시 서초구 서운로 3(서초동)"로 수정한다.
③ 사업의 종류추가 : 업태에 "도매", 종목을 "무역"을 추가등록한다.
④ 사업장관할세무서 수정 : 사업장관할세무서를 "강남세무서"에서 "서초세무서"로 수정한다.

기본사항	추가사항		
1.회계연도	제 15 기 2025 년 01 월 01 일 ~ 2025 년 12 월 31 일		
2.사업자등록번호	229-81-28156	3.법인등록번호	110111-1754864
4.대표자명	만점자		
5.대표자주민번호	680718-1162221	대표자외국인여부	부
6.사업장주소		서울특별시 서초구 서운로 3	
	(서초동)		신주소 여
7.본점주소			
			신주소 여
8.업태	제조, 도매	9.종목	휴대폰부품, 무역
10.주업종코드			
11.사업장전화번호	) -	12.팩스	) -
13.법인구분	내국법인	14.법인종류별구분	
15.중소기업여부	여	16.설립연월일	----- - -- - --
17.개업연월일	2012-06-26	18.폐업연월일	----- - -- - --
19.사업장동코드			
20.본점동코드			
21.사업장관할세무서	214 서초	22.본점관할세무서	
23.지방소득세납세지		24.지방세법인구분	

제2절 | 거래처등록

거래처 등록 메뉴는 관리하고자 하는 거래처의 기본정보를 등록하는 곳이다. 회사의 거래 중 외상거래가 발생하게 되면 거래처별로 코드를 등록하고 거래처별원장을 작성하게 된다. 실무에서 거래처등록은 매출 시 세금계산서 발행을 위해 받아 놓은 매출처의 사업자등록증을 보고 입력하며, 매입 시에는 세금계산서나 신용카드매출전표 등의 인적사항을 보고 입력한다. 입력 시 주의사항은 거래처명 입력 시 필히 붙여쓰기를 해야 한다. 띄어쓰기를 하지 않으면 동일 거래처를 다른 거래처로 인식되는 경우가 있다. 즉, (주)배움과 (주) 배움은 프로그램이 다른 거래처로 인식한다.

I 거래처등록 메뉴 알아보기

1 [회계관리]-[재무회계]-[기초정보관리]-[거래처등록]: 일반거래처 탭

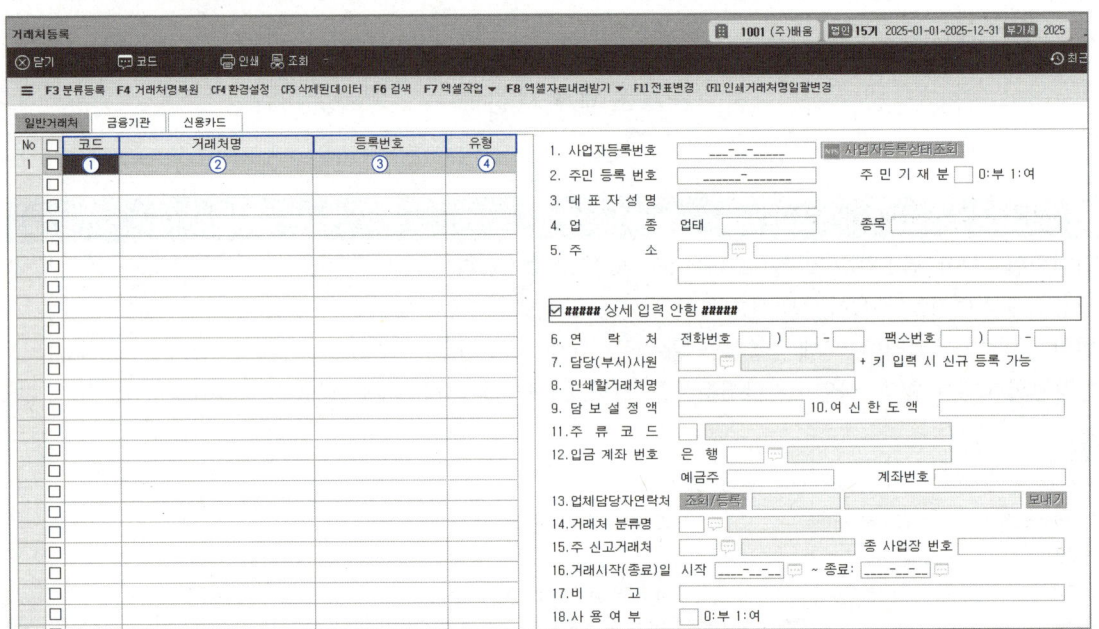

① 코드[0101~97999]
등록할 회사의 코드를 입력한다. 단, 일반거래처, 금융기관, 신용카드에 따라 부여할 수 있는 코드범위가 다르며 해당 범위내에서만 입력할 수 있다.

구 분	코드번호	내 용
일반거래처	00101 ~ 97999	채권·채무거래처 관리목적 및 부가가치세 신고 목적으로 사용된다.
금융거래처	98000 ~ 99599	예금관리목적으로 사용된다.
신용카드거래처	99600 ~ 99999	카드매출·관리목적으로 사용된다.

② 거래처명
한글 30자, 영문 30자 이내로 거래처의 사업자등록증상의 상호를 입력한다.

③ 등록번호

사업자등록증상의 사업자등록번호로서 우측의 사업자등록번호 입력사항이 반영된다.

④ 유형[1:매출, 2:매입, 3:동시]

해당 거래처가 매출거래처에 해당하면 '1:매출', 매입거래처에 해당하면 '2:매입', 매출과 매입 동시에 해당될 때에는 '3:동시'를 선택한다. 선택 없이 Enter 를 누르면 [3.동시]가 자동 반영된다.

❶ 사업자등록번호

거래처로부터 받은 사업자등록증 사본 등을 보고 사업자등록번호를 입력한다. 사업자등록번호를 입력하고도 붉은색으로 남아있으면 등록번호 오류이므로 다시 확인하여 정정한다. 실무에서는 사업자등록상태조회 를 클릭한 경우 국세청홈택스 홈페이지에 연결되어 입력한 사업자등록번호를 조회하여 일반과세자, 간이과세자, 면세사업자, 폐업자 여부를 확인할 수 있으나 교육용에서는 제공되지 않는 기능이다.

❷ 주민등록번호 / 주민기재분[0:부, 1:여]

기업체가 아닌 일반 개인인 경우 세금계산서합계표상 주민등록기재분 표시를 하는 경우에는 대표자 주민등록번호를 입력하면 우측 '1.주민기재분'이 자동 반영된다.

❸ 대표자성명

거래처 사업자등록증상 대표자를 입력한다.

❹ 업종

사업자등록증상 업태/종목을 입력한다.

❺ 주소

거래처의 사업장소재지를 입력한다. 우편번호를 통해 입력하는 경우에는 [우편번호]란에 커서 위치 시 키보드의 F2 키 또는 🖳을 누른다. 즉 입력하는 방법은 회사등록 메뉴의 사업장 주소를 입력하는 방법과 동일하다.
☑ ##### 상세 입력 안함 ##### : 상세 입력 안함을 체크하면 커서가 하단으로 이동이 안 되며 다른 거래처등록을 할 수 있게 하는 기능이다.

❻ 연락처

거래처의 전화번호와 팩스번호를 입력한다.

❼ 담당(부서)사원

거래처에 대한 담당사원을 입력한다. 키보드의 「+」입력 시 담당부서사원을 신규로 등록할 수 있다.

❽ 인쇄할거래처명

거래처명에 입력된 거래처명과 다르게 증빙에 인쇄하고자 하는 경우 거래처명을 수정하여 입력한다.

❾ 담보설정액 / ❿ 여신한도액

설정된 담보액과 거래처의 여신한도 설정액을 입력한다.

⓫ 주류코드

주류업체에 해당 되면 해당 코드를 입력한다.

⓬ 입금 계좌번호

거래처로부터 거래대금의 수취계좌 등을 입력한다.

⓭ 업체담당자연락처

전자세금계산서를 수령할 거래처의 담당 사원의 이메일, 전화번호, 메신저 아이디 등을 입력한다. 해당 사원에게 전자세금계산서가 발행되며 보내기 클릭 시 등록된 담당사원 이메일 주소로 메일을 발송할 수도 있다.

※「일반거래처」탭의 나머지 내용은 자격시험과 무관하므로 설명을 생략한다.

2 금융기관 탭

① 코드[98000~99599]

[98000~99599]의 범위내에서 코드번호를 입력한다. 코드를 일련번호순으로 부여하고자 하는 경우에는 [코드]란의 커서가 위치할 때 키보드 '1'을 입력하면 [98001]로, 키보드 '2'를 입력하면 [98002]로 자동 완성된다.

② 거래처명

보통예금, 당좌예금 등의 해당 계좌 금융기관을 입력한다.

③ 계좌번호

화면 우측 1.계 좌 번 호 [   ] 에서 입력한 계좌번호가 자동으로 반영된다.

④ 유형[1:보통예금, 2:당좌예금, 3:정기적금, 4:정기예금]

예금종류를 말하며 '1:보통예금, 2:당좌예금, 3:정기적금, 4:정기예금, 5:기타' 중 선택한다.

① 계좌번호
통장 계좌번호를 입력한다.

② 계좌개설은행/지점
계좌개설은행은 F2 코드 을 클릭하여 조회한 후 해당 금융기관을 선택하고 지점은 직접 입력한다.

③ 계좌 개설일
계좌 개설일을 입력하다.

④ 예금종류/만기
입출금이 자유로운 예금과 그렇지 않은 예금 등으로 표기하고 적금은 만기일을 입력한다.

⑤ 이자율/매월납입액
이자율 및 적금인 경우에는「매월납입액」을 입력한다.

⑥ 당좌한도액
예금의 종류가 [2:당좌예금]일 때 은행과 약정한 당좌차월 한도 금액을 입력한다.

⑦ 은행사업자번호
거래은행의 사업자등록번호가 필요한 경우 입력한다.

⑧ 사업용 계좌
당해 통장이 국세청에 신고한 사업용계좌에 해당하는 경우 [1:여]로 선택한다.

※「금융기관」탭의 나머지 내용은 자격시험과 무관하므로 설명을 생략한다.

3 신용카드 탭

① 코드[99600~99999]

[99600~99999]의 범위내에서 코드번호를 입력한다. 코드를 일련번호순으로 부여하고자 하는 경우에는 [코드]란의 커서가 위치할 때 키보드 '1'을 입력하면 [99601]로, 키보드 '2'를 입력하면 [99602]로 자동 완성된다.

② 거래처명

신용카드사 상호명을 입력한다.

③ 가맹점(카드)번호

화면 우측 2. 가 맹 점 번 호   , 3. 카드번호(매입)   에서 입력한 가맹점번호와 카드번호(매입)가 자동으로 반영된다. 또한, 카드유형이 매출이면서 직불, 기명식 선불전자지급수단인 경우에는 직불, 기명식 선불전자지급수단 □ 의 체크박스를 클릭한 후 키보드의 "1:여", 아닌 경우에는 "0:부"를 선택한다.

④ 유형[1:매출, 2:매입]

매출카드(거래처명이 카드사)인 경우에는 '1:매출', 매입카드(거래처명이 카드)인 경우에는 '2:매입'을 선택한다.

❶ 사업자등록번호

신용카드사의 사업자등록번호를 입력한다.

❷ 가맹점번호

[유형]란에 '1:매출'을 선택한 경우에는 카드사의 가맹점번호를 입력한다.

❸ 카드번호(매입) / ❹ 카드종류(매입)

[유형]란에 '2:매입'을 선택한 경우에는 카드사의 카드번호와 카드종류(1:일반카드, 2:복지카드, 3:사업용카드)를 선택한다.

> **참고**
> * 복지카드 : 화물운송사업자에게 유가보조금을 지급하기 위한 복지카드
> * 사업용카드 : 사업과 관련하여 신용카드로 물품 등을 구입하여 매입세액을 받고자 하는 경우 「국세청 홈택스」 홈페이지에 등록한 신용카드, 체크카드 등을 말한다.

※ 「신용카드」탭의 나머지 내용은 자격시험과 무관하므로 설명을 생략한다.

4 프로그램 상단툴바 기능

- F4 거래처명복원 : 거래처명을 변경한 후 변경 전 거래처명으로 다시 변경할 경우 사용한다.
- 삭제 : 등록된 거래처를 삭제하고자 할 때는 해당 거래처에 커서를 놓고 상단 툴바의 삭제를 클릭하면 나타나는 확인을 묻는 창에서 예(Y) 를 클릭한다.

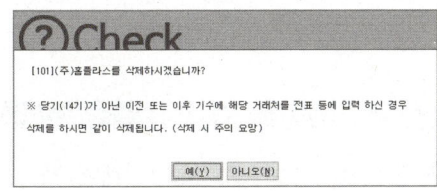

또한, 한번 등록된 거래처의 코드번호는 변경할 수 없으나 거래처명은 변경할 수 있다. 만약, 거래처등록 시 코드번호가 잘못 입력되었다면 삭제하고 다시 입력해야 한다.

- CF5 삭제된데이타 : 삭제한 거래처를 확인할 수 있다. 만약, 삭제한 거래처를 복구하고자 한다면 상단의 툴바 중 CF5 삭제된데이타 를 클릭하면 나타나는 다음의 창에서 해당 거래처를 체크한 후 데이터 복구(F4) 를 누른다. 또한, 해당 거래처와 더 이상의 거래가 발생되지 않는다면 휴지통 비우기(F5) 를 누르고 삭제하며 확인(Esc) 을 클릭하면 거래처 등록화면으로 복귀한다.

- F6 검색 : 일반거래처, 금융기관, 신용카드 탭 별로 거래처 등을 검색할 때 사용한다.
- F11 전표변경 : 변경된 거래처명 등으로 [일반전표입력], [매입매출전표입력] 메뉴에 입력한 데이터도 동일한 거래처명으로 등록할 경우 사용하며 일반거래처, 금융기관, 신용카드 탭 별로 변경한다.

Ⅱ 거래처등록메뉴 따라하기

회사를 ㈜배움(코드번호 : 1001)으로 변경한다. ㈜배움의 주된 거래처는 다음과 같다. 거래처등록메뉴에 등록하시오. (우편번호 입력은 생략하며 일반거래처의 유형은 '동시'를 선택하여 입력할 것)

코드	상호명	대표자	사업자등록번호	주소	업태	종목
101	㈜홈플라스	박덧셈	108-80-16943	경기도 파주시 파주읍 광탄천로 419	제조	문구
102	㈜임아트상회	한예술	314-85-00186	경기도 고양시 일산동구 강촌로 151	도, 소매	문구
103	㈜미래자동차	스피드	214-81-67860	서울특별시 강남구 강남대로 480	제조	자동차
104	맛집	방국봉	128-27-39402	서울특별시 서초구 서초대로 149-2	음식	한식
105	인천세관			생략		
106	ABC사			생략		
107	왕대박			주민등록번호 890401-1005118		
98000	우리은행			계좌번호 111-22-333334 / 유형 : 당좌예금 / 지점 : 서울역		
98001	국민은행			계좌번호 555-66-777778 / 유형 : 보통예금 / 지점 : 여의도		
99600	비씨카드			가맹점번호 123456(유형 : 매출)		
99601	신한카드			카드번호 4151-5114-8179-3516(유형 : 매입, 카드종류 : 사업용카드)		

※ 거래처 코드번호 '101~107'은 일반거래처 탭, '98000'은 금융거래처 탭, '99600~99601'은 신용카드 탭을 선택하여 입력한다.

해설

1 [회계관리]-[재무회계]-[기초정보관리]-[거래처등록]-[일반거래처] 탭

① [코드]란에 "101", [거래처명]란에 "㈜홈플라스"를 입력하고, [유형]란은 '3:동시'를 선택한다.

No	□	코드	거래처명	등록번호	유형
1		00101	㈜홈플라스		동시

② 화면 우측 [1.사업자등록번호]란에 "108 80 16943", [3.대표자성명]란에 "박덧셈", [업태]란에 "제조", [종목]란에 "문구"를 다음과 같이 입력한다.

1. 사업자등록번호	108-80-16943	NTS 사업자등록상태조회		
2. 주민 등록 번호	_____-_____	주 민 기 재 분	부	0:부 1:여
3. 대 표 자 성 명	박덧셈			
4. 업　　　　종	업태 제조	종목 문구		

③ 화면 우측 [5.주소]란에서 우편번호 입력은 생략하고 다음 화면과 같이 "경기도 파주시 광탄면 광탄천로 419"를 입력한다.

5. 주　　　소		⋯	경기도 파주시 광탄면 광탄천로 419

④ 나머지 거래처도 동일한 방법으로 입력하면 된다. 입력 후 화면은 다음과 같다.

2 [금융기관] 탭
① 98000 우리은행

[코드]란에 "98000", [거래처명]란에 "우리은행", [유형]란은 '2:당좌예금'을 선택한다. 화면 우측 [계좌번호]란에 "111-22-333334"를 입력하고 [계좌개설은행]란에 키보드의 F2의 검색을 이용하여 "우리은행"을 선택하고 [지점]란에 "서울역"을 입력한다.

② 98001 국민은행

[코드]란에 "98001", [거래처명]란에 "하나은행", [유형]란은 '1:보통예금'을 선택한다. 화면 우측 [계좌번호]란에 "555-66-777778"을 입력하고 [계좌개설은행]란에 키보드의 F2의 검색을 이용하여 "국민은행"을 선택하고 [지점]란에 "여의도"를 입력한다.

3 [신용카드] 탭
① 99600 비씨카드

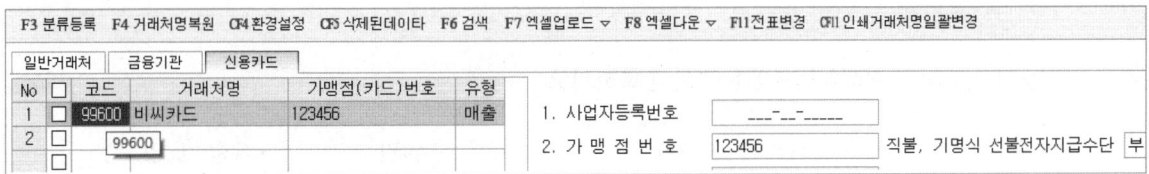

[코드]란에 "99600", [거래처명]란에 "비씨카드", [유형]란에 '1:매출'을 선택한다. 또한, 화면 우측 [가맹점번호]란에 "123456"를 입력한다.

② 99601 신한카드

F3 분류등록	F4 거래처명복원	CF4 환경설정	CF5 삭제된데이타	F6 검색	F7 엑셀업로드 ▼	F8 엑셀다운 ▼	F11전표변경	CF11 인쇄거래처명일괄변경

일반거래처	금융기관	신용카드

No	□	코드	거래처명	가맹점(카드)번호	유형
1	□	99600	비씨카드	123456	매출
2	□	99601	신한카드	4151-5114-8179-3516	매입
3	□				

1. 사업자등록번호   ___-__-_____
2. 가 맹 점 번 호
3. 카드번호(매입)   4151-5114-8179-3516
4. 카드종류(매입)   3   3.사업용카드

[코드]란에 "99601", [거래처명]란에 "신한카드", [유형]란에 '2:매입'을 선택한다. 또한, 화면 우측 [카드번호(매입)]란에 "4151-5114-8179-3516"을 입력하고 [카드종류(매입)]란에 '3:사업용카드'를 선택한다.

★ Ⅲ 거래처등록 메뉴 출제포인트 최신 30회 중 25문제 출제

1 문제에서 제시된 거래처의 코드번호, 거래처명, 등록번호, 업태, 종목, 주소 등의 자료를 보고 [거래처등록] 메뉴에 신규로 등록하는 문제가 주로 출제된다.

2 중요출제유형
① 제시된 거래처의 자료 신규 등록
② 제시된 거래처의 자료와 프로그램의 기 등록된 거래처등록사항을 대조하여 틀린 부분에 대한 오류수정

Ⅳ 기출문제 연습하기

다음 자료에 의하여 ㈜배움(회사코드 : 1001)의 거래처를 등록하시오. (단, 우편번호 입력은 생략할 것)

1 다음 자료를 보고 거래처등록 메뉴에서 등록하시오.   83회

- 거래처명 : ㈜한국식품(거래처코드 : 03022)
- 사업자등록번호 : 610-85-20223
- 사업장주소 : 서울특별시 서초구 명달로 105
- 대표자 : 김한국
- 업태 : 제조
- 유형 : 동시
- 종목 : 라면류

※ 주소입력 시 우편번호 입력은 생략해도 무방함.

2 다음 자료를 보고 거래처등록메뉴에서 등록하시오.   79회

- 회사명 : 은천마루(거래처코드 : 01032)
- 사업자등록번호 : 609-85-18769
- 사업장주소 : 서울특별시 서초구 명달로 105(서초 3동)
- 대표자 : 김일권
- 업태 : 도소매
- 유형 : 매입
- 종목 : 소형가전

※ 주소입력 시 우편번호 입력은 생략해도 무방함.

3 소미은행은 신규 거래처이다. 거래처등록메뉴에 추가 등록하시오. 〔81회〕

- 거래처코드 : 98004
- 계좌번호 : 9-71718989-52
- 거래처명 : 소미은행
- 유형 : 보통예금

4 행복은행에서 신규로 통장을 개설하였다. 다음의 내용을 거래처등록메뉴에 입력하시오. 〔65회〕

- 코드 : 98500
- 거래처명 : 행복은행
- 계좌번호 : 311-007-154670
- 유형 : 당좌예금

5 전자제품 매출을 위해 한국카드와 신용카드가맹점 계약을 하였다. 다음의 내용을 거래처등록메뉴에 등록하시오. 〔82회〕

- 코드 : 99902
- 거래처명 : 한국카드
- 가맹점번호 : 5640023147
- 유형 : 매출

6 다음은 신규 거래처이다. 거래처등록메뉴의 [신용카드]탭에 추가 등록하시오. 〔87회〕

- 거래처코드 : 99606
- 카드번호 : 9404-1004-4352-5200
- 결제계좌 : 수협은행 54-63352-5432-1
- 거래처명 : 수협카드
- 유형 : 매입
- 카드종류 : 사업용카드

해설

1 [일반거래처] 탭 : 3022 (주)한국식품

「코드 : 3022 / 거래처명 : (주)한국식품 / 유형 : 3.동시 / 사업자등록번호 : 610-85-20213 / 대표자성명 : 김한국 / 업태 : 제조 / 종목 : 라면류 / 주소 : 서울특별시 서초구 명달로 105」추가 입력

2 [일반거래처] 탭 : 1032 은천마루

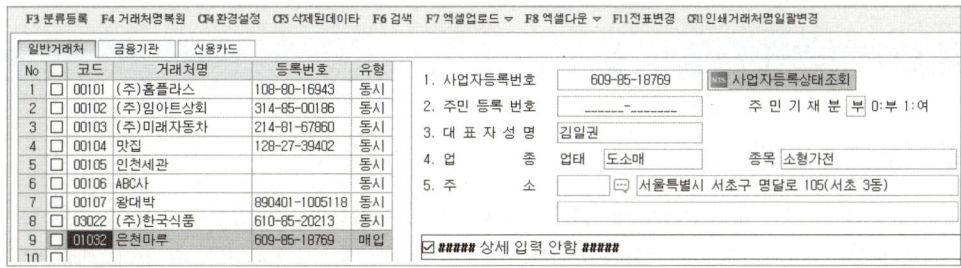

「코드 : 1032 / 거래처명 : 은천마루 / 유형 : 2.매입 / 사업자등록번호 : 609-85-18769 / 대표자성명 : 김일권 / 업태 : 도소매 / 종목 : 소형가전 / 주소 : 서울특별시 서초구 명달로 105(서초 3동)」추가 입력

3 [일반거래처] 탭 : 98004 소미은행

「코드 : 98004 / 거래처명 : 소미은행 / 유형 : 1.보통예금 / 계좌번호 : 9-71718989-52」추가 입력

4 [금융기관] 탭 : 98500 행복은행

「코드 : 98500 / 거래처명 : 행복은행 / 유형 : 2.당좌예금 / 계좌번호 : 311-007-154670」추가 입력

5 [신용카드] 탭 : 99902 한국카드

「코드 : 99902 / 거래처명 : 한국카드 / 유형 : 1.매출 / 가맹점번호 : 5640023147」추가 입력

6 [신용카드] 탭 : 99606 수협카드

「코드 : 99606 / 거래처명 : 수협카드 / 유형 : 2.매입 / 카드번호 : 9404-1004-4352-5200 / 카드종류(매입) : 3.사업용카드 / 결제계좌 : 은행명 007.수협은행, 계좌번호 54-63352-5432-1」추가 입력

제3절 계정과목 및 적요등록

I 계정과목 및 적요등록 알아보기

일반기업회계기준에 따라 가장 일반적인 계정과목과 적요는 이미 프로그램에 등록되어 있으나 기업이 수행하는 경영활동의 성격 및 기업의 규모에 따라 필요한 계정과목과 적요를 추가로 등록하거나 수정할 수 있다. 계정과목

코드에 의해 재무제표가 작성되므로 처음 사용하는 시점에서 계정체계 및 성격에 따라 정확하게 설정하여야 한다.

▶▶ [회계관리]-[재무회계]-[기초정보관리]-[계정과목및적요등록]을 선택

1 계 정 체 계

계정체계란 자산, 부채, 자본, 수익, 비용의 구분에 따라 설정된 계정코드범위를 말한다. [계정체계]란의 유형별 항목 중 하나를 선택하면 [코드/계정과목]란의 구체적인 계정과목들이 배열된다. 또한, 계정체계의 계정과목 코드번호는 101번부터 999번까지 구성되어 있다.

> **합격 TIP** 비용 계정과목의 코드체계
>
> 동일한 계정과목이라도 500번대는 제조원가이며 800번대는 판관비에 해당한다. 예를 들면 공장 직원의 복리후생비는 511번 복리후생비이며, 본사 직원의 직원에 대한 복리후생비는 811번 복리후생비에 해당한다.
>
> | 구 분 | 코드체계 범위 |
> |---|---|
> | 제조원가 | 500번대 |
> | 판매비와 관리비 | 800번대 |
> | 영업외수익과 영업외비용 | 900번대 |

2 | 코드/계정과목 | 성격 | 관계 |

- 코드/계정과목

본 프로그램은 일반기업회계기준에서 예시하는 통합계정이 아니라 실무목적의 관리적 측면의 구체적인 계정과목이 설정되어 있다. 즉, 내부관리용 계정과목인「외상매출금과 받을어음」으로 설정되어 있지만 외부공시용 재무제표(제출용)에 표시될 때에는 통합계정인「매출채권」으로 자동 표시된다.

- 성격

성격은 해당 계정과목의 프로그램상의 특성을 말하여 재무제표를 전산으로 자동으로 작성하기 위해서는 각 계정과목이 갖는 특성을 설정되어 있어야 한다. 등록된 계정과목에 대한 성격은 이미 정확하게 설정되어 있으므로 따로 변경할 필요는 없다. 즉, 대손충당금은 해당 채권의 차감계정이므로 '4.차감'으로 설정되어 있다.

- 관계

서로 관련 있는 계정들의 연결도구이다. 예를 들어, [109.대손충당금]은 관련 채권 [108.외상매출금]의 차감계정이므로 관련된 계정과목인「108」이 관계 란에 설정되어 있다.

| 0109 | 대 손 충 당 금 | 4.차 감 | 0108 |

3 계정과목 등록 및 수정

❶ 계정과목 신규등록

신규로 계정과목을 등록하고자 할 때에는 화면 좌측 [계정체계]란의 항목 중 적절한 범위를 선택한 후 이에 맞는 화면 우측의 계정체계 범위를 조회한다. 해당 코드/계정과목의 범위내에서 임의의「사용자설정계정과목」을 선택하고 화면 우측 계정코드(명) 의 사용자설정계정과목 란에 커서를 놓고 등록하고자 하는 계정과목을 덧씌워 입력한다.

❷ 수정등록

계정과목을 수정하고자 할 때에는 이미 등록되어 있는 계정코드(명) 의 [계정과목]란에 커서를 놓고 변경할 계정과목으로 덧씌워 입력하면 된다. 단, 적색계정과목의 경우에는 프로그램의 특성상 수정할 수 없도록 되어 있다. 그러나 실무상 부득이하게 수정하려고 할 때에는 계정코드(명) 의 [계정과목]란에 커서를 놓고 키보드의 Ctrl 과 F2 를 동시에 누르면 수정이 가능하도록 활성화되므로 변경할 계정과목으로 덧씌워 입력하면 된다.

합격 TIP 계정과목의 신규등록과 수정등록

구 분	내 용
사용자설정계정과목	사용하고자하는 계정과목이 없는 경우 신규 등록하여 사용
흑색계정과목	수정이 필요한 경우 수정가능
적색계정과목	수정이 불가능하나, Ctrl + F2 키를 누르면 수정 가능

4 적요 등록 및 수정

적요란 거래내역을 적당하게 요약한 일종의 메모이다. 이는 전표 출력 시에 해당 분개에 대한 간략한 내용을 제공함으로써 거래의 내용을 보충 설명하는 역할을 한다. 각 과목별 현금적요와 대체적요로 구분하여 등록 및 수정이 가능하다. 단, 파란색 또는 초록색으로 되어 있는 고정적요는 프로그램에서 다른 항목들과 관련된 부분이 있으므로 수정이 불가능하다.

예를 들어, 「830. 소모품비」에 대한 현금적요와 대체적요는 다음과 같다.

적요NO	현금적요
1	소모자재대 지급
2	차. 음료대 지급
3	기타소모품비 지급

적요NO	대체적요
1	소모자재대 미지급
2	차. 음료구입시 미지급
3	기타소모품비 미지급
4	소모자재대 어음발행
5	소모품의 소모품비대체

① 현금적요

현금적요는 일반전표입력 시에는 전표유형 「1.출금」, 「2.입금」을 선택하거나 매입매출전표 입력 시 [분개]란에서 「1.현금」을 선택한 경우에 활성화되는 적요를 말한다. 실무상 일반적으로 사용하는 적요는 이미 입력되어 있으나 추가로 등록하고자 할 때에는 해당 [적요]란에 커서를 놓고 내용을 입력하면 된다.

② 대체적요

대체적요는 일반전표입력 시에는 전표유형 「3.차변」, 「4.대변」을 선택하거나 매입매출전표 입력 시 [분개]란에서 「2.외상」, 「3.혼합」을 선택한 경우에 활성화되는 적요를 말한다. 실무상 일반적으로 사용하는 적요는 이미 입력되어 있으나 추가로 등록하고자 할 때에는 해당 [적요]란에 커서를 놓고 내용을 입력하면 된다.

5 계정과목 검색

찾고자 하는 계정과목이 있다면 키보드의 F2 또는 Ctrl + F 또는 마우스 오른쪽을 클릭한다. 다음의 「찾기」보조창에서 찾을 내용에 한 글자 이상 입력하고 Enter 키를 계속 누르면서 찾고자 하는 계정과목으로 이동하면서 검색하면 된다.

Ⅱ 계정과목 및 적요등록 메뉴 따라하기

다음을 (주)배움(코드번호:1001)의 계정과목 및 적요등록사항에 입력하시오.

1 제조경비 중 임차료와 관련하여 창고임차료의 비중이 크므로 계정과목을 별도로 설정하고자 한다. 아래의 계정과목을 추가 등록하시오.

코드	계정과목	성격	사용여부	적요등록사항
537	창고임차료	5.제조경비	1. 사용	(현금적요1) 공장 창고임차료 현금지급

2 판매비와관리비 항목으로 '차량의 운용리스료' 계정과목을 추가하려고 한다. 해당 항목에 아래의 내용을 추가 등록하시오.

- 코드 : 860
- 구분(성격) : 3.경비
- 계정과목 : 차량의 운용리스료
- 현금적요 1번 : 영업용차량의 운용리스료 지급

3 생산부 직원들에게 매출증가에 따른 성과급을 지급하기로 하였다. 제조원가의 상여금 계정에 다음 내용의 적요를 등록하시오.

현금적요 2.   직원성과급 지급

4 영업외수익의 임대료 계정과목 대체적요에 "6. 임대료수익의 선수수익 대체"를 추가등록 하시오.

5 「전도금」을 「소액현금」계정으로 수정하고자 한다. 해당 계정과목명을 수정하고 다음 사항에 등록하시오.

코드	계정과목	성격	사용여부	적요등록사항
138	소액현금	3.일반	1. 사용	적요등록 생략

> 해설

▶▶ [회계관리]-[재무회계]-[기초정보관리]-[계정과목및적요등록]을 선택

1 창고임차료(537)

① 코드/계정과목 의 [코드]란에 커서를 놓고 숫자 "537"을 입력하면 커서가 해당 코드번호로 이동한다.
② 계정코드(명) 0537 사용자설정계정과목 에 커서를 놓고 화면 우측의 [계정코드(명)]란의 "사용자설정계정과목"을 "창고임차료"로 덧씌워 입력한다.
③ 성격 란에서 '5.제조경비'를 선택한다.
④ 적요NO 현금적요 란 커서를 놓고 [적요NO]란 "1", [현금적요]란에 "공장 창고임차료 현금지급"을 입력한다.

2 차량의 운용리스료(860)

① [코드/계정과목] 의 [코드]란에 커서를 놓고 숫자 "860"을 입력하면 커서가 해당 코드번호로 이동한다.
② [계정코드(명)] [0860 사용자설정계정과목] 에 커서를 놓고 우측의 [계정코드(명)]란의 "사용자설정계정과목"을 "차량의 운용리스료"로 덧씌워 입력한다.
③ [성격] 란에서 '3.경비'를 선택한다.
④ [적요NO] [현금적요] 란 커서를 놓고 [적요NO]란 "1", [현금적요]란에 "영업용차량의 운용리스료 지급"을 입력한다.

3 상여금

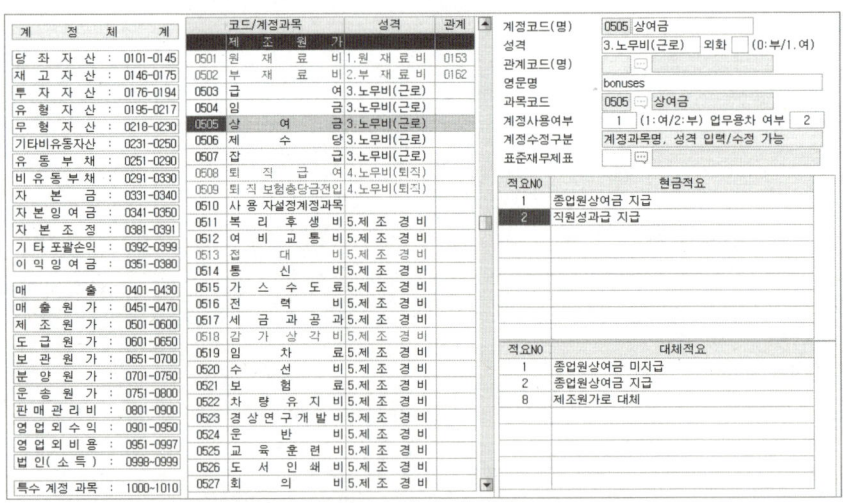

① [계 정 체 계]에서 [제 조 원 가 : 0501-0600]를 클릭한다.
② [코드/계정과목] 에서 [0505 상 여 금 3.노무비(근로)]를 찾아서 클릭한다.
③ [적요NO] [현금적요] 란 커서를 놓고 [적요NO]란 "2", [현금적요]란에 "직원성과급 지급"을 추가 입력한다.

4 임대료

① | 계 정 체 계 |에서 |영 업 외 수 익 : 0901-0950|를 클릭한다.
② | 코드/계정과목 |에서 | 0904 임   대   료 2.일   반 |을 찾아서 클릭한다.
③ | 적요NO | | 대체적요 |란 커서를 놓고 [적요NO]란 "6", [대체적요]란에 "임대료수익의 선수수익 대체"를 추가 입력한다.

5 소액현금(138)

① 키보드의 [Ctrl]+[F]를 누른 후 다음의 「찾기」보조창에서 "전도금"을 입력하고 [Enter] 키를 누르면 「138 전도금」 이 검색된다.

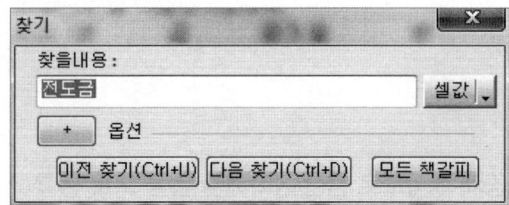

② 「138 전도금」에 커서를 놓고 키보드의 [Ctrl]+[F2] 키 누른 후 | 계정코드(명) | 0138 전도금 |란의 수정이 가능하도록 활성화되면 [계정코드(명)]란의 "전도금"을 "소액현금"으로 고친다.

★ Ⅲ 계정과목 및 적요등록 메뉴 출제포인트   최신 30회 중 23문제 출제

1 기 등록된 계정과목이나 적요를 수정하거나 추가 등록하는 문제가 출제된다.

2 중요출제유형
① 계정과목과 코드번호 수정 및 추가 입력
② 현금적요·대체적요 수정 및 추가 입력
③ 기 입력된 계정과목의 변경

Ⅳ 기출문제 연습하기

다음 자료에 의하여 (주)배움(회사코드 : 1001)의 계정과목 및 적요를 등록하시오.

1 다음 자료를 계정과목 및 적요등록에 반영하시오   84회

- 코드 : 855
- 성격 : 3. 경비
- 계정과목 : 프리랜서비
- 대체적요 1번 : 프리랜서 외주용역비 지급

2 당사는 에어컨을 구입하고 이를 유형자산으로 등록하고자 한다. 다음과 같이 계정과목 및 적요등록을 하시오.   78회

- 코드 : 217
- 성격 : 1.상각
- 계정과목 : 냉난방설비
- 현금적요 : 1. 냉난방설비 구입대금 현금지급

3 다음의 무형자산 계정을 추가로 등록하시오.   77회

- 코드 : 230
- 계정이름 : 임차권리금
- 성격 : 일반

4 만기보유증권(투자자산) 계정과목에 대체적요 7번 "국공채 매각으로 인한 당좌예금 입금"으로 등록하시오.   63회

> 해설

▶▶ [회계관리]-[재무회계]-[기초정보관리]-[계정과목및적요등록]을 선택

1 프리랜서비

2 냉난방설비

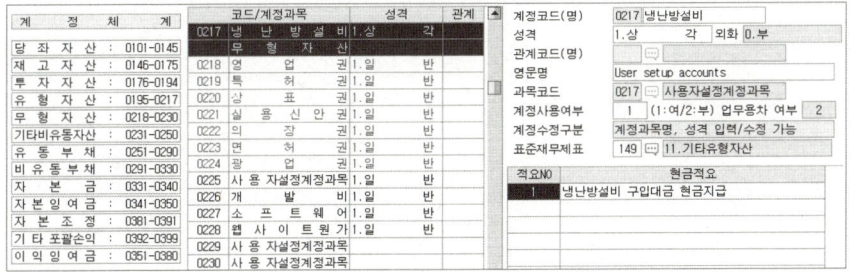

3 임차권리금

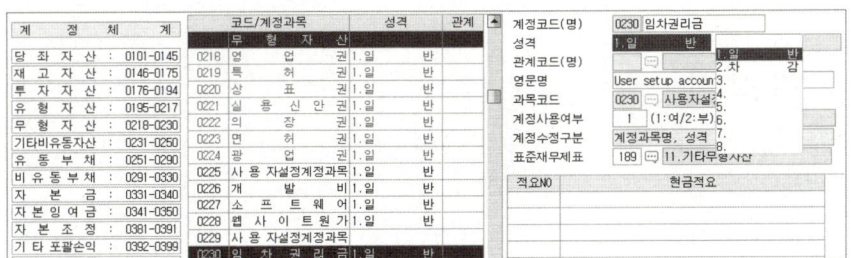

4 만기보유증권(181)

계 정 체 계		코드/계정과목	성격	관계
당 좌 자 산	0101-0145	투 자 자 산		
재 고 자 산	0146-0175	0176 장 기 성 예 금	1.예 금	
투 자 자 산	0176-0194	0177 특정현금과예금	1.예 금	
유 형 자 산	0195-0217	0178 매 도 가 능 증 권	5.유 가 증 권	
무 형 자 산	0218-0230	0179 장 기 대 여 금	9.대 여 금	
기타비유동자산	0231-0250	0180 대 손 충 당 금	4.차 감	0179
유 동 부 채	0251-0290	0181 만 기 보 유 증 권	5.유 가 증 권	
비 유 동 부 채	0291-0330	0182 지분법적용투자주식	3.일 반	
자 본 금	0331-0340	0183 투 자 부 동 산	3.일 반	
자 본 잉 여 금	0341-0350	0184 단체퇴직보험예치금	3.일 반	
자 본 조 정	0381-0391	0185 투자일임계약자산	3.일 반	
기 타 포괄손익	0392-0399	0186 퇴직연금운용자산	3.일 반	0329
이 익 잉 여 금	0351-0380	0187 퇴 직 보 험 예 치 금	3.일 반	0295
매 출	0401-0430	0188 국 민 연 금 전 환 금	3.일 반	0295
매 출 원 가	0451-0470	0189 사 용 자설정계정과목		
제 조 원 가	0501-0600	0190 사 용 자설정계정과목		
도 급 원 가	0601-0650	0191 사 용 자설정계정과목		
보 관 원 가	0651-0700	0192 사 용 자설정계정과목		
분 양 원 가	0701-0750	0193 사 용 자설정계정과목		
운 송 원 가	0751-0800	0194 사 용 자설정계정과목		
판 매 관 리 비	0801-0900	유 형 자 산		
영 업 외 수 익	0901-0950	0195 설 비 장 치	1.상 각	
영 업 외 비 용	0951-0997	0196 감 가 상 각 누 계 액	4.차 감	0195
법 인 (소 득)	0998-0999	0197 사 용 자설정계정과목	1.상 각	
		0198 감 가 상 각 누 계 액	4.차 감	0197
특 수 계 정 과 목	1000-1010	0199 건 설 용 장 비	1.상 각	
		0200 감 가 상 각 누 계 액	4.차 감	0199
		0201 토 지	2.비 상 각	

계정코드(명)	0181 만기보유증권
성격	5.유 가 증 권 외화 0.부
관계코드(명)	
영문명	Held-to-maturity securities
과목코드	0181 만기보유증권
계정사용여부	1 (1:여/2:부) 업무용차 여부 2
계정수정구분	계정과목명, 성격 입력/수정 가능
표준재무제표	85 나.만기보유증권

적요NO	현금적요
1	주식매입
2	국공채 매입
3	일반 사채 매입
4	기타유가증권 매입
5	유가증권 상환
6	유가증권 매각

적요NO	대체적요
1	주식매입
2	국공채 매입
3	일반 사채 매입
4	기타유가증권 매입
5	유가증권 상환
6	유가증권 매각
7	국공채 매각으로 인한 당좌예금 입금

MEMO

재무회계 계정과목론

제1절 일반전표입력 메뉴 알아보기

[회계관리]-[재무회계]-[전표입력]-[일반전표입력]에 들어오면 일반전표입력 메뉴가 나온다. 일반전표입력 메뉴는 기업에서 발생하는 모든 거래 중 부가가치세 신고와 관련이 없는 거래를 입력하는 메뉴이다. 회계상의 거래가 발생하면 증빙서류 등을 보고 프로그램이 요구하는 형식에 맞추어 입력한다. 일반전표입력 메뉴에 입력된 분개는 각종 장부 및 재무제표에 자동으로 반영된다.

I 일반전표입력 메뉴 알아보기

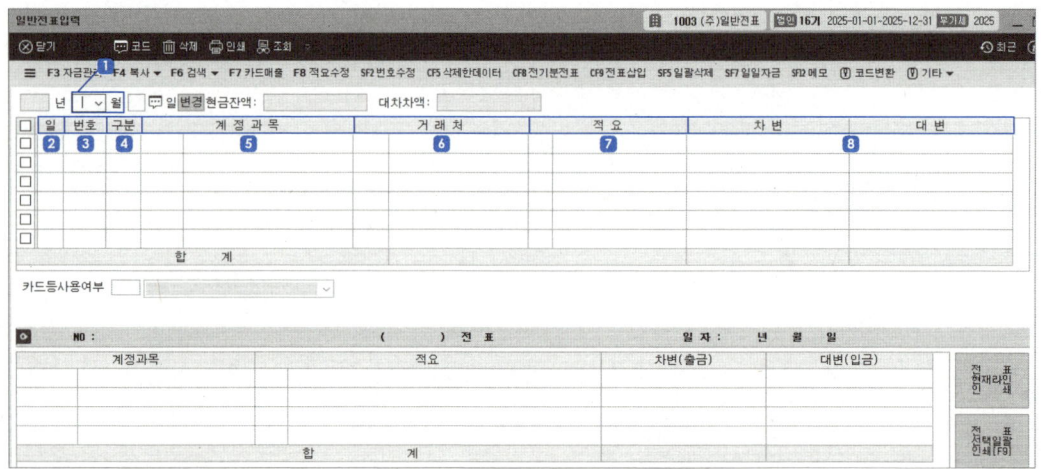

❶ 월
입력하고자 하는 해당 거래의 월을 입력한다.

❷ 일
입력하고자 하는 해당 거래의 일자를 입력한다. [일]란은 상황에 따라 입력하고자 하는 방법이 2가지가 있다.

❶ '일'란을 빈칸으로 두는 경우

```
2025 년 01 ∨ 월  일변경 현금잔액:    130,897,000  대차차액:
□ 일  번호  구분    계정과목         거래처        적 요         차 변         대 변
```

상단의 [월]란에 해당 월을 입력하고 [일]란에 Enter 를 누르고 넘어가면 [일]란은 입력되지 않는다. 하단 [일]란에 해당 일자를 입력한다. 이는 동일한 화면 내에서 한 달 동안의 거래를 일자별로 해당 일을 직접 입력하는 방법이다.

❷ '일'란을 직접 입력하는 방법

```
2025 년 01 ∨ 월 2 일 변경 현금잔액:    130,897,000  대차차액:
□ 일  번호  구분    계정과목         거래처        적 요         차 변         대 변
```

상단의 [월]란을 해당 월을 입력하고 [일]란에 해당 일을 입력한다. 하단 [일]란에는 상단에 입력한 일이 자동으로 표시되는 방법이다. 이는 동일한 화면 내에서 하루 동안의 거래를 계속 입력하는 방법이다.

❸ 번호

전표번호를 말하며 이는 0001번부터 일자별로 자동 부여된다. 즉, 일자가 바뀌면 새로이 0001번부터 부여된다. 대체거래를 차변과 대변으로 나누어 입력하는 경우 차·대변의 합계가 일치될 때까지 1개의 전표로 보아 동일한 번호가 부여된다. 즉, 대체거래의 차·대변의 합계가 일치되면 다음 번호로 자동 부여된다. 만약, 하나의 거래에서 발생한 전표번호가 다르게 입력된 경우에는 상단 툴바의 SF2 번호수정 을 클릭하고 번호란에 커서를 놓고 직접 번호를 입력하여 수정한다. 번호를 수정한 후에는 다시 SF2 번호수정 을 클릭하여 원래의 모드로 복귀해야 한다.

❹ 구분

전표의 유형을 입력하는 란이다. 해당란에 커서를 위치하면 나타나는 화면 하단 다음의 메시지 창을 참고하여 '유형'란에 숫자 "1~6"을 입력한다.

> 구분을 입력하세요. 1.출금, 2.입금, 3.차변, 4.대변, 5.결산차변, 6.결산대변

전표 종류		내 용	유형	표 시
현금전표	출금전표	현금지출이 있는 거래에 사용 ⇨ (차) 입력해야 할 계정과목 (대) 현금	"1"	출금
	입금전표	현금입금이 있는 거래에 사용 ⇨ (차) 현금 (대) 입력해야 할 계정과목	"2"	입금
대체전표	대체전표	차변전표 : 분개 차변에 입력하기 위한 전표	"3"	차변
		대변전표 : 분개 대변에 입력하기 위한 전표	"4"	대변
결산전표	결산전표	결산차변 : 결산분개의 차변	"5"	결차
		결산대변 : 결산분개의 대변	"6"	결대

합격 TIP

전산세무회계 자격시험에서는 출금전표, 입금전표, 대체전표를 구분해서 입력하는 것을 요구하지 않는다. 따라서, 현금의 증감거래라고 해서 반드시 "1.출금"과 "2.입금"을 선택하여 입력해야 하는 것은 아니고 "3.차변"과 "4.대변"을 이용하여 입력해도 분개만 맞으면 상관없다. 또한, "5.결산차변"과 "6.결산대변"은 보고기간종료일에 기말수정분개를 프로그램을 통해 자동으로 반영할 때 사용되는 것으로 그 성격은 "3.차변"과 "4.대변"과 같다.

5 계정과목

[계정과목 및 적요등록]메뉴에서 등록되어 있는 계정과목코드를 입력하는 곳이며, 계정과목코드 3자리를 입력하면 [계정과목]란은 자동으로 표시된다. 계정과목 코드번호를 모르는 경우 입력하는 방법은 다음과 같다.

① [계정과목코드]란에 커서를 놓고 입력하고자 하는 계정과목의 앞 한 글자 이상을 입력하고 Enter 키를 누르면 「계정코드도움」 보조창에서 해당 글자를 포함하는 계정과목명들이 조회된다. 커서를 이동하여 원하는 계정과목을 선택한 후 Enter 키를 누르거나 확인(Enter)을 클릭한다.

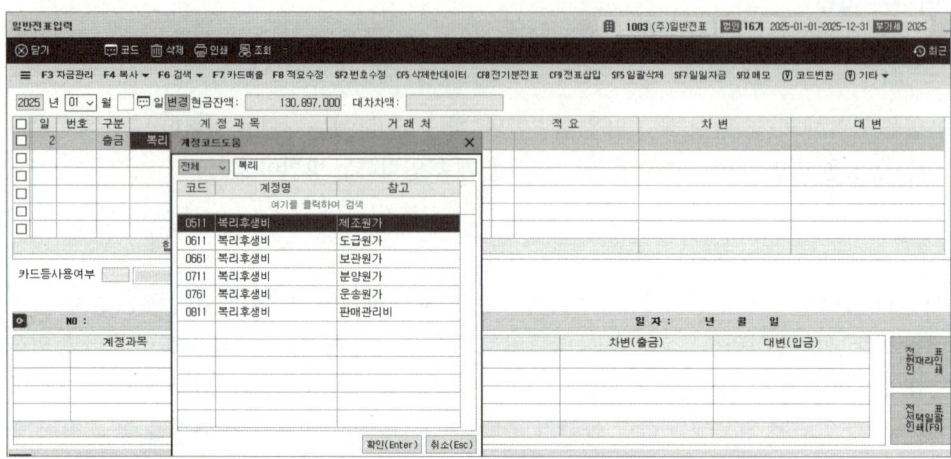

② [계정과목 코드]란에 커서를 놓고 F2 를 누르면 「계정코드도움」 창이 나타난다. 전체 란에 찾고자 하는 계정과목의 한 글자 이상을 입력 후 Enter 키를 누르면 입력된 단어를 포함하는 계정과목들이 조회된다. 해당 계정과목을 선택한 후 Enter 키를 누르거나 확인(Enter)을 클릭한다.

6 거래처

채권·채무 관련 계정의 거래처별 잔액 또는 거래내역 관리를 위하여 코드를 입력하는 란으로 [거래처코드]란에 거래처 코드번호를 입력하면 [거래처]란은 자동으로 표시된다. 자격시험에서는 채권·채무와 관련된 계정과목들은 별도의 언급이 없어도 반드시 거래처의 코드번호를 입력해야 하며, 나머지 계정과목은 별도의 언급이 없으면 입력하지 않아도 된다.

❶ 거래처코드를 등록해야 하는 채권·채무의 예

채 권		채 무	
매출채권	외상매출금	외상매입금	매입채무
	받을어음	지급어음	
미수금, 미수수익		미지급금, 미지급비용	
장기대여금		장기차입금	
단기대여금(임직원등 단기채권)		단기차입금(당좌차월)	
선급금, 선급비용		선수금, 선수수익	
임차보증금, 특정현금과예금		임대보증금	
가지급금		가수금	
부도어음과 수표		유동성장기부채	

❷ 기존에 등록된 거래처가 있는 경우 입력하는 방법

① [거래처코드]란에 커서를 놓고 해당 거래처명의 한 글자 이상을 입력한 후 Enter 키를 누르면 입력된 글자가 포함된 계정과목코드가 조회된다. 해당 거래처을 선택한 후 Enter 키를 누르거나 확인(Enter)을 클릭한다.

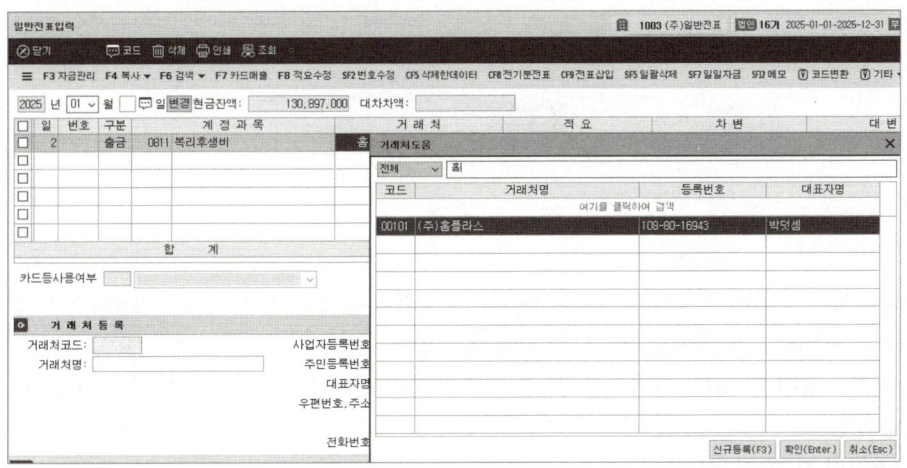

② [거래처코드]란에 커서를 놓고 F2를 누르면 「거래처도움」 보조창이 나타난다. 전체 란에 찾고자 하는 거래처의 한 글자 이상을 입력 후 Enter 키를 누르면 입력된 단어를 포함하는 거래처들이 조회된다. 해당 거래처를 선택한 후 Enter 키를 누르거나 확인(Enter)을 클릭한다.

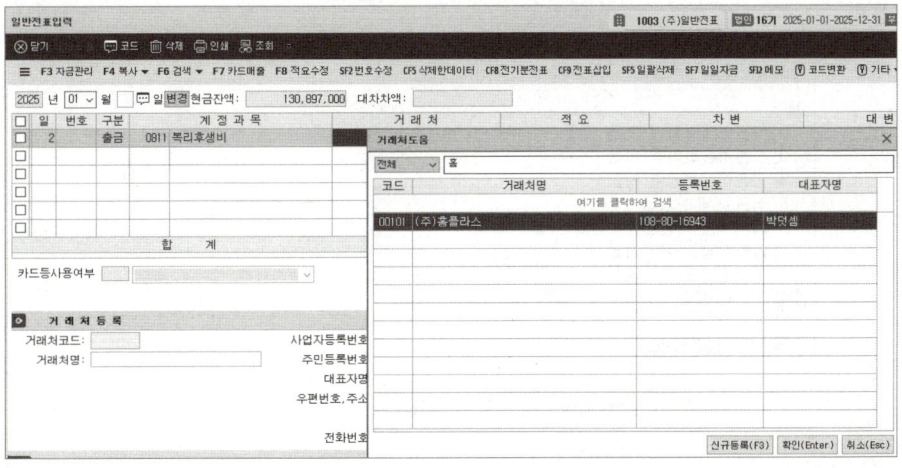

❸ 신규거래처를 등록하는 방법

[거래처코드]란에 커서를 놓고 '+'키를 누르면 [코드]란에 '00000'이 자동으로 표시되면서 커서는 거래처명란으로 이동한다. 등록하고자 하는 거래처명을 입력하고 Enter 키를 누르면 동일한 거래처가 등록이 되어 있는 경우에는 기 등록된 거래처 코드번호와 거래처명이 자동으로 반영되며 등록되어 있지 않은 신규거래처인 경우에만 아래의 화면이 나타난다.

[거래처코드]란에 자동 부여되는 번호(00101~97999) 범위에서 [거래처 등록] 메뉴에서 사용하지 않은 번호 중 빠른 번호가 부여된다. 거래처의 코드번호를 자동 부여된 번호가 아닌 다른 코드번호의 등록을 원하면 덧씌어 입력하여 수정하면 된다. 또한, 거래처의 세부사항을 등록하기를 원할 때 수정[tab] 을 클릭하면 메뉴 하단의 '거래처등록' 입력창이 생성된다. '사업자등록번호', '대표자명', '업태', '종목' 등 거래처의 인적사항을 입력을 완료한 후 키보드의 Esc 를 누르면 화면 상단으로 이동한다. 만약, 번호가 잘못 부여된 경우에는 [회계관리]-[재무회계]-[기초정보관리]-[거래처등록]에서 삭제하고 다시 등록해야 한다.

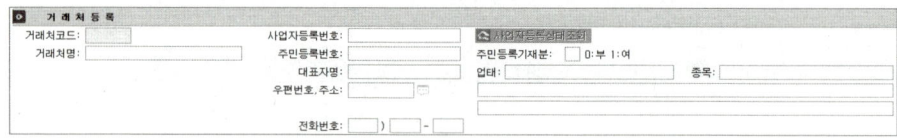

7 적요

적요는 거래내역을 간단히 요약한 것이며 숫자 0~8 중 해당번호를 선택하여 입력한다. 반복되는 거래내역이 있을 때 건건이 내역을 입력하는 번거로움을 줄이고 간단히 등록된 적요의 번호만을 선택함으로써, 적요 내용이 기록될 수 있도록 내장된 적요를 이용할 수 있다. 자격시험에서는 적요의 등록을 요구하는 경우에만 입력하면 되며 실무상 필요한 기능은 다음과 같다.

① "0" : 적요를 직접 입력하고자 할 때 선택한다.
② "1~8" : 하단에 표시되는 적요는 '계정과목 및 적요등록'메뉴에 등록되어 있는 내용이다. 해당하는 번호를 입력한다.
③ 적요수정 (F8) : 상단 툴바의 F8적요수정 을 클릭한 후 띄워진 창에서 등록된 적요를 사용하지 않고 회사 임의로 수정하여 등록한 후 사용할 수 있다.

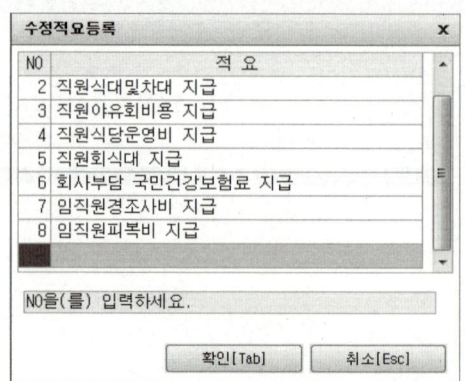

8 차변 / 대변

거래금액을 입력한다. [구분]란이 '1.출금'과 '3.차변'인 경우에는 [차변]란에 입력되며, [구분]란이 '2.입금', '4.대변'인 경우에는 [대변]란에 입력이 된다. 또한, 본 프로그램에서는 키보드의 '+'키를 누르면 '000'이 입력되므로 숫자를 빠르게 입력할 수 있다.

9 상단 툴바의 기능

① `F4 복사` (`F8`) : **복사**

복사하고자 하는 전표를 선택 후 대상 월일을 입력하면 복사가 가능하다.

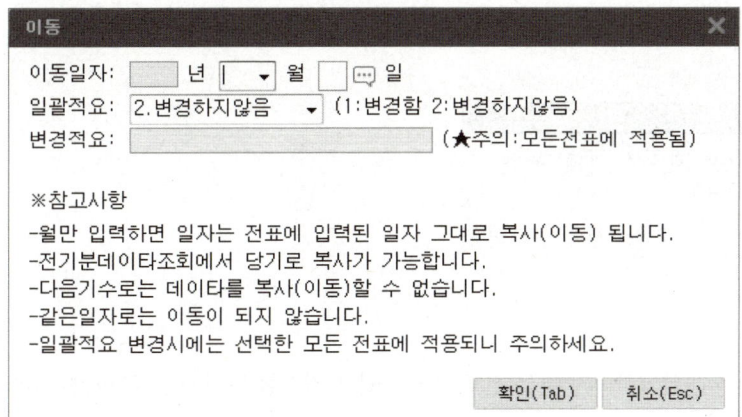

② `SF3 이동` : `F4 복사` 의 아래 화살표 클릭

선택한 전표를 삭제한 후 이동하고자 하는 경우 사용한다.

③ `F6 검색` (`F6`) : **검색**

입력된 전표 수가 많아 특정 전표를 찾기 어려울 때 `F6 검색` 이나 `F6`을 클릭한다.

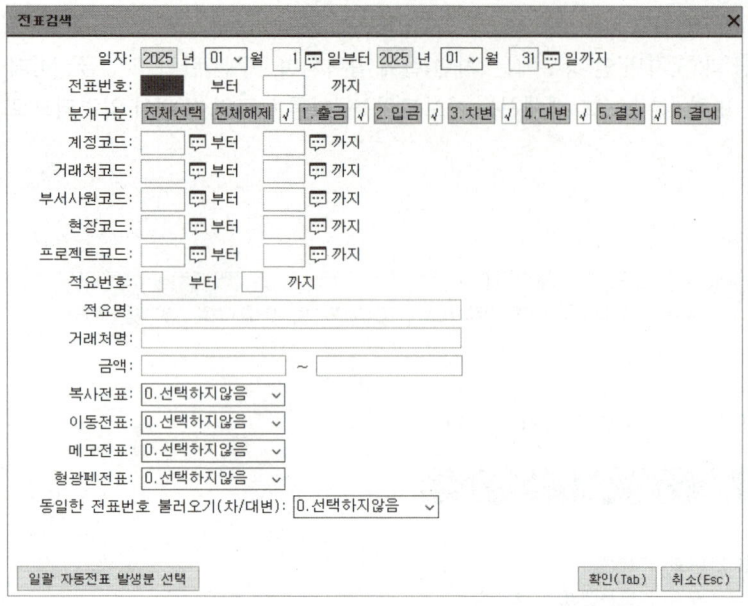

❹ Ctrl+F5 삭제한데이터 (Ctrl + F5) : 삭제한 데이터

휴지통 기능으로 삭제된 데이터를 보관하였다가 필요시 복원 및 영구삭제가 가능하다.

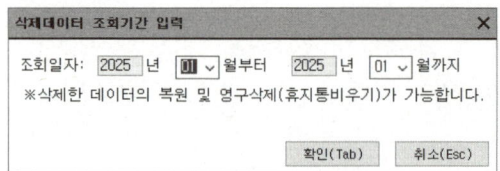

❺ Ctrl+F8 전기분전표 (Ctrl + F8) : 전기분전표

당기 이전 일반전표입력을 조회하여 같은 달에 어떠한 회계처리를 하였는지 참조하거나, 참조한 전표를 복사할 수 있다.

❻ Ctrl+F9 전표삽입 (Ctrl + F9) : 전표삽입

특정 전표에 전표 라인을 추가할 때 사용한다. 삽입하고자 하는 전표 줄의 하단에 커서를 위치시킨 후 Ctrl+F9 전표삽입 을 클릭하면 줄이 하나 생기면서 전표를 추가할 수 있다.

10 그 밖의 일반전표입력의 주요 기능

❶ 일반전표입력의 데이터 정렬
일반전표입력 화면상에서 마우스 오른쪽 버튼을 클릭하면 다음의 단축메뉴가 나온다.
① 일자별 : 전표일자별로 데이터를 정렬한다.
② 입력순 : 사용자가 입력한 전표순으로 데이터를 정렬한다.

❷ 입력된 전표의 삭제
입력된 전표를 삭제하고자 하는 경우에는 삭제하고자 하는 전표를 체크하고 상단 툴바의 🗑️삭제 을 클릭하거나 키보드의 F5 를 누르면 나타나는 다음의 보조창에서 예(Y) 를 클릭한다.

❸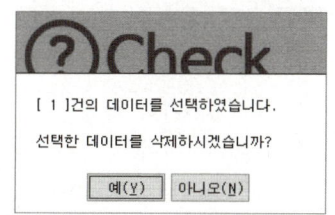
대차가 일치하지 않으면 입력화면 상단에 붉은색으로 분개 대차차액이 표시된다. 이 중 '−'는 차변의 금액이 더 작다는 뜻이고, '+'는 대변의 금액이 더 작다는 의미이다.

Ⅱ 일반전표입력 메뉴 따라하기

1 출금전표 따라하기

㈜일반전표(회사코드 : 1003)로 회사를 변경한다. ㈜일반전표는 1월 2일 ㈜홈플라스의 외상매입금 194,000원을 현금으로 지급하였다.

> [분개] (차) 외상매입금(거래처 : 홈플라스) 194,000   (대) 현금 194,000

해설

▶▶ [회계관리]-[재무회계]-[전표입력]-[일반전표입력]을 선택

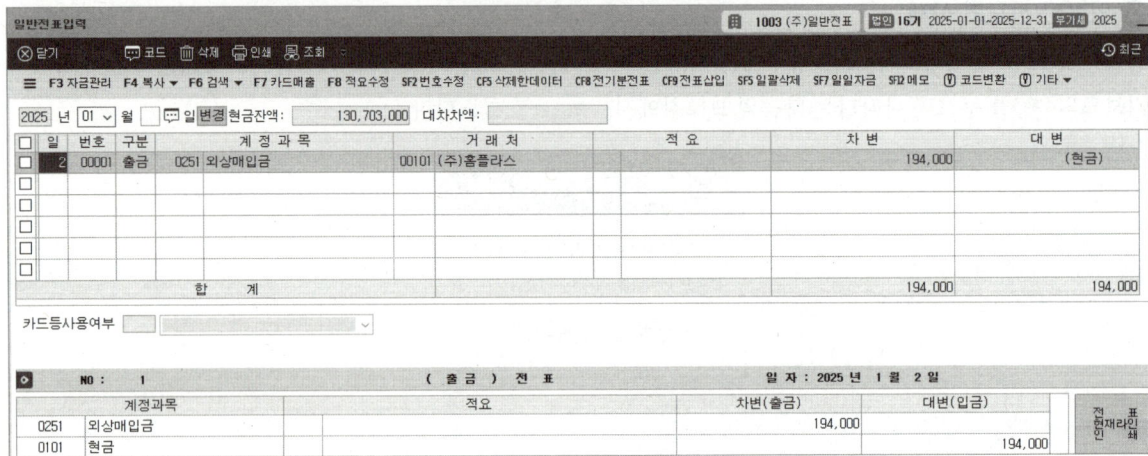

① [월]란에 거래가 발생한 월인 "1"을 입력하고 [일]란에서 빈칸으로 두고 Enter 키를 누르면 상단 [일]란은 입력되지 않는다
② 다음 칸의 [일]란에 "2"를 입력하고 키보드의 Enter 키를 누른다.
③ [구분]란에서 "1.출금"을 입력하면 [대변]란에 (현금)이 자동으로 표시되며 입력해야 할 계정과목은 차변 계정과목이다.
④ [계정과목 코드란]에서 계정과목의 두 글자 "외상"을 입력한 후 Enter 키를 누르면 나타나는 「계정코드도움」 보조창에서 '260.단기차입금'을 선택한 후 Enter 키를 누르거나 확인(Enter)을 클릭한다.
⑤ 단기차입금은 채무의 계정과목이므로 거래처를 입력해야 한다. [거래처코드]란에 "홈플"을 입력한 후 Enter 키를 누르면 나타나는 「거래처도움」 보조창에서 '101.(주)홈플라스'를 선택하고 Enter 키를 누르거나 확인(Enter)을 클릭한다.
⑥ [차변]란에 금액을 "194,000"을 입력한다.
⑦ 특정거래처에 대한 채권·채무와 관련된 거래에서 거래처코드를 입력하면 거래처원장에 자동으로 반영된다.

> **참고** [회계관리]-[재무회계]-[장부관리]-[거래처원장]-[내용] 탭을 조회할 경우

기간 : 2025년 1월 1일 ~ 2025년 1월 2일, 계정과목 : 251.외상매입금, 거래처 : 101.㈜홈플러스 ~ 101.㈜홈플러스

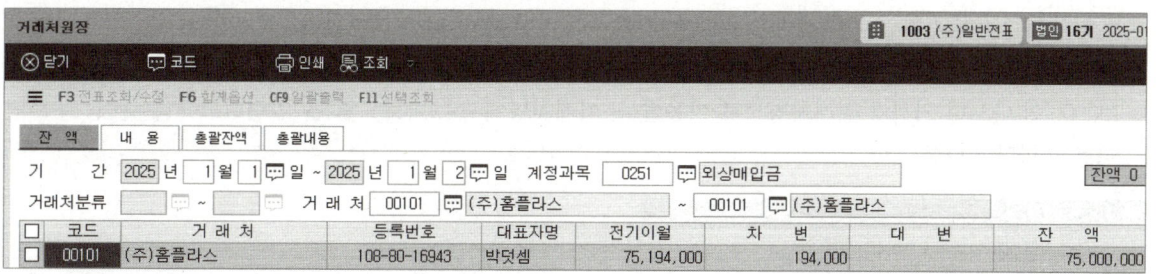

2 입금전표 따라하기 [거래처 신규등록 포함]

㈜일반전표(회사코드:1003)은 1월 3일 거래처 ㈜바로드림으로부터 익월 말일 지급하기로 하고 현금 10,000,000원을 차입하였다. 거래처는 다음의 자료에 의하여 등록하시오.

코드번호	111	사업자등록번호	105-84-12344
상호	㈜바로드림	대표자	돈마나
사업장소재지	경기도 의정부시 중앙로 100		
업태	도소매	종목	사무기기

[분개] (차) 현금 10,000,000 (대) 단기차입금(거래처 : ㈜바로드림) 10,000,000

> **해설**

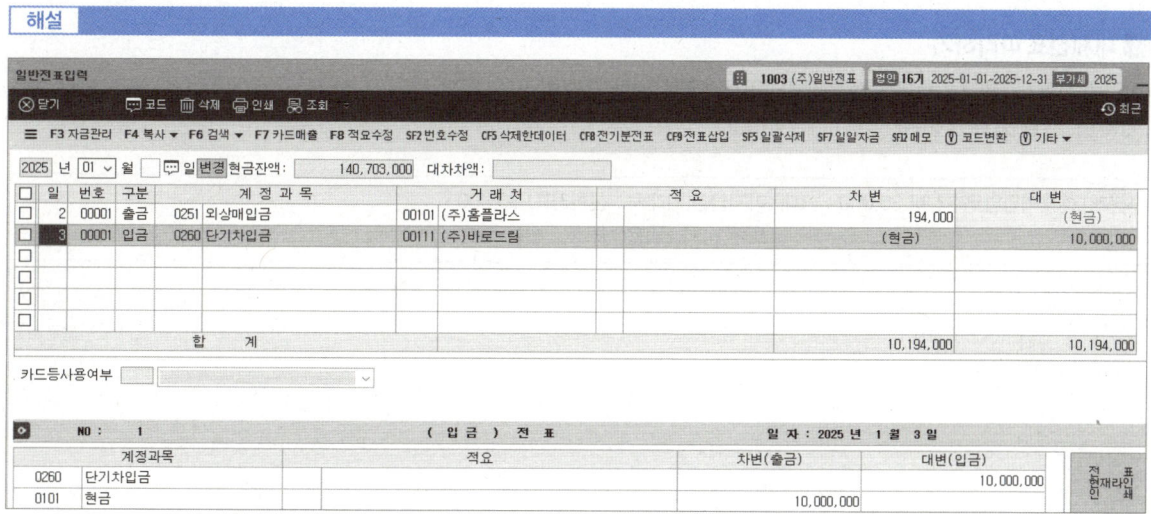

① [월]란에 거래가 발생한 월인 "1"을 입력하고 [일]란에서 빈칸으로 두고 Enter 키를 누르면 상단 [일]란은 입력되지 않는다.
② 다음 칸의 [일]란에 "3"을 입력하고 키보드의 Enter 키를 누른다.

③ [구분]란에서 "2.입금"을 입력하면 [차변]란에 자동으로 (현금)이 표시되며 입력해야 할 계정과목은 대변 계정과목이다.

④ [계정과목 코드]란에서 계정과목의 두 글자 "단기"를 입력한 후 [Enter]키를 누르면 나타나는 「계정코드도움」 보조창에서 '260.단기차입금'을 선택한 후 [Enter]키를 누르거나 [확인(Enter)]을 클릭한다.

⑤ 외상매입금은 채무의 계정과목이므로 거래처를 입력해야 한다. [거래처 코드]란에 키보드의 '+'를 누르면 '00000'이 나오며 커서가 거래처명으로 이동한다. 거래처명에 "(주)바로드림"을 입력하고 [확인(Enter)]를 누르면 다음의 화면이 나온다.

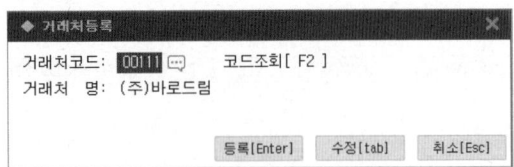

⑥ 거래처등록번호가 '108'로 자동 반영되므로 [거래처코드]란을 "111"으로 덧씌워 입력한 후 [등록[Enter]]을 선택한다. 다음과 같은 화면에서 [사업자등록번호]란에 "105 84 12344", [대표자명]란에 "돈마나", [업태]란에 "도소매", [종목]란에 "사무기기", [주소]란에 "경기도 의정부시 중앙로 100"을 차례대로 입력한 후 키보드의 [Esc]를 누르고 상단으로 이동한다.

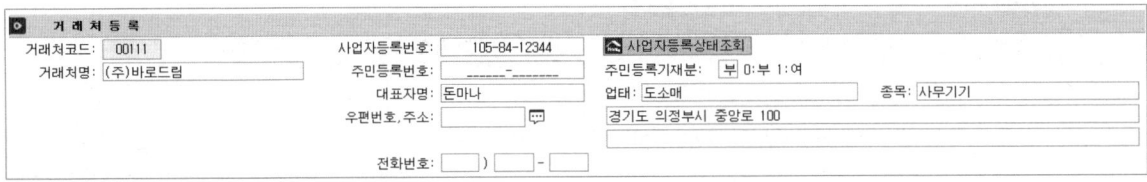

⑦ [대변]란에 금액 "10,000,000"을 입력한다.

3 대체전표 따라하기

㈜일반전표(회사코드:1003)은 1월 4일 맛집에서 판매거래처 임원들과 식사를 하고 식사대 30,000원을 신용카드(신한카드)로 결제하였다.

[분개] (차) 기업업무추진비 30,000   (대) 미지급금(거래처 : 신한카드) 30,000
                                         또는 미지급비용(거래처 : 신한카드)

해설

일반전표입력					1003 (주)일반전표	입장 16기 2025-01-01~2025-12-31 분기 4 2025

2025 년 01 ∨ 월 일변경 현금잔액: 140,703,000 대차차액:

□	일	번호	구분	계 정 과 목	거 래 처	적 요	차 변	대 변
□	2	00001	출금	0251 외상매입금	00101 (주)홈플라스		194,000	(현금)
□	3	00001	입금	0260 단기차입금	00111 (주)바로드림		(현금)	10,000,000
□	4	00001	차변	0813 기업업무추진비			30,000	
□	4	00001	대변	0253 미지급금	99601 신한카드			30,000
				합 계			10,224,000	10,224,000

카드등사용여부

NO : 1   (대 체) 전 표   일 자 : 2025 년 1 월 4 일

계정과목	적요	차변(출금)	대변(입금)
0813 기업업무추진비(판)		30,000	
0253 미지급금			30,000

① [월]란에 거래가 발생한 월인 "1"을 입력하고 [일]란에서 빈칸으로 두고 Enter 키를 누르면 상단 [일]란은 입력되지 않는다

② 다음 칸의 [일]란에 "4"를 입력하고 키보드의 Enter 키를 누른다.

③ [구분]란에서 "3.차변"을 입력한다.

④ [계정과목 코드란]에서 계정과목의 두 글자 "기업"을 입력한 후 Enter 키를 누르면 나타나는 「계정코드도움」 보조창에서 '813.기업업무추진비'를 선택한 후 Enter 키를 누르거나 확인(Enter)을 클릭한다. 판매거래처에 대한 기업업무추진비이므로 판매비와 관리비 계정코드 체계범위 내에 있는 813번 기업업무추진비로 입력한다. 만약, 매입거래처에 대한 기업업무추진비이면 제조원가이므로 513번 기업업무추진비를 입력해야 한다.

구 분	계정과목
500번대	제조경비는 500번대 코드번호를 사용해야 한다. 입력된 금액은 제조원가명세서의 제조경비로 반영되며, 당기제품제조원가에 포함되어 제품의 원가를 구성한다. 이 후 판매가 되면 당기제품제조원가는 손익계산서의 제품매출원가로 반영된다.
800번대	판매 및 관리 활동에서 발생한 비용은 800번대 코드번호를 사용해야 한다. 입력된 금액은 곧바로 손익계산서의 판매비와 일반관리비에 반영된다.

⑤ 기업업무추진비는 채권과 채무가 아니므로 거래처입력은 생략하며 [적요]란은 문제에서 제시된 경우를 제외하고는 입력을 생략한다.

⑥ [차변]란에 금액 "30,000"을 입력하고 Enter 를 누른다.

⑦ 다음 칸의 [일]란에 "4"를 입력하고 키보드의 Enter 키를, [구분]란에서 "4.대변"을 입력한다.

⑧ [계정과목 코드]란에서 계정과목의 두 글자 "미지"를 입력한 후 Enter 키를 누르면 나타나는 「계정코드도움」 보조창에서 '253.미지급금'을 선택한 후 Enter 키를 누르거나 확인(Enter)을 클릭한다.

⑨ 미지급금은 채무의 계정과목이므로 거래처를 입력해야 한다. [거래처코드]란에 "신한"을 입력한 후 Enter 키를 누르면 나타나는 「거래처도움」 보조창에서 '99601.신한카드'를 선택하고 Enter 키를 누르거나 을 클릭한다.

⑩ [대변]란에 금액 '30,000'이 자동으로 반영된다.

제2절 당좌자산과 관련 유동부채(Ⅰ)

❶ 당좌자산과 관련 유동부채의 종류

(1) 당좌자산

당좌자산은 유동자산 중에 판매과정을 거치지 않고 보고기간종료일로부터 1년이내 현금화할 수 있는 자산을 말한다.

[당좌자산의 종류]

구분	계 정 과 목	개 념
1	현금 및 현금성자산	현금 등 B/S공시 상 계정
2	단기금융상품	예금 및 적금 등 (보고기간종료일로부터 1년 이내)
3	단기매매증권	주식 및 채권 (단기시세차익목적으로 취득한 것)
4	외상매출금과 받을어음	매출채권 (일반적 상거래의 채권)
5	미수금	일반적 상거래 이외의 채권
6	단기대여금	1년 이내 회수하기로 하고 빌려준 채권
7	선급금	미리 지급한 계약금
8	선납세금	미리 납부한 세금
9	가지급금	임시 당좌자산계정 (재무상태표 공시 X)

(2) 유동부채

보고기간종료일로부터 상환기한이 1년 이내에 도래하는 부채를 말한다.

[유동부채의 종류]

구분	계 정 과 목	개 념
1	외상매입금과 지급어음	매입채무 (일반적 상거래의 채무)
2	미지급금	일반적 상거래 이외의 채무
3	단기차입금	1년 이내 상환하기로 하고 빌려온 채무
4	선수금	미리 받은 계약금
5	예수금	일시적으로 미리 받아 둔 금액
6	가수금	임시 유동부채계정 (재무상태표 공시X)
7	유동성장기부채	장기부채였으나 보고기간종료일 현재 만기가 1년이내 도래하는 부채

★ ❷ 현금 및 현금성자산

현금및현금성자산은 현금, 요구불예금 및 현금성자산을 통합하여 보고하는 계정과목이다.

[현금 및 현금성자산 공시]

구 분		내 용
(1) 현금	① 통화	지폐와 동전
	② 통화대용증권	타인발행수표, 자기앞수표, 우편환증서(송금환증서)[5], 만기가 도래된 국·공·사채 이자표, 배당금지급통지서, 만기가 도래한 어음, 국세환급통지서 등
(2) 요구불예금		사용제한이 없는 보통예금과 당좌예금
(3) 현금성자산		금융상품 중 취득일로부터 만기가 3개월이내인 것

(1) 현금

현금은 유동성이 제일 높은 자산으로 자산을 취득하거나 부채를 상환하기 위해 사용하는 교환수단의 역할을 한다. 회계상 현금으로 처리하는 것은 통화뿐만 아니라 언제든지 통화로 교환할 수 있는 통화대용증권까지 포함된다.

(2) 요구불예금

요구불예금은 입출금이 자유로운 보통예금과 당좌예금 및 기타 제예금으로서 기한이 보고기간 종료일로부터 1년 이내에 도래하는 예금을 말한다.

1) 보통예금

예입과 인출을 수시로 할 수 있는 통장식 은행 예금을 말한다.

2) 당좌예금

기업은 은행과 당좌계약을 체결하고 현금을 예입한 후 그 예금액 범위 내에서 대금결제수단으로 당좌수표 또는 어음을 발행할 수 있다. 발행된 수표나 어음의 소지인은 당해 수표나 어음을 은행에 제시하여 현금을 지급받을 수 있는데, 이러한 예금을 당좌예금이라 한다. 따라서, 발행인은 당좌수표를 발행한 시점에서 당좌예금의 감소로 처리하고, 수표소지인은 타인발행수표를 수취하면 현금의 증가로 처리한다.

사례 | **당좌거래**

① 당좌수표 발행
원재료를 1,000원에 매입하고 대금은 당좌수표를 발행하여 지급하였다.
(차) 원재료   1,000   (대) 당좌예금   1,000
[비교] 수표발행이 아닌 자기앞수표 또는 타인발행수표를 지급하면 대변에 현금의 감소로 처리한다.
② 타인발행수표 수취
제품을 2,000원에 판매하고 타인(동사)발행수표를 받았다.
(차) 현 금   2,000   (대) 제품매출   2,000
[비교] 제품을 매출 후 타인발행 당좌수표가 아닌 당사발행 당좌수표를 받으면 차변에 당좌예금의 증가로 처리한다.

---

3) 당좌개설보증금과 당좌차월

당좌계좌를 개설하려면 당좌개설보증금을 은행에 예치하여야 하는데, 당좌개설보증금은 장기금융상품 (투자자산)으로 분류한다. 참고로 회계프로그램상 당좌개설보증금은 특정현금과예금이라는 계정과목으로 분개를 하면 된다. 또한, 기업이 은행과 당좌차월계약을 맺으면 일정한 한도 내에서 당좌예금잔액을 초과하여 발행한 수표에 대하여 은행이 지급하도록 하고 있다. 이러한 당좌차월잔액은 단기차입금으로 분류한다.

---

5 우편환증서는 수취인 본인이 신분증을 지참하고 가까운 우체국을 방문하게 되면 수수료 없이 우편환증서에 기재되어 있는 금액만큼 즉시 현금으로 교환하실 수 있는 것을 말한다.

> **사례** 당좌개설보증금과 당좌차월
>
> ① 당좌개설보증금
> 우리은행과 당좌거래약정을 체결하고 당좌개설보증금 1,000,000원을 현금으로 예입하였다.
> (차) 특정현금과예금   1,000,000   (대) 현 금   1,000,000
>
> ② 당좌차월 발생
> 원재료를 100,000원에 매입하고 수표를 발행하였다.(당좌예금 잔액 : 50,000원)
> (차) 원재료   100,000   (대) 당좌예금   50,000
>   (대) 단기차입금(당좌차월)   50,000

(3) 현금성자산

큰 거래비용 없이 현금으로 전환이 용이하고 이자율변동에 따른 가치변동의 위험이 중요하지 않은 <u>단기투자자산으로서 취득당시 만기 또는 상환일이 3개월 이내에 도래하는 것을 현금성자산</u>이라 한다. 현금성자산의 예는 다음과 같다.
① 취득당시 만기가 3개월 이내에 도래하는 채권
② 취득당시 만기가 3개월 이내에 도래하는 단기금융상품
③ 취득당시 3개월 이내 환매조건인 환매채

(4) 현금 및 현금성자산이 아닌 항목

구 분	내 용	계 정 과 목
① 우 표 · 수입인지	우표와 수입인지[6](또는 수입증지)	통신비 등
② 직원가불금	급여 지급기일 전에 미리 지급한 금액	단기대여금
③ 선일자수표	수표를 발행하는 회사가 수표교부일에는 은행에 예금이 없지만 나중에 예금할 예정으로 그 예정일을 수표발행일로 하여 발행한 수표	매출채권(받을어음) 또는 미수금
④ 당좌차월	당좌수표를 발행할 때 당좌예금잔액이상으로 수표를 발행하는 경우 예금잔액을 초과한 금액	단기차입금
⑤ 당좌개설보증금	당좌개설시 지급하는 보증금	장기금융상품(특정현금과예금)

> **기출확인문제**
>
> 다음 자료에 의하여 결산시 재무상태표에 표시되는 현금 및 현금성자산금액은 얼마인가?
>
> • 국세환급통지서 : 200,000원   • 선일자수표 : 300,000원
> • 우편환증서 : 10,000원   • 직원가불금 : 100,000원
> • 자기앞수표 : 30,000원   • 취득당시에 만기가 3개월 이내에 도래하는 정기적금 : 500,000원
>
> ① 540,000원   ② 640,000원   ③ 740,000원   ④ 1,140,000원
>
> **해설** 국세환급통지서 200,000원 + 우편환증서 10,000원 + 자기앞수표 30,000원 + 취득당시에 만기가 3개월 이내에 도래하는 정기적금 500,000원 = 740,000원
>
> **답** ③

---

6 수입인지는 수입인지에 관한 법률에 의거 국가가 주체가 되어 인지세법에 규정한 과세문서에 첨부하는 것으로 인지세와 면허세 등의 세금이므로 세금과공과로 처리해야 하며 수입증지는 관공서나 공공기관에서 주민등록등본 등을 발급 시 지급하는 수수료에 해당하므로 수수료비용으로 처리하면 된다.

❸ 단기금융상품

금융기관이 취급하는 정기예금, 정기적금, 사용이 제한되어 있는 예금 및 기타 정형화된 상품(기업어음, 양도성예금증서, 환매채 등) 등으로 단기적 자금운용목적으로 소유하거나 만기가 보고기간종료일로부터 1년 이내에 도래하는 것은 단기금융상품이라는 계정과목으로 하여 유동자산(당좌자산)으로 분류하고, 만기가 보고기간종료일로부터 1년 이후에 도래하는 것은 장기금융상품의 계정과목으로 하여 비유동자산(투자자산)으로 분류한다.

[금융상품의 계정분류]

금융상품의 구분	계정과목	재무상태표 분류
① 취득당시 만기가 3개월 이내에 도래	현금및현금성자산	유동자산
② 보고기간종료일로부터 만기가 1년 이내에 도래	단기금융상품	유동자산
③ 보고기간종료일로부터 만기가 1년 이후에 도래	장기금융상품	비유동자산

★ ❹ 단기투자자산

단기투자자산은 기업이 여유자금의 활용목적으로 보유하는 단기예금(단기금융상품), 단기매매증권, 단기대여금 및 유동자산으로 분류되는 매도가능증권과 만기보유증권 등의 자산을 포함한다. 단기투자자산은 각 항목별 금액 등이 중요한 경우에는 각각 표시하지만, 중요하지 않은 경우에는 모두 합하여 단기투자자산의 과목으로 통합하여 공시할 수 있다.

(1) 유가증권의 분류

유가증권이란 재산권을 나타내는 증권으로 지분증권(주식)과 채무증권(채권)이 있다. 이를 보유하는 목적에 따라 단기매매증권, 매도가능증권, 지분법적용투자주식, 매도가능증권 중의 하나로 분류해야 한다.

계 정 과 목	보 유 목 적	유 가 증 권 주식	유 가 증 권 채권	재무상태표 분류
① 단기매매증권	주로 단기간 내의 매매차익목적	O	O	당좌자산
② 만기보유증권	만기보유목적	×	O	투자자산 (만기가 1년 이내로 도래하면 유동자산)
③ 지분법적용투자주식	다른 회사에 유의적인 영향력을 행사할 목적	O	×	투자자산
④ 매도가능증권	장기투자목적	O	O	투자자산 (만기가 1년 이내로 도래하면 유동자산)

* 매도가능증권과 만기보유증권을 투자자산으로 분류하는 경우에는 장기투자증권의 과목으로 통합하여 표시할 수 있다.

(2) 단기매매증권

단기매매증권이란 주로 단기간 내의 매매차익을 목적으로 취득한 유가증권으로서 매수와 매도가 적극적이고 빈번하게 이루어지는 것을 말한다. 일반기업(금융기관 제외)의 경우에는 단기매매증권을 취득하여 보유하는 것은 여유자금을 투자하는데 목적이 있으므로 단기매매증권 관련 손익은 영업활동과 관련이 없는 영업외손익 (영업외수익과 영업외비용)에 반영한다.

1) 취득원가 결정

단기매매증권의 취득원가는 매입가액(최초인식 시 공정가치[7])만을 의미한다. 취득과 직접 관련되는 증권거래소의 거래수수료 및 세금 등은 영업외비용으로 처리한다.

> **사례** 단기매매증권 취득
>
> 단기적 시세차익 목적으로 주식 10주를 주당 5,000원에 현금매입하고, 증권거래소 관련 수수료 1,000원은 보통예금계좌에서 이체하였다.
> (차) 단기매매증권   50,000   (대) 현 금   50,000
>   수수료비용(영업외비용) 1,000   보통예금   1,000

2) 보유기간 중 배당금수익 및 이자수익

투자회사가 주식에 투자한 경우에는 취득일 이후 배당금수익을 얻을 수 있고, 공·사채에 투자한 경우에는 이자수익을 얻게 된다. 주식에 대한 현금배당을 받는 경우에 대변에 배당금수익, 채권에 대한 이자를 받는 경우에는 대변에 이자수익으로 나타내며, 손익계산서 영업외수익으로 보고한다.

> **사례** 단기매매증권 보유 중 배당금 및 이자 수령
>
> ① 배당금 수령
> 보유하고 있는 주식의 현금배당 100,000원이 보통예금계좌에 입금되었다.
> (차) 보통예금   100,000   (대) 배당금수익   100,000
>
> ② 이자 수령
> 사채에 투자한 대가로 이자 100,000원이 보통예금계좌에 입금되었다.
> (차) 보통예금   100,000   (대) 이자수익   100,000

3) 기말평가

단기매매증권을 보고기간 종료일 현재 보유하고 있는 경우 공정가치로 평가한다. 공정가치란 평가시점의 시장가격을 의미하는 것으로 보고기간종료일 현재의 종가를 말한다. 공정가치와 장부금액의 차액은 단기매매증권평가손익으로 하여 손익계산서의 영업외손익으로 보고한다.

> **사례** 단기매매증권 기말평가
>
> ① 장부금액 〈 공정가치
> 보고기간 종료일 현재 보유하고 있는 단기매매증권의 장부금액은 1,000,000원이며, 공정가치는 1,100,000원이다.
> (차) 단기매매증권   100,000   (대) 단기매매증권평가이익   100,000
>
> ② 장부금액 〉 공정가치
> 보고기간 종료일 현재 보유하고 있는 단기매매증권의 장부금액은 1,100,000원이며, 공정가치는 1,000,000원이다.
> (차) 단기매매증권평가손실 100,000   (대) 단기매매증권   100,000

4) 처분

단기매매증권을 처분한 경우에는 처분 전의 장부금액을 제거하고 처분금액과 장부금액의 차액은 단기매매증권처분손익으로 계상한다. 처분과정에서 발생한 거래수수료 등은 처분가액에서 직접 차감한다. 즉, 단기매매증권을 처분하는

---

[7] 합리적인 거래를 전제로 다른 당사자간 자산이 공정하게 거래될 때의 가치를 말한다. 즉, 시장가격에 준하는 의미이다.

시점에서 처분금액이 장부금을 초과하는 경우 단기매매증권처분이익으로 회계처리하고, 장부금액이 처분금액을 초과하는 경우에는 단기매매증권처분손실로 회계처리하며 단기매매증권처분손익은 영업외손익으로 보고한다. 한편, 동일한 유가증권을 여러 번에 걸쳐 서로 다른 가격으로 각각 구입한 경우, 이를 처분하는 시점에서 단가를 재산정해야 할 필요가 있는데. 이 경우 단가 산정에 개별법, 총평균법, 이동평균법 또는 다른 합리적인 방법을 사용하되, 동일한 방법을 매기 계속 적용한다.

사례 단기매매증권 처분

① 일반적인 처분
단기간 매매차익 목적으로 보유하고 있던 장부금액 100,000원의 주식을 110,000원에 현금 매각하였다.
(차) 현 금   110,000   (대) 단기매매증권   100,000
                                        단기매매증권처분이익   10,000

② 처분 시 매각수수료 발생시
단기간 매매차익 목적으로 보유하고 있던 장부금액 200,000원인 주식을 150,000원에 처분하고 매각수수료 10,000원을 차감한 잔액 140,000원은 현금으로 받았다.
(차) 현 금   140,000   (대) 단기매매증권   200,000
     단기매매증권처분손실   60,000

기출확인문제

다음은 ㈜한국의 단기매매증권 관련 자료이다. ㈜한국의 당기 손익계산서에 반영되는 영업외손익의 금액은 얼마인가?

- A사 주식의 취득원가는 500,000원이고, 기말공정가액은 700,000원이다.
- B사 주식의 취득원가는 300,000원이고, 기말공정가액은 200,000원이다.
- 당기 중 A사로부터 현금배당금 50,000원을 받았다.
- 당기 초 250,000원에 취득한 C사 주식을 당기 중 300,000원에 처분하였다.

① 200,000원   ② 250,000원   ③ 300,000원   ④ 400,000원

해설 200,000원
= 단기매매증권평가이익 200,000원 − 단기매매증권평가손실 100,000원 + 배당금수익 50,000원 + 단기매매증권처분이익 50,000원
- 단기매매증권평가이익 : A주식 기말공정가액 700,000원 − 취득원가 500,000원 = 200,000원
- 단기매매증권평가손실 : B주식 취득원가 300,000원 − 기말공정가액 200,000원 = 100,000원
- 단기매매증권처분이익 : C주식 처분가액 300,000원 − 취득원가 250,000원 = 50,000원

답 ①

제2절 | 당좌자산과 관련 유동부채(I) - 객관식 기출문제

★ **[유형 1] 현금 및 현금성자산 (1 ~ 5)** 최신 30회 중 11문제 출제

1 다음의 자료를 바탕으로 20X1년 12월 31일 현재 현금및현금성자산과 단기금융상품의 잔액을 계산한 것으로 옳은 것은? [116회]

- 현금시재액 : 200,000원
- 정기예금 : 1,500,000원(만기 20X2년 12월 31일)
- 외상매입금 : 2,000,000원
- 당좌예금 : 500,000원
- 선일자수표 : 150,000원

① 현금및현금성자산 : 700,000원
② 현금및현금성자산 : 2,500,000원
③ 단기금융상품 : 1,650,000원
④ 단기금융상품 : 2,000,000원

2 다음 중 현금및현금성자산에 해당하는 항목의 총합계액은 얼마인가? [111회]

- 선일자수표   500,000원
- 타인발행수표   500,000원
- 배당금지급통지서   500,000원
- 만기 6개월 양도성예금증서   300,000원

① 1,000,000원   ② 1,300,000원   ③ 1,500,000원   ④ 1,800,000원

3 다음 중 일반기업회계기준에서 현금 및 현금성자산은 얼마인가? [81회]

- 통화대용증권 : 200,000원
- 보통예금 : 300,000원
- 취득당시에 만기가 100일 남아있는 단기금융상품 : 500,000원
- 우표 및 수입인지 : 100,000원
- 정기예금 : 400,000원

① 500,000원   ② 600,000원   ③ 900,000원   ④ 1,000,000원

4 다음 중에서 「현금 및 현금성자산」에 속하지 않는 것은? [79회]

① 현금 및 지폐
② 타인발행 당좌수표
③ 자기앞수표
④ 취득 당시 5개월 후 만기 도래 기업어음(CP)

5 다음 중 재무상태표에 유동자산으로 분류될 수 있는 현금 및 현금성자산은? `72회`

① 우표, 수입인지
② 만기가 6개월인 타인발행 약속어음
③ 질권설정된 보통예금
④ 은행발행 자기앞수표

★ **[유형 2] 단기매매증권 (6 ~ 16)** `최신 30회 중 9문제 출제`

6 다음 자료를 이용하여 단기투자자산의 합계액을 계산한 것으로 옳은 것은? `108회`

- 현금 5,000,000원
- 1년 만기 정기예금 3,000,000원
- 단기매매증권 4,000,000원
- 당좌예금 3,000,000원
- 우편환증서 50,000원
- 외상매출금 7,000,000원

① 7,000,000원　② 8,000,000원　③ 10,000,000원　④ 11,050,000원

정답 및 해설

1 답 ①
해설
- 현금및현금성자산 : 현금시재액 200,000원 + 당좌예금 500,000원 = 700,000원
- 단기금융상품 : 정기예금 1,500,000원(보고기간 종료일로부터 1년 이내에 만기가 도래)

2 답 ①
해설
- 현금및현금성자산 = 배당금지급통지서 500,000원 + 타인발행수표 500,000원 = 1,000,000원
- 현금성자산에 해당하는 것은 배당금지급통지서, 타인발행수표이다.

3 답 ①
해설 통화대용증권(200,000원) + 보통예금(300,000원) = 500,000원
- 우표나 수입인지는 우편서비스나 공공서비스를 이용하기 위해 수수료를 지급하고 수취하는 것이므로 통화대용증권에 해당되지 않는다.
- 정기예금은 단기금융상품 또는 장기금융상품으로 구분할 수 있다.
- 취득 당시에 만기가 100일 남아있는 단기금융상품은 취득 당시 만기가 3개월 초과하므로 현금성자산이 아니다.

4 답 ④
해설 취득 당시 3개월 내 만기가 도래하는 기업어음(CP)만 현금성자산에 포함된다.

5 답 ④
해설
- 약속어음은 통화와 즉시 교환가능한 것이 아니므로 통화대용증권에 해당하지 않는다.
- 질권설정된 보통예금은 인출이 자유롭지 못하므로 현금 및 현금성자산으로 분류될 수 없다.

6 답 ①
해설 7,000,000원 = 1년 만기 정기예금 3,000,000원 + 단기매매증권 4,000,000원
- 현금및현금성자산 : 현금, 당좌예금, 우편환증서
- 매출채권 : 외상매출금

7 유가증권 중 단기매매증권에 대한 설명으로 옳지 않은 것은? 109회

① 시장성이 있어야 하고, 단기시세차익을 목적으로 하여야 한다.
② 단기매매증권은 당좌자산으로 분류된다.
③ 기말평가방법은 공정가액법이다.
④ 단기매매증권은 투자자산으로 분류된다.

8 일반기업회계기준에 의한 단기매매증권과 관련된 설명 중 옳지 않은 것은? 84회

① 보유 중에 수취하는 배당금과 이자는 영업외수익으로 처리한다.
② 취득과 처분 과정에서 발생하는 수수료는 모두 영업외비용으로 처리한다.
③ 결산시점에 취득원가보다 공정가치가 하락한 경우에는 영업외비용으로 처리한다.
④ 취득 후 보유과정에서 시장성을 상실하는 경우에는 다른 계정과목으로 재분류하여야 한다.

9 다음 중 단기매매증권 취득 시 발생한 비용을 취득원가에 가산할 경우 재무제표에 미치는 영향으로 옳은 것은? 116회

① 자산의 과소계상   ② 부채의 과대계상   ③ 자본의 과소계상   ④ 당기순이익의 과대계상

10 ㈜서초는 10월 25일 단기 시세차익을 목적으로 상장주식 100주를 주당 20,000원에 취득하고 수수료 200,000원 포함하여 2,200,000원을 현금 결제하였다. 기말 현재 ㈜서초는 이 주식을 그대로 보유하고 있으며, 12월 31일의 공정가치는 주당 21,000원이었다. 손익계산서에 반영될 단기매매증권 평가손익은 얼마인가? 88회

① 평가이익 100,000원   ② 평가이익 200,000원
③ 평가손실 100,000원   ④ 평가손실 200,000원

11 다음은 ㈜한국이 당기(1기)에 구입하여 보유하고 있는 단기매매증권이다. 당기(1기)말에 단기매매증권 평가가 당기손익에 미치는 영향은 얼마인가?

83회

종류	액면가액	취득가액	공정가액
㈜한강	100,000원	200,000원	150,000원
㈜금강	200,000원	150,000원	200,000원

① 없음   ② 이익 50,000원   ③ 손실 50,000원   ④ 이익 100,000원

12 다음은 당기 중에 거래된 ㈜무릉(12월 결산법인임)의 단기매매증권 내역이다. 다음 자료에 따라 당기말 재무제표에 표시될 단기매매증권 및 영업외수익은 얼마인가?

96회

- 5월 23일 : ㈜하이테크전자의 보통주 100주를 10,000,000원에 취득하다.
- 7월 01일 : ㈜하이테크전자로부터 중간배당금 50,000원을 수령하다.
- 12월 31일 : ㈜하이테크전자의 보통주 시가는 주당 110,000원으로 평가되다.

	단기매매증권	영업외수익		단기매매증권	영업외수익
①	11,000,000원	1,050,000원	②	11,000,000원	1,000,000원
③	10,000,000원	1,050,000원	④	10,000,000원	1,000,000원

정답 및 해설

7 답 ④
해설 단기매매증권은 유동자산 중 당좌자산으로 분류된다.

8 답 ②
해설 단기매매증권을 취득할 때 발생할 수수료는 수수료비용(영업외비용)로 처리되며, 단기매매증권을 처분할 때 발생할 수수료는 처분금액에서 직접 차감하여 처리한다.

9 답 ④
해설 단기매매증권 취득 시 발생한 거래원가는 당기비용으로 처리한다. 만약 이를 자산으로 계상 시 자산의 과대계상으로 이어지고 이는 자본 및 당기순이익의 과대계상을 초래한다.

10 답 ①
해설 단기매매증권 평가이익 = 기말 공정가치 − 취득가액
= 21,000원 × 100주 − 20,000원 × 100주 = 100,000원
[주의] 단기매매증권의 취득부대비용은 기간 비용으로 처리해야 한다.

11 답 ①
해설 −50,000원 + 50,000원 = 0
- ㈜한강 당기 취득가액(200,000) − 공정가액(150,000) = 평가손실 50,000원 발생
- ㈜금강 당기 취득가액(150,000) − 공정가액(200,000) = 평가이익 50,000원 발생

12 답 ①
해설
- 당기말 재무제표에 표시될 단기매매증권(11,000,000원) = 110,000원 × 100주
- 영업외수익(1,050,000원) = 배당금수익(50,000원) + 기말 단기매매증권평가이익(1,000,000원)

13 다음의 계정별원장을 분석하여 9월 1일 단기매매증권처분가액을 계산하면 얼마인가?　　101회

단기매매증권		단기매매증권처분이익	
8/1 현금 500,000원	9/1 현금 500,000원		9/1 현금 100,000원

① 400,000원　　② 500,000원
③ 600,000원　　④ 1,000,000원

14 (주)서원은 20x1년 6월 1일 은행으로부터 30,000,000원(상환기간 2년, 이자율 12%)을 차입하여 단기투자 목적으로 삼성전자(주) 주식을 매입하였다. 주가가 상승하여 20x1년 10월 10일 일부를 처분하였다. 이와 관련하여 20x1년 재무제표에 나타나지 않는 계정과목은?　　99회

① 단기매매증권　　② 단기매매증권처분이익
③ 이자비용　　④ 단기차입금

15 다음의 자료로 20x1년 5월 5일 현재 주식수와 주당금액을 계산한 것으로 맞는 것은?　　57회

- (주)갑의 주식을 20x0년 8월 5일 100주를 주당 10,000원(액면가액 5,000원)에 취득하였다. 회계처리 시 계정과목은 단기매매증권을 사용하였다.
- (주)갑의 주식을 20x0년 12월 31일 주당 공정가치는 7,700원이었다.
- (주)갑으로부터 20x1년 5월 5일에 무상으로 주식 10주를 수령하였다.

① 100주, 7,000원/주　　② 100주, 7,700원/주
③ 110주, 7,000원/주　　④ 110주, 7,700원/주

16 다음은 (주)고려개발이 단기매매목적으로 매매한 (주)삼성가전 주식의 거래내역이다. 기말에 (주)삼성가전의 공정가치가 주당 20,000원인 경우 손익계산서상의 단기매매증권평가손익과 단기매매증권처분손익은 각각 얼마인가? 단, 취득원가의 산정은 이동평균법을 사용한다. 〔41회〕

거래일자	매입수량	매도(판매)수량	단위당 매입금액	단위당 매도금액
6월 1일	200주		20,000원	
7월 6일	200주		18,000원	
7월 20일		150주		22,000원
8월 10일	100주		19,000원	

① 단기매매증권평가손실 450,000원 단기매매증권처분이익 350,000원
② 단기매매증권평가이익 450,000원 단기매매증권처분이익 350,000원
③ 단기매매증권평가이익 350,000원 단기매매증권처분손실 450,000원
④ 단기매매증권평가이익 350,000원 단기매매증권처분이익 450,000원

정답 및 해설

13 답 ③
해설
- 회계처리
  - 8월 1일 : (차) 단기매매증권 500,000원   (대) 현금 500,000원
  - 9월 1일 : (차) 현금 600,000원   (대) 단기매매증권 500,000원
                                    단기매매증권처분이익 100,000원

14 답 ④
해설 장기차입금 계정이 나타난다.

15 답 ③
해설 110주, 7,000원
- 20x0. 8. 5.   단기매매증권 1,000,000원(100주, 10,000원/주)
- 20x0. 12. 31.   단기매매증권   770,000원(100주, 7,700원/주)
- 20x1. 5. 5.   단기매매증권   770,000원(110주, 7,000원/주)

16 답 ④
해설 단기매매증권평가이익 350,000원, 단기매매증권처분이익 450,000원
1. 단기매매증권의 처분손익
   = 150주 × 22,000원 − 150주 × *19,000원
   *(200주 × 20,000원 + 200주 × 18,000원) ÷ 400주
   = 3,300,000원 − 2,850,000원
   = 450,000원
2. 단기매매증권의 평가손실 = 평가금액 − 장부금액
   = 350주 × 20,000원 − 350주 × 19,000원
   = 350주 × 1,000원
   = 350,000원

제2절 | 당좌자산과 관련 유동부채(Ⅰ) - 실무 기출문제

다음의 거래 자료를 ㈜일반전표(회사코드 : 1003)의 일반전표입력 메뉴에 추가 입력하시오.

> **입력시 주의사항**
> - 일반적인 적요의 입력은 생략하지만, 타계정 대체거래는 적요번호를 선택하여 입력한다.
> - 채권·채무와 관련된 거래는 별도의 요구가 없는 한 반드시 기 등록되어 있는 거래처코드를 선택하는 방법으로 거래처명을 입력한다.
> - 제조경비는 500번대 계정코드를, 판매비와 관리비는 800번대 계정코드를 사용한다.
> - 회계처리시 계정과목은 별도제시가 없는 한 등록되어 있는 계정과목 중 가장 적절한 과목으로 한다.
> - 전표의 구분은 채점대상이 아니므로 출금 또는 입금거래일지라도 대체전표로 입력해도 분개만 맞으면 정답처리가 된다.
> - ㈜일반전표(회사코드 : 1003)는 일반전표입력문제를 연습하기 위한 회사이므로 업태와 종목에 상관하지 말고, 현금 잔액 및 거래처원장 등이 음수가 되더라도 이를 무시하고 해당 메뉴에 분개를 연습하도록 하자.

★ [유형 1] 당좌거래 (1 ~ 4) `결제수단으로 매회 출제`

1 1월 2일 : 당좌거래개설보증금 1,500,000원을 현금으로 입금하여 우리은행 강남지점과 당좌거래(3년 계약)를 개설하고 당좌개설수수료 1,000원을 현금으로 지급하였다. 단, 당좌개설보증금은 우리은행 거래처 코드 입력할 것 `20회`

2 1월 3일 : 보통예금계좌에서 6,000,000원을 인출하여 당좌예금계좌에 입금하였다. `15회`

3 1월 4일 : ㈜임아트상회에 제품을 2,000,000원에 판매하고 대금 중 1,000,000원은 동점발행수표를 수취하고, 나머지 1,000,000원은 당점발행수표를 회수하였다. (단, 부가가치세는 고려하지 말 것) `출제예상`

4 1월 5일 : 당사는 우리은행과 당좌차월 계약을 맺고 있으며, 현재 당좌수표 발행액은 당좌예금 예입액을 초과한 상태로 가정한다. 당일 회사는 전기에 ㈜슈퍼전자에서 외상으로 구입한 기계장치의 구입대금 1,000,000원을 당좌수표를 발행하여 지급하였으며 이는 당좌계약 한도 내의 금액이다. `88회`

정답 및 해설

1 일자 : 1월 2일

분개	(차변) 특정현금과예금(우리은행) 1,500,000 (대변) 현금 1,501,000
	(차변) 수수료비용(831) 1,000

구분	계정과목	거래처	적요	차변	대변
차변	0177 특정현금과예금	98000 우리은행		1,500,000	
차변	0831 수수료비용			1,000	
대변	0101 현금				1,501,000

2 일자 : 1월 3일

분개	(차변) 당좌예금 6,000,000 (대변) 보통예금 6,000,000

구분	계정과목	거래처	적요	차변	대변
대변	0103 보통예금				6,000,000
차변	0102 당좌예금			6,000,000	

3 일자 : 1월 4일

분개	(차변) 현금 1,000,000 (대변) 제품매출 2,000,000
	(차변) 당좌예금 1,000,000

구분	계정과목	거래처	적요	차변	대변
대변	0404 제품매출				2,000,000
차변	0101 현금			1,000,000	
차변	0102 당좌예금			1,000,000	

4 일자 : 1월 5일

분개	(차변) 미지급금((주)슈퍼전자) 1,000,000 (대변) 당좌차월(우리은행) 1,000,000
	또는 단기차입금(우리은행)

구분	계정과목	거래처	적요	차변	대변
차변	0253 미지급금	01050 (주)슈퍼전자		1,000,000	
대변	0256 당좌차월	98000 우리은행			1,000,000

★ [유형 2] 단기매매증권 (5 ~ 10) 최신 30회 중 11문제 출제

5 1월 11일 단기 시세차익을 목적으로 ㈜올품의 주식 1,000주(1주당 액면가 1,000원)를 1,000,000원에 구입하고, 매입수수료 10,000원을 포함하여 1,010,000원을 현금으로 지급하였다. 116회

6 1월 12일 : 단기투자목적으로 보유 중인 ㈜풍림철강 주식에 대하여 다음과 같이 배당금 지급통지서를 수령하였다.(세금은 고려하지 말고 지급통지서 수령일에 배당확정된 것으로 가정한다) 114회

(정기) 배당금 지급통지서 123

풍림철강(주)   의 배당금 지급내역을 아래와 같이 통지합니다.

■ 주주명 :   님   ■ 주주번호 : ○○○○○ **************

◆ 현금배당 및 세금내역

종 류	소유주식수	배당일수	현금배당률	A. 배당금액	B. 원천징수세액	
보통주	100	365	27%	1,500,000 원	소득세	0
우선주					주민세	0
					총세액	0
				실지급액(A-B)	10,000 원	

■ 배당금 지급기간 및 장소

1 차	지급기간 : 2025 . 1. 12.	지급장소 :	귀사의 보통예금 계좌로 입금함.
2 차	지급기간 :	지급장소 :	

7 12월 31일 : 단기매매증권의 기말 현재 장부금액과 공정가치는 다음과 같다. 기말 평가에 대한 회계처리를 하시오. 16회

구 분	장부금액	공정가치
㈜서초 주식	1,000,000	1,100,000

8 1월 13일 : 단기 시세차익을 목적으로 당해연도에 취득하였던 ㈜올빅뱅의 주식 100주(1주당 액면가 1,000원, 1주당 구입가 4,000원)를 320,000원에 처분하고 보통예금에 입금하였다. 74회

정답 및 해설

5 일자 : 1월 11일

분개	(차변) 단기매매증권	1,000,000	(대변) 현금	1,010,000
	(차변) 수수료비용(984)	10,000		

구분	계정과목		거래처	적요	차변	대변
차변	0107	단기매매증권			1,000,000	
차변	0984	수수료비용			10,000	
대변	0101	현금				1,010,000

* 단기매매증권의 취득과 직접 관련된 거래원가는 비용(일반적인 상거래에 해당하지 않으므로 영업외비용 항목의 수수료비용)으로 처리한다.

6 일자 : 1월 12일

분개	(차변) 보통예금	10,000	(대변) 배당금수익	10,000

구분	계정과목		거래처	적요	차변	대변
차변	0103	보통예금			10,000	
대변	0903	배당금수익				10,000

7 일자 : 12월 31일

분개	(차변) 단기매매증권	100,000	(대변) 단기매매증권평가이익	100,000

구분	계정과목		거래처	적요	차변	대변
차변	0107	단기매매증권			100,000	
대변	0905	단기매매증권평가이익				100,000

8 일자 : 1월 13일

분개	(차변) 보통예금	320,000	(대변) 단기매매증권	400,000
	(차변) 단기매매증권처분손실	80,000		

구분	계정과목		거래처	적요	차변	대변
차변	0103	보통예금			320,000	
차변	0958	단기매매증권처분손실			80,000	
대변	0107	단기매매증권				400,000

9 1월 15일 : 일시보유목적으로 취득한 시장성 있는 ㈜세정 주식 100주(장부금액 1,600,000원)를 주당 15,000원에 전부 처분하고 대금은 보통예금계좌로 이체 받다. 단, 주식 처분과 관련하여 발생한 수수료 50,000원은 현금으로 지급하였다.(하나의 전표로 회계처리 하시오) `109회`

10 1월 16일 : 단기간 매매차익 목적으로 취득한 삼성전자㈜의 주식 10주를 주당 300,000원에 매각하고 대금은 현금으로 회수하였다. 단, 삼성전자㈜ 주식취득 현황은 다음과 같고 단가산정은 이동평균법을 적용할 것. `세무 2급`

〈 주식취득현황 〉
- 1월 1일 : 10주, 주당 200,000원
- 1월 11일 : 10주, 주당 300,000원

정답 및 해설

9 일자 : 1월 15일

| 분개 | (차변) 보통예금 | | 1,500,000 | (대변) 단기매매증권 | 1,600,000 |
| | (차변) 단기매매증권처분손실 | | 150,000 | (대변) 현금 | 50,000 |

구분	계정과목	거래처	적요	차변	대변
대변	0107 단기매매증권				1,600,000
차변	0103 보통예금			1,500,000	
대변	0101 현금				50,000
차변	0958 단기매매증권처분손실			150,000	

* 유가증권의 처분손익은 매각금액(유가증권을 양도한 대가로 받았거나 받을 금액)에서 장부금액을 차감한 금액으로 하는 것이므로 처분수수료는 처분금액에서 차감하여 처분손익에 반영한다.

10 일자 : 1월 16일

| 분개 | (차변) 현금 | | 3,000,000 | (대변) 단기매매증권 | 2,500,000* |
| | | | | (대변) 단기매매증권처분이익 | 500,000 |

구분	계정과목	거래처	적요	차변	대변
대변	0107 단기매매증권				2,500,000
차변	0101 현금			3,000,000	
대변	0906 단기매매증권처분이익				500,000

* 장부금액 = (10주 × 200,000원 + 10주 × 300,000원) × 10주/20주 = 2,500,000원

제3절 당좌자산과 관련 유동부채(Ⅱ) - 채권과 채무

채권이란 기업이 영업활동 과정에서 물건 등을 외상으로 판매하고 나중에 돈 받을 권리를 획득하거나 또는 다른 기업에 돈을 빌려주고 그 대가로 차용증서를 수취하는 경우 등에서 발생하는 돈 받을 권리를 통칭하는 말이다. 반면, 채무란 기업이 영업활동 과정에서 물건 등을 외상으로 매입하고 나중에 지급할 의무가 생기거나 다른 기업으로부터 돈을 빌리는 경우 등에서 발생하는 줄 돈을 통칭하는 말이다. 채권과 채무는 발생원천에 의해 다음과 같이 구분된다.

채 권	구 분		채 무
외상매출금	상 거 래	외 상	외상매입금
받을어음		어 음	지급어음
미수금	상 거 래 이외	외 상	미지급금
		어 음	
대여금	금전대차거래		차입금
선급금	계 약 금		선수금
가지급금	원인 규명 ×		가수금

❶ 매출채권과 매입채무

매출채권과 매입채무는 일반적인 상거래에서 발생한 채권·채무이다.
일반적인 상거래라 함은 당해 기업의 사업목적을 위한 경상적 영업활동에서 발생한 거래로서 상기업의 경우에는 상품을 사고 파는 거래를, 제조기업의 경우에는 원재료 매입거래와 원재료를 공장에 투입하여 생산한 제품을 파는 거래를 말한다. 실무에서는 매출채권을 외상매출금과 받을어음으로, 매입채무를 외상매입금과 지급어음으로 구분하여 회계처리한다.

분 류	계 정 과 목
매출채권	외상매출금, 받을어음
매입채무	외상매입금, 지급어음

(1) 외상매출금과 외상매입금

외상매출금은 상품이나 제품 등을 외상으로 판매한 경우에 발생하는 어음상의 채권이 아닌 미수액으로, 보고기간 종료일로부터 1년 이내에 회수될 금액을 말한다. 반면, 외상매입금은 상품이나 원재료를 외상으로 매입한 경우에 발생하는 어음상의 채무가 아닌 미지금액으로, 보고기간 종료일부터 1년 이내에 지급해야 할 금액을 말한다.

> **사례** 외상매출금과 외상매입금
>
> ① 외상판매
> 제품을 100,000원에 매출하고 50,000원 동점발행당좌수표로 받고 나머지는 한 달 후에 받기로 하였다.
> (차) 현 금　　　　　50,000　　　(대) 제품매출　　　100,000
> 　　 외상매출금　　50,000
> * 동점(타인)발행당좌수표는 통화대용증권이므로 현금으로 처리한다.
> ② 외상매출금 회수
> 외상매출금 50,000원을 현금으로 회수하여 당좌예입하였다.
> (차) 당좌예금　　　50,000　　　(대) 외상매출금　　50,000

③ 외상매입
원재료를 100,000원에 매입하고 50,000원은 당좌수표를 발행하고 나머지는 한달 후에 지급하기로 하였다.
(차) 원재료   100,000   (대) 당좌예금   50,000
                            외상매입금   50,000
④ 외상매입금 상환
외상매입금 전액 50,000원을 수표를 발행하여 상환하였다.
(차) 외상매입금   50,000   (대) 당좌예금   50,000

(2) 받을어음과 지급어음

일반적인 상거래에서 발생한 채권·채무에 대하여 어음을 받는 경우 받을어음이라고 하며 어음을 발행하여 지급하는 경우는 지급어음이라고 한다.

사례 받을어음과 지급어음

① 제품을 외상판매 후 어음수취
제품을 100,000원에 매출하고 50,000원 동점발행당좌수표로 받고 나머지는 동점발행어음을 받았다.
(차) 현 금   50,000   (대) 제품매출   100,000
    받을어음   50,000
② 타인이 발행한 어음대금의 회수(=추심)
받을어음 50,000원이 만기일에 추심되어 당사의 보통예금계좌에 입금되었다는 통지를 받았다.
(차) 보통예금   50,000   (대) 받을어음   50,000
③ 원재료 매입 후 약속어음 발행
원재료를 100,000원에 매입하고 50,000원은 당좌수표를 발행하고 나머지는 약속어음(만기 : 1년 이내)을 발행하였다.
(차) 원재료   100,000   (대) 당좌예금   50,000
                            지급어음   50,000
④ 약속어음대금 만기상환
약속어음(만기 : 1년 이내) 50,000원이 만기가 되어 보통예금계좌에서 이체하였다.
(차) 지급어음   50,000   (대) 보통예금   50,000

(3) 어음의 배서

어음의 배서란 어음의 소지인이 만기일 이전에 어음상의 권리를 타인에게 양도하기 위하여 어음의 뒷면에 양도의사를 표시하고 기명날인하여 양수인에게 어음을 교부하는 것을 말한다.

1) 추심위임배서

추심위임배서란 소유하고 있는 어음의 만기가 되어 대금을 회수(=추심)하기 위하여 거래은행에 의뢰하여 발행인이 지정한 지급은행에서 어음대금을 회수할 수 있도록 하는 배서를 말한다. 이 경우 추심 의뢰한 어음에 대해서는 소유권이 이전된 것이 아니므로 별도의 회계처리하지 않는다. 한편, 거래은행에 추심을 의뢰하면 추심료를 지급하게 되는데, 이 추심료는 지불대행으로 인한 수수료 성격이므로 수수료비용(판관비)으로 처리해야 한다.

사례 추심위임배서

우리상사에 대한 받을어음 1,100,000원이 만기가 도래하여 추심수수료 100,000원을 차감한 금액이 보통예금 통장에 입금되다.
(차) 보통예금   1,000,000   (대) 받을 어음   1,100,000
    수수료비용   100,000

2) 배서양도
배서양도란 어음의 소지인이 어음의 만기가 되기 전에 상품 또는 원재료 매입대금이나 외상매입금의 지급을 위하여 제3자에게 어음의 뒷면에 배서하여 양도하는 것을 말한다.

사례 **배서양도**

우리상사의 외상매입금 1,000,000원을 지급하기 위하여, 나라상사로부터 매출대금으로 받은 약속어음 1,000,000원을 배서양도하여 상환하다.
(차) 외상매입금   1,000,000   (대) 받을 어음   1,000,000

---

3) 어음의 할인
수취한 어음은 만기일이 되어야 어음대금을 추심할 수 있다. 그러나 자금이 필요한 경우 기업은 만기일 이전에 은행에 배서양도하고 자금을 융통받게 되는 데 이를 할인이라 한다. 어음의 할인은 만기일 이전에 만기에 추심할 어음의 액면을 담보로 어음대금을 미리 지급받는 것이므로 만기일까지의 이자를 공제하고 잔액만 받게 된다. 이때 차감되는 이자를 할인료라 하며 영업외비용으로 처리한다.

할인료 = 어음금액 × 연이자율 × 할인일수(신용제공기간) / 365

사례 **어음의 할인**

영업활동자금의 원활한 운용을 위하여 우리상사에서 받은 받을어음 9,000,000원을 국민은행에서 할인하고 대금은 할인료 750,000원을 제외한 전액을 당사 당좌예금으로 송금받았다.
(차) 당좌 예금   8,250,000   (대) 받을 어음   9,000,000
    매출채권처분손실 750,000

---

(4) 어음의 부도
부도어음은 만기가 되어 지급을 청구하였으나 지급불능이 되어 버린 어음을 말한다. 어음이 부도되면 어음 소지인이 어음금액을 청구할 수 있는데, 이 때 청구하는 금액은 어음금액, 만기일에서 상환일까지의 법정이자, 공증인에 의한 지급거절증서 작성비용 등의 합계액이다. 어음의 부도가 발생하면 부도어음과수표(비유동자산)로 처리하였다가 보고기간종료일에 회수가능성을 판단하여 매출채권 계정으로 재분류하던지 대손처리한다. 부도어음과수표 계정은 실무상 정상적인 어음과 구분하기 위하여 관리목적상 사용하는 임시계정으로 일반기업회계기준에서는 존재하지 않는 계정과목이다.

사례 **어음의 부도**

제품을 매출하고 우리상사로부터 수취한 어음 5,000,000원이 부도처리 되었다는 것을 국민은행으로부터 통보받았다. 당사는 거절증서 작성비용 등 100,000원을 별도 현금으로 지급하였다.
(차) 부도어음과수표   5,100,000   (대) 받을 어음   5,000,000
                                    (대) 현   금   100,000

> **기출확인문제**
>
> 다음은 기말자산과 기말부채의 일부분이다. 기말 재무상태표에 표시될 계정과목과 금액이 틀린 것은?
>
> - 지급어음 : 10,000,000원
> - 타인발행수표 : 25,000,000원
> - 받을어음 : 10,000,000원
> - 외상매입금 : 50,000,000원
> - 외상매출금 : 40,000,000원
> - 우편환증서 : 5,000,000원
>
> ① 매입채무 60,000,000원
> ② 현금및현금성자산 30,000,000원
> ③ 매출채권 50,000,000원
> ④ 당좌자산 75,000,000원
>
> **해설** 지급어음과 외상매입금은 매입채무계정으로, 타인발행수표와 우편환증서는 현금및현금성자산 계정으로, 받을어음과 외상매출금은 매출채권계정으로 처리한다. 당좌자산은 타인발행수표, 외상매출금, 받을어음, 우편환증서로 총 80,000,000원이다.
>
> **답** ④

❷ 미수금과 미지급금

(1) 미수금(당좌자산)

미수금이란 일반적인 상거래 이외의 거래에서 발생한 채권을 말한다. 일반적인 상거래 이외란 상품이나 제품 판매 이외의 거래를 말한다. 한편, 일반적인 상거래 이외의 거래에서 어음을 수령한 경우에는 받을어음이 아닌 미수금 계정으로 처리함에 주의하자.

> **사례** 일반적인 상거래 이외의 외상판매
>
> ① 토지의 외상판매
> 보유중인 토지(장부금액 10,000원)를 20,000원에 매각하고 어음을 수령하였다.
> (차) 미 수 금 20,000 　 (대) 토　　지 10,000
> 　　　　　　　　　　　　　　　유형자산처분이익 10,000
>
> ② 미수금 수령
> 토지를 외상으로 판매하고 받은 어음의 만기가 도래하여 당사의 보통예금계좌에 입금되었다는 통지를 받았다.
> (차) 보통예금 20,000 　 (대) 미 수 금 20,000

(2) 미지급금(유동부채)

미지급금이란 일반적인 상거래 이외의 거래에서 발생하는 채무를 말한다. 일반적인 상거래 이외란 원재료나 상품 매입거래 이외의 거래를 말한다. 한편, 일반적인 상거래 이외의 거래에서 어음을 발행한 경우에는 지급어음이 아닌 미지급금 계정으로 처리함에 주의하자.

> **사례** 일반적인 상거래 이외의 외상매입
>
> ① 비품의 외상구매
> 비품을 10,000원에 외상으로 구매하고 어음을 발행하다.
> (차) 비　품 10,000 　 (대) 미지급금 10,000
>
> ② 미지급금 상환
> 비품의 구입대금으로 지급한 어음 10,000원이 만기가 도래하여 수표를 발행하여 지급하였다.
> (차) 미지급금 10,000 　 (대) 당좌예금 10,000

> **기출확인문제**
>
> 다음의 외상거래 중 미지급금으로 처리해야 할 거래는?
>
> ① 제품을 판매하고 한 달 후에 3개월 만기 어음으로 받다.
> ② 상품을 외상으로 구입하고 한 달 후 현금으로 지급하다.
> ③ 사무실에서 사용할 에어컨을 외상으로 구입하다.
> ④ 원재료를 구입하면서 보통예금으로 이체하다.
>
> **해설** ③ 미지급금
> ① 외상매출금 ② 외상매입금
> ④ 외상거래가 아니나 만약 원재료를 외상으로 구입한 경우 대변에 외상매입금으로 처리한다.
>
> **답** ③

❸ 대여금과 차입금

(1) 대여금

구 분	차 변	대 변
대여시	단기대여금 ×××	현　　금 ×××
회수시	현　　금 ×××	단기대여금 ××× 이자수익 ×××

(2) 차입금

구 분	차 변	대 변
차입시	현　　금 ×××	단기차입금 ×××
상환시	단기차입금 ××× 이자비용 ×××	현　　금 ×××

❹ 선급금과 선수금

(1) 구매자

구 분	차 변	대 변
계약시	선급금 ×××	현　　금 ×××
구매시	재고자산등 ×××	선급금 ××× 현　　금 ×××

(2) 판매자

구 분	차 변	대 변
계약시	현　　금 ×××	선수금 ×××
판매시	선수금 ××× 현　　금 ×××	제품매출등 ×××

5 가지급금과 가수금

일반기업회계기준에서 가지급금과 가수금계정은 임시적으로 사용하는 계정과목이므로 보고기간종료일까지 그 내역을 확인하여 올바른 계정과목으로 재무제표에 표시하도록 하고 있다.

(1) 가지급금(당좌자산)

실제 현금지출은 있으나 계정과목이나 금액을 확정할 수 없을 때 사용하는 임시 자산계정과목이다. 즉, 비용이 발생할 것은 확실하나 아직 용도가 확정되지 않은 임시금액을 말한다.

| 사례 | 출장 |

① 출장 시
사원에게 출장을 명하고, 출장비 200,000원을 현금으로 지급하다.
(차) 가지급금　　　200,000　　　(대) 현　금　　　200,000

② 출장비 정산
출장간 사원이 귀사하여 개산 지급한 금액 200,000원 중 여비로 정산한 180,000원을 차감한 나머지를 현금으로 돌려받다.
(차) 여비교통비　　180,000　　　(대) 가지급금　　200,000
　　 현　　 금　　 20,000

(2) 가수금(유동부채)

회사가 내용불명의 송금액을 받은 경우 등에 사용하는 임시 부채계정과목이다.

| 사례 | 원인불명의 현금 수령 |

① 원인불명의 현금 수령
출장 중인 사원이 내용 불명의 송금수표 500,000원을 보내오다.
(차) 현　금　　　500,000　　　(대) 가 수 금　　500,000

② 원인 규명
출장 간 사원이 귀사하여 위의 송금액 500,000원은 거래처의 외상매출금 회수액으로 판명되다.
(차) 가 수 금　　500,000　　　(대) 외상매출금　　500,000

6 외화채권과 외화채무의 외화환산

외화환산이란 외국통화로 측정된 채권과 채무를 자국통화로 수정하여 표시하는 절차를 말한다. 우리나라 기업은 발생한 외화채권과 채무를 모두 원화금액으로 표시해야 하므로 외화환산문제가 발생한다.

(1) 거래발생

외화거래가 발생한 경우에는 발생시점의 환율로 환산하여 회계처리 한다.

| 사례 | 외화채권의 거래 발생 |

미국의 (주)옵션에 상품을 $1,000에 외상으로 수출하다. 수출시 환율은 1$당 1,100원이다.
(차) 외상매출금　　1,100,000　　　(대) 상품매출　　1,100,000

(2) 보고기간종료일 평가

보고기간종료일 현재 외화채권과 외화채무를 보유하고 있는 경우에는 기말현재의 환율로 환산한 금액을 재무상태표에 표시하여야 한다. 이 경우 발생하는 외화환산이익 또는 외화환산손실은 손익계산서 영업외손익으로 처리한다.

> **사례** 외화채권의 보고기간종료일 평가
>
> ① 외화채권의 환율이 상승한 경우
> (주)옵션의 외화외상매출금 $1,000(장부금액 1,100,000원)에 대해 보고기간종료일 환율이 1$당 1,200원인 경우 기말 평가하시오.
> (차) 외상매출금   100,000   (대) 외화환산이익   100,000
>
> ② 외화채권의 환율이 하락한 경우
> (주)옵션의 외화외상매출금 $1,000(장부금액 1,100,000원)에 대해 보고기간종료일 환율이 1$당 1,000원인 경우 기말 평가하시오.
> (차) 외화환산손실   100,000   (대) 외상매출금   100,000

(3) 거래종료

외화채권을 수취하거나 외화채무를 지급하여 거래가 종료되는 경우에는 종료시점의 환율로 회계처리하고 환율변동으로 인한 이익과 손실을 외환차익 또는 외환차손으로 하여 손익계산서 영업외손익으로 처리한다.

> **사례** 외화채권의 거래종료
>
> ① 외화채권 회수 시 환율이 상승한 경우
> (주)옵션의 외화외상매출금 $1,000(장부금액 1,100,000원)을 달러로 받아서 원화로 환전하다. 회수 시 환율이 1$당 1,100원인 경우 회계처리하시오.
> (차) 현   금   1,100,000   (대) 외상매출금   1,000,000
>   외환 차익   100,000
>
> ② 외화채권 회수 시 환율이 하락한 경우
> (주)옵션의 외화외상매출금 $1,000(장부금액 1,100,000원)을 달러로 받아서 원화로 환전하다. 회수 시 환율이 1$당 900원인 경우 회계처리하시오.
> (차) 현   금   900,000   (대) 외상매출금   1,000,000
>   외환 차손   100,000

제3절 채권과 채무 - 객관식 기출문제 최신 30회 중 4문제 출제

1 일반적으로 상거래와 관련해서 발생하는 채권에 대해서는 외상매출금이나 받을어음과 같은 매출채권 계정을 사용하나 그 이외의 거래에서 발생하는 채권에 대하여는 ( )계정을 사용한다. 26회

① 가수금 ② 미수금
③ 예수금 ④ 가지급금

2 다음의 거래를 회계처리할 때 사용되지 않는 계정과목은? 57회

> 공장사무실에 사용하는 컴퓨터 10대(@500,000원)를 구입하고, 대금 중 50%는 타인이 발행한 당좌수표로 지급하고 나머지는 외상으로 하다.

① 외상매입금 ② 미지급금
③ 비품 ④ 현금

정답 및 해설

1 답 ②
해설 일반적인 상거래 이외의 거래에서 발생하는 채권에 대하여는 미수금 계정을 사용한다.

2 답 ①
해설 재고자산 이외의 자산을 외상으로 취득하는 경우에는 매입채무(외상매입금) 계정을 사용하지 않고, 미지급금 계정을 사용한다. 그리고 타인이 발행한 당좌수표는 현금으로 처리해야 한다.

(차) 비품 5,000,000   (대) 현금   2,500,000
                        (대) 미지급금 2,500,000

3 다음 자료를 이용하여 외상매입금의 기초잔액을 계산하면 얼마인가?   83회

- 외상매입금 지급액 : 5,000,000원
- 외상매입금 순매입액 : 4,000,000원
- 기말 외상매입금 : 1,400,000원
- 외상매입금 총매입액 : 4,200,000원

① 1,400,000원 ② 2,400,000원
③ 1,200,000원 ④ 1,500,000원

4 다음 중 매출채권에 대한 설명으로 틀린 것은?   68회

① 매출채권이란 영업활동으로 제품이나 서비스를 제공하고 아직 대금을 받지 못한 경우의 금액을 말한다.
② 매출채권에는 외상매입금과 지급어음이 있다.
③ 매출채권에 대한 대손충당금 설정은 순실현가능가치로 평가하고, 매출채권에 대한 자산 평가를 적정하게 한다.
④ 매출채권에 대한 대손충당금 설정은 대손이 예상되는 회계연도에 대손예상액만큼을 대손충당금으로 적립하였다가 실제로 대손이 확정되는 시점에 대손충당금과 상계처리 한다.

정답 및 해설

3 답 ②
해설 2,400,000원

외상매입금			
지급액	5,000,000	기초	×
기말	1,400,000	순매입액	4,000,000
계	6,400,000	계	6,400,000

- × + 4,000,000 = 5,000,000 + 1,400,000원 ∴ × = 2,400,000원

4 답 ②
해설 매출채권에는 외상매출금과 받을어음이 있다.

MEMO

제3절 | 채권과 채무 - 실무 기출문제

다음의 거래 자료를 ㈜일반전표(회사코드 : 1003)의 일반전표입력 메뉴에 추가 입력하시오.

★ [유형 1] 매출채권과 매입채무 (1 ~ 12) 최신 30회 중 28문제 출제

1 2월 1일 : 거래처 (주)홈플라스에서 외상매출금 300,000원 중 100,000원은 (주)홈플라스가 발행한 당좌수표로 받고, 나머지는 보통예금 계좌로 송금받았다. `95회`

2 2월 2일 : (주)홈플라스에 대한 외상매출금 2,700,000원과 외상매입금 3,800,000원을 상계처리하고 나머지 잔액은 당좌수표를 발행하여 (주)홈플라스에 지급하였다. `110회`

3 2월 3일 : ㈜홈플라스의 외상매입금 94,000원을 지급하기 위하여 약속어음(발행일로부터 90일 만기)을 발행하여 지급하였다. `출제예상`

4 2월 4일 : 매출거래처인 마음전자의 외상매출금 1,000,000원에 대하여 다음의 약속어음을 배서양도 받고, 나머지 금액은 보통예금으로 받았다. `114회`

```
                    약 속 어 음
                   마음전자  귀하
                   금 ₩ 600,000
         위의 금액을 귀하 또는 귀하의 지시인에게 이 약속어음과 상환하여 지급하겠습니다.

  지급기일  2025.7.04.           발행일  2025.02.04.
  지급지   *****************    발행지  *****************
  지급장소 **************       주소    **********************
                                발행인  (주)임아트상회
```

5 2월 11일 : (주)홈플라스에 대한 받을어음 1,000,000원이 만기가 되어, 추심수수료 50,000원을 차감하고 나머지 잔액은 당사 보통예금에 입금되었다. 추심수수료는 판매비와 관리비로 처리한다. `81회`

6 2월 12일 : 마음전자의 외상매입금 4,000,000원 중 1,000,000원은 보통예금에서 지급하였고 잔액은 3개월 만기 전자어음을 발행하여 지급하였다.(단, 하나의 전표로 입력할 것) `73회`

정답 및 해설

1 일자 : 2월 1일

분개	(차변) 현금		100,000	(대변) 외상매출금((주)홈플러스)		300,000
	(차변) 보통예금		200,000			

구분		계 정 과 목	거 래 처	적 요	차 변	대 변
차변	0101	현금			100,000	
차변	0103	보통예금			200,000	
대변	0108	외상매출금	00101 (주)홈플러스			300,000

2 일자 : 2월 2일

분개	(차변) 외상매입금((주)홈플러스)	3,800,000	(대변) 외상매출금((주)홈플러스)	2,700,000
			(대변) 당좌예금	1,100,000

구분		계 정 과 목	거 래 처	적 요	차 변	대 변
차변	0251	외상매입금	00101 (주)홈플러스		3,800,000	
대변	0108	외상매출금	00101 (주)홈플러스			2,700,000
대변	0102	당좌예금				1,100,000

3 일자 : 2월 3일

분개	(차변) 외상매입금((주)홈플러스)	94,000	(대변) 지급어음((주)홈플러스)	94,000

구분		계 정 과 목	거 래 처	적 요	차 변	대 변
차변	0251	외상매입금	00101 (주)홈플러스		94,000	
대변	0252	지급어음	00101 (주)홈플러스			94,000

4 일자 : 2월 4일

분개	(차변) 받을어음((주)임아트상회)	600,000	(대변) 외상매출금(마음전자)	1,000,000
	(차변) 보통예금	400,000		

구분		계 정 과 목	거 래 처	적 요	차 변	대 변
차변	0110	받을어음	00102 (주)임아트상회		600,000	
대변	0108	외상매출금	00201 마음전자			1,000,000
차변	0103	보통예금			400,000	

5 일자 : 2월 11일

분개	(차변) 보통예금	950,000	(대변) 받을어음((주)홈플러스)	1,000,000
	(차변) 수수료비용(판)	50,000		

구분		계 정 과 목	거 래 처	적 요	차 변	대 변
차변	0103	보통예금			950,000	
차변	0831	수수료비용			50,000	
대변	0110	받을어음	00101 (주)홈플러스			1,000,000

6 일자 : 2월 12일

분개	(차변) 외상매입금(마음전자)	4,000,000	(대변) 보통예금	1,000,000
			(대변) 지급어음(마음전자)	3,000,000

구분		계 정 과 목	거 래 처	적 요	차 변	대 변
차변	0251	외상매입금	00201 마음전자		4,000,000	
대변	0103	보통예금				1,000,000
대변	0252	지급어음	00201 마음전자			3,000,000

7 2월 13일 : 마음전자의 외상매입금 5,000,000원을 결제하기 위하여 ㈜홈플라스로부터의 받을어음 5,000,000원을 배서 양도하였다.　　99회

8 2월 14일 : 원재료를 매입하고 (주)임아트상회에 대금으로 발행하여 주었던 어음 1,870,000원이 만기가 되어서 당좌수표를 발행하여 지급하였다.　　91회

9 2월 15일 : (주)임아트상회에 대한 지급어음 10,000,000원을 결제하기 위하여 당사가 제품매출 대가로 받아 보유하고 있던 마음전자의 약속어음 10,000,000원을 배서하여 지급하였다.　　53회

10 2월 16일 : 현대자동차의 외상매입금 25,000,000원을 결제하기 위해 당사에서 제품매출로 받아 보관하고 있던 거래처 마음전자 발행의 약속어음 20,000,000원을 배서양도하고, 나머지는 당사의 보통예금으로 지급하였다.　　109회

11 2월 17일 : 거래처 ㈜홈플라스로부터 제품을 매출하고 받은 받을어음 10,000,000원을 거래은행인 하나은행에서 할인하고, 할인료 350,000원을 차감한 잔액을 당사 보통예금에 입금하였다.(매각거래로 처리할 것)　　116회

12 2월 18일 : 제품을 매출하고 마음전자로부터 수취한 어음 5,000,000원이 부도처리 되었다는 것을 우리은행으로부터 통보받았다. 당사는 거절증서작성비용 등 150,000을 현금으로 별도 지급하고 마음전자에 함께 청구하였다.　　108회

★ **[유형 2] 금전대차거래와 계약거래 및 가지급금과 가수금 (13 ~ 21)**　　최신 30회 중 11문제 출제

13 2월 19일 : 사옥 취득을 위한 자금 900,000,000원(만기 6개월)을 우리은행으로부터 차입하고, 선이자 36,000,000원(이자율 연 8%)을 제외한 나머지 금액을 보통예금 계좌로 입금받았다(단, 하나의 전표로 입력하고, 선이자지급액은 선급비용으로 회계처리할 것).　　113회

정답 및 해설

7 일자 : 2월 13일

| 분개 | (차변) 외상매입금(마음전자) | | | 5,000,000 | (대변) 받을어음((주)홈플라스) | | 5,000,000 |

구분	계정과목		거래처		적요	차변	대변
차변	0251	외상매입금	00201	마음전자		5,000,000	
대변	0110	받을어음	00101	(주)홈플라스			5,000,000

8 일자 : 2월 14일

| 분개 | (차변) 지급어음((주)임아트상회) | | | 1,870,000 | (대변) 당좌예금 | | 1,870,000 |

구분	계정과목		거래처		적요	차변	대변
차변	0252	지급어음	00102	(주)임아트상회		1,870,000	
대변	0102	당좌예금					1,870,000

9 일자 : 2월 15일

| 분개 | (차변) 지급어음((주)임아트상회) | | | 10,000,000 | (대변) 받을어음(마음전자) | | 10,000,000 |

구분	계정과목		거래처		적요	차변	대변
차변	0252	지급어음	00102	(주)임아트상회		10,000,000	
대변	0110	받을어음	00201	마음전자			10,000,000

10 일자 : 2월 16일

| 분개 | (차변) 외상매입금((주)현대자동차) | | | 25,000,000 | (대변) 받을어음(마음전자) | | 20,000,000 |
| | | | | | (대변) 보통예금 | | 5,000,000 |

구분	계정과목		거래처		적요	차변	대변
차변	0251	외상매입금	00103	현대자동차		25,000,000	
대변	0110	받을어음	00201	마음전자			20,000,000
대변	0103	보통예금					5,000,000

11 일자 : 2월 17일

| 분개 | (차변) 보통예금 | | | 9,650,000 | (대변) 받을어음((주)홈플라스) | | 10,000,000 |
| | (차변) 매출채권처분손실 | | | 350,000 | | | |

구분	계정과목		거래처		적요	차변	대변
차변	0103	보통예금				9,650,000	
차변	0956	매출채권처분손실				350,000	
대변	0110	받을어음	00101	(주)홈플라스			10,000,000

12 일자 : 2월 18일

| 분개 | (차변) 부도어음과수표(마음전자) | | | 5,150,000 | (대변) 받을어음(마음전자) | | 5,000,000 |
| | | | | | (대변) 현금 | | 150,000 |

구분	계정과목		거래처		적요	차변	대변
차변	0246	부도어음과수표	00201	마음전자		5,150,000	
대변	0110	받을어음	00201	마음전자			5,000,000
대변	0101	현금					150,000

13 일자 : 2월 19일

| 분개 | (차변) 보통예금 | | | 864,000,000 | (대변) 단기차입금(우리은행) | | 900,000,000 |
| | (차변) 선급비용 | | | 36,000,000 | | | |

구분	계정과목		거래처		적요	차변	대변
차변	0103	보통예금				864,000,000	
차변	0133	선급비용				36,000,000	
대변	0260	단기차입금	98000	우리은행			900,000,000

14 2월 20일 : 거래처인 마음전자에 1년 이내 회수목적으로 10,000,000원을 대여하기로 하여 8,000,000원은 보통예금에서 지급하였고, 나머지 2,000,000원은 마음전자에 대한 외상매출금을 대여금으로 전환하기로 약정하였다. `107회`

15 2월 21일 : 대박유통으로부터 제품제조용 원재료를 구입하기로 하고, 계약금 5,000,000원을 타인발행 자기앞수표로 지급하였다. (대박유통은 거래처코드 202번으로 신규등록할 것) `116회`

16 2월 22일 : 대박유통에서 원재료 50,000,000원을 구입하면서 계약금으로 지급한 5,000,000원을 차감한 잔액을 약속어음(3개월 만기)으로 발행하여 지급하다. `69회`

17 2월 23일 : ㈜임아트상회에 제품 6,000,000원(10개, @600,000원)을 판매하기로 계약하고, 대금 중 15%를 보통예금계좌로 송금받다. `101회`

18 2월 24일 : 제조공장의 기계장치를 ㈜암호상회에 처분하고 매각대금으로 받은 약속어음 8,000,000원의 만기가 도래하여 ㈜암호상회가 발행한 당좌수표로 회수하였다. `111회`

19 2월 25일 : 비씨카드 1월분 결제대금 2,000,000원이 보통예금 계좌에서 인출되었다. 단, 회사는 신용카드 사용대금을 미지급금으로 처리하고 있다. `111회`

20 2월 26일 : 영업부 홍길동 과장이 대구세계가구박람회 참가를 위한 출장에서 복귀하여 아래의 지출결의서와 출장비 150,000원(출장비 인출 시 전도금으로 회계처리함) 중 잔액을 현금으로 반납하였다. 단, 전도금에 대한 거래처코드를 입력할 것 `111회`

지출결의서	
• 왕복항공권 100,000원	• 식대 30,000원

정답 및 해설

14 일자 : 2월 20일

분개: (차변) 단기대여금(마음전자) 10,000,000 / (대변) 보통예금 8,000,000
(대변) 외상매출금(마음전자) 2,000,000

구분	계정과목	거래처	적요	차변	대변
차변	0114 단기대여금	00201 마음전자		10,000,000	
대변	0103 보통예금				8,000,000
대변	0108 외상매출금	00201 마음전자			2,000,000

15 일자 : 2월 21일

분개: (차변) 선급금(대박유통) 5,000,000 / (대변) 현금 5,000,000

구분	계정과목	거래처	적요	차변	대변
출금	0131 선급금	00202 대박유통		5,000,000	(현금)

16 일자 : 2월 22일

분개: (차변) 원재료 50,000,000 / (대변) 선급금(대박유통) 5,000,000
(대변) 지급어음(대박유통) 45,000,000

구분	계정과목	거래처	적요	차변	대변
차변	0153 원재료			50,000,000	
대변	0131 선급금	00202 대박유통			5,000,000
대변	0252 지급어음	00202 대박유통			45,000,000

17 일자 : 2월 23일

분개: (차변) 보통예금 900,000 / (대변) 선수금((주)임아트상회) 900,000

구분	계정과목	거래처	적요	차변	대변
차변	0103 보통예금			900,000	
대변	0259 선수금	00102 (주)임아트상회			900,000

18 일자 : 2월 24일

분개: (차변) 현금 8,000,000 / (대변) 미수금((주)암호상회) 8,000,000

구분	계정과목	거래처	적요	차변	대변
차변	0101 현금			8,000,000	
대변	0120 미수금	00301 (주)암호상회			8,000,000

19 일자 : 2월 25일

분개: (차변) 미지급금(비씨카드) 2,000,000 / (대변) 보통예금 2,000,000

구분	계정과목	거래처	적요	차변	대변
차변	0253 미지급금	99800 비씨카드		2,000,000	
대변	0103 보통예금				2,000,000

20 일자 : 2월 26일

분개: (차변) 여비교통비(판) 130,000 / (대변) 전도금(홍길동) 150,000
(차변) 현금 20,000

구분	계정과목	거래처	적요	차변	대변
차변	0812 여비교통비			130,000	
차변	0101 현금			20,000	
대변	0138 전도금	00107 홍길동			150,000

21 2월 27일 : 2월 25일 공장 제조부 직원 홍길동으로부터 수령한 가수금은 마음전자에 제품을 매출하기로 하고 받은 계약금 500,000원과, 마음전자의 외상매출금 500,000원을 회수한 것으로 확인되다. `65회`

⭐ **[유형 3] 외화채권과 외화채무 (22 ~ 25)** `최신 30회 중 8문제 출제`

22 3월 1일 : ABC사에 수출(선적일자 2월 28일)한 제품 외상매출금이 보통예금 계좌에 원화로 환전되어 입금되었다. `115회`

- 외상매출금 : 2,000달러
- 2월 28일 환율 : 1,200원/달러
- 3월 1일 환율 : 1,100원/달러

23 3월 2일 : ABC사에 수출(선적일자 1월 25일)한 제품 외상매출금이 보통예금 계좌에 원화로 환전되어 입금되었다. `111회`

- 외상매출금 : 3,000달러
- 1월 25일 환율 : 1,200원/달러
- 3월 2일 환율 : 1,300원/달러

24 3월 3일 : ABC사로부터 ¥400,000을 2년 후 상환조건으로 차입하고, 하나은행의 보통예금 계좌에 예입하였다. (단, 3월 3일 현재 대고객매입율은 ¥100=1,100원이고 외화의 장기차입인 경우에도 외화장기차입금 계정을 사용하기로 한다.) `86회`

25 12월 31일 : 미국기업인 ABC사의 외상매출금 12,000,000원(US $10,000)에 대한 기말 평가를 하시오. 기말 현재 환율은 $당 1,300원이다. `세무 2급`

정답 및 해설

21 일자: 2월 27일

분개	(차변) 가수금(홍길동)	1,000,000	(대변) 선수금(마음전자)	500,000
			(대변) 외상매출금(마음전자)	500,000

구분	계정과목		거래처		적요	차변	대변
차변	0257	가수금	00107	홍길동		1,000,000	
대변	0259	선수금	00201	마음전자			500,000
대변	0108	외상매출금	00201	마음전자			500,000

22 일자: 3월 1일

분개	(차변) 보통예금	2,200,000	(대변) 외상매출금(ABC사)	2,400,000
	(차변) 외환차손	200,000*		

* 2,000달러 × (1,100원 − 1,200원) = −200,000원

구분	계정과목		거래처		적요	차변	대변
차변	0103	보통예금				2,200,000	
차변	0952	외환차손				200,000	
대변	0108	외상매출금	00106	ABC사			2,400,000

* 외환차손익은 외화자산을 회수하거나 외화부채를 변제할 때 발생하는 차손익이고, 외화환산손익은 기말에 화폐성 외화자산과 부채를 적절한 환율로 평가하였을 때의 원화금액과 장부상에 기입되어 있는 원화금액과의 사이에 발생하는 차액을 말한다.

23 일자: 3월 2일

분개	(차변) 보통예금	3,900,000	(대변) 외상매출금(ABC사)	3,600,000
			(대변) 외환차익*	300,000

* 3,000달러 × (1,300원 − 1,200원) = 300,000원

구분	계정과목		거래처		적요	차변	대변
차변	0103	보통예금				3,900,000	
대변	0108	외상매출금	00106	ABC사			3,600,000
대변	0907	외환차익					300,000

24 일자: 3월 3일

분개	(차변) 보통예금	4,400,000	(대변) 외화장기차입금(ABC사)	4,400,000

* 차입당시 환율 ¥400,000달러 × 1,100원 ÷ 100 = 4,400,000원

구분	계정과목		거래처		적요	차변	대변
차변	0103	보통예금				4,400,000	
대변	0305	외화장기차입금	00106	ABC사			4,400,000

25 일자: 12월 31일

분개	(차변) 외상매출금(ABC사)	1,000,000	(대변) 외화환산이익	1,000,000

* 10,000달러 × (1,300원 − 1,200원) = 1,000,000원

구분	계정과목		거래처		적요	차변	대변
차변	0108	외상매출금	00106	ABC사		1,000,000	
대변	0910	외화환산이익					1,000,000

제4절 당좌자산과 관련 유동부채(Ⅲ) - 원천징수제도와 대손회계

❶ 원천징수제도

원천징수제도란 소득을 지급하는 자가 특정소득을 지급할 때 소득자가 내야 할 세금을 걷어서 일시적으로 가지고 있다가 대신 납부하는 제도를 말한다. 소득을 지급하는 자가 원천징수하여 일시적으로 가지고 있는 금액을 예수금이라 하며, 소득을 얻는 자가 원천징수당한 금액은 다음에 납부해야 할 세금을 미리 납부한 것이므로 선납세금으로 처리한다.

(1) 예수금(유동부채)

예수금은 최종적으로 제3자에게 지급해야 할 금액을 기업이 거래처나 종업원에게 미리 받아 일시적으로 보관하는 경우 사용하는 유동부채이며 관련기관에 납부하게 되면 현금 계정 등에 대체된다. 예컨대, 예수금은 근로자에게 급여 지급 시 소득세, 건강보험, 고용보험, 국민연금 등 근로자부담액을 일시적으로 받았다가 대신 납부해야 하는 금액을 말하는 것이다. 또한, 4대보험료는 회사가 전체금액의 절반이상을 부담하는데 회사가 부담하는 국민연금은 세금과공과, 건강보험료 등은 복리후생비로 처리한다.

사례 급여 회계처리

① 급여 지급 시
급여 1,000,000원을 지급함에 있어 근로소득세 10,000원과 건강보험료 20,000원을 차감하여 잔액을 현금으로 지급하다.

(차) 급   여   1,000,000   (대) 현   금   970,000
                                    예 수 금   30,000

② 납부 시
급여 지급 시 원천징수한 근로소득세 10,000원, 근로자부담액 건강보험료 20,000원과 회사부담액 건강보험료 20,000원 등 전체 50,000원을 현금으로 납부하였다.

(차) 예 수 금   30,000   (대) 현   금   50,000
    복리후생비   20,000

---

(2) 선납세금(당좌자산)과 미지급세금(유동부채)

법인세의 납부는 사업연도 종료 후 3개월 이내에 신고·납부하는 것이 원칙이다. 그러나, 조세수입의 조기확보를 위하여 사업연도 중에 원천징수 및 중간예납을 통해 미리 법인세를 징수하고 있다. 즉, 원천징수 대상소득을 받게 되는 경우 미리 납부한 법인세 등을 처리하는 계정과목이 선납세금이 되는 것이다. 또한, 미지급세금이란 보고기간종료일 현재 회사가 납부해야 할 법인세부담액(법인세추산액) 중 아직 납부하지 않은 금액을 말한다. 즉, 보고기간종료일에 법인세를 계산하고 기 납부한 중간예납세액[8] 및 원천징수세액을 차감한 잔액은 기말 현재 납부할 수 없으므로 미지급세금으로 처리한다.

---

[8] 기업의 자금부담을 분산하고 균형적인 재정수입을 확보하기 위하여 납부할 법인세의 일부를 중간에 미리 납부하는 제도로서 1월 1일부터 6월 30일까지를 중간예납기간으로 하여, 2개월 이내인 8월 31일까지 신고·납부해야 한다.

> **사례** 법인세 등
>
> 다음을 연속된 거래로 가정할 것.
> ① 원천징수
> 　보통예금에서 발생된 이자 100,000원에 대한 법인세 14,000원을 원천징수 당하여 차감한 잔액이 통장에 입금되었다.
> 　(차) 선납세금　　　　14,000　　　(대) 이자수익　　　100,000
> 　　　보통예금　　　　86,000
>
> ② 중간예납
> 　법인세 중간예납세액 100,000원을 현금으로 납부하였다.
> 　(차) 선납세금　　　　100,000　　(대) 현　　금　　　　100,000
>
> ③ 보고기간종료일
> 　기말 결산 시 법인세차감전순이익에 대한 법인세 등은 300,000원이다.
> 　(차) 법인세비용　　　300,000　　(대) 선납 세금　　　114,000
> 　　　　　　　　　　　　　　　　　　　미지급세금　　　186,000

합격 TIP 원천징수제도

구　분	계정과목
소득을 지급하는 자 입장에서 원천징수한 경우	예수금
소득을 얻는 자 입장에서 원천징수당한 경우	선납세금

② 대손회계

(1) 의의
외상매출금, 받을어음, 대여금 등의 채권이 채무자의 파산 등의 사유로 회수가 불가능하게 된 경우를 대손이라 하며 대손회계란 대손과 관련된 회계처리를 말한다.

1) 대손상각비
대손상각비란 회수불능채권에 대한 손실을 계상하는 비용계정을 말한다. 일반적 상거래상 채권인 매출채권(외상매출금, 받을어음)에서 발생한 대손상각비는 판매비와관리비로 처리하고, 일반적 상거래상 채권이 아닌 대여금이나 미수금에서 발생한 대손상각비는 기타의대손상각비의 과목으로 하여 영업외비용으로 처리한다.

2) 대손충당금
대손충당금은 충당금설정법에 의하여 설정되는 것으로 채권의 잔액 중 회수불능채권의 추정금액을 말한다. 채권의 순실현가능가치로 공시하기 위하여 채권에서 차감하는 형식으로 표시한다.

(2) 회계처리방법
대손에 관한 회계처리방법은 직접차감법과 충당금설정법이 있으며 그 중 일반기업회계기준은 충당금설정법(보충법)을 채택하고 있다.

1) 직접차감법 : 보고기간종료일에 충당금을 별도로 설정하지 않고, 실제 대손사유가 발생할 때 관련채권을 직접 차감하여 비용으로 회계처리하는 방법

㉠ 20x1. 12. 1 불량거래처에 상품을 100,000원에 외상으로 판매
(차) 외상매출금   100,000   (대) 상품매출   100,000

㉡ 20x1. 12. 31 불량거래처의 외상대금 회수불능할 것으로 예상되나 회계처리 없음.

재무상태표

외상매출금	100,000	외상매출금 회수불능으로 예상되나 정보이용자에게 보고하지 않음.

㉢ 20x2. 1. 1 대손사유가 발생시
(차) 대손상각비   100,000   (대) 외상매출금   100,000

2) 충당금설정법 : 보고기간종료일에 대손예상액을 충당금으로 설정한 후, 실제 대손사유가 발생시 충당금과 상계 처리하는 방법

㉠ 20x1. 12. 1 불량거래처에 상품을 100,000원에 외상으로 판매
(차) 외상매출금   100,000   (대) 상품매출   100,000

㉡ 20x1. 12. 31 불량거래처의 외상대금 100,000원 회수불능될 것으로 예상
(차) 대손상각비   100,000   (대) 대손충당금   100,000

재무상태표

외상매출금	100,000	대손충당금을 설정하여 회수예상액을 정보이용자에게 공시함.
(대손충당금)	(100,000)	
	0	

㉢ 20x2. 1. 1 대손사유가 발생시
(차) 대손충당금   100,000   (대) 외상매출금   100,000

① 보고기간종료일 대손의 예상

보고기간종료일에 기말채권에 대하여 그 회수가능성을 검토하고, 회수가 불가능하다고 예상한 대손추산액(대손예상액) 과 수정전 잔액과의 차액만 보충하여 충당금으로 설정한 후 대손상각비를 차변에, 대손충당금을 대변에 기입한다. 반대 로 대손추정액이 대손충당금 잔액보다 부족하면 그 부족액을 대손충당금에서 차감하고 대손충당금환입으로 처리한다.

대손예상액(보충법)= (매출채권잔액 × 대손예상율)−대손충당금잔액=
  + 상각
  − 환입
  0 분개없음

대손추정방법	내 용
㉠ 채권잔액비례법	채권의 잔액에 대손율을 곱하여 대손추정액을 산정하는 방법
㉡ 연령분석법	채권의 잔액을 경과기간별로 몇 개의 집단으로 분류하고 기간이 오래된 채권은 높은 대손율을 적용하고, 최근에 발생한 채권은 낮은 대손율을 적용하는 방법

| 사례 | 보고기간종료일 외상매출금 잔액 4,000,000원에 대하여 1% 대손을 설정하다. |

	대손예상액	대손충당금잔액	차 변		대 변	
㉠	40,000원	없음	대손상각비	40,000	대손충당금	40,000
㉡	40,000원	15,000원	대손상각비	25,000	대손충당금	25,000
㉢	40,000원	40,000원	분 개 없 음			
㉣	40,000원	52,000원	대손충당금	12,000	대손충당금환입	12,000

[대손충당금의 재무상태표 표시방법]

재무상태표

자 산	금 액		부채 · 자본	금 액	
매출 채권	4,000,000				
대손충당금	40,000	3,960,000			

② 대손발생시 회계처리

회수가 불가능한 채권은 대손충당금과 우선 상계하고 대손충당금 잔액이 부족한 경우에는 그 부족액을 대손상각비로 처리한다.

| 사례 | 외상매출금 50,000원이 회수불능되다. |

	구 분	차 변		대 변	
㉠	대손충당금잔액 0원	대손상각비	50,000	외상매출금	50,000
㉡	대손충당금잔액 20,000원	대손충당금 대손상각비	20,000 30,000	외상매출금	50,000
㉢	대손충당금잔액 50,000원	대손충당금	50,000	외상매출금	50,000

③ 대손처리한 채권의 회수

당기 이전에 대손처리된 채권을 회수한 경우에는 대손충당금을 증가시키고, 당기에 대손처리한 채권을 회수하는 경우에는 당기 대손발생시 회계처리한 차변 계정과목들을 반대로 대변에 기입한다.

| 사례 | 대손처리한 외상매출금 50,000원이 회수되다. |

구 분		차 변		대 변	
전기에 대손처리한 외상매출금회수		현 금	50,000	대손충당금	50,000
당기에 대손처리한 외상매출금 회수	㉠	현 금	50,000	대손상각비	50,000
	㉡	현 금	50,000	대손충당금 대손상각비	20,000 30,000
	㉢	현 금	50,000	대손충당금	50,000

실무사례 다음 사항에 대하여 답하시오.

20x1년 외상매출금의 대손과 관련된 사항은 다음과 같다.

> 1/1 대손충당금 : 300,000
> 3/1 대손발생 : 200,000
> 5/1 대손발생 : 140,000
> 7/1 전기 대손처리된 채권의 현금회수 : 60,000
> 20x1 . 12. 31 기말외상매출금의 잔액은 50,000,000원이며 대손율은 1%이다.

(1) 각 시점별 회계처리를 하시오

① 〈3/1〉 (차)　　　　　　　　　　(대)
② 〈5/1〉 (차)　　　　　　　　　　(대)
③ 〈7/1〉 (차)　　　　　　　　　　(대)
④ 〈12/31〉 (차)　　　　　　　　　(대)

(2) 20x1년 기말 대손충당금 잔액은 얼마인가?

(3) 20x1년 기말 외상매출금 순 장부금액은 얼마인가?

(4) 20x1년 대손상각비는 얼마인가?

해설

(1) 〈3/1〉　(차) 대손충당금　200,000　　(대) 외상매출금　200,000
　　〈5/1〉　(차) 대손충당금　100,000　　(대) 외상매출금　140,000
　　　　　　　　대손상각비　 40,000
　　〈7/1〉　(차) 현　　　금　 60,000　　(대) 대손충당금　 60,000
　　〈12/31〉(차) 대손상각비　440,000　　(대) 대손충당금　440,000

(2) 50,000,000 × 1% = 500,000원

(3) 50,000,000 − 500,000 = 49,500,000원

(4) 40,000 + 440,000 = 480,000원

참고

대손충당금

(차)				(대)
감소사항 : 대손 시	200,000	1/1		300,000
	100,000	증가사항 : ① 현금회수		60,000
12/31	500,000	② 대손설정		440,000*

* 50,000,000 × 1% − (300,000 − 200,000 − 100,000 + 60,000)

기출확인문제

㈜굿패션은 대손충당금을 보충법에 의해 설정하고 있으며 매출채권 잔액의 1%로 설정하고 있다. 기말 재무상태표상 매출채권의 순장부가액은 얼마인가?

매출채권			(단위:원)	대손충당금			(단위:원)
기초	50,000	회수 등	200,000	대손	8,000	기초	10,000
발생	500,000						

① 346,500원 ② 347,000원 ③ 347,500원 ④ 348,500원

해설 기말 매출채권 잔액(350,000원) = 50,000원 + 500,000원 − 200,000원
기말 대손충당금 잔액(3,500원) = 350,000원 × 1%
기말 매출채권의 순장부가액(346,500원) = 350,000원 − 3,500원

답 ①

제4절 원천징수제도와 대손회계 - 객관식 기출문제 `최신 30회 중 7문제 출제`

1 다음 중 대손충당금 설정대상 계정과목에 해당되는 것은? `75회`

① 외상매출금　　　　② 지급어음
③ 미지급금　　　　　④ 가수금

2 제조업을 운영하는 A회사가 기말에 외상매출금에 대한 대손충당금을 설정할 경우, 다음의 손익계산서 항목 중 변동되는 것은? `94회`

① 영업이익　　　　　② 매출원가
③ 매출액　　　　　　④ 매출총이익

3 다음 중 대손에 대한 설명으로 옳지 않은 것은? `2016년 8월 특별회`

① 기말에 대손추산액에서 대손충당금잔액을 차감한 금액을 대손상각비로 계상한다.
② 기말에 대손상각비를 설정하는 경우 모든 대손상각비는 판매비와 관리비로만 처리한다.
③ 회수가 불가능한 채권은 대손충당금과 상계하고, 대손충당금이 부족한 경우에는 그 부족액을 대손상각비로 처리한다.
④ 회수가 불확실한 금융자산은 합리적인 기준에 따라 산출한 대손추산액을 대손충당금으로 설정한다.

4 다음은 결산 시 매출채권에 대한 대손충당금을 계산하는 경우의 예이다. 틀린 것은? 44회

	결산전 대손충당금잔액	기말 매출채권잔액(대손율 1%)	회계처리의 일부
①	10,000원	100,000원	(대) 대손충당금환입 9,000원
②	10,000원	1,000,000원	회계처리 없음
③	10,000원	1,100,000원	(차) 대손상각비 1,000원
④	10,000원	1,100,000원	(차) 기타의대손상각비 1,000원

5 (주)서울은 유형자산 처분에 따른 미수금 기말잔액 45,000,000원에 대하여 2%의 대손충당금을 설정하려 한다. 기초 대손충당금 400,000원이 있었고 당기 중 320,000원 대손이 발생되었다면 보충법에 의하여 기말 대손충당금 설정 분개로 올바른 것은? 51회

① (차) 대손상각비　　　　　820,000원　　(대) 대손충당금　820,000원
② (차) 기타의 대손상각비　820,000원　　(대) 대손충당금　820,000원
③ (차) 대손상각비　　　　　900,000원　　(대) 대손충당금　900,000원
④ (차) 기타의 대손상각비　900,000원　　(대) 대손충당금　900,000원

정답 및 해설

1 답 ①
해설 지급어음, 미지급금, 가수금계정은 부채계정과목이다.

2 답 ①
해설 외상매출금에 대하여 대손충당금을 설정할 경우의 분개에서 대손상각비는 판매비와 관리비에 해당하므로 영업이익의 금액이 감소한다.

(차) 대손상각비 XXX　　　　(대) 대손충당금 XXX

3 답 ②
해설 상거래에서 발생한 매출채권에 대한 대손상각비는 판매비와 관리비로 처리하고, 기타 채권에 대한 대손상각비는 영업외비용으로 처리한다.

4 답 ④
해설 기타의대손상각비는 매출채권 이외의 기타채권(대여금, 미수금 등)의 대손비용을 처리하는 계정과목이다.

5 답 ②
해설 유형자산 처분에 따른 미수금은 기타의 대손상각비로 처리하고, 대손충당금 설정액은 (45,000,000원×2%) − 80,000원 = 820,000원이다.

6 다음의 거래에 대한 분개로 맞는 것은? 52회

> 8월 31일 : 거래처의 파산으로 외상매출금 100,000원이 회수불능이 되다.(단, 8월 31일 이전에 설정된 대손충당금 잔액은 40,000원이 있다)

① (차) 대손상각비 100,000원 (대) 외상매출금 100,000원
② (차) 대손충당금 40,000원 (대) 외상매출금 100,000원
　　　대손상각비 60,000원
③ (차) 대손충당금 60,000원 (대) 외상매출금 100,000원
　　　대손상각비 40,000원
④ (차) 대손충당금환입 40,000원 (대) 외상매출금 100,000원
　　　대손상각비 60,000원

7 (주)한세의 기말 재무상태표 일부이다. 당기 손익계산서에 기록될 대손상각비는 얼마인가? 81회

> • 20x1년 기초 대손충당금 73,000원, 기중 대손발생액 30,000원이다.
> • 20x1년 기말 재무상태표 매출채권은 5,000,000원, 대손충당금은 110,000원이다.

① 30,000원　　② 43,000원　　③ 67,000원　　④ 80,000원

8 (주)광교는 매출채권 기말잔액 28,000,000원에 대하여 1%의 대손충당금을 설정하고자 한다. 전기말 대손충당금 잔액은 300,000원이었으며, 기중에 전기 대손발생액 중 200,000원이 회수되어 회계처리 하였다. 기말의 회계처리로 올바른 것은? 99회

① (차) 대손상각비 280,000원 (대) 대손충당금 280,000원
② (차) 대손충당금 20,000원 (대) 대손충당금환입 20,000원
③ (차) 대손충당금 220,000원 (대) 대손충당금환입 220,000원
④ (차) 대손상각비 180,000원 (대) 대손충당금 180,000원

9. 다음 자료에 의하여 다음 빈칸에 들어갈 금액은 얼마인가? [95회]

대손충당금 (단위:원)

4/30 외상매출금	xxx	1/1 전기이월	50,000
12/31 차기이월	70,000	12/31 대손상각비	( )
	xxx		xxx

• 당기 중 회수가 불가능한 것으로 판명되어 대손처리된 외상매출금은 5,000원이다.

① 10,000원 ② 15,000원 ③ 20,000원 ④ 25,000원

정답 및 해설

6 답 ②
해설 대손이 발생하면 대손충당금에서 우선 상계한 후 대손충당금이 부족하면 대손상각비 비용으로 인식한다.

7 답 ③
해설 기초대손충당금 73,000원 − 기중대손발생액 30,000원 = 대손충당금 잔액 43,000원
이때 기말 대손충당금을 110,000원으로 한다면, 결산수정분개로 67,000원을 추가로 설정하여야 한다.
(차) 대손상각비 67,000원   (대) 대손충당금 67,000원

대손충당금

기중	30,000원	기초	73,000원
기말	110,000원	대손상각비	67,000원

8 답 ③
해설
• 기중 전기 대손발생액 회수시 : (차) 현금 200,000원 (대) 대손충당금 200,000원
• 결산 전 대손충당금 잔액 : 300,000원 + 200,000원 = 500,000원
• 기말대손설정액 : 28,000,000원 × 0.01 = 280,000원
• 대손충당금 추가설정(환입)액 : 280,000원 − 500,000원 = 220,000원 환입
• 기말회계처리 : (차) 대손충당금 220,000원 (대) 대손충당금환입 220,000원

9 답 ④
해설 대손충당금 차변합계 (5,000원 + 70,000원)에서 전기이월 (50,000원)을 차감하면 12월 31일 대손상각비는 25,000원이다.

10 영업활동과 관련하여 비용이 감소함에 따라 발생하는 매출채권의 대손충당금환입은 다음의 계정구분 중 어디에 속하는가? [56회]

① 판매비와 관리비 ② 영업외수익
③ 자본조정 ④ 이익잉여금

11 제조업을 운영하는 A회사가 장기대여금에 대한 대손충당금을 설정할 경우, 다음의 손익계산서 항목 중 변동되는 것은? [70회]

① 매출원가 ② 매출총이익
③ 영업이익 ④ 법인세비용차감전순손익

12 결산 시 대손충당금을 과소설정 하였다. 정상적으로 설정한 경우와 비교할 때, 어떠한 차이가 있는가? [50회]

① 당기순이익이 많아진다. ② 당기순이익이 적어진다.
③ 자본이 과소표시 된다. ④ 자산이 과소표시 된다.

13 다음 중 대손충당금에 대한 설명으로 가장 옳지 않은 것은?

116회

① 대손충당금은 유형자산의 차감적 평가계정이다.
② 회수가 불확실한 채권은 합리적이고 객관적인 기준에 따라 산출한 대손 추산액을 대손충당금으로 설정한다.
③ 미수금도 대손충당금을 설정할 수 있다.
④ 매출 활동과 관련되지 않은 대여금에 대한 대손상각비는 영업외비용에 속한다.

정답 및 해설

10 답 ①
해설 영업활동과 관련하여 비용이 감소함에 따라 발생하는 퇴직급여충당부채환입, 판매보증충당부채환입 및 대손충당금환입 등은 판매비와관리비의 부(−)의 금액으로 표시한다.

11 답 ④
해설 대여금에 대하여 대손충당금을 설정할 경우, 차변에 기타의 대손상각비(영업외비용)로 처리되므로, 영업이익에서 차감되어 법인세비용차감전순손익의 금액이 감소된다.

12 답 ①
해설 분개를 해보면 [(차변) 대손상각비 ××× (대변) 대손충당금 ×××] 이다. 비용이 계상(인식)되지 않았으므로, 당기순이익이 많아진다(자본이 과대표시). 대손충당금이 과소 설정되었으므로, 자산이 과대표시 된다.

13 답 ①
해설 대손충당금은 채권의 차감적 평가계정이다.

제4절 | 원천징수제도와 대손회계 – 실무 기출문제

다음의 거래 자료를 ㈜일반전표(회사코드 : 1003)의 일반전표입력 메뉴에 추가 입력하시오.

★ [유형 1] 대손회계 (1 ~ 5)   최신 30회 중 10문제 출제

1 3월 11일 : 전기에 대손이 확정되어 대손충당금과 상계 처리한 외상매출금 50,000원이 당사의 보통예금에 입금된 것을 확인하였다.(단, 부가가치세법상 대손세액은 고려하지 말 것)   115회

2 3월 12일 : (주)임아트상회의 외상매출금 1,000,000원이 법인세법상 대손금처리 요건이 충족되어서 당사는 이를 대손처리 하기로 하였다. 지금까지 설정되어 있는 대손충당금은 2,000,0000원으로 가정하자.(단, 부가가치세는 고려하지 않는다.)   90회 유사

3 3월 13일 : 당사의 제품 대리점을 운영하는 이상민씨가 법원으로부터 파산선고를 받음에 따라 이상민씨가 운영하던 (주)암호상회의 외상매출금 6,600,000원이 회수가 불가능할 것으로 판단되어 당일자로 대손처리 하였다. 외상매출금에 대한 대손충당금 현재 잔액은 1,100,000원이며, 대손세액공제는 고려하지 않기로 한다.   97회

4 3월 14일 : 전년도에 (주)암호상회가 파산하여 외상매출금 6,000,000원이 회수불가능한 것을 뒤늦게 올해 확인하였다. 그 금액이 중요하지 않아 전기분 재무제표는 수정하지 않고 당기 손익에 반영한다.   68회

5 3월 15일 : ㈜암호상회의 미수금 2,000,000원이 대손처리 요건에 충족되어 당일 대손처리하기로 하였다. 대손충당금을 조회하여 회계처리하시오.(단, 부가가치세는 고려하지 않는다.)   105회

정답 및 해설

1 일자 : 3월 11일

| 분개 | (차변) 보통예금 | | 50,000 | (대변) 대손충당금(109) | | 50,000 |

구분	계정과목	거래처	적요	차변	대변
차변	0103 보통예금			50,000	
대변	0109 대손충당금				50,000

2 일자 : 3월 12일

| 분개 | (차변) 대손충당금(109) | | 1,000,000 | (대변) 외상매출금((주)임아트상회) | | 1,000,000 |

구분	계정과목	거래처	적요	차변	대변
차변	0109 대손충당금			1,000,000	
대변	0108 외상매출금	00102 (주)임아트상회			1,000,000

3 일자 : 3월 13일

| 분개 | (차변) 대손충당금(109) (차변) 대손상각비 | | 1,100,000 5,500,000 | (대변) 외상매출금((주)암호상회) | | 6,600,000 |

구분	계정과목	거래처	적요	차변	대변
차변	0109 대손충당금			1,100,000	
차변	0835 대손상각비			5,500,000	
대변	0108 외상매출금	00301 (주)암호상회			6,600,000

4 일자 : 3월 14일

| 분개 | (차변) 전기오류수정손실(962) | | 6,000,000 | (대변) 외상매출금((주)암호상회) | | 6,000,000 |

* 당기 손익에 반영하는 계정과목은 대손상각비로 처리해야 하나 전기 비용과 당기 비용은 구분되어야 하므로 전기 대손상각비를 당기 대손상각비로 처리할 수 없다. 따라서, 대손상각비 대신 전기오류수정손실로 처리해야 한다.

구분	계정과목	거래처	적요	차변	대변
차변	0962 전기오류수정손실			6,000,000	
대변	0108 외상매출금	00301 (주)암호상회			6,000,000

5 일자 : 3월 15일

| 분개 | (차변) 대손충당금(121) (차변) 기타의 대손상각비 | | 800,000 1,200,000 | (대변) 미수금((주)암호상사) | | 2,000,000 |

* 미수금 계정과목은 일반적인 상거래 이외의 계정으로 매출채권이 아니므로 기타의대손상각비(영업외비용)로 처리하며 합계잔액시산표 메뉴에서 3월 15일자 121.대손충당금을 조회하면 800,000원을 확인할 수 있다.

구분	계정과목	거래처	적요	차변	대변
차변	0121 대손충당금			800,000	
차변	0954 기타의대손상각비			1,200,000	
대변	0120 미수금	00301 (주)암호상회			2,000,000

★ [유형 2] 원천징수 (6 ~ 14) 최신 30회 중 21문제 출제

6 3월 25일 : 직원 엄성철 및 백도성에 대해 지급한 3월분 급여는 다음의 급여명세서와 같으며, 공제 후 차감지급액에 대해서는 당사 보통예금 계좌에서 이체하였다. `114회`

2025년 3월 급여명세서 엄성철(생산부) 귀하			2025년 3월 급여명세서 백도성(영업부) 귀하		
지급내역	기본급	1,500,000	지급내역	기본급	1,200,000
	자격수당	100,000		자격수당	60,000
	직무수당	50,000		직무수당	30,000
	식대	80,000		식대	80,000
	월차수당	70,000		월차수당	50,000
	근속수당			근속수당	
	상여금			상여금	
	특별수당			특별수당	
	퇴직수당			퇴직수당	
	기타 1			기타 1	
	지급액	1,800,000		지급액	1,420,000
공제내역	소득세	15,560	공제내역	소득세	5,560
	지방소득세	1,550		지방소득세	550
	국민연금	81,000		국민연금	63,900
	건강보험	52,630		건강보험	41,000
	고용보험	8,100		고용보험	6,390
	공제계	158,840		공제계	117,400
	지급총액	1,641,160		지급총액	1,302,600
[귀하의 노고에 감사드립니다.]			[귀하의 노고에 감사드립니다.]		

7 3월 30일 : 예수금(소득세 등)을 제외한 제조부서의 당월 상여금을 보통예금계좌에서 이체하다.(상여금 총액은 15,000,000원이고, 이 중 예수금은 1,000,000원이다) `101회`

8 3월 10일 : 다음과 같은 내용의 2월분 건강보험료를 현금으로 납부하다. `112회`

- 회사부담분 : 28,000원(이 중 생산직 직원에 대한 건강보험료는 18,000원임)
- 종업원부담분 : 28,000원
- 회사는 건강보험료 회사부담분에 대하여 복리후생비로 처리하고 있다.

정답 및 해설

6 일자 : 3월 25일

분개	(차변) 임금(또는 급여(제))	1,800,000	(대변) 예수금	276,240
	(차변) 급여(판)	1,420,000	(대변) 보통예금	2,943,760

* 만약, 일용직근로자에 대한 인건비를 지급했다면 "잡급"으로 회계처리한다.

구분	계정과목		거래처	적요	차변	대변
차변	0504	임금			1,800,000	
차변	0801	급여			1,420,000	
대변	0254	예수금				276,240
대변	0103	보통예금				2,943,760

7 일자 : 3월 30일

분개	(차변) 상여금(제)	15,000,000	(대변) 예수금	1,000,000
			(대변) 보통예금	14,000,000

구분	계정과목		거래처	적요	차변	대변
차변	0505	상여금			15,000,000	
대변	0103	보통예금				14,000,000
대변	0254	예수금				1,000,000

8 일자 : 3월 10일

분개	(차변) 복리후생비(제)	18,000	(대변) 현금	56,000
	(차변) 복리후생비(판)	10,000		
	(차변) 예수금	28,000		

구분	계정과목		거래처	적요	차변	대변
차변	0511	복리후생비			18,000	
차변	0811	복리후생비			10,000	
차변	0254	예수금			28,000	
대변	0101	현금				56,000

9 4월 10일 : 본사관리부 직원의 국민연금 800,000원과 카드결제수수료 8,000원을 법인카드(신한카드)로 결제하여 일괄 납부하였다. 납부한 국민연금 중 50%는 회사부담분, 50%는 원천징수한 금액으로 회사부담분은 세금과공과로 처리한다. 116회

10 3월 20일 : 개인 김돈아씨로부터 차입한 자금에 대한 이자비용 1,500,000원이 발생하여 원천징수세액 412,500원을 차감한 나머지 금액 1,087,500원을 자기앞수표로 지급하였다. 67회

11 3월 21일 : 생산라인에 필요한 외국기술서적의 번역을 의뢰한 프리랜서에게 번역비 1,000,000원에서 원천징수세액 33,000원을 차감한 금액을 자기앞수표로 지급하였다.(수수료비용으로 회계처리할 것) 95회

12 3월 22일 : 생산직원의 원가절감교육을 위해 외부강사를 초청하여 교육하고 강사료 중 원천징수세액 99,000원을 제외하고 나머지 금액 2,901,000원은 당사 보통예금계좌에서 강사의 보통예금 계좌로 송금하였다. 100회

13 3월 23일 : 기업은행에 예입한 정기예금(당좌자산)이 금일로 만기가 되어 다음과 같이 해약하고 해약금액은 모두 당좌예금계좌에 입금하였다.(원천징수액은 자산으로 처리한다) 103회

- 정기예금 : 50,000,000원
- 법인세 원천징수액 : 616,000원
- 이자수익 : 4,000,000원
- 차감지급액 : 53,384,000원

14 8월 31일 : 당해 사업연도 법인세의 중간예납세액 24,000,000원을 현금으로 납부하였다. (단, 법인세 납부액은 자산계정으로 처리할 것) 79회

정답 및 해설

9 일자 : 4월 10일

분개
(차변) 세금과공과(판)   400,000   (대변) 미지급금(신한카드)   808,000
(차변) 수수료비용(판)   8,000   또는 미지급비용(신한카드)
(차변) 예수금   400,000

구분	계정과목	거래처	적요	차변	대변
차변	0817 세금과공과			400,000	
차변	0831 수수료비용			8,000	
차변	0254 예수금			400,000	
대변	0253 미지급금	99601 신한카드			808,000

* 문제의 지문에서 직원의 국민연금을 법인카드로 결제하여 납부하였다고 명시하고 있으므로 대변에 카드미결제 금액을 의미하는 미지급금(또는 미지급비용)이 아닌 미지급세금으로 입력한 답안은 정답으로 인정되지 않는다.

10 일자 : 3월 20일

분개
(차변) 이자비용   1,500,000   (대변) 예수금   412,500
                                  (대변) 현금   1,087,500

구분	계정과목	거래처	적요	차변	대변
차변	0951 이자비용			1,500,000	
대변	0254 예수금				412,500
대변	0101 현금				1,087,500

11 일자 : 3월 21일

분개
(차변) 수수료비용(제)   1,000,000   (대변) 예수금   33,000
                                       (대변) 현금   967,000

구분	계정과목	거래처	적요	차변	대변
차변	0531 수수료비용			1,000,000	
대변	0254 예수금				33,000
대변	0101 현금				967,000

12 일자 : 3월 22일

분개
(차변) 교육훈련비(제)   3,000,000   (대변) 예수금   99,000
                                        (대변) 보통예금   2,901,000

구분	계정과목	거래처	적요	차변	대변
차변	0525 교육훈련비			3,000,000	
대변	0254 예수금				99,000
대변	0103 보통예금				2,901,000

13 일자 : 3월 23일

분개
(차변) 당좌예금   53,384,000   (대변) 정기예금   50,000,000
(차변) 선납세금   616,000   (대변) 이자수익   4,000,000

구분	계정과목	거래처	적요	차변	대변
차변	0102 당좌예금			53,384,000	
차변	0136 선납세금			616,000	
대변	0105 정기예금				50,000,000
대변	0901 이자수익				4,000,000

14 일자 : 8월 31일

분개
(차변) 선납세금   24,000,000   (대변) 현금   24,000,000

구분	계정과목	거래처	적요	차변	대변
출금	0136 선납세금			24,000,000	(현금)

| 제5절 | 재고자산 |

❶ 재고자산의 의의 및 종류

(1) 재고자산의 의의

재고자산이란 정상적인 영업활동과정에서 판매목적으로 보유(상품, 제품)하고 있거나 판매를 목적으로 제조과정에 있는 자산(재공품, 반제품) 및 생산이나 용역제공 과정에 사용될 자산(원재료)을 말한다. 재고자산은 1년 이내의 기간에 생산에 사용되거나, 판매되는 것으로 보기 때문에 유동자산으로 분류한다.

(2) 재고자산의 종류

재고자산은 총액으로 보고하거나 상품, 제품, 재공품, 원재료 및 소모품 등으로 분류하여 재무상태표에 표시하며 일반기업회계기준의 재고자산의 종류는 다음과 같다.

구 분	내 용
① 상 품	상기업이 판매목적으로 구입한 물건을 말한다.
② 제 품	제조기업이 판매목적으로 직접 제조한 생산물 및 부산물을 말한다.
③ 재공품	제품 또는 반제품을 만들어내기 위해 아직 제조중인 미완성품을 말한다.
④ 반제품	반제품은 미완성품이라는 점에서는 재공품과 유사하나, 중간과정에서 판매가 가능하다는 점에서 재공품과 차이가 있다.
⑤ 원재료	제품을 생산하기 위해 매입한 원료, 재료 등을 말한다.
⑥ 저장품	소모품, 수선용 부분품, 및 기타저장물을 말한다.
⑦ 미착품	재고자산을 주문하였으나 운송 중에 있어 아직 도착하지 않은 재고자산을 말한다.
⑧ 적송품	위탁자가 수탁자에게 판매를 위탁하기 위하여 보낸 재고자산을 말한다.
⑨ 시용품	구매자에게 일정기간 사용한 후에 매입 여부를 결정하라는 조건으로 판매한 재고자산을 말한다.

❷ 재고자산의 취득 시 회계처리

(1) 취득원가의 측정

재고자산의 취득원가는 매입가액에 취득과정에서 정상적으로 발생한 부대비용(운반비, 관세 등)을 가산한 금액으로 한다. 취득과정에서 매입환출, 매입에누리, 매입할인이 있는 경우에는 취득원가에 차감한다. 여기서, 매출과 매입의 과정에서 발생된 운반비의 경우 구매자가 운반비를 부담하면 '원재료 등의 취득원가'에 가산하고 만약, 판매자가 운반비를 부담하면 '운반비'라는 계정과목으로 판관비로 처리함에 주의하자. 또한, 성격이 상이한 재고자산을 일괄 구입하는 경우에는 공정가치 비율에 따라 안분하여 취득원가를 결정한다.

> 취득원가 = 매입가액 + 매입부대비용(운반비, 관세, 하역비 등) – 매입환출 및 에누리 – 매입할인

구 분	내 용
① 매입부대비용	재고자산의 취득원가는 재고자산을 판매 가능한 상태로 만들기까지 지출된 모든 지출액이 포함되어야 하므로 취득원가는 그 매입가액에 취득과정에 지출된 매입수수료·수입관세·보관료·운반비·보험료·하역비 등 매입부대비용이 포함되어야 한다.
② 매입환출 및 에누리	매입환출은 재고자산의 현격한 하자로 인하여 반품하는 것을 말하며 매입에누리는 재고자산을 구입한 후 결함이나 불량의 이유로 가격을 깎는 것을 말한다.
③ 매입할인	매입할인이란 재고자산을 외상으로 매입한 후 외상대금을 당초에 약정한 기일 전에 결제한 경우 외상대금의 일정률을 할인하여 주는 것을 말한다. 매입할인의 약정은 (2/10, n/30)으로 표시하며, 대금지급은 30일이내 이루어져야 하며 10일이내 조기 결제 시 대금의 2%을 할인받는다는 것을 의미한다.

| 사례 | 재고자산 구매 시 회계처리 |

① 재고자산 구입 시
원재료를 100,000원에 외상으로 구입하였다.
(차) 원 재 료   100,000   (대) 외상매입금   100,000

② 매입환출및에누리
외상으로 구입한 원재료에 불량품이 발견되어 10,000원에 해당하는 금액을 반품하고 외상매입금과 상계하였다.
(차) 외상매입금   10,000   (대) 매입환출및에누리   10,000

③ 매입할인
외상대금 90,000원을 조기에 결제하여 1,000원을 할인받고 잔액은 현금으로 지급하였다.
(차) 외상매입금   90,000   (대) 매입할인   1,000
                                              현 금   89,000

* '매입환출및에누리', '매입할인'은 상품 및 원재료의 차감계정으로 실무상 쓰는 계정과목일 뿐 보고기간종료일 재무상태표에 표시되는 상품 및 원재료 금액은 '매입환출및에누리', '매입할인'을 차감한 순액으로 표시한다.

합격 TIP [자산 취득 시 발생하는 수수료, 운반비, 취득세 등 취득부대비용의 회계처리]

구 분	취득부대비용의 회계처리
단기매매증권	영업외비용
단기매매증권 이외 자산	자산의 취득원가에 가산

기출확인문제

다음 중 일반기업회계기준에 따른 재고자산으로 분류되는 항목은?

① 회계법인의 업무용으로 구입한 컴퓨터
② 임대업을 운영하는 기업의 임대용으로 보유 중인 주택
③ 경영컨설팅을 전문으로 하는 회사에서 시세차익을 목적으로 보유하는 유가증권
④ 조선업을 운영하는 기업의 판매용으로 제조 중인 선박

| 해설 | 재고자산은 판매용으로 보유하는 자산을 의미한다.
- ① 유형자산, ② 유형자산, ③ 투자자산
- '재고자산'은 정상적인 영업과정에서 판매를 위하여 보유하거나 생산과정에 있는 자산 및 생산 또는 서비스 제공과정에 투입될 원재료나 소모품의 형태로 존재하는 자산을 말한다.

답 ④

③ 재고자산의 판매 시 회계처리

(1) 순매출액의 측정

손익계산서에 표시되는 매출액은 총매출액에서 매출환입및에누리, 매출할인을 차감한 순매출액으로 표시한다.

순매출액 = 총매출액 – 매출환입 및 에누리 – 매출할인

구 분	내 용
① 매출환입 및 에누리	매출환입은 판매한 재고자산 중 파손 등으로 반품되어 오는 것을 말하며 매출에누리는 판매한 재고자산 중 결함이나 불량 등의 사유로 가격을 깎아주는 것을 말한다.

② 매출할인	매출할인은 재고자산을 판매한 후 외상대금을 조기에 회수함으로 외상대금의 일부를 할인하여 주는 것을 말한다.

> **사례** 재고자산 판매 시 회계처리
>
> ① 재고자산 판매 시
> 제품을 100,000원에 외상으로 판매하였다.
> (차) 외상매출금　　　　100,000　　　(대) 제품매출　　　　100,000
>
> ② 매출환입및에누리
> 외상으로 판매한 제품에 불량품이 발견되어 10,000원에 해당하는 금액을 반품받고 외상매출금과 상계하였다.
> (차) 매출환입및에누리　 10,000　　　(대) 외상매출금　　　 10,000
>
> ③ 매출할인
> 외상대금 90,000원을 조기에 회수하여 1,000원을 할인해 주고 잔액은 현금으로 수령하였다.
> (차) 매출할인　　　　　　1,000　　　(대) 외상매출금　　　 90,000
> 　　현　　금　　　　　 89,000

* '매출환입및에누리', '매출할인'은 매출의 차감계정으로 실무상 쓰는 계정과목일 뿐 보고기간종료일 손익계산서의 매출액으로 표시되는 금액은 '매출환입및에누리', '매출할인'을 차감한 순액으로 표시한다.

합격 TIP [자산 처분 시 발생하는 수수료, 운반비 등 회계처리]

구 분	내 용
일반적 상거래 (상품매매거래)	기업의 주된 영업활동인 상품매출, 제품매출과 관련하여 발생한 부대비용인 수수료, 운반비 등은 별도의 비용(판매비와 관리비)으로 처리
일반적 상거래 이외의 거래	기업의 주된 영업활동이 아닌 자산의 처분 시 발생하는 부대비용은 자산의 처분가액에서 직접 차감하여 처분손익(영업외수익 또는 영업외비용)에 반영

★ ④ 재고자산의 매출원가

(1) 매출원가 관련 회계처리

상품을 100원에 매입하여 200원에 판매하였다면 상품매출액은 200원이며 상품매출원가는 100원이 된다. 단, 동일한 상품을 다양한 가격으로 매입하여 보유 중인 경우, 판매할 때마다 얼마짜리가 팔렸는지 정확히 계산하여 매출원가를 산정하는 것은 실무적으로 불가능하다. 따라서, 상품매출원가는 상품 판매 시마다 기록하지 않고 기초재고액에 당기매입액을 가산하여 판매가능액을 구하고 판매가능액에서 기말재고액을 차감한 금액을 기말수정분개를 통해 산정한다. 즉, 상품매출원가의 인식은 기말재고자산을 통하여 보고기간종료일 1회만 인식하는 것이다.

> **사례** 매출원가 관련 회계처리
>
> ① 기초상품재고액(차변잔액)이 100,000원인 경우를 가정.
>
> ② 회계기간 중 상품 매입 시
> 상품을 1,000,000원을 매입하면서 400,000원은 자기앞수표로 지급하고, 나머지는 외상으로 매입하였다.
> (차) 상　　품　　　 1,000,000　　　(대) 현　　금　　　　 400,000
> 　　　　　　　　　　　　　　　　　　　　외상매입금　　　 600,000
>
> ③ 기말상품재고액이 200,000원인 경우를 가정
> (차) 상품매출원가　　 900,000　　　(대) 상　　품　　　　 900,000*

* 판매가능액 1,100,000원(100,000 + 1,000,000) 중 기말상품재고액 200,000원을 차감한 나머지 금액인 900,000원이 판매된 것이므로 대변에 상품을, 차변에 상품매출원가를 기입한다.

(2) 타계정대체

타계정대체란 기업이 영업활동을 하는 과정에서 자사의 제품이나 상품을 판매 이외의 목적으로 사용하는 것을 말한다. 즉, 자사의 제품이나 상품을 연구·개발목적, 접대목적, 광고선전목적, 종업원들의 복리후생을 위한 경우, 화재로 소실되는 경우 등이 있다. 이러한 타계정대체의 사용된 원가는 매출이외의 상품감소액이므로 매출원가가 아닌 적절한 계정과목으로 대체시켜야 한다.

사례 타계정대체

① 상품(원가 50,000, 시가 80,000원)을 직원들 복리후생 목적으로 사용하였다.
(차) 복리후생비   50,000   (대) 상 품   50,000

② 상품(원가 20,000, 시가 50,000원)을 거래처에 접대 목적으로 제공하였다.
(차) 접대비   20,000   (대) 상 품   20,000

---

(3) 매출원가 산정문제

기초상품재고액, 당기상품매입액 및 타계정대체액은 장부기록를 통해 파악되고 있으므로 매출원가를 구하기 위한 포인트는 기말상품재고액을 결정하는 데 있으며 매출원가는 다음의 산식에 의해 구한다.

> 매출원가 = 기초상품재고액 + 순매입액[총매입액 + 매입부대비용(운반비, 관세, 하역비(등) - 매입환불 및 에누리 - 매입할인]
> - 타계정대체액 - 기말상품재고액

상 품

(차)		(대)
1/1 상품	감소	**매 출 원 가** 상품이 판매된 경우
증가 상품의 총매입액 (+) 매입부대비용 (-) 매입에누리 (-) 매입환출 (-) 매입할인	감소	타계정대체 상품이 판매이외 없어진 경우
		12/31 상품 상품이 미판매된 경우

실무사례 다음 사항에 대하여 답하시오.

(1) 매출총이익을 구하시오.

• 기초상품	940,000	• 당기총매입	2,710,000	• 매입에누리	120,000
• 매입할인	180,000	• 운반비	100,000	• 관 세	150,000
• 기말상품	1,120,000	• 매입환출	80,000	• 매 출	4,000,000

(2) 매출원가를 구하시오.

• 기초상품	750,000	• 당기총매입	1,830,000	• 매입할인	50,000
• 운반비	120,000	• 매입환출	30,000	• 기말상품	520,000
• 타계정대체(접대목적으로 제공됨)	200,000				

해설

(1) 매출총이익 1,600,000

상 품

(차)			(대)	
❶ 기초	940,000	❸ 매출원가	2,400,000	
❷ 매입	2,710,000			
	(−) 120,000			
	(−) 180,000			
	(+) 100,000	❹ 기말	1,120,000	
	(+) 150,000			
	(−) 80,000			

Ⅰ. 매출액	4,000,000
Ⅱ. 매출원가	2,400,000
Ⅲ. 매출총이익	1,600,000

(2) 매출원가 1,900,000

상 품

(차)			(대)	
❶ 기초	750,000	❸ 매출원가	1,900,000	
❷ 매입	1,830,000	❹ 타계정대체	200,000	
	(−) 50,000			
	(+) 120,000	❺ 기말	520,000	
	(−) 30,000			

합격 TIP 주요 재무비율

1. 매출원가율 = 매출원가 ÷ 매출액
2. 매출총이익율 = 매출총이익 ÷ 매출액
3. 영업이익율 = 영업이익 ÷ 매출액

> **기출확인문제**
>
> 다음 자료를 이용하여 상품의 기말재고액을 계산하면 얼마인가?
>
> - 매출액 : 2,000,000원
> - 매출에누리 : 300,000원
> - 매출할인 : 200,000원
> - 매입액 : 1,500,000원
> - 매입할인 : 50,000원
> - 매입환출 : 100,000원
> - 타계정으로 대체 : 200,000원
> - 기초재고액 : 30,000원
> - 매출총이익 : 370,000원
>
> ① 50,000원 ② 100,000원 ③ 200,000원 ④ 30,000원
>
> **해설**
> - 순매출액 = 매출액 − 매출할인 − 매출에누리 = 2,000,000원 − 200,000원 − 300,000원 = 1,500,000원
> - 매출총이익 = 순매출액 − 매출원가 = 1,500,000원 − 1,130,000원 = 370,000원
> - 매출원가 = 기초재고액 + 매입액 − 매입환출 − 매입할인 − 타계정으로대체 − 기말재고액
>   = 30,000원 + 1,500,000원 − 100,000원 − 50,000원 − 200,000원 − 50,000원
>   = 1,130,000원
>
> **답** ①

⑤ 재고자산의 원가배분

재고자산의 원가배분이란 재고자산의 판매가능액(기초재고액 + 당기매입액)을 판매된 부분인 매출원가와 미판매된 부분인 기말재고로 배분하는 과정을 말한다. 또한, 매출원가와 기말재고액은 '수량 × 단가'로 결정된다.

(1) 수량 결정방법

수량을 결정하는 방법에는 계속기록법과 실지재고조사법이 있다.

1) 계속기록법

재고자산의 입고와 출고시마다 수량을 계속 기록하여 판매된 수량과 기말재고수량을 파악하는 방법이다. 계속기록법에 따르면 당기매입수량(입고수량)과 당기판매수량(출고수량)이 장부에 계속 기록되어 있으므로 보고기간종료일 현재 장부상 남아있는 재고잔량을 기말재고수량으로 결정하게 된다.

> 기초재고수량 + 당기매입수량 − 당기판매수량(실제) = 기말재고수량(추정)

2) 실지재고조사법

보고기간종료일 또는 일정한 기간마다 재고실사를 하여 재고수량을 파악하는 방법으로 상품재고장에 입고기록만 할 뿐 출고기록을 하지는 않는다. 따라서, 당기판매수량은 당기판매가능수량에서 재고실사를 통해 결정된 기말재고수량을 차감하여 결정한다.

> 기초재고수량 + 당기매입수량 − 기말재고수량(실제) = 당기판매수량(추정)

> **참고**
>
> 실무에서는 계속기록법과 실지재고조사법을 병행하는 방법인 혼합법을 사용하고 있다. 계속기록법과 실지재고조사법 어느 한 방법으로 기말재고수량을 결정하게 되면 도난이나 파손과 같은 재고감모수량을 파악할 수 없게 된다. 따라서, 두 가지 방법을 병행하여 계속기록을 통하여 파악된 기말재고수량과 재고실사를 통해 파악한 기말재고수량과의 차이를 재고감모수량으로 파악할 수 있다.

> **사례** 재고자산의 수량 결정방법
>
> 기초상품수량 100개, 5월 5일 매입한 상품 900개, 10월 10일 판매한 상품수량 800개, 12월 31일에 실사를 통한 기말재고자산 실제수량은 150개일 경우 계속기록법, 실지재고조사법에 의한 기말재고수량과 혼합법에 의할 경우 재고감모수량을 계산하면 다음과 같다.
> 1. 계속기록법 : 200개
> 기초상품수량 100개 + 당기상품매입수량 900개 − 판매수량 800개
> 2. 실지재고조사법 : 150개
> 3. 재고감모수량 : 200개 − 150개 = 50개

(2) 단가 결정방법

판매수량이나 기말재고수량에 적용하는 단가를 결정하는 방법이다. 동일한 상품을 서로 다른 가격으로 매입을 하였다면 판매된 상품의 단가를 얼마로 할 것인지 결정하는 문제는 쉽지가 않다. 판매된 상품의 실제 매입단가로 결정을 하면 되겠지만 상품의 종류가 다양하고 구입과 판매가 빈번하게 발생하는 경우에는 이 방법을 적용하는 것이 현실적으로 불가능하다. 따라서, 상품의 실제 물량흐름과 관계없이 일정한 가정 하에 상품의 단가를 결정할 수밖에 없는데, 이를 '원가흐름의 가정'이라 한다. 원가흐름의 가정에는 ① 개별법, ② 선입선출법, ③ 후입선출법, ④ 가중평균법(총평균법과 이동평균법)이 있다.

1) 개별법
재고자산이 판매되는 시점마다 정확한 단가를 파악하여 매출원가와 기말재고로 구분하는 방법으로 원가흐름이 실제물량흐름과 일치하기 때문에 이론상 가장 이상적인 방법이다. 특정 소프트웨어나 특수기계를 주문받아 생산하는 경우 적용한다. 개별법의 특징은 다음과 같다.
① 재고자산의 종류와 수량이 많은 경우에는 실무상 적용이 어렵다.
② 실제원가가 실제수익에 대응되므로 수익과 비용이 정확하게 대응된다.

2) 선입선출법(FIFO, first-in first-out method)
선입선출법은 실제물량흐름과 관계없이 먼저 매입한 재고자산이 먼저 판매된 것으로 가정하여 매출원가와 기말재고로 구분하는 방법이다.
① 일반적인 물량흐름은 먼저 매입한 것이 먼저 판매되므로 일반적인 물량흐름과 일치한다.
② 기말재고는 최근에 구입한 재고자산의 원가로 구성되므로 기말재고자산은 시가에 가깝게 표시된다.
③ 물가상승 시 현재의 매출수익에 오래된 원가가 대응되므로 수익·비용대응이 이루어지지 않는다.
④ 물가상승 시 순이익은 높게, 매출원가는 낮게 표시된다.

3) 후입선출법(LIFO, last-in first-out method)
후입선출법은 실제물량흐름과 관계없이 나중에 매입한 재고자산이 먼저 판매된 것으로 가정하여 매출원가와 기말재고로 구분하는 방법이다.
① 물량흐름과 원가흐름이 일치하지 않는다.
② 현재의 매출수익에 현재의 원가가 대응되므로 수익·비용대응이 적절히 이루어진다.
③ 물가상승 시 다른 방법보다 이익을 적게 계상하므로 절세효과가 있다.
④ 물가상승 시 기말재고액이 오래 전 구입한 원가로 계상되므로 기말재고액이 낮게 표시된다.

4) 평균법

평균법은 일정기간 동안의 판매가능원가를 평균한 평균단가를 기준으로 매출원가와 기말재고로 구분하는 방법이다. 평균법에는 상품구입시마다 단가를 계속기록하는 방법인 이동평균법과 보고기간종료일에 일괄하여 기록하는 방법인 총평균법으로 나누어진다. 즉, 계속기록법하의 평균법이 이동평균법이며 실지재고조사법하의 평균법이 총평균법이 되는 것이다.

① 이동평균법

이동평균법은 입고될 때마다 그 새로이 입고되는 재고자산의 가액과 기존 재고자산가액을 합하여 새로운 평균단가를 다음과 같이 계산하고 이를 남아 있는 재고자산 및 출고되는 재고자산의 단가로 보는 방법이다.

$$이동평균단가 = \frac{매입직전재고가액 + 매입가액}{매입직전재고수량 + 매입수량}$$

② 총평균법

총평균법은 일정기간 판매가능상품의 원가를 판매가능상품의 수량으로 나누어 총평균단가를 구하고 이 평균단가를 이용하여 보고기간종료일에 매출원가와 기말재고를 구하는 방법이다.

$$총평균단가 = \frac{기초재고액 + 당기매입액}{기초재고수량 + 당기매입수량}$$

사례 | 재고자산의 단가 결정방법

(차) 상품 (대)		선입선출법	이동평균법	총평균법	후입선출법
1/1 1개 @1,000	판매 3/1 1개 5/1 1개	1개 @1,000 1개 @1,200 **2,200**	1개 @1,100 *1 1개 @1,250 *2 **2,350**	2개 @1,200 *3 **2,400**	1개 @1,400 1개 @1,200 **2,600**
2/1 1개 @1,200 4/1 1개 @1,400	12/31 1개	1개 @1,400 **1,400**	1개 @1,250 **1,250**	1개 @1,200 **1,200**	1개 @1,000 **1,000**
3,600		3,600	3,600	3,600	3,600

만약, 판매가가 개당 2,000원이라면

	선입선출법	이동평균법	총평균법	후입선출법
순이익	1,800	1,650	1,600	1,400
법인세(10%가정)	180	165	160	140

*1 (1,000 + 1,200) / 2 = 1,100
*2 (1,100 + 1,400) / 2 = 1,250
*3 (1,000 + 1,200 + 1,400) / 3 = 1,200

즉, 물가상승 시 부등호 방향은 다음과 같다.

	선입선출법		이동평균법		총평균법		후입선출법
기말재고자산	❶	>	❷	≧	❸	>	❹
매 출 원 가	❹	<	❸	≦	❷	<	❶
순 이 익	❶	>	❷	≧	❸	>	❹
법 인 세	❶	>	❷	≧	❸	>	❹

> **참고** 일반기업회계기준

일반기업회계기준에서는 개별법, 선입선출법, 후입선출법, 가중평균법만을 인정하고 있으나, 유통업종의 경우에는 소매재고법(매출가격환원법)도 인정하고 있다. 소매재고법은 판매가로 표시된 기말재고액에 당기원가율을 곱하여 기말재고 원가를 구하는 방법이다.

기출확인문제

다음 중 물가가 지속적으로 하락하는 경우 매출원가, 매출총이익 및 기말재고자산의 금액이 가장 높게 평가되는 재고자산평가방법으로 짝지어진 것은?(단, 기초재고자산수량과 기말재고자산수량은 동일하다고 가정함)

	매출원가	매출총이익	기말재고자산금액
①	선입선출법	후입선출법	선입선출법
②	후입선출법	선입선출법	후입선출법
③	선입선출법	후입선출법	후입선출법
④	후입선출법	선입선출법	선입선출법

해설 물가가 하락하는 경우 매출원가, 매출총이익 및 기말재고자산의 금액은 아래와 같다.

매출원가	매출총이익	기말재고자산금액
선입선출법 ↑	선입선출법 ↓	선입선출법 ↓
후입선출법 ↓	후입선출법 ↑	후입선출법 ↑

답 ③

---

❻ 기말재고자산에 포함될 항목의 결정

보고기간종료일 현재 회사의 창고에 보관중인 재고자산이더라도 회사의 소유가 아닐 수 있으며 창고에 없더라도 회사 소유의 재고자산일 수 있다. 즉, 재고자산의 법률적인 소유권 및 계약조건 등을 고려하여 기말재고자산에 포함될 항목을 결정해야 한다.

구 분	내 용
미착품	보고기간종료일 현재 운송 중에 있어 아직 도착하지 않은 재고자산을 말한다. 이 경우 재고자산에 대한 소유권 이전 여부는 선적지인도조건과 목적지인도조건과 같은 매매계약조건에 따라 결정된다. ① **선적지인도조건(FOB : Free On Board)** 선적시점에서 재고자산의 소유권이 구매자에게 이전되므로 판매자는 선적시점에서 수익을 인식하여야 한다. 따라서, 보고기간종료일 현재 운송 중인 재고자산은 **구매자의 재고자산에 포함시켜야 한다.** ② **목적지인도조건(CIF : Cost, Insurance and Freight)** 목적지 도착시점에서 소유권이 구매자에게 이전되므로 판매자는 도착시점에서 수익을 인식하여야 한다. 따라서, **보고기간종료일 현재 운송 중인 재고자산은 판매자의 재고자산에 포함시켜야 한다.**
시송품	시용판매란 고객에게 재고자산을 미리 보내어 시험적으로 사용해 본 후 구매의사를 표시하면 판매가 성립하는 형태의 매매거래이다. **시송품의 수익인식시점은 고객이 매입의사를 표시한 날이므로 매입의사를 표시하기 전까지는 회사의 재고자산에 포함시켜야 한다.**
적송품	위탁판매란 위탁자가 수탁자에게 재고자산을 적송하고 수탁자가 이를 대리판매하는 형태의 매매거래이다. **적송품은 수탁자가 점유하고 있더라도 법적 소유권은 위탁자에게 있으므로 수탁자가 판매하기 전까지는 위탁자의 재고자산에 포함시켜야 한다.**
할부판매	할부판매란 재고자산을 고객에게 인도하고 대금은 미래에 분할하여 회수하기로 한 판매를 말한다. **할부판매의 경우에는 대금회수와 관계없이 상품을 인도한 시점에 판매회사의 재고자산에서 제외하여야 한다.**
저당상품	저당상품이란 금융기관 등으로부터 자금을 차입하고 담보로 제공한 재고자산을 말한다. **담보가 실행되기 전까지 저당상품의 소유권은 담보제공자에게 있으므로 담보실행 전까지는 담보제공자의 재고자산에 포함하여야 한다.**

반품률이 높은 재고자산	반품률이 높은 재고자산의 판매에 있어서는 반품률의 합리적 추적가능성 여부에 의하여 재고자산 포함여부를 결정한다. ① 반품률을 합리적으로 추정가능한 경우 : 상품 인도 시에 반품률을 적절히 반영하여 판매된 것으로 보아 판매자의 재고자산에서 제외한다. ② 반품률을 합리적으로 추정할 수 없는 경우 : 구매자가 상품의 인수를 수락하거나 반품기간이 종료된 시점까지는 판매자의 재고자산에 포함한다.

기출확인문제

다음 사항 중 재고자산에 포함되는 금액은 얼마인가?(단, 미착상품은 모두 매입하는 상품으로 운송 중에 있는 것으로 가정한다.)

- 미착상품(도착지인도조건) : 50,000원
- 위탁상품(수탁자창고보관) : 50,000원
- 미착상품(선적지인도조건) : 50,000원
- 시송품(구매의사표시없음) : 50,000원

① 50,000원   ② 100,000원   ③ 150,000원   ④ 200,000원

해설   미착상품(선적지인도조건) 50,000원 + 위탁상품(수탁자창고보관) 50,000원 + 시송품(구매의사표시없음) 50,000원 = 150,000원

답 ③

7 재고자산감모손실 및 재고자산평가손실

재고자산감모손실은 장부상 수량과 실제 수량의 차이에서 발생한 수량차이를 의미한다. 한편, 재고자산평가손실은 재고자산의 구입가격보다 현재 판매가격이 더 하락한 경우의 가격차이를 의미한다.

(1) 재고자산감모손실

재고자산의 감모는 재고자산을 보관하는 과정에서 파손, 마모, 도난, 분실, 증발 등으로 수량이 부족하여 발생된 손실을 말한다.

> 재고자산감모손실 = (장부상 수량 − 실제 수량) × 단위당 취득원가

이러한 감모의 원인으로는 정상적인 이유와 비정상적인 이유로 나눌 수 있다. 정상적인 감모손실은 영업활동을 수행하는 과정에서 항상 나타나는 것을 말하며 매출창출에 기여한 것으로 보아 매출원가로 처리한다. 비정상적인 감모손실은 도난, 분실, 취급부주의 등 예상하지 못하여 발생한 손실로 영업활동과 무관하므로 영업외비용으로 처리해야 한다. 즉, 영업활동에서 정상적으로 발생한 것은 매출원가에서 가산하고, 비정상적으로 발생한 것은 재고자산감모손실(영업외비용)으로 처리한다.

합격 TIP 재고자산감모손실 회계처리

1. 정상감모
(차) 매출원가   ×××   (대) 상   품   ×××
2. 비정상감모
(차) 재고자산감모손실(영업외비용)   ×××   (대) 상   품   ×××

(2) 재고자산평가손실

재고자산은 **역사적 원가주의**[9]에 의하여 취득원가로 평가한다. 다만, 진부화, 유행의 경과 등 시가가 취득원가보다 낮은 경우에는 시가를 재무상태표가액으로 표시해야 하는데 이를 저가법이라 한다. 시가가 취득원가 이하로 하락하여 발생한 금액은 매출원가에 가산하고, 재고자산평가충당금이라는 재고자산에서 차감하는 형식으로 기재한다.

합격 TIP 재고자산평가손실 회계처리

(차) 재고자산평가손실	×××	(대) 재고자산평가충당금	×××
(매출원가)		(재고자산 차감계정)	

사례 재고자산감모손실, 재고자산평가손실

기말상품과 관련한 자료가 다음과 같을 때 재고자산감모손실과 재고자산평가손실을 구하면 다음과 같다.

- 장부상 수량 200개, 실제수량 100개 [정상감모수량 60개, 비정상감모수량 40개]
- 단위당 취득원가 20원, 단위당 시가 10원

1. 재고자산감모손실
① 정상감모
(차) 매출원가   1,200   (대) 상   품   1,200 *1
*1 60개 × 20원
② 비정상감모
(차) 재고자산감모손실   800   (대) 상   품   800 *2
*2 40개 × 20원

2. 재고자산평가손실
(차) 매출원가   1,000   (대) 재고자산평가충당금 1,000 *3
*3 100개 × 10원

기출확인문제

일반기업회계기준에 근거하여 다음의 재고자산을 평가하는 경우 재고자산평가손익은 얼마인가?

상품명	기말재고수량	취득원가	추정판매가격(순실현가능가치)
비누	100개	75,000원	65,000원
세제	200개	50,000원	70,000원

① 재고자산평가이익 3,000,000원   ② 재고자산평가이익 4,000,000원
③ 재고자산평가손실 3,000,000원   ④ 재고자산평가손실 1,000,000원

해설 재고자산평가손실 1,000,000원
     = 비누(취득원가 75,000원 − 순실현가능가치 65,000원)×100개
     • 재고자산 평가를 위한 저가법은 항목별로 적용하며, 평가이익은 인식하지 않는다. 세제의 경우 평가이익에 해당하나 최초의 취득가액을 초과하는 이익은 저가법상 인식하지 않는다.

  ④

---

9 역사적 원가주의는 자산은 그 자산을 구입할 때 지불한 금액으로 재무상태표에 공시해야 함을 말한다. 예를 들면, 100원에 매입한 상품의 시가가 200원이라 하더라도 상품을 실제로 판매한 시점까지 200원으로 평가하지 않는다. 만약, 100원에 매입한 상품을 200원으로 평가하면 100원의 평가이익이 계상되고 아직 상품이 팔리지도 않았는데 100원의 수익을 계상하는 것은 문제가 있다. 따라서, 이 100원의 수익은 열심히 상품을 판매하여 발생한 사업활동의 성과이므로 상품이 판매되었을 때 손익계산서에 반영되는 것이 합리적일 것이다.

제5절 재고자산 - 객관식 기출문제

[유형 1] 재고자산의 분류와 취득원가의 측정 (1 ~ 3) `최신 30회 중 4문제 출제`

1 다음 중 재고자산 취득원가 측정에 대한 내용으로 올바른 것은? `61회`
난이도 ●●●
① 매입과 관련된 할인, 에누리는 취득원가에서 차감하지 않는다.
② 취득과정에서 정상적으로 발생한 부대비용은 취득원가에 포함하지 않는다.
③ 제조원가 중 비정상적으로 낭비된 부분은 취득원가에 포함하지 않는다.
④ 제조원가 중 추가 생산단계에 투입하기 전에 보관이 필요한 경우 외의 보관비용은 취득원가에 포함한다.

2 다음 중 재고자산에 대한 설명으로 옳지 않은 것은? `116회`
난이도 ●●○
① 기업이 생산과정에 사용하거나 판매를 목적으로 보유한 자산이다.
② 취득원가에 매입부대비용은 포함되지 않는다.
③ 기말 평가방법에 따라 기말 재고자산 금액이 다를 수 있다.
④ 수입 시 발생한 관세는 취득원가에 가산하여 재고자산에 포함된다.

정답 및 해설

1 답 ③
해설 재고자산의 매입원가는 매입금액에 매입운임, 하역료 및 보험료 등 취득과정에서 정상적으로 발생한 부대원가를 가산한 금액이다. 매입과 관련된 할인, 에누리 및 기타 유사한 항목은 매입원가에서 차감한다.
• 재고자산 원가에 포함할 수 없으며 발생기간의 비용으로 인식하여야 하는 원가의 예는 다음과 같다.
(1) 재료원가, 노무원가 및 기타의 제조원가 중 비정상적으로 낭비된 부분
(2) 추가 생산단계에 투입하기 전에 보관이 필요한 경우 외의 보관비용
(3) 재고자산을 현재의 장소에 현재의 상태로 이르게 하는 데 기여하지 않은 관리간접원가
(4) 판매원가

2 답 ②
해설 취득원가에 매입부대비용은 포함된다.

3 다음 중 재고자산이 아닌 것은? 114회

① 약국의 일반의약품 및 전문의약품
② 제조업 공장의 생산 완제품
③ 부동산매매업을 주업으로 하는 기업의 판매 목적 토지
④ 병원 사업장소재지의 토지 및 건물

[유형 2] 매출원가의 산정 (4 ~ 13) 최신 30회 중 9문제 출제

4 다음 자료를 이용하여 상품의 매출원가를 계산하면 얼마인가? 87회

- 총 매입액 : 1,500,000원
- 매입시 운반비 : 50,000원
- 기초상품재고액 : 30,000원
- 기말상품재고액 : 10,000원

① 1,320,000원   ② 1,350,000원   ③ 1,460,000원   ④ 1,570,000원

5 부산의 5월초 상품재고액은 500,000원이며, 5월의 상품 매입액은 350,000원, 5월의 매출액은 600,000원이다. 매출총이익률은 매출액의 20%라고 한다면, 5월말 상품재고액은 얼마인가? 98회

① 250,000원   ② 370,000원   ③ 480,000원   ④ 620,000원

6 ㈜세무는 상품매출원가에 30%의 이익을 가산하여 판매하고 있다. 기말상품재고액이 기초상품재고액보다 500,000원 증가되었고, 20x1년 상품매출액은 5,200,000원으로 나타났다. 20x1년 당기 상품 순매입액은? 2016년 2월 특별회

① 3,000,000원   ② 3,500,000원   ③ 4,000,000원   ④ 4,500,000원

7 상품매출에 의한 매출에누리와 매출환입에 대한 올바른 회계처리방법은? 〔70회〕

난이도 ●○○

① 매출에누리와 매출환입 모두 총매출액에서 차감한다.
② 매출에누리는 수익처리하고, 매출환입은 외상매출금에서 차감한다.
③ 매출에누리는 총매출액에서 차감하고 매출환입은 수익처리한다.
④ 매출에누리와 매출환입 모두 수익처리한다.

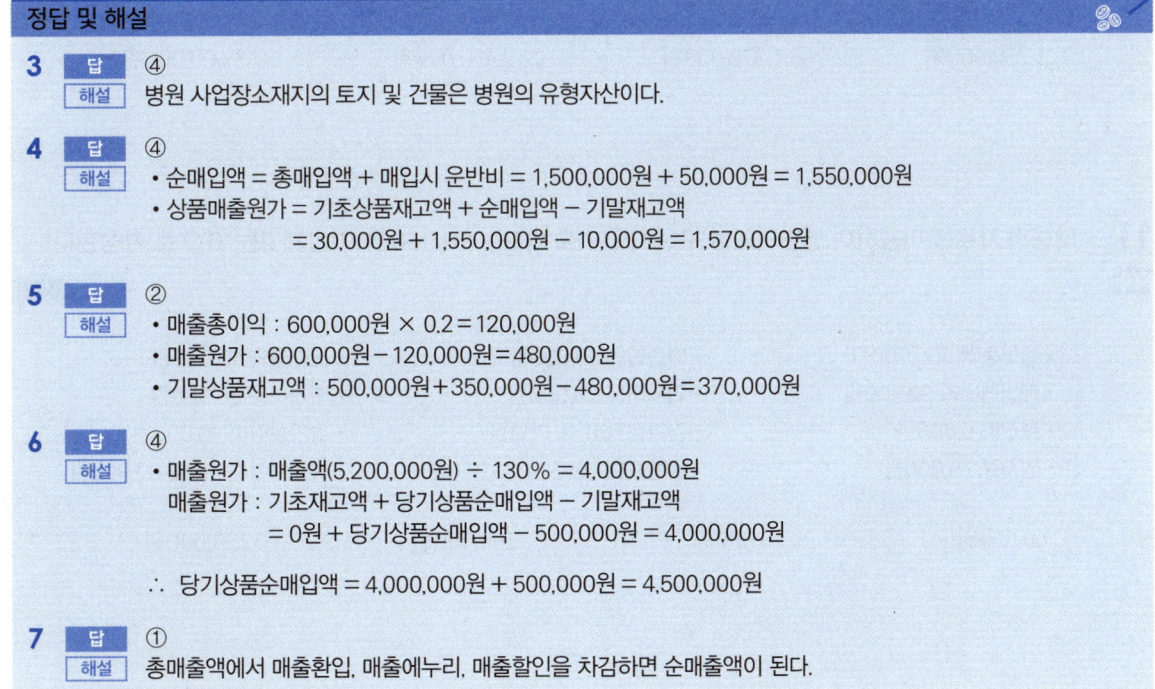

정답 및 해설

3 답 ④
해설 병원 사업장소재지의 토지 및 건물은 병원의 유형자산이다.

4 답 ④
해설
- 순매입액 = 총매입액 + 매입시 운반비 = 1,500,000원 + 50,000원 = 1,550,000원
- 상품매출원가 = 기초상품재고액 + 순매입액 − 기말재고액
  = 30,000원 + 1,550,000원 − 10,000원 = 1,570,000원

5 답 ②
해설
- 매출총이익 : 600,000원 × 0.2 = 120,000원
- 매출원가 : 600,000원 − 120,000원 = 480,000원
- 기말상품재고액 : 500,000원 + 350,000원 − 480,000원 = 370,000원

6 답 ④
해설
- 매출원가 : 매출액(5,200,000원) ÷ 130% = 4,000,000원
  매출원가 : 기초재고액 + 당기상품순매입액 − 기말재고액
  = 0원 + 당기상품순매입액 − 500,000원 = 4,000,000원
  ∴ 당기상품순매입액 = 4,000,000원 + 500,000원 = 4,500,000원

7 답 ①
해설 총매출액에서 매출환입, 매출에누리, 매출할인을 차감하면 순매출액이 된다.

8 다음 중 손익계산서상 영업이익에 영향을 주는 거래는 어느 것인가?　　75회

① 매출한 상품의 일부가 환입되었다.
② 단기매매증권평가손실을 인식하였다.
③ 보험차익을 계상하였다.
④ 기부금을 지출하였다.

9 다음 자료를 이용하여 매출총이익을 계산하면 얼마인가?　　105회

- 순매출액 475,000원
- 매입할인 5,000원
- 매입환출 5,000원
- 기초상품재고액 100,000원
- 총매입액 200,000원
- 기말상품재고액 110,000원

① 300,000원　② 295,000원　③ 290,000원　④ 280,000원

10 다음 자료를 기초로 매출총이익을 계산하면 얼마인가?　　100회

- 매출액 : 2,600,000원
- 기초상품재고액 : 700,000원
- 상품 매입시 운반비 : 20,000원
- 당기 총 매입액 : 1,200,000원
- 기말상품재고액 : 400,000원
- 매입환출 및 에누리 : 150,000원

① 1,230,000원　② 1,370,000원　③ 2,450,000원　④ 2,600,000원

11 다음의 자료를 이용하여 영업이익을 구하시오(기초재고는 50,000원, 기말재고는 '0'으로 가정한다).　　115회

- 총매출액 500,000원
- 매입에누리 20,000원
- 통신비 5,000원
- 임차료 25,000원
- 매출할인 10,000원
- 이자비용 30,000원
- 감가상각비 10,000원
- 유형자산처분손실 30,000원
- 매출할인 10,000원
- 이자비용 30,000원
- 감가상각비 10,000원
- 유형자산처분손실 30,000원

① 60,000원　② 70,000원　③ 100,000원　④ 130,000원

12 (주)미래는 8월에 영업을 개시하여 다음과 같이 거래를 하였다. 8월말 현재 회수할 수 있는 매출채권 잔액은 얼마인가?

난이도 ●●○

80회

〈거래 내역〉
8/2 ㈜우리에게 제품 5,000,000원을 외상으로 납품하다.
8/4 납품한 제품 중 하자가 발견되어 100,000원이 반품되다.
8/20 ㈜우리의 외상대금 중 3,000,000원을 회수시 조기 자금 결제로 인하여 약정대로 50,000원을 할인한 후 잔액을 현금으로 받다.

① 2,000,000원   ② 1,900,000원   ③ 1,950,000원   ④ 2,050,000원

정답 및 해설

8 답 ①
해설 손익계산서에서 영업이익이 산출되는 과정 중에 발생되는 거래로 매출환입에 해당한다.

9 답 ②
해설 = 순매출액 475,000원 − 매출원가 180,000원
• 당기순매입 : 당기총매입 200,000원 − 매입할인 5,000원 − 매입환출 5,000원 = 190,000원
• 매출원가 : 기초상품 100,000원 + 당기순매입 190,000원 − 기말상품 110,000원 = 180,000원

상품(자산)

기초상품재고액	100,000원	매출원가	180,000원
매입액	200,000원	기말상품재고액	110,000원
매입할인	(5,000)원		
매입환출	(5,000)원		
(증가)		(감소)	
	290,000원		290,000원

10 답 ①
해설 • 매출원가 = 기초 상품재고액 700,000원 + (당기 총매입액 1,200,000원 + 상품매입운반비 20,000원 − 매입환출 및 에누리 150,000원) − 기말 상품재고액 400,000원 = 1,370,000원
• 매출총이익 = 매출액 2,600,000원 − 매출원가 1,370,000원 = 1,230,000원

11 답 ③
해설 • 순매출액 : 총매출액 500,000원 − 매출할인 10,000원 = 490,000원
• 매출원가 : 기초재고 50,000원 + (당기총매입액 300,000원 − 매입에누리 20,000원) = 330,000원
• 판매비와관리비 : 급여 20,000원 + 통신비 5,000원 + 감가상각비 10,000원 + 임차료 25,000원 = 60,000원
• 영업이익 : 순매출액 490,000원 − 매출원가 330,000원 − 판매비와관리비 60,000원 = 100,000원
• 이자비용과 유형자산처분손실은 영업외비용, 배당금수익은 영업외수익이다.

12 답 ②
해설 외상매출금 5,000,000원 − 환입 100,000원 − 외상대금 회수 3,000,000원 = 1,900,000원

13 다음 자료에 의하여 기말 외상매입금 잔액을 계산하면 얼마인가?　　　　　　　　　　　　50회

- 기초상품재고액 : 500,000원
- 기중상품매출 : 1,500,000원
- 기초외상매입금 : 400,000원
  단, 상품매입은 전부 외상이다.
- 기말상품재고액 : 600,000원
- 매출총이익률 : 30%
- 기중 외상매입금 지급 : 1,200,000원

① 330,000원　　② 340,000원　　③ 350,000원　　④ 360,000원

★ **[유형 3] 재고자산의 원가배분 (14 ~ 21)**　최신 30회 중 13문제 출제

14 다음은 ㈜서울의 재고자산 관련 자료이다. 선입선출법과 총평균법에 따른 각 기말재고자산 금액으로 옳은 것은?　　99회

일 자	적 요	수량	단가
01월 01일	기초재고	10개	100,000원
03월 14일	매입	30개	120,000원
09월 29일	매출	20개	140,000원
10월 17일	매입	10개	110,000원

	선입선출법	총평균법
①	2,500,000원	2,420,000원
②	2,500,000원	2,820,000원
③	3,500,000원	3,420,000원
④	3,500,000원	3,820,000원

15 다음은 청솔상회의 재고자산과 관련된 문제이다. 선입선출법에 의하여 평가할 경우 매출총이익은 얼마인가? (다른 원가는 없다고 가정한다.)　　102회

일 자	매입매출구분	수량	단가
10월 1일	기초재고	10개	개당 100원
10월 8일	매 입	30개	개당 110원
10월 15일	매 출	25개	개당 140원
10월 30일	매 입	15개	개당 120원

① 850원　　② 2,650원　　③ 3,500원　　④ 6,100원

16 다음은 장비상사의 제1기(1.1.~12.31.) 재고자산 내역이다. 이를 통하여 이동평균법에 의한 기말재고자산의 단가를 계산하면 얼마인가?

일 자	적 요	수 량	단 가
1월 4일	매입	200개	1,000원
3월 6일	매출	100개	1,200원
5월 7일	매입	200개	1,300원
7월 10일	매입	300개	1,100원

① 1,150원   ② 1,200원   ③ 1,250원   ④ 1,270원

17 다음 중 기말재고자산의 수량 결정 방법으로 옳은 것을 모두 고른 것은?

| 가. 총평균법 | 나. 계속기록법 | 다. 선입선출법 | 라. 후입선출법 | 마. 실지재고조사법 |

① 가, 다   ② 나, 마   ③ 가, 나, 다   ④ 다, 라, 마

정답 및 해설

13 답 ③
해설
- 매출원가 : 1,500,000원 × (1 − 0.3) = 1,050,000원
- 상품 : 기초재고 500,000원 + 기중외상매입 (1,150,000원)
  = 매출원가 1,050,000원 + 기말재고 600,000원
- 외상매입금 : 기초 400,000원 + 기중외상매입 1,150,000원
  = 기중외상지급 1,200,000원 + 기말외상매입금 잔액(350,000원)

14 답 ③
해설
- 선입선출법 : (20개×120,000원)+(10개×110,000원)=3,500,000원
- 총평균법 : (30개×114,000원*¹)=3,420,000원
  *1 총평균법 단가 : [(10개×100,000원)+(30개×120,000원)+(10개×110,000원)] ÷ 50개 = 114,000원

15 답 ①
해설
- 매 출 액 = 25개 × 140원 = 3,500원
- 매출원가 = 10개 × 100원 + 15 × 110원 = 2,650원
- 매출총이익 = 매출액 − 매출원가 = 3,500원 − 2,650원 = 850원

16 답 ①
해설
- (100개 × 1,000원 + 200개 × 1,300원) / 300개 = 1,200원
- (300개 × 1,200원 + 300개 × 1,100원) / 600개 = 1,150원

17 답 ②
해설 계속기록법과 실지재고조사법을 통해 기말재고자산의 수량을 결정한다.

18 재고자산 평가방법에 대하여 잘못 설명한 것은?　　　94회

① 개별법은 실제수익과 실제원가가 대응되어 이론적으로 가장 우수하다고 할 수 있으나 실무에서 적용하는 데는 어려움이 있다.
② 재고수량이 동일할 때 물가가 지속적으로 상승하는 경우에는 선입선출법을 적용하면 다른 평가방법을 적용하는 경우보다 상대적으로 이익이 크게 표시된다.
③ 총평균법은 매입거래가 발생할 때마다 단가를 재산정해야하는 번거로움이 있다.
④ 후입선출법은 일반적인 물량흐름과 반대이다.

19 다음 설명은 재고자산의 단가 결정방법 중 어느 것에 해당하는가?　　　115회

> 이 방법은 실제물량흐름과 방향이 일치하고 기말재고액이 최근의 가격, 즉 시가인 현행원가를 나타내는 장점이 있는 반면, 현행수익과 과거원가가 대응되므로 수익비용 대응이 적절하게 이루어지지 않는 단점이 있다.

① 개별법　　　　　　　　　　② 이동평균법
③ 선입선출법　　　　　　　　④ 후입선출법

20 다음은 재고자산의 원가배분에 관한 내용이다. 선입선출법의 특징이 아닌 것은?　　　43회

① 일반적인 물량흐름은 먼저 매입한 것이 먼저 판매되므로 물량흐름과 원가흐름이 일치한다.
② 기말재고는 최근에 구입한 것이므로 기말재고자산은 공정가치에 가깝게 보고된다.
③ 물가상승 시 현재의 매출수익에 오래된 원가가 대응되므로 수익·비용대응이 잘 이루어 지지 않는다.
④ 이익을 가장 적게 계상하므로 가장 보수적인 평가방법이다.

21 기초재고와 기말재고가 동일하다는 가정하에 물가가 상승하고 있다면 다음 중 어떤 재고평가방법이 가장 높은 순이익과 가장 높은 매출원가를 기록하게 하는가? 51회

	가장 높은 순이익	가장 높은 매출원가
①	선입선출법	후입선출법
②	선입선출법	선입선출법
③	후입선출법	선입선출법
④	후입선출법	후입선출법

정답 및 해설

18 답 ③
해설 이동평균법은 매입거래가 발생할 때마다 단가를 재산정 해야하는 번거로움이 있다.

19 답 ③
해설 원가 흐름의 가정 중 선입선출법은 먼저 입고된 자산이 먼저 출고된 것으로 가정하여 입고 일자가 빠른 원가를 출고 수량에 먼저 적용한다. 선입선출법은 실제 물량 흐름과 원가 흐름의 가정이 유사하다는 장점이 있으나, 수익·비용 대응의 원칙에 부적합하고, 물가 상승 시 이익이 과대 계상되는 단점이 있다.

20 답 ④
해설 후입선출법의 특징이다.

21 답 ① 물가상승시
해설 • 재고금액과 이익의 크기 : 선입선출법 〉 이동평균법 〉 총평균법 〉 후입선출법
• 매출원가의 크기 : 선입선출법 〈 이동평균법 〈 총평균법 〈 후입선출법

[유형 4] 기말재고자산에 포함될 항목의 결정 (22 ~ 23) 최신 30회 중 2문제 출제

22 다음 중 재고자산을 기말 장부금액에 포함할 것인지의 여부를 설명한 것으로 틀린 것은? 78회

① 미착상품 : 선적지인도조건인 경우에는 상품이 선적된 시점에 소유권이 매입자에게 이전되기 때문에 미착상품은 매입자의 재고자산에 포함한다.
② 적송품 : 수탁자가 제3자에게 판매하기 전까지는 위탁자의 재고자산에 포함한다.
③ 반품률이 높은 재고자산 : 반품률을 합리적으로 추정할 수 없을 경우에는 구매자가 상품의 인수를 수락하거나 반품기간이 종료된 시점까지는 판매자의 재고자산에 포함한다.
④ 할부판매상품 : 대금이 모두 회수되지 않은 경우 상품의 판매시점에 판매자의 재고자산에 포함한다.

23 다음 항목 중 기말재고자산에 포함될 항목을 모두 더하면 얼마인가? 71회

- 장기할부조건으로 판매한 재화 : 3,000원
- 시용판매용으로 고객에게 제공한 재화(구매자의 매입의사표시 없음) : 100,000원
- 위탁판매용으로 수탁자에게 제공한 재화 중 수탁자가 현재 보관중인 재화 : 10,000원
- 목적지 인도조건으로 판매한 운송중인 재화 : 20,000원

① 133,000원   ② 130,000원   ③ 110,000원   ④ 30,000원

★ [유형 5] 재고자산감모손실과 재고자산평가손실 (24 ~ 29) 최신 30회 중 4문제 출제

24 다음은 재고자산의 평가에 대한 설명이다. 틀린 것은? 45회

① 재고자산의 평가손실충당금은 재고자산의 차감계정으로 표시한다.
② 재고자산의 평가손실은 영업외비용으로 처리한다.
③ 재고자산의 감모손실이 정상적인 범위내에 해당하는 경우에는 매출원가에 가산한다.
④ 재고자산의 감모손실이 비정상적인 것으로 판단되는 경우에는 영업외비용으로 처리한다.

25 다음 중 재고자산의 평가에 대한 설명으로 옳지 않은 것은? `109회`

① 성격이 상이한 재고자산을 일괄 구입하는 경우에는 공정가치 비율에 따라 안분하여 취득원가를 결정한다.
② 재고자산의 취득원가에는 취득과정에서 발생한 할인, 에누리는 반영하지 않는다.
③ 저가법을 적용할 경우 시가가 취득원가보다 낮아지면 시가를 장부금액으로 한다.
④ 저가법을 적용할 경우 발생한 차액은 전부 매출원가로 회계처리한다.

26 다음 중 손익계산서상 표시되는 매출원가를 증가시키는 영향을 주지 않는 것은? `111회`

① 판매 이외 목적으로 사용된 재고자산의 타계정대체액
② 재고자산의 시가가 장부금액 이하로 하락하여 발생한 재고자산평가손실
③ 정상적으로 발생한 재고자산감모손실
④ 원재료 구입 시 지급한 운반비

정답 및 해설

22 답 ④
해설 할부판매상품 : 재고자산을 고객에게 인도하고 대금의 회수는 미래에 분할하여 회수하기로 한 경우 대금이 모두 회수되지 않았다고 하더라도 상품의 판매시점에서 판매자의 재고자산에서 제외한다.

23 답 ②
해설 시용판매는 구매자가 매입의사를 표시한 시점, 위탁판매는 수탁자가 실제로 판매한 날, 장기할부판매는 인도기준, 목적지 인도조건의 경우에는 목적지에 도착한 시점을 매출로 인식한다.
∴ 100,000원 + 10,000원 + 20,000원 = 130,000원

24 답 ②
해설 재고자산의 평가손실은 매출원가에 가산한다.

25 답 ②
해설 재고자산의 매입원가는 매입금액에 매입운임, 하역료 및 보험료 등 취득과정에서 정상적으로 발생한 부대비용을 가산한 금액이다. 매입과 관련된 할인, 에누리 및 기타 유사한 항목은 매입원가에서 차감한다.

26 답 ①
해설 기업의 정상적인 영업활동의 결과로써 재고자산은 제조와 판매를 통해 매출원가로 대체된다. 그러나 재고자산이 외부 판매 이외의 용도로 사용될 경우 '타계정대체'라 하며 이때는 매출원가가 증가하지 않는다.

27 재고자산의 저가법 적용과 관련하여 다음 중 타당하지 않는 것은? `61회`

① 재고자산을 저가법으로 평가하는 경우 상품의 시가는 순실현가능가치를 말한다.
② 재고자산 평가를 위한 저가법은 원칙적으로 항목별로 적용한다.
③ 시가는 매 회계기간말에 추정한다.
④ 재고자산의 시가가 장부금액 이하로 하락하여 발생한 평가손실은 영업외비용으로 처리한다.

28 다음 중 재고자산의 기말평가 시 저가법을 적용하는 경우, 그 내용으로 맞는 것은? `70회`

① 재고자산평가손실은 판매비와관리비로 분류한다.
② 재고자산평가충당금은 비유동부채로 분류한다.
③ 재고자산평가충당금환입은 영업외수익으로 분류한다.
④ 재고자산평가충당금은 해당 재고자산에서 차감하는 형식으로 기재한다.

29 도매업을 영위하는 ㈜전자의 비용관련 자료이다. 다음 중 영업외비용 합계액은 얼마인가? `74회`

- 광고선전비 : 1,000,000원
- 감가상각비 : 1,000,000원
- 재고자산감모손실(비정상적 발생) : 1,000,000원
- 기부금 : 1,000,000원

① 1,000,000원 ② 2,000,000원 ③ 3,000,000원 ④ 4,000,000원

[유형 6] 재고자산 관련 분개오류로 인해 재무제표에 미치는 영향 (30 ~ 32) `최신 30회 중 3문제 출제`

30 (주)세진테크는 원재료를 매입하기로 하고 지급한 계약금을 매출원가로 회계처리하였다. 이로 인하여 재무제표에 미치는 영향은 무엇인가? `2016년 8월 특별회`

① 자본이 과대계상되고, 부채가 과소계상된다.
② 이익이 과소계상되고, 부채가 과소계상된다.
③ 수익이 과대계상되고, 자산이 과대계상된다.
④ 자산이 과소계상되고, 자본이 과소계상된다.

31 ㈜세무전자는 거래처와 제품 판매계약을 체결하면서 계약금 명목으로 수령한 5,000,000원에 대하여 이를 수령한 시점에 제품매출로 회계처리 하였다. 이러한 회계처리로 인해 나타난 결과는? 〔109회〕

① 자산 과대계상 ② 비용 과대계상 ③ 자본 과소계상 ④ 부채 과소계상

32 다음 중 기말재고자산을 실제보다 과대계상한 경우 재무제표에 미치는 영향으로 잘못된 것은? 〔108회〕

① 자산이 실제보다 과대계상된다.
② 자본총계가 실제보다 과소계상된다.
③ 매출총이익이 실제보다 과대계상된다.
④ 매출원가가 실제보다 과소계상된다.

정답 및 해설

27 답 ④
해설 재고자산의 시가가 장부금액 이하로 하락하여 발생한 평가손실은 재고자산의 차감계정으로 표시하고 매출원가에 가산한다.

28 답 ④
해설
- 재고자산평가손실은 매출원가에 가산하고 재고자산평가충당금환입은 매출원가에서 차감한다.
- 재고자산은 이를 판매하여 수익을 인식한 기간에 매출원가로 인식한다. 재고자산의 시가가 장부금액 이하로 하락하여 발생한 평가손실은 재고자산의 차감계정으로 표시하고 매출원가에 가산한다. 시가는 매 회계기간말에 추정한다. 저가법의 적용에 따른 평가손실을 초래했던 상황이 해소되어 새로운 시가가 장부금액보다 상승한 경우에는 최초의 장부금액을 초과하지 않는 범위 내에서 평가손실을 환입한다. 재고자산평가손실의 환입은 매출원가에서 차감한다.

29 답 ②
해설 광고선전비와 감가상각비는 판매비와관리비에 해당하고, 재고자산감모손실(비정상적 발생)과 기부금은 영업외비용이다.
∴ 재고자산감모손실(비정상적 발생) 1,000,000원 + 기부금 1,000,000원 = 2,000,000원

30 답 ④
해설 차변의 계정과목을 선급금(자산)이 아닌 매출원가(비용)로 회계처리하여, 비용이 과대(자본이 과소), 자산이 과소계상된다.

31 답 ④
해설 선수금(부채)을 제품매출(수익)로 인식한 것으로, 수익의 과대계상−부채의 과소계상이 된다.

32 답 ②
해설 기말재고자산을 실제보다 과대계상한 경우, 매출원가가 실제보다 과소계상되고, 매출총이익 및 당기순이익은 과대계상되어 자본총계도 과대계상된다.

제5절 | 재고자산 - 실무 기출문제 [최신 30회 중 16문제 출제]

다음의 거래 자료를 ㈜일반전표(회사코드 : 1003)의 일반전표입력 메뉴에 추가 입력하시오.

1 4월 1일 : 일본에서 수입한 원재료를 부산항에서 대구의 생산공장까지 운송하고 운송료 3,500,000원을 현금으로 지급하였다. 69회

```
발행번호  : A20250141627O6476041

          우편요금   수령증

발행일자  : 2025-04-01
배달일자  : 2025-04-01
수취인명  :
주    소  :

영수금액  : 3,500,000원
등기번호  : 7899608
수납내역
 - 수취부담  : 3,500,000원
 - 반 송 료  : 0원
 - 우표첩부  : 0원
 *수납대행  : 0원

                 서초우체국
          2025-04-01  14:23

올바른 우편번호 사용은 우편물을 빠르고
정확하게 받으실 수 있습니다.
```

2 4월 2일 : 지난달에 수입하였던 원재료에 대하여 다음과 같은 비용이 보통예금에서 지급되었다. 105회

- 통관서류작성 대행 수수료 : 10,000원
- 창고까지 운반한 비용 : 10,000원
- 관세 : 10,000원

3 4월 3일 : 원재료 매입처 ㈜홈플러스에 대한 외상매입금 잔액 중 8,000,000원에 대하여 2%의 할인을 받고 당좌수표를 발행하여 지급하였다. 출제예상

4 4월 5일 : 마음전자에서 매입한 원재료 일부에서 불량품이 발견되어 외상대금잔액 5,000,000원 중 1,200,000원을 감액받고 나머지는 보통예금으로 결제하였다. 74회

정답 및 해설

1 일자 : 4월 1일

분개	(차변) 원재료			3,500,000	(대변) 현금		3,500,000
구분	계정과목		거래처	적요		차변	대변
출금	0153	원재료				3,500,000	(현금)

2 일자 : 4월 2일

분개	(차변) 원재료			30,000	(대변) 보통예금		30,000
구분	계정과목		거래처	적요		차변	대변
차변	0153	원재료				30,000	
대변	0103	보통예금					30,000

3 일자 : 4월 3일

분개	(차변) 외상매입금((주)홈플러스)	8,000,000	(대변) 당좌예금	7,840,000
			(대변) 매입할인(155)	160,000

* 원재료 매입에 대한 매입할인은 155번 코드번호, 상품 매입에 대한 매입할인은 148번 코드번호로 입력해야 한다.

계정코드도움

전체 ▼ 매입

코드	계정명	참고
0147	매입환출및에누리	상품
0148	매입할인	상품
0154	매입환출및에누리	원재료
0155	**매입할인**	**원재료**
0157	매입환출및에누리	원재료(도급)
0158	매입할인	원재료(도급)

구분	계정과목		거래처		적요	차변	대변
차변	0251	외상매입금	00101	(주)홈플러스		8,000,000	
대변	0102	당좌예금					7,840,000
대변	0155	매입할인					160,000

4 일자 : 4월 5일

분개	(차변) 외상매입금(마음전자)	5,000,000	(대변) 보통예금	3,800,000
			(대변) 매입환출및에누리(154)	1,200,000

구분	계정과목		거래처		적요	차변	대변
차변	0251	외상매입금	00201	마음전자		5,000,000	
대변	0154	매입환출및에누리					1,200,000
대변	0103	보통예금					3,800,000

5 4월 6일 : ㈜홈플러스의 제품 외상매출금 1,000,000원을 회수하면서 약정기일보다 20일 빠르게 회수되어 외상매출금의 3%를 할인해 주었다. 대금은 모두 보통예금으로 입금되었다. `105회`

6 4월 7일 : 회사에서 보관 중이던 원재료(원가 600,000원, 시가 800,000원)를 영업부 소모품으로 사용하였다(비용으로 처리할 것). `출제예상`

7 4월 7일 : 당사에서 제조한 제품(원가 1,500,000원, 시가 2,000,000원)을 경기도에 기부하였다. `109회`

8 4월 8일 : 본사 창고에서 화재가 발생하여 창고에 보관하고 있던 제품 500,000원(장부금액)이 소실되었다. 당사는 이와 관련한 보험에 가입되어 있지 않다. `104회`

9 4월 9일 : 제품 1개(원가 : 500,000원)를 매출거래처에 견본품으로 무상 제공하였다. 단, 견본비 계정으로 처리할 것. `94회`

정답 및 해설

5 일자 : 4월 6일

분개	(차변) 보통예금		970,000	(대변) 외상매출금((주)홈플러스)	1,000,000
	(차변) 매출할인(406)		30,000		

* 상품매출에 대한 매출할인은 403번 코드번호, 제품매출에 대한 매출할인은 406번 코드번호로 입력해야 한다.

계정코드도움

코드	계정명	참고
	여기를 클릭하여 검색	
0401	상품매출	
0402	매출환입및에누리	상품매출
0403	매출할인	상품매출
0404	제품매출	
0405	매출환입및에누리	제품매출
0406	매출할인	제품매출
0408	매출할인	공사수입금
0409	완성건물매출	
0410	매출할인	완성건물매출

구분	계정과목	거래처	적요	차변	대변
대변	0108 외상매출금	00101 (주)홈플러스			1,000,000
차변	0103 보통예금			970,000	
차변	0406 매출할인			30,000	

6 일자 : 4월 7일

분개	(차변) 소모품비(판)	600,000	(대변) 원재료	600,000
			(적요8. 타계정으로 대체액 원가명세서 반영)	

* 재고자산의 본래의 용도이외의 다른 목적으로 감소하는 경우에는 정확한 매출원가를 산정하기 위해 [적요]란에 "적요 8. 타계정으로 대체액" 선택하여 반영해야 한다.

구분	계정과목	거래처	적요	차변	대변
차변	0830 소모품비			600,000	
대변	0153 원재료		8 타계정으로 대체액 원가		600,000

7 일자 : 4월 7일

분개	(차변) 기부금	1,500,000	(대변) 제품	1,500,000
			(적요8. 타계정으로 대체액 손익계산서 반영)	

구분	계정과목	거래처	적요	차변	대변
차변	0953 기부금			1,500,000	
대변	0150 제품		8 타계정으로 대체액 손익		1,500,000

8 일자 : 4월 8일

분개	(차변) 재해손실	500,000	(대변) 제품	500,000
			(적요8. 타계정으로 대체액 원가명세서 반영)	

구분	계정과목	거래처	적요	차변	대변
차변	0961 재해손실			500,000	
대변	0150 제품		8 타계정으로 대체액 손익		500,000

9 일자 : 4월 9일

분개	(차변) 견본비(판)	500,000	(대변) 제품	500,000
			(적요8. 타계정으로 대체액 원가명세서 반영)	

구분	계정과목	거래처	적요	차변	대변
차변	0842 견본비			500,000	
대변	0150 제품		8 타계정으로 대체액 손익		500,000

10 4월 10일 창고에 보관 중인 제품 1대(원가 1,000,000원)를 판매직 직원의 복리후생 목적으로 무상 제공하다.　　　　　　　　　　　　　　　　　　　　　　　　　　　　　　　　　　　83회

11 12월 31일 장부상 제품재고액은 1,500,000원이고 실제 제품재고액은 1,450,000원이다. 이 재고감모액은 비정상적으로 발생되었다. 재고 감모액에 대한 회계처리를 하시오.　　　　70회

정답 및 해설

10 일자 : 4월 10일

분개	(차변) 복리후생비(판)	1,000,000	(대변) 제품	1,000,000
			(적요8. 타계정으로 대체액 손익계산서 반영)	

구분	계정과목	거래처	적요	차변	대변
차변	0811 복리후생비			1,000,000	
대변	0150 제품		8 타계정으로 대체액 손익		1,000,000

11 일자 : 12월 31일

분개	(차변) 재고자산감모손실	50,000	(대변) 제품	50,000
			(적요8. 타계정으로 대체액 원가명세서 반영)	

구분	계정과목	거래처	적요	차변	대변
차변	0959 재고자산감모손실			50,000	
대변	0150 제품		8 타계정으로 대체액 손익계산서		50,000

제6절 투자자산

투자자산은 기업의 고유 영업활동과 관계없이 장기적으로 투자수익을 얻을 목적 또는 타 기업을 지배하거나 통제할 목적으로 투자한 자산을 말한다.

❶ 장기금융상품

장기금융상품은 금융기관이 취급하는 정기예금, 정기적금 및 기타 정형화된 금융상품 등으로 만기가 1년 이후에 도래하는 것을 말한다. 실무상 사용하는 계정과목은 장기성예금 및 특정현금과예금으로 구분된다. 장기성예금 및 특정현금과예금은 내부 관리용 계정과목일 뿐 외부보고용 재무상태표 제출용으로 조회 시 장기금융상품으로 통합되어 표시된다.

① **특정현금과예금** : 사용이 제한된 현금과 예금 중 보고기간종료일 현재 만기가 1년 이후에 도래하는 것을 말하며 사용이 제한된 예금은 당좌거래를 개설한 은행에 예치한 **당좌개설보증금** 등이 있다.
② **장기성예금** : 금융기관이 취급하는 정기예금, 정기적금 및 기타금융상품 등으로서 보고기간종료일 현재 만기가 1년 이후에 도래하는 것을 말한다.

사례 장기금융상품

① 당좌거래개설보증금
당좌거래개설보증금 1,000,000원을 현금으로 입금하여 우리은행 풍산지점과 3년간 당좌거래를 개설하고 수표용지를 교부받았으며 용지대금 10,000원을 현금으로 지급하였다.

(차) 특정현금과예금	1,000,000	(대) 현금	1,010,000
수수료비용	10,000		

② 장기성예금
우리은행 풍산지점에 정기예금(만기:2년)을 100,000원에 가입하고 대금은 당사 보통예금계좌에서 대체 입금하였다.

(차) 장기성예금	100,000	(대) 보통예금	100,000

★ ❷ 매도가능증권

매도가능증권은 유가증권(지분증권과 채무증권) 중 만기보유증권, 지분법적용투자주식 또는 단기매매증권으로 분류되지 않는 것을 말한다.

(1) 취득원가 결정

매도가능증권의 취득원가는 취득시점에 제공한 대가에 매입 수수료 등의 거래원가를 가산한 금액으로 한다.

> 매도가능증권 취득원가 = 매입금액 + 매입수수료 등의 거래원가

사례 매도가능증권 취득원가

장기투자목적으로 상장회사의 주식 10주를 주당 90,000원에 매입하고 거래수수료 100,000원과 함께 현금으로 지급하였다.

(차) 매도가능증권	1,000,000	(대) 현금	1,000,000

(2) 기말 평가

매도가능증권이 보고기간종료일 현재 시장성이 있는 경우에는 공정가치로 평가(공정가치법)한다. 단, 공정가치를 신뢰성 있게 측정할 수 없는 경우에는 취득원가로 평가(원가법)한다. 공정가치법 적용 시 발생하는 **매도가능증권평가손익**은 정상적인 영업활동에서 발생하는 것이 아니며, 그 실현까지 장기간이 소요되므로 손익계산서항목이 아닌 재무상태표의 자본 중 기타포괄손익누계액 항목으로 분류한다.

> **합격 TIP** 단기매매증권평가손익과 매도가능증권평가손익의 비교

구 분	계 정	관련 재무제표
① 단기매매증권평가손익	영업외손익	손익계산서에 반영
② 매도가능증권평가손익	기타포괄손익누계액	재무상태표에 반영

> **사례** 매도가능증권 기말평가
>
> ① 장부금액 < 공정가치
> 보고기간 종료일 현재 보유하고 있는 매도가능증권의 장부금액은 1,000,000원이며, 공정가치는 1,100,000원이다.
> (차) 매도가능증권　　　　100,000　　　　(대) 매도가능증권평가이익　　100,000
> 　　　　　　　　　　　　　　　　　　　　　　(자본 중 기타포괄손익누계액)
>
> ② 장부금액 > 공정가치
> 보고기간 종료일 현재 보유하고 있는 매도가능증권의 장부금액은 1,100,000원이며, 공정가치는 1,000,000원이다.
> (차) 매도가능증권평가손실　100,000　　　(대) 매도가능증권　　　　　100,000
> 　　(자본 중 기타포괄손익누계액)

(3) 처분 시

매도가능증권을 처분하는 경우에는 매도가능증권평가손익 잔액을 먼저 상계한 후 처분금액과 취득원가의 차이를 매도가능증권처분손익 계정으로 하여 손익계산서 당기 손익항목으로 반영한다.

> **사례** 매도가능증권 처분
>
> ① 장부금액 < 공정가치
> 장부금액이 10,000원인 매도가능증권을 20,000원에 현금 매각하다. 단, 매도가능증권평가이익 잔액 1,000원이 존재한다고 가정할 것
> (차) 현금　　　　　　　　　20,000　　　　(대) 매도가능증권　　　　　10,000
> (차) 매도가능증권평가이익 1,000　　　　(대) 매도가능증권처분이익 11,000
> 　　(재무상태표 기타포괄손익누계액)　　　　(손익계산서 영업외수익)
>
> ② 장부금액 > 공정가치
> 장부금액이 20,000원인 매도가능증권을 10,000원에 현금 매각하다. 단, 매도가능증권평가이익 잔액 1,000원이 존재한다고 가정할 것
> (차) 현금　　　　　　　　　10,000　　　　(대) 매도가능증권　　　　　20,000
> (차) 매도가능증권평가이익　　 1,000 (재무상태표 기타포괄손익누계액)
> (차) 매도가능증권처분손실　　 9,000 (손익계산서 영업외비용)

> **기출확인문제**
>
> 다음의 거래를 적절하게 회계처리 하였을 경우, 당기순이익의 증감액은 얼마인가? 단, 주어진 자료 외의거래는 없다고 가정한다.
>
> - 매도가능증권 : 장부금액 5,000,000원, 결산일 공정가치 4,500,000원
> - 단기매매증권 : 장부금액 3,000,000원, 결산일 공정가치 3,300,000원
> - 투 자 부 동 산 : 장부금액 9,000,000원, 처분금액 8,800,000원
>
> ① 100,000원 감소 ② 100,000원 증가 ③ 400,000원 감소 ④ 400,000원 증가
>
> **해설** 100,000원 증가=단기매매증권평가이익 300,000원-투자자산처분손실 200,000원 · 결산일에 매도가능증권을 공정가치로 평가하여 발생하는 손익은 기타포괄손익누계액(자본)으로 회계처리하도록 규정하고 있다.
> - 단기매매증권평가이익 : 공정가치 3,300,000원-장부금액 3,000,000원=300,000원
> - 투자자산처분손실 : 처분금액 8,800,000원-장부금액 9,000,000원=△200,000원
>
> **답** ②

③ 만기보유증권

만기가 확정된 채무증권으로서 상환금액이 확정되었거나 확정이 가능한 채무증권을 만기까지 보유할 적극적인 의도와 능력이 있는 경우에는 만기보유증권으로 분류하며 지분증권(주식)은 만기가 없으므로 채무증권(채권)만 만기보유증권에 해당한다. 만기보유증권은 만기까지 보유할 목적으로 취득한 유가증권이므로 보고기간종료일에 공정가치로 평가할 필요가 없으며 상각후원가법으로 평가한다. 또한, 비유동자산으로 분류되는 매도가능증권과 만기보유증권을 통합하여 장기투자증권으로 표시할 수 있다.

합격 TIP 유가증권의 취득원가와 기말 평가의 비교

구 분	취득원가	기말 평가
① 단기매매증권	매입 시 공정가치 (매입수수료 ⇨ 수수료비용)	공정가치
② 매도가능증권	매입 시 공정가치 + 수수료비용	원칙 : 공정가치, 예외 : 원가법
③ 만기보유증권	매입 시 공정가치 + 수수료비용	상각후원가법

참고 유가증권의 분류변경

유가증권의 보유의도와 보유능력에 변화가 발생하여 분류변경이 필요한 경우에는 보고기간 말마다 다음과 같이 변경하여야 한다.
① 단기매매증권은 다른 범주로 재분류할 수 없으며, 다른 범주의 유가증권의 경우에도 단기매매증권으로 재분류할 수 없다. 다만, 드문 상황에서 더 이상 단기간 내의 매매차익을 목적으로 보유하지 않는 단기매매증권은 매도가능증권이나 만기보유증권으로 분류할 수 있으며 단기매매증권이 시장성을 상실한 경우에는 매도가능증권으로 분류하여야 한다.
② 매도가능증권은 만기보유증권으로 분류 변경할 수 있으며 만기보유증권도 매도가능증권으로 분류 변경할 수 있다.
③ 유가증권 과목의 분류를 변경할 때에는 재분류일 현재의 공정가치로 평가한 후 변경한다.
④ 투자자산에 계상되어 있는 만기보유증권이나 매도가능증권이 보고기간 종료일로부터 1년 이내에 만기가 도래하거나 처분할 것이 확실한 경우에 유동자산으로 유동성 대체한다.

④ 지분법적용투자주식

피투자기업에 대하여 유의적인 영향력을 행사할 목적으로 보유하고 있는 지분증권(주식)을 지분법적용투자주식으로 분류한다. 피투자회사의 의결권 있는 주식의 20% 이상을 보유하고 있다면 명백한 반증이 없는 한 유의적인 영향력을 행사하는 것으로 본다.

⑤ 장기대여금

장기대여금이란 금전대차계약에 따라 차용증서를 받고 돈을 빌려 준 경우로서 회수기한이 보고기간종료일로부터 1년 이후에 도래하는 대여금을 말한다.

⑥ 투자부동산

투자부동산은 투자의 목적 또는 영업활동에 사용하지 않는 토지와 건물 및 기타의 부동산을 말한다. 단, 영업활동에 사용할 목적으로 취득하는 부동산은 유형자산으로 분류하며, 판매목적으로 보유하고 있는 경우에는 재고자산으로 분류한다.

> **사례** 투자부동산
>
> ① 취득 시
> 장기투자목적으로 토지를 100,000,000원에 매입하고 당좌수표를 발행하여 지급하였다.
> (차) 투자부동산　　100,000,000　　　　　　(대) 당좌예금　　100,000,000
>
> ② 처분 시
> 100,000,000원에 취득한 투자부동산 전부를 110,000,000원에 처분하고 대금은 6개월 만기의 어음을 받았다.
> (차) 미수금　　110,000,000　　　　　　(대) 투자부동산　　100,000,000
> 　　　　　　　　　　　　　　　　　　　　　　　투자자산처분이익　　10,000,000

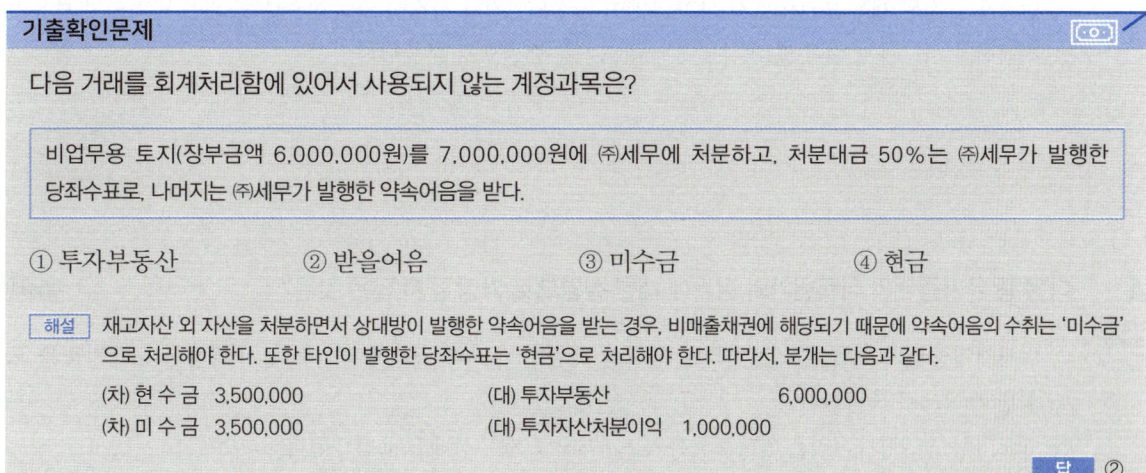

기출확인문제

다음 거래를 회계처리함에 있어서 사용되지 않는 계정과목은?

> 비업무용 토지(장부금액 6,000,000원)를 7,000,000원에 ㈜세무에 처분하고, 처분대금 50%는 ㈜세무가 발행한 당좌수표로, 나머지는 ㈜세무가 발행한 약속어음을 받다.

① 투자부동산　　② 받을어음　　③ 미수금　　④ 현금

해설 재고자산 외 자산을 처분하면서 상대방이 발행한 약속어음을 받는 경우, 비매출채권에 해당되기 때문에 약속어음의 수취는 '미수금'으로 처리해야 한다. 또한 타인이 발행한 당좌수표는 '현금'으로 처리해야 한다. 따라서, 분개는 다음과 같다.

(차) 현 수 금　3,500,000　　　　(대) 투자부동산　　6,000,000
(차) 미 수 금　3,500,000　　　　(대) 투자자산처분이익　1,000,000

답 ②

제6절 투자자산 - 객관식 기출문제 최신 30회 중 12문제 출제

1 다음 중 재무상태표의 투자자산에 해당하는 것은? [68회]

① 현금및현금성자산 ② 매출채권 ③ 보통예금 ④ 지분법적용투자주식

2 다음 중 일반기업회계기준에 의한 유가증권의 분류로서 적합하지 않은 것은? [34회]

① 단기매매증권 ② 만기보유증권
③ 매도가능증권 ④ 장기보유증권

3 다음 중 유가증권에 대한 설명으로 옳은 것은? [85회]

① 단기매매증권이 시장성을 상실한 경우에는 매도가능증권으로 분류하여야 한다.
② 단기매매증권, 매도가능증권, 만기보유증권은 원칙적으로 공정가치로 평가한다.
③ 단기매매증권과 매도가능증권의 미실현보유이익은 당기순이익항목으로 처리한다.
④ 만기가 확정된 채무증권으로서 상환금액이 확정되었거나 확정이 가능한 채무증권을 만기까지 보유할 적극적인 의도와 능력이 있는 경우에는 매도가능증권으로 분류한다.

4 다음 중 유가증권의 취득원가와 평가에 대한 설명으로 가장 옳지 않은 것은? [104회]

① 단기매매증권의 취득원가는 취득을 위하여 제공한 대가의 시장가격에 취득 시 발생한 부대비용을 포함한 가액으로 측정한다.
② 매도가능증권평가손익은 기타포괄손익누계액으로 재무상태표에 반영된다.
③ 유가증권 처분시 발생하는 증권거래 수수료 등의 부대비용은 처분가액에서 차감하여 회계처리한다.
④ 만기보유증권은 기말에 상각후 원가법으로 평가한다.

5 유가증권과 관련한 다음의 설명 중 적절치 않은 것은? 63회

① 유가증권에는 지분증권과 채무증권이 포함된다.
② 만기가 확정된 채무증권을 만기까지 보유할 적극적인 의도와 능력이 있는 경우에는 만기보유증권으로 분류한다.
③ 만기보유증권으로 분류되지 아니하는 채무증권은 매도가능증권으로만 분류된다.
④ 주로 단기간 내의 매매차익을 목적으로 취득한 유가증권으로서 매수와 매도가 적극적이고 빈번하게 이루어지는 것은 단기매매증권으로 분류한다.

6 현행 일반기업회계기준서상 유가증권에 대한 설명 중 틀린 것은? 82회

① 채무증권은 취득할 경우 만기보유증권, 단기매매증권 및 매도가능증권으로 분류한다.
② 단기매매증권 및 만기보유증권은 원칙적으로 공정가치로 평가한다.
③ 단기매매증권이 시장성을 상실한 경우에는 매도가능증권으로 분류하여야 한다.
④ 채무증권을 만기까지 보유할 적극적인 의도와 능력이 있는 경우에는 만기보유증권으로 분류한다.

정답 및 해설

1 답 ④
해설 지분법적용투자주식은 투자자산으로 분류된다.

2 답 ④
해설 유가증권은 취득한 후에 단기매매증권, 매도가능증권, 만기보유증권, 지분법적용투자주식 중의 하나로 분류한다.

3 답 ①
해설 ② 단기매매증권, 매도가능증권은 원칙적으로 공정가치로 평가하고, 만기보유증권은 상각후원가로 평가한다.
③ 단기매매증권에 대한 미실현보유손익은 당기손익항목으로 처리하나, 매도가능증권에 대한 미실현보유이익은 기타포괄손익누계액으로 처리한다.
④ 만기가 확정된 채무증권으로서 상환금액이 확정되었거나 확정이 가능한 채무증권을 만기까지 보유할 적극적인 의도와 능력이 있는 경우에는 만기보유증권으로 분류한다.

4 답 ①
해설 단기매매증권의 취득 시 발생한 부대비용은 영업외비용으로 처리한다.

5 답 ③
해설 만기보유증권으로 분류되지 아니하는 채무증권은 단기매매증권과 매도가능증권 중의 하나로 분류한다.

6 답 ②
해설 단기매매증권 및 매도가능증권이 원칙적으로 공정가치로 평가한다.

7 다음 중 기업회계기준에 의한 유가증권에 관한 설명이다. 옳지 않은 것은? 〔71회〕

① 만기보유증권으로 분류되지 아니하는 채무증권은 단기매매증권이나 매도가능증권으로 분류된다.
② 단기매매증권, 매도가능증권, 만기보유증권은 원칙적으로 공정가치로 평가한다.
③ 단기매매증권이 시장성을 상실한 경우에는 매도가능증권으로 분류하여야 한다.
④ 만기가 확정된 채무증권을 만기까지 보유할 적극적인 의도와 능력이 있는 경우에는 만기보유증권으로 분류한다.

8 다음 중 유가증권에 대한 설명으로 옳지 않은 것은? 〔2016년 8월 특별회〕

① 단기시세차익이 목적인 유가증권은 단기매매증권으로 분류한다.
② 시장성이 있는 매도가능증권은 공정가치로 평가하며, 평가손익은 기타포괄손익누계액(자본)으로 처리한다.
③ 매도가능증권은 무조건 공정가치로 평가하여야 한다.
④ 유가증권의 매매로 발생하는 처분손익은 영업외손익으로 처리한다.

9 유가증권의 취득과 관련된 직접 거래원가에 관한 설명이다. 틀린 것은? 〔50회〕

① 기타의 금융부채로 분류하는 경우에는 공정가치에 가산
② 만기보유증권으로 분류하는 경우에는 공정가치에 가산
③ 매도가능증권으로 분류하는 경우에는 공정가치에 가산
④ 단기매매증권으로 분류하는 경우에는 공정가치에 가산

10 다음 중 매도가능증권에 대한 설명으로 옳지 않은 것은?

① 기말 평가손익은 기타포괄손익누계액에 반영한다.
② 취득 시 발생한 수수료는 당기 비용으로 처리한다.
③ 처분 시 발생한 처분손익은 당기손익에 반영한다.
④ 보유 목적에 따라 당좌자산 또는 투자자산으로 분류한다.

11 다음 빈칸 안에 들어 갈 내용으로 알맞은 것은?

구 분	계 정	재무제표
단기매매증권평가손실(이익)	(가)	손익계산서
매도가능증권평가손실(이익)	기타포괄손익누계액	(나)

① (가) 영업외비용(수익) (나) 손익계산서
② (가) 자본조정 (나) 현금흐름표
③ (가) 영업외비용(수익) (나) 재무상태표
④ (가) 자본조정 (나) 재무상태표

정답 및 해설

7 답 ②
해설 단기매매증권, 매도가능증권은 원칙적으로 공정가치로 평가하고, 만기보유증권은 상각후원가로 평가하여 재무상태표에 표시한다.

8 답 ③
해설 매도가능증권 중 시장성이 없는 지분증권의 공정가치를 신뢰성있게 측정할 수 없는 경우에는 취득원가로 평가한다.

9 답 ④
해설 단기매매증권으로 분류하는 경우에는 거래원가는 당기 비용으로 처리한다.

10 답 ②
해설 매도가능증권을 취득하는 경우에 발생한 수수료는 취득원가에 가산한다.

11 답 ③
해설 결산일 현재 공정가치로 평가할 때 장부가액과의 차액은 단기매매증권은 영업외손익(손익계산서 계정), 매도가능증권은 기타포괄손익누계액(재무상태표 계정)으로 반영한다.

12 다음 ㈜세무의 매도가능증권 거래로 인하여 당기손익에 미치는 영향으로 옳은 것은? 72회

㈜세무는 20x1년 1월 16일에 ㈜회계의 주식 100주를 주당 10,000원에 취득(매도가능증권으로 회계처리함)하고, 취득 관련 수수료비용 20,000원을 포함하여 현금을 지급하였다. 그리고 다음날인 1월 17일에 ㈜회계의 주식 50주를 주당 9,000원에 현금 처분하였다.

① 당기순이익 40,000원 감소한다.
② 당기순이익 50,000원 감소한다.
③ 당기순이익 60,000원 감소한다.
④ 당기순이익 70,000원 감소한다.

13 다음 중 유동자산과 투자자산에 속하는 유가증권의 처분과 평가 시 발생(증감)할 수 있는 것으로 틀린 것은? 69회

① 손익의 발생　　　　　　　② 자산의 증감
③ 부채의 증감　　　　　　　④ 자본의 증감

14 다음의 계정과목 중 미실현이익에 해당하는 것은? 68회

① 배당금수익　　　　　　　② 외환차익
③ 매도가능증권처분이익　　④ 단기매매증권평가이익

15 다음의 거래를 회계처리할 경우에 사용되는 계정과목으로 옳은 것은? 〔112회〕

7월 1일 투자 목적으로 영업활동에 사용할 예정이 없는 토지를 5,000,000원에 취득하고 대금은 3개월 후에 지급하기로 하다. 단, 중개수수료 200,000원은 타인이 발행한 당좌수표로 지급하다.

① 외상매입금   ② 당좌예금   ③ 수수료비용   ④ 투자부동산

정답 및 해설

12 답 ③
해설
- 1월 16일 (차) 매도가능증권   1,020,000   (대) 현금   1,020,000
- 1월 17일 (차) 현금   450,000   (대) 매도가능증권   510,000
  매도가능증권처분손실   60,000

13 답 ③
해설 단기매매증권의 평가손익(손익의 발생, 자산의 증감), 매도가능증권의 평가손익(자본의 증감, 자산의 증감)

14 답 ④
해설 단기매매증권평가이익은 유가증권 보유시 보고기간 종료일의 현재의 공정가치(시가)로 평가 시 발생하는 이익으로 실현되지 않은 이익에 해당한다.

15 답 ④
해설 회계처리 : (차) 투자부동산   5,200,000   (대) 미지급금   5,000,000
                                              현금   200,000

제6절 투자자산 - 실무 기출문제 최신 30회 중 3문제 출제

다음의 거래 자료를 ㈜일반전표(회사코드 : 1003)의 일반전표입력 메뉴에 추가 입력하시오.

1 5월 1일 : 공장 건물을 신축하기 위해 외부로부터 취득한 토지 50,000,000원에 대해 건물 신축을 포기하게 되어, 토지의 보유목적을 지가상승을 목적으로 하는 투자자산으로 변경하였다. `54회`

2 5월 2일 : 대박유통으로부터 장기투자목적으로 토지를 취득하면서 6,000,000원은 당좌수표를 발행하여 지급하고, 나머지 1,000,000원은 30일 후에 지급하기로 하였다. 또한 이전등기 하면서 취득세 150,000원을 현금으로 지급하였다. `51회`

3 5월 3일 : 장기 투자목적으로 보유 중인 투자부동산(장부금액 7,150,000원)을 8,000,000원에 타인발행수표를 받고 매각하였다. `출제예상`

4 5월 4일 : ㈜서울에서 발행한 채권(만기는 2027년 5월 3일이고, 시장성은 없다) 10,000,000원을 만기까지 보유할 목적으로 당좌수표를 발행하여 취득하였다. 단, 채권을 취득하는 과정에서 발생한 수수료 50,000원은 현금으로 지급하였다. `83회`

5 5월 11일 : 회사가 보유하고 있던 매도가능증권(투자자산)을 다음과 같은 조건으로 처분하고 대금은 보통예금으로 회수하였다(단, 전기의 기말평가는 일반기업회계기준에 따라 처리하였다). `102회`

취득가액	2024년 말 공정가치	처분가액	비고
24,000,000원	28,000,000원	29,000,000원	시장성이 있다.

정답 및 해설

1 일자 : 5월 1일

| 분개 | (차변) 투자부동산 | | | 50,000,000 | (대변) 토지 | | 50,000,000 |

구분	계정과목		거래처	적요	차변	대변
차변	0183	투자부동산			50,000,000	
대변	0201	토지				50,000,000

2 일자 : 5월 2일

분개	(차변) 투자부동산	7,150,000	(대변) 당좌예금	6,000,000
			(대변) 미지급금(대박유통)	1,000,000
			(대변) 현금	150,000

구분	계정과목		거래처		적요	차변	대변
차변	0183	투자부동산				7,150,000	
대변	0102	당좌예금					6,000,000
대변	0253	미지급금	00202	대박유통			1,000,000
대변	0101	현금					150,000

3 일자 : 5월 3일

분개	(차변) 현금	8,000,000	(대변) 투자부동산	7,150,000
			(대변) 투자자산처분이익	850,000

구분	계정과목		거래처	적요	차변	대변
차변	0101	현금			8,000,000	
대변	0183	투자부동산				7,150,000
대변	0923	투자자산처분이익				850,000

4 일자 : 5월 4일

분개	(차변) 만기보유증권(투자)	10,050,000	(대변) 당좌예금	10,000,000
			(대변) 현금	50,000

구분	계정과목		거래처	적요	차변	대변
차변	0181	만기보유증권			10,050,000	
대변	0102	당좌예금				10,000,000
대변	0101	현금				50,000

5 일자 : 5월 11일

분개	(차) 보통예금	29,000,000	(대) 매도가능증권(178.투자자산)	28,000,000
	매도가능증권평가이익	4,000,000	매도가능증권처분이익	5,000,000

• 전기말 회계처리

(차) 매도가능증권(178)	4,000,000	(대) 매도가능증권평가이익	4,000,000

• 매도가능증권처분이익 : 처분가액 29,000,000원 − 취득가액 24,000,000원 = 5,000,000원

구분	계정과목		거래처	적요	차변	대변
대변	0178	매도가능증권				28,000,000
차변	0394	매도가능증권평가이익			4,000,000	
차변	0103	보통예금			29,000,000	
대변	0915	매도가능증권처분이익				5,000,000

제7절 유형자산

유형자산이란 물리적 형체가 있는 자산으로서 재화의 생산, 용역의 제공, 타인에 대한 임대 또는 자체적으로 사용할 목적으로 보유하고, 1년을 초과하여 사용할 것이 예상되는 비화폐성 자산(일정한 화폐금액으로 고정된 것이 아닌 시세의 변동이 있는 자산)이다. 또한, 유형자산으로 인식하기 위해서는 다음의 요건을 모두 충족해야 한다.
① 자산으로부터 발생하는 미래 경제적 효익이 기업에 유입될 가능성이 매우 높다.
② 자산의 원가를 신뢰성 있게 측정할 수 있다.

❶ 유형자산의 종류

구 분	내 용
(1) 토지	대지, 임야, 전답, 잡종지 등으로 매매목적으로 보유하는 토지와 비업무용 토지는 제외된다.
(2) 건물	영업활동에 사용되고 있는 점포, 창고, 사무소 공장 등의 건물과 냉난방, 통신 및 기타의 건물부속설비 등을 말한다.
(3) 구축물	토지 위에 건설한 건축물 이외의 설비로서 교량, 저수지, 댐, 상하수도, 터널, 정원 등을 말한다.
(4) 기계장치	기계장치, 기중기 등의 운송설비와 기타의 부속설비를 포함한다.
(5) 건설중인자산	유형자산의 건설을 위해 소요되는 재료비, 노무비 및 경비로 하되, 건설을 위하여 지출한 도급금액을 말한다. 건설 중인 자산은 건설이 완료된 후 본 계정인 건물 등의 계정으로 대체되는 임시계정이다.
(6) 차량운반구	영업활동에 사용되는 승용차, 트럭 등 육상운반구를 말한다.
(7) 비품	영업활동에 사용할 목적으로 보유한 것으로 사용기간이 1년 이상인 책상, 의자, 컴퓨터, 노트북, 에어컨, 온풍기 등을 말한다.
(8) 기타	이외에 선박, 건설용 장비 등의 유형자산이 있다.

기출확인문제

다음 중 일반적인 재무제표의 계정과목 분류가 옳지 않은 것은?

① 저장품 : 재고자산
② 건설중인자산 : 투자자산
③ 장기제품보증충당부채 : 비유동부채
④ 매도가능증권평가손익 : 기타포괄손익누계액

해설 건설중인자산은 유형자산에 해당된다.

답 ②

★ ❷ 유형자산의 취득원가

유형자산의 취득원가는 매입가액 또는 제작원가 및 경영진이 의도하는 방식으로 자산을 가동하는데 필요한 장소와 상태에 이르게 하는데 직접 관련된 원가를 포함하며 매입할인 등이 있는 경우에는 이를 차감하여 산출한다.

- 외부구입 시 = 매입가액 + 부대비용 – 매입할인 등
- 자가제조 시 = 제작원가 + 부대비용 – 매입할인 등

(1) 외부구입

유형자산을 외부에서 구입하면 취득원가는 매입가액에서 유형자산이 본래의 기능을 수행하기까지 발생된 부대

비용을 가산하여 취득원가를 산정한다. 이 경우 매입할인이 있는 경우에는 이를 차감하여 취득원가를 산출한다.

일반기업회계기준에서 열거하고 있는 부대비용은 다음과 같다.
① 설치장소 준비를 위한 지출
② 외부 운송 및 취급비
③ 설치비
④ 설계와 관련하여 전문가에게 지급하는 수수료
⑤ 취득세 등 유형자산의 취득과 직접 관련된 제세공과금(단, 자동차세, 재산세 등 보유와 관련된 세금이므로 취득원가에 포함하지 않고 세금과공과로 처리한다.)
⑥ 유형자산이 정상적으로 작동되는지 여부를 시험하는 과정에서 발생하는 원가. 단, 장비의 시험과정에서 생산된 시제품 등 시험과정에서 생산된 재화의 순매각금액은 당해 원가에서 차감한다.

사례 유형자산의 취득원가

① 취득 시
영업용 토지를 10,000,000원에 구입하고, 대금 중 1,000,000원은 현금으로 지급하고 잔액은 6개월 할부로 하였다.
(차) 토지   10,000,000   (대) 현금   1,000,000
                                   미지급금   9,000,000

② 부대비용 지출
구입한 토지에 대한 취득세 500,000원을 구청에 현금으로 납부하였다.
(차) 토지   500,000   (대) 현금   500,000

합격 TIP 유형자산의 원가가 아닌 예
① 새로운 시설을 개설하는 데 소요되는 원가(예: 건물 청소비)
② 새로운 상품과 서비스를 소개하는 데 소요되는 원가(예: 광고 및 판촉활동과 관련된 원가)
③ 새로운 지역에서 또는 새로운 고객층을 대상으로 영업을 하는 데 소요되는 원가(예:직원 교육훈련비)
④ 관리 및 기타 일반간접원가

(2) 자가건설
유형자산을 외부에서 구입하지 않고 자가건설하는 경우의 취득원가는 당해 유형자산의 건설이나 제조에 사용된 재료비, 노무비 및 경비 등으로 한다.

1) 회계처리
유형자산을 건설하기 위해 소요된 재료비, 노무비 및 경비 등의 발생액은 건설중인자산으로 집계하였다가 건설 완료 시 건설중인자산의 잔액을 건물 등 해당 유형자산으로 대체한다.

2) 자본화대상 차입원가
유형자산, 무형자산, 재고자산, 투자자산의 제작·매입·건설에 사용된 차입금에 대한 이자비용(차입원가)은 기간비용으로 처리하는 것이 원칙이나 일반기업회계기준상 자본화대상요건을 충족하면 당해 자산의 취득원가에 산입한다.

> **사례** 건설중인자산

① 건설원가 발생 시
본사건물 건설과 관련하여 건설회사에 계약금과 중도금 9,000,000원을 현금으로 지급하다.
(차) 건설중인 자산   9,000,000   (대) 현금   9,000,000
② 건물 완공 시
본사건물이 완공되어 건설대금 1,000,000원을 현금으로 지급하다. 또한 건설중인 자산 9,000,000원을 건물로 대체한다.
(차) 건물   10,000,000   (대) 건설중인자산   9,000,000
                               현금   1,000,000

(3) 증여 또는 무상취득

기업은 주주나 정부 또는 지방자치단체로부터 종종 유형자산을 증여받는 경우가 있다. 증여 등 무상으로 취득한 자산은 당해 자산의 공정가치를 취득원가로 계상한다. 이 때 취득자산의 공정가치는 자산수증이익의 과목으로 하여 영업외수익으로 처리한다.

> **사례** 증여 또는 무상취득

당사의 최대주주로부터 제품 창고를 건설할 토지를 기증받았다. 본 토지에 대한 이전비용 5,000,000원은 당좌수표를 발행하여 지급하였으며, 현재 토지의 공정가치는 150,000,000원이다.
(차) 토지   155,000,000   (대) 당좌예금   5,000,000
                               자산수증이익   150,000,000

(4) 일괄구입

일괄구입이란 한 금액으로 두 종류 이상의 자산을 구입한 경우를 말하며 모두 사용할 목적이라면 일괄구입대가를 각 유형자산들의 공정가치를 기준으로 안분하여 취득원가를 계산한다.

> **사례** 일괄구입

토지와 건물을 모두 사용할 목적으로 현금 100,000,000원에 일괄구입하였다. 토지와 건물의 공정가치는 각각 90,000,000원과 60,000,000원이다.
(차) 토지   60,000,000   (대) 현금   100,000,000
    건물   40,000,000

(5) 건물 철거 시

1) 신 건물을 신축하기 위한 토지와 건물 일괄구입

신 건물을 신축하기 위해 기존 건물이 있는 토지를 일괄취득하고 그 건물을 철거하는 경우에는 토지만을 구입한 것이므로 건물의 취득원가는 없다. 또한, 기존 건물의 철거 관련 비용(철거과정에서 발생된 잔존폐물의 매각수익은 차감) 및 토지정지비용은 토지구입을 위한 불가피한 지출이므로 토지의 취득원가에 가산한다.

> 토지원가 = 일괄구입대금 + 건물철거비용 − 잔존폐물매각대금 + 토지정지비용 + 취득세

| 사례 | 신 건물을 신축하기 위한 토지와 건물 일괄구입 |

공장을 신축하기 위하여 건물이 세워져 있는 토지를 8,000,000원에 구입하고 대금은 당좌수표를 발행하여 지급하였다. 또한, 건물의 철거비용 1,000,000원과 토지 정지비용 800,000원을 당좌수표를 발행하여 지급하였다

(차) 토지　　　　9,800,000　　　　(대) 당좌예금　　　　9,800,000

2) 사용 중인 기존건물을 철거 후 신 건물을 신축하는 경우

신 건물을 신축하기 위하여 사용 중인 기존 건물을 철거하는 경우에는 그 건물의 장부금액은 제거하여 유형자산처분손실로 계상하고, 철거비용은 역시 전액 유형자산처분손실로 처리한다. 즉, 건물의 대가를 받지 않고 처분한 것으로 본다.

| 사례 | 사용 중인 기존건물을 철거 후 신 건물을 신축하는 경우 |

공장건물을 신축하기 위하여 사용중이던 건물(취득원가 100,000,000원, 감가상각누계액 60,000,000원)을 철거하였다. 또한, 철거비용 1,000,000원은 별도로 현금으로 지급하였다.

(차) 감가상각누계액　　60,000,000　　(대) 건물　　　　100,000,000
　　유형자산처분손실　　41,000,000　　　　현금　　　　　1,000,000

(6) 국·공채의 강제매입

유형자산 취득과 관련하여 국·공채를 불가피하게 강제 매입하는 경우에는 당해 채권의 매입금액과 일반기업회계기준에 따라 평가한 현재가치(공정가치)의 차액은 유형자산의 취득원가에 포함한다.

| 사례 | 국·공채의 강제매입 |

차량을 구입하면서 공채(액면금액 350,000원, 공정가치 300,000원)을 액면금액에 현금으로 구입하였다. 상기의 공채는 단기간 내에 매매차익을 목적으로 처분할 예정이다.

(차) 단기매매증권　　300,000　　(대) 현금　　　　350,000
　　차량운반구　　　　50,000

(7) 교환으로 인한 취득

1) 이종자산간의 교환

서로 다른 용도의 자산과 교환으로 취득한 유형자산의 취득원가는 교환을 위하여 제공한 자산의 공정가치로 측정한다. 다만, 교환으로 제공한 자산의 공정가치가 불확실한 경우에는 교환으로 취득한 자산의 공정가치를 취득원가로 할 수 있다.

| 사례 | 이종자산간의 교환 |

사용 중인 기계장치(취득원가 30,000,000원, 감가상각누계액 15,000,000원)을 동일업종의 거래처의 차량운반구(장부금액 18,000,000원, 공정가치 20,000,000원)와 교환하였다. 또한, 교환되는 기계장치의 공정가치는 16,000,000원이다.

(차) 감가상각누계액　　15,000,000　　(대) 기계장치　　　　30,000,000
　　차량운반구　　　　16,000,000　　　　유형자산처분이익　1,000,000

2) 동종자산간의 교환

동일한 업종 내에서 유사한 용도로 사용되는 동종자산과의 교환으로 취득한 유형자산의 취득원가는 교환을 위하여 제공한 자산의 장부금액으로 한다.

> **사례** 동종자산간의 교환
>
> 사용 중인 기계장치(취득원가 30,000,000원, 감가상각누계액 15,000,000원)을 동일업종의 거래처의 유사한 용도로 사용하던 기계장치(장부금액 18,000,000원, 공정가치 20,000,000원)와 교환하였다. 교환되는 기계장치 상호간의 공정가치는 동일하다.
>
> (차) 감가상각누계액　　　15,000,000　　　(대) 기계장치　　　30,000,000
> 　　 기계장치　　　　　　15,000,000

> **기출확인문제**
>
> 다음 중 유형자산에 대한 설명 중 잘못된 것은?
>
> ① 동일한 업종 내에서 유사한 용도로 사용되고 공정가액이 비슷한 동종자산과의 교환으로 유형자산을 취득하는 경우 당해 자산의 취득원가는 교환으로 제공한 자산의 공정가액으로 한다.
> ② 현물출자, 증여, 기타 무상으로 취득한 유형자산의 가액은 공정가액을 취득원가로 한다.
> ③ 건물을 신축하기 위하여 사용중인 기존 건물을 철거하는 경우 그 건물의 장부가액은 제거하여 처분손실로 반영하고, 철거비용은 전액 당기비용으로 처리한다.
> ④ 유형자산의 취득과 관련하여 국·공채 등을 불가피하게 매입하는 경우 당해 채권의 매입가액과 기업회계기준에 따라 평가한 현재가치와의 차액은 유형자산의 취득원가로 구성된다.
>
> **해설** 교환으로 제공한 자산의 장부가액으로 한다.
>
> 답　①

❸ 취득 후 추가적 지출

유형자산을 취득한 이후에 그 자산과 관련된 수선유지비용, 확장·증설비용, 재배치 및 이전비용 등 추가적인 지출이 발생한다. 이 때 발생하는 지출은 유형자산의 인식기준(미래경제적효익의 유입가능성이 매우 높고 그 원가를 신뢰성 있게 측정가능)을 충족하는 경우에는 자본적 지출(취득원가에 가산)로 처리하고, 충족하지 못한 경우에는 수익적 지출(당기비용)로 처리한다.

(1) 자본적 지출

자본적 지출은 생산능력의 증대, 내용연수 연장, 상당한 원가절감 또는 품질향상을 가져오는 지출을 말하며, 발생한 지출액을 유형자산의 취득원가에 가산한 후 감가상각을 통하여 비용화시킨다.

(차) 유형자산 ×××　　　　　　　　　(대) 현금 ×××

(2) 수익적 지출

수선유지를 위한 지출 등 자산의 원상회복이나 현상유지를 위한 지출을 말하며, 발생한 지출액을 당기비용으로 처리한다.

(차) 수선비 등 ×××　　　　　　　　　　　　(대) 현 금 ×××

(3) 자본적지출과 수익적지출의 예시

자본적 지출	수익적 지출
① 본래의 용도를 변경하기 위한 제조 ② 엘리베이터, 냉난방장치, 피난시설 등의 설치 ③ 본래의 용도에 이용가치가 없는 자산 등의 복구 ④ 개량, 확장, 증설 등 ⑤ 철골보강공사비	① 건물 벽의 도장 ② 파손된 유리창, 기와의 대체 ③ 소모된 부속품 교체 ④ 자동차 타이어의 교체 ⑤ 일반적인 소액수선비

> **사례** 자본적 지출과 수익적 지출
>
> 아래와 같이 공장용 건물과 관련된 현금 지출에 대한 내역을 보고 알맞은 회계처리를 하시오.
>
> - 파손으로 인한 유리교체　　75,000원
> - 건물의 일부 도색비　　　　50,000원
> - 내용연수 증가를 위한 개량　300,000원
>
> (차) 수선비　　125,000　　　　　　(대) 현금　　425,000
> 　　건물　　　300,000

(4) 취득 후 지출을 잘못 계상 시 손익계산서와 재무상태표에 미치는 영향

구 분	손익계산서 비용	재무상태표 자산	당기순이익
자본적지출(자산) ⇨ 수익적지출(비용)	과 대	과 소	과 소
수익적지출(비용) ⇨ 자본적지출(자산)	과 소	과 대	과 대

> **기출확인문제**
>
> 사용 중인 유형자산에 대한 수익적 지출을 자본적 지출로 회계처리한 경우, 재무제표에 미치는 영향으로 올바른 것은?
>
> ① 자산의 과소계상　　　　　　② 당기순이익의 과대계상
> ③ 부채의 과소계상　　　　　　④ 비용의 과대계상
>
> **해설** 수익적 지출을 자본적 지출로 처리하면 비용이 과소계상되고, 자산이 과대계상되므로 당기순이익이 과대계상된다.
>
>

⭐ ❹ 감가상각

(1) 감가상각의 의의

감가상각이란 감가상각대상금액(원가 - 잔존가치)을 그 자산의 내용연수(예상사용기간) 동안 수익·비용의 합리적인 대응을 위하여 체계적인 절차에 따라 비용으로 배분하는 절차를 말하며, 자산을 평가하는 과정이 아니라 원가를 배분하는 과정이다. 유형자산은 매각목적이 아니라 영업활동에 계속 사용할 목적으로 보유하는 자산이므로 공정가치로 평가하기보다는 유형자산의 사용 등에 따른 경제적 효익의 감소분을 감가상각비라는 비용으로 배분하는 것이다. 또한, 감가상각비는 유형자산의 제조와 관련된 경우에는 제조원가로, 그 밖의 경우에는 판관비로 계상한다.

[감가상각의 3요소]

- 원가 : 자산을 취득하기 위하여 자산의 취득시점에서 지급한 현금및현금성자산 또는 제공하거나 부담하는 대가의 공정가치
- 잔존가치 : 내용연수가 종료되는 시점에서 그 자산의 예상처분가액에서 예상처분비용을 차감한 금액
- 내용연수 : 자산의 예상사용기간 또는 자산으로부터 획득할 수 있는 생산량이나 이와 유사한 단위

(2) 감가상각의 회계처리

감가상각의 회계처리는 보고기간종료일에 하는 것으로 유형자산에서 직접 차감하여 표시하는 직접법과 감가상각누계액을 이용하여 해당 유형자산에서 차감하는 형식으로 표시하는 간접법이 있다.

1) 직접법

보고기간종료일에 유형자산에 대한 감가상각비를 계산하여 차변에 감가상각비를, 대변에 해당 유형자산을 기입하여 유형자산의 금액을 직접 감소시키는 방법이다.

사례	직접법			
① 20x1. 1. 1 차량운반구를 10,000,000원에 현금으로 지급하고 취득하였다.				
(차) 차량운반구	10,000,000	(대) 현 금	10,000,000	
② 20x1. 12. 31 감가상각비 1,000,000원을 계상하였다.				
(차) 감가상각비	1,000,000	(대) 차량운반구	1,000,000	
		재무상태표		
차량운반구	9,000,000	차량운반구의 취득원가와 가치감소분을 정보이용자가 알 수 없음.		

2) 간접법

보고기간종료일에 차변에 감가상각비, 대변에 감가상각누계액을 기입하는 방법으로 유형자산의 원가에는 변화를 주지 않는다. 즉, 자산의 차감적 평가계정인 감가상각누계액을 이용하여 재무상태표에 표시할 때에는 해당 유형자산에서 차감하는 형식으로 표시한다.

> **사례** 간접법
>
> ① 20x1. 1. 1 차량운반구를 10,000,000원에 현금으로 지급하고 취득하였다.
> (차) 차량운반구 10,000,000   (대) 현   금 10,000,000
>
> ② 20x1. 12. 31 감가상각비 1,000,000원 계상하였다.
> (차) 감가상각비 1,000,000   (대) 감가상각누계액 1,000,000
>
> 재무상태표
>
> | 차량운반구 | 10,000,000 | 취득원가 |
> | (감가상각누계액) | (1,000,000) | 매기 계상한 감가상각비의 합계액 |
> | | 9,000,000 | 장부금액 |

(3) 감가상각의 계산방법

일반기업회계기준에서는 정액법, 정률법, 연수합계법, 생산량비례법 등 합리적인 방법에 의하여 감가상각하여야 한다고 규정함으로써 어떠한 감가상각방법이든 그 방법이 합리적이라고 인정되면 허용하고 있다.

1) 정액법

정액법은 자산의 내용연수 동안 감가상각비를 매 회계기간 일정하게 인식하는 방법이다.

> 매기 감가상각비 = (취득원가 − 잔존가치) × 1/내용연수

> **사례** 정액법
>
> 20x1년 1월 1일에 기계장치를 1,000,000원에 구입하였다. 취득당시 기계의 내용연수는 3년이며, 3년 후 잔존가치는 100,000원으로 추정된다. 감가상각방법이 정액법일 경우의 각 연도말 감가상각비를 구하시오.
>
> | 일자 | 계산근거 | 감가상각비 | 감가상각누계액 | 장부금액 |
> |---|---|---|---|---|
> | 20x1.12.31 | (1,000,000 − 100,000) ÷ 3 | 300,000 | 300,000 | 700,000 |
> | 20x2.12.31 | (1,000,000 − 100,000) ÷ 3 | 300,000 | 600,000 | 400,000 |
> | 20x3.12.31 | (1,000,000 − 100,000) ÷ 3 | 300,000 | 900,000 | 100,000 |

2) 정률법

정률법은 매기 미상각잔액(장부금액)에 대하여 일정한 상각률을 곱하여 감가상각비를 계산하는 방법이다.

> 매기 감가상각비 = 미상각잔액(원가 − 감가상각누계액) × 정률(%)

| 사례 | 정률법 |

20x1년 1월 1일에 기계장치를 1,000,000원에 구입하였다. 취득당시 기계의 내용연수는 3년이며, 3년 후 잔존가치 100,000원이이다. 감가상각방법이 정률법(상각율 0.536)일 경우의 각 연도말 감가상각비를 구하시오.

일자	계산근거	감가상각비	감가상각누계액	장부금액
20x1.12.31	1,000,000 × 0.536	536,000	536,000	464,000
20x2.12.31	(1,000,000 − 536,000) × 0.536	248,704	784,704	215,296
20x3.12.31	(1,000,000 − 864,576) × 0.536	115,296*	900,000	100,000

* 20x3년 보고기간종료일의 감가상각비는 잔존가치 100,000원이 되도록 조정하였는데, 이는 상각률을 정확히 구하지 않았기 때문이다.

3) 연수합계법

연수합계법은 감가상각대상액을 내용연수 합계에 대한 연차역순의 구성비로 배분하여 감가상각비를 배분하는 방법이다.

> 매기 감가상각비 = (취득원가 − 잔존가치) × 잔여 내용연수/내용연수 합계

| 사례 | 연수합계표 |

20x1년 1월 1일에 기계장치를 1,000,000원에 구입하였다. 취득당시 기계의 내용연수는 3년이며, 3년 후 잔존가치는 100,000원으로 추정된다. 감가상각방법이 연수합계표일 경우의 각 연도말 감가상각비를 구하시오.

일자	계산근거	감가상각비	감가상각누계액	장부금액
20x1.12.31	(1,000,000 − 100,000) × 3/(3+2+1)	450,000	450,000	550,000
20x2.12.31	(1,000,000 − 100,000) × 2/(3+2+1)	300,000	750,000	250,000
20x3.12.31	(1,000,000 − 100,000) × 1/(3+2+1)	150,000	900,000	100,000

* 취득초기의 정액법, 정률법 및 연수합계법에 대한 감가상각비의 크기는 다음과 같다.
  정액법 < 연수합계법 < 정률법

4) 생산량비례법

생산량비례법은 자산의 예상조업도 또는 예상생산량에 근거하여 감가상각비를 계산하는 방법이다.

> 매기 감가상각비 = (취득원가 − 잔존가치) × 실제생산량/추정총생산량

| 사례 | 생산량비례법 |

20x1년 1월 1일에 기계장치를 1,000,000원에 구입하였다. 취득당시 기계의 내용연수는 3년이며, 3년 후 잔존가치는 100,000원으로 추정된다. 감가상각방법이 생산량비례법일 경우의 각 연도말 감가상각비를 구하시오.
[생산량 = 1차 연도 : 500개, 2차 연도 : 300개, 3차 연도 : 200개]

일자	계산근거	감가상각비	감가상각누계액	장부금액
20x1.12.31	(1,000,000 − 100,000) × 500/(500+300+200)	450,000	450,000	550,000
20x2.12.31	(1,000,000 − 100,000) × 300/(500+300+200)	270,000	720,000	280,000
20x3.12.31	(1,000,000 − 100,000) × 200/(500+300+200)	180,000	900,000	100,000

5) 이중체감법

이중체감법은 내용연수의 역수(1/n)에 200%를 곱하여 상각률(2/n)을 구한 후 정률법과 같은 방법으로 감가상각비를 계산하는 방법이다. 이중체감법은 마지막 상각기간에 잔존가치만을 제외한 장부금액만을 감가상각비로 계산하는 조정이 필요하다.

$$\text{매기 감가상각비} = \text{미상각잔액(취득원가} - \text{감가상각누계액)} \times 2/\text{내용연수}$$

6) 정액법과 가속상각법

정액법은 매기 동일한 금액을 감가상각하는 방법이며, 가속상각법은 초기에는 많은 감가상각비를 후기에는 적은 감가상각비를 비용으로 보내는 방법이다. 가속상각법에는 **정률법, 연수합계법, 이중체감법**이 있다.

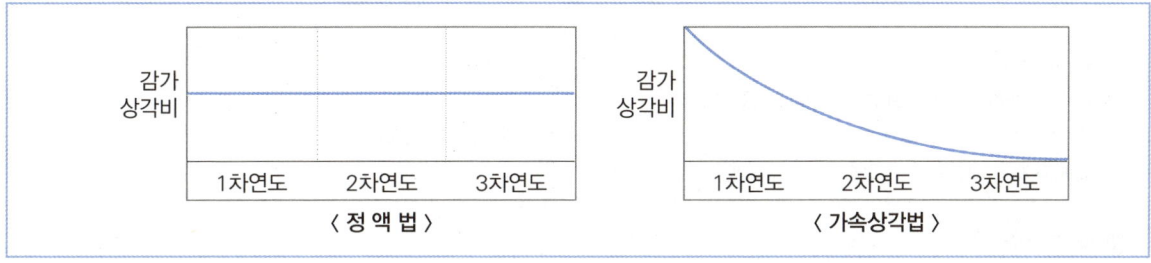

7) 감가상각을 하지 않는 것들

감가상각은 영업활동에 사용되어 수익을 창출하며 가치가 감소하는 것만 해당하므로 사용하여 수익이 창출되지 않거나 가치가 감소하지 않는 것은 감가상각을 하지 않는 것이다.

구 분	계 정 과 목	비 고
유 형 자 산	토 지	
	건설중인 자산	
	폐기예정 자산	
투 자 자 산	투자 목적의 부동산	투자부동산
재 고 자 산	판매 목적 부동산	

기출확인문제

유형자산의 감가상각방법 중 정액법, 정률법 및 연수합계법 각각에 의한 1차년도말 계상된 감가상각비가 큰 금액부터 나열한 것은?

- 기계장치 취득원가 : 1,000,000원(1월 1일 취득)
- 내용연수 : 5년
- 잔존가치 : 취득원가의 10%
- 정률법 상각률 : 0.4

① 정률법 > 정액법 > 연수합계법 ② 정률법 > 연수합계법 > 정액법
③ 연수합계법 > 정률법 > 정액법 ④ 연수합계법 > 정액법 > 정률법

해설
- 1차년도말 감가상각비 정률법 400,000원 = 1,000,000원 × 0.4
- 1차년도말 감가상각비 연수합계법 300,000원 = (1,000,000원 - 100,000원) × 5/15
- 1차년도말 감가상각비 정액법 180,000원 = (1,000,000원 - 100,000원) × 1/5

답 ②

⑤ 유형자산의 제거

유형자산의 내용연수가 끝나는 시점 또는 그 이전이더라도 유형자산이 더 이상 미래경제적효익을 기대할 수 없을 것이라고 판단되면 이를 처분하게 된다. 이 때 처분시점에서의 처분한 자산의 장부금액(원가 – 감가상각누계액)을 제거하고, 처분금액과의 차액을 유형자산처분손익(영업외손익)으로 인식한다. 만약 회계기간 중에 처분이 이루어진 경우에는 처분일까지의 감가상각비를 먼저 계상한 후 처분에 관한 회계처리를 해야 한다.

사례 유형자산의 제거

① 20x1년 1월 1일

기계장치를 1,000,000원에 현금으로 매입하였다. 기계장치에 대한 잔존가치 100,000원이며, 내용연수는 3년이고 정액법으로 감가상각을 한다.

(차) 기계장치	1,000,000	(대) 현 금	1,000,000

② 20x1년 12월 31월

기계장치에 대한 감가상각에 대한 회계처리를 한다.

(차) 감가상각비	300,000	(대) 감가상각누계액	300,000

* (1,000,000 – 100,000) ÷ 3년 = 300,000원

③ 20x2년 6월 30일

기계장치를 700,000원에 매각하고 대금은 1개월 후에 받기로 하였다. 기중에 유형자산이 처분되었다면 유형자산의 처분 직전까지 발생된 감가상각비에 대한 회계처리가 우선 선행되어야 한다.

(차) 감가상각비	150,000	(대) 감가상각누계액	150,000

* (1,000,000 – 100,000) ÷ 3년 × 6/12 = 150,000원

부분 재무상태표	20x2.6.30
차량운반구	1,000,000
(감가상각누계액)	(450,000)
	550,000

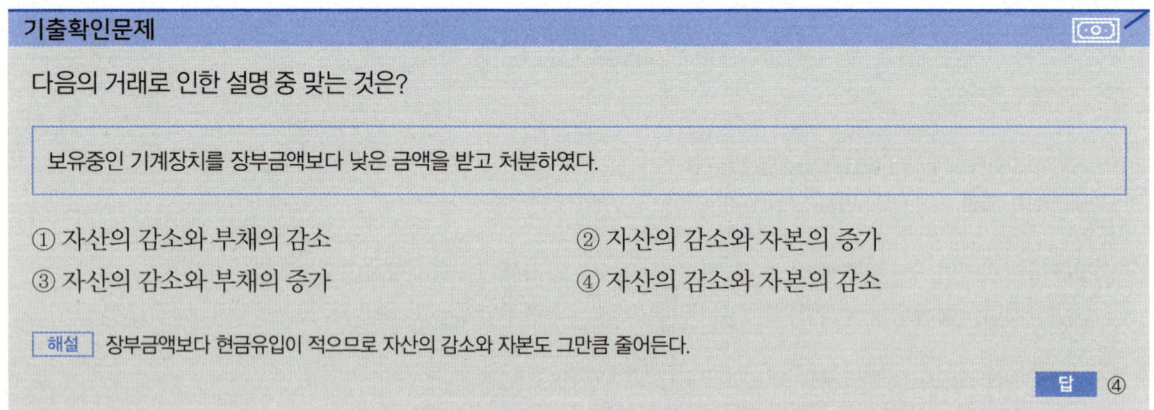

따라서, 처분에 관한 회계처리는 다음과 같다.

(차) 감가상각누계액	450,000	(대) 기계장치	1,000,000
(차) 미수금	700,000	(대) 유형자산처분이익	150,000

기출확인문제

다음의 거래로 인한 설명 중 맞는 것은?

보유중인 기계장치를 장부금액보다 낮은 금액을 받고 처분하였다.

① 자산의 감소와 부채의 감소
② 자산의 감소와 자본의 증가
③ 자산의 감소와 부채의 증가
④ 자산의 감소와 자본의 감소

해설 장부금액보다 현금유입이 적으므로 자산의 감소와 자본도 그만큼 줄어든다.

답 ④

제7절 유형자산 - 객관식 기출문제

[유형 1] 유형자산의 정의와 취득원가 (1 ~ 9) 최신 30회 중 9문제 출제

1 다음 중 유형자산의 정의와 인식조건에 해당하지 않는 것은? 2020년 10월 특별회

① 자산으로부터 발생하는 미래경제적효익이 기업에 유입될 가능성이 매우 높다.
② 자산의 원가를 신뢰성 있게 측정할 수 있다.
③ 기업의 정상적인 영업활동 과정에서 판매를 목적으로 보유하는 물리적 형체가 있는 자산이다.
④ 1년을 초과하여 사용할 것이 예상되는 비화폐성 자산이어야 한다.

2 다음 중 유형자산으로 분류하기 위한 조건으로서 가장 부적합한 것은? 100회

① 영업활동에 사용할 목적으로 취득하여야 한다.
② 물리적인 실체가 있어야 한다.
③ 사업에 장기간 사용할 목적으로 보유하여야 한다.
④ 생산 및 판매목적으로 보유하고 있어야 한다.

3 유형자산의 취득원가 구성으로 틀린 것은? 72회

① 새로운 상품을 소개하는데 발생한 광고선전비
② 자본화대상인 차입원가
③ 취득세 등 유형자산의 취득과 직접 관련된 제세공과금
④ 유형자산의 취득과 관련하여 국·공채 등을 불가피하게 매입하는 경우 당해 채권의 매입금액과 일반기업회계기준에 따라 평가한 현재가치와의 차액

정답 및 해설

1 답 ③
해설 유형자산은 재화의 생산, 용역의 제공, 타인에 대한 임대 또는 자체적으로 사용할 목적으로 보유하는 물리적 형체가 있는 자산이다. 판매를 목적으로 보유하는 경우 재고자산으로 분류한다.

2 답 ④
해설 생산 및 판매목적으로 보유하고 있는 자산은 재고자산이다.

3 답 ①
해설 새로운 상품을 소개하는데 발생한 광고선전비는 당기 비용으로 처리한다.

4 건물 취득 시에 발생한 금액들이 다음과 같을 때, 건물의 취득원가는 얼마인가? 113회

- 건물 매입금액 2,000,000,000원
- 건물 취득세 200,000,000원
- 자본화 대상 차입원가 150,000,000원
- 관리 및 기타 일반간접원가 16,000,000원

① 21억 5,000만원 ② 22억원 ③ 23억 5,000만원 ④ 23억 6,600만원

5 다음 중 유형자산의 취득원가에 포함되는 부대비용을 모두 고른 것은? 96회

a. 설치장소 준비를 위한 지출 b. 종합부동산세 c. 자본화 대상인 차입원가
d. 재산세 e. 유형자산의 취득과 직접 관련된 취득세

① a, e ② c, d ③ b, c, d ④ a, c, e

6 다음 중 기계장치의 취득원가로 올바른 것은? 92회

- 기계장치의 구입가격 : 50,000,000원
- 기계장치의 설치비 및 시운전비 : 500,000원
- 기계장치의 구입시 운송비용 : 2,000,000원
- 기계장치 사용을 위한 직원 교육비 : 1,000,000원

① 53,500,000원 ② 52,000,000원 ③ 52,500,000원 ④ 50,500,000원

7 다음 중 아래의 빈칸에 공통으로 들어갈 내용으로 가장 적합한 것은? 99회

다른 종류의 자산과의 교환으로 취득한 유형자산의 취득원가는 교환을 위하여 제공한 자산의 (　　　)로/으로 측정한다. 다만, 교환을 위하여 제공한 자산의 (　　　)이/가 불확실한 경우에는 교환으로 취득한 자산의 (　　　)을/를 취득원가로 할 수 있다.

① 공정가치 ② 취득가액 ③ 장부가액 ④ 미래가치

8 다음 중 유형자산의 취득원가에 해당하지 않는 것은? 74회

① 유형자산의 매입 또는 건설과 직접적으로 관련되어 발생한 종업원 급여
② 유형자산의 취득과 직접 관련된 제세공과금
③ 유형자산의 설치장소 준비를 위한 지출
④ 유형자산 취득 후 발생한 이자비용

9 (주)무릉은 공장신축을 위해 다음과 같이 토지를 구입하였다. 토지계정에 기록되어야 할 취득원가는 얼마인가? 77회

- 구입가액 : 50,000,000원
- 구입관련 법률자문비용 : 3,000,000원
- 토지위 구건물 철거비용 : 1,500,000원
- 구건물 철거후 잡수익 : 500,000원

① 50,000,000원 ② 54,000,000원 ③ 54,500,000원 ④ 55,000,000원

정답 및 해설

4 답 ③
해설
- 건물의 취득원가 = 매입금액 20억원 + 자본화차입원가 1억 5,000만원 + 취득세 2억원 = 23억5,000만원
- 관리 및 기타 일반간접원가는 판매비와관리비로서 당기 비용처리한다.

5 답 ④
해설 유형자산의 취득원가는 매입가액 또는 제작원가 및 경영진이 의도하는 방식으로 자산을 가동하는데 필요한 장소와 상태에 이르게 하는데 직접 관련된 원가를 포함한다. 이러한 유형자산의 취득원가에 포함되는 부대비용은 a. 설치장소 준비를 위한 지출, c. 자본화 대상인 차입원가, e. 유형자산의 취득과 직접 관련된 취득세 등이 있다. 반면, 종합부동산세와 재산세는 유형자산의 보유 단계에서 발생하는 비용이므로 발생기간의 비용으로 인식하여야 한다.

6 답 ③ 50,000,000원 + 500,000원 + 2,000,000원 = 52,500,000원
해설 유형자산의 취득원가에는 구입원가, 설치비 및 시운전비, 외부운송비용 및 등기수수료, 설계비, 취득세, 등록세, 자본적 지출금액 등이 포함된다. 그러나 새로운 시설을 개설하는데 소요되는 원가, 새로운 상품과 서비스를 소개하는 데 소요되는 원가, 새로운 지역에서 새로운 고객층을 대상으로 영업하는데 소유되는 원가(예: 직원 교육훈련비), 관리 및 기타 일반간접원가는 유형자산의 취득원가에 포함되지 않는다. 따라서 보기에서 제시된 기계장치 사용을 위한 직원 교육비를 제외한 나머지 금액이 해당 기계장치의 취득원가가 된다.

7 답 ①
해설 다른 종류의 자산과의 교환으로 취득한 유형자산의 취득원가는 원칙적으로 교환을 위하여 제공한 자산의 공정가치로 측정한다. 다만, 교환을 위하여 제공한 자산의 공정가치가 불확실한 경우에는 교환으로 취득한 자산의 공정가치를 취득원가로 할 수 있다.

8 답 ④
해설 자산을 취득 완료한 후 발생한 이자비용은 기간비용으로 처리한다.

9 답 ②
해설 취득원가(54,000,000원)
= 구입가액(50,000,000원) + 법률자문비용(3,000,000원) + 철거비용(1,500,000원)
  − 철거후 잡수익(500,000원)

[유형 2] 취득 후 지출 (10 ~ 12) 최신 30회 중 4문제 출제

10 다음 중 유형자산에 대한 추가적인 지출이 발생했을 경우 발생한 기간의 비용으로 처리하는 거래로 옳은 것은? `115회`

① 건물의 피난시설을 설치하기 위한 지출
② 내용연수를 연장시키는 지출
③ 건물 내부 조명기구를 교체하는 지출
④ 상당한 품질향상을 가져오는 지출

11 다음 중 유형자산 취득 후의 지출과 관련하여 성격이 다른 것은? `104회`

① 건물의 엘리베이터 설치
② 건물의 외벽 도색작업
③ 파손된 타일의 원상회복을 위한 수선
④ 보일러 부속품의 교체

12 유형자산의 자본적지출을 수익적지출로 잘못 처리했을 경우, 당기의 당기순이익과 차기의 당기순이익에 미치는 영향으로 올바른 것은? `107회`

	당기 당기순이익	차기 당기순이익
①	과대	과소
②	과소	과소
③	과소	과대
④	과대	과대

★ **[유형 3] 감가상각 (13 ~ 25)** 최신 30회 중 12문제 출제

13 유형자산에 대한 감가상각을 하는 가장 중요한 목적으로 맞는 것은? `52회`

① 유형자산의 정확한 가치평가 목적
② 사용가능한 연수를 매년마다 확인하기 위해서
③ 현재 판매할 경우 예상되는 현금흐름을 측정할 목적으로
④ 자산의 취득원가를 체계적인 방법으로 기간배분하기 위해서

14 다음 중 유형자산의 감가상각과 관련한 설명으로 가장 옳지 않은 것은? `91회`

① 감가상각의 주목적은 취득원가의 배분에 있다.
② 정률법은 자산의 내용연수 동안 감가상각액이 매기간 증가하는 방법이다.
③ 감가상각비는 자산의 제조와 관련된 경우 관련자산의 제조원가로 계상한다.
④ 감가상각방법은 해당 자산으로부터 예상되는 미래경제적효익의 소멸형태에 따라 선택하고, 소멸 형태가 변하지 않는 한 매기 계속 적용한다.

15 다음 중 유형자산에 대한 설명으로 옳은 것은? `107회`

① 기업이 보유하고 있는 토지는 기업의 보유목적에 상관없이 모두 유형자산으로 분류된다.
② 유형자산의 취득 시 발생한 부대비용은 취득원가로 처리한다.
③ 유형자산을 취득한 후에 발생하는 모든 지출은 발생 시 당기 비용으로 처리한다.
④ 모든 유형자산은 감가상각을 한다.

정답 및 해설

10 답 ③
해설 건물 내부의 조명기구를 교체하는 지출은 수선유지를 위한 지출에 해당하며 이는 자본적 지출에 해당하지 않으므로 발생한 기간의 비용으로 인식한다.

11 답 ①
해설 건물의 엘리베이터 설치는 자본적 지출에 해당하며, 나머지는 수익적 지출에 해당한다.

12 답 ③
해설 특별한 가정이 없는 한 유형자산의 자본적지출은 당기 이후 감가상각대상이 되는 것이므로, 자본적지출을 수익적지출로 처리한 경우 해당 회계오류가 당기와 차기에 미치는 영향은 아래와 같다.
- 당기 : 당기분 감가상각비와 총지출액의 차이만큼 비용 과대계상 > 당기순이익 과소 계상
- 차기 : 차기분 감가상각비만큼 비용 과소계상 > 당기순이익 과대계상

13 답 ④
해설 감가상각은 자산의 취득원가를 체계적인 방법으로 기간배분하기 위해서 하는 것이다.

14 답 ②
해설 유형자산의 감가상각방법에는 정액법, 체감잔액법(예를 들면, 정률법 등), 연수합계법, 생산량비례법 등이 있다. 정액법은 자산의 내용연수 동안 일정액의 감가상각액을 인식하는 방법이다. 체감잔액법과 연수합계법은 자산의 내용연수 동안 감가상각액이 매기간 감소하는 방법이다. 생산량비례법은 자산의 예상조업도 혹은 예상생산량에 근거하여 감가상각액을 인식하는 방법이다. 감가상각방법은 해당 자산으로부터 예상되는 미래경제적효익의 소멸형태에 따라 선택하고, 소멸형태가 변하지 않는 한 매기 계속 적용한다. 또한, 감가상각비는 다른 자산의 제조와 관련된 경우 관련자산의 제조원가로 계상한다.

15 답 ②
해설
- 기업이 보유하고 있는 토지는 보유목적에 따라 재고자산, 투자자산, 유형자산으로 분류될 수 있다.
- 유형자산을 취득한 후에 발생하는 비용은 성격에 따라 당기 비용 또는 자산의 취득원가에 포함한다.
- 토지와 건설중인자산은 감가상각을 하지 않는다.

16 유형자산의 감가상각과 관련한 다음 설명 중 가장 옳지 않은 것은?

① 연수합계법은 자산의 내용연수 동안 동일한 금액의 감가상각비를 계상하는 방법이다.
② 감가상각의 주목적은 원가의 합리적이고 체계적인 배분에 있다.
③ 감가상각비가 제조와 관련된 경우 재고자산의 원가를 구성한다.
④ 유형자산의 잔존가치가 유의적인 경우 매 보고기간 말에 재검토한다.

17 다음은 감가상각에 대한 설명이다. 옳지 않은 것은?

① 유형자산의 감가상각은 자산이 사용가능한 때부터 시작한다.
② 토지와 건물을 동시에 취득하는 경우에는 토지 구입액도 감가상각 대상이 된다.
③ 유형자산의 감가상각방법에는 정액법, 정률법, 체감잔액법, 연수합계법, 생산량비례법 등이 있다.
④ 감가상각방법은 자산의 성격에 따라 선택 가능하고, 소멸형태가 변하지 않는 한 매기 계속 적용한다.

18 다음 유형자산 중 감가상각 회계처리 대상에 해당하지 않는 것은?

① 업무에 사용하고 있는 토지
② 관리사무실에서 사용하고 있는 세단기
③ 업무관련 회사소유 주차장 건물
④ 생산직원 전용휴게실에 비치되어 있는 안마기

19 유형자산의 감가상각비를 계산하는 방법으로 옳은 것은?

① 정액법 : (취득원가 − 감가상각누계액) ÷ 내용연수
② 정률법 : (취득원가 − 잔존가치) × 상각률
③ 연수합계법 : (취득원가 − 감가상각누계액) × $\dfrac{\text{잔여내용연수}}{\text{내용연수의 합계}}$
④ 생산량비례법 : (취득원가 − 잔존가치) × $\dfrac{\text{당기실제생산량}}{\text{총추정예정량}}$

20 1기 회계연도(1월 1일~12월 31일) 중 10월 1일에 내용연수 5년, 잔존가치 1,000,000원인 기계장치를 5,000,000원에 매입하였으며, 기계장치의 취득부대비용으로 500,000원을 지출하였다. 동 기계는 원가모형을 적용하고, 정액법으로 감가상각한다. 1기 회계연도에 계상될 감가상각비로 맞는 것은?(단, 월할상각할 것) 92회

① 150,000원   ② 200,000원   ③ 225,000원   ④ 270,000원

21 1기 회계연도(1월1일~12월31일) 1월 1일에 내용연수 5년, 잔존가치 0(영)원인 기계를 8,500,000원에 매입하였으며, 설치장소를 준비하는데 500,000원을 지출하였다. 동 기계는 원가모형을 적용하고, 정률법으로 감가상각한다. 2기 회계연도에 계상될 감가상각비로 맞는 것은?(정률법 상각률 : 0.45) 77회

① 3,825,000원   ② 2,103,750원   ③ 4,050,000원   ④ 2,227,500원

정답 및 해설

16 답 ①
해설 연수합계법은 내용연수동안 감가상각액이 매 기간 감소하는 방법이다.

17 답 ②
해설 토지와 건물을 동시에 취득하는 경우에도 이들은 분리된 자산이므로 별개의 자산으로 취급한다. 건물은 내용연수가 유한하므로 감가상각 대상자산이지만, 토지는 감가상각 대상이 아니다.

18 답 ①
해설 토지는 감가상각을 하지 않고 건설 중인 자산, 영업활동에 사용하지 않는 투자자산은 현재 정상적인 영업활동에 사용되지 않고 있기 때문에 감가상각 회계처리 대상에서 제외된다.

19 답 ④
해설 유형자산의 감가상각방법에는 정액법, 체감잔액법(예를 들면, 정률법 등), 연수합계법, 생산량비례법 등이 있다.
- 정액법 : (취득원가 − 잔존가치) ÷ 내용연수
- 정률법 : (취득원가 − 감가상각누계액) × 상각률
- 연수합계법 : (취득원가 − 잔존가치) × $\dfrac{잔여내용연수}{내용연수의 합계}$

20 답 ③
해설 1기 {(5,000,000원 + 500,000원) − 1,000,000원} × 1/5 × 3/12 = 225,000원

21 답 ④
해설
- 1기 (8,500,000원 + 500,000원) × 0.45 = 4,050,000원
- 2기 {(8,500,000원 + 500,000원) − 4,050,000원} × 0.45 = 2,227,500원

22 다음은 ㈜한국이 1월 1일 취득한 기계장치에 대한 자료이다. 연수합계법에 의한 3차년도 감가상각비는 얼마인가?

- 기계장치 취득원가 : 40,000,000원
- 내용연수 : 5년
- 잔존가치 : 취득원가의 10%

① 16,000,000원　② 12,000,000원　③ 9,600,000원　④ 7,200,000원

23 도소매업을 영위하는 ㈜미래가 기말 결산 시 영업활동에 사용 중인 차량에 대한 아래의 회계처리를 누락한 경우 재무상태표와 손익계산서에 미치는 영향을 설명한 것으로 옳은 것은?

(차) 감가상각비　1,000,000원　(대) 감가상각누계액　1,000,000원

① 재무상태표상 유동자산이 1,000,000원 과대표시 된다.
② 재무상태표상 비유동자산이 1,000,000원 과소표시 된다.
③ 손익계산서상 영업이익이 1,000,000원 과대표시 된다.
④ 손익계산서상 영업외수익이 1,000,000원 과대표시 된다.

24 당기에 취득한 유형 자산의 감가상각을 정률법이 아닌 정액법으로 회계 처리한 경우 당기 재무제표에 상대적으로 미치는 영향으로 올바른 것은?

① 자산의 과소계상
② 당기순이익의 과대계상
③ 부채의 과소계상
④ 비용의 과대계상

25 결산마감 시 당기분 감가상각누계액으로 1,000,000원을 계상하였다. 재무제표에 미치는 영향을 바르게 설명한 것은?

① 자본이 1,000,000원 증가한다.
② 부채가 1,000,000원 증가한다.
③ 당기순이익이 1,000,000원 감소한다.
④ 자산이 1,000,000원 증가한다.

[유형 4] 유형자산의 처분 (26~27)

26 ㈜세원은 20x1년 7월 18일 구입하여 사용 중인 기계장치를 20x2년 6월 1일 37,000,000원에 처분하였다. 당기분에 대한 감가상각 후 처분시점의 감가상각누계액은 8,000,000원이며, 처분이익 5,000,000원이 발생하였다. 내용연수 5년, 정액법으로 월할상각하였다고 가정할 경우 기계장치의 취득원가는?   61회

① 32,000,000원   ② 40,000,000원   ③ 45,000,000원   ④ 50,000,000원

27 ㈜회계는 20X1년 1월 1일 10,000,000원에 유형자산(기계장치)을 취득하여 사용하다가 20X2년 6월 30일 4,000,000원에 처분하였다. 해당 기계장치의 처분 시 발생한 유형자산처분손실을 계산하면 얼마인가? 단, 내용연수 5년, 잔존가액 1,000,000원, 정액법(월할상각)의 조건으로 20X2년 6월까지 감가상각이 완료되었다고 가정한다.   116회

① 2,400,000원   ② 3,300,000원   ③ 5,100,000원   ④ 6,000,000원

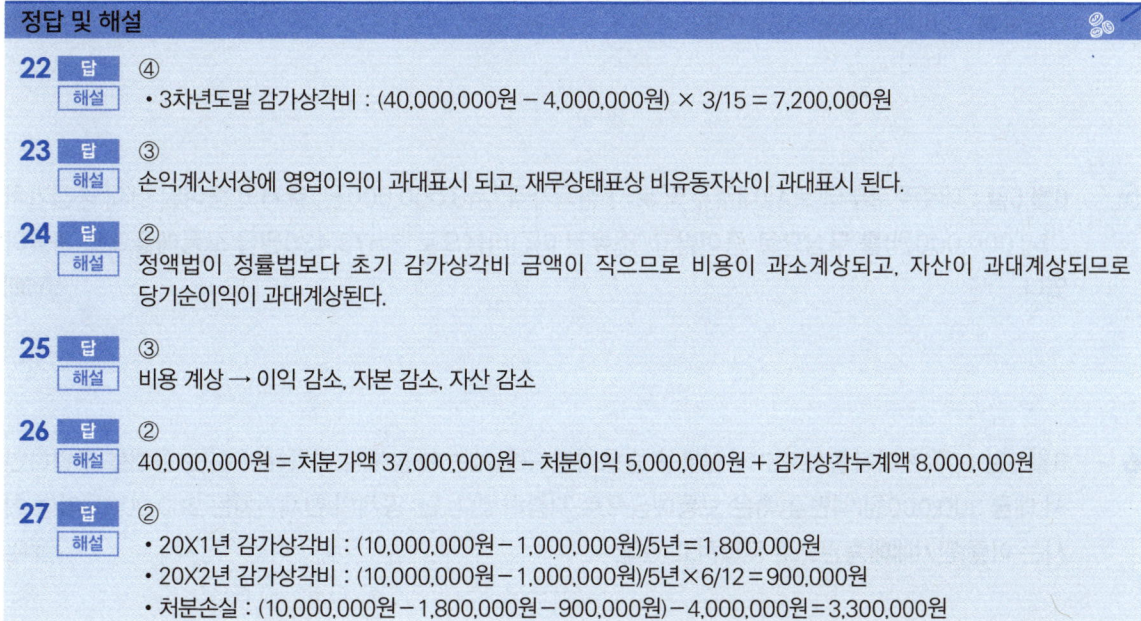

정답 및 해설

22 답 ④
해설 · 3차년도말 감가상각비 : (40,000,000원 − 4,000,000원) × 3/15 = 7,200,000원

23 답 ③
해설 손익계산서상에 영업이익이 과대표시 되고, 재무상태표상 비유동자산이 과대표시 된다.

24 답 ①
해설 정액법이 정률법보다 초기 감가상각비 금액이 작으므로 비용이 과소계상되고, 자산이 과대계상되므로 당기순이익이 과대계상된다.

25 답 ③
해설 비용 계상 → 이익 감소, 자본 감소, 자산 감소

26 답 ②
해설 40,000,000원 = 처분가액 37,000,000원 − 처분이익 5,000,000원 + 감가상각누계액 8,000,000원

27 답 ②
해설 · 20X1년 감가상각비 : (10,000,000원 − 1,000,000원)/5년 = 1,800,000원
· 20X2년 감가상각비 : (10,000,000원 − 1,000,000원)/5년 × 6/12 = 900,000원
· 처분손실 : (10,000,000원 − 1,800,000원 − 900,000원) − 4,000,000원 = 3,300,000원

제7절 | 유형자산 - 실무 기출문제

다음의 거래 자료를 ㈜일반전표(회사코드 : 1003)의 일반전표입력 메뉴에 추가 입력하시오.

★ [유형 1] 유형자산의 취득원가 (1 ~ 11)　최신 30회 중 14문제 출제

1 6월 1일 : 새로 구입한 업무용 차량의 취득세 600,000원을 현금으로 납부하였다.　107회

2 6월 2일 : 생산라인 증설을 위해 지난 5월 9일 계약금 5,000,000원을 주고 대박유통에 제작 의뢰한 기계장치가 설치완료 되어 잔금 25,000,000원 중 22,000,000원은 하나은행 보통예금으로 지급하고 나머지는 15일 후에 지급하기로 하다.(단, 부가가치세는 고려하지 말 것)　50회

3 6월 3일 : (주)한국건설에 공장 건물 증축을 의뢰하여 완공되었다. 공사대금 100,000,000원 중 60%는 5개월 만기 당사발행 약속어음으로 결제하였으며, 나머지는 당좌수표를 발행하여 지급하였다. (단, ㈜한국건설은 거래처코드 203번으로 신규 등록할 것)　70회

4 6월 4일 : (주)한국건설로부터 공장건물 건축용 토지를 60,000,000원에 구입하고, 토지대금 중 40,000,000원과 토지매입에 따른 취득세 등 관련 부대비용 6,000,000원을 보통예금계좌에서 지급하였으며, 나머지는 외상으로 하였다.　82회

5 6월 5일 : 대주주로부터 토지(대주주의 토지 취득가액 : 48,000,000원, 토지의 증여일 현재 공정가치 : 50,000,000원)를 무상으로 증여받고, 소유권 이전비용으로 2,873,430원을 보통예금으로 지출하였다.　116회

6 6월 6일 : (주)현대자동차로부터 업무용 승용차를 구입하는 과정에서 취득해야 하는 공채를 구입하면서 대금 300,000원(액면금액)은 보통예금으로 지급하였다. 단, 공채의 현재가치는 260,000원이며 회사는 이를 단기매매증권으로 처리하고 있다.　92회

정답 및 해설

1 일자 : 6월 1일

| 분개 | (차변) 차량운반구 | 600,000 | (대변) 현금 | 600,000 |

구분	계정과목	거래처	적요	차변	대변
출금	0208 차량운반구			600,000	(현금)

2 일자 : 6월 2일

분개	(차변) 기계장치	30,000,000	(대변) 선급금(대박유통)	5,000,000
			(대변) 보통예금	22,000,000
			(대변) 미지급금(대박유통)	3,000,000

구분	계정과목	거래처	적요	차변	대변
차변	0206 기계장치			30,000,000	
대변	0131 선급금	00202 대박유통			5,000,000
대변	0103 보통예금				22,000,000
대변	0253 미지급금	00202 대박유통			3,000,000

3 일자 : 6월 3일

분개	(차변) 건물	100,000,000	(대변) 미지급금((주)한국건설)	60,000,000
			(대변) 당좌예금	40,000,000

구분	계정과목	거래처	적요	차변	대변
차변	0202 건물			100,000,000	
대변	0253 미지급금	00203 (주)한국건설			60,000,000
대변	0102 당좌예금				40,000,000

4 일자 : 6월 4일

분개	(차변) 토지	66,000,000	(대변) 보통예금	46,000,000
			(대변) 미지급금((주)한국건설)	20,000,000

구분	계정과목	거래처	적요	차변	대변
차변	0201 토지			66,000,000	
대변	0103 보통예금				46,000,000
대변	0253 미지급금	00203 (주)한국건설			20,000,000

5 일자 : 6월 5일

분개	(차변) 토지	52,873,430	(대변) 자산수증이익	50,000,000
			(대변) 보통예금	2,873,430

* 소유권 이전비용은 취득원가에 가산한다.

구분	계정과목	거래처	적요	차변	대변
차변	0201 토지			52,873,430	
대변	0917 자산수증이익				50,000,000
대변	0103 보통예금				2,873,430

6 일자 : 6월 6일

분개	(차변) 단기매매증권	260,000	(대변) 보통예금	300,000
	(차변) 차량운반구	40,000		

구분	계정과목	거래처	적요	차변	대변
차변	0107 단기매매증권			260,000	
차변	0208 차량운반구			40,000	
대변	0103 보통예금				300,000

7 6월 7일 : 업무용 승용차를 구입하면서 다음과 같은 금액을 구매대행회사에 전액 현금으로 지급하다. 회사는 차량구입 시 필수적으로 매입하는 지역개발채권을 만기까지 보유하기로 하였다. `47회`

- 차 량 가 액   : 18,500,000원
- 취득세   : 500,000원
- 지역개발채권매입액 : 500,000원 (만기 2028년 5월 18일)

8 6월 8일 : 사용 중인 기계장치(취득원가 : 30,000,000원, 감가상각누계액 : 15,000,000원)를 동일업종인 거래처의 유사한 용도로 사용하던 기계장치(장부가액 : 18,000,000원, 공정가액 : 20,000,000원)와 교환하였다. 교환되는 기계장치 상호간의 공정가액은 동일하다. `44회`

9 6월 9일 : 사옥신축을 위한 신한은행 차입금의 이자비용 3,000,000원을 우리은행 보통예금에서 이체하였으며, 이자비용은 자본화하기로 하였다. 착공일은 당해연도 2월 1일, 완공일은 2025년 9월 30일이다. `98회`

10 6월 10일 공장신축을 위해 지난 3년간 소요된 금액은 300,000,000원으로 모두 자산으로 처리(차입금의 이자비용 등도 자본화)해왔으며, 금일 완공되었다. `77회`

11 6월 11일 : 태안에 공장을 신축하기 위하여 대박유통으로부터 건물이 있는 부지를 구입하고 건물을 철거하였다. 건물이 있는 부지의 구입비로 50,000,000원에 일괄구입 후 대금은 우리은행으로부터 대출(대출기간 3년)을 받아 지불하였다. 또한 건물의 철거비용 3,000,000원과 토지 정지비용 3,200,000원을 당좌수표를 발행하여 지급하였다.(하나의 전표로 입력할 것) `59회`

[유형 2] 유형자산의 취득 후 지출 (12 ~ 13) `최신 30회 중 1문제 출제`

12 6월 12일 : 기계장치 취득 후 1년이 지난 현재 주요수선 및 설비증진을 위한 자본적지출로 8,000,000원을 현금으로 지급하였다. `95회`

정답 및 해설

7. 일자 : 6월 7일

분개
(차변) 차량운반구 19,000,000 (대변) 현금 19,500,000
(차변) 만기보유증권(투자) 500,000

구분	계정과목		거래처		적요		차변	대변
차변	0208	차량운반구					19,000,000	
차변	0181	만기보유증권					500,000	
대변	0101	현금						19,500,000

8. 일자 : 6월 8일

분개
(차변) 기계장치 15,000,000 (대변) 기계장치 30,000,000
(차변) 감가상각누계액 15,000,000

구분	계정과목		거래처		적요		차변	대변
차변	0206	기계장치					15,000,000	
차변	0207	감가상각누계액					15,000,000	
대변	0206	기계장치						30,000,000

9. 일자 : 6월 9일

분개
(차변) 건설중인자산 3,000,000 (대변) 보통예금 3,000,000

구분	계정과목		거래처		적요		차변	대변
차변	0214	건설중인자산					3,000,000	
대변	0103	보통예금						3,000,000

10. 일자 : 6월 10일

분개
(차변) 건물 300,000,000 (대변) 건설중인자산 300,000,000

구분	계정과목		거래처		적요		차변	대변
차변	0202	건물					300,000,000	
대변	0214	건설중인자산						300,000,000

11. 일자 : 6월 11일

분개
(차변) 토지 56,200,000 (대변) 장기차입금(우리은행) 50,000,000
(대변) 당좌예금 6,200,000

구분	계정과목		거래처		적요		차변	대변
차변	0201	토지					56,200,000	
대변	0293	장기차입금	98000	우리은행				50,000,000
대변	0102	당좌예금						6,200,000

12. 일자 : 6월 12일

분개
(차변) 기계장치 8,000,000 (대변) 현금 8,000,000

구분	계정과목		거래처		적요		차변	대변
출금	0206	기계장치					8,000,000	(현금)

13 6월 13일 다음의 공장건물에 대한 지출내역을 보고 회계처리를 하시오.(고정자산 등록은 생략하고, 하나의 전표로 입력한다) 단, 대금은 전액 당좌수표를 발행하여 지급하였다. 58회

- 파손으로 인한 유리교체비용 : 1,800,000원
- 내용연수 증가를 위한 대수선비 : 14,600,000원
- 건물외벽의 도색비 : 3,300,000원

[유형 3] 유형자산의 처분 (14 ~ 16)   최신 30회 중 2문제 출제

14 6월 14일 : 자금부족으로 인하여 업무용으로 사용하던 토지(장부금액 19,000,000원)를 35,000,000원에 처분하고, 대금은 대박유통이 발행한 어음(90일 만기)을 받았다. 56회

15 6월 15일 : 사용 중인 창고건물(취득가액 20,000,000원, 감가상각누계액 10,000,000원)을 새로 신축하기 위해 철거하였으며, 철거용역업체에 철거비용 2,000,000원을 보통예금에서 지급하였다. 45회

16 6월 16일 : 제품 운반용 트럭(취득가액 25,000,000원, 감가상각누계액 20,000,000원)이 노후되어 폐차하였으며, 폐차관련 부대비용 350,000원은 보통예금에서 이체지급하였다.(당기의 감가상각비는 고려하지 말 것) 95회

정답 및 해설

13 일자 : 6월 13일

분개	(차변) 수선비(제)	5,100,000	(대변) 당좌예금	19,700,000
	(차변) 건물	14,600,000		

구분	계정과목	거래처	적요	차변	대변
차변	0520 수선비			5,100,000	
차변	0202 건물			14,600,000	
대변	0102 당좌예금				19,700,000

14 일자 : 6월 14일

분개	(차변) 미수금(대박유통)	35,000,000	(대변) 토지	19,000,000
			(대변) 유형자산처분이익	16,000,000

구분	계정과목	거래처	적요	차변	대변
차변	0120 미수금	00202 대박유통		35,000,000	
대변	0201 토지				19,000,000
대변	0914 유형자산처분이익				16,000,000

15 일자 : 6월 15일

분개	(차변) 감가상각누계액	10,000,000	(대변) 건물	20,000,000
	(차변) 유형자산처분손실	12,000,000	(대변) 보통예금	2,000,000

구분	계정과목	거래처	적요	차변	대변
차변	0203 감가상각누계액			10,000,000	
차변	0970 유형자산처분손실			12,000,000	
대변	0202 건물				20,000,000
대변	0103 보통예금				2,000,000

16 일자 : 6월 16일

분개	(차변) 감가상각누계액(209)	20,000,000	(대변) 차량운반구	25,000,000
	(차변) 유형자산처분손실	5,350,000	(대변) 보통예금	350,000

구분	계정과목	거래처	적요	차변	대변
차변	0209 감가상각누계액			20,000,000	
차변	0970 유형자산처분손실			5,350,000	
대변	0208 차량운반구				25,000,000
대변	0103 보통예금				350,000

제8절 무형자산과 기타비유동자산

❶ 무형자산의 정의

무형자산이란 물리적 실체가 없지만 기업이 영업활동에 장기간 사용할 목적으로 보유하는 비화폐성 자산을 말한다. 무형자산은 물리적 실체가 없으며 미래 수익창출능력에 고도의 불확실성이 존재한다는 점을 제외하고는 유형자산과 동일한 기능을 수행한다.

포인트 : 화폐성과 비화폐성자산

종류	정의
화폐성 항목	수취금액이나 지급금액이 계약 등으로 인하여 일정액(화폐액)으로 고정되어 있는 외화자산·부채 예) 매출채권, 매입채무, 미지급금, 차입금, 사채 등
비화폐성 항목	화폐성 항목이 아닌 자산과 부채로서 일정수량의 재화 또는 용역 자체의 거래와 관련된 권리와 의무 예) 재화와 용역에 대한 선급금 및 선수금, 재고자산, 유형자산, 무형자산 등

❷ 무형자산의 요건

무형자산으로 정의되기 위한 요건은 식별가능성, 자산에 대한 통제, 미래경제적 효익이다. 무형자산의 요건을 모두 충족하는 경우에는 무형자산으로 인식하지만, 충족시키지 못할 경우에는 그것을 취득 또는 창출하는 데 소요되는 지출이 발생 했을 때 비용으로 인식한다.

(1) 식별가능성

특정 자산이 구체적인 개별자산으로 식별될 수 있는지를 나타내는 개념이며, 기업전체나 일부 자산과 분리하여 처분 또는 대여할 수 있는 개별적 가치를 가지고 있어야 함을 의미한다.

(2) 자산에 대한 통제

특정 기업이 그 무형자산을 통해 창출할 수 있는 미래경제적 효익을 배타적으로 확보할 수 있어야 하고, 제3자가 그 효익에 접근하는 것을 제한할 수 있어야 한다는 것이다. 고정고객이나 고객의 충성도 등은 특정 기업에게 미래경제적 효익을 제공해 주지만 통제가능성이 없으므로 무형자산으로 계상할 수 없다.

(3) 미래경제적 효익

미래경제적 효익은 미래경제적 효익이 기업에 유입될 가능성이 매우 높고 이를 신뢰성있게 측정할 수 있어야 한다.

★ ❸ 무형자산의 종류

(1) 영업권

영업권은 우수한 경영진, 특유의 제조기법, 오랜 명성, 뛰어난 판매조직, 탁월한 입지조건, 기업의 좋은 이미지 등 타기업에 비해 유리한 장점을 집합한 무형의 자원을 말한다. 영업권은 동종산업의 다른 기업보다 평균 이상의 이익을 가득할 수 있는, 곧 초과수익력을 의미한다. 영업권은 발생유형에 따라 자가창설영업권과 매수영업권으로 구분할 수 있다.

① 자가창설영업권
자가창설영업권은 기업 내부적으로 스스로 평가하여 재무상태표에 자산으로 계상하는 영업권으로서 취득원가를 신뢰성 있게 측정할 수 없고 기업이 통제하고 있는 식별가능한 자원이 아니기 때문에 일반기업회계기준에서 무형자산으로 인정하지 않는다.

② 매수영업권
매수영업권이란 외부에서 구입한 영업권이란 합병, 영업양수 등의 경우에 유상으로 취득한 것을 말하며 합병 등의 대가가 합병 등으로 취득하는 순자산의 공정가치를 초과하는 금액이 무형자산으로 인정되는 영업권에 해당한다.

> 매수영업권 = 합병 등의 대가로 지급한 금액 - 취득한 순자산의 공정가치

사례 | 매수영업권

20x1년 12월 1일 (주)재기를 합병하면서 현금 50,000,000원을 지급하였다. (주)재기의 20x1년 12월 1일 현재 자산의 공정가치 100,000,000이며, 부채는 60,000,000원이다.

| (차) 자산 | 100,000,000 | (대) 부채 | 60,000,000 |
| (차) 영업권 | 10,000,000 | (대) 현금 | 50,000,000 |

(2) 개발비

개발비는 신제품, 신기술 등의 개발과 관련하여 발생한 비용으로 개별적으로 식별가능하고 미래의 경제적 효익을 확실히 기대할 수 있는 것을 말한다. 기업의 내부 프로젝트는 연구활동과 개발활동으로 구분되며, 연구단계에서 발생한 비용은 연구비 과목으로 처리하고, 개발단계에서 발생한 비용은 개발비 또는 경상개발비 과목으로 처리한다.

구 분		회계처리
연구단계에서 발생한 지출		연구비라는 과목으로 하여 발생한 기간에 판관비로 처리
개발단계에서 발생한 지출	1) 자산인식요건 충족 ○	개발비(무형자산)로 계상
	2) 자산인식요건 충족 ×	경상개발비의 과목으로 하여 발생한 기간에 제조원가 또는 판관비로 처리

* 무형자산을 창출하기 위한 내부 프로젝트를 연구단계와 개발단계로 구분할 수 없는 경우에는 그 프로젝트에서 발생한 지출은 모두 연구단계에서 발생한 것으로 본다.

포인트 | 연구단계와 개발단계

연구단계	개발단계
① 새로운 지식을 얻고자 하는 활동	① 생산이나 사용 전의 시제품과 모형을 설계, 제작, 시험하는 활동
② 연구 결과 또는 기타 지식을 탐색, 평가, 최종 선택 및 응용하는 활동	② 새로운 기술과 관련된 공구, 주형, 금형 등을 설계하는 활동
③ 재료, 장치, 제품, 공정, 시스템, 용역 등에 대한 여러 가지 대체안을 탐색하는 활동	③ 상업적 생산 목적으로 실현 가능한 경제적 규모가 아닌 시험공장을 설계, 건설, 가동하는 활동
④ 새롭거나 개선된 재료, 장치, 제품, 공정, 시스템, 용역 등에 대한 여러 가지 대체안을 제안, 설계, 평가 및 최종 선택하는 활동	④ 신규 또는 개선된 재료, 장치, 제품, 공정, 시스템이나 용역에 대하여 최종적으로 선정된 안을 설계, 제작, 시험하는 활동

> **사례** 연구·개발단계

① 기초연구비용 100,000원을 수표를 발행하여 지급하다.
(차) 연구비　　　100,000　　　　(대) 당좌예금　　　100,000

② 신제품 개발비용 200,000원을 현금으로 지급하다. 개발된 신제품은 제품화가 어려울 것으로 판단된다.
(차) 경상개발비　200,000　　　　(대) 현　금　　　　200,000

③ 신제품 개발비용 300,000원을 수표를 발행하여 지급하다. 개발된 신제품은 제품화를 통하여 매출증가에 기여할 것으로 판단된다.
(차) 개발비　　　300,000　　　　(대) 당좌예금　　　300,000

(3) 소프트웨어

자산인식조건을 충족하는 소프트웨어를 구입하여 사용하는 경우의 동 구입비용은 소프트웨어의 과목으로 하여 무형자산으로 인식하지만, 내부에서 개발된 소프트웨어에 소요된 원가가 자산인식조건을 충족하는 경우에는 개발비의 과목으로 하여 무형자산으로 처리한다.

> **사례** 소프트웨어

(주)한국세무사회의 전산세무회계 프로그램 케이렙을 500,000원에 구입하고 대금은 보통예금 계좌에서 이체하여 지급하였다.
(차) 소프트웨어　500,000　　　　(대) 보통예금　　　500,000

(4) 산업재산권

산업재산권이란 법률에 의하여 일정기간 독점적, 배타적으로 이용할 수 있는 권리로서 특허권, 실용신안권, 의장권 및 상표권 등을 말한다.

> **사례** 산업재산권

신제품 개발에 성공하여 특허권을 취득하고, 특허출원 등의 제비용 100,000원을 현금으로 지급하다.
(차) 특허권　　　500,000　　　　(대) 현　금　　　　500,000

(5) 기타의 무형자산

① **라이선스** : 상표·특허·제조 기술 등을 독점적으로 사용할 수 있는 권리를 말한다.
② **프랜차이즈** : 체인본사와 계약한 가맹점이 일정한 관할지역 내에서 체인본사의 재화나 용역을 독점적으로 생산·판매할 수 있는 권리를 말한다.
③ **저작권** : 문학, 학술, 예술의 범위에 속하는 창작물에 대하여 저작권자나 그 권리 승계인이 행사하는 저작물에 대한 독점적·배타적 권리를 말한다.
④ **임차권리금** : 토지나 건물의 임대차에 부수하여 그 부동산이 가지는 특별한 장소적 이익의 대가로서 임대인이 임차인으로부터 수취하는 대가를 말한다.
⑤ **광업권** : 일정한 광구에서 부존하는 광물을 독점적·배타적으로 채굴하여 취득할 수 있는 권리를 말한다.
⑥ **어업권** : 일정한 수면에서 독점적·배타적으로 어업을 경영할 수 있는 권리를 말한다.

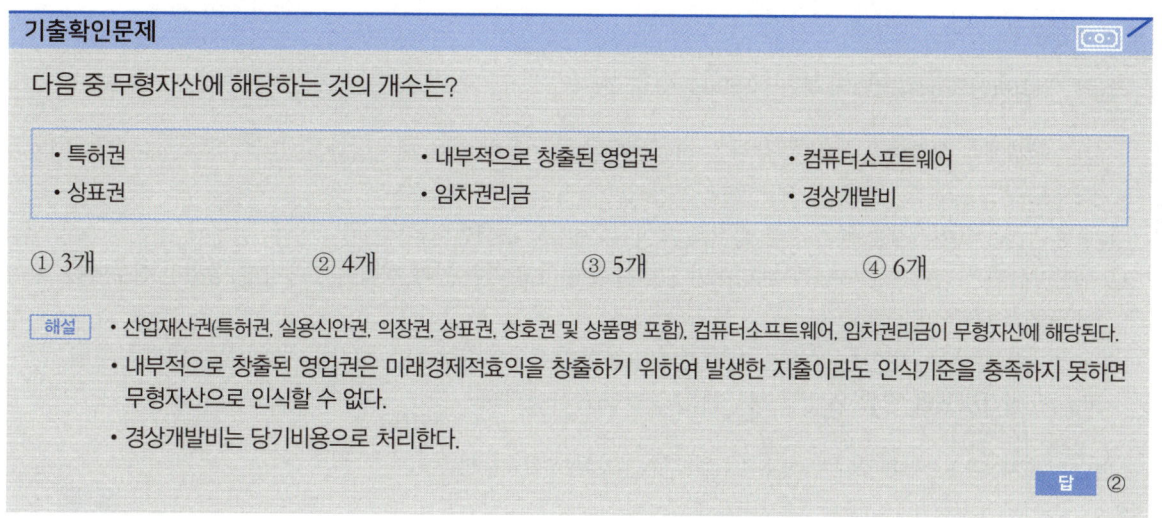

4 무형자산의 상각

(1) 상각기간

무형자산의 상각대상금액은 그 자산의 추정내용연수동안 체계적인 방법에 의하여 비용으로 배분한다. 무형자산의 상각기간은 독점적, 배타적인 권리를 부여하고 있는 관계법령이나 계약에 정해진 경우를 제외하고는 20년을 초과할 수 없다. 상각은 자산이 사용가능한 때부터 시작한다.

(2) 상각방법

무형자산의 상각방법은 합리적인 방법에 의해 상각한다. 이러한 합리적인 상각방법이란 정액법, 정률법, 연수합계법, 이중체감법, 생산량비례법 등이 있다. 다만, 합리적인 상각방법을 정할 수 없는 경우에는 정액법을 사용한다.

(3) 재무제표 표시

무형자산은 취득원가에서 무형자산상각누계액을 직접 차감하여 표시(직접법)할 수도 있고 취득원가에서 무형자산상각누계액을 차감하는 형식으로 표시(간접법)할 수 있다. 일반기업회계기준에서는 무형자산의 표시방법으로 직접법과 간접법을 모두 허용하고 있다.

| ① 직접법 : (차) 무형자산상각비 ××× | (대) 무형자산 ××× |
| ② 간접법 : (차) 무형자산상각비 ××× | (대) 무형자산상각누계액 ××× |

* 무형자산상각비는 무형자산이 제조와 관련된 경우에는 제조원가로, 그 밖의 경우에는 판관비로 계상한다.

(4) 잔존가치

무형자산의 잔존가치는 없는 것을 원칙으로 한다. 다만, 상각기간이 경제적 내용연수보다 짧은 경우에는 상각기간 종료시점에서 제3자가 그 자산을 구입하는 약정이 있거나 그 자산에 대한 거래시장이 존재하여 잔존가치가 거래시장에서 결정될 가능성이 매우 높다면 잔존가치를 인식할 수 있다.

기출확인문제

다음은 무형자산의 상각방법에 대한 설명이다. 틀린 것은?

① 취득원가에서 상각액을 직접 차감하는 직접상각법을 사용할 경우 재무상태표상의 무형자산은 미상각잔액으로 보고된다.
② 무형자산의 잔존가치는 없는 것을 원칙으로 하나, 예외도 존재한다.
③ 무형자산의 상각기간은 독점적·배타적인 권리를 부여하고 있는 관계 법령이나 계약에 정해진 경우에는 20년을 초과할 수 있다.
④ 무형자산의 상각방법에는 정액법, 체감잔액법(정률법 등), 연수합계법, 생산량비례법 등이 있다. 다만, 합리적인 상각방법을 정할 수 없는 경우에는 정률법을 사용한다.

해설　무형자산의 상각방법을 합리적으로 정할 수 없는 경우에는 정액법을 사용한다.

답　④

5 기타비유동자산

기타비유동자산 중 투자자산 및 유형자산, 무형자산에 속하지 않는 자산을 말한다.

(1) 임차보증금

기업이 건물이나 창고 등을 장기간 임차하는 경우에는 일반적으로 보증금을 내는데, 임차료 미지급액이 없는 상태라면 계약만료시점에 보증금을 되돌려 받을 권리가 있으므로 기타비유동자산이다.

사례　**임차보증금**

공장건물의 임대차계약을 체결하고 임차보증금 10,000,000원을 현금으로 지급하였다.
(차) 임차보증금　10,000,000　　　(대) 현금　　10,000,000

비교　임차권리금은 무형자산이다.

(2) 전세권

전세권이란 전세금을 지급하고 타인의 부동산을 그 용도에 따라 사용·수익할 수 있는 권리이다.

(3) 장기매출채권

일반적 상거래에서 발생한 매출채권 중 만기가 보고기간종료일로부터 1년 이후에 도래하는 것을 말한다.

(4) 장기미수금

유형자산의 매각 등 일반적인 상거래 이외의 거래에서 발생하는 채권으로 만기가 보고기간종료일로부터 1년 이후에 도래하는 것을 말한다.

(5) 부도어음과수표

부도어음은 만기가 되어 지급을 청구하였으나 지급불능이 되어 버린 어음을 말한다. 어음이 부도되면 어음 소지인이 어음금액을 청구할 수 있는데, 이 때 청구하는 금액은 어음금액, 만기일에서 상환일까지의 법정이자, 공증인에 의한 지급거절증서 작성비용 등의 합계액이다.

제8절 | 무형자산과 기타비유동자산 - 객관식 기출문제

★ **[유형 1] 무형자산의 정의와 요건 및 종류 (1 ~ 14)** 최신 30회 중 16문제 출제

1 다음 중 무형자산에 대한 설명으로 틀린 것은? 100회
난이도 ●●○
① 물리적 형체가 없지만 식별가능함
② 기업이 통제하고 있음
③ 분류 항목은 산업재산권, 저작권, 경상연구개발비, 영업권 등이 있음
④ 미래의 경제적 효익이 있음

2 다음 중 무형자산에 대한 설명으로 옳지 않는 것은? 2016년 8월 특별회
난이도 ●●○
① 무형자산은 대부분 산업재산권, 광업권 등 독점적 배타적 이용권을 표방하는 권리를 말한다.
② 연구활동으로 인한 창업비, 개업비 등의 지출은 미래경제적효익을 나타내므로 당해연도에 무형자산으로 인식하여야 한다.
③ 무형자산의 미래경제적효익을 확보할 수 있고 그 효익에 대한 제3자의 접근을 제한할 수 있다면 자산을 통제하고 있는 것이다.
④ 무형자산의 미래경제적효익은 재화의 매출이나 용역수익, 원가절감, 또는 자산의 사용에 따른 기타 효익의 형태로 발생한다.

3 다음 중 무형자산에 대한 설명으로 옳지 않은 것은? 98회
난이도 ●●○
① 무형자산을 최초로 인식할 때에는 원가로 측정한다.
② 내부적으로 창출한 무형자산의 창출과정은 연구단계와 개발단계로 구분한다.
③ 무형자산의 상각기간은 독점적, 배타적인 권리를 부여하고 있는 관계 법령이나 계약에 정해진 경우를 제외하고는 20년을 초과할 수 없다.
④ 무형자산을 창출하기 위한 과정을 연구단계와 개발단계로 구분할 수 없는 경우에는 모두 개발단계에서 발생한 것으로 본다.

4 다음 항목들 중에서 무형자산으로 인식할 수 없는 것은? 49회
난이도 ●●○
① 향후 5억원의 가치창출이 확실한 개발단계에 2억원을 지출하여 성공한 경우
② 내부창출한 상표권으로서 기말시점에 회사 자체적으로 평가한 금액이 1억원인 경우
③ 통신기술과 관련한 특허권을 출원하는 데 1억원을 지급한 경우
④ 12억원인 저작권을 현금으로 취득한 경우

5 다음 중 무형자산에 해당하는 계정과목은 몇 개인가? 97회

| • 상표권 | • 기계장치 | • 토지 |
| • 저작권 | • 개발비 | • 광업권 |

① 3개 ② 4개 ③ 5개 ④ 6개

6 다음 중 무형자산에 속하지 않는 것은? 84회

① 영업권 ② 임차권리금
③ 산업재산권 ④ 임차보증금

정답 및 해설

1 답 ③
해설 ③ 경상연구개발비는 판매비와 관리비로 분류된다.
- 무형자산은 물리적 형체는 없지만 식별가능하고 기업이 통제하고 있으며, 미래경제적효익이 있는 비화폐성자산으로 산업재산권, 저작권, 개발비 등과 사업결합에서 발생한 영업권을 포함한다.
- 무형자산 중 별도 표시하는 소분류 항목의 예는 다음과 같다. 영업권, 산업재산권, 개발비, 기타등이 있다. 기타는 라이선스와 프랜차이즈, 저작권, 컴퓨터소프트웨어, 임차권리금, 광업권, 어업권 등을 포함한다. 다만, 이들 항목이 중요한 경우에는 개별 표시한다.

2 답 ②
해설 연구활동으로 인한 창업비, 개업비 등의 기타지출은 항상 당기 비용으로 인식한다.

3 답 ④
해설 무형자산을 창출하기 위한 내부 프로젝트를 연구단계와 개발단계로 구분할 수 없는 경우에는 그 프로젝트에서 발생한 지출은 모두 연구단계에서 발생한 것으로 본다.

4 답 ②
해설 내부창출한 상표는 신뢰성 있는 측정이 아니다.

5 답 ②
해설 상표권, 저작권, 개발비, 광업권은 무형자산에 해당한다.

6 답 ④
해설 기타비유동자산은 임차보증금, 장기선급비용, 장기선급금, 장기미수금 등을 포함한다. 이들 자산은 투자수익이 없고 다른 자산으로 분류하기 어려워 기타로 통합하여 표시한다. 다만 이들 항목이 중요한 경우에는 별도 표시한다.

7 무형자산과 관련된 다음의 설명 중 옳지 않은 것은?

① 개발비는 개발단계에서 발생하여 미래 경제적 효익을 창출할 것이 기대되는 자산이다.
② 무형자산의 취득원가는 매입금액에 직접부대비용을 가산한다.
③ 무형자산을 직접 차감하여 상각하는 경우 무형자산상각비 계정을 사용한다.
④ 영업활동에 사용할 목적으로 보유하는 자산으로 물리적 실체가 있는 경우 무형자산으로 분류된다.

8 다음 중 무형자산의 회계처리에 대한 설명으로 틀린 것은?

① 무형자산을 최초로 인식할 때에는 공정가치로 측정한다.
② 다른 종류의 무형자산이나 다른 자산과의 교환으로 무형자산을 취득하는 경우에는 무형자산의 원가를 교환으로 제공한 자산의 공정가치로 측정한다.
③ 무형자산을 창출하기 위한 내부 프로젝트를 연구단계와 개발단계로 구분할 수 없는 경우에는 그 프로젝트에서 발생한 지출은 모두 연구단계에서 발생한 것으로 본다.
④ 무형자산의 잔존가치는 없는 것을 원칙으로 한다.

9 무형자산과 관련한 다음의 설명 중 적절치 않은 것은?

① 무형자산으로 인식되기 위해서는 식별가능하여야 한다.
② 무형자산은 기업이 그 무형자산에 대한 미래경제적효익을 통제할 수 있어야 한다.
③ 내부적으로 창출한 브랜드, 고객목록과 같은 항목은 무형자산으로 인식할 수 없다.
④ 내부적으로 창출한 모든 무형자산은 무형자산으로 인식할 수 없다.

10 다음 중 일반기업회계기준상 무형자산으로 계상할 수 없는 것은?

① 합병 등으로 인하여 유상으로 취득한 영업권
② 기업의 프로젝트 연구단계에서 발생하여 지출한 연구비
③ 일정한 광구에서 부존하는 광물을 독점적·배타적으로 채굴하여 취득할 수 있는 광업권
④ 일정기간동안 독점적·배타적으로 이용할 수 있는 산업재산권

11 다음 설명 중 가장 올바른 회계처리방법을 설명한 것은?　　　41회

① 기계장치를 구입하는 과정에서 발생된 보험료는 판매비와관리비에 포함된다.
② 연구비와 개발비는 전액 비용으로 처리한다.
③ 자가 창설(내부창출)된 영업권(goodwill)은 무형자산으로 계상할 수 없다.
④ 무형자산은 진부화되거나 시장가치가 급격히 하락해도 손상차손을 인식할 수 없다.

12 무형자산에 대한 설명으로 옳지 않은 것은?　　　67회

① 내부적으로 창출한 무형자산의 창출과정은 연구단계와 개발단계로 구분한다.
② 무형자산을 창출하기 위한 과정을 연구단계와 개발단계로 구분할 수 없는 경우에는 모두 개발단계에서 발생한 것으로 본다.
③ 상각대상금액은 추정내용연수 동안 체계적인 방법에 의하여 비용으로 배분한다.
④ 무형자산의 상각기간은 독점적, 배타적인 권리를 부여하고 있는 관계 법령이나 계약에 정해진 경우를 제외하고는 20년을 초과할 수 없다.

정답 및 해설

7 답 ④
해설　무형자산은 물리적 실체가 없는 자산이다.

8 답 ①
해설　무형자산을 최초로 인식할 때에는 원가로 측정한다.

9 답 ④
해설　내부적으로 창출한 무형자산이 인식기준에 부합하는지를 평가하기 위하여 무형자산의 창출과정을 연구단계와 개발단계로 구분하여 개발단계에 해당하는 경우 무형자산으로 인식한다.

10 답 ②
해설　기업의 연구개발활동 중 연구단계에서 발생하여 지출한 연구비는 당기비용으로 처리 한다.

11 답 ③
해설　사업결합으로 취득한 영업권만 인정한다.

12 답 ②
해설　무형자산을 창출하기 위한 내부 프로젝트를 연구단계와 개발단계로 구분할 수 없는 경우에는 그 프로젝트에서 발생한 지출은 모두 연구단계에서 발생한 것으로 본다.

13
다음은 ㈜서울의 당기 지출 내역 중 일부이다. 아래의 자료에서 무형자산으로 기록할 수 있는 금액은 모두 얼마인가? [114회]

- 신제품 특허권 취득 비용 30,000,000원
- 신제품의 연구단계에서 발생한 재료 구입 비용 1,500,000원
- A기업이 가지고 있는 상표권 구입 비용 22,000,000원

① 22,000,000원 ② 30,000,000원 ③ 52,000,000원 ④ 53,500,000원

14
다음은 ㈜희망이 무형자산을 창출하기 위해 지출한 내부 프로젝트의 경비 항목이다. 이 항목들에 대하여 연구단계와 개발단계를 구분할 수 없는 경우, 무형자산으로 인식할 수 있는 금액은 얼마인가? [71회]

- 관련자료 구입비 : 3,000,000원
- 인건비 : 6,500,000원
- 창출관련 행정수수료 : 1,200,000원
- 기타 창출경비 : 800,000원

① 0원
② 3,000,000원
③ 4,200,000원
④ 11,500,000원

[유형 2] 무형자산의 상각과 비유동자산 (15 ~ 18) 최신 30회 중 6문제 출제

15
다음 중 무형자산에 대한 설명으로 가장 옳지 않은 것은? [115회]

① 무형자산은 상각완료 후 잔존가치로 1,000원을 반드시 남겨둔다.
② 무형자산의 상각방법은 정액법, 정률법 둘 다 사용 가능하다.
③ 무형자산을 상각하는 회계처리를 할 때는 일반적으로 직접법으로 처리하고 있다.
④ 무형자산 중 내부에서 창출한 영업권은 무형자산으로 인정되지 않는다.

16
다음 중 무형자산에 대한 설명으로 틀린 것은? [113회]

① 물리적인 실체는 없지만 식별이 가능한 비화폐성 자산이다.
② 무형자산을 통해 발생하는 미래 경제적 효익을 기업이 통제할 수 있어야 한다.
③ 무형자산은 자산의 정의를 충족하면서 다른 자산들과 분리하여 거래를 할 수 있거나 계약상 또는 법적 권리로부터 발생하여야 한다.
④ 일반기업회계기준은 무형자산의 회계처리와 관련하여 영업권을 포함한 무형자산의 내용연수를 원칙적으로 40년을 초과하지 않도록 한정하고 있다.

17 다음 중 유동자산과 비유동자산의 분류가 올바르게 짝지어진 것은? 58회

	유동자산	비유동자산		유동자산	비유동자산
①	건설중인자산	개발비	②	미수금	선급비용
③	선급비용	건설중인자산	④	영업권	단기투자자산

18 다음 중 계정과목의 분류가 나머지 계정과목과 다른 하나는 무엇인가? 112회

① 임차보증금   ② 산업재산권   ③ 프랜차이즈   ④ 소프트웨어

정답 및 해설

13 답 ③
해설
- 무형자산 : 신제품 특허권 구입 비용 30,000,000원 + A기업의 상표권 구입 비용 22,000,000원
  = 52,000,000원
- 연구단계에서 발생한 비용은 기간비용으로 처리한다.

14 답 ①
해설 무형자산을 창출하기 위한 내부 프로젝트를 연구단계와 개발단계로 구분할 수 없는 경우에는 그 프로젝트에서 발생한 지출은 모두 연구단계에서 발생한 것으로 본다.

15 답 ①
해설 무형자산의 잔존가치는 원칙적으로 '0'인 것으로 본다.

16 답 ④
해설 일반기업회계기준은 무형자산의 회계처리와 관련하여 영업권을 포함한 무형자산의 내용연수를 원칙적으로 20년을 초과하지 않도록 한정하고 있다.

17 답 ③
해설 선급비용, 단기투자자산, 미수금은 유동자산이며, 건설중인자산, 개발비, 영업권은 비유동자산이다.

18 답 ①
해설 임차보증금은 기타비유동자산으로 분류하고, 나머지는 무형자산으로 분류한다.

제8절 무형자산과 기타비유동자산 - 실무 기출문제 ｜최신 30회 중 3문제 출제

다음의 거래 자료를 ㈜일반전표(회사코드 : 1003)의 일반전표입력 메뉴에 추가 입력하시오.

1 7월 1일 : 신제품을 개발하고 특허권을 취득하기 위한 수수료 500,000원을 현금으로 지급하였다. (무형자산으로 처리할 것) ｜81회

2 7월 2일 : 당사의 신제품 개발을 위해 보통예금에서 인출된 개발비 2,000,000원에 대하여 자산계정을 사용하여 회계처리하시오. ｜49회

3 7월 3일 : 생산부서에서 새로운 기술적 지식을 얻기 위해 계획적인 탐구활동을 하면서 사용한 물품의 대금 1,000,000원을 당좌수표를 발행하여 지급하였다.(단, 이는 자산 인식 조건을 충족하지 못하였다) ｜91회

4 7월 4일 : 당사와 동일 업종을 영위하는 우박기업을 매수합병하고 합병대금 12,000,000원은 당좌수표를 발행하여 지급하다. 합병일 현재 우박기업의 자산은 토지(장부금액 8,000,000원, 공정가치 9,300,000원)와 특허권(장부금액 580,000원, 공정가치 1,400,000원)뿐이며 부채는 없다. ｜세무 2급

5 7월 5일 : 대박유통과 공장건물의 임대차계약을 체결하고 임차보증금 10,000,000원 중 3,000,000원은 현금으로 지급하고 나머지는 당좌수표를 발행하여 지급하였다. ｜90회

6 7월 6일 : 미지급금으로 계상되어 있는 공장 임차료 3,000,000원을 임대인(대박유통)과 합의 하에 보증금과 상계하다. ｜61회

정답 및 해설

1 일자 : 7월 1일

| 분개 | (차변) 특허권 | 500,000 | (대변) 현금 | 500,000 |

구분	계정과목	거래처	적요	차변	대변
출금	0219 특허권			500,000	(현금)

2 일자 : 7월 2일

| 분개 | (차변) 개발비 | 2,000,000 | (대변) 보통예금 | 2,000,000 |

구분	계정과목	거래처	적요	차변	대변
차변	0226 개발비			2,000,000	
대변	0103 보통예금				2,000,000

3 일자 : 7월 3일

| 분개 | (차변) 경상연구개발비(제) | 1,000,000 | (대변) 당좌예금 | 1,000,000 |

구분	계정과목	거래처	적요	차변	대변
차변	0523 경상연구개발비			1,000,000	
대변	0102 당좌예금				1,000,000

4 일자 : 7월 4일

| 분개 | (차변) 토지
(차변) 특허권
(차변) 영업권 | 9,300,000
1,400,000
1,300,000 | (대변) 당좌예금 | 12,000,000 |

구분	계정과목	거래처	적요	차변	대변
차변	0201 토지			9,300,000	
차변	0219 특허권			1,400,000	
차변	0218 영업권			1,300,000	
대변	0102 당좌예금				12,000,000

5 일자 : 7월 5일

| 분개 | (차변) 임차보증금(대박유통) | 10,000,000 | (대변) 현금
(대변) 당좌예금 | 3,000,000
7,000,000 |

구분	계정과목	거래처	적요	차변	대변
차변	0232 임차보증금	00202 대박유통		10,000,000	
대변	0101 현금				3,000,000
대변	0102 당좌예금				7,000,000

6 일자 : 7월 6일

| 분개 | (차변) 미지급금(대박유통) | 3,000,000 | (대변) 임차보증금(대박유통) | 3,000,000 |

구분	계정과목	거래처	적요	차변	대변
차변	0253 미지급금	00202 대박유통		3,000,000	
대변	0232 임차보증금	00202 대박유통			3,000,000

제9절 | 부채

부채란 과거의 거래나 사건의 결과로서 현재 기업이 부담하고 있고 그 이행에 자원의 유출이 예상되는 의무이다. 부채는 1년을 기준으로 유동부채와 비유동부채로 분류한다.

❶ 유동부채

유동부채란 보고기간종료일로부터 1년 이내에 상환되는 채무를 말한다.

과 목	내 용
① 외상매입금	원재료 또는 상품을 외상으로 산 경우 갚지 않은 매입대금
② 지급어음	원재료 또는 상품을 외상으로 사면서 회사가 발행해 준 어음
③ 단기차입금	보고기간종료일로부터 1년 이내의 기간을 만기로 빌려온 돈
④ 미지급금	일반적인 상거래 이외에서 발생한 것으로 보고기간종료일로부터 1년 이내에 상환기일이 도래하는 채무
⑤ 미지급비용	기중에 용역을 제공받고도 현금을 지급하지 않아서 아직 비용을 장부에 기록하지 않은 미지급분
⑥ 선수금	상품 또는 제품을 팔기 전에 미리 받은 계약금
⑦ 선수수익	이미 현금을 받은 금액 중에서 당기 수익이 아니고 다음연도 수익에 속하는 부분
⑧ 예수금	일반적인 상거래 이외에서 발생한 일시적 예수액
⑨ 유동성장기부채	비유동부채 중 보고기간종료일로부터 1년 이내에 상환될 채무
⑩ 가수금	현금을 받았으나 계정과목이나 금액을 확정할 수 없는 금액
⑪ 미지급세금	당해 연도에 부담해야 할 세금으로서 미지급된 금액
⑫ 미지급배당금	배당결의일 현재 미지급된 현금배당액

❷ 비유동부채

비유동부채란 보고기간종료일로부터 1년 이후에 상환되는 채무를 말한다.

과 목	내 용
① 사채	거액의 장기자금을 조달하기 위하여 발행한 차입채무
② 임대보증금	임대인이 임차인에게 부동산 등을 임대하는 임대차계약을 체결하고 받은 보증금
③ 장기차입금	보고기간 종료일로부터 1년 이후에 지급할 조건으로 현금을 빌려온 경우
④ 퇴직급여충당부채	장래에 종업원 퇴직 시 지급하게 될 퇴직금 준비액
⑤ 장기성매입채무	일반적 상거래에서 발생한 장기의 외상매입금 및 지급어음
⑥ 장기미지급금	일반적인 상거래 이외에서 발생한 것으로 보고기간 종료일로부터 1년 이후에 상환기일이 도래하는 채무

기출확인문제

다음 중 비유동부채에 해당하는 것은 모두 몇 개인가?

| 가. 사채 | 나. 유동성장기부채 | 다. 퇴직급여충당부채 | 라. 선수금 |

① 1개 ② 2개 ③ 3개 ④ 4개

해설
- 비유동부채 : 사채, 퇴직급여충당부채
- 유동부채 : 유동성장기부채, 선수금

답 ②

③ 사채

주식회사가 장기자금을 조달하기 위하여 계약에 따라 일정한 이자율을 지급하고 만기에 원금을 상환할 것을 약정한 채무를 말한다. 사채의 발행회사는 시장에서 결정된 가격에 따라 사채를 발행한다. 사채의 발행방법은 변화하는 시장이자율과 액면이자율의 차이에 따라 액면발행·할인발행·할증발행로 구분한다. 반면 투자회사의 입장에서는 보유목적에 따라 단기매매증권, 매도가능증권, 만기보유증권으로 분류된다.

시장 상황	거래 유형	발행금액과 액면금액의 비교
액면이자율 = 시장이자율	액면발행	발행금액 = 액면금액
액면이자율 〈 시장이자율	할인발행	발행금액 〈 액면금액
액면이자율 〉 시장이자율	할증발행	발행금액 〉 액면금액

(1) 액면발행

액면발행이란 사채가 발행될 때 회사가 수령하는 금액인 발행금액과 만기에 상환하기로 기재한 금액인 액면금액이 같은 경우를 말한다.

> **사례** 사채의 액면발행
>
> 액면금액 100,000원, 만기 3년 및 액면이자율 10%인 사채를 100,000원에 발행하고 대금은 보통예금계좌에 입금되었다.
> (차) 보통예금   100,000   (대) 사채   100,000

(2) 할인발행

할인발행이란 사채의 발행금액이 액면금액보다 적은 경우를 말한다. 이 때 만기 시에 지급해야할 액면금액과 발행금액과의 차이를 사채할인발행차금이라 하며 사채할인발행차금은 해당 사채의 액면금액에서 차감하는 형식으로 기재한다.

> **사례** 사채의 할인발행
>
> 액면금액 100,000원, 만기 3년 및 액면이자율 10%인 사채를 90,000원에 발행하고 대금은 보통예금계좌에 입금되었다.
> (차) 보통예금   90,000   (대) 사채   100,000
>   사채할인발행차금   10,000
>
> 부분 재무상태표
>
> | 사채 | 100,000 |
> |---|---|
> | 사채할인발행차금 | (10,000) |
> | | 90,000 |

(3) 할증발행

할증발행이란 사채의 발행금액이 액면금액보다 큰 경우를 말한다. 이 때 만기 시에 지급해야할 액면금액과 발행금액과의 차이를 사채할증발행차금이라 하며 사채할증발행차금은 해당 사채의 액면금액에서 가산하는 형식으로 기재한다.

> **사례** 사채의 할증발행
>
> 액면금액 100,000원, 만기 3년 및 액면이자율 10%인 사채를 110,000원에 발행하고 대금은 보통예금계좌에 입금되었다.
> (차) 보통예금　　　　110,000　　　　(대) 사채　　　　100,000
> 　　　　　　　　　　　　　　　　　　　　　사채할증발행차금 10,000
>
> 부분 재무상태표
>
> | | |
> |---|---:|
> | 사채 | 100,000 |
> | 사채할증발행차금 | 10,000 |
> | | 110,000 |

(4) 사채발행비

사채발행비란 사채권인쇄비, 광고비, 사채발행 수수료 등 사채발행과 관련하여 직접 소요된 지출액을 말하며, 사채발행시점의 사채발행금액에서 직접 차감한다. 사채발행비는 사채발행으로 인한 현금유입액을 감소시키므로 사채가 액면발행되거나 할인발행된 경우에는 사채할인발행차금에 가산하며 할증발행된 경우에는 사채할증발행차금에서 차감한다.

> **사례** 사채발행비
>
> ① 할증발행 시 : 액면총액 1,000,000원의 사채를 1,100,000원에 할증발행하고 사채발행비 10,000원을 제외한 나머지 현금으로 납입받았다.
> (차) 현금　　　　1,090,000　　　　(대) 사채　　　　1,000,000
> 　　　　　　　　　　　　　　　　　　　　사채할증발행차금 90,000
> ② 할인발행 시 : 액면총액 1,000,000원의 사채를 900,000원에 할인발행하고 사채발행비 10,000원을 제외한 나머지는 현금으로 납입받았다.
> (차) 현금　　　　　　890,000　　　　(대) 사채　　　　1,000,000
> 　　사채할인발행차금　110,000

★ ❹ 충당부채

부채는 1년 기준으로 유동부채와 비유동부채로 분류할 수 있지만 부채의 인식요건 충족도에 따라 확정부채와 충당부채로 분류한다. 확정부채란 보고기간종료일 현재 부채의 존재가 확실하며 지급할 금액도 확정되어 있는 부채를 말한다. 반면에 충당부채란 부채의 존재가 불확실하거나 지급시기 또는 지급액이 불확실한 부채를 말한다.

(1) 충당부채 인식요건

충당부채를 부채로 인식하기 위해서는 다음의 요건을 모두 충족해야 한다.
① 과거사건이나 거래의 결과로 현재의 의무가 존재한다.
② 당해 의무를 이행하기 위하여 자원이 유출될 가능성이 매우 높다.
③ 그 의무의 이행에 소요되는 금액을 신뢰성 있게 추정할 수 있다.

(2) 충당부채의 종류

구 분	내 용	종 류
평가성충당금	특정자산에 대한 가치하락분을 반영하여 합리적인 기간 동안 비용인식을 위한 충당금	① 대손충당금 ② 감가상각누계액 ③ 재고자산평가충당금
부채성충당금	당기 수익에 대응하는 비용으로서 장래에 지출될 가능성이 매우 높고 그 금액을 신뢰성있게 추정할 수 있는 충당금	① 퇴직급여충당부채 ② 경품충당부채 ③ 판매보증충당부채 ④ 하자보수충당부채 등

비교 │ 충당부채와 우발부채의 비교

구 분	유출 가능성	금액의 신뢰성 있는 측정	B/S
충당부채	매우 높음	측정 가능	비유동부채
우발부채	어느 정도 있음	측정 가능 또는 측정 불가능	주석 공시

(3) 퇴직급여충당부채

퇴직급여충당부채란 장래에 종업원이 퇴직할 때 지급해야 할 퇴직금을 퇴사하기 전인 기말에 미리 설정한 부채이다. 이렇게 설정한 금액은 나중에 퇴사할 때 지급되는 금액으로 지급될 때 한꺼번에 비용으로 인식하지 않고 근로를 제공받은 기간에 수익창출이 발생하였으므로 그 기간에 퇴직급여라는 비용으로 나누어 인식하여 수익·비용 대응이 이루어지도록 하는 것이다.

1) 퇴직급여충당부채 설정

일반기업회계기준에서는 보고기간종료일 재무상태표에 표시될 퇴직급여충당금은 퇴직금추계액(전 종업원이 일시 퇴직 시 지급할 퇴직금의 합계)으로 하도록 규정하고 있다. 따라서, 매기말 퇴직금추계액과 이미 계상된 퇴직급여충당부채 잔액의 차이를 추가로 차변에 퇴직급여 계정과 대변에 퇴직급여충당부채 계정으로 계상한다.

(차) 퇴직급여 ×××   (대) 퇴직급여충당부채 ×××
* 퇴직급여충당부채 설정액 = 퇴직금추계액 − 퇴직급여충당부채 설정 전 장부금액

2) 종업원 퇴사 시

퇴직금을 현금 등으로 지급하는 시점에는 차변에 퇴직급여충당부채를 우선 상계한다. 지급한 퇴직금이 퇴직급여충당부채를 초과하는 경우 그 초과금액은 퇴직급여로 처리한다.

(차) 퇴직급여충당부채 ×××   (대) 현 금 ×××
    퇴직급여   ×××

사례 │ 퇴직급여충당부채

① 퇴직급여충당부채 설정 시
보고기간종료일 현재 퇴직급여충당금 잔액이 2,000,000원이며, 당기 퇴직급여추계액이 3,000,000원인 경우.
(차) 퇴 직 급 여   1,000,000   (대) 퇴직급여충당부채   1,000,000

② 종업원 퇴사 시
퇴직금 4,000,000원을 현금으로 지급하다. 단, 퇴직급여충당부채 잔액은 3,000,000원임.
(차) 퇴직급여충당부채   3,000,000   (대) 현   금   4,000,000
    퇴직급여   1,000,000

기출확인문제

다음은 퇴직급여충당부채와 결산정리 사항이다. 20x1년말 재무상태표에 계상할 퇴직급여충당부채와 손익계산서에 인식되는 퇴직급여는 얼마인가?

퇴직급여충당부채			
7/15 현금	1,000,000원	1/1 전기이월	2,000,000원

〈결산정리 사항〉
• 20×1년 말 현재 전 종업원이 일시에 퇴직할 경우 지급하여야 할 퇴직금은 4,000,000원이다.

	퇴직급여충당부채	퇴직급여		퇴직급여충당부채	퇴직급여
①	4,000,000원	3,000,000원	②	4,000,000원	2,000,000원
③	6,000,000원	3,000,000원	④	6,000,000원	2,000,000원

해설
- 재무상태표에 계상될 퇴직급여 충당부채는 20x1년 말 전 종업원이 일시에 퇴직할 경우 지급하여야 할
- 퇴직급여 추계액 4,000,000원이다.
- 퇴직급여 = 기말 퇴직급여충당부채 - (기초 퇴직급여충당부채 - 퇴직금지급액)
  = 4,000,000원 - (2,000,000원 - 1,000,000원) = 3,000,000원

답 ①

5 퇴직연금

기업은 종업원의 퇴직 시 종업원의 퇴직금 수급권을 보장하기 위해 퇴직연금제도에 가입한다. 퇴직연금제도란 기업이 금융기관에 일정금액을 적립하고 근로자는 퇴직한 뒤 연금 또는 일시금으로 수령하는 제도로서 '확정급여형'과 '확정기여형'이 있다.

(1) 확정급여형(기금운용의 주체 → 회사)

근로자가 받을 퇴직급여가 노사합의에 의하여 사전에 정해지고 회사는 정해진 부담금을 매년 정기적으로 납입·운용하는 제도이다. 기업의 운용성과에 따라 기업이 부담하는 퇴직금비용 부담액이 변동하게 되며 근로자는 퇴직 시 확정된 퇴직급여를 일시금 또는 연금의 형태로 받게 된다. 확정급여형 퇴직연금제도로 운용되는 자산은 기업이 직접 보유하고 있는 것으로 보아 퇴직연금운용자산 계정으로 퇴직급여충당부채에서 차감 표시한다. 단, 퇴직연금운용자산이 퇴직급여충당부채를 초과하는 경우에는 그 초과액을 투자자산으로 표시한다.

| 사례 | 확정급여형 |

① 납입 시 : 확정급여형 퇴직연금에 가입하고 연금부담금 1,000,000원과 보험회사의 사업비 10,000원을 현금으로 납입하였다.

(차) 퇴직연금운용자산	1,000,000	(대) 현 금	1,010,000
수수료비용(판)	10,000		

* 확정급여형 퇴직연금의 경우 퇴직금 지급을 위해 회사 명의로 개설된 통장에 돈을 납입하는 것으로 일종의 금융상품과 같은 퇴직연금운용자산이라는 계정과목을 사용한다. 또한, 사업비는 금융기관에 지급하는 수수료성격으로 이해하면 된다.

② 이자수령 시 : 확정급여형 퇴직연금에 대한 이자수익 100,000원을 계상하다.

(차) 퇴직연금운용자산	100,000	(대) 이 자 수 익	100,000

* 확정급여형 퇴직연금의 운용수익은 회사에 귀속되므로 회사의 이자수익 또는 퇴직연금운용수익으로 처리한다.

③ 퇴사 시 : 회사는 확정급여형(DB형) 퇴직연금에 가입있으며 퇴직한 종업원은 퇴직금 일시금을 선택하였으며 퇴직일시금 1,000,000원은 전액 퇴직연금운용자산에서 충당하였다. (단, 퇴직연금운용자산의 잔액은 1,100,000원이며 퇴직급여충당부채는 1,500,000원이라고 가정할 것.)

퇴사 시 재무상태표

	비유동부채	
	퇴직급여충당부채	1,500,000
	(−) 퇴직연금운용자산	1,100,000
		400,000

* 퇴직연금운용자산은 임의의 용도로 사용할 수 없고 근로자의 퇴직금 지급을 위해서만 사용 가능하므로 별도의 자산이 아닌 퇴직급여충당부채에서 차감 표시한다. 즉, 퇴직금추계액이 1,500,000원이며 이 중 근로자가 퇴사할 경우 1,100,000원은 금융기관에서 지급할 것이므로 회사가 추가 부담해야 할 부채는 400,000원이 되는 것이다.

(차) 퇴직급여충당부채	1,000,000	(대) 퇴직연금운용자산	1,000,000

* 확정급여형 퇴직연금의 경우 퇴직금 지급 시 퇴직급여충당부채를 우선 상계하므로 차변은 퇴직급여충당부채로 처리하며 퇴직금은 이미 예치해 둔 퇴직연금운용자산에서 지급되므로 대변은 퇴직연금운용자산으로 처리한다.

(2) 확정기여형(기금운용의 주체 → 근로자)

회사는 사전에 정해져 있는 부담금을 근로자의 개인별 계좌에 정기적으로 적립하고 근로자가 직접 적립금을 운용하여 그 결과에 따라 장래의 퇴직급여가 달라지는 제도이다. 근로자의 운용성과에 따라 확정급여형에서 정한 퇴직급여 수준 이상의 퇴직금을 받을 수도 있으며 회사는 계약에 따라 근로자가 근무하는 기간 동안 약정된 금액을 금융기관 등에 납입하면 퇴직급여지급의무가 종료된다. 즉 회사가 확정기여형 퇴직연금에 가입한 후 납입하는 경우에는 납입 시 퇴직금을 지급한 것으로 보아 당기 비용인 퇴직급여 계정으로 처리하며 보고기간 종료일 퇴직급여충당부채를 설정할 수 없다.

| 사례 | 확정기여형 |

① 납입 시 : 확정기여형 퇴직연금에 가입하고 기여금 2,000,000원을 현금으로 납입하였다.

(차) 퇴직급여	2,000,000	(대) 현 금	2,000,000

합격 TIP 퇴직연금

구 분	확정기여형	확정급여형
위험부담	종업원부담	회사부담
회계처리	(차) 퇴직급여 ××× (대) 현 금 ×××	(차) 퇴직연금운용자산 ××× (대) 현 금 ×××

기출확인문제

다음의 내용을 수정 분개 하는 경우 적절한 회계 처리로 옳은 것은?

- 임직원의 퇴직금과 관련하여 외부 금융기관에 보통예금 계좌에서 500,000원을 예치하면서 회계담당자가 확정급여형(DB) 퇴직연금으로 회계처리 하였다. 그러나 기업은 퇴직금을 확정기여형(DC) 퇴직연금으로만 운영하고 있다.

① 차) 퇴직급여　　　　　500,000원　　대) 보통예금　　　　　500,000원
② 차) 퇴직연금운용자산　500,000원　　대) 보통예금　　　　　500,000원
③ 차) 퇴직급여　　　　　500,000원　　대) 퇴직연금운용자산　500,000원
④ 차) 퇴직연금운용자산　500,000원　　대) 퇴직급여　　　　　500,000원

해설
- 확정기여형(DC) 퇴직연금으로 가입하면
  차) 퇴직급여　　　　　500,000원　대) 보통예금　　　　　500,000원
- 확정급여형(DB) 퇴직연금으로 가입하면
  차) 퇴직연금운용자산　500,000원　　대) 보통예금　　　　　500,000원
  따라서, 올바르게 회계처리하기 위해서는
  차) 퇴직급여　　　　　500,000원　　대) 퇴직연금운용자산　500,000원

답 ③

제9절 | 부채 - 객관식 기출문제

[유형 1] 유동부채 (1 ~ 5) 최신 30회 중 4문제 출제

1 다음 중 일반기업회계기준에 따른 부채가 아닌 것은 무엇인가? 115회

① 임차보증금　　② 퇴직급여충당부채　　③ 선수금　　④ 미지급배당금

2 다음 중 유동부채와 비유동부채의 분류가 적절하지 않은 것은? 113회

	유동부채	비유동부채
①	단기차입금	사채
②	외상매입금	유동성장기부채
③	미지급비용	장기차입금
④	지급어음	퇴직급여충당부채

3 다음 중 유동부채에 해당하는 금액을 모두 합하면 얼마인가? 90회

- 외상매입금 : 100,000원
- 단기차입금 : 150,000원
- 선 수 금 : 70,000원
- 장기차입금 : 800,000원(유동성장기부채 300,000원 포함)
- 미지급비용 : 50,000원

① 300,000원　　② 670,000원　　③ 750,000원　　④ 870,000원

정답 및 해설

1 답 ①
해설 임차보증금은 기타비유동자산으로서 자산계정에 해당한다.

2 답 ②
해설 유동성장기부채는 비유동부채였으나 보고기간 종료일 현재 만기가 1년 이내 도래하는 부채를 의미하므로 영업주기와 관계없이 유동부채로 분류한다.

3 답 ②
해설 유동성장기부채를 제외한 장기차입금은 비유동부채이다.
외상매입금 100,000원 + 유동성장기부채 300,000원 + 단기차입금 150,000원 + 미지급비용 50,000원 + 선수금 70,000원 = 670,000원

4 다음의 계정과목 중 그 분류가 다른 것은?　　　　　　　　　　　　　　　　　　45회

① 사채　　　　　　　　　　　　　② 임대보증금
③ 퇴직급여충당부채　　　　　　　④ 유동성장기부채

5 다음 중 당좌자산에 포함되지 않는 것은 무엇인가?　　　　　　　　　　　　115회

① 선급비용　　　　　　　　　　　② 미수금
③ 미수수익　　　　　　　　　　　④ 선수수익

⭐ **[유형 2] 비유동부채 (6 ~ 10)**　최신 30회 중 12문제 출제

6 다음 중 사채에 대한 설명으로 틀린 것은?　　　　　　　　　　　　　　　92회 수정

① 사채란 채권자들로부터 자금을 조달하는 방법이다.
② 사채할인발행차금은 당해 사채의 액면가액에서 차감하는 형식으로 기재한다.
③ 시장이자율이 액면이자율보다 더 크다면 사채는 할증발행된다.
④ 사채할인발행차금은 유효이자율법으로 상각하고 그 금액을 사채이자에 포함한다.

7 다음 중 충당부채, 우발부채 및 우발자산에 관련된 내용으로 틀린 것은?　　98회

① 충당부채를 인식하기 위해서는 과거사건이나 거래의 결과로 현재의무가 존재하여야 한다.
② 충당부채를 인식하기 위해서는 당해 의무를 이행하기 위하여 자원이 유출될 가능성이 매우 높고, 그 의무의 이행에 소요되는 금액을 신뢰성 있게 추정할 수 있어야 한다.
③ 우발자산은 자산으로 인식하지 아니하고 자원의 유입가능성이 매우 높은 경우에만 주석에 기재한다.
④ 우발부채도 충당부채와 동일하게 재무상태표에 부채로 인식한다.

8 다음 중 재무상태표에서 해당 자산이나 부채의 차감적인 평가항목을 모두 선택한 것은? 72회

| 가. 감가상각누계액 나. 대손충당금 다. 사채할인발행차금 라. 퇴직연금운용자산 |

① 가, 나   ② 가, 나, 다   ③ 가, 나, 라   ④ 가, 나, 다, 라

9 다음 중 재무상태표에 관련 자산 부채에서 차감하는 형식으로 표시되는 것이 아닌 것은? 46회 수정

① 퇴직급여충당부채   ② 재고자산평가충당금
③ 감가상각누계액   ④ 대손충당금

10 다음 중 재무상태표에서 해당 자산이나 부채의 차감적 평가항목이 아닌 것은 어느 것인가? 55회

① 감가상각누계액   ② 퇴직급여충당부채
③ 대손충당금   ④ 사채할인발행차금

정답 및 해설

4 답 ④
해설 유동성장기부채는 유동부채로 분류한다.

5 답 ④
해설 선수수익은 유동부채 항목이다.

6 답 ③
해설 시장이자율이 액면이자율보다 더 크다면 사채는 할인발행된다.

7 답 ④
해설 우발부채는 부채로 인식하지 아니한다. 의무를 이행하기 위해 자원이 유출될 가능성이 아주 낮지 않는 한, 우발부채를 주석에 기재한다.

8 답 ④
해설 감가상각누계액은 유형자산, 대손충당금은 모든 채권, 사채할인발행차금은 사채, 퇴직연금운용자산은 퇴직급여충당부채의 차감적인 평가항목이다.

9 답 ①
해설 퇴직급여충당부채는 부채성 항목에 해당한다.

10 답 ②
해설 퇴직급여충당부채는 부채성항목으로 비유동부채이다.

제9절 | 부채 - 실무 기출문제

다음의 거래 자료를 ㈜일반전표(회사코드 : 1003)의 일반전표입력 메뉴에 추가 입력하시오.

[유형 1] 장기차입금과 임대보증금 (1 ~ 3) 최신 30회 중 2문제 출제

1   8월 1일 : 하나은행에서 장기 차입한 운전자금 20,000,000원이 만기도래되어 이자 120,000원과 원금을 당좌수표를 발행하여 상환하였다.   107회

2   8월 2일 : 대박유통에 사무실을 임대하였는데, 임대보증금 30,000,000원 중 3,000,000원 만 대박유통 발행 당좌수표로 받고, 나머지는 월말에 지급 받기로 하였다.   66회

3   8월 3일 : 대박유통의 임대료를 받지 못해 미수금계정으로 처리한 금액 4,950,000원을 임대보증금과 상계처리하였다. (단, 대박유통의 임대보증금계정 잔액은 27,000,000원이다.)   78회

[유형 2] 사채 (4 ~ 6) 최신 30회 중 3문제 출제

4   8월 4일 : 당사는 만기 3년, 액면금액 10,000,000원의 사채를 발행하였으며, 유효이자율법에 의한 사채발행금액은 10,500,000원이다. 발행금액은 사채발행비 100,000원을 제외한 나머지는 보통예금으로 입금되었다.   114회

5   8월 5일 : 만기 3년짜리 액면 6,000,000원인 사채를 5,800,000원에 할인발행하여 보통예금에 입금되었고 사채발행비 25,000원은 현금으로 지급하였다.   112회

6   8월 6일 : 자금 조달을 위하여 발행하였던 사채(액면금액 10,000,000원, 장부가액 10,000,000원)를 9,800,000원에 조기 상환하면서 보통예금 계좌에서 지급하였다.   110회

정답 및 해설

1 일자 : 8월 1일

분개 (차변) 장기차입금(하나은행) 20,000,000 (대변) 당좌예금 20,120,000
         (차변) 이자비용   120,000

구분	계정과목		거래처		적요	차변	대변
차변	0293	장기차입금	98001	하나은행		20,000,000	
차변	0951	이자비용				120,000	
대변	0102	당좌예금					20,120,000

2 일자 : 8월 2일

분개 (차변) 현금   3,000,000   (대변) 임대보증금(대박유통) 30,000,000
         (차변) 미수금(대박유통) 27,000,000

구분	계정과목		거래처		적요	차변	대변
차변	0101	현금				3,000,000	
차변	0120	미수금	00202	대박유통		27,000,000	
대변	0294	임대보증금	00202	대박유통			30,000,000

3 일자 : 8월 3일

분개 (대변) 임대보증금(대박유통) 4,950,000   (차변) 미수금(대박유통) 4,950,000

구분	계정과목		거래처		적요	차변	대변
차변	0294	임대보증금	00202	대박유통		4,950,000	
대변	0120	미수금	00202	대박유통			4,950,000

4 일자 : 8월 4일

분개 (차변) 보통예금 10,400,000   (대변) 사채   10,000,000
                                      (대변) 사채할증발행차금   400,000

구분	계정과목		거래처	적요	차변	대변
차변	0103	보통예금			10,400,000	
대변	0291	사채				10,000,000
대변	0313	사채할증발행차금				400,000

5 일자 : 8월 5일

분개 (차변) 보통예금   5,800,000   (대변) 사채 6,000,000
         (차변) 사채할인발행차금   225,000   (대변) 현금   25,000

구분	계정과목		거래처	적요	차변	대변
차변	0103	보통예금			5,800,000	
차변	0292	사채할인발행차금			225,000	
대변	0291	사채				6,000,000
대변	0101	현금				25,000

6 일자 : 8월 6일

분개 (차변) 사채 10,000,000   (대변) 보통예금   9,800,000
                                  (대변) 사채상환이익   200,000

구분	계정과목		거래처	적요	차변	대변
차변	0291	사채			10,000,000	
대변	0103	보통예금				9,800,000
대변	0911	사채상환이익				200,000

⭐ [유형 3] 퇴직급여충당부채와 퇴직연금 (7 ~ 11) 최신 30회 중 8문제 출제

7 8월 7일 : 생산직원 나이직씨가 개인적인 이유로 퇴직하여 다음과 같이 퇴직금을 지급하였다. 현재 당사는 퇴직금을 지급하기 위한 퇴직급여충당부채가 충분하다. 〔79회〕

내 역	금액 및 비고
퇴직급여	30,000,000원
퇴직관련세금(소득세 및 지방소득세)	1,000,000원
차감지급액	29,000,000원
지급방법	당사 보통예금에서 지급

8 8월 8일 : 제조부 소속 신상용 대리(6년 근속)의 퇴직으로 퇴직금 9,000,000원 중 소득세 및 지방소득세로 230,000원을 원천징수한 후 차인지급액을 전액 믿음은행 보통예금 계좌에서 이체하였다. (퇴직 직전 퇴직급여충당부채잔액은 없었다.) 〔51회〕

9 5월 9일 : 회사는 전 임직원의 퇴직금에 대해 확정급여형(DB) 퇴직연금에 가입하고 있으며, 4월분 퇴직연금 10,000,000원을 당사 보통예금에서 이체하여 납부하였다. 〔101회〕

10 5월 10일 : 생산부 직원에 대한 확정기여형(DC) 퇴직연금에 가입하고 8,000,000원을 보통예금계좌에서 지급하였다. 이 금액에는 연금운용에 대한 수수료 500,000원이 포함되어 있다. 〔114회〕

11 5월 11일 : 회사 판매직 직원이 퇴직하였으며, 동 직원의 퇴직금은 8,000,000원이다. 회사는 은행에 확정급여형(DB형) 퇴직연금에 가입하고 있다. (단, 퇴직급여충당부채는 8,000,000원이라고 가정할 것.) 〔112회〕

정답 및 해설

7 일자 : 8월 7일

| 분개 | (차변) 퇴직급여충당부채 | 30,000,000 | (대변) 예수금
(대변) 보통예금 | 1,000,000
29,000,000 |

구분		계정과목	거래처	적요	차변	대변
차변	0295	퇴직급여충당부채			30,000,000	
대변	0254	예수금				1,000,000
대변	0103	보통예금				29,000,000

8 일자 : 8월 8일

| 분개 | (차변) 퇴직급여(제) | 9,000,000 | (대변) 보통예금
(대변) 예수금 | 8,770,000
230,000 |

구분		계정과목	거래처	적요	차변	대변
차변	0508	퇴직급여			9,000,000	
대변	0103	보통예금				8,770,000
대변	0254	예수금				230,000

9 일자 : 5월 9일

| 분개 | (차변) 퇴직연금운용자산 | 10,000,000 | (대변) 보통예금 | 10,000,000 |

구분		계정과목	거래처	적요	차변	대변
차변	0186	퇴직연금운용자산			10,000,000	
대변	0103	보통예금				10,000,000

10 일자 : 5월 10일

| 분개 | (차변) 퇴직급여(제)
(차변) 수수료비용(제) | 7,500,000
500,000 | (대변) 보통예금 | 8,000,000 |

구분		계정과목	거래처	적요	차변	대변
차변	0508	퇴직급여			7,500,000	
차변	0531	수수료비용			500,000	
대변	0103	보통예금				8,000,000

11 일자 : 5월 11일

| 분개 | (차변) 퇴직급여충당부채 | 8,000,000* | (대변) 퇴직연금운용자산 | 8,000,000 |

구분		계정과목	거래처	적요	차변	대변
차변	0295	퇴직급여충당부채			8,000,000	
대변	0186	퇴직연금운용자산				8,000,000

제10절 자본

기업은 경영활동을 하는 데 필요한 자금을 조달하는 원천으로서 자기자본과 타인자본에 의존하게 된다. 일반적으로 타인자본을 부채라고 하고, 자기자본을 자본이라고 한다. 자기자본은 기업의 자산에서 부채를 차감한 후에 남는 기업의 순자산을 말한다.

★ ❶ 자본의 구분

구 분	내 용
(1) 자본금 (주식수 X @액면금액)	기업이 발행한 발행주식수에 1주당 액면금액을 곱한 금액 ① 보통주자본금 ② 우선주자본금
(2) 자본잉여금	주주와의 자본거래에서 발생한 잉여금 ① 주식발행초과금 ② 기타자본잉여금(감자차익, 자기주식처분이익)
(3) 자본조정	자본거래 중 자본금과 자본잉여금에 포함되지 않지만 자본항목에 차감되거나 가산되는 임시항목 • (−)항목 : ① 주식할인발행차금 ② 감자차손 ③ 자기주식처분손실 ④ 자기주식 ⑤ 배당건설이자[10] • (+)항목 : ① 미교부주식배당금
(4) 기타포괄손익누계액	손익거래 중 손익계산서에 포함되지 않는 미실현손익 ① 매도가능증권평가손익 ② 현금흐름위험회피 파생상품평가손익 ③ 해외사업환산손익 ④ 재평가잉여금
(5) 이익잉여금	영업활동에 의해 발생한 이익으로서 사외유출되지 않고 기업내부에 유보된 금액 • 기처분이익잉여금 : ① 이익준비금 ② 임의적립금(사업확장적립금, 감채적립금, 결손보전적립금 등) • 미처분이익잉여금

기출확인문제

다음 중 자본에 대한 설명으로 옳지 않은 것은?

① 자본금은 발행한 주식의 액면금액에 발행주식수를 곱하여 결정된다.
② 자본은 기업의 소유주인 주주의 몫으로 자산에서 채권자의 지분인 부채를 차감한 것이다.
③ 기타포괄손익누계액은 미실현손익의 성격을 가진 항목으로 당기순이익에 반영된다.
④ 이익잉여금은 법정적립금, 임의적립금 및 미처분이익잉여금으로 구분표시 한다.

[해설] 기타포괄손익누계액은 자산을 공정가치로 평가할 때 발생하는 미실현손익의 성격을 가진 항목으로 손익계산서의 당기순이익에 반영되지 않고, 재무상태표에 반영된다.

답 ③

★ ❷ 자본거래

자본거래는 기업과 주주와의 거래로 자본금, 자본잉여금 및 자본조정을 증감시키는 거래를 말한다. 자본금은 발행주식의 액면총액으로 보통주자본금과 우선주자본금 등으로 분류할 수 있다. 이익 및 잔여재산분배 등에 있어서 표준이 되는 주식을 보통주라고 하며, 보통주에 비하여 이익배당 등 특정한 사항에 대하여 우선적인 권리가 부여된 주식을 우선주라고 한다.

---

10 개업 전 일정한 기간 내에 이익잉여금 없이 주주에게 배당한 금액은 배당건설이자의 과목으로 하여 자본조정의 별도 계정과목으로 회계처리한다.

(1) 신주발행(증자)

주식회사는 사업확장이나 부채상환에 필요한 자금을 조달하기 위해 주식을 발행한다. 주식을 발행하면 증가한 발행주식수에 주당 액면금액을 곱한 만큼 자본금이 증가하게 된다.

1) 액면발행 (발행금액 = 액면금액)
액면발행은 액면금액과 동일한 금액으로 주식을 발행하는 경우를 말한다.

> **사례** 주식의 액면발행
>
> 자본금을 증자하기 위해 액면금액 5,000원인 보통주 신주 1,500주를 액면금액으로 발행하고 보통예금으로 납입받다.
> (차) 보통예금   7,500,000   (대) 자본금   7,500,000

2) 할증발행 (발행금액 > 액면금액)
할증발행은 액면금액보다 발행금액이 크도록 주식을 발행하는 경우를 말한다. 발행금액이 액면금액을 초과하면 그 초과액은 주식발행초과금으로 처리하며 이는 자본잉여금에 해당한다. 만약, 주식발행초과금이 발생할 당시에 장부상 주식할인발행차금 미상각액이 존재한다면 발생된 주식발행초과금의 범위 내에서 주식할인발행차금 미상각액을 상계처리한 후의 금액으로 한다.

> **사례** 주식의 할증발행
>
> 이사회의 결의에 의하여 미발행 주식 중 신주 1,000주(주당 액면금액 5,000원)를 1주당 5,100원에 발행하고 납입금은 당좌예금 하다.
> (차) 당좌예금   5,100,000   (대) 자본금   5,000,000
>   주식발행초과금   100,000

3) 할인발행 (발행금액 < 액면금액)
할인발행은 액면금액보다 발행금액이 적게 발행되는 경우를 말한다. 발행금액이 액면금액보다 적으면 그 미달액은 주식할인발행차금으로 처리하며 이는 자본조정에 해당한다. 주식할인발행차금이 발생한 경우 장부상 주식발행초과금이 존재하는 경우에는 주식발행초과금의 범위 내에서 우선 상계한다. 만약, 미 상계된 나머지 잔액이 있는 경우에는 자본에서 차감하는 형식으로 기재하며 이익잉여금의 처분으로 상각한다.

> **사례** 주식의 할인발행
>
> 이사회의 결의에 의하여 미발행 주식 중 신주 1,000주(주당 액면금액 5,000원)를 1주당 4,900원에 발행하고 납입금은 당좌예금 하다.
> (차) 당좌예금   4,900,000   (대) 자본금   5,000,000
>   주식할인발행차금   100,000

4) 신주발행비가 있는 경우
신주발행비란 주식발행과 직접 관련하여 발생한 수수료, 법률 및 회계자문료, 모집광고료, 주권인쇄비 등의 비용을 말한다. 주식발행과 관련하여 발생한 신주발행비는 주식이 할증발행된 경우 주식발행초과금에서 차감하고, 액면발행 또는 할인발행된 경우 주식할인발행차금에 가산한다.

| 사례 | 신주발행비 |

주식 10,000주(액면금액 5,000원)를 주당 6,000원에 발행하고 납입대금은 전액 당사 보통예금에 납입하였으며, 신주발행비 1,000,000원은 전액 현금으로 지급하였다.

(차) 보통예금	60,000,000	(대) 자본금	50,000,000
		주식발행초과금	9,000,000
		현금	1,000,000

기출확인문제

(주)세원은 20x1년 중에 보통주 10,000주(1주당 액면가액 1,000원)를 1주당 500원에 발행하였다. 전기 말 재무상태표상 자본상황이 다음과 같을 경우, 20x1년 기말 재무상태표에 표시되는 자본상황으로 올바른 것은?

- 자본금 90,000,000원
- 주식발행초과금 10,000,000원

① 자본금 95,000,000원
② 주식발행초과금 5,000,000원
③ 주식할인발행차금 5,000,000원
④ 총자본 100,000,000원

해설 신주발행 시 회계처리
(차) 보통예금   5,000,000원 (대) 자본금 10,000,000원
    주식발행초과금 5,000,000원
따라서, 20x1년 기말 재무상태표상 자본금 100,000,000원, 주식발행초과금 5,000,000원, 총 자본은 105,000,000원으로 표시된다.

  답 ②

(2) 현물출자

현물출자란 유형자산 등의 현물을 취득하는 대가로 주식을 발행하여 교부하는 것을 말한다. 이 경우 **유형자산의 취득원가는 제공받은 현물의 공정가치(발행주식의 공정가치)**로 한다.

| 사례 | 현물출자 |

1주당 액면금액이 5,000원인 보통주 10,000주를 발행하여 토지(공정가치 80,000,000원)를 취득하였다.

(차) 토지	80,000,000	(대) 자본금	50,000,000
		주식발행초과금	30,000,000

(3) 자기주식 매매거래

자기주식이란 발행회사가 유통 중인 자사의 주식을 매입해서 소각하지 않고 보유하고 있는 주식을 말한다. 매입한 자사의 주식은 취득원가를 자기주식이라는 계정과목으로 처리하며 이는 자본에서 차감하는 형식으로 기재한다. 이러한 자기주식을 처분할 때 처분금액이 취득원가를 초과하는 경우 발생한 이익은 자본잉여금에 해당하는 자기주식처분이익으로 처리한다. 반면, 처분금액이 취득원가보다 작은 경우 발생한 손실은 자본조정에 해당하는 자기주식처분손실이라 처리한다. 자기주식처분이익과 자기주식처분손실은 재무상태표에 동시에 계상할 수 없다. 만약, 자기주식처분이익이 있는 상황에서 자기주식처분손실이 발생하면 자기주식처분이익을 먼저 감소시키고 부족한 금액을 자기주식처분손실로 처리한다. 자기주식처분손실은 자본에서 차감하는 형식으로 기재하고 이익잉여금 처

분으로 상각되지 않은 자기주식처분손실은 향후 발생하는 자기주식처분이익과 우선적으로 상계한다.

> **사례** 자기주식거래
>
> 자기주식 1,000주를 주당 4,000원(액면금액은 5,000원)에 현금 매입하여 소각하지 않고 유가증권시장에 다시 주당 3,000원에 현금으로 받고 처분하였다. 단, 재무상태표상에는 자기주식처분이익 300,000원이 계상되어 있다.
> ① 취득시점 : (차) 자기주식　　　　4,000,000　　　(대) 현금　　　　4,000,000
> ② 처분시점 : (차) 현금　　　　　　3,000,000　　　(대) 자기주식　　4,000,000
> 　　　　　　　자기주식처분이익　　300,000
> 　　　　　　　자기주식처분손실　　700,000

(4) 주식소각(감자)

자본금을 감소시키는 것을 감자라 하며, 이는 자사의 주식을 매입하여 소각하는 경우를 말한다. **주식의 환급금액이 액면금액보다 작으면 자본잉여금에 해당하는 감자차익으로 처리하고, 반대로 환급금액이 액면금액보다 크면 자본조정인 감자차손으로 처리**한다. 감자차익과 감자차손은 재무상태표에 동시에 계상될 수 없다. 따라서, **감자차익이 계상되어 있는 상황에서 감자차손이 발생한 경우 감자차익을 먼저 감소시키고 부족한 금액을 감자차손으로 처리**한다. 이익잉여금 처분으로 상각되지 않은 감자차손은 향후 발생하는 감자차익과 우선적으로 상계한다.

> **사례** 감자
>
> 사업의 축소를 위하여 주식 1,000주(액면금액 5,000원)을 1주당 3,000원에 매입소각하고 대금은 현금으로 지급하였다. 단, 재무상태표상에는 감자차손 50,000원이 계상되어 있다.
> ① 취득 : (차) 자기주식　　　　300,000　　　(대) 현금　　　　300,000
> ② 소각 : (차) 자본금　　　　　500,000　　　(대) 자기주식　　300,000
> 　　　　　　　　　　　　　　　　　　　　　　　감자차손　　　50,000
> 　　　　　　　　　　　　　　　　　　　　　　　감자차익　　　150,000

> **기출확인문제**
>
> ㈜재무는 자기주식 200주(1주당 액면가액 5,000원)를 1주당 7,000원에 매입하여 소각하였다. 소각일 현재 자본잉여금에 감차차익 200,000원을 계상하고 있는 경우 주식소각 후 재무상태표상에 계상되는 감자차손익은 얼마인가?
>
> ① 감자차손 200,000원　　　　　　　　② 감자차손 400,000원
> ③ 감자차익 200,000원　　　　　　　　④ 감자차익 400,000원
>
> **해설** 감자차손 200,000원 = 200주 × (취득가액 7,000원 − 액면가액 5,000원) − 감자차익 200,000원
> • 기인식된 감자차익 200,000원을 상계하고 감자차손은 200,000원만 인식한다.
>
> **답** ①

❸ 배당

기업의 주주에게 올해 이익의 처분항목으로 배당을 지급하게 된다. 기업의 이익을 주주에게 배당하는 방법에는 현금배당과 주식배당이 있다.

(1) 현금배당
현금으로 배당금을 지급하는 것으로 일반적인 형태의 배당이다.

1) 배당결의일
정기주주총회에서 주주들의 배당을 결의하는 날이다. 주주총회일에 주주들이 얼마의 배당을 받을 것인지 결의하고 결의 즉시 배당을 지급하지 아니하므로 다음과 같은 회계처리를 한다.

> (차) 미처분이익잉여금 ×××　　(대) 미지급배당금 ×××
> 　　　[자본감소]　　　　　　　　　　　[부채증가]
> * 전산세무회계 프로그램에서는 미처분이익잉여금 대신에 '375.이월이익잉여금'으로 처리한다.

사례 현금배당 결의일

주주총회에서 전기분 이익잉여금처분계산서(안) 대로 처분이 확정되었다. 이익잉여금처분에 관한 회계처리를 하시오.

[전기 이익잉여금처분계산서 처분내역]
· 현금배당 10,000,000

(차) 미처분이익잉여금　10,000,000　　(대) 미지급배당금　10,000,000

2) 배당지급일
배당금으로 결의된 금액을 실제로 지급한 날이며, 다음과 같은 회계처리가 있다.

> (차) 미지급배당금 ×××　　(대) 현금 ×××
> 　　　[부채감소]　　　　　　　　[자산감소]

사례 현금배당 지급일

금일 전기분에 대해 처분 확정된 현금 배당금 10,000,000원을 현금으로 지급하였다.
(차) 미지급배당금　10,000,000　　(대) 현금　10,000,000

3) 현금배당을 받는 주주입장
보통주나 우선주 등의 주식에 투자한 경우에는 배당금수익을 얻을 수 있으며, 현금배당의 경우에는 배당금을 받을 권리와 금액이 확정되는 시점인 주주총회일에 영업외수익에 해당하는 배당금수익으로 처리한다.

사례 현금배당을 받는 주주입장

보유하고 있는 상장회사의 주식에 대하여 현금배당 10,000원이 확정되어 보통예금계좌에 입금되었다.
(차) 보통예금　10,000　　(대) 배당금수익　10,000

(2) 주식배당
주식을 발행한 회사가 이익잉여금을 현금으로 배당하지 않고 주식을 교부한 것을 말한다. 주식으로 배당하는 경우에는 발행주식의 액면금액을 배당액으로 하여 자본금의 증가와 이익잉여금의 감소로 회계처리한다. 단, 주식배당을 받는 투자회사의 입장에서는 발행회사에 대한 투자회사의 몫은 변동이 없기 때문에 수익으로 인식하지 아니하고 보유주식의 수량과 단가의 변동을 비망 기록한다.

① 배당결의일
(차) 미처분이익잉여금 ×××   (대) 미교부주식배당금 ×××
      [자본감소]   [자본증가]
* 전산세무회계 프로그램에서는 미처분이익잉여금 대신에 '375.이월이익잉여금'으로 처리한다.

② 배당교부일
(차) 미교부주식배당금 ×××   (대) 자본금 ×××
      [자본감소]   [자본증가]

사례 | 주식배당

① 배당결의일
주주총회에서 전기분 이익잉여금처분계산서(안) 대로 처분이 확정되었다. 이익잉여금처분에 관한 회계처리를 하시오.

[전기 이익잉여금처분계산서 처분내역]
• 주식배당 10,000,000

(차) 미처분이익잉여금   10,000,000   (대) 미교부주식배당금   10,000,000

② 배당교부일
주식배당 10,000,000원을 주권을 발행하여 교부하였다.

(차) 미교부주식배당금   10,000,000   (대) 자본금   10,000,000

기출확인문제

다음 중 주주총회에서 현금배당이 결의된 이후 실제 현금으로 현금배당이 지급된 시점의 거래요소 결합관계로 옳은 것은?

	차변	대변		차변	대변
①	자본의 감소	자본의 증가	②	부채의 감소	자산의 감소
③	자산의 증가	수익의 발생	④	자본의 감소	자산의 감소

해설
• 현금배당이 결의된 시점 분개
  (차) 이익잉여금[자본 감소]   ×××   (대) 미지급배당금[부채 증가]   ×××
• 현금배당이 지급된 시점 분개
  (차) 미지급배당금[부채 감소]   ×××   (대) 현 금[자산 감소]   ×××

답 ②

(3) 무상증자

이익준비금 등의 법정적립금이나 자본잉여금을 자본에 전입하고 기존 주주들에게 신주를 교부하는 것을 말한다. 무상주발행시에는 주식의 액면금액을 주식의 발행금액으로 한다. 단, 무상증자로 신주를 교부받는 투자회사의 입장에서는 주식배당과 마찬가지로 발행회사에 대한 투자회사의 몫은 변동이 없기 때문에 수익으로 인식하지 아니하고 보유주식의 수량과 단가의 변동을 비망 기록한다.

(차) 이익준비금 or 자본잉여금 ×××   (대) 자본금 ×××
      [자본 감소]   [자본 증가]

4 기타포괄손익누계액과 이익잉여금

(1) 기타포괄손익누계액

기타포괄손익누계액이란 손익거래 중 손익계산서의 당기손익으로 분류하기 어려운 손익항목을 의미한다.

종류	내용
① 매도가능증권평가손익	매도가능증권으로 분류된 주식이나 채권을 보고기간종료일에 공정가치로 평가함에 따라 발생하는 평가손익을 말하며, 매도가능증권을 처분하는 시점에서 처분손익에 가감된다.
② 파생상품평가손익	현금흐름위험회피를 목적으로 투자한 파생상품에서 발생하는 평가손익을 말한다.
③ 해외사업환산손익	해외지점 등의 외화표시 자산·부채를 현행환율법에 의하여 원화로 환산하는 경우에 발생하는 환산손익을 말한다.

(2) 이익잉여금

1) 이익잉여금의 의의와 분류

이익잉여금이란 기업의 영업활동 등에 의하여 창출된 이익으로서 사외에 유출되거나 자본에 전입하지 아니하고 사내에 유보된 금액을 말한다. 이익준비금, 기타법정적립금, 임의적립금 그리고 미처분이익잉여금으로 구분할 수 있다.

종류	내용
① 이익준비금	상법 규정에 따라 적립한 법정적립금으로 회사가 금전배당을 하는 경우 이익준비금이 자본금의 1/2에 달할 때까지 금전배당액의 1/10 이상을 적립한 금액을 말한다.
② 기타법정적립금	상법 이외의 기타 법령이나 규정에 의하여 사내에 강제로 유보된 금액으로 재무구조개선적립금, 기업합리화적립금이 있었으나 모두 폐지되어 현재 기타법정적립금에 해당하는 항목은 없다.
③ 임의적립금	법령이 아닌 기업 임의로 일정한 목적을 위하여 정관의 규정이나 주주총회 결의에 따라 적립된 금액으로 사업확장적립금, 감채기금적립금, 결손보전적립금 등이 있다.
④ 미처분이익잉여금 (또는 미처리결손금)	기업이 벌어들인 이익 중 배당금이나 다른 잉여금으로 처분되지 않고 남아 있는 이익잉여금을 말한다. 그리고 미처리결손금이란 기업이 결손을 보고한 경우에 보고된 결손금 중 다른 잉여금으로 보전되지 않고 이월된 부분을 말한다.

2) 이익잉여금처분계산서 양식

이익잉여금처분계산서
(주) 배움 20x1년 1월 1일 ~ 20x1년 12월 31일 단위 : 원

I. 미처분이익잉여금		60,000,000
전기이월미처분이익잉여금	50,000,000	
회계정책변경의 누적효과	±	
중대한 전기오류수정손익	±	
당기순이익	10,000,000	
II. 임의적립금 이입액		–
합 계		60,000,000
III. 이익잉여금처분액		(16,000,000)
이익준비금	1,000,000	
현금배당	10,000,000	
주식배당	5,000,000	
사업확장적립금 등	–	
주식할인발행차금	–	
감자차손	–	
자기주식처분손실	–	
IV. 차기이월미처분이익잉여금		44,000,000

기출확인문제

이익잉여금처분계산서에서 확인할 수 없는 항목은 무엇인가?

① 이익준비금
② 배당금
③ 주식할인발행차금
④ 당기순이익

해설 주식할인발행차금은 자본조정 항목으로 재무상태표에서 확인할 수 있다. 이익잉여금처분계산서에서 확인할 수 있는 항목은 주식할인발행차금 상각액이다.

답 ③

제10절 | 자본 - 객관식 기출문제

★ [유형 1] 자본의 정의와 분류 (1 ~ 15) 최신 30회 중 25문제 출제

1 다음은 재무상태표 항목의 구분과 통합표시에 대한 설명이다. 가장 틀린 것은? [52회]

① 중요한 항목은 재무상태표 본문에 별도 항목으로 구분하여 표시한다.
② 현금및현금성자산은 별도 항목으로 구분하여 표시한다.
③ 자본잉여금은 법정적립금, 임의적립금으로 구분하여 표시한다.
④ 자본금은 보통주자본금과 우선주자본금으로 구분하여 표시한다.

2 다음 자료에 의하여 자본총계를 계산하면 얼마인가? [49회]

- 현　　　금 : 100,000원
- 단 기 대 여 금 : 150,000원
- 단기차입금 : 50,000원
- 비　　　품 : 200,000원
- 감가상각누계액 : 50,000원
- 보 통 예 금 : 60,000원
- 미지급금 : 80,000원
- 미　수　금 : 90,000원
- 지 급 어 음 : 100,000원

① 270,000원　　② 300,000원　　③ 320,000원　　④ 370,000원

3 다음 자료에 의하여 자본총계를 계산하면 얼마인가? [54회]

- 현　　금 : 500,000원
- 단기대여금 : 250,000원
- 이익준비금 : 20,000원
- 선 수 금 : 200,000원
- 감가상각누계액 : 50,000원
- 기계장치 : 250,000원
- 미지급금 : 60,000원
- 퇴직급여충당부채 : 90,000원
- 임대보증금 : 100,000원

① 400,000원　　② 450,000원　　③ 480,000원　　④ 500,000원

4 자본에 대한 설명 중 잘못된 것은? [82회]

① 자본금은 우선주자본금과 보통주자본금으로 구분하며, 발행주식수 × 주당 발행금액으로 표시된다.
② 잉여금은 자본잉여금과 이익잉여금으로 구분 표시한다.
③ 주식의 발행은 할증발행, 액면발행 및 할인발행이 있으며, 어떠한 발행을 하여도 자본금은 동일하다.
④ 자본은 자본금·자본잉여금·이익잉여금·자본조정 및 기타포괄손익누계액으로 구분 표시한다.

5. 자본의 분류에 대한 다음 설명 중 잘못된 것은?

① 자본금은 법정자본금으로 한다.
② 주식발행초과금, 자기주식처분이익, 주식할인발행차금은 모두 자본잉여금에 해당한다.
③ 자본조정은 당해 항목의 성격으로 보아 자본거래에 해당하나 최종 납입된 자본으로 볼 수 없거나 자본의 가감 성격으로 자본금이나 자본잉여금으로 분류할 수 없는 항목이다.
④ 자본잉여금은 증자나 감자 등 주주와의 거래에서 발생하여 자본을 증가시키는 잉여금이다.

6. 다음 중 자본의 분류와 해당 계정과목의 연결이 올바르지 않은 것은?

① 자 본 금 : 보통주자본금, 우선주자본금
② 자본잉여금 : 주식발행초과금, 자기주식처분이익
③ 자본조정 : 감자차익, 감자차손
④ 이익잉여금 : 이익준비금, 임의적립금

정답 및 해설

1 답 ③
해설 자본잉여금은 주식발행초과금과 기타자본잉여금으로 구분하여 표시한다.

2 답 ③
해설 자산(550,000원) − 부채(230,000원) = 자본(320,000원)
- 자산 550,000원 = 현금 100,000원 + 단기대여금 150,000원 + 비품 200,000원
  − 감가상각누계액 50,000원 + 보통예금 60,000원 + 미수금 90,000원
- 부채 230,000원 = 단기차입금 50,000원 + 미지급금 80,000원 + 지급어음 100,000원

3 답 ④
해설 자산(950,000원) − 부채(450,000원) = 자본(500,000원)
- 자산 950,000원 = 현금 500,000원 + 단기대여금 250,000원 + 기계장치 250,000원
  − 감가상각누계액 50,000원
- 부채 450,000원 = 선수금 200,000원 + 미지급금 60,000원 + 퇴직급여충당부채 90,000원
  + 임대보증금 100,000원

4 답 ①
해설 자본금은 우선주자본금과 보통주자본금으로 구분하며, 발행주식수×주당 액면금액으로 표시된다.

5 답 ②
해설 주식할인발행차금은 자본조정이다.

6 답 ③
해설 감자차익은 자본잉여금에 해당한다.

7 다음 중 자본의 분류 항목의 성격이 다른 것은? 112회

① 자기주식 ② 주식할인발행차금
③ 자기주식처분이익 ④ 감자차손

8 다음 중 일반기업회계기준에서 분류되는 계정과목 중 성격이 다른 것은? 101회

① 단기매매증권처분이익 ② 단기매매증권평가이익
③ 매도가능증권처분이익 ④ 자기주식처분이익

9 다음 중 자본잉여금으로 분류하는 항목을 모두 고른 것은? 2020년 8월 특별회

가. 주식 발행금액이 액면금액에 미달하는 경우 그 미달하는 금액
나. 상법규정에 따라 적립된 법정적립금
다. 주식을 할증발행하는 경우에 발행금액이 액면금액을 초과하는 부분
라. 자기주식을 처분하는 경우 취득원가를 초과하여 처분할 때 발생하는 이익

① 가, 나 ② 가, 다 ③ 다, 라 ④ 가, 다, 라

10 다음 자료를 바탕으로 자본잉여금의 금액을 계산하면 얼마인가? (단, 각 계정과목은 독립적이라고 가정한다.) 85회

- 감자차익 : 300,000원 • 이익준비금 : 100,000원 • 사업확장적립금 : 300,000원
- 주식발행초과금 : 500,000원 • 자기주식처분이익 : 300,000원 • 감자차손 : 250,000원
- 자기주식처분손실 : 100,000원 • 주식할인발행차금 : 150,000원

① 800,000원 ② 900,000원 ③ 1,100,000원 ④ 1,300,000원

11 다음의 자본 항목 중 포괄손익계산서에 영향을 미치는 항목은 무엇인가? 113회

① 감자차손 ② 주식발행초과금
③ 자기주식처분이익 ④ 매도가능증권평가이익

12 다음 내용과 같은 기준으로 분류되는 계정과목은 무엇인가? 81회

> 자본거래에서 발생하며, 자본금이나 자본잉여금으로 분류할 수 없는 항목으로 감자차손, 자기주식, 자기주식처분손실 등이 여기에 해당한다.

① 주식할인발행차금
② 임의적립금
③ 주식발행초과금
④ 이익준비금

13 다음 중 자본조정 항목이 아닌 것은? 95회

① 자기주식처분손실
② 감자차손
③ 주식발행초과금
④ 자기주식

14 다음 중 계정과목과 자본 항목의 분류가 올바르게 연결된 것은? 107회

① 주식발행초과금 : 이익잉여금
② 자기주식처분손실 : 자본조정
③ 자기주식 : 자본잉여금
④ 매도가능증권평가손익 : 자본조정

정답 및 해설

7 답 ③
해설 자기주식처분이익은 자본잉여금으로 분류되고, 자기주식, 주식할인발행차금, 감자차손은 자본조정으로 분류된다.

8 답 ④
해설
• 자기주식처분이익 : 자본잉여금
• 단기매매증권처분이익, 단기매매증권평가이익, 매도가능증권처분이익 : 영업외수익

9 답 ③
해설 가. 주식할인발행차금–자본조정   나. 이익잉여금–이익준비금   다. 주식발행초과금   라. 자기주식처분이익

10 답 ③
해설 1,100,000원 = 감자차익 300,000원 + 주식발행초과금 500,000원 + 자기주식처분이익 300,000원

11 답 ④
해설 매도가능증권평가이익은 기타포괄손익누계액에 포함되는 항목으로 매도가능증권평가이익의 증감은 포괄손익계산서상의 기타포괄손익에 영향을 미친다.

12 답 ①
해설 자본조정에 대한 설명이며, 자기주식, 주식할인발행차금, 감자차손, 자기주식처분손실 등이 있다. 임의적립금은 이익잉여금, 주식발행초과금은 자본잉여금, 이익준비금은 이익잉여금에 해당한다.

13 답 ③
해설 주식발행초과금은 자본잉여금이다.

14 답 ②
해설
• 주식발행초과금 : 자본잉여금
• 자기주식 : 자본조정
• 매도가능증권평가손익 : 기타포괄손익누계액

15 다음 중 이익잉여금 항목에 해당하지 않는 것은? 51회

① 이익준비금   ② 임의적립금   ③ 주식발행초과금   ④ 미처분이익잉여금

[유형 2] 신주발행 (16 ~ 17) 최신 30회 중 3문제 출제

16 (주)피제이전자는 주식 1,000주(1주당 액면가액 1,000원)를 1주당 1,500원에 증자하면서 주식발행관련 제비용으로 100,000원을 지출하였다. 이에 대한 결과로 올바른 것은? 43회

① 주식발행초과금 400,000원 증가   ② 자본금 1,400,000원 증가
③ 주식발행초과금 500,000원 증가   ④ 자본금 1,500,000원 증가

17 (주)풍기의 전기말 자본금은 60,000,000원(주식수 12,000주, 액면가액 5,000원)이다. 기중에 주당 4,000원에 2,000주를 유상증자 하였으며, 그 외의 자본거래는 없었다. (주)풍기의 기말 자본금은 얼마인가? 109회

① 60,000,000원   ② 70,000,000원   ③ 68,000,000원   ④ 48,000,000원

[유형 3] 자기주식과 감자 (18 ~ 19)

18 다음 보기 중 이익잉여금으로 분류하는 항목을 모두 고른 것은? 42회

보기
ㄱ. 현금배당액의 1/10 이상의 금액을 자본금의 2분의 1에 달할 때까지 적립해야 하는 금액
ㄴ. 액면을 초과하여 주식을 발행한 때 그 액면을 초과하는 금액
ㄷ. 감자를 행한 후 주주에게 반환되지 않고 불입자본으로 남아있는 금액

① ㄱ   ② ㄴ   ③ ㄱ, ㄷ   ④ ㄴ, ㄷ

19 다음은 자본에 대한 설명이다. 옳지 않은 것은? 66회

① 이익잉여금을 자본금에 전입하여 무상주를 발행하는 경우에 액면금액을 주식의 발행금액으로 한다.
② 기업이 취득한 자기주식은 취득원가를 자본조정으로 회계처리한다.
③ 자기주식의 처분금액이 장부금액보다 큰 경우 차액은 자기주식처분이익으로 하여 자본잉여금으로 회계처리한다.
④ 기업이 소각을 목적으로 자기주식을 취득하는 경우 주식의 취득원가가 액면금액 보다 작다면 그 차액을 감자차익으로 하여 자본조정으로 회계처리한다.

[유형 4] 배당과 무상증자 (20 ~ 24) 최신 30회 중 6문제 출제

20 주식배당시 자본금 및 이익잉여금의 변화에 대해 올바르게 짝지은 것은? `2020년 10월 특별회`

> 주식으로 배당하는 경우에는 발행주식의 액면금액을 배당액으로 하여 자본금의 (가)와 이익잉여금의 (나)로 회계처리한다

① (가) 증가 (나) 감소
② (가) 증가 (나) 증가
③ (가) 감소 (나) 증가
④ (가) 감소 (나) 감소

21 다음 중 유가증권을 보유함에 따라 무상으로 주식을 배정받은 경우 회계처리방법은? `72회`

① 배당금수익(영업외수익)으로 처리한다.
② 장부가액을 증가시키는 회계처리를 하지 않고, 수량과 단가를 새로 계산한다.
③ 장부가액을 증가시키는 회계처리를 하고, 수량과 단가를 새로 계산한다.
④ 장부가액을 증가시키는 회계처리를 하고, 수량과 단가를 새로 계산하지 않는다.

정답 및 해설

15 답 ③
해설 주식발행초과금은 자본잉여금에 해당한다.

16 답 ①
해설 주식발행초과금은 주식발행가액(증자의 경우에 신주발행수수료 등 신주발행을 위하여 직접 발생한 기타의 비용을 차감한 후의 가액을 말한다.) 이 액면가액을 초과하는 경우 그 초과하는 금액으로 한다.
1,000주 × (1,500원 − 1,000원) − 100,000원 = 400,000원

17 답 ②
해설 기말 자본금 : (12,000주 + 2,000주) × 5,000원 = 70,000,000원

18 답 ①
해설 ㄱ. 이익준비금은 이익잉여금으로, ㄴ. 주식발행초과금. ㄷ. 감자차익은 자본잉여금으로 분류한다.

19 답 ④
해설 기업이 이미 발행한 주식을 유상으로 재취득하여 소각하는 경우에 주식의 취득원가가 액면금액보다 작다면 그 차액을 감자차익으로 하여 자본잉여금으로 회계처리한다.

20 답 ①
해설 주식으로 배당하는 경우에는 발행주식의 액면금액을 배당액으로 하여 자본금의 증가와 이익잉여금의 감소로 회계처리한다.

21 답 ②
해설 유가증권을 보유함에 따라 무상으로 주식을 배정받은 경우 장부가액을 증가시키는 회계처리를 하지 않고 수량과 단가만 새로 계산한다.

22. 다음은 현금배당에 관한 회계처리이다. 아래의 괄호 안에 각각 들어갈 회계처리 일자로 옳은 것은?

[114회]

(가)	(차) 이월이익잉여금	×××원	(대) 이익준비금	×××원
			(대) 미지급배당금	×××원
(나)	(차) 미지급배당금	×××원	(대) 보통예금	×××원

	(가)	(나)
①	회계종료일	배당결의일
②	회계종료일	배당지급일
③	배당결의일	배당지급일
④	배당결의일	회계종료일

23. 다음 중 자본에 영향을 미치지 않는 항목은 무엇인가?

[116회]

① 당기순이익 ② 현금배당 ③ 주식배당 ④ 유상증자

24. 자본금 10,000,000원인 회사가 현금배당(자본금의 10%)과 주식배당(자본금의 10%)을 각각 실시하는 경우, 이 회사가 적립해야 할 이익준비금의 최소 금액은 얼마인가? (현재 재무상태표상 이익준비금 잔액은 500,000원이다.)

[86회]

① 50,000원 ② 100,000원 ③ 150,000원 ④ 200,000원

[유형 5] 이익잉여금처분계산서 및 기타 (25 ~ 27) 최신 30회 중 2문제 출제

25. 다음 중 자본에 대한 내용으로 옳지 않은 것은?

[46회]

① 현물출자로 인한 주식의 발행금액은 제공받은 현물의 공정가치이다.
② 기말 재무상태표상 미처분이익잉여금은 당기 이익잉여금의 처분사항이 반영된 후의 금액이다.
③ 주식배당과 무상증자는 순자산의 증가가 발생하지 않는다.
④ 주식발행초과금은 주식의 발행금액이 액면금액을 초과하는 경우 그 초과금액을 말한다.

26 보고기간 종료일에 ㈜희망의 결산시 당기순이익이 100,000원이었다. 다음과 같은 오류가 포함되었을 경우, 수정 후 당기순이익은 얼마인가?   71회

- 감자차익 과소계상액 : 10,000원
- 이자비용 과대계상액 : 15,000원
- 매도가능증권평가손실 과대계상액 : 20,000원
- 단기투자자산처분이익 과대계상액 : 25,000원

① 90,000원　　　② 100,000원　　　③ 120,000원　　　④ 130,000원

27 다음 중 이익잉여금처분계산서에 나타나지 않는 항목은?   112회

① 이익준비금　　　② 자기주식　　　③ 현금배당　　　④ 주식배당

정답 및 해설

22 답 ③
해설 (가)는 배당결의일의 회계처리이고, (나)는 배당지급일의 회계처리이다.

23 답 ③
해설 ① 미처분이익잉여금을 증가시킴(자본증가)
② 미처분이익잉여금을 감소시킴(자본감소)
③ 미처분이익잉여금을 감소시킴과 동시에 자본금을 증가시킴(영향 없음)
④ 자본금 및 자본잉여금을 증가시킴(자본증가)

24 답 ②
해설 • 이익준비금 최소 적립액 = 현금배당액의 10% = 10,000,000원 × 10% × 10% = 100,000원

25 답 ②
해설 당기 이익잉여금의 처분사항은 차기 주주총회의 처분결의가 있은 후에 회계처리되므로 기말 재무상태표상 미처분이익잉여금은 당기 이익잉여금의 처분사항이 반영되기 전의 금액이다.

26 답 ①
해설 90,000원 = 100,000원 + 15,000원 − 25,000원
• 감자차익은 자본잉여금에 매도가능증권평가손실은 기타포괄손익누계액에 속하여 당기순이익에 영향을 미치지 않는다.

27 답 ②
해설 자기주식은 이익잉여금처분계산서에 나타나지 않는다.

제10절 자본 - 실무 기출문제

다음의 거래 자료를 ㈜일반전표(회사코드 : 1003)의 일반전표입력 메뉴에 추가 입력하시오.

[유형 1] 신주발행 (1 ~ 4)   최신 30회 중 4문제 출제

1 9월 1일 : 주주총회에서 결의된 바에 따라 유상증자를 실시하여 신주 10,000주(액면금액 1,000원)를 주당 2,500원에 발행하고, 증자와 관련하여 수수료 120,000원을 제외한 나머지 증자대금이 보통예금 계좌에 입금되다. 80회

2 9월 2일 : 액면금액이 1주당 5,000원인 보통주를 증권시장에서 주당 10,000원씩 5,000주를 현금으로 발행하였다. 주식발행에 소요된 인쇄비, 광고비, 수수료 등의 주식발행비로 5,000,000원이 현금 지출되었다. (단, 당사는 주식할인발행차금의 잔액이 10,000,000원 있는 것으로 가정한다.) 115회

3 9월 3일 : 이사회의 승인을 얻어 매입처 ㈜임아트상회에 지급하여야 할 외상매입금 중 일부인 12,000,000원을 당사에 출자전환하고 신주 2,000주(액면금액 5,000원)를 교부하였다. 신주교부에 따른 제비용은 없다고 가정한다. 41회

4 9월 4일 : 공장 신축용 토지를 취득하였으며, 취득대가로 당사의 주식 100주(주당 액면금액 5,000원)를 신규발행하여 교부하였다. 취득 당시 토지의 공정가치는 1,000,000원이다. 97회

[유형 2] 자기주식 (5 ~ 6)   최신 30회 중 5문제 출제

5 9월 5일 : 자기주식 100주를 주당 6,000원(액면금액 @5,000원)에 현금으로 취득했다. 출제예상

6 9월 6일 : 보유 중인 자기주식을 처분하였다. 장부금액은 600,000원(100주, 6,000원/주)이고 처분금액은 610,000원(100주, 6,100원/주)이었다. 처분대금은 보통예금 계좌에 입금되었다. (단, 자기주식처분손실의 잔액이 1,000원 있는 것으로 가정한다.) 97회

정답 및 해설

1 일자 : 9월 1일

분개	(차변) 보통예금	24,880,000*	(대변) 자본금	10,000,000
			(대변) 주식발행초과금	14,880,000

구분		계정과목	거래처	적요	차변	대변
차변	0103	보통예금			24,880,000	
대변	0331	자본금				10,000,000
대변	0341	주식발행초과금				14,880,000

* 10,000주 × 2,500원 − 120,000원 = 24,880,000원

2 일자 : 9월 2일

분개	(차변) 현금	45,000,000	(대변) 자본금	25,000,000
			(대변) 주식할인발행차금	10,000,000
			(대변) 주식발행초과금	10,000,000

구분		계정과목	거래처	적요	차변	대변
차변	0101	현금			45,000,000	
대변	0331	자본금				25,000,000
대변	0381	주식할인발행차금				10,000,000
대변	0341	주식발행초과금				10,000,000

3 일자 : 9월 3일

분개	(차변) 외상매입금((주)임아트상회)	12,000,000	(대변) 자본금	10,000,000
			(대변) 주식발행초과금	2,000,000

구분		계정과목	거래처		적요	차변	대변
차변	0251	외상매입금	00102	(주)임아트상회		12,000,000	
대변	0331	자본금					10,000,000
대변	0341	주식발행초과금					2,000,000

4 일자 : 9월 4일

분개	(차변) 토지	1,000,000	(대변) 자본금	500,000
			(대변) 주식발행초과금	500,000

구분		계정과목	거래처	적요	차변	대변
차변	0201	토지			1,000,000	
대변	0331	자본금				500,000
대변	0341	주식발행초과금				500,000

5 일자 : 9월 5일

분개	(차변) 자기주식	600,000	(대변) 현금	600,000

구분		계정과목	거래처	적요	차변	대변
출금	0383	자기주식			600,000	(현금)

6 일자 : 9월 6일

분개	(차변) 보통예금	610,000	(대변) 자기주식	600,000
			(대변) 자기주식처분손실	1,000
			(대변) 자기주식처분이익	9,000

구분		계정과목	거래처	적요	차변	대변
대변	0383	자기주식				600,000
차변	0103	보통예금			610,000	
대변	0390	자기주식처분손실				1,000
대변	0343	자기주식처분이익				9,000

[유형 3] 감자 (7) 최신 30회 중 2문제 출제

7 9월 7일 : 자본감소(주식소각)를 위해 당사의 기 발행주식 중 1,000주(액면금액 @5,000원)를 1주당 4,000원으로 매입하여 소각하고, 매입대금은 당사 보통예금 계좌에서 지급하였다.(단, 감자차손의 잔액이 500,000원 있는 것으로 가정한다.) 출제예상

[유형 4] 배당 (8 ~ 12) 최신 30회 중 4문제 출제

8 2월 28일 : 주주총회에서 전기분 이익잉여금처분계산서(안) 대로 처분이 확정되었다. 이익잉여금 처분에 관한 회계처리를 하시오 [전기분 이익잉여금처분계산서(안) : 이익준비금 300,000원, 미지급배당금 3,000,000원, 미교부주식배당금 2,000,000원] 출제예상

9 3월 31일 : 금년 2월 28일에 열린 주주총회에서 결의한 주식배당 2,000,000원에 대해 주식배정을 실시하였다. 단, 원천징수세액은 없는 것으로 한다. 45회

10 4월 30일 : 금년 2월 28일 주주총회에서 결의한 현금배당 3,000,000만원에 대하여 원천징수세액 462,000원을 제외한 금액을 보통예금 계좌에서 지급하였다. 108회

11 9월 11일 : 회사는 9월 11일 개최된 이사회에서 현금배당 80,000원의 중간배당을 결의하였다.(단, 이익준비금은 고려하지 않는 것으로 한다.) 87회

12 9월 12일 : 투자 목적으로 보유 중인 단기매매증권(보통주 1,000주, 1주당 액면가액 5,000원, 1주당 장부가액 9,000원)에 대하여 1주당 1,000원씩의 현금배당이 보통예금 계좌로 입금되었으며, 주식배당 20주를 수령하였다. 110회

정답 및 해설

7 일자 : 9월 7일

분개	(차변) 자본금	5,000,000	(대변) 보통예금	4,000,000
			(대변) 감자차손	500,000
			(대변) 감자차익	500,000

구분	계정과목		거래처	적요	차변	대변
차변	0331	자본금			5,000,000	
대변	0103	보통예금				4,000,000
대변	0389	감자차손				500,000
대변	0342	감자차익				500,000

8 일자 : 2월 28일

분개	(차변) 이월이익잉여금	5,300,000	(대변) 이익준비금	300,000
	또는 미처분이익잉여금		(대변) 미지급배당금	3,000,000
			(대변) 미교부주식배당금	2,000,000

구분	계정과목		거래처	적요	차변	대변
차변	0375	이월이익잉여금			5,300,000	
대변	0351	이익준비금				300,000
대변	0265	미지급배당금				3,000,000
대변	0387	미교부주식배당금				2,000,000

9 일자 : 3월 31일

분개	(차변) 미교부주식배당금	2,000,000	(대변) 자본금	2,000,000

구분	계정과목		거래처	적요	차변	대변
차변	0387	미교부주식배당금			2,000,000	
대변	0331	자본금				2,000,000

10 일자 : 4월 30일

분개	(차변) 미지급배당금	3,000,000	(대변) 예수금	462,000
			(대변) 보통예금	2,538,000

구분	계정과목		거래처	적요	차변	대변
차변	0265	미지급배당금			3,000,000	
대변	0254	예수금				462,000
대변	0103	보통예금				2,538,000

11 일자 : 9월 11일

분개	(차변) 이월이익잉여금 또는	80,000	(대변) 미지급배당금	80,000
	미처분이익잉여금, 중간배당금			

구분	계정과목		거래처	적요	차변	대변
차변	0375	이월이익잉여금			80,000	
대변	0265	미지급배당금				80,000

* 회계프로그램 계정과목에 이익잉여금 항목으로 이월이익잉여금뿐 아니라 미처분 이익잉여금, 중간배당금이 모두 등록되어 있으며, 이를 구분하는 것은 실익이 없을 것으로 판단되므로 차변의 계정과목에 이월이익잉여금, 미처분이익잉여금, 중간배당금을 모두 정답으로 인정됨.

12 일자 : 9월 12일

분개	보통예금	1,000,000	(대변) 배당금수익	1,000,000

구분	계정과목		거래처	적요	차변	대변
차변	0103	보통예금			1,000,000	
대변	0903	배당금수익				1,000,000

* 주식배당을 받는 투자회사의 입장에서는 발행회사에 대한 투자회사의 몫은 변동이 없기 때문에 수익으로 인식하지 않고 보유주식의 수량과 단가의 변동을 비망으로 기록하므로 별도의 회계처리는 없다.

제11절 수익과 비용

수익은 주요 경영활동으로서의 재화의 판매, 용역의 제공 등에 따른 경제적 효익의 유입으로서, 이는 자산의 증가 또는 부채의 감소 및 그 결과에 다른 자본의 증가로 나타난다. 비용은 주요 경영활동으로서의 재화의 구매, 용역의 소비 등에 따른 경제적 효익의 유출로서, 이는 자산의 감소 또는 부채의 증가 및 그 결과에 따른 자본의 감소로 나타난다.

★ ❶ 수익 계정

(1) 매출액(영업수익)

기업의 주된 영업활동으로부터 얻은 수익으로서 상품 또는 제품의 판매로 인해 실현된 수익을 말한다. 손익계산서상의 매출액은 총매출액에서 매출할인, 매출에누리, 매출환입 등을 차감한 금액을 표시한다.

> 매출액 = 총매출액 − 매출에누리와환입 − 매출할인

(2) 영업외수익

기업의 주된 영업활동이 아닌 활동으로부터 발생한 수익을 말한다. 영업외수익에 속하는 계정과목은 다음과 같다.

계정과목	내용
① 이자수익	타인에게 돈을 빌려주거나 은행에 돈을 예치하여 받는 이자
② 배당금수익	기업의 주식을 보유함으로써 받게 되는 현금배당 등
③ 임대료	타인에게 부동산 또는 동산을 빌려주고 그 대가로 받는 금액
④ 단기매매증권평가이익	국·공채 및 주식, 사채 등의 단기매매증권의 장부금액보다 보고기간종료일의 공정가치가 높은 경우 공정가치에서 장부금액을 차감한 가액
⑤ 단기매매증권처분이익	국·공채 및 주식, 사채 등의 단기매매증권을 장부금액보다 높은 가액으로 처분하였을 경우에 발생하는 처분이익
⑥ 외환차익	외화자산을 장부금액보다 높게 회수하거나 외화부채를 장부금액보다 낮게 상환할 시에 발생하는 차익
⑦ 외화환산이익	화폐성 외화자산·부채의 취득시점의 환율과 결산시점의 환율이 달라서 발생하는 환산이익
⑧ 투자자산처분이익	투자자산을 장부금액보다 높게 처분하였을 경우에 발생하는 처분이익
⑨ 유형자산처분이익	유형자산을 장부금액보다 높은 가액으로 처분하였을 때 발생하는 처분이익
⑩ 사채상환이익	사채를 장부금액보다 낮게 상환하였을 경우에 발생하는 이익
⑪ 자산수증이익	자산을 무상으로 증여받았을 경우에 발생하는 이익
⑫ 채무면제이익	채무의 일부 또는 전부를 면제받았을 경우에 발생하는 이익
⑬ 잡이익	영업외수익 중 금액적으로 중요하지 않거나 항목의 발생원인 을 밝힐 수 없을 때 발생하는 이익

★ ❷ 비용 계정

(1) 매출원가

매출원가란 매출액에 대응하는 상품의 매입원가 또는 제품의 제조원가를 말한다.

> • 상품매출원가 = 기초상품재고액 + 당기상품매입액* − 기말상품재고액
> * 당기상품매입액 = 총매입액 + 매입부대비용 − 매입환출및에누리 − 매입할인

- 제품매출원가 = 기초제품재고액 + 당기제품제조원가 − 기말제품재고액

(2) 판매비와 관리비

재화나 용역의 판매활동 또는 기업의 관리와 유지에서 발생하는 비용으로 매출원가에 속하지 않는 모든 영업비용을 말한다.

계정과목	내 용
① 급여	임직원에게 근로를 제공받고 이에 대한 대가로서 지급하는 제 금액을 말하며, 급여. 급료. 임금 및 제 수당을 포함
② 퇴직급여	임직원이 퇴사하는 경우에 퇴직금지급규정에 의하여 지급하는 금액을 처리하기 위한 계정으로 퇴직급여충당부채가 설정되어 있는 경우 퇴직 시 퇴직급여충당부채에서 우선 상계를 하고 부족액을 퇴직급여로 처리함.
③ 복리후생비	임직원의 복리후생을 위해 지출하는 비용
④ 여비교통비	임직원의 장거리 출장경비와 단거리 교통비
⑤ 수도광열비	본사에서 발생하는 전기요금, 수도요금, 가스요금, 연료대금 등
⑥ 세금과공과	국가 또는 지방자치단체가 부과하는 조세와 각종 공공단체가 부과하는 부과금, 벌금, 과료, 과태료 등의 비용
⑦ 감가상각비	유형자산의 원가를 체계적이고 합리적인 절차에 따라 배분한 비용
⑧ 무형자산상각비	무형자산의 원가를 체계적이고 합리적인 절차에 따라 배분한 비용
⑨ 임차료	부동산 또는 동산을 빌리고 이에 대한 대가로 지급하는 비용
⑩ 수선비	건물, 기계장치 등의 수리비용
⑪ 보험료	보험계약에 의거 보험회사가 보험금 지급책임을 지는 대가로 계약자가 납입하는 금액
⑫ 차량유지비	회사 소유의 차량을 업무상 운행하면서 소요된 비용
⑬ 기업업무추진비	일반적으로 회사의 영업과 관련하여 거래처에 접대, 사례 등의 명목으로 거래처에 지출한 비용이나 물품
⑭ 연구비	연구활동에 소요되는 비용
⑮ 경상개발비	개발활동에 소요되는 지출액 중 자산의 인식요건을 충족시키지 못한 비용
⑯ 운반비	상품이나 제품 등을 운반하는데 소요된 비용
⑰ 교육훈련비	임직원의 교육과 관련하여 지출한 비용
⑱ 도서인쇄비	도서구입비 또는 인쇄대금
⑲ 포장비	상품 또는 제품 등을 포장하는데 소용된 비용
⑳ 소모품비	소모성 기구, 공구, 비품, 사무용소모품 등 구입비용
㉑ 수수료비용	상대방에게 서비스를 제공받고 지불하는 비용
㉒ 광고선전비	재화 또는 용역의 판매촉진이나 기업이미지 개선 등의 선전효과를 위하여 불특정다수인을 대상으로 지출하는 비용
㉓ 대손상각비	대금의 회수가 불확실한 매출채권에 대하여 설정하는 비용
㉔ 건물관리비	건물이나 시설의 관리에 지출된 비용
㉕ 견본비	상품이나 제품 등을 거래처 등에게 알리기 위한 샘플제작대금 또는 견본품 제공비용
㉖ 잡비	판매비와관리비 중 일반기업회계기준에 열거된 계정과목이 아니거나 그 금액이 중요하지 않은 경우

(3) 영업외비용

기업의 주된 영업활동이 아닌 활동으로부터 발생한 비용을 말한다.

계정과목	내 용
① 이자비용	회사가 금융기관 등으로부터 빌려온 차입금에 대하여 기간의 경과에 따라 지급해야 하는 비용
② 외환차손	외화자산을 장부금액보다 낮게 회수하거나 외화부채를 장부금액보다 높게 상환할 시에 발생하는 차손
③ 외화환산손실	화폐성 외화자산·부채의 취득시점의 환율과 결산시점의 환율이 달라서 발생하는 환산손실
④ 기부금	사업과 직접 관련 없이 특정인에게 무상으로 지급하는 재산적 증여
⑤ 기타의대손상각비	일반적인 상거래 이외에서 발생한 미수금, 대여금 등의 채권의 대손발생에 따른 비용
⑥ 매출채권처분손실	어음의 만기가 도래하기 전에 금융기관 등에 어음을 할인하는 경우에 지급하는 할인료
⑦ 단기매매증권평가손실	단기매매증권을 보고기간종료일에 공정가치로 평가할 때 장부금액보다 공정가치가 낮은 경우에 그 차액
⑧ 단기매매증권처분손실	단기매매증권을 처분하는 경우에 장부금액보다 처분금액이 낮은 경우에 발생하는 손실
⑨ 재고자산감모손실	원재료, 상품 등의 재고자산이 파손, 마모, 도난, 분실 등으로 인해서 실지재고수량이 재고수량보다 적은 경우에 발생하는 손실
⑩ 재해손실	풍수해, 화재, 지진 등의 천재지변으로 인하여 재고자산, 유형자산 등에 발생하는 손실
⑪ 유형자산처분손실	유형자산을 처분하는 경우에 장부금액보다 처분금액이 낮은 경우에 발생하는 손실
⑫ 무형자산처분손실	무형자산을 처분하는 경우에 장부금액보다 처분금액이 낮은 경우에 발생하는 손실
⑬ 잡손실	영업외비용 중에서 일반기업회계기준에 열거된 계정과목이 없거나 그 금액이 중요하지 않은 경우

(4) 법인세비용

법인세법상 납부해야 할 법인세 및 지방세법상 납부할 지방소득세 등의 세액의 합계액을 처리하는 계정과목이다.

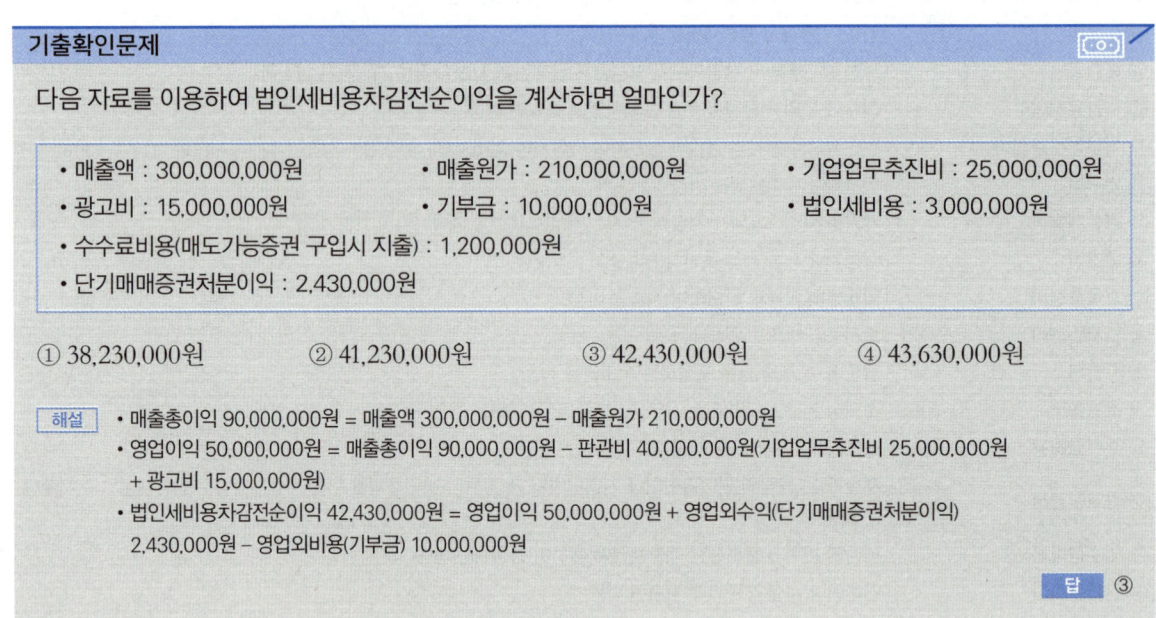

❸ 수익과 비용의 인식

수익과 비용은 발생주의에 따라 인식한다. 발생주의란 현금의 수취나 지급시점에 수익과 비용을 인식하는 것이 아닌 현금의 수취나 지급을 가져오는 근원적인 사건이 발생한 시점에 인식하는 것이다.

(1) 수익인식기준

수익의 인식이란 수익이 귀속되는 회계기간을 결정하는 것이다. 수익은 실현주의에 근거하여 인식한다. 여기서 실현주의는 발생주의를 현실적으로 적용하기 위하여 채택된 것으로 다음과 같은 요건을 모두 충족하여야 한다.
① 실현기준 : 수익은 실현되었거나 실현가능한 시점에 인식한다. 여기서 실현되었다는 의미는 상품이나 제품 등이 현금이나 현금청구권과 교환되었다는 것을 말한다.
② 가득기준 : 수익은 가득과정이 완료된 시점에 인식한다. 여기서 가득되었다는 의미는 기업의 수익획득과정 중에서 대부분이 거의 완료되어 수익에 대한 경제적 권리를 주장하기에 충분한 정도의 의무를 수행하였을 때를 말한다.

1) 재화판매의 수익인식기준
재화의 판매로 인한 수익은 다음 조건이 모두 충족될 때 인식한다.
① 재화의 소유에 따른 유의적인 위험과 보상이 구매자에게 이전된다.
② 판매자는 판매한 재화에 대하여 소유권이 있을 때 통상적으로 행사하는 정도의 관리나 효과적인 통제를 할 수 없다.
③ 수익금액을 신뢰성 있게 측정할 수 있다.
④ 경제적 효익의 유입 가능성이 매우 높다.
⑤ 거래와 관련하여 발생했거나 발생할 원가를 신뢰성 있게 측정할 수 있다

2) 용역제공의 수익인식기준
용역의 제공으로 인한 수익은 용역제공거래의 성과를 신뢰성있게 추정할 수 있을 때 진행기준에 따라 인식한다. 다음 조건이 모두 충족되는 경우에 인식한다.
① 거래 전체의 수익금액을 신뢰성 있게 측정할 수 있다.
② 경제적 효익의 유입 가능성이 매우 높다.
③ 진행률을 신뢰성 있게 측정할 수 있다.
④ 이미 발생한 원가 및 거래의 완료를 위하여 투입하여야 할 원가를 신뢰성 있게 측정할 수 있다.

3) 이자 · 배당금 · 로열티 수익인식기준
자산을 타인에게 사용하게 함으로써 발생하는 이자, 배당금, 로열티 등의 수익은 "㉠수익금액을 신뢰성 있게 측정할 수 있다. ㉡경제적 효익의 유입 가능성이 매우 높다."는 조건을 모두 충족하는 경우에 다음에 따라 인식한다.
① 이자수익은 원칙적으로 유효이자율을 적용하여 발생기준에 따라 인식한다.
② 배당금수익은 배당금을 받을 권리와 금액이 확정되는 시점에 인식한다.
③ 로열티수익은 관련된 계약의 경제적 실질을 반영하여 발생기준에 따라 인식한다.

4) 기타의 수익인식기준
재화의 판매, 용역의 제공, 이자, 배당금, 로열티로 분류할 수 없는 기타의 수익은 다음 조건을 모두 충족할 때 발생기준에 따라 합리적인 방법으로 인식한다.
① 수익가득과정이 완료되었거나 실질적으로 거의 완료되었다.
② 수익금액을 신뢰성 있게 측정할 수 있다.
③ 경제적 효익의 유입 가능성이 매우 높다.

5) 거래형태별 구체적인 수익인식시점

구 분	수익인식기준
① 위탁판매	수탁자가 제3자에게 판매한 시점
② 시용판매	고객이 매입의사표시를 한 시점
③ 상품권	상품권을 회수하고 재화를 인도한 시점 (상품권 발행시점에는 선수금 처리)
④ 건설형공사계약	진행기준[11]에 의해 수익을 인식
⑤ 할부판매	장,단기 구분없이 인도시점
⑥ 반품조건부판매	• 반품률 추정가능 : 인도시점 • 반품률 추정불가 : 구매자의 인수수락, 반품기간 종료시점
⑦ 정기간행물 구독	• 가액 동일 : 구독기간에 걸쳐 정액법으로 인식 • 가액 상이 : 예상총판매가액에 대한 발송품목가액의 비율로 인식
⑧ 광고수수료	• 방송매체수수료 : 대중에게 전달되는 시점 • 광고제작수수료 : 광고제작의 진행률에 따라 인식
⑨ 소프트웨어의 개발수수료	진행기준에 따라 수익인식
⑩ 입장료	행사가 개최되는 시점
⑪ 수강료	강의기간동안 발생기준 적용

기출확인문제

다음 중 일반기업회계기준에 의한 수익인식기준으로 가장 옳지 않은 것은?

① 수강료 : 강의 시간에 걸쳐 수익으로 인식한다.
② 광고제작수수료 : 광고 제작의 진행률에 따라 수익을 인식한다.
③ 광고매체수수료 : 광고 또는 상업방송이 대중에게 전달될 때 수익을 인식한다.
④ 주문형 소프트웨어의 개발 수수료 : 소프트웨어 전달 시에 수익을 인식한다.

해설 주문개발하는 소프트웨어의 대가로 수취하는 수수료는 진행률에 따라 수익을 인식한다. 이때 진행률은 소프트웨어의 개발과 소프트웨어 인도 후 제공하는 지원용역을 모두 포함하여 결정한다.

답 ④

(2) 비용인식기준

지출한 금액은 결국 비용이 된다. 비용은 수익·비용의 대응원칙에 따라 수익을 인식하는 회계기간에 대응하여 인식한다. 수익·비용의 대응원칙이 성립되기 위해서는 일정기간 동안에 이루어진 지출이 특정한 수익과 관련이 있어야 하며, 관련된 수익과 동일기간에 이루어져야 한다. 그러나, 기업에서 발생하는 비용들 중에는 특정수익과 직접적으로 대응시키기 어려운 항목들이 많다. 따라서, 수익·비용의 대응원칙에 따라 비용을 인식하는 방법은 다음과 같다.

1) 직접대응
비용의 직접대응이란 특정의 재화나 용역을 생산하거나 구입하면서 지출된 금액이 어느 시점에 수익이 창출되는지를 직접 알 수 있으면 그 시점에 맞추어서 비용을 인식하는 방법이다. 직접대응방법의 예는 재고자산의 매출

---
[11] 보고기간종료일에 공사진행정도에 따라 총도급금액에 공사진행률을 곱하여 공사수익을 결정하는 기준이다.

원가를 들 수 있다.

2) 기간대응
특정수익과 직접적인 인과관계를 명확히 알 수 없지만 발생한 원가가 일정기간 동안 수익창출활동에 기여한 것으로 판단되면 해당하는 기간에 합리적이고 체계적으로 배분하는 것을 말하며, 기간대응방법의 예는 유형자산의 감가상각비가 있다.

3) 당기비용
당기에 발생한 원가가 미래에 경제적 효익을 제공하지 못하거나 미래효익의 가능성이 불확실한 경우에 발생 즉시 비용으로 인식하는 방법으로, 당기비용의 예는 일반관리비나 광고선전비 등이 해당된다.

제11절 수익과 비용 - 객관식 기출문제

[유형 1] 수익과 비용 계정 (1 ~ 6)   최신 30회 중 5문제 출제

1 다음 중 수익과 비용에 대한 설명으로 가장 잘못된 것은?   107회 수정

① 관련 수익과 직접적 인과관계를 파악할 수 있는 비용은 해당기간에 합리적이고 체계적인 배분을 하여 비용으로 인식한다.
② 수익은 자산의 유입 또는 부채의 감소에 따라 자본의 증가를 초래하는 특정 회계기간 동안에 발생한 경제적효익의 증가로서 지분참여자에 대한 출연과 관련된 것은 제외한다.
③ 비용은 자산의 유출 또는 부채의 증가에 따라 자본의 감소를 초래하는 특정 회계기간 동안에 발생한 경제적효익의 감소로서 지분참여자에 대한 분배를 제외하며, 정상영업활동의 일환이나 그 이외의 활동에서 발생할 수 있는 차손도 포함한다.
④ 수익은 자산의 증가나 부채의 감소와 관련하여 미래의 경제적 효익이 증가하고 이를 신뢰성 있게 측정할 수 있을 때 인식한다.

2 다음 발생하는 비용 중 영업비용에 해당하지 않는 것은?   51회

① 거래처 사장인 김수현에게 줄 선물을 구입하고 50,000원을 현금 지급하다.
② 회사 상품 홍보에 50,000원을 현금 지급하다.
③ 외상매출금에 대해 50,000원의 대손이 발생하다.
④ 회사에서 국제구호단체에 현금 50,000원을 기부하다.

3 다음 내역이 손익계산서에 미치는 영향으로 옳지 않은 것은?   82회

| ㉠ 영업사원 핸드폰요금 : 600,000원 | ㉡ 영업부 사무실 감가상각비 : 700,000원 |
| ㉢ 장애인단체 기부금 : 300,000원 | |

① 영업이익에 영향을 주지 않는 ㉢은 당기순이익에 영향을 준다.
② 영업외비용은 ㉡과 ㉢의 합계액인 1,000,000원이다.
③ ㉠과 ㉡의 합계액인 1,300,000원은 판매비와관리비로 계상된다.
④ ㉠과 ㉡의 합계액은 영업이익과 당기순이익에 모두 영향을 준다.

4 다음 중 판매비와 관리비에 해당되는 세금과공과 계정과목으로 처리되는 항목은? 50회

① 공장 건물 보유 중 재산세를 납부하는 경우
② 영업부 차량 보유 중 자동차세를 납부하는 경우
③ 본사 직원에 대한 급여를 지급하면서 원천징수세액을 납부하는 경우
④ 법인의 소득에 대하여 부과되는 법인세를 납부하는 경우

5 "주주나 제3자 등으로부터 현금이나 기타 재산을 무상으로 증여받을 경우 생기는 이익"이 설명하고 있는 계정과목은? 81회

① 자산수증이익　　② 이익잉여금　　③ 채무면제이익　　④ 임차보증금

6 다음은 도매업을 영위하는 ㈜한국의 비용 관련 자료이다. 영업외비용의 합계액은 얼마인가? 90회

- 복리후생비 : 1,000,000원
- 이자비용 : 1,500,000원
- 재고자산감모손실(비정상적 발생) : 1,500,000원
- 감가상각비 : 1,500,000원
- 외환차손 : 1,000,000원
- 급여 : 3,000,000원

① 4,000,000원　　② 3,500,000원　　③ 3,000,000원　　④ 2,500,000원

정답 및 해설

1 답 ①
해설 수익과 직접 관련하여 발생한 비용은 동일한 거래나 사건에서 발생하는 수익을 인식할 때 대응하여 인식하여야 하며, 관련수익과 직접적인 인과관계를 파악할 수는 없지만 당해 지출이 일정 기간 동안 수익창출 활동에 기여하는 것으로 판단될 경우 합리적이고 체계적으로 배분하여 비용으로 인식한다.

2 답 ④
해설 기부금은 영업외비용에 해당한다.

3 답 ②
해설 영업외비용인 ⓒ은 300,000원이다.

4 답 ②
해설 영업부에서 보유하고 있는 차량의 자동차세는 세금과공과로 처리한다. ① 공장 건물의 재산세는 제조원가, ③ 원천징수세액은 예수금, ④ 법인세는 법인세비용으로 처리한다.

5 답 ①
해설 자산수증이익에 대한 설명이다.

6 답 ①
해설 • 복리후생비, 감가상각비, 급여는 판매비와관리비에 해당하고, 이자비용, 외환차손, 재고자산감모손실(비정상적 발생)은 영업외비용이다.
∴ 1,500,000원 + 1,000,000원 + 1,500,000원 = 4,000,000원

[유형 2] 수익과 비용의 인식 (7 ~ 13) 최신 30회 중 7문제 출제

7 다음 중 재화의 판매에 대한 수익인식 요건에 해당하지 않는 것은? 96회

① 재화의 소유에 따른 유의적인 위험과 보상이 구매자에게 이전된다.
② 판매자는 판매한 재화에 대하여 소유권이 있을 때 통상적으로 행사하는 정도의 관리나 효과적인 통제를 할 수 없다.
③ 거래와 관련하여 발생했거나 발생할 원가를 신뢰성 있게 측정할 수 있다.
④ 진행률을 신뢰성 있게 측정할 수 있다.

8 다음 중 수익과 비용의 직접적인 인과관계에 따라 비용을 인식하는 방법으로 가장 적절한 것은? 52회

① 감가상각비   ② 무형자산상각비   ③ 매출원가   ④ 사무직원 급여

9 재화의 판매에 대한 수익인식기준으로 틀린 것은? 52회

① 비용금액을 신뢰성 있게 측정할 수 있다.
② 경제적 효익의 유입 가능성이 매우 높다.
③ 재화의 소유에 따른 유의적인 위험과 보상이 구매자에게 이전된다.
④ 거래와 관련하여 발생했거나 발생할 원가를 신뢰성 있게 측정할 수 있다.

10 ㈜오정은 A사로부터 갑상품을 12월 10일에 주문받고, 주문받은 갑상품을 12월 24일에 인도하였다. 갑상품 대금 100원을 다음과 같이 받을 경우, 이 갑상품의 수익인식시점은 언제인가? 62회

날 짜	대 금(합계 100원)
12월 31일	50원
다음해 1월 2일	50원

① 12월 10일   ② 12월 24일   ③ 12월 31일   ④ 다음해 1월 2일

11 다음 중 일반기업회계기준에 따른 수익 인식 시점에 대한 설명으로 옳지 않은 것은? 116회

① 위탁판매의 경우 수탁자가 위탁품을 소비자에게 판매한 시점에 수익을 인식한다.
② 배당금수익은 배당금을 받을 권리와 금액이 확정되는 시점에 수익을 인식한다.
③ 대가가 분할되어 수취되는 할부판매의 경우 대가를 나누어 받을 때마다 수익으로 인식한다.
④ 설치수수료 수익은 재화가 판매되는 시점에 수익을 인식하는 재화의 판매에 부수되는 설치의 경우를 제외하고는 설치의 진행률에 따라 수익으로 인식한다.

12 다음 중 수익인식기준에 대한 설명으로 잘못된 것은?

① 위탁매출은 위탁자가 수탁자로부터 판매대금을 지급받는 때에 수익을 인식한다.
② 상품권매출은 물품 등을 제공하거나 판매하면서 상품권을 회수하는 때에 수익을 인식한다.
③ 단기할부매출은 상품 등을 판매(인도)한 날에 수익을 인식한다.
④ 용역매출은 진행기준에 따라 수익을 인식한다.

13 다음 중 기업회계기준에서 자산을 타인에게 사용하게 함으로써 발생하는 수익의 유형으로 옳지 않은 것은?

① 이자수익　　② 배당금수익　　③ 로열티수익　　④ 상품판매수익

정답 및 해설

7 답 ④
해설 진행률을 신뢰성 있게 측정할 수 있어야하는 요건은 용역에 제공에 대한 수익인식요건으로 재화의 판매에 대한 수익인식 요건에는 해당하지 않는다.

8 답 ③
해설 매출원가 : 매출액(수익) 대비 매출원가(비용)
감가상각비, 무형자산상각비, 사무직원 급여는 판매비와관리비로서 기간비용이다.

9 답 ①
해설 수익금액을 신뢰성 있게 측정할 수 있어야 한다.
재화의 판매로 인한 수익은 다음 조건이 모두 충족될 때 인식한다.
(1) 재화의 소유에 따른 유의적인 위험과 보상이 구매자에게 이전된다.
(2) 판매자는 판매한 재화에 대하여 소유권이 있을 때 통상적으로 행사하는 정도의 관리나 효과적인 통제를 할 수 없다.
(3) 수익금액을 신뢰성 있게 측정할 수 있다.
(4) 경제적 효익의 유입 가능성이 매우 높다.
(5) 거래와 관련하여 발생했거나 발생할 원가를 신뢰성 있게 측정할 수 있다.

10 답 ②
해설 인도시점인 12월 24일에 수익인식 기준을 충족한다.

11 답 ③
해설 대가가 분할되어 수취되는 할부판매의 경우에는 이자부분을 제외한 판매가격에 해당하는 수익을 판매시점에 인식한다.

12 답 ①
해설 위탁매출은 수탁자가 해당 재화를 제3자에게 판매한 시점에 수익으로 인식한다.

13 답 ④
해설 이자수익, 배당금수익, 로열티수익은 자산을 타인에게 사용하게 함으로써 발생하는 수익의 유형에 해당하나, 상품판매수익은 재화를 구매자에게 이전함에 따라 발생하는 수익에 해당한다.

제11절 수익과 비용 - 실무 기출문제 (최신 30회 중 24문제 출제)

다음의 거래 자료를 ㈜일반전표(회사코드 : 1003)의 일반전표입력 메뉴에 추가 입력하시오.

1 10월 1일 : 매입거래처 ㈜홈플라스의 외상매입금 17,000,000원 중 10,000,000원은 3개월 만기 약속어음을 발행하여 지급하고, 나머지는 면제받았다. `115회`

2 10월 2일 : 거래처인 ㈜홈플라스의 단기차입금 64,000,000원 중 50%는 당좌수표를 발행하여 지급하고, 나머지 금액은 상환을 면제받았다. `107회`

3 10월 3일 : 당사의 최대주주인 김지운씨로부터 본사를 신축할 토지를 기증받았다. 토지에 대한 소유권 이전비용 2,000,000원은 자기앞수표로 지급하였다. 토지의 공정가치는 40,000,000원이다.(하나의 전표로 입력할 것) `78회`

4 11월 1일 : 영업부 행정업무 지원을 위한 일용직근로자 2명을 채용하고 당일 일당인 200,000원(1인당 일당 100,000원)을 보통예금에서 지급하였다. `112회`

5 11월 2일 : 전 직원(관리직 30명, 생산직 70명)에 대한 독감예방접종을 세명병원에서 실시하고, 접종비용 5,000,000원을 사업용카드인 신한카드로 결제하였다.(미지급금으로 회계처리할 것) `99회`

6 11월 3일 : 홍콩지점관리를 목적으로 대표이사의 국외출장 왕복항공료 3,000,000원을 법인카드(신한카드)로 결재하였다. `44회`

7 11월 4일 : 영업부에서 매출거래처 직원과 식사를 하고, 식사비용 120,000원을 법인카드인 비씨카드로 결제하였다. `100회`

정답 및 해설

1 일자: 10월 1일

분개 (차변) 외상매입금((주)홈플라스) 17,000,000   (대변) 지급어음((주)홈플라스) 10,000,000
(대변) 채무면제이익 7,000,000

구분	계정과목		거래처		적요	차변	대변
차변	0251	외상매입금	00101	(주)홈플라스		17,000,000	
대변	0252	지급어음	00101	(주)홈플라스			10,000,000
대변	0918	채무면제이익					7,000,000

2 일자: 10월 2일

분개 (차변) 단기차입금((주)홈플라스) 64,000,000   (대변) 당좌예금 32,000,000
(대변) 채무면제이익 32,000,000

구분	계정과목		거래처		적요	차변	대변
차변	0260	단기차입금	00101	(주)홈플라스		64,000,000	
대변	0102	당좌예금					32,000,000
대변	0918	채무면제이익					32,000,000

3 일자: 10월 3일

분개 (차변) 토지 42,000,000   (대변) 자산수증이익 40,000,000
(대변) 현금 2,000,000

구분	계정과목		거래처	적요	차변	대변
차변	0201	토지			42,000,000	
대변	0917	자산수증이익				40,000,000
대변	0101	현금				2,000,000

4 일자: 11월 1일

분개 (차변) 잡급(판) 200,000   (대변) 보통예금 200,000

구분	계정과목		거래처	적요	차변	대변
차변	0805	잡급			200,000	
대변	0103	보통예금				200,000

5 일자: 11월 2일

분개 (차변) 복리후생비(제) 3,500,000   (대변) 미지급금(신한카드) 5,000,000
(차변) 복리후생비(판) 1,500,000   또는 미지급비용(신한카드)

구분	계정과목		거래처		적요	차변	대변
차변	0511	복리후생비				3,500,000	
차변	0811	복리후생비				1,500,000	
대변	0253	미지급금	99601	신한카드			5,000,000

6 일자: 11월 3일

분개 (차변) 여비교통비(판) 3,000,000   (대변) 미지급금(신한카드) 3,000,000
또는 미지급비용(신한카드)

구분	계정과목		거래처		적요	차변	대변
차변	0812	여비교통비				3,000,000	
대변	0253	미지급금	99601	신한카드			3,000,000

7 일자: 11월 4일

분개 (차변) 기업업무추진비(판) 120,000   (대변) 미지급금(비씨카드) 120,000
또는 미지급비용(비씨카드)

구분	계정과목		거래처		적요	차변	대변
차변	0813	기업업무추진비				120,000	
대변	0253	미지급금	99800	비씨카드			120,000

8 11월 5일 : 본사 영업팀에서 사용한 수도요금 120,000원과 공장의 전기요금 2,500,000원을 현금으로 은행에 납부하였다. `61회`

9 11월 6일 : 제조공장에서 원재료 운반에 사용하는 트럭의 자동차세 120,000원을 보통예금에서 납부하였다. `60회`

10 11월 7일 : 공장 건물에 대한 재산세 1,550,000원과 영업부 사무실에 대한 재산세 2,370,000원을 보통예금으로 납부하였다. `56회`

11 11월 8일 : 회사는 판매부문 이사의 변경으로 인한 변경등기를 하고 이에 대한 등록세로 50,000원을 현금으로 지급하였다. `53회`

12 11월 9일 : 영업부 건물의 임차보증금에 대한 간주임대료의 부가가치세를 건물소유주에게 보통예금 계좌에서 이체하였다.(임차계약시 간주임대료에 대한 부가가치세를 임차인부담으로 계약을 체결하였음. 간주임대료의 부가가치세는 500,000원임) `47회`

13 11월 10일 : 영업부의 전국전자협의회 협회비 600,000원과 대한상공회의소 회비 400,000원을 현금으로 지급하였다. `107회`

14 11월 11일 : 영업부서의 업무용 차량에 대한 교통법규 위반 과태료를 아래의 고지서로 현금 납부하였다. `72회`

부과 내역	납입고지서 및 영수증(납부자용)		
단속일시 : 2025.10.11.	납부번호 560-00-06-62-288-139-2024-11-11		
단속지역 : 종로2가	납부자	㈜일반전표 실명번호	
단속장소 : 관철동 3-2	주소	서울특별시 서초구 서운로 138	
산출 근거	세목	납기 내 2025. 11.11.	납기 후 2025.12.11
	과태료	50,000원	60,000원
	위 금액을 한국은행 국고(수납) 대리점인 은행 또는 우체국, 신용협동조합, 새마을금고, 상호저축은행에 납부하시기 바랍니다. 종로경찰서 (인)		위 금액을 정히 영수합니다. 2025년 11월 11일 수납인

정답 및 해설

8 일자 : 11월 5일

분개	(차변) 수도광열비(판) 120,000 (대변) 현금 2,620,000
	(차변) 전력비(제) 2,500,000

구분	계정과목	거래처	적요	차변	대변
차변	0815 수도광열비			120,000	
차변	0516 전력비			2,500,000	
대변	0101 현금				2,620,000

9 일자 : 11월 6일

분개	(차변) 세금과공과(제) 120,000 (대변) 보통예금 120,000

구분	계정과목	거래처	적요	차변	대변
차변	0517 세금과공과			120,000	
대변	0103 보통예금				120,000

10 일자 : 11월 7일

분개	(차변) 세금과공과(제) 1,550,000 (대변) 보통예금 3,920,000
	(차변) 세금과공과(판) 2,370,000

구분	계정과목	거래처	적요	차변	대변
차변	0517 세금과공과			1,550,000	
차변	0817 세금과공과			2,370,000	
대변	0103 보통예금				3,920,000

11 일자 : 11월 8일

분개	(차변) 세금과공과(판) 50,000 (대변) 현금 50,000

구분	계정과목	거래처	적요	차변	대변
차변	0817 세금과공과			50,000	
대변	0101 현금				50,000

12 일자 : 11월 9일

분개	(차변) 세금과공과(판) 500,000 (대변) 보통예금 500,000

구분	계정과목	거래처	적요	차변	대변
차변	0817 세금과공과			500,000	
대변	0103 보통예금				500,000

13 일자 : 11월 10일

분개	(차변) 세금과공과(판) 1,000,000 (대변) 현금 1,000,000

구분	계정과목	거래처	적요	차변	대변
차변	0817 세금과공과			1,000,000	
대변	0101 현금				1,000,000

14 일자 : 11월 11일

분개	(차변) 세금과공과(판)* 50,000 (대변) 현금 50,000

* 세금과공과 대신 잡손실로 처리해도 정답처리가 된다.

구분	계정과목	거래처	적요	차변	대변
차변	0817 세금과공과			50,000	
대변	0101 현금				50,000

15 11월 12일 : 국민카드의 10월분 매출대금 3,500,000원에서 가맹점수수료 2%를 차감한 금액이 당사의 보통예금 계좌로 입금되었다(단, 신용카드 매출대금은 외상매출금으로 처리하고 있다). `107회`

16 11월 13일 : 공장건물의 화재와 도난에 대비하여 (주)미래화재에 손해보험을 가입한 후 보험료 3,000,000원을 보통예금계좌에서 송금하고 전액 비용으로 회계처리하였다. `100회`

17 11월 14일 : 제조부문 사원에 대하여 새로이 명함을 인쇄하여 배부하고 그 대금 30,000원을 현금으로 지급하였다. `75회`

영수증	발행일	2025. 11. 14.	
	받는이	(주)일반전표	귀하

공급자				
상 호	우주기획	대표자	김우주	(인)
등록번호	231-56-23564			
주 소	대구광역시 달성군 다사읍 죽곡리 231 번지			
전 화	053)123-5367			
날짜	품목	수량	단가(원)	금액(원)
11/14	명함	2	15,000	30,000
합계				30,000

18 11월 15일 : 파손된 본사 영업팀 건물의 유리를 교체하고, 대금 1,500,000원을 당좌수표로 발행하여 지급하였다. `48회`

19 11월 16일 : 신입사원 채용을 위하여 생활정보지 "가로등"에 신입사원 채용광고를 게재하고 대금 100,000원은 당점 발행 당좌수표로 지급하였다. `105회`

20 11월 17일 : 당사의 상품을 보관하는 창고의 화재와 도난에 대비하여 (주)동부화재에 손해보험가입하고 3개월동안의 보험료 4,500,000원을 보통예금에서 이체하였다.(단, 비용으로 처리하시오.) `44회`

21 11월 18일 : ㈜상록에 판매한 제품을 화물차로 발송하면서 운임비 250,000원을 현금으로 지급하고 운송장을 발급받다. `104회`

정답 및 해설

15 일자 : 11월 12일

분개	(차변) 보통예금	3,430,000	(대변) 외상매출금(국민카드)	3,500,000
	(차변) 수수료비용(판)	70,000		

구분	계정과목		거래처		적요	차변	대변
차변	0103	보통예금				3,430,000	
차변	0831	수수료비용				70,000	
대변	0108	외상매출금	99600	국민카드			3,500,000

16 일자 : 11월 13일

분개	(차변) 보험료(제)	3,000,000	(대변) 보통예금	3,000,000

구분	계정과목		거래처	적요	차변	대변
차변	0521	보험료			3,000,000	
대변	0103	보통예금				3,000,000

17 일자 : 11월 14일

분개	(차변) 도서인쇄비(제)	30,000	(대변) 현금	30,000

구분	계정과목		거래처	적요	차변	대변
출금	0526	도서인쇄비			30,000	(현금)

18 일자 : 11월 15일

분개	(차변) 수선비(판)	1,500,000	(대변) 당좌예금	1,500,000

구분	계정과목		거래처	적요	차변	대변
차변	0820	수선비			1,500,000	
대변	0102	당좌예금				1,500,000

19 일자 : 11월 16일

분개	(차변) 광고선전비(판)	100,000	(대변) 당좌예금	100,000

구분	계정과목		거래처	적요	차변	대변
차변	0833	광고선전비			100,000	
대변	0102	당좌예금				100,000

20 일자 : 11월 17일

분개	(차변) 보험료(판)	4,500,000	(대변) 보통예금	4,500,000

구분	계정과목		거래처	적요	차변	대변
차변	0821	보험료			4,500,000	
대변	0103	보통예금				4,500,000

21 일자 : 11월 18일

분개	(차) 운반비(판)	250,000	(대) 현금	250,000

구분	계정과목		거래처	적요	차변	대변
출금	0824	운반비			250,000	(현금)

22 11월 19일 영업부에서 사용할 소모품을 현금으로 구입하고 아래의 간이영수증을 수취하였다(단, 당기 비용으로 처리할 것).

116회

영 수 증 (공급받는자용)					
No.		㈜일반전표 귀하			
공급자	사업자등록번호	108-80-16943			
	상 호	(주)임아트상회	성 명	한예술 (인)	
	사업장소재지	경기도 고양시 일산동구 강촌로 151			
	업 태	도, 소매	종 목	문구점	
작성년월일		공급대가 총액		비고	
2025.11.19.		70,000원			
위 금액을 정히 **영수**(청구)함.						
월일	품목	수량	단가	공급가(금액)	
11.19.	A4	2	35,000원	70,000원	
합계				70,000원	
부가가치세법시행규칙 제25조의 규정에 의한 (영수증)으로 개정				

23 12월 1일 : 현대자동차에서 구입한 제품운반용 승합차의 할부 미지급금(할부에 따른 이자를 별도 지급하기로 계약함) 1회분 총액을 대출상환스케줄에 따라 당사 보통예금 계좌에서 이체하여 지급하다.

78회

대출상환스케줄

회차	결제일	원금	이자	취급수수료	결제금액
1회	2025.12.01	1,500,000원	3,750원	-	1,503,750원
2회	2026.01.01	1,500,000원	3,500원	-	1,503,500원
⋮	⋮	⋮	⋮	⋮	⋮

24 12월 2일 : 강한 태풍으로 재난을 당한 불우이웃을 돕기 위하여 성금 3,000,000원을 관할동사무소에 현금으로 지급하였다.

90회

정답 및 해설

22 일자 : 11월 19일

| 분개 | (차변) 소모품비(판) | 70,000 | (대변) 현금 | 70,000 |

구분	계정과목	거래처	적요	차변	대변
차변	0830 소모품비			70,000	
대변	0101 현금				70,000

23 일자 : 12월 1일

| 분개 | (차변) 미지급금(현대자동차)
(차변) 이자비용 | 1,500,000
3,750 | (대변) 보통예금 | 1,503,750 |

구분	계정과목	거래처	적요	차변	대변
차변	0253 미지급금	00103 현대자동차		1,500,000	
차변	0951 이자비용			3,750	
대변	0103 보통예금				1,503,750

24 일자 : 12월 2일

| 분개 | (차변) 기부금 | 3,000,000 | (대변) 현금 | 3,000,000 |

구분	계정과목	거래처	적요	차변	대변
출금	0953 기부금			3,000,000	(현금)

제12절 재무회계 개념체계

재무회계개념체계란 회계학이라는 학문으로서 위치를 갖기 위한 이론적인 틀을 말한다.

1 재무제표(재무보고)의 기본가정

재무제표는 일정한 가정하에 작성되며, 기본가정은 **기본전제, 회계공준**이라고도 한다. 재무제표의 기본가정에는 **기업실체, 계속기업 및 기간별 보고**가 있다.

(1) 기업실체의 가정

기업실체를 중심으로 하여 기업실체의 경제적 현상을 재무제표에 보고해야 한다는 가정이다. 즉, 기업은 그 자체가 인격을 가진 하나의 실체로서 존재하며 기업의 구성원인 경영자, 주주, 종업원과 분리된 독립적인 조직일 뿐만 아니라 다른 기업과도 별개의 관계에 있다고 하는 가정이다. 예로써는 회사의 자산과 소유주의 자산은 분리해서 인식해야 한다는 것이다. 즉, 회계의 범위를 정해주는 가정이라 할 수 있다.

(2) 계속기업의 가정

기업실체는 기업이 계속적으로 존재하지 않을 것이라는 반증이 없는 한 실체의 **본래의 목적을 달성하기 위하여 계속하여 존재한다는 가정**이다. 계속기업의 가정은 ① **기업의 자산을 역사적 원가로 평가하는 근거**, ② 유형자산의 감가상각이라는 회계절차의 근거와 ③ 자산이나 부채의 분류표시를 유동성순위에 따라 유동자산, 비유동자산, 유동부채, 비유동부채로 분류하는 근거를 제공한다.

(3) 기간별보고의 가정

기업실체의 지속적인 경제적 활동을 **일정기간 단위로 인위적으로 분할하여 각 기간마다 경영자의 수탁책임을 보고하자는 가정**이다. 기간별 보고의 전제는 발생주의 회계를 채택하는 근거가 된다.

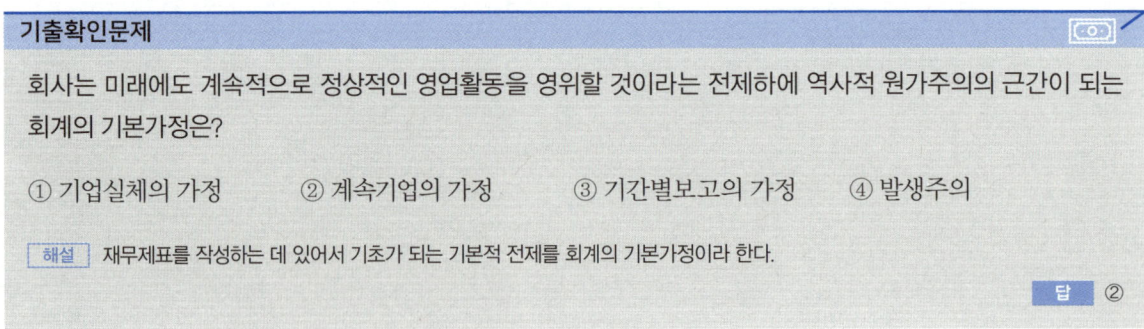

> **기출확인문제**
>
> 회사는 미래에도 계속적으로 정상적인 영업활동을 영위할 것이라는 전제하에 역사적 원가주의의 근간이 되는 회계의 기본가정은?
>
> ① 기업실체의 가정   ② 계속기업의 가정   ③ 기간별보고의 가정   ④ 발생주의
>
> [해설] 재무제표를 작성하는 데 있어서 기초가 되는 기본적 전제를 회계의 기본가정이라 한다.
>
> 답 ②

★ 2 회계정보의 질적특성

회계의 목적이 달성되기 위해서는 외부정보이용자에게 재무제표에 의해 유용한 정보를 제공하여 정보이용자들의 의사결정에 유용하여야 한다. 회계정보의 질적특성이란 회계정보가 유용하기 위해 갖추어야 할 주요 속성을 말한다. 회계정보가 갖추어야 할 **가장 중요한 질적특성은 목적적합성과 신뢰성**이라고 할 수 있다.

(1) 목적적합성
회계정보가 정보이용자의 의사결정에 유용하기 위해서는 그 정보가 의사결정 목적과 관련되어야 한다.

1) 예측가치
정보이용자가 기업실체의 미래 재무상태, 경영성과, 순현금흐름 등을 예측하는 데에 그 정보가 활용될 수 있는 능력을 의미한다.

2) 피드백가치
제공되는 회계정보가 기업실체의 재무상태, 경영성과, 순현금흐름, 자본변동 등에 대한 정보이용자의 당초 기대치(예측치)를 확인 또는 수정되게 함으로써 의사결정에 영향을 미칠 수 있는 능력을 말한다.

3) 적시성
회계정보가 정보이용자에게 유용하기 위해서는 그 정보가 의사결정에 반영될 수 있도록 적시에 제공되어야 한다.

(2) 신뢰성
회계정보가 정보이용자의 의사결정에 유용하기 위해서는 신뢰할 수 있는 정보이어야 한다.

1) 표현의 충실성
재무제표상의 회계수치가 회계기간말 현재 기업실체가 보유하는 자산과 부채의 크기를 충실히 나타내야 하고, 또한 자본의 변동을 충실히 나타내고 있어야 함을 의미한다.

2) 검증가능성
동일한 경제적 사건이나 거래에 대하여 동일한 측정방법을 적용할 경우 다수의 독립적인 측정자가 유사한 결론에 도달할 수 있어야 함을 의미한다.

3) 중립성
회계정보가 신뢰성을 갖기 위해서는 편의 없이 중립적이어야 한다. 의도된 결과를 유도할 목적으로 회계기준을 제정하거나 재무제표에 특정 정보를 표시함으로써 정보이용자의 의사결정이나 판단에 영향을 미친다면 그러한 회계정보는 중립적이라 할 수 없다.

(3) 질적특성 간의 상충관계
회계정보의 질적특성은 서로 상충될 수 있다. 정보를 적시에 제공하기 위해 거래나 사건의 모든 내용이 확정되기 전에 보고하는 경우 목적적합성은 향상되나 신뢰성은 저하될 수 있다. 상충관계가 발생하는 예는 다음과 같다.

구 분	목적적합성	신뢰성
자산평가	공정가치법	원가법
수익인식	진행기준	완성기준
손익인식	발생주의	현금주의
재무보고	반기재무제표	결산재무제표

> **기출확인문제**
>
> 회계정보의 질적특성 중 하나인 신뢰성은 회계정보에 대한 오류나 편견 없이 객관적이고 검증가능하며 나타내고자 하는 바를 충실하게 표현해야 하는 정보의 특성을 말한다. 다음 중 회계정보가 신뢰성을 갖기 위해서 필요한 요건이 아닌 것은?
>
> ① 표현의 충실성　　　② 중립성　　　③ 적시성　　　④ 검증가능성
>
> [해설] 신뢰성을 위한 질적특성에는 표현의 충실성, 중립성, 검증가능성이 있다. 적시성은 목적적합성을 위한 질적특성이다.
>
> 답 ③

❸ 기타 질적특성 : 비교가능성

비교가능성이란 유사한 거래나 사건의 재무적 영향을 측정하고 보고함에 있어서 기간별로 일관된 회계처리방법을 사용해야 하며 기업실체간에도 동일한 회계처리방법을 사용해야 하는 것을 말한다. 즉, 동일한 회계기준에 의해 만들어진 회계정보는 기간별 비교가 가능해야 하며 기업실체간 비교도 가능해야 한다.

제12절 | 객관식 기출문제   최신 30회 중 9문제 출제

1 다음 중 회계순환과정에 있어 기말결산정리의 근거가 되는 가정으로 적절한 것은? [115회]

① 발생주의 회계
② 기업실체의 가정
③ 계속기업의 가정
④ 기간별 보고의 가정

2 다음 중 회계의 기본가정과 특징이 아닌 것은? [113회]

① 기업의 관점에서 경제활동에 대한 정보를 측정·보고한다.
② 기업이 예상가능한 기간동안 영업을 계속할 것이라 가정한다.
③ 기업은 수익과 비용을 인식하는 시점을 현금이 유입·유출될 때로 본다.
④ 기업의 존속기간을 일정한 기간단위로 분할하여 각 기간 단위별로 정보를 측정·보고한다.

3 다음은 무엇에 대한 설명인가? [105회]

> 기업은 그 목적과 의무를 이행하기에 충분할 정도로 장기간 존속한다고 가정하는 것을 말한다. 즉, 기업은 경영활동을 청산하거나 중대하게 축소시킬 의도가 없을 뿐 아니라 청산이 요구되는 상황도 없다고 가정된다.

① 계속기업의 가정
② 기업실체의 가정
③ 기간별보고의 가정
④ 회계정보의 질적특성

정답 및 해설

1 답 ④
해설 기업회계에서의 기말결산은 기업이 회계기간의 손익을 산정하고 기말 시점의 재정 상태를 명확하게 하기 위한 회계적 절차이므로 기말결산의 근거가 되는 가정은 기간별 보고의 가정이다.

2 답 ③
해설 회계는 현금주의가 아닌 발생주의를 기본적 특징으로 한다. 보기 ③은 현금주의, ① 기업실체의 가정, 보기 ② 계속기업의 가정, 보기 ④ 기간별보고의 가정에 대한 설명이다.

3 답 ①
해설 계속기업의 가정에 대한 설명이다.

4 다음은 재무제표의 질적 특성에 관련된 내용이다. 성격이 다른 하나는? [45회]

① 표현의 충실성 ② 검증가능성
③ 중립성 ④ 적시성

5 다음은 재무회계개념체계에 대한 설명이다. 회계정보의 질적 특성 중 무엇에 대한 설명인가? [90회]

> 정보이용자가 기업실체의 미래 재무 상태, 경영 성과, 순현금흐름 등을 예상하는데 그 정보가 활용될 수 있는 능력을 의미한다. 예를 들어, 반기 재무제표에 의해 발표되는 반기 이익은 올해의 연간 이익을 예상하는데 활용될 수 있다.

① 신뢰성 ② 예측가치
③ 표현의 충실성 ④ 피드백가치

6 다음은 재무회계개념체계에 대한 설명이다. 회계정보의 질적특성 중 무엇에 대한 설명인가? [68회]

> 회계정보가 기업실체의 재무상태, 경영성과, 순현금흐름, 자본변동 등에 대한 정보이용자의 당초 기대치(예측치)를 확인 또는 수정하게 함으로써 의사결정에 영향을 미칠 수 있는 능력을 말한다.

① 예측가치 ② 피드백가치
③ 적시성 ④ 신뢰성

7 다음은 재무회계개념체계에 대한 설명이다. 회계정보의 질적 특성인 목적적합성과 신뢰성 중 목적적합성을 갖기 위해서 필요한 요건이 아닌 것은? [98회]

① 예측가치 ② 피드백가치
③ 적시성 ④ 중립성

8 다음 중 회계정보가 갖춰야 할 가장 중요한 질적 특성 요소는? [78회]

① 비교가능성과 중립성 ② 목적적합성과 신뢰성
③ 효율성과 다양성 ④ 검증가능성과 정확성

9 다음 중 회계정보의 질적 특성인 '신뢰성'과 직접 관련이 적은 것은?

① 예측가치와 피드백가치　　② 표현의 충실성
③ 검증가능성　　④ 중립성

10 다음 중 재무제표의 질적특성 중 신뢰성과 가장 관련성이 없는 것은?

① 회계정보를 생산하는데 있어서 객관적인 증빙자료를 사용하여야 한다.
② 동일한 거래에 대해서는 동일한 결과를 예측할 수 있도록 회계정보를 제공하여야 한다.
③ 유용한 정보를 위해서는 필요한 정보는 재무제표에 충분히 표시하여야 한다.
④ 의사결정에 제공된 회계정보는 기업의 미래에 대한 예측가치를 높일 수 있어야 한다.

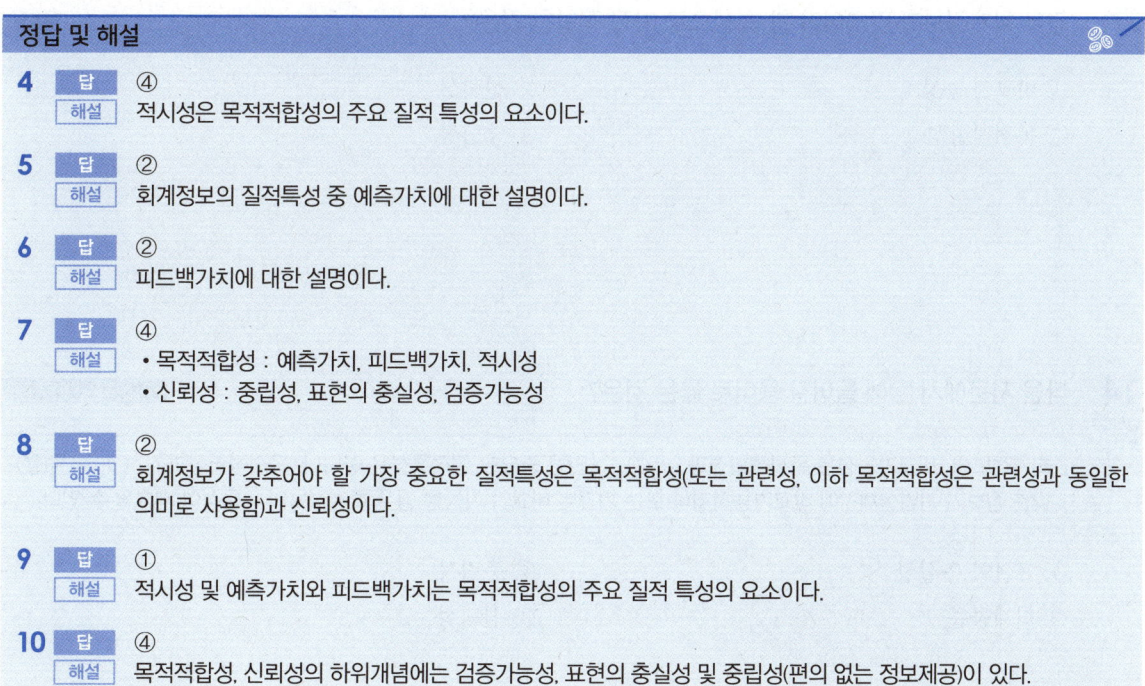

정답 및 해설

4 답 ④
해설 적시성은 목적적합성의 주요 질적 특성의 요소이다.

5 답 ②
해설 회계정보의 질적특성 중 예측가치에 대한 설명이다.

6 답 ②
해설 피드백가치에 대한 설명이다.

7 답 ④
해설
- 목적적합성 : 예측가치, 피드백가치, 적시성
- 신뢰성 : 중립성, 표현의 충실성, 검증가능성

8 답 ②
해설 회계정보가 갖추어야 할 가장 중요한 질적특성은 목적적합성(또는 관련성, 이하 목적적합성은 관련성과 동일한 의미로 사용함)과 신뢰성이다.

9 답 ①
해설 적시성 및 예측가치와 피드백가치는 목적적합성의 주요 질적 특성의 요소이다.

10 답 ④
해설 목적적합성, 신뢰성의 하위개념에는 검증가능성, 표현의 충실성 및 중립성(편의 없는 정보제공)이 있다.

11 재무제표의 질적 특성(회계정보의 질적 특성)간 균형에 대한 설명 중 잘못된 것은? `48회`

① 신뢰성과 목적적합성은 서로 상충관계가 발생될 수 있다.
② 수익 인식과 관련하여 완성기준을 적용하면 목적적합성은 향상되는 반면 신뢰성은 저하될 수 있다.
③ 자산 평가와 관련하여 현행원가를 적용하면 목적적합성은 향상되는 반면 신뢰성은 저하될 수 있다.
④ 회계정보의 보고와 관련하여 중간보고의 경우 목적적합성은 향상되는 반면 신뢰성은 저하될 수 있다.

12 다음 중 역사적원가주의와 가장 관련성이 적은 것은? `51회`

① 회계정보의 목적적합성과 신뢰성을 모두 높일 수 있다.
② 기업이 계속하여 존재할 것이라는 가정 하에 정당화되고 있다.
③ 취득 후에 그 가치가 변동하더라도 역사적원가는 그대로 유지된다.
④ 객관적이고 검증 가능한 회계정보를 생산하는데 도움이 된다.

13 주식시장에 상장되어 있는 두 회사 중 한 회사에 투자하기 위해 두 회사의 회계정보를 비교하고자 하는 경우 회계정보가 갖추어야 할 속성으로 가장 적합한 것은? `54회`

① 비교가능성   ② 신뢰성
③ 목적적합성   ④ 중립성

14 다음 지문에서 ㉠에 들어갈 용어로 옳은 것은? `2016년 8월 특별회`

> 회계정보의 비교가능성은 목적적합성과 ㉠ 만큼 중요한 질적특성은 아니나, 목적적합성과 ㉠ 을(를) 갖춘 정보가 기업실체간에 비교가능하거나 또는 기간별 비교가 가능할 경우 회계정보의 유용성이 제고될 수 있다.

① 표현의 충실성   ② 중립성
③ 회계공준   ④ 신뢰성

15 다음 중 아래의 자료에서 설명하고 있는 재무정보의 질적특성에 해당하지 않는 것은? 〔111회〕

> 재무정보가 정보이용자의 의사결정에 유용하게 활용되기 위해서는 그 정보가 의사결정의 목적과 관련이 있어야 한다.

① 예측가치 ② 피드백가치
③ 적시성 ④ 중립성

정답 및 해설

11 답 ②
해설 완성기준을 적용하면 신뢰성은 향상되나, 목적적합성은 저하될 수 있다.

12 답 ①
해설 역사적원가주의는 일반적으로 신뢰성은 제고되나 목적적합성은 저하될 수 있다.

13 답 ①
해설 비교가능성은 회계정보가 특정기업의 회계정보를 일정기간과 다른 기간 간에 비교할 수 있게 하고, 특정기업의 회계정보를 다른 기업의 회계정보와 비교할 수 있게 하는 속성을 의미한다.

14 답 ④
해설 주요 질적특성에는 목적적합성과 신뢰성이 있다.

15 답 ④
해설 회계정보의 질적 특성 중 목적 적합성에 관련된 설명이며, 예측가치, 피드백가치, 적시성이 이에 해당한다. 중립성은 표현의 충실성, 검증가능성과 함께 신뢰성에 해당하는 질적 특성이다.

전산회계 1급 3주 완성

PART 02

부가가치세법

CHAPTER 01

부가가치세 이론

제1절 부가가치세 총칙

❶ 부가가치세의 개념
부가가치세는 재화나 용역이 생산되거나 유통되는 모든 거래단계에서 창출되는 부가가치를 과세대상으로 하고 사업자를 납세의무자로 하는 조세이다. 여기서 부가가치는 매출액에서 매입액을 차감한 금액을 말한다.

❷ 부가가치세의 계산방법
부가가치세 계산구조는 전단계세액공제법에 의한다. 일정기간의 매출액에 세율을 곱하여 매출세액을 구하고 매입액에 세율을 곱하여 매입세액을 구한 다음 매출세액에서 매입세액을 공제하여 부가가치세를 계산하는 방법이다.

> 납부세액(환급세액) = 매출세액(매출액 × 세율) - 매입세액(매입액 × 세율)

사례 | 부가가치세의 계산방법

	생산업자		도매업자		소매업자		최종소비자
	공급가액	부가가치세	공급가액	부가가치세	공급가액	부가가치세	소비자가격
매출	10,000	1,000	20,000	2,000	30,000	3,000	33,000
매입	0	0	10,000	1,000	20,000	2,000	
부가가치	10,000	1,000	10,000	1,000	10,000	1,000	

① 생산업자
　생산업자가 제품을 10,000원에 도매업자에게 판매하였다면 생산업자가 창출한 부가가치는 10,000원이 된다. 우리나라 부가가치세율은 10%에 해당하므로 10,000원에 10% 곱한 부가가치세를 거래상대방인 도매업자에게 거래징수하여 국가에 납부하게 된다.

> **합격 TIP | 거래징수**
> 거래징수란 사업자가 재화 또는 용역을 공급하는 경우에 공급받는 자로부터 당해 재화 또는 용역에 대한 과세표준에 세율을 적용하여 그 공급받는 자로부터 부가가치세를 징수하는 것을 말한다.

② 도매업자
　생산업자에게 제품을 10,000원에 구입하여 소매업자에게 20,000원에 판매하였다면 도매업자가 창출한 부가가치는 10,000원(20,000원-10,000원)이 된다. 도매업자가 소매업자에게 거래징수한 금액 2,000원에서 제품 구입 시 부담한 부가가치세 1,000원을 공제하고 국가에게 1,000원을 납부하게 된다.

③ 소매업자

도매업자에게 제품을 20,000원에 구입하여 최종소비자에게 30,000원에 판매하였다면 소매업자가 창출한 부가가치는 10,000원(30,000원-20,000원)이 된다. 소매업자가 최종소비자에게 거래징수한 금액 3,000원에서 제품 구입 시 부담한 부가가치세 2,000원을 공제하고 국가에게 1,000원을 납부하게 된다.

④ 최종소비자

최종소비자는 물건을 매입 시 33,000원에 구입하게 되어 생산업자의 부가가치, 도매업자의 부가가치, 소매업자의 부가가치의 합계 30,000원에 대한 부가가치세 3,000원을 모두 부담하게 된다. 즉 생산업자, 도매업자 및 소매업자는 최종소비자가 부담하는 세금을 잠시 보관하였다가 국가에 납부하는 것에 지나지 않는다.

★ ③ 부가가치세법의 특징

구 분	내 용
① 국세	국가가 과세권을 가지고 부과하는 세금이다. [비교] 지방세: 시·군·구청 등 지방자치단체가 과세권을 가지고 부과하는 세금
② 간접세(↔ 직접세)	세금을 부담하는 자(담세자)와 국가에 세금을 납부하는 자(납세의무자)가 다르다. [비교] 직접세: 납세의무자 = 담세자 예) 소득세, 법인세 등
③ 소비형부가가치세	소비지출 행위에 대해서만 부가가치세를 과세대상으로 하고, 투자지출에 해당하는 부가가치에 대해서는 과세하지 아니한다. 즉, 투자 관련 매입세액을 환급함으로써 투자를 촉진시키는 효과가 있다.
④ 일반소비세 (↔ 개별소비세)	과세대상을 선별적으로 특정하지 아니하고 모든 재화 또는 용역의 소비에 대하여 과세하므로 일반소비세에 해당한다. [비교] 개별소비세: 보석, 귀금속 등 사치품 등에 추가 과세
⑤ 다단계과세 (↔ 단단계과세)	부가가치세는 각 거래단계마다 증가하는 부가가치에 대하여 사업자가 부가가치세를 거래징수토록 하는 다단계거래세이다.
⑥ 소비지국과세원칙 (↔ 생산지국과세원칙)	국가간의 이중과세를 조정하기 위하여 소비지국과세원칙을 채택하고 있으며, 이와 관련한 부가가치세법의 규정을 살펴보면 수출재화와 국외제공용역에 대해서는 영세율을 적용하도록 하고 있으며, 수입재화는 수입자가 사업자인지 여부에 관계없이 세관장이 부가가치세를 거래징수하도록 규정하고 있다.
⑦ 물세(↔ 인세)	담세자의 부양가족수 또는 기초생계비 등의 인적사항이 전혀 고려되지 아니하고 재화 또는 용역의 소비사실에 대하여 과세되므로 물세에 해당한다.
⑧ 종가세(↔ 종량세)	물건의 가격에 따라 세금이 부과되는 것을 말한다.
⑨ 비례세(↔ 누진세)	부가가치세는 10%의 동일한 세율이 적용되는 비례세이며 일정한 재화 또는 용역의 공급에 대해서는 영(0)의 세율을 적용한다.

기출확인문제

다음 중 부가가치세의 특징에 해당하지 않는 것은?

① 부가가치세의 담세자는 최종소비자이며, 납세의무자는 부가가치세가 과세되는 재화 또는 용역을 공급하는 사업자이다.
② 각 납세자의 담세력을 고려하지 않는 물세이다.
③ 우리나라의 부가가치세법은 전단계거래액공제법을 채택하고 있다.
④ 우리나라의 부가가치세법은 소비지국 과세원칙을 채택하고 있다.

[해설] 전단계세액공제법을 채택하고 있다.

답 ③

④ 부가가치세의 효과

구 분	내 용
① 수출의 촉진	부가가치세는 수출하는 재화에 대하여 영세율을 적용하고 거래징수당한 매입세액은 전액 환급하여 주므로 수출촉진에 기여한다.
② 투자촉진	부가가치세는 매입한 자본재에 대한 매입세액을 공제해 주기 때문에 투자를 촉진한다.
③ 근거과세확립	매입세액을 공제받기 위해서는 세금계산서 등을 수취해야 하므로 근거과세확립에 기여한다.
④ 세부담의 역진성	부가가치세는 최종소비자가 부담하고 단일세율이므로 소득이 달라도 동일한 세부담을 갖는 조세부담의 역진성이라는 단점이 있다. 이러한 단점으로 보완하기 위한 제도가 면세이다.

⑤ 납세의무자

부가가치세를 납부할 의무가 있는 자는 (1) 사업자와 (2) 재화를 수입하는 자로서 개인, 법인(국가, 지방자치단체와 지방자치단체조합 포함), 법인격 없는 사단 및 재단 또는 그 밖의 단체이다.

(1) 사업자
사업자란 영리목적의 유무에 불구하고 사업상 독립적으로 재화 또는 용역을 공급하는 자를 말한다.

1) 사업자의 요건

구분	내용
① 영리목적 유무 불구	비영리법인 및 국가도 납세의무가 있다. 예) 우체국택배와 KTX 등은 국가가 운영하지만 동일업종 타기업과의 과세형평을 위해서 과세됨
② 사업성	계속적이고 반복적으로 공급해야 한다. [비교] 일반개인이 가정에서 사용하던 중고노트북을 판매하는 경우에는 과세하지 아니함
③ 독립성	인적 또는 물적 독립성이 있어야 한다. [비교] 회사에 고용되어 종속된 근로자가 근로계약에 의해 근로를 제공하는 경우에는 독립성이 없으므로 과세하지 아니함

2) 사업자의 구분

사업자는 과세사업자와 면세사업자로 구분된다. 과세사업자란 부가가치세가 과세되는 재화 또는 용역을 공급하는 사업자이며 면세사업자란 미가공 농·축·수·임산물 등 부가가치세가 면제되는 재화 또는 용역을 공급하는 사업자를 말한다. 또한, 과세사업자는 매출규모와 업종에 따라 일반과세자와 간이과세자로 구분된다.

유형		기준	증빙교부
과세사업자	일반과세자	직전 1역년의 공급대가[1]가 1억 4백만 원 이상인자	세금계산서 또는 영수증[2]
	간이과세자	직전 1역년의 공급대가가 1억 4백만 원 미만인자(법인 제외)	세금계산서 또는 영수증[2]
면세사업자		부가가치세법상 사업자가 아니므로 신고·납부의무가 없음	계산서

[1] 공급대가 = 공급가액 + 부가가치세
[2] 영수증 발급하는 사업자

구 분	영수증 발급사업자
간이과세자	① 간이과세자 중 신규사업자 및 직전연도 공급대가 합계액이 4,800만 원 미만인 사업자 ② 주로 사업자가 아닌 자에게 재화·용역을 공급하는 사업자*
일반과세자	주로 사업자가 아닌 자에게 재화·용역을 공급하는 사업자*

* 소매업, 음식점업, 숙박업, 미용, 욕탕 및 유사 서비스업, 여객운송업 등을 말한다. 다만, 소매업, 음식점업, 숙박업 등은 공급받는 자가 요구하는 경우 세금계산서 발급해야 한다.

(2) 재화를 수입하는 자

소비지국 과세원칙에 따라 면세대상을 제외한 모든 재화는 수입 통관 시 세관장에 의해 10% 세율로 부가가치세가 과세되며 재화를 수입하는 자는 사업자 여부에 관계없이 부가가치세 납세의무가 있다.

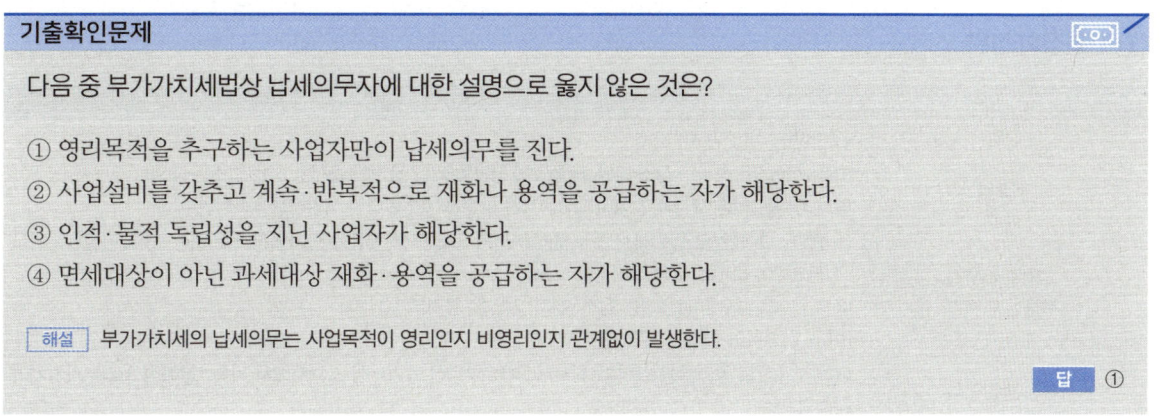

6 과세기간

일반적으로 사업자에 대한 부가가치세의 과세기간은 1년을 2과세기간으로 나누어 매 6월마다를 1과세기간으로 하고 있으며, 다시 각 과세기간을 3개월 단위로 예정신고기간과 과세기간 최종 3월(실무에서의 확정신고기간)로 구분하여 신고 · 납부하도록 하고 있다. 신규사업자와 폐업자인 경우는 예외로 한다.

(1) 일반적인 경우

구분	과세기간	예정신고기간 및 과세기간최종3월		신고 · 납부기한
1기	1월 1일 ~ 6월 30일	예정신고기간	1월 1일 ~ 3월 31일	4월 25일
		과세기간최종3월	4월 1일 ~ 6월 30일	7월 25일
2기	7월 1일 ~ 12월 31일	예정신고기간	7월 1일 ~ 9월 30일	10월 25일
		과세기간최종3월	10월 1일 ~ 12월 31일	익년 1월 25일

(2) 신규사업자인 경우

구 분	과세기간	신고 · 납부기한
신규사업자	사업개시일 ~ 당해 과세기간의 종료일	종료일의 다음날부터 25일이내
사업개시전 등록의 경우	등록신청일 ~ 당해 과세기간의 종료일	종료일의 다음날부터 25일이내

(3) 폐업자인 경우

구 분	과세기간	신고 · 납부기한
폐업자	당해 과세기간의 개시일 ~ 폐업일	폐업일이 속하는 달의 다음달 25일이내

7 납세지

납세지란 관할세무서를 결정하는 기준이 되는 장소를 말하며, 부가가치세법상 납세지는 사업장소재지로 한다. 사업장이란 사업자 또는 그 사용인이 상시 주재하여 거래의 전부 또는 일부를 행하는 장소를 말한다. 사업자는 사업장마다 사업자등록을 하여야 하며, 사업장별로 구분하여 세금계산서를 교부·수취하고, 사업장별로 각각 납부(환급)세액을 계산하여 이를 각 사업장관할세무서장에 신고·납부하여야 하는데 이를 사업장별 과세원칙이라 한다.

(1) 사업장의 범위

구 분	사 업 장
광업	광업사무소의 소재지
제조업	최종 제품을 완성하는 장소(다만, 제품의 포장만 하거나 용기에 충전만 하는 장소는 제외) 예) A공장은 최종 제품을 완성하고 B공장은 단순포장만 한다면 사업장은 A공장만 해당
건설업, 운수업, 부동산 매매업	① 법인: 그 법인의 등기부상 소재지([취지] 각각의 건설현장 등을 사업장으로 하는 경우 건설현장마다 신고해야 하는 실무상 어려움을 고려함) ② 개인: 그 업무를 총괄하는 장소([취지] 개인은 등기부 ×) [비교] 건설하는 장소×, 부동산 소재지×
부동산 임대업	당해 부동산의 등기부상 소재지([취지] 각각의 부동산 등기부상 소재지에서 계속·반복적으로 부가가치가 창출되므로)
무인자동판매기를 통해 재화·용역을 공급하는 사업	사업에 관한 업무총괄장소 [비교] 자판기 설치장소 ×
비거주자 또는 외국법인	비거주자 또는 외국법인의 국내사업장
사업장이 없는 경우	사업자의 주소 또는 거소
기타규정	사업장 외의 장소도 사업자의 신청에 의하여 사업장으로 등록할 수 있음(다만, 사업자의 신청에 의하여 설치한 무인자동판매기는 납세지로 할 수 없음)

(2) 직매장과 하치장 및 임시사업장

구분	내용	사업장 여부
직매장	판매시설을 갖춘 장소	O
하치장	물품 보관 장소	×
임시사업장	박람회 등에서 임시로 설치한 홍보부스 등	× (기존사업장에 포함)

(3) 사업장별 과세원칙의 예외

사업장별 과세원칙에 의하면 둘 이상의 사업장이 있는 경우 사업자는 각 사업장별로 납부 또는 환급세액을 계산하여 신고·납부하여야 한다. 다만, 사업장이 둘 이상인 사업자의 불편을 덜어주기 위하여 다음의 특례규정을 두고 있다.

구분	사업장별 과세원칙	주사업장총괄납부	사업자단위과세제도
① 사업자등록	사업장별 적용	사업장별 적용	주된 사업장 총괄
② 세금계산서교부·수취		사업장별 적용	
③ 과세표준과 세액계산		사업장별 적용	
④ 신고		사업장별 적용	
⑤ 납부(환급)		주된 사업장 총괄	
⑥ 결정·경정 및 징수		사업장별 적용	

1) **주사업장총괄납부제도** (신청으로만 적용가능 → 승인 불필요)

신고 및 세금계산서 교부 등 제반업무는 각 사업장별로 하고, 납부(환급)만 주된 사업장에서 일괄 납부(환급)하는 제도이다.

2) 사업자단위과세제도 (신청으로만 적용가능 → 승인 불필요)

2 이상의 사업장이 있는 사업자가 사업자단위 과세사업자로 신청한 경우에 당해 사업자의 주사업장에서 일괄 신고·납부를 할 수 있는 제도이다. 즉, 사업자등록, 세금계산서 발행, 신고, 납부 등 부가가치세 제반업무를 본점(주사무소)에서 일괄 처리할 수 있는 제도이다.

합격 TIP 주된 사업장

주사업장총괄납부	사업자단위과세제도
• 법인 : 본점 또는 지점 중 선택 • 개인 : 주사무소만 → 분사무소 불가능	• 법인 : 본점만 → 지점 불가능 • 개인 : 주사무소만 → 분사무소 불가능

사례 1기 확정신고기간(4월 1일 ~ 6월 30일) 동안 주된 사업장인 A사업장의 납부세액은 200원, 지점인 B사업장 환급세액이 50원이 발생한 경우

구분	신고	납부
원칙: 사업장별 과세원칙	• A사업장 200원 납부세액 신고 • B사업장 50원 환급세액 신고	• A사업장 7월 25일까지 200원 납부 • B사업장 50원 환급 → 확정신고기한 후 30일 이내 환급
예외 ①: 주사업장 총괄납부	• A사업장 200원 납부세액 신고 • B사업장 50원 환급세액 신고	A사업장과 B사업장 합산납부 → 주된 사업장 A 150원 납부
예외 ②: 사업자단위과세	A사업장과 B사업장 합산신고 → 주된 사업장 A 150원 납부세액 신고	A사업장과 B사업장 합산납부 → 주된 사업장 A 150원 납부

기출확인문제

다음 중 부가가치세법상 업종별 사업장의 범위로 맞지 않는 것은?

① 제조업은 최종제품을 완성하는 장소
② 사업장을 설치하지 않은 경우 사업자의 주소 또는 거소
③ 운수업은 개인인 경우 사업에 관한 업무를 총괄하는 장소
④ 부동산매매업은 법인의 경우 부동산의 등기부상 소재지

해설 부동산매매업은 법인의 경우 법인의 등기부상 소재지

답 ④

⑧ 사업자등록

신규로 부가가치세 과세사업을 개시한 자는 사업장마다 사업개시일로부터 20일 이내에 사업자등록신청을 하여야 한다. 다만, 신규로 사업을 개시하는 자는 사업개시일 전이라도 사업자등록신청을 할 수 있다. 관할세무서는 사업자등록증을 신청일로부터 2일 이내 교부해 준다. 다만, 사업현황 파악이 필요한 경우 5일 추가 연장하여 교부할 수 있다. 또한, 납세편의를 고려하여 사업자는 사업자등록의 신청을 사업장 관할 세무서장이 아닌 다른 세무서장에게도 할 수 있다. 이 경우 사업장 관할 세무서장에게 사업자등록을 신청한 것으로 본다.

재발급기한	등록정정사유
신청일 당일	① 상호변경 ② 통신판매업자의 사이버몰 명칭 또는 인터넷 도메인이름 변경
신청일로부터 2일 이내	① 법인대표자의 변경 [비교] 개인사업자 대표자 변경은 폐업사유임. ② 상속으로 인한 사업자 명의변경 [비교] 증여로 인하여 사업자의 명의가 변경되는 경우에는 폐업사유임. ③ 사업장 이전 [비교] 사업자의 주소변경은 정정사유 아님. ④ 사업의 종류 변경 ⑤ 공동사업자 구성원 또는 출자지분의 변경 ⑥ 임대인, 임대차 목적물이나 그 면적, 보증금, 임차료 또는 임대차기간이 변경되거나 새로 상가건물을 임차한 경우 ⑦ 사업자단위과세사업자가 사업자단위과세적용사업장을 변경 ⑧ 사업자단위과세사업자가 종된 사업장을 신설·이전하는 경우 ⑨ 사업자단위과세사업자가 종된 사업장의 사업을 휴업·폐업하는 경우

기출확인문제

다음 중 부가가치세법상 사업자등록에 관한 설명으로 잘못된 것은?

① 사업자는 사업장마다 사업개시일부터 20일 이내에 사업자등록을 신청해야 한다.
② 사업자는 사업자등록의 신청을 사업장 관할 세무서장에게만 할 수 있다.
③ 신규로 사업을 시작하려는 자는 사업개시일 이전이라도 사업자등록을 신청할 수 있다.
④ 사업자는 등록사항이 변경되면 지체 없이 사업장 관할 세무서장에게 신고하여야 한다.

> 해설   사업자 등록의 신청을 사업장 관할 세무서장이 아닌 다른 세무서장에게도 할 수 있다. 이 경우 사업장 관할 세무서장에게 사업자등록을 신청한 것으로 본다.

답 ②

9 부가가치세 회계처리

(1) 매입 시

차 변		대 변	
원 재 료	10,000,000	현 금	11,000,000
부가세대급금	1,000,000		

(2) 매출 시

차 변		대 변	
현금	22,000,000	제 품 매 출	20,000,000
		부가세예수금	2,000,000

(3) 과세기간 종료일자

과세기간 종료일자에 부가세예수금과 부가세대급금을 상계처리하는 분개를 한다.

차 변		대 변	
부가세예수금	2,000,000	부가세대급금	1,000,000
		미지급금	1,000,000

제1절 부가가치세 총칙 - 객관식 기출문제

★ [유형 1] 부가가치세법의 특징 (1 ~ 5) 최신 30회 중 9문제 출제

1 다음 중 현행 부가가치세법의 특징에 대한 설명으로 가장 잘못된 것은? 88회
난이도 ●●○
① 일반 소비세이다.
② 국세에 해당된다.
③ 10%와 0%의 세율을 적용하고 있다.
④ 역진성의 문제를 해결하기 위하여 영세율제도를 도입하고 있다.

2 다음 중 부가가치세법에 대한 설명으로 옳지 않은 것은? 86회
난이도 ●●○
① 부가가치세는 일반소비세이며 간접세에 해당한다.
② 현행 부가가치세는 전단계거래액공제법을 채택하고 있다.
③ 부가가치세의 역진성을 완화하기 위하여 면세제도를 두고 있다.
④ 소비지국과세원칙을 채택하여 수출재화 등에 영세율이 적용된다.

3 다음 중 현행 부가가치세법의 특징에 대한 설명으로 옳은 것은? 81회
난이도 ●●○
① 전단계거래액공제법이다.
② 비례세율로 역진성이 발생한다.
③ 개별소비세이다.
④ 지방세이다.

정답 및 해설

1 답 ④
해설 역진성의 문제를 해결하기 위하여 면세제도를 도입하고 있다.

2 답 ②
해설 부가가치세는 전단계세액공제법을 채택하고 있다.

3 답 ②
해설 우리나라의 부가가치세는 전단계세액공제법, 일반소비세, 국세의 특징이 있다.

4 다음 ( )안에 들어갈 용어로 올바른 것은? `47회`

> 부가가치세법 15조에 따르면 사업자가 재화 또는 용역을 공급하고 부가가치세법에 따른 과세표준에 세율을 적용하여 계산한 부가가치세를 그 공급받는 자로부터 징수하는 것을 (   )라 한다.

① 원천징수　　　② 거래징수　　　③ 납세징수　　　④ 통합징수

5 다음 중 거래징수의 내용으로 틀린 것은?(공급하는 사업자는 과세사업자임) `52회`

① 공급받는 자는 부가가치세를 지급할 의무를 짐
② 공급자가 부가가치세를 거래상대방으로부터 징수하는 제도
③ 공급가액에 세율을 곱한 금액을 공급받는 자로부터 징수
④ 공급받는 자가 면세사업자이면 거래징수의무가 없음

[유형 2] 납세의무자 (6 ~ 9)   `최신 30회 중 4문제 출제`

6 다음 중 현행 부가가치세법에 대한 설명으로 틀린 것은? `116회 수정`

① 부가가치세는 사업장마다 신고 및 납부하는 것이 원칙이다
② 영세율을 적용받는 사업자는 납세의무자에 해당한다.
③ 납세의무자는 개인사업자나 영리법인으로 한정되어 있다.
④ 부가가치세의 납세의무자는 과세대상인 재화 또는 용역을 공급하는 사업자와 재화를 수입하는 자이다.

7 다음 중 부가가치세법상 납세의무자에 대한 설명으로 가장 옳지 않은 것은? `115회`

① 부가가치세법상 사업자는 일반과세자와 간이과세자이다.
② 국가·지방자치단체도 납세의무자가 될 수 있다.
③ 사업자단위과세사업자는 모든 사업장의 부가가치세를 총괄하여 신고만 할 수 있다.
④ 영세율을 적용받는 사업자도 부가가치세법상의 사업자등록의무가 있다.

8 현행 부가가치세법에 대한 설명으로 가장 거리가 먼 것은? 　67회

① 부가가치세 부담은 전적으로 최종소비자가 하는 것이 원칙이다.
② 영리목적의 유무에 불구하고 사업상 독립적으로 재화를 공급하는 자는 납세의무가 있다.
③ 해당 과세기간 중 이익이 발생하지 않았을 경우에는 납부하지 않아도 된다.
④ 일반과세자의 내수용 과세거래에 대해서는 원칙적으로 10%의 단일세율을 적용한다.

9 다음 중 부가가치세법에 대한 설명으로 잘못된 것은? 　71회

① 재화란 재산 가치가 있는 물건과 권리를 말하며, 역무는 포함되지 않는다.
② 사업자란 사업 목적이 영리이든 비영리이든 관계없이 사업상 독립적으로 재화 또는 용역을 공급하는 자를 말한다.
③ 재화 및 용역을 일시적·우발적으로 공급하는 자는 부가가치세법상 사업자에 해당하지 않는다.
④ 간이과세자란 직전 연도의 공급대가 합계액이 8,000만 원에 미달하는 사업자를 말한다.

정답 및 해설

4 답 ②
해설 거래징수에 대한 설명이다.

5 답 ④
해설 공급자는 공급받는 자가 과세사업자이건 면세사업자이건 거래징수의무를 진다.

6 답 ③
해설 사업자 또는 재화를 수입하는 자 중 어느 하나에 해당하는 자로서 개인, 법인(국가·지방자치단체와 지방자치단체조합을 포함한다), 법인격이 없는 사단·재단 또는 그 밖의 단체는 부가가치세를 납부할 의무가 있다.

7 답 ③
해설 사업자단위과세사업자는 모든 사업장의 부가가치세를 총괄하여 신고 및 납부할 수 있다.

8 답 ③
해설 부가가치세는 이익발생과 관계없이 납부세액이 발생하면 납부해야 한다.

9 답 ④
해설 간이과세자란 직전 연도의 공급대가의 합계액이 1억 4백만 원에 미달하는 사업자를 말한다.

[유형 3] 과세기간과 납세지 (10 ~ 15) 최신 30회 중 5문제 출제

10 다음 중 부가가치세법상 과세기간 등에 대한 설명으로 옳지 않은 것은? 112회

① 사업개시일 이전에 사업자등록을 신청한 경우에 최초의 과세기간은 그 신청한 날부터 그 신청일이 속하는 과세기간의 종료일까지로 한다.
② 사업자가 폐업하는 경우의 과세기간은 폐업일이 속하는 과세기간의 개시일부터 폐업일까지로 한다.
③ 폐업자의 경우 폐업일이 속하는 과세기간 종료일부터 25일 이내에 확정신고를 하여야 한다.
④ 간이과세자의 과세기간은 1월 1일부터 12월 31일까지로 한다.

11 다음 중 현행 부가가치세법에 대한 설명으로 가장 틀린 것은? 58회

① 사업장은 사업자가 사업을 하기 위하여 거래의 전부 또는 일부를 하는 고정된 장소로 한다.
② 주사업장 총괄납부시 주사업장은 법인의 경우 지점도 가능하다.
③ 사업자 등록사항의 변동이 발생한 때에는 지체없이 등록정정신고를 하여야 한다.
④ 사업자단위과세사업자의 경우에도 사업자등록은 사업장별로 각각 하여야 한다.

12 현행 부가가치세법에 대한 설명으로 옳지 않은 것은? 94회

① 사업자만이 부가가치세를 납부할 의무가 있다.
② 납세지는 사업자단위과세 및 주사업장총괄납부사업자가 아닌 경우, 각 사업장의 소재지로 한다.
③ 사업자단위과세사업자가 아닌 경우, 사업자는 사업장마다 사업개시일로부터 20일 이내에 사업장 관할 세무서장에게 사업자등록을 신청해야 한다.
④ 신규로 사업을 시작하는 자에 대한 최초의 과세기간은 사업개시일부터 그 날이 속하는 과세기간의 종료일까지로 한다.

13 다음 중 부가가치세 신고·납세지에 대한 설명으로 가장 적절하지 않은 것은? 66회

① 부가가치세는 원칙적으로 사업장마다 신고 납부하여야 한다.
② 재화 또는 용역의 공급이 이루어지는 장소, 즉 사업장을 기준으로 납세지를 정하고 있다.
③ 2 이상의 사업장이 있는 경우 주사업장총괄납부 승인을 얻어 주된 사업장에서 총괄하여 납부할 수 있다.
④ 사업자단위과세사업자는 사업자등록도 본점 등의 등록번호로 단일화하고, 세금계산서도 하나의 사업자등록번호로 발급한다.

14 다음은 부가가치세법상의 사업장의 범위에 대한 설명이다. 틀린 것은?

① 광업에 있어서는 광업사무소의 소재지
② 제조업에 있어서는 최종제품을 완성하는 장소
③ 건설업에 있어서는 사업자가 법인인 경우에는 그 법인의 등기부상의 소재지
④ 부동산임대업에 있어서는 사업자가 법인인 경우에는 그 법인의 등기부상의 소재지

15 다음은 사업장의 범위를 업종별기준으로 설명한 것이다. 다음 중 가장 틀린 것은?

① 무인자동판매기에 의한 사업 : 무인자동판매기의 설치장소
② 부동산매매업 : 법인은 법인의 등기부상 소재지
③ 사업장을 설치하지 않은 경우 : 사업자의 주소 또는 거소
④ 비거주자와 외국법인 : 국내사업장 소재지

정답 및 해설

10 답 ③
해설 폐업자의 경우 폐업일이 속하는 달의 다음 달 25일까지 확정신고를 하여야 한다.

11 답 ④
해설 사업자단위과세사업자의 경우에는 사업장별로 사업자등록을 하지 아니하고, 사업자의 본점 또는 주사무소에서 사업자등록을 한다.

12 답 ①
해설 부가가치세 납부할 의무가 있는 자는 사업자, 재화를 수입하는 자로서 개인, 법인(국가, 지방자치단체와 지방자치단체조합 포함), 법인격이 없는 사단 및 재단 또는 그 밖의 단체이다.

13 답 ③
해설 2 이상의 사업장이 있는 경우 승인 없이 주된 사업장에서 총괄하여 납부할 수 있다.

14 답 ④
해설 부동산임대업에 있어서는 그 부동산의 등기부상의 소재지를 사업장으로 한다.

15 답 ①
해설 무인자동판매기에 의한 사업 : 그 사업에 관한 업무총괄장소

[유형 4] 사업자등록 및 부가가치세 회계처리 (16 ~ 19) `최신 30회 중 7문제 출제`

16 다음 중 부가가치세법상 사업자등록에 대한 설명으로 옳은 것은? `99회`

① 사업자는 사업장마다 사업개시일부터 20일 이내에 사업자등록을 신청하는 것이 원칙이다.
② 신규 사업자는 사업개시일 이전이라면 사업자등록 신청이 불가능하다.
③ 일반과세자가 3월 25일에 사업자등록을 신청하고 실제 사업개시일은 4월 1일인 경우 4월 1일부터 6월 30일까지가 최초 과세기간이 된다.
④ 사업자등록의 신청은 사업장 관할세무서장이 아닌 다른 세무서장에게는 불가능하다.

17 다음 중 부가가치세법상 법인사업자의 사업자등록 정정 사유가 아닌 것은? `110회`

① 상호를 변경하는 경우
② 사업장을 이전하는 경우
③ 사업의 종류에 변동이 있는 경우
④ 증여로 인하여 사업자의 명의가 변경되는 경우

18 다음 중 부가가치세법상 사업자등록의 정정사유가 아닌 것은? `67회`

① 사업의 종류를 변경 또는 추가하는 때
② 사업장을 이전하는 때
③ 법인의 대표자를 변경하는 때
④ 개인이 대표자를 변경하는 때

19 일반과세사업자가 사무실용 컴퓨터를 외상으로 500,000원(부가가치세 별도)에 구입하였을 경우, 올바른 분개는?

출제예상

① (차) 비 품　　　　550,000원　　(대) 미지급금　　　500,000원
　　　　　　　　　　　　　　　　　　　　부가세예수금　 50,000원

② (차) 비 품　　　　500,000원　　(대) 미지급금　　　550,000원
　　　부가세대급금　 50,000원

③ (차) 비 품　　　　550,000원　　(대) 외상매입금　　500,000원
　　　　　　　　　　　　　　　　　　　　부가세예수금　 50,000원

④ (차) 비 품　　　　500,000원　　(대) 외상매입금　　550,000원
　　　부가세대급금　 50,000원

정답 및 해설

16 답 ①
해설
- ② 신규로 사업을 시작하려는 자는 사업개시일 이전이라도 사업자등록 신청할 수 있다.
- ③ 사업개시일 이전에 사업자등록을 신청한 경우에는 그 신청한 날부터 그 신청일이 속하는 과세기간의 종료일까지로 한다.
- ④ 사업자등록의 신청은 사업장 관할세무서장이 아닌 다른 세무서장에게도 가능하다.

17 답 ④
해설 증여로 인하여 사업자의 명의가 변경되는 경우는 폐업 사유에 해당한다. 증여자는 폐업, 수증자는 신규 사업자등록 사유이다.

18 답 ④
해설 개인이 대표자를 변경하는 때는 폐업사유에 해당한다.

19 답 ②
해설 매입세액 공제가 가능한 부가가치세 50,000원은 자산 계정인 부가세대급금으로 처리하여 일반적인 상거래 이외 외상거래의 채무는 미지급금으로 처리한다.

제2절 | 과세대상 거래(= 과세거래)

❶ 과세대상

과세대상이란 세금을 부과할 수 있는 대상을 말하며 부가가치세는 다음의 거래에 대하여 과세한다.
① 사업자가 행하는 재화 또는 용역의 공급
② 재화의 수입

구 분	사업자 여부	과세대상	비 고
재화의 공급	사업자 O	O	재화의 무상공급 과세 O
용역의 공급		O	용역의 무상공급 과세 ×*
재화의 수입	사업자 O, × 모두 가능	O	
용역의 수입		×	

* 용역의 수입은 눈에 보이지 않아 과세당국이 포착하기 어렵기 때문에 과세대상에서 제외하고 있다. 다만, 사업자가 특수관계인에게 사업용 부동산의 임대용역을 무상으로 공급하는 경우에는 과세대상에 해당한다.

> **기출확인문제**
>
> 다음 중 부가가치세법상 과세 대상으로 볼 수 없는 것은?
>
> ① 재화의 공급 ② 용역의 공급
> ③ 재화의 수입 ④ 용역의 수입
>
> [해설] 부가가치세는 다음 각 호의 거래에 대하여 과세한다.
> 1. 사업자가 행하는 재화 또는 용역의 공급
> 2. 재화의 수입
>
> 답 ④

(1) 재화

부가가치세 과세대상이 되는 재화란 재산적가치가 있는 물건을 말하며, 유체물과 무체물로 나뉜다. 단, 화폐와 유사한 어음, 수표, 주식, 사채 등은 부가가치를 창출하는 과세대상인 재화로 보지 않는다.

구 분	내 용
① 유체물	재산적 가치가 있는 유형의 것으로 각종 원재료, 상품, 제품, 건물, 기계장치, 차량 등을 말한다.
② 무체물	재산적 가치가 있는 무형의 것으로 가스, 전기, 열 등을 말한다.

합격 TIP
화폐대용증권(수표·어음), 유가증권(주식·채권), 상품권은 그 자체가 소비대상이 아닌 결제대상이므로 재화에 해당하지 아니한다.

(2) 용역

용역이란 재화 이외의 재산적 가치가 있는 모든 역무와 그 밖의 행위를 말한다. 다만, 과세되는 용역의 범위를 다음과 같이 법에서 열거하고 있다.
① 건설업
② 숙박 및 음식점업
③ 부동산업 및 임대업. 다만, 전·답·과수원·목장용지·임야·염전의 임대와 공익사업 관련 지역권·지상권

설정 및 대여사업은 과세대상에서 제외한다.
④ 기타 열거되어 있는 사업

> [용어정리]
> • 지역권: 자기 토지의 이용가치를 증가시키기 위하여 타인의 토지를 일정한 방법으로 이용하는 권리
> • 지상권: 타인의 토지에 건물 기타 공작물이나 수목을 소유하기 위하여 그 토지를 사용할 수 있는 권리

❷ 재화의 공급

재화의 공급이란 계약상 또는 법률상의 모든 원인에 의하여 재화를 인도 또는 양도하는 것이다. 재화의 공급에는 매매계약 등에 의하여 소유권이 유상으로 이전되는 실질적 공급과 본래의 재화의 공급요건은 충족하지 아니하나 일정한 경우에 공급으로 보는 간주공급으로 구분된다.

(1) 재화의 실질적 공급

재화의 실질적 공급이란 계약이나 법률상의 원인에 의하여 재화를 인도하거나 양도하는 것을 말한다.

구 분	거래내용
① 매매계약에 의한 인도 · 양도	현금판매, 외상판매, 장기할부판매, 조건부 및 기한부 판매, 위탁판매 기타 매매계약
② 가공계약에 의한 인도	자기가 주요자재의 전부 또는 일부를 부담하고 상대방으로부터 인도받은 재화에 공작을 가하여 새로운 재화를 만드는 가공계약
③ 교환계약에 의한 인도 · 양도	재화의 인도대가로서 다른 재화를 인도받거나 용역을 제공받는 교환계약
④ 기타의 원인에 의한 인도 · 양도	사적경매 · 수용 · 현물출자 기타 계약상 또는 법률상의 원인

(2) 재화의 간주공급

재화의 공급은 대가를 받고 타인의 소유로 변경되어 타인이 사용 · 소비하는 것을 말하는 것이나 예외적으로 일반적 요건을 충족하지 아니하여 외관상 재화의 공급에 해당하지 않는 일정한 경우들을 재화의 공급으로 보는 경우가 있다. 이를 재화의 간주공급이라 한다.

구 분	과 세 대 상
① 자가 공급	㉠ 면세사업에의 전용 자기의 사업과 관련하여 생산 또는 취득한 재화를 면세사업을 위하여 직접 사용 · 소비하는 것 [취지] 당초 매입시점에 매입세액을 공제받고 추후 공제대상이 아닌 면세사업에 사용한 경우에는 부가가치세 없는 소비가 발생하므로 당초 공제받은 매입세액을 추징함 예) 선박 건조업(과세사업)을 영위하는 사업자가 어선을 건조하여 자신이 경영하는 수산업(면세사업)에 직접 사용하는 경우 ㉡ 비영업용 소형승용차(비영업용 개별소비세 과세대상 자동차*)와 그 유지를 위한 재화 * 개별소비세 과세대상 자동차는 개별소비세법 제1조제2항제3호에 따른 자동차를 말한다. 자기의 사업과 관련하여 생산 또는 취득한 재화를 비영업용 소형승용차로 사용하거나 그 유지를 위하여 사용 또는 소비하는 경우 • 영업용이란 운수업, 자동차판매업, 자동차임대업, 운전학원업 및 무인경비업(출동차량에 한함) 등을 영위하는 자가 자동차를 영업에 사용하는 것을 말한다. • 소형승용차란 사람의 수송을 목적으로 제작된 ① 정원 8인 이하의 일반형 승용자동차(1,000cc이하의 경차제외) ② 일정한 2륜자동차 ③ 캠핑용 자동차를 말한다. [취지] 당초 매입시점에 매입세액을 공제받고 추후 공제대상이 아닌 비영업용 소형승용차 또는 그 유지에 사용한 경우에는 부가가치세 없는 소비가 발생하므로 당초 공제받은 매입세액을 추징함 예) 자동차 제조회사가 자가생산한 소형승용자동차를 업무용으로 사용하는 경우

① 자가 공급	ⓒ 판매목적 타사업장 반출(직매장반출) 자기의 사업과 관련하여 생산 또는 취득한 재화를 타인에게 직접 판매 할 목적으로 자기의 다른 사업장(직매장등)에 반출하는 경우 [취지] 매입세액의 환급지연에 따른 사업자의 자금부담 완화하고자 하는 것이 목적이므로 당초 매입시점에 매입세액이 공제되지 않은 재화도 적용함
② 개인적 공급	자기의 사업과 관련하여 생산하거나 취득한 재화를 사업과 직접 관계없이 개인적 목적 또는 기타의 목적으로 사업자가 사용하거나 그 사용인 또는 기타의 자가 사용·소비하는 것으로서 사업자가 그 대가를 받지 아니하거나 시가보다 낮은 대가를 받는 경우 [취지] 당초 매입시점에 매입세액을 공제받고 추후 공제대상이 아닌 본인 또는 임직원의 개인용도로 사용한 경우에는 부가가치세 없는 소비가 발생하므로 당초 공제받은 매입세액을 추징함 예) 가구 제조업자가 제조한 가구를 가정용으로 사용하거나 종업원에게 생일선물로 제공하는 경우 **비교 개인적 공급에 해당하지 않는 경우** 다음의 경우에는 부가가치 창출에 기여하는 영업활동 또는 실비변상적 성격이므로 간주공급으로 보지 아니한다. • 실비변상적 목적으로 사용인에게 제공하는 작업복·작업화·작업모와 관련된 재화 • 복리후생적 목적으로 사용인에게 제공하는 직장 연예 및 직장 문화와 관련된 재화 • 경조사를 ⊙과 ⓒ의 경우로 구분하여 각각 1인당 연간 10만 원 이하 재화 ⊙ 경조사와 관련된 재화 ⓒ 명절·기념일 등(설날·추석·창립기념일·생일 등 포함)과 관련된 재화 단, 연간 10만 원을 초과하는 경우 초과금액에 대해서 재화의 공급으로 본다.
③ 사업상 증여	자기의 사업과 관련하여 생산하거나 취득한 재화를 자기의 고객이나 불특정 다수인에게 그 대가를 받지 않거나 현저히 낮은 대가를 받고 증여하는 것. [취지] 당초 매입시점에 매입세액을 공제받고 추후 공제대상이 아닌 접대목적으로 사용한 경우에는 부가가치세 없는 소비가 발생하므로 당초 공제받은 매입세액을 추징함 예) 판매 촉진을 위하여 판매 실적에 따라 일정률의 장려금품을 지급하는 경우 **비교 사업상 증여에 해당하지 않는 경우** 다음의 경우에는 부가가치 창출에 기여하는 정상적인 영업활동 성격이므로 간주공급으로 보지 아니한다. • 무상으로 견본품을 인도·양도하는 것 • 광고선전 목적으로 불특정 다수인에게 광고선전물을 배포하는 것 • 자기 적립 마일리지 등(마일리지를 적립해 준 사업자에게만 사용이 가능한 마일리지)으로만 전액을 결제받고 공급하는 재화 • 「재난 및 안전관리기본법」의 적용을 받아 특별재난지역에 무상으로 공급하는 물품
④ 폐업 시 잔존재화	사업을 폐업하는 때 잔존하는 재화에 대해서는 사업자가 자기에게 재화를 공급하는 것으로 본다. [취지] 당초 매입시점에 매입세액을 공제받고 추후 폐업한 경우에는 부가가치세 없는 소비가 발생하므로 당초 공제받은 매입세액을 추징함

합격 TIP 간주공급의 공급시기와 세금계산서 교부의무

구분		공급시기	세금계산서 교부의무
자가 공급	판매 목적 타사업장 반출 (= 직매장 반출)	재화를 반출하는 때	O
	면세사업에 전용	재화를 사용·소비하는 때	×
	비영업용 소형승용차 또는 그 유지의 전용		×
개인적 공급			×
사업상 증여		재화를 증여하는 때	×
폐업 시 잔존재화		폐업일	×

기출확인문제

다음은 부가가치세법상 간주공급에 관한 설명이다. 가장 틀린 것은?

① 간주공급은 자가공급, 개인적공급, 사업상증여, 폐업시 잔존재화로 분류한다.
② 간주공급은 실지공급과 같이 세금계산서를 교부하여야 한다.
③ 자가공급은 면세전용, 비영업용소형승용차의 구입과 유지를 위한 재화, 판매목적 타사업장 반출로 분류한다.
④ 간주공급 중 개인적 공급의 공급시기는 재화가 사용되거나 소비되는 때이다.

[해설] 자가공급 중 판매목적 타사업장 반출 이외 간주공급은 세금계산서를 교부하지 않는다.

답 ②

(3) 재화의 공급으로 보지 아니하는 거래

다음은 부가가치세를 과세하는 실익이 없으므로 재화의 공급으로 보지 않는다.

구분	내용
① 담보의 제공	질권·저당권·양도담보의 목적으로 동산·부동산 및 부동산상의 권리를 제공하는 경우에는 재화의 최종적인 소비가 이루어진 것이 아니므로 과세대상에서 제외
② 사업의 포괄양수도	사업장별로 그 사업에 관한 권리와 의무를 포괄적으로 승계시키는 것 [취지] 양도자가 양수자에게 부가가치세를 거래징수한 후 납부하는 경우 양수자는 해당 금액을 공제 또는 환급을 받기 때문에 국가 입장에서 실익이 없음
③ 조세의 물납	법률에 의하여 상속세·증여세 또는 지방세(재산세)를 사업용 자산으로 물납하는 경우 [취지] 현금이 없어 세금을 건물 등으로 납부하는 경우 국가로부터 부가가치세를 거래징수하여 다시 국가에 납부하게 되므로 실익이 없음
④ 공매·강제경매	국세징수법이 따른 공매, 지방세징수를 위한 공매, 민사집행법에 의한 강제경매는 재화의 공급으로 보지 아니함. [취지] 재화의 소유권을 이전당한 사업자는 파산 등의 사유로 부가가치세를 체납하는 경우가 많으나 매입자만 매입세액을 공제받음으로써 세수입이 감소됨 [비교] 사적경매 등은 재화의 공급에 해당함
⑤ 수용	도시 및 주거환경정비법, 공익사업을 위한 토지 등의 취득 및 보상에 관한 법률 등에 따른 수용절차에서 수용대상 재화의 소유자가 수용된 재화에 대한 대가를 받는 경우에는 재화의 공급으로 보지 아니함. 다만, 수용절차가 아닌 협의에 의한 매도는 재화의 공급에 해당함 [취지] 공익사업을 위해 불가피하게 수용되는 것을 고려

❸ 용역의 공급

(1) 용역의 공급

용역의 공급이란 계약상 또는 법률상의 모든 원인에 의하여 역무를 제공하거나 재화·시설물 또는 권리를 사용하게 하는 것으로서 다음을 포함한다.
① 건설업자가 건설자재의 전부 또는 일부를 부담하는 것
② 상대방으로부터 인도받은 재화에 주요 자재를 전혀 부담하지 않고 단순히 가공만 해주는 것
③ 산업상·상업상 또는 과학상의 지식·경험 또는 숙련에 관한 정보를 제공하는 것

합격 TIP 가공계약의 재화·용역의 구분

구분	재화·용역의 구분
주요자재의 전부 또는 일부를 부담하는 가공계약	재화의 공급
주요자재를 전혀 부담하지 않고 단순가공만 해 주는 경우	용역의 공급
건설업 및 음식점업	주요자재의 전부 또는 일부를 부담한 경우에도 용역의 공급

(2) 과세대상에서 제외되는 용역의 공급

다음은 용역의 공급에 해당하나 부가가치세가 과세되지 아니한다.

구분	내용
① 용역의 자가공급	용역의 자가공급이란 사업자가 자기의 사업을 위하여 직접 용역을 공급하는 경우에는 용역을 공급하는 것으로 본다. 다만 현행 시행령 및 시행규칙에 과세대상 범위가 규정되지 않아 과세되지 않고 있다.
② 용역의 무상공급	대가를 받지 아니하고 타인에게 용역을 공급을 하는 것은 용역의 공급으로 보지 아니한다. 다만, 사업자가 특수관계인에게 사업용 부동산임대용역을 무상으로 공급하는 경우에는 과세거래로 본다. 예1) 음식점업을 하는 식당에서 무료로 음식물을 제공하는 경우 현실적으로 거래를 포착할 수 없으므로 과세할 수 없음 예2) 아버지가 아들에게 상가건물을 무상으로 임대해 주는 경우에는 과세거래임
③ 고용관계에 의한 근로의 제공	고용관계에 의해서 근로를 제공하는 것은 사업상 독립적으로 공급한 것이 아니므로 용역의 공급으로 보지 아니한다.

기출확인문제

부가가치세법상 재화의 공급으로 보지 아니하는 거래를 모두 고른 것은?

a. 저당권 등 담보 목적으로 부동산을 제공하는 것
b. 사업장별로 그 사업에 관한 모든 권리와 의무를 포괄적으로 승계시키는 사업의 양도
c. 매매계약에 의한 재화의 인도
d. 폐업 시 잔존재화(해당 재화의 매입 당시 매입세액공제 받음)
e. 상속세를 물납하기 위해 부동산을 제공하는 것

① a, d ② b, c, e ③ a, b, e ④ a, b, d, e

해설 c는 재화의 실질공급, d는 재화의 간주공급에 해당한다.

답 ③

❹ 재화의 수입

재화의 수입은 다음의 물품을 우리나라의 영토 및 우리나라가 행사할 수 있는 권리가 미치는 곳에 인취하는 것(보세구역을 경유하는 것은 보세구역으로부터 인취하는 것)을 말한다.
① 외국으로부터 우리나라에 도착된 물품
② 수출신고가 수리된 물품(선적 또는 기적된 것에 한함)

제2절 과세대상 거래 - 객관식 기출문제

★ [유형 1] 과세거래 (1 ~ 7)   최신 30회 중 6문제 출제

1 다음 중 부가가치세법상 재화의 공급으로 보지 않는 거래는?   74회

① 사업용 자산으로 국세를 물납하는 것
② 현물출자를 위해 재화를 인도하는 것
③ 장기할부판매로 재화를 공급하는 것
④ 매매계약에 따라 재화를 공급하는 것

2 다음 중 부가가치세 과세거래에 해당되는 것을 모두 고르면?   48회

| 가. 재화의 수입 |
| 나. 용역의 수입 |
| 다. 용역의 무상공급(단, 특수관계인에게 사업용 부동산의 무상공급은 제외) |
| 라. 고용관계에 의한 근로의 제공 |

① 가   ② 가, 나   ③ 가, 나, 다   ④ 가, 나, 다, 라

3 다음은 재화공급의 범위에 대한 설명이다. 틀린 것은?   13회

① 할부판매에 의하여 재화를 인도 또는 양도하는 것.
② 민사집행법에 의한 강제경매에 따라 재화를 인도 또는 양도하는 것.
③ 교환계약에 의하여 재화를 인도 또는 양도하는 것.
④ 가공계약에 의하여 재화를 인도하는 것.

정답 및 해설

1 답 ①
해설 물납은 재화의 공급으로 보지 않는다.

2 답 ①
해설 용역의 수입은 저장이 불가능하고 형체가 없으므로 과세대상에서 제외한다. 용역의 수입과 고용관계에 의한 근로의 제공도 과세대상에서 제외한다.

3 답 ②
해설 민사집행법에 의한 강제경매에 따라 재화를 인도 또는 양도하는 것은 재화의 공급으로 보지 않는다.

4 다음 중 부가가치세법상 재화의 공급으로 보는 것은? 　43회

① 증여세를 건물로 물납하는 경우
② 사업의 포괄양수도
③ 차량을 담보목적으로 제공하는 경우
④ 폐업 시 잔존재화

5 다음 중 부가가치세법상 과세거래에 해당되는 것은? 　18회

① 용역을 무상으로 제공하는 경우(단, 특수관계인에게 사업용 부동산의 무상 임대는 제외)
② 조세의 물납
③ 담보의 제공
④ 재화의 공급

6 부가가치세법상 용역의 공급으로 과세하지 않는 경우는 어느 것인가? 　40회

① 건설업자가 건설자재의 전부 또는 일부를 부담하는 경우
② 상대방으로부터 인도받은 재화에 주요자재를 전혀 부담하지 아니하고 단순히 가공만 하여 주는 경우
③ 산업상, 상업상 또는 과학상의 지식, 경험 또는 숙련에 관한 정보를 제공하는 경우
④ 용역의 무상공급의 경우(단, 특수관계인에게 사업용 부동산의 무상 임대는 제외)

7 부가가치세법상 용역의 공급으로 과세하지 아니하는 것은? 　100회

① 고용관계에 의하여 근로를 제공하는 경우
② 사업자가 특수관계 있는 자에게 사업용 부동산의 임대용역을 무상공급하는 경우
③ 상대방으로부터 인도받은 재화에 주요자재를 전혀 부담하지 아니하고 단순히 가공만 하는 경우
④ 건설업자가 건설자재의 전부 또는 일부를 부담하고 공급하는 용역의 경우

[유형 2] 과세거래 중 간주공급 (8) 최신 30회 중 3문제 출제

8 다음 중 부가가치세법상 재화의 공급으로 간주되어 과세대상이 되는 항목은?(아래 항목은 전부 매입세액 공제받음)   95회

① 직장 연예 및 직장 문화와 관련된 재화를 제공하는 경우
② 사업을 위해 착용하는 작업복, 작업모 및 작업화를 제공하는 경우
③ 사용인 1인당 연간 10만원 이내의 경조사와 관련된 재화 제공
④ 사업자가 자기생산·취득재화를 자기의 고객이나 불특정 다수에게 증여하는 경우

정답 및 해설

4 답 ④
해설 사업자가 사업을 폐업하는 경우 남아 있는 재화는 자기에게 공급하는 것으로 본다.

5 답 ④
해설 용역을 무상으로 제공하는 경우는 용역의 공급으로 보지 않으며 조세의 물납·담보의 제공의 경우에는 재화의 공급으로 보지 않는다.

6 답 ④
해설 용역의 무상공급의 경우에는 부가가치세법상 용역의 공급으로 보지 않는다.

7 답 ①
해설 고용관계에 의하여 근로를 제공하는 경우 부가가치세법상 용역의 공급으로 보지 않는다. 그리고 사업자가 특수관계 있는 자에게 사업용 부동산의 임대용역을 무상공급하는 경우 용역의 공급으로 본다.

8 답 ④
해설 ①, ②, ③은 실비변상적이거나 복리후생적인 목적으로 제공해 재화의 공급으로 보지 않는 경우에 해당하며 ④는 재화의 공급으로 간주하는 경우에 해당한다.

제3절 영세율과 면세

일반적으로 재화나 용역을 공급하면 공급가액의 10%의 세율을 곱하여 부가가치세를 거래징수하도록 하고 있다. 그러나, 영세율과 면세는 그러하지 아니한다.

> **사례** 과세거래 vs 영세율거래 vs 면세거래 회계처리의 비교
>
> ㈜배움은 과세사업자로부터 부가가치세 포함 원재료를 110원에 현금매입한 후 이를 가공하여 만든 제품을 소비자에게 부가가치세 포함 220원에 현금매출하는 경우 각각의 거래형태별 회계처리는 다음과 같다.
>
> (1) 과세거래
>
> | 구 분 | 과세사업자 회계처리 | | | |
> |---|---|---|---|---|
> | ① 매입 시 | (차) 원재료
　　 부가세대급금 | 100
10 | (대) 현금 | 110 |
> | ② 매출 시 | (차) 현금 | 220 | (대) 제품매출
　　 부가세예수금 | 200
20 |
> | ③ 신고기간 종료일자 | (차) 부가세예수금 | 20 | (대) 부가세대급금
　　 미지급세금 | 10
10 |
>
> (2) 영세율거래
>
> | 구 분 | 과세사업자 회계처리 | | | |
> |---|---|---|---|---|
> | ① 매입 시 | (차) 원재료
　　 부가세대급금 | 100
10 | (대) 현금 | 110 |
> | ② 매출 시 | (차) 현금 | 200 | (대) 제품매출 | 200 |
> | | * 영세율은 공급가액의 0% 세율이 적용되므로 거래징수하는 부가세예수금은 없음 | | | |
> | ③ 신고기간 종료일자 | (차) 부가세예수금
　　 미수금 | 0
10* | (대) 부가세대급금 | 10 |
> | | * 거래징수당한 매입세액은 전액 환급됨 | | | |
>
> (3) 면세거래
>
> | 구 분 | 과세사업자 회계처리 | | | |
> |---|---|---|---|---|
> | ① 매입 시 | (차) 원재료 | 110* | (대) 현금 | 110 |
> | | * 거래징수당한 매입세액은 공제되지 않으므로 원재료의 취득원가에 가산함 | | | |
> | ② 매출 시 | (차) 현금 | 210 | (대) 제품매출 | 210 |
> | | * 면세공급은 부가가치세가 없으므로 부가세예수금은 없음 | | | |
> | ③ 신고기간 종료일자 | 면세사업자는 부가가치세에 대한 신고·납부의무가 없으므로 회계처리 없음 | | | |

⭐ ❶ 영세율의 개념과 특징

영세율 제도란 수출하는 재화 등 일정한 재화 또는 용역의 공급에 대하여 영의 세율을 적용하는 제도이며 다음의 특징을 가지고 있다.

(1) 완전면세제도
과세표준에 적용하는 세율을 0(영)으로 하는 것이므로 매출세액은 항상 0(영)이 되며, 이미 부담한 매입세액은 전액 환급받으므로 부가가치세 부담이 완전히 면제된다.

(2) 수출촉진
0(영)의 세율을 적용함으로 매출세액이 없고 이미 부담한 매입세액은 전액 환급받으므로 수출업자의 자금 부담을 덜어주어 수출을 촉진시킨다.

(3) 소비지국 과세원칙 실현
생산지국에서는 0(영)의 세율을 적용하며 소비지국에서 과세하므로 국가간 이중과세를 방지한다.

❷ 영세율 적용대상거래

구 분	비 고
수출하는 재화	① 국외거래 : 내국물품을 외국으로 반출하는 것 (세금계산서 교부 ×) ② 국내거래 : 내국신용장·구매확인서에 의한 공급 (세금계산서 교부 ○)
국외에서 제공하는 용역	해외건설용역 등
선박·항공기의 외국항행용역	국내에서 국외로, 국외에서 국내로 또는 국외에서 국외로 수송하는 것 [비교] 국내(서울)에서 국내(제주도)로 항행 시에는 과세됨
기타 외화를 획득하는 재화 또는 용역	국내거래이지만 외화획득이 되는 거래
조세특례제한법상 영세율 적용대상 재화·용역	조세정책적 목적으로 규정

합격 TIP 내국신용장과 구매확인서
- 내국신용장 : 사업자가 국내에서 수출용 원자재 등을 공급받고자 하는 경우에 당해 사업자의 신청에 의하여 외국환은행의 장이 개설한 신용장
- 구매확인서 : 대외무역법에 의하여 외국환은행의 장이 내국신용장에 준하여 발급하는 확인서

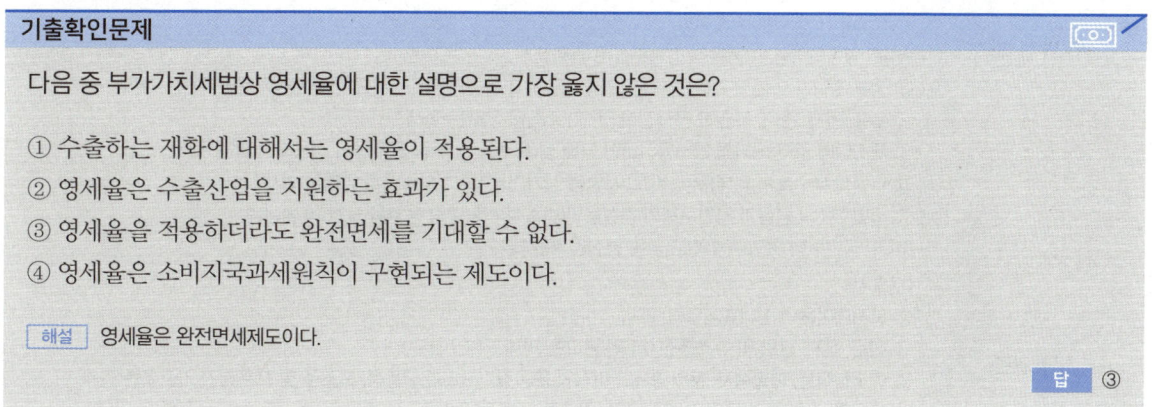

기출확인문제

다음 중 부가가치세법상 영세율에 대한 설명으로 가장 옳지 않은 것은?

① 수출하는 재화에 대해서는 영세율이 적용된다.
② 영세율은 수출산업을 지원하는 효과가 있다.
③ 영세율을 적용하더라도 완전면세를 기대할 수 없다.
④ 영세율은 소비지국과세원칙이 구현되는 제도이다.

[해설] 영세율은 완전면세제도이다.

답 ③

❸ 면세의 개념과 특징
면세란 특정한 재화나 용역에 대해서는 부가가치세를 내지 않도록 하는 것을 말하며 이는 주로 생활필수품 등과 관련되는 재화, 용역에 대해 적용되며 다음의 특징을 가지고 있다.

(1) 세부담의 역진성 완화
기초생활필수품 등에 대해 부가가치세를 면제함으로써 저소득층에 대한 세부담의 역진성을 완화한다.

(2) 부분면세제도
부가가치세 납세의무가 면제되며 거래상대방에게 징수한 부가가치세는 없으나, 이미 부담한 매입세액은 환급되지 않으므로 부분면세제도라고 한다.

★ ④ 면세

(1) 면세대상

구 분	내 용
기초생활필수품	① 국내·국외생산 식용 미가공식료품(농·축·수·임산물 및 소금) 예) 쌀, 밀가루, 김치, 생고기, 흰우유, 꽃 등 [비교] 설탕, 맛소금, 광업용 소금, 초코우유 등은 과세 ② 국내생산 비식용 농·축·수·임산물 [비교] 국외산은 과세 ③ 수돗물 [비교] 생수, 전기는 과세 ④ 연탄과 무연탄 [비교] 유연탄·갈탄·착화탄·숯·톱밥은 과세 ⑤ 여객운송용역 예) 시내버스·시외일반고속버스·지하철 [비교] 항공기·시외우등고속버스·전세버스·택시·특수자동차·특종선박 또는 고속철도, 삭도(케이블카), 관광유람선·관광순환버스·관광궤도, 관광사업을 목적으로 운영하는 일반철도에 의한 여객운송용역은 과세 ⑥ 여성용 생리처리위생용품 ⑦ 영유아용 기저귀와 분유
국민후생 관련	① 의료보건용역*¹(약사의 조제의약품)과 혈액(동물의 혈액*² 포함) 　*¹ 수의사가 제공하는 동물의 진료용역은 다음에 한정하여 면세한다. 　　• 가축·수산동물·장애인보조견 진료용역 　　• 「국민기초생활보장법」에 따른 수급자가 기르는 동물의 진료용역 　　• 질병의 예방 및 치료를 목적으로 하는 동물의 진료용역으로서 농림축산식품부장관 또는 해양수산부장관이 기획재정부장관과 협의하여 고시하는 용역 　*² 치료·예방·진단용에 한정 [비교] 일반의약품, 미용목적 성형수술은 과세 ② 정부의 허가 또는 인가받은 학원·강습소등의 교육용역 [비교] 무도학원, 자동차운전학원은 과세 ③ 우표, 인지, 증지, 복권과 공중전화 [비교] 수집용 우표는 과세 ④ 제조담배 중 판매가격 200원이하인 담배 및 특수용 담배 중 영세율이 적용되지 않는 것 ⑤ 주택과 부수토지 임대용역 [비교] 사업용 상가건물 및 그 부수토지 임대는 과세 ⑥ 국민주택의 공급과 국민주택의 건설용역(법소정 리모델링 용역을 포함)의 공급 [비교] 국민주택 초과주택의 공급 및 건설용역은 과세
문화 관련	① 도서 ② 도서대여용역(실내도서열람 포함) ③ 신문, 잡지, 관보 및 뉴스통신 [비교] 광고는 과세 ④ 예술창작품, 예술행사, 문화행사와 비직업 운동경기 [비교] 골동품, 모조품 및 프로경기 입장료는 과세 ⑤ 도서관, 과학관, 박물관, 미술관, 동물원 또는 식물원 입장 [비교] 오락 및 유흥시설과 함께 있는 동·식물원 및 해양수족관은 과세
부가가치 구성요소	① 저술가, 작곡가 기타 일정한 자가 직업상 제공하는 인적용역 예) 국선변호·법률구조·국선대리·후견사무용역 등은 면세 [비교] 변호사·세무사 등의 전문직사업자가 직업상 제공하는 인적용역은 과세 ② 토지의 공급 [비교] 건물의 공급과 토지의 임대는 과세 ③ 금융·보험용역

기타	① 국가, 지방자치단체, 지방자치단체조합이 공급하는 재화·용역 [비교] 우체국택배, 고속철도(KTX) 등은 과세 ② 국가, 지방자치단체, 지방자치단체조합 또는 일정한 공익단체에 무상으로 공급하는 재화·용역 [비교] 유상공급은 과세 ③ 종교·자선·학술·구호기타공익을 목적으로 하는 단체가 공급하는 일정한 재화·용역 ④ 주택법에 따른 관리주체 또는 입주자대표회의가 제공하는 공동주택 내 복리시설인 어린이집 임대용역

합격 TIP **부동산 공급·임대에 대한 부가가치세 과세여부**

구 분	공 급	임 대
건 물	① 원칙: 과세 ② 국민주택 공급: 면세	① 주택의 임대용역: 면세 ② 상가의 임대용역: 과세
토 지	면세	① 원칙: 과세* ② 주택부수토지 임대: 면세

* 단, 전·답·과수원·목장용지·임야·염전 임대와 공익사업 관련 지역권·지상권 설정 및 대여사업은 과세 제외된다.

기출확인문제

다음 중 부가가치세법상 면세에 해당하지 않는 것은?

① 도서대여 용역
② 여성용 생리 처리 위생용품
③ 주무관청에 신고된 학원의 교육 용역
④ 개인택시운송사업의 여객운송 용역

해설 여객운송 용역 중 항공기, 고속버스, 전세버스, 택시, 특수자동차, 특종선박(特種船舶) 또는 고속철도에 의한 여객운송 용역은 과세에 해당한다.

답 ④

(2) 면세포기

구 분	내용
개요	면세되는 재화·용역을 공급하는 사업자가 면세를 포기하고 과세로 전환하는 것을 말한다.
면세 포기대상자	다음의 2가지 경우에 한하여 면세포기를 인정하고 있다. ① 영세율이 적용되는 재화 또는 용역 ② 학술 및 기술의 발전을 위하여 학술 및 기술의 연구와 발표를 주된 목적으로 하는 단체가 학술연구 또는 기술연구와 관련하여 실비 또는 무상으로 공급하는 재화 또는 용역
면세 포기신청	면세를 포기하고자 하는 사업자는 관할세무서장에게 포기신고를 하고 지체없이 사업자등록을 하여야 한다. 이러한 면세포기는 언제든지 가능하며 관할관청의 승인을 요하지 않는다.
면세 재적용	면세포기를 한 사업자는 신고한 날로부터 3년간은 부가가치세의 면제를 받지 못하며 3년이 경과 후 다시 면세를 적용받고자 할 때에는 면세적용신고를 하여야 한다.

제3절 | 영세율과 면세 - 객관식 기출문제

⭐ [유형 1] 영세율 (1 ~ 3) 최신 30회 중 6문제 출제

1 다음 중 부가가치세법상 영세율의 특징이 아닌 것은? [70회]

① 수출업자의 자금부담을 줄여서 수출을 촉진한다.
② 사업자의 부가가치세 부담을 완전히 면제해 준다.
③ 국가간 이중과세를 방지한다.
④ 저소득층의 세부담 역진성을 완화한다.

2 다음 중 부가가치세 영세율과 관련한 설명으로 틀린 것은? [93회]

① 영세율은 수출하는 재화 뿐만 아니라 국외에서 공급하는 용역에도 영세율이 적용된다.
② 영세율이 적용되는 경우에는 항상 세금계산서 발급 의무가 면제된다.
③ 영세율이 적용되는 사업자는 부가가치세법상 과세사업자이어야 한다.
④ 영세율이 적용되는 사업자는 부가가치세법상 사업자로서의 제반의무를 이행하여야 한다.

3 다음 중 부가가치세법상 영세율과 면세에 대한 설명으로 옳지 않은 것은? [90회]

① 면세사업자는 부가가치세법상 납세의무자가 아니다.
② 면세사업자가 영세율을 적용받고자 하는 경우에는 면세포기 신고를 하여야 한다.
③ 영세율은 부가가치세 부담이 전혀 없는 완전면세제도에 해당한다.
④ 면세제도는 소비지국과세원칙을 구현하고 부가가치세의 역진성을 완화하기 위해 도입된 제도이다.

⭐ [유형 2] 면세 (4 ~ 17) 최신 30회 중 14문제 출제

4 다음 중 부가가치세가 면세되는 재화 또는 용역의 공급의 개수는? [41회]

1. 단순가공된 두부	2. 신문사광고	3. 연탄과 무연탄
4. 시내버스 운송용역	5. 의료보건용역	6. 금융·보험용역

① 3개   ② 4개   ③ 5개   ④ 6개

5 다음 중 부가가치세법상 부가가치세가 면제되는 재화 또는 용역이 아닌 것은? [2015년 특별회]

① 나대지의 임대
② 국민주택의 공급
③ 미가공식료품
④ 약사가 제공하는 의약품의 조제용역

6 다음 중 부가가치세의 면세대상이 아닌 것은? [62회]

① 수돗물
② 신문
③ 밀가루
④ 초코우유

7 다음 중 면세대상에 해당하는 것은 모두 몇 개인가? [50회]

| ⓐ 수돗물 | ⓑ 도서, 신문 | ⓒ 가공식료품 |
| ⓓ 시내버스운송용역 | ⓔ 토지의 공급 | ⓕ 교육용역(허가, 인가받은 경우에 한함) |

① 3개
② 4개
③ 5개
④ 6개

정답 및 해설

1 답 ④
해설 면세는 기초생활필수품에 부가세를 면제함으로써 저소득층에 대한 세부담의 역진성을 완화해준다.

2 답 ②
해설 내국신용장, 구매확인서에 공급하는 재화 등은 영세율이 적용되어도 세금계산서 발급의무가 있다.

3 답 ④
해설 소비지국과세원칙의 구현은 영세율제도에 해당한다.

4 답 ③
해설 광고는 면세에서 제외된다.

5 답 ①
해설 나대지의 임대는 부가가치세 과세대상에 해당된다. 다만, 전·답·과수원·목장용지·임야 또는 염전 임대와 공익사업 관련 지역권·지상권 설정 및 대여 사업은 부가가치세 과세대상에 해당되지 않는다.

6 답 ④
해설 초코우유는 가공유이므로 과세대상이다.

7 답 ③
해설 ⓒ 가공식료품은 과세에 해당한다.

8 다음 중 면세에 해당하는 것들로만 이루어진 것은? 12회

| ⓐ 가공된 식료품 | ⓑ 수돗물 | ⓒ 무연탄 및 연탄 | ⓓ 신문, 도서 |
| ⓔ 골동품 중개 용역 | ⓕ 서비스용역 | ⓖ 수집용 우표 | |

① ⓐ, ⓒ, ⓔ
② ⓑ, ⓒ, ⓓ
③ ⓐ, ⓓ, ⓔ
④ ⓑ, ⓓ, ⓖ

9 다음 중 면세대상에 해당하는 것으로만 짝지어진 것은? 2020년 10월 특별회

| ㉠ 수돗물 | ㉡ 도서, 신문 | ㉢ 가공식료품 |
| ㉣ 전세버스운송용역 | ㉤ 토지의 공급 | ㉥ 연탄 및 무연탄 |

① ㉠, ㉡, ㉣, ㉤
② ㉠, ㉡, ㉢, ㉥
③ ㉠, ㉡, ㉤, ㉥
④ ㉡, ㉣, ㉤, ㉥

10 다음 중 부가가치세법상 면세에 해당하지 않는 것은? 91회

① 택시에 의한 여객운송용역
② 도서대여 용역
③ 미술관에의 입장
④ 식용으로 제공되는 임산물

11 다음 중 부가가치세법상 면세되는 재화 또는 용역은? 2020년 11월 특별회

① 광고 용역
② 인·허가받은 교육용역(무도학원과 자동차학원은 제외)
③ 일반의약품 판매
④ 항공기에 의한 여객운송용역

12 다음 중 부가가치세 면세대상이 아닌 것은? 83회

① 항공법에 따른 항공기에 의한 여객운송 용역의 공급
② 수돗물의 공급
③ 토지의 공급
④ 연탄의 공급

13 다음 중 부가가치세법상 면세대상 거래에 해당하는 것은? 80회

① 운전면허학원의 시내연수
② 프리미엄고속버스 운행
③ 일반의약품에 해당하는 종합비타민 판매
④ 예술 및 문화행사

14 다음 중 부가가치세법상 면세대상 거래에 해당되지 않는 것은? 78회

① 보험상품 판매
② 마을버스 운행
③ 일반의약품 판매
④ 인터넷신문 발행

정답 및 해설

8 답 ②
해설 가공된 식료품, 골동품 중개 용역, 서비스용역, 수집용 우표는 과세대상이다.

9 답 ③
해설 ⓒ 가공식료품, ⓔ 전세버스운송용역은 과세에 해당한다.

10 답 ①
해설 택시에 의한 여객운송용역은 면세에 해당하지 아니하며, 식용으로 제공되는 임산물은 면세에 해당된다.

11 답 ②
해설 인·허가받은 교육용역은 부가가치세법상 면세대상에 해당한다.

12 답 ①
해설 항공법에 따른 항공기에 의한 여객운송 용역은 과세대상이다.

13 답 ④
해설 예술 및 문화행사는 부가가치세법상 면세대상 거래에 해당된다.

14 답 ③
해설 일반의약품 판매는 부가가치세법상 과세거래에 해당된다.

15 부가가치세법상 사업자가 행하는 다음의 거래 중 부가가치세가 과세되는 것은?

① 상가에 부수되는 토지의 임대
② 주택의 임대
③ 국민주택 규모 이하의 주택의 공급
④ 토지의 공급

16 다음 중 부가가치세법상 면세제도와 관련한 내용으로 옳은 것은?

① 건물이 없는 토지의 임대, 약사가 공급하는 일반의약품은 면세에 해당한다.
② 면세제도는 사업자의 세부담을 완화하기 위한 완전면세제도이다.
③ 면세를 포기하고자 하는 경우 포기일부터 1개월 이내에 사업자등록을 정정하여야 한다.
④ 면세포기를 신고한 사업자는 신고한 날부터 3년간은 면세를 적용받지 못한다.

17 다음은 부가가치세법상 면세포기와 관련된 설명이다. 맞게 설명한 것은?

① 면세포기는 관할세무서장의 승인을 얻어야 한다.
② 면세사업자는 면세포기 신고일로부터 3년간은 부가가치세를 면제받지 못한다.
③ 면세사업자는 모든 재화, 용역에 대하여 면세포기가 가능하다.
④ 면세사업자가 면세를 포기해도 매입세액공제가 불가능하다.

정답 및 해설

15 답 ①
해설: 상가에 부수되는 토지의 임대는 부가가치세가 과세된다.

16 답 ④
해설: 면세제도는 부가가치세의 역진성완화를 위한 제도로 부분면세제도이며, 면세포기 시 지체없이 등록신청하여야 한다. 나대지의 토지 임대와 일반의약품은 과세대상이다.

17 답 ②
해설: 면세의 포기를 신고한 사업자는 신고한 날부터 3년간 부가가치세를 면제받지 못한다.
① 면세포기절차는 승인을 요하지 않는다.
③ 면세포기는 영세율 적용의 대상이 되는 재화, 용역 등에 가능하다.
④ 면세포기를 신고하면 거래징수당한 매입세액을 공제받을 수 있게 된다.

제4절 세금계산서와 공급시기

★ ❶ 세금계산서의 의의

일반과세자와 간이과세자(직전연도 공급대가 합계액이 4,800만원 이상)가 재화·용역을 공급할 때 부가가치세를 거래징수한 사실을 증명하기 위하여 발급하는 증서를 말한다. 세금계산서는 매입세액을 공제받기 위한 필수자료이며 거래의 증빙, 대금청구서 및 과세자료로 활용된다.

[세금계산서 양식]

(1) 세금계산서의 종류

세금계산서는 공급하는 사업자가 공급자 보관용(매출 세금계산서)과 공급받는자 보관용(매입 세금계산서)으로 각 2매를 작성하여 공급받는자에게 1매를 발급한다. 공급자는 일정기간 발급한 세금계산서를 요약한 매출처별 세금계산서합계표를, 공급받는 자는 발급받은 세금계산서를 요약한 매입처별 세금계산서합계표를 과세관청에 제출한다. 세금계산서의 종류는 다음과 같다.

구 분	내 용
① 세금계산서	사업자가 10% 과세되는 재화 또는 용역을 공급하고 발행하는 세금계산서
② 영세율세금계산서	국내거래 중 내국신용장에 의한 영세율이 적용되는 경우에 발행하는 세금계산서
③ 수입세금계산서	재화의 수입에 대하여 세관장이 발행하는 세금계산서

비교 매입자발행세금계산서

세금계산서 교부의무가 있는 사업자가 재화나 용역을 공급하고 세금계산서를 교부하지 않은 경우 그 재화나 용역을 공급받는 자가 관할세무서장의 확인을 받아 공급자 대신 세금계산서를 발행할 수 있는데 이를 매입자발행세금계산서라고 한다.

구 분	내 용
① 매출사업자	세금계산서 교부의무가 있는 사업자
② 발행할 수 있는 사업자	매입자발행세금계산서를 발행할 수 있는 사업자는 면세사업자를 포함한 모든 사업자이다.
③ 대상 거래	거래 건당 공급대가가 5만원 이상인 거래
④ 신청기한	해당 재화 또는 용역의 공급시기가 속하는 과세기간 종료일로부터 1년 이내

(2) 세금계산서의 필요적 기재사항

세금계산서의 필요적 기재사항 중 일부가 기재되지 않았거나 그 내용이 사실과 다른 경우에는 세금계산서로서의 효력이 인정되지 않는다. 반면, 세금계산서 임의적 기재사항은 세금계산서의 효력에 영향을 미치지 않는 항목들이다.

구 분	내 용
필요적 기재사항	① 공급하는 사업자의 등록번호와 성명 또는 명칭 ② 공급받는자의 등록번호 ③ 공급가액과 부가가치세액 ④ 작성연월일
임의적 기재사항	① 공급하는 자의 주소 ② 공급받는 자의 상호 · 성명 · 주소 ③ 공급하는 자와 공급받는 자의 업태와 종목 ④ 공급 품목, 단가와 수량, 공급 연월일

> **기출확인문제**
>
> 다음 중 세금계산서의 필요적 기재사항에 해당하지 않는 것은?
>
> ① 공급연월일
> ② 공급하는 사업자의 등록번호와 성명 또는 명칭
> ③ 공급받는자의 등록번호
> ④ 공급가액과 부가가치세액
>
> [해설] 공급연월일은 임의적 기재사항이며, 작성연월일이 필요적 기재사항이다.
>
> 답 ①

❷ 전자세금계산서

구 분	내 용
발급대상	① 법인사업자 ② 직전연도 공급가액의 합계액이 일정금액* 이상인 개인사업자
발급기한	① 재화 또는 용역의 공급시기에 발급함이 원칙이다. ② 세금계산서 발급특례규정(월합계)의 경우에는 공급시기가 속하는 달의 다음달 10일까지 발급이 가능하다. 만약 다음달 10일이 토요일 · 공휴일인 경우 다음날까지 연장된다.
전송의무	전자세금계산서를 발급하였을 때에는 발급일 다음날까지 전자세금계산서 발급명세를 국세청장에게 전송하여야 한다. 다만 전송기한이 공휴일이면 다음날까지 연장된다. 또한, 전자세금계산서 발급명세를 국세청장에게 전송한 경우에는 매출처별 · 매입처별 세금계산서합계표 제출하지 않아도 되며, 세금계산서에 대한 5년간 보관의무도 면제가 된다.

* 직전 연도 공급가액을 기준으로 한 전자세금계산서 의무발급기간

연도	공급가액(면세공급가액 포함) 합계액 기준	전자세금계산서 의무발급기간
2024년	8천만원 이상	2025년 7월 1일~2026년 6월 30일

❸ 세금계산서의 발급의무자와 발급시기

(1) 세금계산서 발급의무자
일반과세자와 직전연도 공급대가 합계액이 4,800만원 이상인 간이과세자는 과세대상인 재화 또는 용역을 공급할 때 반드시 세금계산서를 교부해야 한다. 반면, 면세사업자는 세금계산서를 발급할 수 없으며 계산서를 발급할 수 있다.

(2) 세금계산서 발급시기
세금계산서는 사업자가 재화 또는 용역의 공급시기에 공급받는 자에게 발급해야 한다.

1) 재화의 공급시기 : 일반원칙
① 재화의 이동이 필요한 경우: 재화가 인도되는 때 → 인도기준
② 재화의 이동이 필요하지 않은 경우: 재화가 이용가능하게 되는 때
③ 위 ①과 ②를 적용할 수 없는 경우 : 재화의 공급이 확정되는 때

2) 재화의 거래형태별 공급시기

거래형태	공급시기
① 현금판매, 외상판매, 단기할부판매	재화가 인도되거나 이용가능하게 되는 때 → 인도기준
② 상품권 판매	상품권이 회수되면서 재화가 실제 인도되는 시점
③ 재화의 공급으로 보는 가공	가공된 재화를 인도하는 때 → 인도기준
④ 장기할부판매 또는 전력이나 그 밖에 공급단위를 구획할 수 없는 재화를 계속적으로 공급	대가의 각 부분을 받기로 한 때 → 회수기일 도래기준
⑤ 완성도기준지급조건부 또는 중간지급조건부로 재화를 공급하는 경우	대가의 각 부분을 받기로 한 때 → 회수기일 도래기준
⑥ 반환조건부판매, 동의조건부판매 기타 조건부판매 및 기한부판매의 경우	그 조건이 성취되거나 기한이 경과되어 판매가 확정되는 때
⑦ 자가공급(판매목적 타사업장 반출 제외), 개인적공급	재화가 사용·소비되는 때
⑧ 자가공급 중 판매목적 타사업장 반출	반출한 때
⑨ 사업상증여	재화를 증여하는 때
⑩ 폐업 시 잔존재화	폐업일
⑪ 무인판매기를 이용하여 재화를 공급	무인판매기에서 현금을 인취하는 때
⑫ 수출재화	수출재화의 선적일
⑬ 위탁매매의 경우	수탁자가 최종소비자에게 인도하는 때

합격 TIP 장기할부판매, 중간지급조건부 및 완성도기준지급

구 분	내 용
장기할부판매	① 기간요건: 재화 인도일의 다음 날부터 최종 할부금 지급기일까지 1년 이상인 경우 ② 분할요건: 재화를 공급하고 그 대가를 월부, 그 밖의 할부방법에 따라 받는 것 중 2회 이상 분할하여 대가를 받는 것
중간지급조건부	① 기간요건: 계약금을 받기로 한 날의 다음 날부터 재화를 인도하는 날 또는 이용가능하게 하는 날까지의 기간이 6개월 이상인 경우 ② 분할요건: 재화가 인도되기 전 이용가능하게 되기 전이거나 용역의 제공이 완료되기 전에 계약금 이외의 대가를 분할하여 지급하는 경우
완성도기준지급	재화의 제작기간이 장기간을 요하는 경우에 그 진행도 또는 완성도를 확인하여 그 비율만큼 대가를 지급하는 것

3) 용역의 공급시기 : 일반원칙
① 역무의 제공이 완료되는 때
② 시설물, 권리 등 재화가 사용되는 때

4) 용역의 거래형태별 공급시기

거래원칙	공급시기
① 통상적인 용역의 공급	역무의 제공이 완료되는 때
② 완성도기준지급, 중간지급, 장기할부 또는 기타 조건부로 용역을 공급하거나 그 공급단위를 구획할 수 없는 용역을 계속적으로 공급하는 경우	대가의 각 부분을 받기로 한 때 → 회수기일 도래기준 [비교] 단기할부조건으로 용역을 공급하는 경우: 역무의 제공이 완료되는 때를 거래시기로 함
③ 부동산임대보증금에 대한 간주임대료	예정신고기간 종료일 또는 과세기간 종료일
④ 선불, 후불로 받는 임대료의 안분계산 시	
⑤ 위 '① 내지 ④'의 규정을 적용할 수 없는 경우	역무의 제공이 완료되고 그 공급가액이 확정되는 때

기출확인문제

다음 중 부가가치세법에 따른 재화 또는 용역의 공급시기에 대한 설명으로 적절하지 않은 것은?

① 위탁판매의 경우 수탁자가 공급한 때이다.
② 상품권의 경우 상품권이 판매되는 때이다.
③ 장기할부판매의 경우 대가의 각 부분을 받기로 한 때이다.
④ 내국물품을 외국으로 반출하는 경우 수출재화를 선적하는 때이다.

해설 상품권이 현물과 교환되어 재화가 실제로 인도되는 때를 공급시기로 본다.

답 ②

(3) 발급시기의 특례

1) 공급시기 전 발급특례
다음의 경우에는 그 세금계산서 등을 발급하는 때를 재화·용역의 공급시기로 본다.
① 사업자가 재화·용역이 공급시기가 되기 전에 재화·용역에 대한 대가의 전부·일부를 받고, 그 받은 대가에 대하여 세금계산서를 발급하는 경우 [취지] 대가를 수령하지 않고 선 세금계산서를 발급하는 거래를 인정할

경우에는 매입자가 부당하게 매입세액을 공제하는 사례가 발생하므로 대가수령 요건이 추가됨
② 사업자가 재화 또는 용역의 공급시기가 도래하기 전에 세금계산서를 교부하고 그 세금계산서 교부일부터 7일 이내 대가를 지급받은 경우 등

2) 공급시기 후 발급특례

다음에 해당하는 경우에는 재화·용역의 공급일이 속하는 달의 다음달 10일까지 세금계산서를 교부할 수 있다.
① 거래처별로 달의 1일부터 말일까지의 공급가액을 합계하여 당해 월의 말일자를 발행일자로 하여 세금계산서를 교부하는 경우
② 거래처별로 달의 1일부터 말일까지의 기간 이내에서 사업자가 임의로 정한 기간의 공급가액을 합계하여 그 기간의 종료일자를 발행일자로 하여 세금계산서를 교부하는 경우
③ 관계증빙서류 등에 의하여 실제거래사실이 확인되는 경우로서 당해 거래일자를 발행일자로 하여 세금계산서를 교부하는 경우

❹ 영수증(신용카드매출전표, 현금영수증 포함)

(1) 개요

부가가치세법의 영수증이란 세금계산서를 제외한 증빙을 총칭하는 용어이므로 신용카드매출전표, 현금영수증도 포함된다.

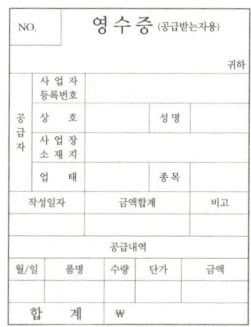

(2) 영수증을 발급하는 사업자

부가가치세법의 영수증이란 세금계산서를 제외한 증빙을 총칭하는 용어이므로 신용카드매출전표, 현금영수증도 포함된다.

구 분	영수증 발급사업자
간이과세자	① 간이과세자 중 신규사업자 및 직전연도 공급대가 합계액이 4,800만 원 미만인 사업자 ② 주로 사업자가 아닌 자에게 재화·용역을 공급하는 사업자*
일반과세자	주로 사업자가 아닌 자에게 재화·용역을 공급하는 사업자*

* 소매업, 음식점업, 숙박업, 미용, 욕탕 및 유사 서비스업, 여객운송업 등을 말한다. 다만, 소매업, 음식점업, 숙박업 등은 공급받는 자가 요구하는 경우 세금계산서 발급해야 한다.

구 분	내 용
세금계산서 발급금지 업종	다음의 사업을 영위하는 사업자는 영수증만 발급할 수 있으며 공급받는 자가 세금계산서 발급을 요구하는 때에도 세금계산서를 발급할 수 없다. 즉 공급받는 자는 매입세액 공제가 불가능하다. ① 미용 · 욕탕 · 유사 서비스업 ② 여객운송업(전세버스운송사업 제외) ③ 입장권을 발행하여 경영하는 사업 ④ 부가가치세가 과세되는 미용 목적 성형수술 등의 진료용역을 공급하는 사업 ⑤ 부가가치세가 과세되는 수의사가 제공하는 동물의 진료용역 ⑥ 자동차운전학원 및 무도학원
세금계산서 발급금지 업종을 제외한 업종	다음의 사업을 영위하는 사업자는 영수증 또는 세금계산서를 발급할 수 있다. 즉, 공급받는 사업자가 사업자등록증을 제시하고 세금계산서 발급을 요구하는 때에는 세금계산서를 발급하므로 공급받는 자는 매입세액 공제가 가능하다. ① 소매업 · 음식점업(다과점업 포함) · 숙박업 ② 여객운송업 중 전세버스운송사업 ③ 변호사 · 세무사 등 전문직 인적용역 공급사업 및 행정사업(다만, 사업자에게 공급하는 것은 제외) ④ 공인인증서를 발급하는 사업 ⑤ 양복점업, 부동산 중개업, 개인서비스업 등 주로 사업자가 아닌 소비자에게 재화 또는 용역을 공급하는 사업으로서 세금계산서를 발급할 수 없거나 발급하는 것이 현저히 곤란한 사업

합격 TIP 공급받는 자의 매입세액공제 여부

거래증빙	공급받는 자의 매입세액공제 여부
세금계산서	공제 O
신용카드매출전표 현금영수증	신용카드매출전표 등은 부가가치세법상 영수증이므로 매입세액을 공제받지 못하는 것이 원칙이나 부가가치세가 별도로 구분기재된 신용카드매출전표 등을 발급받아 보관하고 신용카드매출전표등수령명세서를 제출하는 경우에는 공제 O [비교] 공급자가 세금계산서 발급금지 업종인 경우 무조건 공제 ×
간이영수증	공제 ×(∵ 국세청에 통보되지 않는 증빙임)
계산서	공제 ×(∵ 면세거래이므로 부가가치세가 없음)

⑤ 세금계산서 또는 영수증 발급의무의 면제

다음의 재화 또는 용역을 공급하는 경우 세금계산서 또는 영수증을 발급하지 않아도 된다.
① 택시운송 · 노점 · 행상 · 무인판매기를 이용하여 재화를 공급하는 사업
② 소매업 또는 미용 · 욕탕 및 유사 서비스업을 영위하는 자가 공급하는 재화 또는 용역. 다만, 소매업의 경우 공급받는 자가 세금계산서의 발급을 요구하지 아니하는 경우에 한한다.
③ 자가공급(판매목적 타사업장 반출의 경우는 제외) · 개인적 공급 · 사업상 증여 및 폐업시의 잔존재화
④ 영세율 적용대상이 되는 일정한 재화나 용역
- 수출재화. 다만, 내국신용장 또는 구매확인서에 의한 공급, 한국국제협력단과 한국국제보건의료재단에 대한 공급은 세금계산서를 발급하여야 한다.
- 국외제공용역
- 선박 또는 항공기의 외국항행용역
⑤ 부동산임대용역 중 간주임대료

> **기출확인문제**
>
> 다음 중 세금계산서 발급 의무가 면제되는 경우로 틀린 것은?
>
> ① 간주임대료
> ② 사업상 증여
> ③ 구매확인서에 의하여 공급하는 재화
> ④ 폐업시 잔존 재화
>
> **해설** 구매확인서에 의하여 공급하는 재화는 영세율 적용 대상 거래이지만 세금계산서 발급의무가 있다.
>
> **답** ③

6 수정세금계산서

사업자가 세금계산서를 발급한 이후 그 기재사항에 다음과 같은 수정사항이 발생한 경우에는 수정세금계산서를 발급할 수 있다.

발급사유	작성일자	발급절차
공급한 재화가 환입된 경우	환입된 날	비고란에 처음 세금계산서 작성일을 부기
계약의 해제	계약 해제일	
공급가액의 증감 시	증감사유 발생일	추가되는 금액은 검은색 글씨로 쓰고, 차감되는 금액은 붉은색 글씨로 쓰거나 (−)로 표시
재화·용역의 공급 후 내국신용장 등 개설	처음 작성연월일 (작성일자가 소급되는 경우에 해당됨)	처음 발급한 10% 세금계산서를 (−)로 표시하여 발급하고, 처음 작성연월일로 0% 세금계산서 발급
필요적 기재사항을 착오로 잘못 기재*		다음과 같이 2매의 수정세금계산서 발급 ① 처음 세금계산서를 (−)로 표시하여 수정 발급 ② 추가로 올바른 수정세금계산서 발급
필요적 기재사항이 착오 외의 사유로 잘못 기재*		다음과 같이 2매의 수정세금계산서 발급 ① 처음 세금계산서를 (−)로 표시하여 수정 발급 ② 추가로 올바른 수정세금계산서 발급 단, 재화나 용역의 공급일이 속하는 과세기간에 대한 확정 신고기한까지만 수정세금계산서 발급 가능
착오로 전자세금계산서를 이중 발급		처음 세금계산서를 (−)로 표시하여 수정 발급
면세 등 발급대상이 아닌 거래 등에 대한 발급		
세율을 잘못 적용하여 발급*		

* 과세표준 또는 세액이 경정될 것을 미리 알고 있는 경우(세무조사 통지, 과세자료 해명 안내 통지를 받은 경우 등)에는 수정세금계산서를 발급할 수 없다.

합격 TIP
공급한 재화가 환입된 경우, 계약의 해제, 공급가액의 증감 시에는 수정세금계산서의 작성일자를 소급하지 않지만 나머지 이외 발급사유에는 작성일자를 소급한다.

제4절 | 세금계산서와 공급시기 - 객관식 기출문제

⭐ [유형 1] 세금계산서 (1 ~ 7) 최신 30회 중 12문제 출제

1 다음은 세금계산서의 일부이다. 부가가치세법상 필요적 기재사항이 아닌 것은? `2016년 특별회`

전자세금계산서							승인번호		
공급자	사업자등록번호		종사업장 번호			공급받는자	사업자등록번호	④	종사업장 번호	
	상호(법인명)		성명(대표자)	①			상호(법인명)		성명(대표자)	
	사업장주소	②					사업장 주소			
	업 태		종목				업 태		종 목	
	이메일						이메일			
작성일자		공급가액		세액		수정사유			
③									

2 다음 자료에서 세금계산서의 필수적 기재사항으로만 바르게 짝지어진 것은? `72회`

> ㉮ 공급하는 사업자의 등록번호와 성명 또는 명칭
> ㉯ 공급받는자의 등록번호
> ㉰ 공급가액과 부가가치세액
> ㉱ 공급연월일

① ㉮ - ㉯ - ㉰ ② ㉮ - ㉯ - ㉱ ③ ㉮ - ㉰ - ㉱ ④ ㉮ - ㉯ - ㉰ - ㉱

3 다음은 사업자 간의 거래내용이다. (주)용감이 전자세금계산서를 발행하고자 할 때, 다음 내용에 추가적으로 반드시 있어야 하는 필요적 기재사항은 무엇인가? `52회`

> (주)용감(사업자 등록번호:129-86-49875, 대표자:신보라)은 (주)강남스타일(사업자 등록번호:124-82-44582, 대표자:박재상)에게 소프트웨어 프로그램 2개를 10,000,000원(부가가치세 별도)에 공급하였다.

① 공급받는자의 사업장 주소 ② 작성연월일
③ 업태 및 종목 ④ 품목 및 수량

4 다음 중 부가가치세법상 세금계산서를 발급할 수 있는 자는?　　113회

① 면세사업자로 등록한 자
② 사업자등록을 하지 않은 자
③ 사업자등록을 한 일반과세자
④ 간이과세자 중 직전 사업연도 공급대가가 4,800만원 미만인 자

5 부가가치세법상 법인사업자가 전자세금계산서를 발급하는 경우 전자세금계산서 발급 명세를 언제까지 국세청장에게 전송해야 하는가?　　116회

① 전자세금계산서 발급일의 다음 날
② 전자세금계산서 발급일로부터 1주일 이내
③ 전자세금계산서 발급일이 속하는 달의 다음 달 10일 이내
④ 전자세금계산서 발급일이 속하는 달의 다음 달 25일 이내

정답 및 해설

1 답 ②
해설 세금계산서의 필요적 기재사항은 공급자의 사업자등록번호, 상호, 성명, 공급받는자의 사업자등록번호, 작성연월일, 공급가액과 세액이다.

2 답 ①
해설 공급연월일은 임의적 기재사항, 작성연월일이 필수적 기재사항이다.

3 답 ②
해설 작성연월일은 필요적 기재사항이다.

4 답 ③
해설 사업자등록을 한 일반과세자는 부가가치세법상 세금계산서를 발급할 수 있다.

5 답 ①
해설 전자세금계산서는 발급일의 다음 날까지 국세청장에게 전송하여야 한다.

6 다음 중 부가가치세법상 세금계산서 제도와 관련한 설명 중 틀린 것은? 96회

① 공급시기가 도래하기 전에 세금계산서를 발급하고 발급일로부터 7일 이내에 대가를 지급받는 경우에는 적법한 세금계산서를 발급한 것으로 본다.
② 세금계산서의 필요적 기재사항의 일부가 기재되지 않은 경우에도 그 효력이 인정된다.
③ 월합계 세금계산서등의 경우에는 재화 또는 용역의 공급일이 속하는 달의 다음달 10일까지 발급가능하다.
④ 법인사업자는 전자세금계산서 의무발급대상자이다.

7 다음 중 부가가치세법상 세금계산서 및 거래징수와 관련된 설명으로 잘못된 것은? 101회

① 사업자가 재화 또는 용역을 공급하는 경우에는 부가가치세를 재화 또는 용역을 공급받는 자로부터 징수하여야 한다.
② 세금계산서는 재화 또는 용역의 공급시기에 발급한다.
③ 세금계산서는 재화 또는 용역의 공급받는 자와 대가를 지급하는 자가 다른 경우 대가를 지급하는 자에게 발급하여야 한다.
④ 재화 또는 용역의 공급시기가 되기 전이라도 대가의 전부 또는 일부를 수령한 경우 세금계산서를 발급할 수 있다.

⭐ **[유형 2] 공급시기 (8 ~ 13)** 최신 30회 중 8문제 출제

8 다음 중 재화의 공급시기로 옳지 않은 것은? 84회

① 상품권 등을 현금으로 판매하고 그 후 그 상품권이 현물과 교환되는 경우 : 상품권을 판매하는 때
② 현금판매, 외상판매의 경우 : 재화가 인도되거나 이용가능하게 되는 때
③ 재화의 공급으로 보는 가공의 경우 : 가공된 재화를 인도하는 때
④ 반환조건부 판매, 동의조건부 판매, 그밖의 조건부 판매의 경우 : 그 조건이 성취되거나 기한이 지나 판매가 확정되는 때

9 다음 중 부가가치세법상 공급시기로 옳지 않은 것은?

① 폐업 시 잔존재화의 경우: 폐업하는 때
② 내국물품을 외국으로 수출하는 경우: 수출재화의 선적일
③ 무인판매기로 재화를 공급하는 경우: 무인판매기에서 현금을 인취하는 때
④ 위탁판매의 경우(위탁자 또는 본인을 알 수 있는 경우): 위탁자가 판매를 위탁한 때

정답 및 해설

6 답 ②
해설 세금계산서의 필요적 기재사항이 일부라도 기재되지 않은 경우 그 효력이 인정되지 않는다.

7 답 ③
해설 세금계산서는 사업자가 재화 또는 용역의 공급시기에 재화 또는 용역을 공급받는 자에게 발급하여야 한다.

8 답 ①
해설 상품권 등을 현금으로 판매하고 그 후 그 상품권이 현물과 교환되는 경우의 공급시기는 재화가 실제로 인도되는 때이다.

9 답 ④
해설 위탁판매의 경우 부가가치세법상 공급시기는 위탁받은 수탁자 또는 대리인이 실제로 판매한 때이다.

10 다음 중 부가가치세법상 재화 공급시기에 대한 설명으로 옳지 않은 것은?

① 상품권을 외상으로 판매하는 경우에는 외상대금의 회수일을 공급시기로 본다.
② 폐업 전에 공급한 재화의 공급시기가 폐업일 이후에 도래하는 경우에는 그 폐업일을 공급시기로 본다.
③ 반환 조건부판매의 경우에는 그 조건이 성취되거나 기한이 경과되어 판매가 확정되는 때를 공급시기로 본다.
④ 무인판매기를 이용하여 재화를 공급하는 경우에는 당해 사업자가 무인판매기에서 현금을 인취하는 때를 공급시기로 본다.

11 다음 중 부가가치세법상 재화의 공급시기가 '대가의 각 부분을 받기로 한 때'가 적용될 수 없는 것은?

① 기한부판매
② 장기할부판매
③ 완성도기준지급
④ 중간지급조건부

12 부가가치세법상 부동산임대용역을 공급하는 경우에 전세금 또는 임대보증금에 대한 간주임대료의 공급시기는?

① 그 대가의 각 부분을 받기로 한 때
② 용역의 공급이 완료된 때
③ 그 대가를 받은 때
④ 예정신고기간 또는 과세기간 종료일

13 다음 중 부가가치세법상 세금계산서에 대한 설명으로 가장 옳지 않은 것은?

① 원칙적으로 재화 또는 용역의 공급시기에 발급하여야 한다.
② 일정한 경우에는 재화 또는 용역의 공급시기 전에도 세금계산서를 발급할 수 있다.
③ 월합계세금계산서는 예외적으로 재화 또는 용역의 공급일이 속하는 달의 다음 달 14일까지 세금계산서를 발급할 수 있다.
④ 법인사업자는 전자세금계산서를 의무적으로 발급하여야 한다.

[유형 3] 세금계산서발급의무의 면제와 수정세금계산서 (14 ~ 20) 최신 30회 중 3문제 출제

14 다음 중 부가가치세법상 세금계산서에 대한 설명으로 틀린 것은? 75회

① 사업자가 재화 또는 용역을 공급할 때 거래의 증명서류로서 발급한다.
② 법인사업자와 2024년 1년간 공급가액의 합계액이 8천만원 이상인 개인사업자는 2025년 7월 1일부터 2026년 6월 30일까지 세금계산서를 발급하려면 전자세금계산서로 발급하여야 한다.
③ 일반적으로 면세사업자는 세금계산서를 발급할 수 없다.
④ 부동산임대용역 중 간주임대료는 세금계산서 발급대상이다.

15 다음 중 영수증 발급 대상 사업자가 될 수 없는 업종에 해당하는 것은? 110회

① 소매업
② 도매업
③ 목욕, 이발, 미용업
④ 입장권을 발행하여 영위하는 사업

정답 및 해설

10 답 ①
해설 상품권 등을 현금 또는 외상으로 판매하고 그 후 해당 상품권 등이 현물과 교환되는 경우에는 재화가 실제로 인도되는 때를 공급시기로 본다.

11 답 ①
해설 기한후 판매는 기한이 경과되어 판매가 확정되는 때를 공급시기로 한다.

12 답 ④
해설 전세금 또는 임대보증금에 대한 간주임대료의 공급시기는 예정신고기간 또는 과세기간 종료일이다.

13 답 ③
해설 월합계세금계산서는 예외적으로 재화 또는 용역의 공급일이 속하는 달의 다음 달 10일까지 세금계산서를 발급할 수 있다.

14 답 ④
해설 부동산임대용역 중 간주임대료는 세금계산서 발급제외대상이다.

15 답 ②
해설 주로 사업자가 아닌 자에게 재화 또는 용역을 공급하는 사업자가 재화 또는 용역을 공급(부가가치세가 면제되는 재화 또는 용역의 공급은 제외한다)하는 경우에는 재화 또는 용역의 공급시기에 그 공급을 받은 자에게 세금계산서를 발급하는 대신 영수증을 발급하여야 한다. 주로 사업자가 아닌 자에게 재화 또는 용역을 공급하는 사업자는 다음의 사업을 하는 사업자를 말한다.
1. 소매업
2. 음식점업(다과점업을 포함)
3. 숙박업
4. 미용, 욕탕 및 유사 서비스업
5. 여객운송업(전세버스 운용사업 제외)
6. 입장권을 발행하여 경영하는 사업

16 다음 중 세금계산서 발급의무의 면제에 해당하지 않는 것은?(단, 과세사업자를 전제한다.) `72회`

① 미용, 욕탕 및 유사 서비스업을 경영하는 자가 공급하는 재화 또는 용역
② 부동산임대에 따른 간주임대료
③ 도매업을 영위하는 자가 공급하는 재화·용역
④ 무인판매기를 이용하여 재화와 용역을 공급하는 자

17 다음 중 부가가치세법상 세금계산서 발급의무가 면제되는 경우에 해당되지 않는 것은? `63회`

① 택시운송사업자, 노점 또는 행상을 하는 사람, 그밖에 기획재정부령으로 정하는 사업자가 공급하는 재화 또는 용역
② 부동산임대용역 중 간주임대료
③ 미용, 욕탕 및 유사 서비스업을 경영하는자가 공급하는 용역
④ 소매업을 경영하는 자가 사업자에게 공급하는 재화 또는 용역

18 다음 중 부가가치세법상 세금계산서 발급 의무가 면제되지 않는 경우는? `115회`

① 택시운송사업자가 공급하는 재화 또는 용역
② 미용업자가 공급하는 재화 또는 용역
③ 제조업자가 구매확인서에 의하여 공급하는 재화
④ 부동산임대업자의 부동산임대용역 중 간주임대료

19 다음 중 부가가치세법상 세금계산서 발급의무 면제대상이 아닌 것은? `70회`

① 직매장반출을 제외한 간주공급에 해당하는 재화의 공급
② 부동산임대용역 중 간주임대료
③ 일반과세자로서 전세버스운송사업을 영위하는 자
④ 미용업 또는 욕탕업을 경영하는 자가 공급하는 용역

20 다음 중 부가가치세법상 수정(전자)세금계산서를 발급할 수 없는 경우는 어느 것인가?

① 처음 공급한 재화가 환입된 경우
② 해당거래에 대하여 세무조사 통지를 받은 후에, 세금계산서의 필요적 기재사항이 잘못 기재된 것을 확인한 경우
③ 착오로 전자세금계산서를 이중으로 발급한 경우
④ 과세기간의 확정신고기한까지 경정할 것을 전혀 알지 못한 경우로서 필요적 기재사항이 착오 외의 사유로 잘못 적힌 경우

정답 및 해설

16 답 ③
해설 도매업을 영위하는 자는 세금계산서를 발급해야 한다.

17 답 ④
해설 소매업을 경영하는 자가 사업자에게 공급하는 재화 또는 용역은 세금계산서를 발급해야 한다.

18 답 ③
해설 내국신용장 또는 구매확인서에 의하여 공급하는 재화는 세금계산서 발급 의무가 있다.

19 답 ③
해설 일반과세자로서 전세버스운송사업을 영위하는 자는 세금계산서 발급의무 대상자이다.

20 답 ②
해설 해당거래에 대하여 세무조사 통지를 받은 후에, 세금계산서의 필요적 기재사항이 잘못 기재된 것을 확인한 경우 수정세금계산서를 발급할 수 없다.

제5절 과세표준

과세표준이란 납세의무자가 납부해야 할 세액산출의 기초가 되는 과세물건의 금액을 말한다. 재화 또는 용역의 공급에 대한 과세표준은 부가가치세가 포함하지 않은 금액인 공급가액으로 한다. 또한, 공급가액에 부가가치세를 포함한 금액을 공급대가라고 한다.

❶ 과세표준

과세표준은 거래상대방으로부터 받은 대금, 요금, 수수료 기타 명목 여하에 불구하고 대가관계에 있는 모든 금전적가치가 있는 것을 포함한다.

(1) 일반원칙

구 분	과 세 표 준
① 금전으로 대가를 받은 경우	그 대가
② 금전 이외의 물건 등으로 받은 경우	자기가 공급한 재화 또는 용역의 시가[2]

(2) 부당행위계산의 부인

재화·용역의 공급에 대해서 부당하게 낮은 대가 또는 무상으로 재화·용역을 공급하는 경우 과세표준은 다음의 공급가액을 과세표준으로 한다.

구 분	과 세 표 준
① 재화의 공급에 대하여 부당하게 낮은 대가를 받거나 대가를 받지 않은 경우	자기가 공급한 재화의 시가
② 용역의 공급에 대하여 부당하게 낮은 대가를 받은 경우	자기가 공급한 용역의 시가
③ 특수관계인에게 사업용 부동산임대용역의 공급에 대하여 대가를 받지 않은 경우	자기가 공급한 용역의 시가

(3) 대가를 외국통화 기타 외국환으로 받은 경우

대가를 외국통화 기타 외국환으로 받는 때에는 다음 금액을 과세표준으로 한다.

구 분	과 세 표 준
① 공급시기 도래 전에 원화로 환가한 경우	그 환가한 금액
② 공급시기 이후에 외화통화 기타 외국환 상태로 보유하거나 지급받는 경우	공급시기의 외국환거래법에 의한 기준환율 또는 재정환율에 의하여 계산한 금액

(4) 재화를 수입하는 경우

재화의 수입에 대한 과세표준은 관세의 과세가격과 관세, 개별소비세·주세·교육세·농어촌특별세 및 교통·에너지·환경세를 합한 금액으로 한다.

> 과세표준 = 관세의 과세가격 + 관세 + 개별소비세·주세·교통·에너지·환경세 + 교육세·농어촌특별세

합격 TIP 취득세는 수입세금계산서상의 공급가액에 포함되지 않는다.

---

[2] 시가란 사업자가 특수관계인 이외의 자와 당해 거래와 유사한 상황에서 계속적으로 거래한 가격 또는 제3자간에 일반적으로 거래된 가격을 말한다.

(5) 재화의 간주공급에 대한 과세표준

구 분	과 세 표 준
일반적인 경우	① 감가상각자산 이외 : 해당 재화의 시가 　[취지] 매입 시 부당하게 공제받은 매입세액을 추징하는 제재적 성격이므로 시가가 원칙임 ② 감가상각자산 : 간주시가
판매 목적 타사업장반출의 경우	해당 재화의 취득가액을 과세표준으로 하되, 취득가액에 일정액을 가산하여 공급하는 경우에는 그 공급가액을 과세표준으로 함 [취지] 매입세액 환급지연에 따른 사업자의 자금부담 해소를 위한 목적이므로 시가가 아닌 취득가액을 과세표준으로 함

(6) 기타 거래유형별 과세표준

구 분	과 세 표 준
① 외상판매·할부판매의 경우	공급한 재화의 총가액(이자상당액 포함)
② 장기할부판매	계약에 따라 받기로 한 대가의 각 부분(이자상당액 포함)
③ 완성도지급기준·중간지급조건부 공급	계약에 따라 받기로 한 대가의 각 부분
④ 간주공급의 경우(판매목적 타사업장 반출 제외)	당해 재화의 시가
⑤ 자가공급 중 판매목적 타사업장 반출	해당 재화의 취득가액. 다만 취득가액에 일정액을 더하여 공급하여 자기의 다른 사업장에 반출하는 경우에는 그 취득가액에 일정액을 더한 금액
⑥ 사업자가 재화 또는 용역을 공급하고 그 대가로 받은 금액에 부가가치세가 포함되어 있는지가 분명하지 않은 경우	대가로 받은 금액의 100/110

(7) 과세표준에 포함하는 것과 포함하지 않는 것

과세표준에 포함하는 것	과세표준에 포함하지 않는 것
거래상대방으로부터 받은 대금, 요금, 수수료 기타 명목하에 불구하고 대가관계에 있는 모든 금전적 가치가 있는 것 ① 할부판매, 장기할부판매의 경우 이자 상당액 ② 대가의 일부로 받는 운송비, 포장비, 하역비, 운송보험료, 산재보험료 등 ③ 개별소비세, 주세, 교통·에너지·환경세 및 교육세, 농어촌특별세 상당액	① 매출할인, 매출에누리 및 매출환입액 ② 공급받는 자에게 도달하기 전에 파손, 훼손 또는 멸실된 재화의 가액 ③ 재화의 공급과 직접 관련이 없는 국고보조금과 공공보조금 ④ 공급대가의 지급 지연으로 인해 지급받는 연체이자 ⑤ 반환조건부의 용기대금과 포장비용 ⑥ 대가와 구분하여 기재한 경우로서 해당 종업원에게 지급한 사실이 확인되는 봉사료 ⑦ 자기적립마일리지(적립해 준 사업자에게만 사용가능한 마일리지)로 결제한 금액

기출확인문제

다음 중 부가가치세법상 과세표준에 포함되는 항목은 무엇인가?

① 공급받는 자에게 도달하기 전에 파손되거나 훼손되거나 멸실한 재화의 가액
② 환입된 재화의 가액
③ 재화 또는 용역의 공급과 직접 관련된 국고보조금과 공공보조금
④ 공급에 대한 대가를 약정기일 전에 받았다는 이유로 사업자가 당초의 공급가액에서 할인해 준 금액

　해설　재화 또는 용역의 공급과 직접 관련되지 아니하는 국고보조금과 공공보조금은 과세표준에 포함되지 아니한다.

  ③

(8) 과세표준에서 공제하지 않는 것

재화 또는 용역을 공급한 후에 그 공급가액에 대하여 다음에 해당하는 경우에는 과세표준에서 공제하지 않는다.

① **대손금** : 외상판매 후 해당 채권의 대손확정 시 대손세액을 대손이 확정된 과세기간의 매출세액에서 공제(대손세액공제)하므로 당초 과세표준에서 공제하지 않는다.

합격 TIP 대손세액공제

구 분	내 용
의의	공급받는 자가 파산 등 세법이 정하는 사유로 인하여 당해 재화 또는 용역에 대한 외상매출금 기타 매출채권(부가가치세 포함)의 전부 또는 일부가 대손되어 회수할 수 없는 경우에는 그 대손세액을 대손이 확정된 날이 속하는 과세기간의 매출세액에서 차감한다.
인정되는 대손사유	① 파산, 강제집행, 사망, 실종 ② 부도발생일로부터 6개월 이상 지난 수표·어음·중소기업의 외상매출금 ③ 상법 등에 따른 소멸시효가 완성된 채권 등
공제액	대손세액공제 = 대손금액(부가가치세포함) × 10/110
공제시기	대손이 확정된 과세기간이 확정신고 시에만 적용 → 예정신고 시에는 적용 × 예) 20×1년 1기 예정신고기간(1월 ~ 3월)에 대손이 확정되는 경우 → 20×1년 1기 확정신고 시 대손세액공제를 적용함

② **판매장려금** : 판매장려금을 금전으로 지급한 경우에는 당초 과세표준에서 공제하지 않는다. 단, 현물로 지급하는 판매장려물품은 당초 과세표준에서 공제하지 않고 추가로 지급한 날이 속하는 과세기간의 사업상 증여로 보아 해당 재화의 시가를 과세표준에 포함한다.

③ **하자보증금** : 건설회사 등에서 하자보증을 위하여 공급받는 자에게 보관시키는 일정액의 하자보증금은 당초 과세표준에서 공제하지 않는다.

기출확인문제

다음 자료에 의하여 부가가치세 과세표준을 계산하면 얼마인가?

- 총매출액 : 1,000,000원
- 매출에누리액 : 16,000원
- 판매장려금(금전) 지급액 : 50,000원
- 외상매출금 연체이자 : 5,000원
- 매출할인액 : 30,000원
- 대손금 20,000원

① 929,000원　　② 934,000원　　③ 954,000원　　④ 959,000원

해설 부가가치세 과세표준 954,000원 = 총매출액 1,000,000원 - 매출에누리 16,000원 - 매출할인 30,000원
- 매출할인, 매출에누리, 대가 지급의 지연으로 받는 연체이자는 공급가액에 포함하지 않는다. 판매장려금(금전) 지급액과 대손금액은 과세표준에서 공제하지 않는다.

답 ③

제5절 | 과세표준 - 객관식 기출문제 최신 30회 중 16문제 출제

1 다음 중 부가가치세법상 아래의 괄호 안에 공통으로 들어갈 내용으로 옳은 것은?   114회

> 가. 부가가치세 매출세액은 (　　　)에 세율을 곱하여 계산한 금액이다.
> 나. 재화 또는 용역의 공급에 대한 부가가치세의 (　　　)(은)는 해당 과세기간에 공급한 재화 또는 용역의 공급가액을 합한 금액으로 한다.
> 다. 재화의 수입에 대한 부가가치세의 (　　　)(은)는 그 재화에 대한 관세의 과세가격과 관세, 개별소비세, 주세, 교육세, 농어촌특별세 및 교통·에너지·환경세를 합한 금액으로 한다.

① 공급대가　　② 간주공급　　③ 과세표준　　④ 납부세액

2 다음 중 부가가치세 과세표준에 포함되는 것은?   75회 수정

① 대손금은 과세표준에 포함하였다가 대손세액으로 공제한다.
② 환입된 재화의 가액
③ 공급대가를 약정기일 전에 받아 사업자가 당초의 공급가액에서 할인해 준 금액
④ 공급받는 자에게 도달한 후에 파손되거나 훼손되거나 멸실한 재화의 가액

3 다음 중 부가가치세 과세표준(공급가액)에 포함하는 항목인 것은?   73회

① 매출할인, 매출에누리 및 매출환입액
② 할부판매, 장기할부판매의 경우 이자상당액
③ 재화·용역의 공급과 직접 관련이 없는 국고보조금과 공공보조금
④ 공급대가의 지급지연으로 인하여 받은 연체이자

정답 및 해설

1 답 ③
해설 과세표준에 대한 설명이다.

2 답 ④
해설 공급받는 자에게 도달하기 전에 파손되거나 훼손되거나 멸실한 재화의 가액은 과세표준에 포함되지 아니한다.

3 답 ②
해설 할부판매, 장기할부판매의 경우 이자상당액은 과세표준에 포함된 항목이다.

4 다음 중 부가가치세법상 과세표준의 산정방법이 옳지 않은 것은?

① 재화의 공급에 대하여 부당하게 낮은 대가를 받는 경우 : 자기가 공급한 재화의 시가
② 재화의 공급에 대하여 대가를 받지 아니하는 경우 : 자기가 공급한 재화의 시가
③ 특수관계인에게 용역을 공급하고 부당하게 낮은 대가를 받는 경우 : 자기가 공급한 용역의 시가
④ 특수관계 없는 타인에게 용역을 공급하고 대가를 받지 아니하는 경우 : 자기가 공급한 용역의 시가

5 ㈜씨엘은 수출을 하고 그에 대한 대가를 외국통화 기타 외국환으로 수령하였다. 이 경우 공급가액으로 올바르지 않은 것은?

① 공급시기 이후 대가 수령 – 공급시기의 기준환율 또는 재정환율로 환산한 가액
② 공급시기 이전 수령하여 공급시기 도래 전 환가 – 공급시기의 기준환율 또는 재정환율로 환산한 가액
③ 공급시기 이전 수령하여 공급시기 도래 이후 환가 – 공급시기의 기준환율 또는 재정환율로 환산한 가액
④ 공급시기 이전 수령하여 공급시기 도래 이후 계속 외환 보유 – 공급시기의 기준환율 또는 재정환율로 환산한 가액

6 다음 중 자동차를 수입하는 경우 수입세금계산서상의 공급가액에 포함되지 않는 것은?

① 교육세　　② 관세　　③ 개별소비세　　④ 취득세

7 과세사업자인 ㈜서초는 20×1년 당사 제품인 기계장치를 공급하는 계약을 아래와 같이 체결하였다. 이 거래와 관련하여 20×1년 2기 예정신고 기간의 과세표준에 포함되어야 할 공급가액은 얼마인가?

- 총판매대금 : 6,500,000원(이하 부가가치세 별도)
- 중도금(5월 15일, 7월 15일) : 1,500,000원씩 각각 지급
- 제품인도일 : 9월 30일
- 계약금(3월 15일) : 2,000,000원 지급
- 잔금(9월 30일) : 1,500,000원 지급

① 6,500,000원　　② 5,000,000원　　③ 3,000,000원　　④ 1,500,000원

8 다음 중 부가가치세법상 '과세표준에서 공제하지 않는 것'에 해당하지 않는 것은?   2016년 특별회

① 대손금
② 판매장려금
③ 하자보증금
④ 매출에누리

9 다음 중 부가가치세의 과세표준에서 공제하지 않는 것은 어느 것인가?   42회

① 대손금과 장려금
② 환입된 재화의 가액
③ 매출할인
④ 에누리액

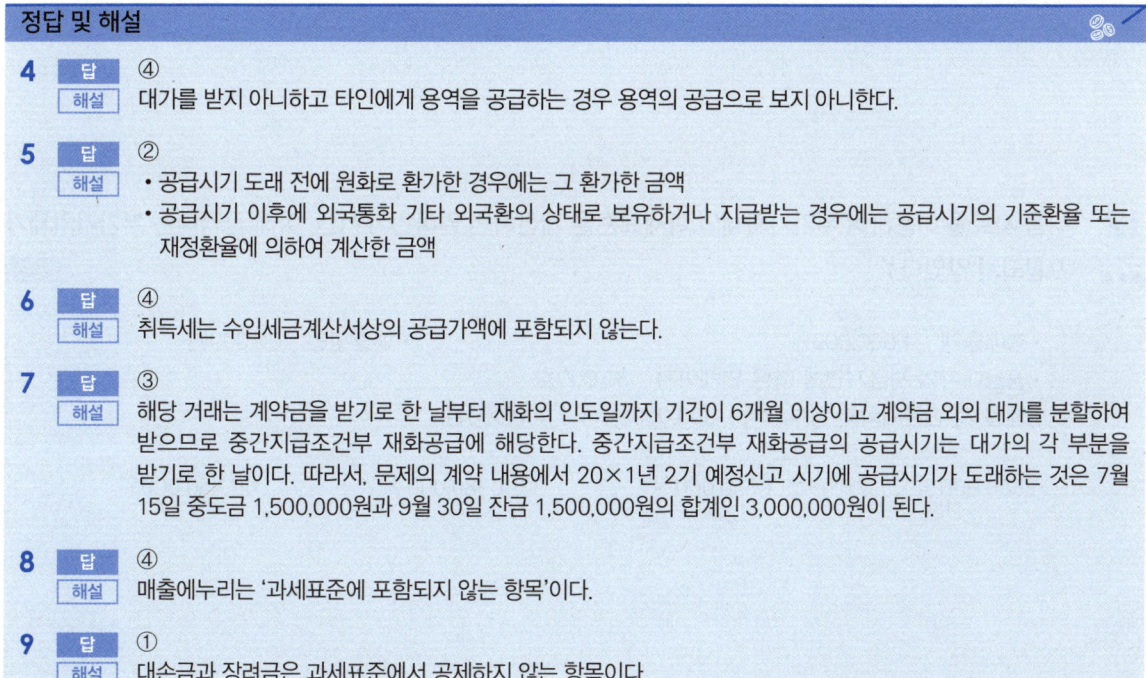

| 정답 및 해설 |

4 답 ④
해설 대가를 받지 아니하고 타인에게 용역을 공급하는 경우 용역의 공급으로 보지 아니한다.

5 답 ②
해설
- 공급시기 도래 전에 원화로 환가한 경우에는 그 환가한 금액
- 공급시기 이후에 외국통화 기타 외국환의 상태로 보유하거나 지급받는 경우에는 공급시기의 기준환율 또는 재정환율에 의하여 계산한 금액

6 답 ④
해설 취득세는 수입세금계산서상의 공급가액에 포함되지 않는다.

7 답 ③
해설 해당 거래는 계약금을 받기로 한 날부터 재화의 인도일까지 기간이 6개월 이상이고 계약금 외의 대가를 분할하여 받으므로 중간지급조건부 재화공급에 해당한다. 중간지급조건부 재화공급의 공급시기는 대가의 각 부분을 받기로 한 날이다. 따라서, 문제의 계약 내용에서 20×1년 2기 예정신고 시기에 공급시기가 도래하는 것은 7월 15일 중도금 1,500,000원과 9월 30일 잔금 1,500,000원의 합계인 3,000,000원이 된다.

8 답 ④
해설 매출에누리는 '과세표준에 포함되지 않는 항목'이다.

9 답 ①
해설 대손금과 장려금은 과세표준에서 공제하지 않는 항목이다.

10 ㈜서초는 20×0년 11월 20일 ㈜중부에게 기계장치를 11,000,000원(부가가치세 포함)에 공급하고 어음을 교부받았다. 그런데 20×1년 2월 10일 ㈜중부에 부도가 발생하여 은행으로부터 부도확인을 받았다. (㈜중부의 재산에 대한 저당권 설정은 없다.) ㈜서초가 대손세액공제를 받을 수 있는 부가가치세 신고시기와 공제대상 대손세액으로 가장 올바른 것은?   87회

	공제시기	공제대상 대손세액
①	20×1년 1기 예정신고	1,000,000원
②	20×1년 1기 확정신고	1,100,000원
③	20×1년 2기 예정신고	1,100,000원
④	20×1년 2기 확정신고	1,000,000원

11 부가가치세 과세사업을 영위하던 김관우씨는 20x2년 2월 10일에 해당 사업을 폐업하였다. 폐업할 당시에 잔존하는 재화가 다음과 같다면 그 부가가치세 과세표준은 얼마인가?(당초에 매입할 당시 매입세액공제를 받았음)   2020년 10월 특별회 유사

상 품(20x1. 12. 1. 취득)	• 취득가액 : 15,000,000원	• 시가 : 10,000,000원
토 지(20x1. 11. 1. 취득)	• 취득가액 : 5,000,000원	• 시가 : 15,000,000원

① 10,000,000원   ② 15,000,000원   ③ 20,000,000원   ④ 25,000,000원

12 다음 자료를 이용하여 부가가치세의 과세표준을 계산하면 얼마인가? (단, 아래 금액에는 부가가치세가 포함되지 않았다.)   79회

• 총매출액 : 1,000,000원   • 매출할인 : 50,000원
• 공급대가의 지급지연에 따른 연체이자 : 30,000원
• 폐업 시 잔존재화의 장부가액 : 300,000원(시가 400,000원)

① 1,320,000원   ② 1,350,000원   ③ 1,380,000원   ④ 1,450,000원

13

다음은 ㈜한국의 과세자료이다. 부가가치세 과세표준은 얼마인가? 단, 거래금액에는 부가가치세가 포함되어 있지 않다.

98회

- 외상판매액 : 2,000,000원
- 대표이사 개인목적으로 사용한 제품(원가 80,000원, 시가 120,000원) : 80,000원
- 비영업용 소형승용차(2,000CC) 매각대금 : 100,000원
- 화재로 인하여 소실된 제품 : 200,000원

① 2,080,000원   ② 2,120,000원   ③ 2,220,000원   ④ 2,380,000원

정답 및 해설

10 답 ④
해설 : 부가가치세법에 의하면 부도발생 매출채권에 대한 대손세액공제는 부도발생일로부터 6개월이 경과한 날이 속하는 과세기간의 확정신고기간인 20×1년 2기 확정신고 시에 매출세액에서 공제하며 공제대상 대손세액은 1,000,000원(=11,000,000원 × 10/110)이 된다.

11 답 ①
해설 : 과세표준은 상품(시가) 10,000,000원이 해당되고 토지의 공급은 면세대상이다.

12 답 ②
해설 :

구 분	근 거	공급가액
• 총매출액		1,000,000원
• 매출할인	과세표준에서 차감한다.	△50,000원
• 연체이자	과세표준에 포함되지 않는다.	–
• 폐업시 잔존재화	시가를 공급가액으로 한다.	400,000원
과세표준		1,350,000원

13 답 ③
해설 : 제품을 재해로 인하여 소실한 경우에는 재화의 공급으로 보지 아니하며, 재화공급의 특례(간주공급)에 해당하는 경우에는 시가를 기준으로 과세한다.
∴ 2,220,000원 = 2,000,000원(외상판매액) + 120,000원(시가, 개인적공급) + 100,000원(비영업용승용차매각대금)

14 다음 자료를 바탕으로 부가가치세 납부세액 계산시 매출세액에서 차감할 수 있는 대손세액은 얼마인가? (세부담최소화를 가정한다.) [44회]

내 역	공 급 가 액
(가) 파산에 따른 매출채권	20,000,000원
(나) 부도발생일로부터 6월이 경과한 부도수표	10,000,000원
(다) 상법상 소멸시효가 완성된 매출채권	1,000,000원

① 2,000,000원　② 2,100,000원　③ 3,000,000원　④ 3,100,000원

15 다음 자료에 의하여 부가가치세법상 일반과세자의 부가가치세 과세표준을 계산하면 얼마인가? [71회]

- 세금계산서 교부분 공급가액 : 10,000,000원(영세율 4,000,000원 포함)
- 신용카드 매출전표상의 매출액 : 1,100,000원(부가가치세액 포함 금액임)

① 6,000,000원　② 6,100,000원　③ 11,000,000원　④ 11,100,000원

16 다음 자료에 의한 부가가치세법상 일반과세자의 부가가치세 과세표준은 얼마인가? [68회]

- 총매출액 : 10,000,000원　• 매출에누리액 : 2,000,000원　• 총매입액 : 5,000,000원
- 신용카드발행공제 : 400,000원　• 대손금 : 1,000,000원

① 2,600,000원　② 3,000,000원　③ 7,000,000원　④ 8,000,000원

17 다음 중 부가가치세법상 대손세액공제에 관한 설명 중 틀린 것은?

① 부가가치세가 과세되는 재화 또는 용역의 공급과 관련된 채권이어야 한다.
② 부도발생일로부터 3개월 이상 지난 수표·어음·중소기업의 외상매출금은 대손세액공제 대상이다.
③ 확정신고와 함께 대손금액이 발생한 사실을 증명하는 서류를 제출하여야 한다.
④ 대손이 확정되면 공급자는 대손이 확정된 날이 속하는 과세기간의 매출세액에서 대손세액을 차감한다.

18 다음 중 부가가치세법상 대손사유에 해당하지 않는 것은?

① 소멸시효가 완성된 어음·수표
② 특수관계인과의 거래로 인해 발생한 중소기업의 외상매출금으로서 회수기일이 2년 이상 지난 외상매출금
③ 채무자의 파산, 강제집행, 형의 집행, 사업의 폐지, 사망, 실종, 행방불명으로 인하여 회수할 수 없는 채권
④ 부도발생일부터 6개월 이상 지난 외상매출금(중소기업의 외상매출금으로서 부도발생일 이전의 것에 한정한다)

정답 및 해설

14 답 ④
해설 차감 대손세액 = 공급대가 × 10/110
= (22,000,000원+11,000,000원+1,100,000원) × 10/110 = 3,100,000원

15 답 ③
해설 과세표준 = 10,000,000원(세금계산서) + 1,000,000원(신용카드매출분 공급가액) = 11,000,000원이다.

16 답 ④
해설 매출에누리는 과세표준에서 차감항목이고, 대손금, 신용카드발행공제액은 과세표준에서 공제하지 않는 금액이다.
• 과세표준 = 10,000,000원 − 2,000,000원 = 8,000,000원이다.

17 답 ②
해설 부도발생일로부터 6개월 이상 지난 수표·어음·중소기업의 외상매출금은 대손세액공제 대상이다.

18 답 ②
해설 중소기업의 외상매출금 및 미수금으로서 회수기일이 2년 이상 지난 외상매출금 등은 부가가치세법상 대손사유에 해당한다. 다만, 특수관계인과의 거래로 인하여 발생한 외상매출금 등은 제외한다.

제6절 | 납부세액의 계산구조와 신고 및 납부

부가가치세의 계산구조는 전단계세액공제법에 의한다. 즉, 과세표준에 세율(0% 또는 10%)을 곱하여 구한 매출세액에서 거래징수당한 매입세액 또는 재화를 수입할 때 부담한 매입세액을 차감한 후의 금액을 납부세액으로 한다.

❶ 납부세액의 계산구조

전산회계 케이렙 프로그램에서 [부가가치]-[신고서/부속명세]-[부가가치세신고서]를 조회하면 납부세액의 계산구조를 살펴볼 수 있다.

❷ 매입세액 공제의 요건

사업자가 사업을 위하여 사용되었거나 사용될 재화 또는 용역을 공급받았거나 재화를 수입할 때 세금계산서 등 법정증빙서류를 받은 경우에만 매출세액에서 공제할 수 있다.

(1) 사업을 위한 재화와 용역일 것

사업자 개인이 사용하기 위한 용도로 매입한 재화나 용역은 매입세액공제가 되지 않는다.

(2) 사용되었거나 사용될 재화일 것

부가가치 창출 과정에서 이미 사용된 것은 물론 사용되지 않고 아직 재고자산으로 남아 있는 재화에 대한 매입세액도 공제한다.

(3) 세금계산서 등 법정증빙서류를 수취할 것

일반과세자와 간이과세자(직전연도 공급대가 합계액이 4,800만원 이상)로부터 세금계산서, 신용카드매출전표, 직불카드, 기명식 선불카드, 현금영수증을 받은 경우 부담한 매입세액만 공제된다.

❸ 의제매입세액 공제

일반과세자*가 면세농산물 등을 구입하여 부가가치세가 과세되는 재화를 제조·가공하거나 용역을 창출하는 경우에는 일정한 금액을 매입세액으로 의제하여 매출세액에서 공제한다.

* 간이과세자는 의제매입세액 공제 적용 ×

(1) 요건: 일반과세자(업종을 불문)가 면세로 공급받은 농산물·축산물·수산물 또는 임산물 및 소금 등을 원재료로 하여 제조·가공한 재화 또는 창출한 용역의 공급이 국내에서 부가가치세가 과세되어야 한다.

(2) 공제서류: 의제매입세액을 공제받고자 하는 사업자는 의제매입세액공제 신고서와 다음 중 어느 하나에 해당하는 서류를 관할세무서장에게 제출하여야 한다. 다만, 제조업을 영위하는 사업자가 농·어민으로부터 면세농산물 등을 직접 공급받는 경우에는 의제매입세액공제 신고서만을 제출한다.
- 소득세법 또는 법인세법의 규정에 의한 매입처별 계산서 합계표
- 신용카드 매출전표 등 수취 명세서

(3) 계산

> 면세농산물 등의 매입가액 × 공제율(일반 업종 2/102 등)

❹ 공제받지 못할 매입세액

다음의 사유에 대한 매입세액은 실제로 거래징수를 당한 경우라도 매출세액에서 공제받을 수 없다.

구 분	불공제대상
세금계산서 미수취 등 [취지] 의무불이행에 대한 제재	① 세금계산서를 교부받지 않은 경우 ② 교부받은 매입세금계산서의 필요적 기재사항이 기재되지 않았거나 사실과 다른 경우 [참고] 공급가액이 사실과 다르게 적힌 경우에는 실제 공급가액과 사실과 다르게 적힌 금액의 차액에 해당하는 세액을 말함
매입처별세금계산서합계표 불성실분 [취지] 의무불이행에 대한 제재	① 매입처별세금계산서합계표를 제출하지 아니한 경우 ② 제출한 매입처별세금계산서합계표의 기재사항 중 거래처별 등록번호 또는 공급가액의 전부 또는 일부가 기재되지 아니하였거나 사실과 다르게 기재된 경우
기타 불공제사유	① 사업과 직접 관련이 없는 지출에 대한 매입세액 [취지] 매출세액 창출과 관련이 없음 ② 사업자등록(등록신청일) 전의 매입세액 [단. 공급시기가 속하는 과세기간이 끝난 후 20일 이내에 등록신청한 경우에는 등록신청일부터 공급시기가 속하는 과세기간 기산일(1/1 또는 7/1)까지 역산한 기간 내의 것은 공제 가능함] [취지] 의무불이행에 대한 제재 ③ 면세사업관련 매입세액 [취지] 면세사업 관련 매출 시 매출세액 창출과 관련이 없음 ④ 기업업무추진비 및 이와 유사한 비용의 지출에 대한 매입세액 [취지] 접대 등 불건전 등에 대한 제재 ⑤ 비영업용 소형승용차(개별소비세법 제1조제2항제3호에 따른 자동차)의 구입·유지·임차에 관한 매입세액 [취지] 최종소비자로 판단 ⑥ 토지의 조성 등을 위한 자본적 지출과 관련된 매입세액 [취지] 추후 해당 토지 공급 시 면세재화를 공급한 것이므로 매출세액 창출과 관련이 없음

> **기출확인문제**
>
> 다음 중 부가가치세 매입세액 공제가 가능한 경우는?
>
> ① 부동산매매업자가 토지의 취득에 관련된 매입세액
> ② 관광사업자가 비영업용소형승용자동차(5인승 2,000CC)의 취득에 따른 매입세액
> ③ 음식업자가 계산서를 받고 면세로 구입한 축산물의 의제매입세액
> ④ 소매업자가 사업과 관련하여 받은 영수증에 의한 매입세액
>
> [해설] 음식업자가 계산서를 받고 면세로 구입한 축산물의 의제매입세액은 공제가 가능하다.
>
> 답 ③

5 경감 · 공제세액

(1) 전자신고세액공제

납세자가 직접 홈택스 등을 통한 전자신고방법으로 확정신고(예정신고 ×) 시 1만원을 납부세액에서 공제하거나 환급세액에서 가산한다.

(2) 신용카드매출전표등 발행세액공제

구 분	내 용
적용대상자	① 주로 사업자가 아닌 자(최종소비자)에게 재화 또는 용역을 공급하는 사업으로서 영수증 발급대상 사업을 하는 사업자 단, 법인사업자와 직전 연도의 재화 또는 용역의 공급가액의 합계액이 사업장을 기준으로 10억원을 초과하는 개인사업자는 제외함. ② 간이과세자 중 다음 중 어느 하나에 해당하는 사업자 　㉠ 직전 연도의 공급대가의 합계액이 4,800만원 미만인 자 　㉡ 신규로 사업을 시작하는 개인사업자로서 간이과세자로 하는 최초의 과세기간 중에 있는 자
공제대상	적용대상사업자가 부가가치세가 과세되는 재화 또는 용역을 공급하고 세금계산서의 교부시기에 신용카드매출전표 등을 발행하거나 전자적 결제수단에 의하여 대금을 결제 받는 경우
공제액	① 공제액 : 그 발행금액 또는 결제금액 × 1.3% ② 공제한도 : 연간 1,000만원

(3) 전자세금계산서 발급 전송에 대한 세액공제

구 분	내 용
적용대상자	직전 연도의 사업장별 재화 및 용역의 공급가액(면세공급가액 포함)의 합계액이 3억원 미만(신규사업자 포함)인 개인사업자
적용요건	적용대상사업자가 전자세금계산서 발급명세를 전송기한(전자세금계산서 발급일의 다음 날)까지 국세청장에게 전송하는 경우
공제액	① 공제액 : 전자세금계산서 발급 건 수 × 200원 ② 공제한도 : 연간 100만원 　단, 세액공제액이 그 금액을 차감하기 전의 납부할 세액을 초과하면 그 초과하는 부분은 없는 것으로 한다.

6 예정신고납부

(1) 법인사업자(영세법인사업자 제외)의 경우

영세법인사업자란 직전 과세기간 공급가액 합계액이 1억 5천만원 미만인 법인사업자를 말한다. 영세법인사업자를 제외한 법인사업자는 예정신고기간의 종료 후 25일 이내에 각 예정신고기간에 대한 과세표준과 납부세액을 신고·납부하여야 한다.

(2) 개인사업자 중 일반과세자(영세법인사업자 포함)의 경우

① 원칙(예정고지)

각 예정신고기간마다 직전 과세기간에 대한 납부세액의 1/2에 상당하는 금액을 결정하여 납세고지서를 발부하고 당해 예정신고 납부기한 내에 징수한다. 다만, 다음의 경우에는 징수하지 아니한다.
㉠ 징수하여야 할 금액이 50만원 미만인 경우
㉡ 간이과세자에서 일반과세자로 변경된 경우
㉢ 재난 등의 사유로 납부할 수 없다고 인정되는 경우(재난, 도난 등으로 인한 심한 재산상 손실, 사업부도, 도산 우려 등)

② 예외(예정신고)

개인사업자라 하더라도 예정신고납부를 할 수 있는 경우가 있는데 그 내용은 다음과 같다.
㉠ 휴업 또는 사업부진으로 인하여 각 예정신고기간의 공급가액(또는 납부세액)이 직전 과세기간의 공급가액(또는 납부세액)이 3분의 1에 미달하는 자
㉡ 예정신고기간분에 대해 조기환급을 받고자 하는 자

7 확정신고와 납부

사업자는 각 과세기간에 대한 과세표준과 납부세액 또는 환급세액을 그 과세기간 종료 후 25일내에 각 사업장 관할세무서장에게 신고·납부하여야 한다. 단, 폐업한 사업자의 부가가치세 확정신고기한은 폐업한 날이 속하는 달의 다음 달 25일까지이다.

8 환급

부가가치세 매입세액이 매출세액을 초과하는 경우 환급세액이 발생하는데 해당 환급세액을 돌려받는 유형은 일반환급과 조기환급이다.

구 분	일반환급	조기환급
환급단위	각 과세기간 단위 (예정신고기간의 일반환급세액은 환급되지 아니함)	조기환급기간 단위 : 예정신고기간 또는 과세기간 최종3월 중 매월 또는 매2월
대상	각 과세기간별로 환급세액이 발생한 경우	① 영세율을 적용받는 경우 ② 사업설비(감가상각자산)을 신설,취득 ③ 법원의 인가결정을 받은 회생계획 등 재무구조개선계획을 이행 중인 때 [취지] 경영난에 처한 사업자의 경영정상화 지원
신고기한	확정신고기간 종료일로부터 25일 이내	조기 환급기간 종료일부터 25일 이내
환급기한	확정신고기한 경과 후 30일 이내	조기환급신고기한 경과 후 15일 이내

기출확인문제

부가가치세법상 예정신고납부에 대한 설명이다. 가장 옳지 않은 것은?

① 법인사업자는 예정신고기간 종료 후 25일 이내에 부가가치세를 신고납부 하여야 한다.
② 개인사업자는 예정신고기간 종료 후 25일 이내에 예정고지된 금액을 납부하여야 한다.
③ 개인사업자에게 징수하여야 할 예정고지금액이 30만원 미만인 경우 징수하지 아니한다.
④ 개인사업자는 사업실적이 악화된 경우 등 사유가 있는 경우에는 예정신고납부를 할 수 있다.

해설 | 징수하여야 할 금액이 50만원 미만인 경우, 간이과세자에서 해당 과세기간 개시일 현재 일반과세자로 변경된 경우 또는 재난 등의 사유로 납부할 수 없다고 인정되는 경우에는 징수하지 아니한다.

답 ③

제6절 납부세액의 계산구조와 신고 및 납부 - 객관식 기출문제

[유형 1] 매입세액의 공제와 불공제 (1 ~ 10) 최신 30회 중 2문제 출제

1 다음 중 부가가치세법상 매입세액공제가 가능한 경우는? `115회 수정`

① 면세사업에 관련된 매입세액
② 비영업용 소형승용자동차의 유지와 관련된 매입세액
③ 토지의 형질변경과 관련된 매입세액
④ 매입자발행세금계산서상의 매입세액

2 다음 중 부가가치세법상 매입세액공제가 가능한 것은? `112회`

① 사업과 관련하여 접대용 물품을 구매하고 발급받은 신용카드매출전표상의 매입세액
② 제조업을 영위하는 법인이 업무용 소형승용차(1,998cc)의 유지비용을 지출하고 발급받은 현금영수증상의 매입세액
③ 제조부서의 화물차 수리를 위해 지출하고 발급받은 세금계산서상의 매입세액
④ 회계부서에서 사용할 물품을 구매하고 발급받은 간이영수증에 포함되어 있는 매입세액

3 다음 중 부가가치세법상 매입세액공제가 가능한 것은? `59회`

① 면세사업에 사용하기 위하여 구입한 기계장치 매입세액(전자세금계산서 수취함)
② 음식점을 영위하는 개인사업자가 계산서 등을 수취하지 아니하고 면세로 구입한 농산물의 의제매입세액
③ 거래처에 선물하기 위한 물품구입 매입세액(세금계산서 등을 수취함)
④ 제조업을 영위하는 사업자가 농민으로부터 면세로 구입한 농산물의 의제매입세액

정답 및 해설

1 답 ④
해설 매입자발행세금계산서상의 매입세액은 공제가능하다.

2 답 ③
해설 화물차는 비영업용 소형승용차가 아니므로 매입세액공제 가능하다.
- ① 기업업무추진비는 매입세액불공제 대상이다.
- ② 비영업용소형승용차의 구입, 유지, 임차를 위한 비용은 매입세액을 불공제한다.
- ④ 세금계산서, 신용카드매출전표, 현금영수증에 기재된 매입세액은 공제가능하나 간이영수증에 기재된 매입세액은 불공제 대상이다.

3 답 ④
해설 음식점을 영위하는 경우에는 계산서 등을 반드시 수취하여야 하며, ①,③는 매입세액불공제사유에 해당된다.

4 다음 중 부가가치세 불공제대상 매입세액이 아닌 것은?(모두 세금계산서를 교부받았고 업무와 관련된 것임) 49회

① 프린터기 매입세액
② 업무용 승용차(5인승, 2500cc)매입세액(비영업용임)
③ 토지의 취득부대비용 관련 매입세액
④ 기업업무추진비 관련 매입세액

5 부가가치세법상 매입세액으로 공제가 불가능한 경우로 옳은 것은? 56회

① 소매업자가 사업과 관련하여 받은 간이영수증에 의한 매입세액
② 음식업자가 계산서를 받고 구입한 농산물의 의제매입세액
③ 신용카드매출전표 등 적격증빙 수령분 매입세액
④ 종업원 회식비와 관련된 매입세액

6 부가가치세법상 다음의 매입세액 중 매출세액에서 공제되는 매입세액은? 2020년 11월 특별회

① 기업업무추진비 관련 매입세액
② 토지관련 매입세액
③ 면세사업 관련 매입세액
④ 과세사업용 화물차 구입 관련 매입세액

7 다음 중 부가가치세 매입세액으로 공제되는 것은? 69회

① 기계부품 제조업자가 원재료를 매입하고 신용카드매출전표를 수취한 경우
② 농산물(배추) 도매업자가 운송용 트럭을 매입하는 경우
③ 거래처에 접대하기 위하여 선물을 매입하는 경우
④ 비사업자로부터 원재료를 매입하면서 세금계산서 등을 수취하지 않은 경우

8 (주)광주상사는 다음 매입세액을 추가로 반영하고자 한다. 부가가치세 매출세액에서 공제가능한 매입세액은?(정당하게 세금계산서를 수취하였음) 39회

① 기업업무추진비 관련 매입세액
② 업무관련매입세액
③ 비영업용소형승용차(2,000CC)의 구입관련매입세액
④ 면세사업관련매입세액

9 다음의 항목 중 부가가치세법상 공제가능한 매입세액에 해당하는 것은? 85회

① 사업자가 자기의 사업에 사용할 목적으로 수입하는 재화의 부가가치세액
② 기업업무추진비 및 이와 유사한 비용과 관련된 매입세액
③ 면세사업등에 관련된 매입세액
④ 사업과 직접 관련이 없는 지출과 관련된 매입세액

정답 및 해설

4 답 ①
해설 기업업무추진비 관련 매입세액, 토지관련 매입세액, 비영업용 소형승용자동차 구입과 임차 및 유지관련 매입세액은 불공제매입세액이다.

5 답 ①
해설 소매업자가 사업과 관련하여 받은 간이영수증에 의한 매입세액은 매입세액의 공제가 불가능하다.

6 답 ④
해설 과세사업용 화물차 구입 관련 매입세액은 공제되는 매입세액이다.

7 답 ①
해설 면세사업(농산물 도매업)에 관련된 매입세액, 기업업무추진비 관련 매입세액 및 세금계산서 등을 수취하지 않은 경우 매입세액이 불공제된다.

8 답 ②
해설 업무관련매입세액은 매입세액 공제가 된다.

9 답 ①
해설 기업업무추진비 및 이와 유사한 비용과 관련된 매입세액, 면세사업등에 관련된 매입세액, 사업과 직접 관련이 없는 지출과 관련된 매입세액은 공제하지 아니하는 매입세액에 해당한다.

10 대천종합상사는 20x1년 4월 15일에 사업을 개시하고, 4월 30일에 사업자등록신청을 하여, 5월 2일에 사업자등록증을 교부받았다. 다음 중 대천종합상사의 제1기 부가가치세 확정신고시 공제가능매입세액은 얼마인가?(단, 모두 세금계산서를 받은 것으로 가정한다) `48회 유사`

- 3월 15일 : 상품구입액 300,000원(매입세액 30,000원) – 대표자 주민번호 기재분
- 4월 15일 : 비품구입액 500,000원(매입세액 50,000원) – 대표자 주민번호 기재분
- 5월 10일 : 접대비사용액 200,000원(매입세액 20,000원)
- 6월 4일 : 상품구입액 1,000,000원(매입세액 100,000원)

① 100,000원 ② 120,000원 ③ 150,000원 ④ 180,000원

[유형 2] 납부세액의 계산 (11 ~ 15)

11 다음 자료에 의하여 부가가치세신고서상 일반과세사업자가 납부해야 할 부가가치세 금액은? `69회`

- 전자세금계산서 교부에 의한 제품매출액 : 28,050,000원(공급대가)
- 지출증빙용 현금영수증에 의한 원재료 매입액 : 3,000,000원(부가가치세 별도)
- 신용카드에 의한 제품운반용 소형화물차 구입 : 15,000,000원(부가가치세 별도)
- 신용카드에 의한 매출거래처 선물구입 : 500,000원(부가가치세 별도)

① 700,000원 ② 750,000원 ③ 955,000원 ④ 1,050,000원

12 다음 자료에 의하여 일반과세자 김세무의 부가가치세 매출세액을 계산하면 얼마인가? `61회`

- 납부세액은 100,000원이다.
- 세금계산서를 받고 매입한 물품의 공급가액은 3,000,000원이고 이 중 사업과 관련이 없는 물품의 공급가액 200,000원이 포함되어 있다.
- 매입에 대한 영세율세금계산서는 없다.

① 360,000원 ② 380,000원 ③ 400,000원 ④ 420,000원

13 다음 자료에 의하여 부가가치세 매출세액을 계산하면 얼마인가?   62회

- 발급한 세금계산서 중 영세율세금계산서의 공급가액은 2,400,000원이고, 매입과 관련된 영세율세금계산서는 없다.
- 세금계산서를 받고 매입한 물품의 공급가액은 15,000,000원이고, 이 중 사업과 관련이 없는 물품의 공급가액 1,500,000원이 포함되어 있다.
- 납부세액은 1,500,000원이다.

① 2,850,000원 ② 3,000,000원 ③ 3,090,000원 ④ 3,150,000원

14 다음 자료에 의하여 상품판매기업의 부가가치세 납부세액을 계산하면 얼마인가?   57회

- 상품매출액은 52,415,000원으로 전액 현금매출분으로 부가가치세가 포함된 공급대가임
- 세금계산서를 받고 매입한 상품의 공급가액의 합계액은 28,960,000원이고, 이 중 거래처에 지급할 선물 구입비 1,500,000원(공급가액)이 포함되어 있음

① 1,719,000원 ② 2,019,000원 ③ 2,345,500원 ④ 2,499,500원

정답 및 해설

10 답 ④
해설 공급시기가 속하는 과세기간이 끝난 후 20일 이내에 등록신청한 경우에는 등록신청일부터 공급시기가 속하는 과세기간 기산일(1월 1일)까지 역산한 기간 내의 것은 공제 가능하다. 4월 30일 사업자 등록을 신청하였으므로 역산하여 1기부터 매입세액공제가 가능하다.
∴ 공제가능한 매입세액 = 3월 15일 상품매입세액(30,000원) + 4월 15일 비품매입세액(50,000원) + 6월 4일 상품매입세액(100,000원) = 180,000원

11 답 ②
해설
- 납부세액 = 매출세액 − 매입세액
- 매출세액(2,550,000원) = 28,050,000원 × 10/110
- 매입세액(1,800,000원) = 300,000원 + 1,500,000원 [거래처 선물구입비는 불공제]
∴ 납부세액(750,000원) = 매출세액(2,550,000원) − 매입세액(1,800,000원)

12 답 ②
해설
- 납부세액 = 매출세액 − 매입세액 + 매입세액불공제
- 매출세액 = 납부세액 + 매입세액 − 매입세액불공제
∴ 380,000원 = 100,000원 + 300,000원 − 20,000원

13 답 ①
해설
- 납부세액 = 매출세액 − 매입세액 + 매입세액불공제
- 매출세액 = 납부세액 + 매입세액 − 매입세액불공제
∴ 2,850,000원 = 1,500,000원 + 1,500,000원 − 150,000원

14 답 ②
해설
- 매출세액 = 52,415,000원 × 10 ÷ 110 = 4,765,000원
- 매입세액 = 28,960,000원 × 10% = 2,896,000원
- 공제받지 못할 매입세액 = 1,500,000원 × 10% = 150,000원
∴ 납부세액 = 4,765,000원 − (2,896,000원 − 150,000원) = 2,019,000원

15 (주)평화는 일반과세사업자이다. 다음 자료에 대한 부가가치세액은 얼마인가? 단, 거래금액에는 부가가치세가 포함되어 있지 않다.　　　　　　　　　　　　　　　　　　　　55회

- 외상판매액 : 20,000,000원
- 사장 개인사유로 사용한 제품(원가 800,000원, 시가 1,200,000원) : 800,000원
- 비영업용 소형승용차(2,000CC) 매각대금 : 1,000,000원
- 화재로 인하여 소실된 제품 : 2,000,000원
- 계 : 23,800,000원

① 2,080,000원　　② 2,120,000원　　③ 2,220,000원　　④ 2,380,000원

[유형 3] 신고·납부, 환급 및 기타 (16 ~ 19) 　최신 30회 중 5문제 출제

16 다음 자료를 보고 20x1년 제2기 부가가치세 확정신고기한으로 옳은 것은?　　80회

- 20x1년 4월 25일 1기 부가가치세 예정신고 및 납부함.
- 20x1년 7월 25일 1기 부가가치세 확정신고 및 납부함.
- 20x1년 8월 20일 자금상황의 악화로 폐업함.

① 20×1년 7월 25일　　　　② 20×1년 8월 31일
③ 20×1년 9월 25일　　　　④ 20×2년 1월 25일

17 다음 중 부가가치세법상 원칙적인 조기환급과 관련된 내용으로 틀린 것은?　　93회

① 관할세무서장은 조기환급신고기한이 지난 후 15일 이내에 환급하여야 한다.
② 조기환급기간은 예정신고기간 중 또는 과세기간 최종 3개월 중 매월 또는 매 2월을 말한다.
③ 조기환급기간이 끝난 날부터 15일 이내에 조기환급기간에 대한 과세표준과 환급세액을 신고하여야 한다.
④ 사업설비를 신설·취득·확장 또는 증축하는 경우에는 조기환급 대상이 된다.

18 다음 ( )에 알맞은 금액은? 70회

> 직전 수입금액이 10억원 이하인 음식점업을 영위하는 간이과세자가 아닌 개인사업자가 음식물을 판매하고 신용카드등 매출전표를 발행하는 경우, 부가가치세법상 신용카드등 발행금액의 ( )%에 상당하는 금액을 연간 1,000만원을 한도로 납부세액에서 공제한다.

① 1　　　　② 1.3　　　　③ 1.6　　　　④ 2.6

19 다음 중 부가가치세 신고 시 제출하는 서류가 아닌 것은? 81회

① 부가가치세 신고서와 건물 등 감가상각자산취득명세서
② 매출처별 세금계산서 합계표와 매입처별 세금계산서 합계표
③ 공제받지 못할 매입세액명세서와 대손세액공제신고서
④ 총수입금액조정명세서와 조정후 총수입금액명세서

정답 및 해설

15 답 ③
해설 제품을 재해로 인하여 소실한 경우에는 재화의 공급으로 보지 아니하며, 의제공급에 해당하는 경우에는 시가를 기준으로 과세한다.
(∴ 2,220,000원 = 2,000,000원(외상판매액) + 120,000원(개인적공급) + 100,000원(비영업용승용차매각대금)

16 답 ③
해설 폐업한 사업자의 부가가치세 확정신고기한은 폐업한 날이 속하는 달의 다음 달 25일까지이다.

17 답 ③
해설 조기환급기간이 끝난 날부터 25일 이내에 조기환급기간에 대한 과세표준과 환급세액을 신고한다.

18 답 ②
해설 신용카드매출전표등 발행세액공제액은 발행금액의 1.3%이다.

20 답 ④
해설 총수입금액조정명세서는 소득세신고 서류이다.

제7절 간이과세자 `최신 30회 중 3문제 출제`

사업규모가 영세한 사업자에 대하여 세법지식이나 기장능력이 부족한 점을 감안하여 납세의무 이행에 편의를 도모하고 세부담을 덜어 주기 위한 제도이다.

❶ 대상자
직전 1역년의 재화와 용역의 공급대가가 1억 4백만 원 미만인 개인사업자이며, 법인사업자는 간이과세자가 될 수 없다.

❷ 계산구조

구분	내용
납부세액	• 공급대가×업종별 부가가치율(15%~40%)×10%(단, 영세율은 0%) • 대손세액공제 규정 없음
(+) 재고납부세액	일반과세자가 간이과세자로 과세유형이 변경된 경우
(−) 공제세액	• 매입세금계산서 등 수취세액공제*, 신용카드 매출전표 등 세액공제, 전자신고세액공제(과세기간당 1만원) 등 • 의제매입세액공제 규정 없음
(+) 가산세	• 미등록, 명의위장 등록 가산세 • 무신고, 과소신고, 초과환급신고, 영세율과세표준신고불성실 가산세 • 세금계산서 발급의무자인 경우 세금계산서 발급 및 전송불성실 가산세 등
= 차가감 납부세액	매입세금계산서 등 수취세액공제 및 신용카드매출전표 등 발행세액공제에 따른 금액의 합계액이 각 과세기간의 납부세액을 초과하는 경우에는 그 초과하는 부분은 없는 것으로 본다. (∵ 환급 ×)

*매입세금계산서 등 수취세액공제=매입세금계산서 등을 발급받은 재화와 용역의 공급대가 × 0.5%

❸ 과세기간
간이과세자는 1월 1일부터 12월 31일까지를 과세기간으로 하고 1월 1일부터 6월 30일까지를 예정부과기간으로 한다.

구분	내용
원칙 (예정 부과 · 납부)	직전 과세기간(1월 1일~12월 31일)에 대한 납부세액의 1/2의 금액을 예정 부과기간(1월 1일~6월 30일)의 납부세액으로 결정하여 예정 부과기한(예정 부과기간이 끝난 후 25일)까지 징수함(단, 징수하여야 할 금액이 50만원 미만인 경우 징수하지 않음)
예외 (예정 신고 · 납부)	다음 중 어느 하나에 해당하는 경우에는 예정 부과기한인 7월 25일까지 신고함 • 선택규정: 휴업 또는 사업부진 등으로 인하여 예정 부과기간의 공급대가 합계액 또는 납부세액이 직전 과세기간의 1/3에 미달하는 간이과세자는 예정부과기간의 과세표준과 납부세액을 예정 부과기한까지 신고할 수 있음 • 강제규정: 예정 부과기간에 세금계산서를 발급한 간이과세자(공급대가 4,800만원 이상)는 예정 부과기간의 과세표준과 납부세액을 예정 부과기한까지 사업장 관할 세무서장에게 신고해야 함

합격 TIP 과세유형이 변경되었을 때 간이과세자의 과세기간

간이과세자에 관한 규정이 적용되거나 적용되지 않게 되어 일반과세자가 간이과세자로 변경되거나 간이과세자가 일반과세자로 변경되는 경우, 그 변경되는 해에 간이과세자에 관한 규정이 적용되는 기간의 과세기간은 다음의 기간을 말한다.
• 일반과세자가 간이과세자로 변경되는 경우 : 그 변경 이후 7월 1일 ~ 12월 31일
• 간이과세자가 일반과세자로 변경되는 경우 : 그 변경 이전 1월 1일 ~ 6월 30일

4 납세의무 면제

간이과세자의 해당 과세기간(직전 과세기간 ×)에 대한 공급대가가 4,800만원 미만이면 납부세액의 납부의무를 면제한다.

5 포기 신고

간이과세를 포기하는 경우 일반과세를 적용받으려는 달의 전달 마지막 날(신규사업자는 사업자등록 신청할 때)까지 납세지 관할 세무서장에게 포기 신고를 해야 하고, 승인은 불필요하다. 또한, 포기신고일이 속하는 달의 마지막 날로부터 25일 이내에 신고 및 납부하여야 한다.

6 특징

① 직전 연도 공급대가 합계액이 4,800만원 이상인 간이과세자는 세금계산서를 발급할 의무가 있다.
② 영세율을 적용하나 공제세액이 납부세액을 초과하더라도 환급되지 않는다.

제7절 | 간이과세자 - 객관식 기출문제

1 다음 중 부가가치세법상 과세기간에 대한 설명으로 옳지 않은 것은? [109회]

① 간이과세자의 과세기간은 1월 1일부터 12월 31일까지이다.
② 사업자가 폐업하는 경우의 과세기간은 폐업일이 속하는 과세기간의 개시일부터 폐업일까지로 한다.
③ 일반과세자가 간이과세자로 변경되는 경우에 그 변경되는 해의 간이과세자 과세기간은 7월 1일부터 12월 31일까지이다.
④ 간이과세자가 일반과세자로 변경되는 경우에 그 변경되는 해의 간이과세자 과세기간은 1월 1일부터 12월 31일까지이다.

2 다음 중 부가가치세 신고와 납부에 대한 설명으로 옳지 않은 것은? [107회]

① 간이과세를 포기하는 경우 포기신고일이 속하는 달의 마지막 날로부터 25일 이내에 신고, 납부하여야 한다.
② 확정신고를 하는 경우 예정신고 시 신고한 과세표준은 제외하고 신고하여야 한다.
③ 신규로 사업을 시작하는 경우 사업개시일이 속하는 과세기간의 종료일로부터 25일 이내에 신고, 납부하여야 한다.
④ 폐업하는 경우 폐업일로부터 25일 이내에 신고, 납부하여야 한다.

3 다음 중 부가가치세법상 간이과세에 대한 설명으로 가장 옳지 않은 것은? 106회

① 직전 1역년의 재화·용역의 공급대가의 합계액이 1억 4백만 원 미만인 개인사업자가 간이과세자에 해당한다.
② 해당 과세기간의 공급대가의 합계액이 4천800만원 미만인 경우에는 납부세액의 납부의무가 면제된다.
③ 직전연도의 공급대가의 합계액이 4천800만원 미만인 간이과세자는 세금계산서를 발급할 수 없다.
④ 매출세액보다 매입세액이 클 경우 환급을 받을 수 있다.

정답 및 해설

1 답 ④
해설 간이과세자가 일반과세자로 변경되는 경우 : 그 변경되는 해의 1월 1일부터 6월 30일까지

2 답 ④
해설 사업자는 각 과세기간에 대한 과세표준과 납부세액 또는 환급세액을 그 과세기간이 끝난 후 25일 이내에 납세지 관할 세무서장에게 신고하여야 한다.

3 답 ④
해설 간이과세자의 경우 환급을 받을 수 없다.

매입매출전표입력 메뉴

[회계관리]-[재무회계]-[전표입력]-[매입매출전표입력]에 들어오면 [매입매출전표입력] 메뉴가 나온다. 본 메뉴에서는 부가가치세신고와 관련한 매입매출거래를 입력한다. [매입매출전표입력] 메뉴는 상단부와 하단부로 구성되어 있으며 상단부는 부가가치세 신고자료(부가세신고서, 세금계산서 합계표, 매입매출장, 기타 첨부서류 등)에 활용되며, 하단부의 분개는 각 재무회계자료(계정별 원장, 합계잔액시산표, 재무제표 등)에 반영된다. 전산회계 1급 시험에서는 [매입매출전표입력] 메뉴에서 3점 배점의 6문제(총 18점)가 출제되고 있다.

I 매입매출전표입력 메뉴 알아보기

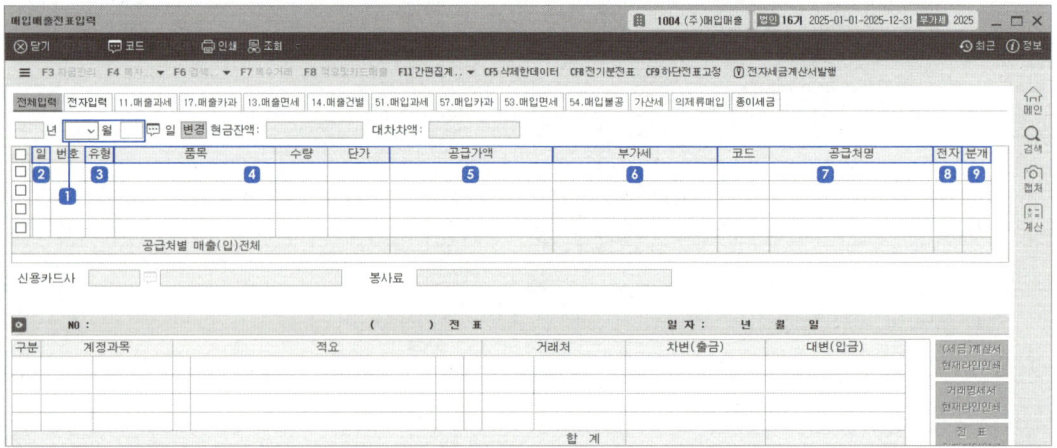

1 월

입력하고자 하는 해당 거래의 월을 입력한다.

2 일

입력하고자 하는 해당 거래의 일자를 입력한다. '일'란은 상황에 따라 입력하고자 하는 방법이 2가지가 있으며 [전표입력]-[일반전표입력] 메뉴에서 입력하는 방법과 동일하다.

❸ 유형

입력되는 매입매출자료의 유형코드를 입력한다. 유형은 크게 매출과 매입으로 구성되어 있는데 유형코드에 따라 부가가치세신고서 등의 각 부가가치세 관련 해당 자료에 자동 반영되므로 정확하게 입력해야 한다.

부가세유형											
매출						**매입**					
11.과세	과세매출	16.수출	수출	21.전자	전자화폐	51.과세	과세매입	56.금전	금전등록	61.현과	현금과세
12.영세	영세율	17.카과	카드과세	22.현과	현금과세	52.영세	영세율	57.카과	카드과세	62.현면	현금면세
13.면세	계산서	18.카면	카드면세	23.현면	현금면세	53.면세	계산서	58.카면	카드면세		
14.건별	무증빙	19.카영	카드영세	24.현영	현금영세	54.불공	불공제	59.카영	카드영세		
15.간이	간이과세	20.면건	무증빙			55.수입	수입분	60.면건	무증빙		

❹ 품명 및 수량과 단가

거래물건의 품명·수량·단가를 입력한다. 해당 사항이 없을 경우 Enter 키를 누르면 다음 칸으로 이동한다. 만약, 하나의 거래에 품목이 2가지 이상인 경우에는 상단 툴바의 [F7 복수거래]를 클릭하고 매입매출전표입력 메뉴 하단의 「복수거래내용(F7)」입력창에 품목, 규격, 수량 및 단가를 입력한다.

❺ 공급가액

[수량]과 [단가]를 입력하면 공급가액 및 부가세가 자동으로 계산된다. 공급가액은 부가가치세가 포함되지 아니한 순수한 매출액을 말한다. 반면, 부가가치세가 포함된 총 거래금액은 공급대가이다.

❻ 부가세

[공급가액]이 입력되면 자동으로 계산되며 부가세를 직접 입력할 수도 있다. 유형이 영세율, 면세이면 부가가치세는 없으므로 해당 칸이 표시되지 않는다.

❼ 코드 / 공급처명

매입·매출 거래처의 코드번호와 공급처명을 입력한다. 매입매출전표입력 시에는 반드시 거래처 코드를 입력하여야 하며, 입력하지 않으면 부가가치세신고서식인 세금계산서 합계표가 자동으로 작성되지 않는다. 공급처 코드번호를 모르는 경우 입력하는 방법은 [전표입력]-[일반전표입력] 메뉴에서 설명한 방법과 동일하다.

❽ 전자세금계산서

국세청은 기업의 납세협력비용의 절감과 사업자간 거래의 투명성을 제고하기 위한 전자세금계산서를 시행하고 있다. [전자]란에 세금계산서 또는 계산서를 발급하거나 수취하는 경우 "1:여"를 입력한다.

❾ 분개

매입거래와 매출거래의 회계처리를 위해 분개를 선택하는 란이다. 분개유형은 '0:분개없음', '1:현금', '2:외상', '3.혼합', '4:카드'로 구분되며 유형에 따라 분개의 전부 또는 일부가 자동으로 표시된다.

Ⅱ 매출전표입력 메뉴 따라하기

회사코드를 ㈜일반전표(회사코드 : 1003)에서 ㈜매입매출(회사코드 : 1004)로 변경한 후 입력할 것.

1 매출항목의 유형별 특성

매출의 유형별로 입력하는 내용과 반영되는 서식을 학습하는 것이 중요하다.

매출					
11.과세	과세매출	16.수출	수출	21.전자	전자화폐
12.영세	영세율	17.카과	카드과세	22.현과	현금과세
13.면세	계산서	18.카면	카드면세	23.현면	현금면세
14.건별	무증빙	19.카영	카드영세	24.현영	현금영세
15.간이	간이과세	20.면건	무증빙		

코드	유형	내용
11	과세	과세매출 – 세금계산서 교부
12	영세	내국신용장, 구매확인서에 의한 영세율매출 – 영세율세금계산서 교부
13	면세	면세매출 – 계산서교부
14	건별	세금계산서, 신용카드매출전표, 현금영수증 등 적격영수증 미발행 / 현금매출–영수증 교부, 증빙교부 ×
16	수출	수출에 의한 매출(직수출)
17	카과	신용카드 과세매출–신용카드매출전표 교부
18	카면	신용카드 면세매출–신용카드매출전표 교부
19	카영	신용카드에 의한 영세율매출
20	면건	증빙 없는 면세매출
21	전자	전자화폐에 의한 매출
22	현과	현금영수증에 의한 과세매출
23	현면	현금영수증에 의한 면세매출
24	현영	현금영수증에 의한 영세율매출

2 매출전표의 분개 요령

❶ "1 : 현금"

차변 계정과목이 전액 현금인 경우에 사용한다. 대변 계정과목은 부가세예수금과 [회계관리]–[재무회계]–[기초정보등록]–[환경등록]의 ❷분개유형 설정의 "404. 제품매출"로 자동 반영된다. 부가세예수금을 제외한 나머지 계정과목은 수정하거나 추가 입력이 가능하다.

[표: 환경등록 화면]

❷ "2 : 외상"

차변 계정과목이 전액 외상매출금인 경우에 사용한다. 대변 계정과목은 부가세예수금과 [기초정보등록]-[환경등록]의 ❷분개유형 설정의 "404. 제품매출"로 자동 반영된다. 부가세예수금을 제외한 나머지 계정과목은 수정하거나 추가 입력이 가능하다.

❸ "3 : 혼합"

차변 계정과목이 전액 현금 또는 외상매출금이 아닌 경우에 사용한다. 대변 계정과목은 부가세예수금과 [기초정보등록]-[환경등록]의 ❷분개유형 설정의 "404.제품매출"로 자동 반영된다. 부가세예수금을 제외한 나머지 계정과목은 수정하거나 추가 입력이 가능하다.

❹ "4 : 카드"

차변 계정과목은 [기초정보등록]-[환경등록]의 ❷분개유형 설정의 신용카드매출채권 "120.미수금", 대변 계정과목은 부가세예수금과 [기초정보등록]-[환경등록]의 ❷분개유형 설정 중 매출 "404.제품매출"이 자동으로 반영된다.

3 유형별 실무사례 따라하기

★ ❶ "11.과세(과세매출)"   최신 30회 중 31문제 출제

구 분	내 용
입력내용	일반적인 세금계산서(부가가치세 10%)가 발행되는 과세 매출거래
반영되는 서식	• 부가가치세신고서 ①란 • 매출처별 세금계산서 합계표 • 매입매출장

문제 1 ㈜매입매출(회사코드 : 1004)은 매출처 ㈜홈플라스에 제품 6,000,000원(부가가치세 별도)을 매출하고 전자세금계산서를 교부하였다. 해당 거래를 매입매출전표에 입력하고 반영되는 서식을 조회해 보자.

전자세금계산서

				승인번호	xxxxxxxxx	
공급자	사업자등록번호	112-81-21646	종사업장 번호			
	상호(법인명)	㈜매입매출	성명	부가세		
	사업장주소	서울특별시 서초구 서운로 138				
	업 태	제조업	종목	문방용구		
	이메일					

공급받는자	사업자등록번호	108-80-16943	종사업장 번호	
	상호(법인명)	㈜홈플라스	성 명	박덧셈
	사업장 주소	경기도 파주시 광탄면 광탄천로 419		
	업 태	제조업	종 목	문구
	이메일			

작성일자	공급가액	세액	수정사유
2025.1.2.	6,000,000	600,000	
비고			

월	일	품 목	규 격	수 량	단 가	공 급 가 액	세 액	비 고
1	2	문방용품				6,000,000	600,000	

합계금액	현 금	수 표	어 음	외상미수금	이 금액을 영수/청구 함
6,600,000	1,600,000			5,000,000	

해설 일자 : 1월 2일

□	일	번호	유형	품목	수량	단가	공급가액	부가세	코드	공급처명	사업/주민번호	전자	분개
□	2	50001	과세	문방용품			6,000,000	600,000	00101	㈜홈플라스	108-80-16943	여	혼합
			공급처별 매출(입)전체 [1]건				6,000,000	600,000					

구분	계정과목	적요	거래처	차변(출금)	대변(입금)	
대변	0255 부가세예수금	문방용품	00101 ㈜홈플라스		600,000	(세금)계산서 현재라인인쇄
대변	0404 제품매출	문방용품	00101 ㈜홈플라스		6,000,000	
차변	0108 외상매출금	문방용품	00101 ㈜홈플라스	5,000,000		거래명세서 현재라인인쇄
차변	0101 현금	문방용품	00101 ㈜홈플라스	1,600,000		

① [월]란에 거래발생 월인 "1"을 입력하고 [일]란에 거래발생 일인 "2"를 입력한다.
② [유형]란에 매출과세의 유형코드 "11"을 입력하고 [품목]란에 "문방용품"을 입력한다. [품목]란은 자격시험의 채점대상에서 제외되므로 입력을 생략해도 된다.
③ [공급가액]란에 "6,000,000" 입력하면 [부가세]란에 "600,000"이 자동 반영된다.
④ [코드]란에 커서를 놓고 "홈플"을 입력하고 Enter를 누르면 나타나는 「거래처도움」보조창에서 "㈜홈플라스"을 선택한 후 Enter 키를 누르거나 확인(Enter)을 클릭한다.
⑤ [전자]란에 "1.여"를 입력한다.
⑥ [분개]란에는 혼합거래이므로 "3.혼합"을 입력하면 대변 분개는 자동으로 반영된다. 차변 계정과목은 [일반전표입력] 메뉴와 동일한 방법으로 다음과 같이 입력하면 된다.

분개	(차변) 외상매출금(㈜홈플라스)	5,000,000	(대변) 부가세예수금	600,000
	(차변) 현금	1,600,000	(대변) 제품매출	6,000,000

구분	코드	계정과목	적요	거래처		차변(출금)	대변(입금)
대변	255	부가세예수금	제품	101	(주)홈플라스		600,000
대변	404	제품매출	제품	101	(주)홈플라스		6,000,000
차변	108	외상매출금	제품	101	(주)홈플라스	5,000,000	
차변	101	현금	제품	101	(주)홈플라스	1,600,000	

⑦ 반영되는 서식을 조회하면 다음과 같다.

- [부가가치]-[신고서/부속명세]-[부가가치세신고서] ①란에 반영된 화면

  조회기간 : 2025년 1월 2일 ~ 2025년 1월 2일

- [부가가치]-[신고서/부속명세]-[세금계산서합계표] - 매출 탭 조회화면

  조회기간 : 2025년 1월 ~ 2025년 1월, 매출 탭

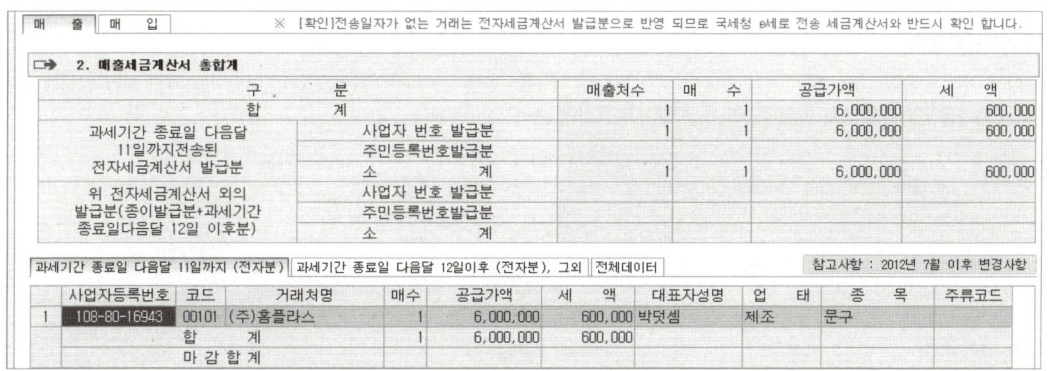

문제 2 1월 5일 : (주)홈플라스에 매출한 제품에 하자가 있어 반품 받고 수정전자세금계산서(공급가액 100,000원, 부가가치세 10,000원, 부[負]의 전자세금계산서)를 교부하였다. 대금은 외상매출금과 상계처리하였다.

합격 TIP 매출환입 및 에누리, 매출할인 발생시

매출환입 및 에누리, 매출할인된 재화 또는 용역의 가액은 부가가치세법상 과세표준에 포함되지 않기 때문에 공급가액과 부가가치세에서 차감해야 한다. 전산세무회계 프로그램에서 입력 시 세금계산서를 교부한 과세매출의 매출환입 등인 경우 매입매출전표입력 메뉴 매출유형을 [11 : 과세]로 선택하고 [공급가액]란에 (-)음수로 입력한다. [공급가액]란에 (-)음수로 입력하면 매입매출전표입력 메뉴 하단 관련 분개에서 공급가액과 부가가치세가 음수 (-)로 표시된다.

해설 일자 : 1월 5일

유형:11.과세 / 공급가액:-100,000 / 부가세:-10,000 / 공급처명:(주)홈플러스 / 전자:여 / 분개:외상

(차변) 외상매출금((주)홈플러스)   -110,000   (대변) 부가세예수금   -10,000
　　　　　　　　　　　　　　　　　　　　　　(대변) 제품매출   -100,000

문제 3 1월 10일 : (주)임아트상회에 다음과 같은 제품을 공급하고 전자세금계산서를 교부하였다. 대금은 (주)임아트상회 발행 약속어음(만기일 : 2025. 4. 31)을 받았다.

품목	수량	단가	공급가액	부가가치세
제품A	50개	20,000원	1,000,000원	100,000원
제품B	25개	10,000원	250,000원	25,000원

합격 TIP 복수거래자료 입력

세금계산서 한 장에 여러 품목이 있는 경우 「품목」란에 커서가 위치할 때 상단 툴바 F7 복수거래 를 클릭하면 나타나는 화면 하단 입력창에서 2 이상의 품명, 수량, 단가를 입력한다. 입력 후 키보드의 Esc 키를 누르면 화면 상단으로 이동한다.

해설 일자 : 1월 10일

유형:11.과세 / 공급가액:1,250,000 / 부가세:125,000 / 공급처명:(주)임아트상회 / 전자:여 / 분개:혼합

(차변) 받을어음((주)임아트상회)   1,375,000   (대변) 부가세예수금   125,000
　　　　　　　　　　　　　　　　　　　　　　　　(대변) 제품매출   1,250,000

문제 4 1월 17일 : 차량운반구를 현대자동차에 10,000,000원(부가가치세 별도)에 매각하고 전자세금계산서를 발행하였다. 매각대금 전액을 연말에 지급받기로 하였다. 매각 직전의 차량운반구의 내역은 아래와 같다(차량운반구 매각에 대한 회계처리를 매입매출전표에서 수행하시오).

• 차량운반구 취득가액	20,000,000원
• 감가상각누계액	5,000,000원

해설 일자 : 1월 17일

유형:11.과세 / 공급가액:10,000,000 / 부가세:1,000,000 / 공급처명:현대자동차 / 전자:여 / 분개:혼합

(차변) 감가상각누계액(209)	5,000,000	(대변) 부가세예수금	1,000,000
(차변) 미수금(현대자동차)	11,000,000	(대변) 차량운반구	20,000,000
(차변) 유형자산처분손실	5,000,000		

□	일	번호	유형	품목	수량	단가	공급가액	부가세	코드	공급처명	사업자주민번호	전자	분개
□	17	50001	과세	차량운반구			10,000,000	1,000,000	00103	현대자동차	214-81-67860	여	혼합
			공급처별 매출(입)전체 [1]건				10,000,000	1,000,000					

구분	계정과목	적요	거래처	차변(출금)	대변(입금)	
대변	0255 부가세예수금	차량운반구	00103 현대자동차		1,000,000	(세금)계산서 현재라인인쇄
대변	0208 차량운반구	차량운반구	00103 현대자동차		20,000,000	
차변	0209 감가상각누계	차량운반구	00103 현대자동차	5,000,000		거래명세서 현재라인인쇄
차변	0120 미수금	차량운반구	00103 현대자동차	11,000,000		
차변	0970 유형자산처분	차량운반구	00103 현대자동차	5,000,000		전 표

★ ❷ "12. 영세매출"   최신 30회 중 8문제 출제

구 분	내 용
입력내용	영세율 적용대상거래 중 세금계산서 발급의무가 면제되지 않는 영세율 매출거래 (내국신용장 또는 구매확인서에 의하여 공급하는 재화 등)
반영되는 서식	• 부가가치세신고서 ⑤란 • 매출처별 세금계산서 합계표 • 매입매출장

합격 TIP 영세율 구분

부가세 유형	코드	영세율 매출 내용
16.수출	1	직접수출(대행수출 포함)
12.영세	3	내국신용장 · 구매확인서에 의하여 공급하는 재화

문제 2월 15일 : ㈜매입매출(회사코드 : 1004)은 수출업체인 일산유통에 LOCAL L/C(내국신용장)에 의하여 제품(C제품 100개, 단위당 10,000원)을 납품하고 영세율전자세금계산서를 발행하였으며 대금은 전액 외상으로 하였다.

해설 일자 : 2월 15일

□	일	번호	유형	품목	수량	단가	공급가액	부가세	코드	공급처명	사업/주민번호	전자	분개
■	15	50001	영세	C제품	100	10,000	1,000,000		00202	일산유통	130-41-27190	여	외상
			공급처별 매출(입)전체 [1]건			1,000,000							

영세율구분 3 내국신용장 · 구매확인서에 의하여 공급하는 재화

구분	계정과목	적요	거래처	차변(출금)	대변(입금)	
차변	0108 외상매출금	C제품 100X10000	00202 일산유통	1,000,000		(세금)계산서 현재라인인쇄
대변	0404 제품매출	C제품 100X10000	00202 일산유통		1,000,000	

① [월]란에 거래발생 월인 "2"를 입력하고 [일]란에 거래발생 일인 "15"를 입력한다.
② [유형]란에 유형코드 "12"를 입력하고 [품목]란은 "C제품"을 입력하거나 입력을 생략한다.
③ [수량]란에 "100"을 [단가]란에 "10,000"을 입력하면 [공급가액]란에 "1,000,000"이 자동 반영된다.
④ [코드]란에 커서를 놓고 "일산"을 입력하고 Enter 를 누르면 나타나는 「거래처도움」보조창에서 "일산유통"를 선택한 후 Enter 키를 누르거나 확인(Enter) 을 클릭한다.
⑤ [전자]란에 "1.여"를 입력한다.
⑥ [영세율구분]란에 키보드의 F2 키를 누르면 나타나는 다음의 보조창에서 "3.내국신용장 · 구매확인서에 의하여 공급하는 재화"를 선택하고 확인(Enter) 을 클릭한다.

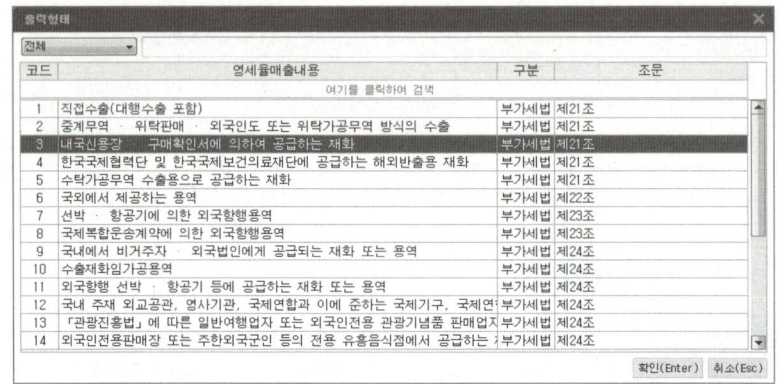

⑦ [분개]란에는 차변 계정과목이 외상매출금이므로 "2.외상"을 입력하면 분개는 자동으로 반영된다.

분개	(차변) 외상매출금((주)부흥상사)		1,000,000	(대변) 제품매출		1,000,000
구 분	코드	계정과목	적요	거래처	차변(출금)	대변(입금)
대변	404	제품매출	제품	203 (주)부흥상사		1,000,000
차변	108	외상매출금	제품	203 (주)부흥상사	1,000,000	

⑧ 반영되는 서식을 조회하면 다음과 같다.
• [부가가치]-[신고서/부속명세]-[부가가치세Ⅰ]-[부가가치세신고서] ⑤란에 반영된 화면
   조회기간 : 2025년 2월 15일 ~ 2025년 2월 15일

	구분		정기신고금액				구분		금액	세율	세액
				금액	세율	세액	7.매출(예정신고누락분)				
과세표준및매출세액	과세	세금계산서발급분	1		10/100		예정누락분	과세	세금계산서	33	10/100	
		매입자발행세금계산서	2		10/100				기타	34	10/100	
		신용카드 · 현금영수증발행분	3		10/100			영세	세금계산서	35	0/100	
		기타(정규영수증외매출분)	4						기타	36	0/100	
	영세	세금계산서발급분	5	1,000,000	0/100				합계	37		
		기타	6		0/100		12.매입(예정신고누락분)					
	예정신고누락분		7						세금계산서	38		
	대손세액가감		8						그 밖의 공제매입세액	39		
	합계		9	1,000,000	㉮							

- [부가가치]-[신고서/부속명세]-[세금계산서 합계표] – 매출 탭 조회화면

  조회기간 : 2025년 2월 ~ 2025년 2월, 매출 탭

매 출	매 입	※ [확인]전송일자가 없는 거래는 전자세금계산서 발급분으로 반영 되므로 국세청 e세로 전송 세금계산서와 반드시 확인 합니다.

2. 매출세금계산서 총합계

구 분		매출처수	매 수	공급가액	세 액
합 계		1	1	1,000,000	
과세기간 종료일 다음달 11일까지전송된 전자세금계산서 발급분	사업자 번호 발급분	1	1	1,000,000	
	주민등록번호발급분				
	소 계	1	1	1,000,000	
위 전자세금계산서 외의 발급분(종이발급분+과세기간 종료일다음달 12일 이후분)	사업자 번호 발급분				
	주민등록번호발급분				
	소 계				

과세기간 종료일 다음달 11일까지 (전자분)	과세기간 종료일 다음달 12일이후 (전자분), 그외	전체데이터				참고사항 : 2012년 7월 이후 변경사항
사업자등록번호	코드	거래처명	매수	공급가액	세 액	대표자성명	업 태	종 목	주류코드

	사업자등록번호	코드	거래처명	매수	공급가액	세 액
1	130-41-27190	00202	일산유통	1	1,000,000	
	합 계			1	1,000,000	
	마 감 합 계					

❸ "13. 면세" 최신 30회 중 1문제 출제

구 분	내 용
입력내용	계산서가 발행되는 면세 매출거래
반영되는 서식	• 부가가치세신고서의[과세표준명세] "80.면세수입금액과 84.계산서발급금액"란 • 매출처별 계산서 합계표 • 매입매출장

문제 3월 3일 : ㈜매입매출(회사코드 : 1004)은 판매목적으로 구입한 실무서적(면세품목) 10권을 대한출판사에 500,000원에 현금매출하면서 전자계산서를 발행하였다(대한출판사를 거래처 코드 301번으로 신규 등록할 것).

- 공급처명:대한출판사
- 공급처코드:301번
- 사업자등록번호:107-86-19954

해설 일자 : 3월 3일

□	일	번호	유형	품목	수량	단가	공급가액	부가세	코드	공급처명	사업/주민번호	전자	분개
■	3	50001	면세	실무서적			500,000		00301	대한출판사	107-86-19954	여	현금
		공급처별 매출(입)전체 [1]건					500,000						

구분	계정과목	적요	거래처	차변(출금)	대변(입금)	(세금)계산서
입금	0401 상품매출	실무서적	00301 대한출판사	(현금)	500,000	현재라인인쇄

① [월]란에 거래발생 월인 "3"을 입력하고 [일]란에 거래발생 일인 "3"를 입력한다.
② [유형]란에 유형코드 "13"을 입력하고 [품목]란은 "실무서적"을 입력하거나 입력을 생략한다.
③ [공급가액]란에 "500,000"을 입력한다.
④ [코드]란에 커서를 놓고 키보드의 "+"를 누르면 [공급처명]란으로 커서가 이동한다. [공급처명]란에 "대한출판사"를 입력하고 Enter 를 누르면 나오는 공급처등록 보조창에서 '공급처코드'를 "301"로 덧씌워 입력하고 수정(Tab) 을 클릭한다. 화면 하단 「공급처등록정보」입력화면의 [사업자등록번호]란에 "107 86 19954"를 입력한다.

공급처등록정보

공급처코드:	00301	사업자등록번호:	107-86-19954	사업자등록상태조회
공급처명:	대한출판사	주민등록번호:	-	주민등록기재분: 부 0:부 1:여
		대표자명:		업태: 종목:
		우편번호,주소:	-	
		전화번호:	) -	

⑤ [전자]란에 "1.여"를 입력한다.
⑥ [분개]란에는 현금거래이므로 "1.현금"을 입력하면 분개는 자동으로 반영된다. 계정과목 [코드]란에 커서를 놓고 "401.상품매출"로 수정한다.

분개	(차변) 현금	500,000	(대변) 상품매출	500,000
구 분	코드	계정과목	적요	거래처	차변(출금)	대변(입금)
입금	401	상품매출	실무서적	301 대한출판사	(현금)	500,000

④ "14. 건별" 최신 30회 중 9문제 출제

구 분	내 용
입력내용	• 영수증발급대상거래 및 세금계산서가 발행되지 않는 과세 매출거래 • 간주공급과 간주임대료
반영되는 서식	• 부가가치세신고서 ④란 • 매입매출장

문제 4월 1일 : ㈜매입매출(회사코드 : 1004)은 제품을 개인 나잡스에게 소매로 판매하고 대금 220,000원 (부가가치세 포함)을 현금으로 받았다.

해설 일자 : 4월 1일

□	일	번호	유형	품목	수량	단가	공급가액	부가세	코드	공급처명	사업/주민번호	전자	분개
□	1	50001	건별	제품			200,000	20,000	00107	나잡스	890401-1005118		현금
			공급처별 매출(입)전체 [1]건				200,000	20,000					

구분	계정과목	적요	거래처	차변(출금)	대변(입금)	
입금	0255 부가세예수금	제품	00107 나잡스	(현금)	20,000	(세금)계산서 현재라인인쇄
입금	0404 제품매출	제품	00107 나잡스	(현금)	200,000	거래명세서

① [월]란에 거래발생 월인 "4"를 입력하고 [일]란에 거래발생 일인 "1"을 입력한다.
② [유형]란에 유형코드 "14"를 입력하고 [품목]란은 "제품"을 입력하거나 입력을 생략한다
③ [공급가액]란에 공급대가 "220,000"을 입력하고 키보드의 Enter 키를 누르면 공급가액 200,000원과 부가가치세 20,000원이 자동으로 분리되어 입력된다.

합격 TIP 14(건별), 17(카과), 22(현과) 입력 시 주의사항

유형 중 14(건별), 17(카과), 22(현과)는 공급가액란에 공급대가를 입력한다. 공급대가를 공급가액란에 입력하면 "공급가액"과 "세액"으로 자동 안분된다. 현금거래, 카드거래, 현금영수증거래는 거래 시 부가가치세를 합한 금액으로 결제가 이루어지므로 입력의 편의를 위해서 공급가액란에 공급대가를 입력하면 공급가액과 부가세가 자동으로 구분된다.

④ [코드]란에 커서를 놓고 "나잡"을 입력하고 Enter 를 누르면 나타나는 「거래처도움」보조창에서 "나잡스"를 선택한 후 Enter 키를 누르거나 확인(Enter) 을 클릭한다.

⑤ [분개]란에는 현금거래이므로 "1.현금"을 입력하면 분개는 자동으로 반영된다.

분개	(차변) 현금			220,000	(대변) 부가세예수금 (대변) 제품매출		20,000 200,000
구 분	코드	계정과목	적요		거래처	차변(출금)	대변(입금)
입금	255	부가세예수금	제품	103	나잡스	(현금)	20,000
입금	404	제품매출	제품	103	나잡스	(현금)	200,000

⑥ [부가가치]-[신고서/부속명세]-[부가가치세신고서] ④란에 반영된 화면은 다음과 같다.

조회기간 : 2025년 4월 1일 ~ 2025년 4월 1일

		구분		정기신고금액				구분		금액	세율	세액
				금액	세율	세액	7.매출(예정신고누락분)					
과세표준및매출세액	과세	세금계산서발급분	1		10/100		예정누락분	과세	세금계산서	33		10/100	
		매입자발행세금계산서	2		10/100				기타	34		10/100	
		신용카드·현금영수증발행분	3		10/100			영세	세금계산서	35		0/100	
		기타(정규영수증외매출분)	4	200,000	10/100	20,000			기타	36		0/100	
	영세	세금계산서발급분	5		0/100				합계	37			
		기타	6		0/100		12.매입(예정신고누락분)					
	예정신고누락분		7						세금계산서	38			
	대손세액가감		8				예	그 밖의 공제매입세액		39			
	합계		9	200,000	㉮	20,000							

★ ⑤ "16. 수출"   최신 30회 중 11문제 출제

구 분	내 용
입력내용	직수출 등(영세율 적용대상거래 중 세금계산서 발급의무가 면제되는 영세율 매출거래)
반영되는 서식	• 부가가치세신고서 ⑥란 • 매입매출장

문제 5월 5일 : ㈜매입매출(회사코드 : 1004)은 미국 ABC사에 제품을 수출하고, 수출대금은 5월 31일에 미국달러화로 받기로 하였다. 수출과 관련된 내용은 다음과 같다.

- 수출신고일:2025. 4. 10
- 선하증권상(B/L)의 선적일:2025. 5. 5
- 수출가격:$10,000

일자	4월 10일	5월 5일	5월 31일
기준환율	1,250원/1$	1,200원/1$	1,230원/1$

해설 일자 : 5월 5일

□	일	번호	유형	품목	수량	단가	공급가액	부가세	코드	공급처명	사업/주민번호	전자	분개
□	5	50001	수출				12,000,000		00106	ABC사			외상
			공급처별 매출(입)전체 [1]건				12,000,000						

영세율구분 1 직접수출(대행수출 포함)

구분	계정과목	적요	거래처		차변(출금)	대변(입금)
차변	0108 외상매출금		00106	ABC사	12,000,000	
대변	0404 제품매출		00106	ABC사		12,000,000

① [월]란에 거래발생 월인 "5"를 입력하고 [일]란에 거래발생 일인 "5"를 입력한다.
② [유형]란에 유형코드 "16"을 입력하고 [품목]란은 "제품"을 입력하거나 입력을 생략한다.
③ [공급가액]란에 공급가액을 "12,000,000"을 입력한다.

※ 대가를 외국통화로 받아 공급시기 이후에 지급받는 경우의 과세표준은 공급시기의 기준환율로 계산한 금액이므로 $10,000×1,200원=12,000,000원이다.

합격 TIP 대가를 외국통화로 받는 경우 과세표준
① 공급시기 도래 전에 원화로 환가한 경우:그 환가한 금액
② 공급시기 이후에 외국통화 기타 외국환 상태로 보유하거나 지급받는 경우:공급시기의 기준환율 또는 재정환율로 계산한 금액

④ [코드]란에 커서를 놓고 "AB"를 입력하고 Enter 를 누르면 나타나는 「거래처도움」보조창에서 "ABC사"를 선택한 후 Enter 키를 누르거나 확인(Enter) 을 클릭한다.

⑤ [영세율구분]란에 키보드의 Enter 키를 누르면 나타나는 다음의 보조창에서 "1.직접수출(대행수출 포함)"을 선택하고 확인(Enter) 을 클릭한다.

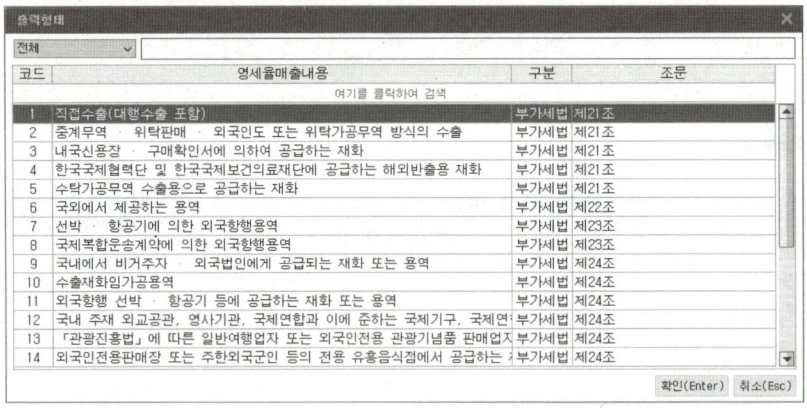

⑥ [분개]란에는 "2.외상"을 입력하면 분개는 자동으로 반영된다.

분개	(차변) 외상매출금			12,000,000	(대변) 제품매출		12,000,000
구 분	코드	계정과목	적요		거래처	차변(출금)	대변(입금)
차변	108	외상매출금	제품	105	ABC사	12,000,000	
대변	404	제품매출	제품	105	ABC사		12,000,000

⑦ [부가가치]-[부가세신고서Ⅰ]-[부가가치세신고서] ⑥란에 반영된 화면은 다음과 같다.

　　조회기간 : 2025년 5월 5일 ~ 2025년 5월 5일

	구분		정기신고금액				구분		금액	세율	세액
			금액	세율	세액	7.매출(예정신고누락분)					
과세표준및매출세액	과세	세금계산서발급분	1		10/100		예정누락분	과세	세금계산서	33		10/100	
		매입자발행세금계산서	2		10/100				기타	34		10/100	
		신용카드·현금영수증발행분	3		10/100			영세	세금계산서	35		0/100	
		기타(정규영수증외매출분)	4						기타	36		0/100	
	영세	세금계산서발급분	5		0/100			합계		37			
		기타	6	12,000,000	0/100		12.매입(예정신고누락분)					
	예정신고누락분		7						세금계산서	38			
	대손세액가감		8						그 밖의 공제매입세액	39			
	합계		9	12,000,000	㉮							

⑥ "17. 카과" 최신 30회 중 7문제 출제

구분	내용
입력내용	신용카드매출전표(10% 부가가치세 포함) 발급에 의한 과세 매출거래
반영되는 서식	• 부가가치세신고서 ③란 • 매입매출장

문제 6월 11일 : ㈜매입매출(회사코드 : 1004)은 개인 소비자 이성실에게 제품 1,100,000원(부가가치세 포함)을 판매하였고, 이성실은 신용카드(국민카드)로 결제하였다.(세금계산서 발급의무가 면제되는 거래라고 가정할 것)

해설 일자 : 6월 11일

□	일	번호	유형	품목	수량	단가	공급가액	부가세	코드	공급처명	사업/주민번호	전자	분개
□	11	50001	카과	제품			1,000,000	100,000	00800	이성실			카드

신용카드사 99600 국민카드   봉사료

구분	계정과목	적요	거래처	차변(출금)	대변(입금)
차변	0108 외상매출금	제품	99600 국민카드	1,100,000	
대변	0255 부가세예수금	제품	00800 이성실		100,000
대변	0404 제품매출	제품	00800 이성실		1,000,000

① [월]란에 거래발생 월인 "6"을 입력하고 [일]란에 거래발생 일인 "11"를 입력한다.
② [유형]란에 유형코드 "17.카과"를 입력하고 [품목]란은 "제품"을 입력하거나 입력을 생략한다.
③ [공급가액]란에 공급대가 "1,100,000"을 입력하고 키보드의 Enter 키를 누르면 공급가액 1,000,000원과 부가가치세 100,000원이 자동으로 분리되어 입력된다.
④ [코드]란에 커서를 놓고 "이성"을 입력하고 Enter 를 누르면 나타나는 「거래처도움」 보조창에서 "이성실"을 선택한 후 Enter 키를 누르거나 확인(Enter)을 클릭한다.
⑤ [신용카드사]란에 커서가 위치하면 키보드의 F2 를 누르거나 💬을 클릭하면 나타나는 다음의 보조창에서 '99600 국민카드'를 입력한다.
⑥ [분개]란에는 "4.카드"를 입력하면 분개는 자동으로 반영된다.

분개	(차변) 외상매출금(국민카드)	1,100,000	(대변) 부가세예수금	100,000
			(대변) 제품매출	1,000,000

구 분	코드	계정과목	적요	거래처		차변(출금)	대변(입금)
차변	108	외상매출금	제품	99600	국민카드	1,100,000	
대변	255	부가세예수금	제품	800	이성실		100,000
대변	404	제품매출	제품	800	이성실		1,000,000

⑦ [부가가치]-[신고서/부속명세]-[부가가치세신고서] ③란에 반영된 화면은 다음과 같다.
조회기간 : 2025년 6월 11일 ~ 2025년 6월 11일

	구분		정기신고금액				구분		금액	세율	세액
				금액	세율	세액	7.매출(예정신고누락분)				
과세표준및매출세액	과세	세금계산서발급분	1		10/100		예정누락분	과세	세금계산서	33		10/100	
		매입자발행세금계산서	2		10/100				기타	34		10/100	
		신용카드·현금영수증발행분	3	1,000,000		100,000		영세	세금계산서	35		0/100	
		기타(정규영수증외매출분)	4		10/100				기타	36		0/100	
	영세	세금계산서발급분	5		0/100				합계	37			
		기타	6		0/100		12.매입(예정신고누락분)				
	예정신고누락분		7						세금계산서	38			
	대손세액가감		8						그 밖의 공제매입세액	39			
	합계		9	1,000,000	㉮	100,000						

⑦ "22. 현과" 최신 30회 중 8문제 출제

구 분	내 용
입력내용	현금영수증(10% 부가가치세 포함) 발급에 의한 과세 매출거래
반영되는 서식	• 부가가치세신고서 ③란 • 매입매출장

문제 7월 7일 : ㈜매입매출(회사코드 : 1004)은 개인 소비자 이성실(비사업자)에게 제품을 1,100,000원(부가가치세 포함)에 현금판매하고 현금영수증(소득공제용, 승인번호 20250707175)을 교부하였다.

해설 일자 : 7월 7일

□	일	번호	유형	품목	수량	단가	공급가액	부가세	코드	공급처명	사업/주민번호	전자	분개
□	7	50001	현과	제품			1,000,000	100,000	00800	이성실	791225-2236512		현금
				공급처별 매출(입)전체 [1]건			1,000,000	100,000					

구분	계정과목	적요	거래처	차변(출금)	대변(입금)
입금	0255 부가세예수금	제품	00800 이성실	(현금)	100,000
입금	0404 제품매출	제품	00800 이성실	(현금)	1,000,000

① [월]란에 거래발생 월인 "7"을 입력하고 [일]란에 거래발생 일인 "7"을 입력한다.
② [유형]란에 유형코드 "22.현과"를 입력하고 [품목]란은 "제품"을 입력하거나 입력을 생략한다.
③ [공급가액]란에 공급대가 "1,100,000"을 입력하고 키보드의 Enter 키를 누르면 공급가액 1,000,000원과 부가가치세 100,000원이 자동으로 분리되어 입력된다.
④ [코드]란에 커서를 놓고 "이성"을 입력하고 Enter 를 누르면 나타나는 「거래처도움」보조창에서 "이성실"을 선택한 후 Enter 키를 누르거나 확인(Enter) 을 클릭한다.
⑤ [분개]란에는 "1.현금"을 입력하면 분개는 자동으로 반영된다.

분개	(차변) 현금	1,100,000	(대변) 부가세예수금	100,000
			(대변) 제품매출	1,000,000

구 분	코드	계정과목	적요	거래처		차변(출금)	대변(입금)
입금	255	부가세예수금	제품	104	홍길동	(현금)	100,000
입금	404	제품매출	제품	104	홍길동	(현금)	1,000,000

⑥ [부가가치]-[신고서/부속명세]-[부가가치세신고서] ③란에 반영된 화면은 다음과 같다.
조회기간 : 2025년 7월 7일 ~ 2025년 7월 7일

	구분		정기신고금액				구분		금액	세율	세액
			금액	세율	세액		7.매출(예정신고누락분)				
과세표준및매출세액	과세	세금계산서발급분	1		10/100		예정누락분	과세	세금계산서	33		10/100	
		매입자발행세금계산서	2		10/100				기타	34		10/100	
		신용카드·현금영수증발행분	3	1,000,000		100,000		영세	세금계산서	35		0/100	
		기타(정규영수증외매출분)	4		10/100				기타	36		0/100	
	영세	세금계산서발급분	5		0/100			합계		37			
		기타	6		0/100		12.매입(예정신고누락분)					
	예정신고누락분		7					세금계산서		38			
	대손세액가감		8				예정	그 밖의 공제매입세액		39			
	합계		9	1,000,000	㉮	100,000						

Ⅲ 매입전표입력 메뉴 따라하기

1 매입항목의 유형별 특성

매입의 유형별로 입력하는 내용과 반영되는 부가가치세신고서를 학습하는 것이 중요하다.

매입					
51.과세	과세매입	56.금전	금전등록	61.현과	현금과세
52.영세	영세율	57.카과	카드과세	62.현면	현금면세
53.면세	계산서	58.카면	카드면세		
54.불공	불공제	59.카영	카드영세		
55.수입	수입분	60.면건	무증빙		

코드	유형	내용
51	과세	과세매입-세금계산서 수취
52	영세	내국신용장 등에 의한 영세율매입-영세율세금계산서 수취
53	면세	면세매입-계산서 수취
54	불공	과세되는 재화 등을 공급받고 세금계산서를 수취하였으나 매입세액이 공제되지 않는 경우 ① 사업과 무관한 매입세액 ② 세금계산서불성실, 매입처별 세금계산서 합계표불성실 ③ 등록 전 매입세액(단, 공급시기가 속하는 과세기간이 끝난 후 20일 이내에 등록을 신청한 경우 등록신청일부터 공급시기가 속하는 과세기간 기산일(1/1 또는 7/1)까지 역산한 기간 내의 것은 공제) ④ 토지 조성 및 자본적 지출 관련 매입세액 ⑤ 면세사업 관련 매입세액 ⑥ 기업업무추진비 관련 매입세액 ⑦ 비영업용 소형승용차(개별소비세법 제1조제2항제3호 따른 자동차) 구입, 임차, 유지에 대한 매입세액
55	수입	세관장이 발행한 세금계산서 수취
57	카과	신용카드 과세매입-신용카드매출전표 수취
58	카면	신용카드 면세매입-신용카드매출전표 수취
59	카영	신용카드 영세매입-신용카드매출전표 수취
60	면건	면세 매입으로 증빙이 없는 경우
61	현과	현금영수증에 의한 과세매입
62	현면	현금영수증에 의한 면세매입

2 매입전표의 분개 요령

❶ "1 : 현금"

대변 계정과목이 전액 현금인 경우에 사용한다. 차변 계정과목은 부가세대급금과 [기초정보등록]-[환경등록]의 ❷분개유형 설정의 "153. 원재료"로 자동 반영된다. 부가세대급금을 제외한 나머지 계정과목은 수정하거나 추가 입력이 가능하다.

❷ "2 : 외상"

대변 계정과목이 전액 외상매입금인 경우에 사용한다. 차변 계정과목은 부가세대급금과 [기초정보등록]-[환경등록]의 ❷분개유형 설정의 "153. 원재료"로 자동 반영된다. 부가세대급금을 제외한 나머지 계정과목은 수정하거나 추가 입력이 가능하다.

③ "3 : 혼합"

대변 계정과목이 전액 현금 또는 외상매입금이 아닌 경우에 사용한다. 차변 계정과목은 부가세대급금과 [기초정보등록]-[환경등록]의 ❷분개유형 설정의 "153. 원재료"로 자동 반영된다. 부가세대급금을 제외한 나머지 계정과목은 수정하거나 추가 입력이 가능하다.

④ "4 : 카드"

대변 계정과목은 [기초정보등록]-[환경등록]의 ❷분개유형 설정의 신용카드매입채무 "253.미지급금", 차변 계정과목은 부가세대급금과 [기초정보등록]-[환경등록]의 ❷분개유형 설정 중 매입 "153.원재료"가 자동으로 반영된다.

3 유형별 실무사례 따라하기

★ ① "51.과세(과세매입)"   최신 30회 중 33문제 출제

구분	내용
입력내용	매입세액이 공제되는 세금계산서를 발급받은 과세 매입거래
반영되는 서식	• 부가가치세신고서 ⑩란(고정자산매입은 ⑪란) • 매입처별 세금계산서 합계표 • 매입매출장

문제 1 2월 2일 : ㈜매입매출(회사코드 : 1004)은 당사를 견학하는 불특정 다수의 방문객들에게 제공하기 위하여 (주)홈플라스로부터 수건 100개(@ 1,000원, 부가가치세 별도)를 외상으로 구입하고, 전자세금계산서를 교부받았다. 관련 계정은 판매비와 관리비 계정으로 분류하시오.

해설 일자 : 2월 2일

일	번호	유형	품목	수량	단가	공급가액	부가세	코드	공급처명	사업/주민번호	전자	분개
2	50001	과세	수건	100	1,000	100,000	10,000	00101	(주)홈플라스	108-80-16943	여	혼합
		공급처별 매출(입)전체 [1]건				100,000	10,000					

구분	계정과목	적요	거래처	차변(출금)	대변(입금)
차변	0135 부가세대급금	수건 100X1000	00101 (주)홈플라	10,000	
차변	0833 광고선전비	수건 100X1000	00101 (주)홈플라	100,000	
대변	0253 미지급금	수건 100X1000	00101 (주)홈플라		110,000

① [월]란에 거래발생 월인 "2"를 입력하고 [일]란에 거래발생 일인 "2"를 입력한다.
② [유형]란에 매입과세의 유형코드 "51"을 입력하고 [품목]란은 "수건"을 입력하거나 입력을 생략한다.
③ [수량]란에 "100", [단가]란에 "1,000"을 입력하면 [공급가액]란에 "100,000", [부가세]란에 "10,000"이 자동 반영된다.
④ [코드]란에 커서를 놓고 "홈플"을 입력하고 Enter 를 누르면 나타나는 「거래처도움」보조창에서 "(주)홈플라스"을 선택한 후 Enter 키를 누르거나 확인(Enter) 을 클릭한다.
⑤ [전자]란에 "1.여"를 입력한다.
⑥ [분개]란에는 혼합거래이므로 "3.혼합"을 입력하면 차변 분개는 자동으로 반영된다. 차변 계정과목 중 "153.원재료"를 "833.광고선전비"로 수정하고 대변 계정과목은 "253.미지급금"으로 추가 입력한다.

분개	(차변) 부가세대급금	10,000	(대변) 미지급금((주)홈플러스)	110,000
	(차변) 광고선전비(판)	100,000		

구분	코드	계정과목	적요	거래처		차변(출금)	대변(입금)
차변	135	부가세대급금	수건	101	(주)홈플러스	10,000	
차변	833	광고선전비	수건	101	(주)홈플러스	100,000	
대변	253	미지급금	수건	101	(주)홈플러스		110,000

⑦ 반영되는 서식을 조회하면 다음과 같다.

• [부가가치]-[신고서/부속명세]-[부가가치세신고서] ⑩란에 반영된 화면

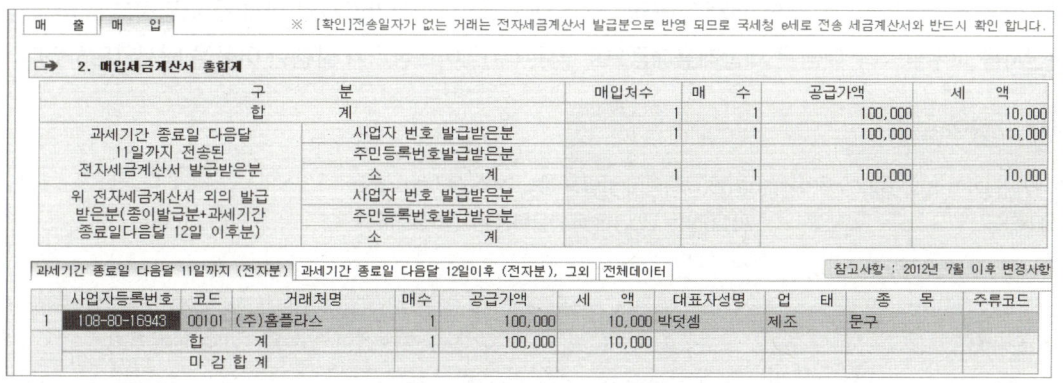

• [부가가치]-[신고서/부속명세]-[세금계산서 합계표] – 매입 탭 조회화면

조회기간 : 2025년 2월 ~ 2025년 2월, 매입 탭

문제 2 2월 3일 : 회사 업무용 4인용 소형승용차(배기량 800cc)를 현대자동차에서 구입하면서 대금 5,000,000원(부가가치세 500,000원 별도)을 현금으로 결제하고 전자세금계산서를 수취하였다.

해설 일자 : 2월 3일

유형:51.과세 / 공급가액:5,000,000 / 부가세:500,000 / 공급처명:현대자동차 / 전자:여 / 분개:현금

(차변) 부가세대급금   500,000   (대변) 현금   5,500,000
(차변) 차량운반구   5,000,000

문제 3 2월 12일 : 2월 2일에 (주)홈플라스에서 매입한 판촉용 수건이 하자가 있어 반품하고 수정전자세금계산서(공급가액 10,000원, 부가가치세 1,000원, 부[負]의 전자세금계산서)를 교부받았다. 대금은 미지급금과 상계처리하였다.

해설 일자 : 2월 12일

유형:51.과세 / 공급가액:-10,000 / 부가세:-1,000 / 공급처명:(주)홈플라스 / 전자:여 / 분개:혼합

(차변) 부가세대급금	-1,000	(대변) 미지급금	-11,000
(차변) 광고선전비	-10,000		

□	일	번호	유형	품목	수량	단가	공급가액	부가세	코드	공급처명	사업자주민번호	전자	분개
□	12	50001	과세	수건			-10,000	-1,000	00101	(주)홈플라스	108-80-16943	여	혼합
				공급처별 매출(입)전체 [1]건			-10,000	-1,000					

구분	계정과목	적요	거래처	차변(출금)	대변(입금)
차변	0135 부가세대급금	수건	00101 (주)홈플라	-1,000	
차변	0833 광고선전비	수건	00101 (주)홈플라	-10,000	
대변	0253 미지급금	수건	00101 (주)홈플라		-11,000

※ [유형]란은 "51.과세", [공급가액]란에 "-10,000"을 입력해야 한다.

문제 4 2월 25일 : 일산유통으로부터 원재료(공급가액 5,000,000원, 부가가치세 제외)를 매입하고 전자세금계산서를 교부받았다. 대금은 제품매출대금으로 받은 (주)임아트상회가 발행한 어음을 배서양도하였다.

해설 일자 : 2월 25일

유형:51.과세 / 공급가액:5,000,000 / 부가세:500,000 / 공급처명:일산유통 / 전자:여 / 분개:혼합

(차변) 부가세대급금	500,000	(대변) 받을어음((주)임아트상회)	5,500,000
(차변) 원재료	5,000,000		

□	일	번호	유형	품목	수량	단가	공급가액	부가세	코드	공급처명	사업자주민번호	전자	분개
□	25	50001	과세	원재료			5,000,000	500,000	00202	일산유통	130-41-27190	여	혼합
□	25												
				공급처별 매출(입)전체 [1]건			5,000,000	500,000					

구분	계정과목	적요	거래처	차변(출금)	대변(입금)
차변	0135 부가세대급금	원재료	00202 일산유통	500,000	
차변	0153 원재료	원재료	00202 일산유통	5,000,000	
대변	0110 받을어음	원재료	00102 (주)임아트상회		5,500,000

※ 하단 분개 중 대변 계정과목을 "110.받을어음"으로 입력하고 받을어음에 대한 거래처코드는 "202.일산유통"이 아니므로 "102.(주)임아트상회"로 덧씌어 입력한다.

★ ❷ "52. 영세" 최신 30회 중 6문제 출제

구분	내용
입력내용	내국신용장 또는 구매확인서에 의해 영세율세금계산서를 발급받은 영세율 매입거래
반영되는 서식	• 부가가치세신고서 ⑩란(고정자산매입은 ⑪란) • 매입처별 세금계산서 합계표 • 매입매출장

※ 내국신용장(또는 구매확인서)이란 수출업자가 수출용원자재 또는 수출용완제품을 국내에서 구매하기 위하여 원신용장을 담보로 국내공급업자를 수익자로 하여 국내외국환은행이 개설한 신용장을 의미한다.

문제 2월 28일 : ㈜매입매출(회사코드 : 1004)은 매입처 (주)임아트상회로부터 수출용 원재료(공급가액 2,000,000원)를 구매확인서에 의하여 매입하고, 영세율전자세금계산서를 교부받았다. 대금은 전액

약속어음(만기일 2025년 5월 31일)을 발행하여 교부하였다.

해설 일자 : 2월 28일

일	번호	유형	품목	수량	단가	공급가액	부가세	코드	공급처명	사업/주민번호	전자	분개
28	50001	영세	원재료			2,000,000		00102	(주)임아트상회	314-85-00186	여	혼합
		공급처별 매출(입)전체 [1]건				2,000,000						

구분	계정과목		적요		거래처		차변(출금)	대변(입금)
차변	0153 원재료		원재료		00102 (주)임아트		2,000,000	
대변	0252 지급어음		원재료		00102 (주)임아트			2,000,000

① [월]란에 거래발생 월인 "2"를 입력하고 [일]란에 거래발생 일인 "28"를 입력한다.
② [유형]란에 유형코드 "52"를 입력하고 [품목]란은 "원재료"를 입력하거나 입력을 생략한다.
③ [공급가액]란에 "2,000,000"을 입력하며 영세율 대상 거래이므로 부가세는 없다.
④ [코드]란에 커서를 놓고 "임아"를 입력하고 Enter 를 누르면 나타나는 「거래처도움」보조창에서 "(주)임아트상회"를 선택한 후 Enter 키를 누르거나 확인(Enter) 을 클릭한다.
⑤ [전자]란에 "1.여"를 입력한다.
⑥ [분개]란에는 혼합거래이므로 "3.혼합"을 선택하고 다음과 같이 입력한다.

분개	(차변) 원재료			2,000,000	(대변) 지급어음((주)임아트상회)		2,000,000	
구 분	**코드**	**계정과목**	**적요**		**거래처**		**차변(출금)**	**대변(입금)**
차변	153	원재료	원재료	102	(주)임아트상회		2,000,000	
대변	252	지급어음	원재료	102	(주)임아트상회			2,000,000

⑦ 반영되는 서식을 조회하면 다음과 같다.

• [부가가치]-[신고서/부속명세] -[부가가치세신고서] ⑩란에 반영된 화면

조회기간 : 2025년 2월 28일 ~ 2025년 2월 28일

• [부가가치]-[부가세신고서Ⅰ]-[세금계산서 합계표] - 매입 탭 조회화면

조회기간 : 2025년 2월 ~ 2025년 2월, 매입 탭

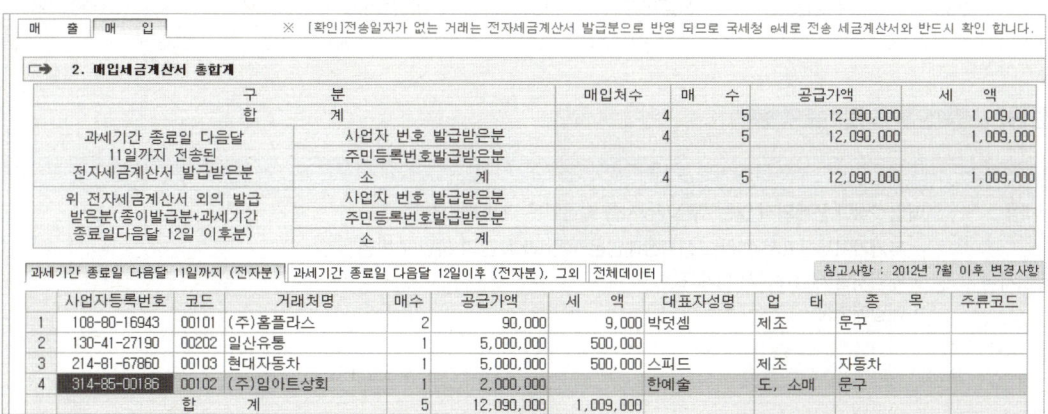

③ "53. 면세" 최신 30회 중 13문제 출제

구 분	내 용
입력내용	면세사업자가 발행한 계산서를 발급받은 면세 매입거래
반영되는 서식	• 부가가치세신고서의 [과세표준명세] "85.계산서수취금액"란 • 매입처별 계산서 합계표 • 매입매출장

문제 3월 15일 : ㈜홈플라스에서 당사가 주요 매입거래처에 증정할 여름휴가 선물세트(면세품목)를 다음과 같이 외상으로 구입하고 전자계산서를 수취하였다.

품목	수량	단가	공급가액	비 고
선물세트	30	100,000원	3,000,000원	외상

해설 일자 : 3월 15일

일	번호	유형	품목	수량	단가	공급가액	부가세	코드	공급처명	사업/주민번호	전자	분개
15	50001	면세	선물세트	30	100,000	3,000,000		00101	㈜홈플라스	108-80-16943	여	혼합
		공급처별 매출(입)전체 [1]건				3,000,000						

구분	계정과목	적요	거래처	차변(출금)	대변(입금)
차변	0513 접대비	선물세트 30X100000	00101 ㈜홈플라...	3,000,000	
대변	0253 미지급금	선물세트 30X100000	00101 ㈜홈플라...		3,000,000

① [월]란에 거래발생 월인 "3"을 입력하고 [일]란에 거래발생 일인 "15"를 입력한다.
② [유형]란에 유형코드 "53"을 입력하고 [품목]란은 "선물세트"를 입력하거나 입력을 생략한다.
③ [수량]란에 "30", [단가]란에 "100,000"을 입력하면 [공급가액]란에 "3,000,000"이 자동 반영된다.
④ [코드]란에 커서를 놓고 "홈플"을 입력하고 Enter 를 누르면 나타나는 「거래처도움」보조창에서 "㈜홈플라스"를 선택한 후 Enter 키를 누르거나 확인(Enter) 을 클릭한다.
⑤ [전자]란에 "1.여"를 입력한다.
⑥ [분개]란에는 혼합거래이므로 "3.혼합"을 선택하고 다음과 같이 입력한다.

분개	(차변) 기업업무추진비(제)	3,000,000	(대변) 미지급금(㈜홈플라스)	3,000,000

구 분	코드	계정과목	적요	거래처		차변(출금)	대변(입금)
차변	513	기업업무추진비	선물세트	101	㈜홈플라스	3,000,000	
대변	253	미지급금	선물세트	101	㈜홈플라스		3,000,000

④ "54. 불공" 최신 30회 중 27문제 출제

구 분	내 용
입력내용	매입세액이 공제되지 않는 세금계산서를 발급받은 과세 매입거래
반영되는 서식	• 부가가치세신고서 ⑩란(고정자산매입은 ⑪란)과 ⑯란의 ㊿란에 반영 • 매입처별 세금계산서 합계표 • 매입매출장

문제 1 4월 21일 : ㈜매입매출(회사코드 : 1004)은 대표이사의 업무용 승용자동차(5인승, 2,500cc)를 현대자동차로부터 구입하고 전자세금계산서(공급가액 23,000,000원, 부가가치세 별도)를 교부 받았다. 차량대금 중 20,000,000원은 당좌수표 발행하여 지급하고, 잔액은 한 달 후에 지급하기로 하였다.

해설 일자 : 4월 21일

□	일	번호	유형	품목	수량	단가	공급가액	부가세	코드	공급처명	사업/주민번호	전자	분개
■	21	50001	불공	승용자동차			23,000,000	2,300,000	00103	현대자동차	214-81-67860	여	혼합

불공제사유 3 ③개별소비세법 제1조제2항제3호에 따른 자동차 구입·유지 및 임차

구분	계정과목	적요	코드	거래처	차변(출금)	대변(입금)
차변	0208 차량운반구	승용자동차	00103	현대자동차	25,300,000	
대변	0102 당좌예금	승용자동차	00103	현대자동차		20,000,000
대변	0253 미지급금	승용자동차	00103	현대자동차		5,300,000

① [월]란에 거래발생 월인 "4"를 입력하고 [일]란에 거래발생 일인 "21"을 입력한다.
② [유형]란에 유형코드 "54"를 입력하고 [품목]란은 "승용자동차"를 입력하거나 입력을 생략한다.
③ [공급가액]란에 "23,000,000"을 입력하면 부가가치세 2,300,000원이 자동으로 반영된다.
④ [코드]란에 커서를 놓고 "현대"을 입력하고 Enter 를 누르면 나타나는 「거래처도움」보조창에서 "현대자동차"를 선택한 후 Enter 키를 누르거나 확인(Enter) 을 클릭한다.
⑤ [전자]란에 "1.여"를 입력한다.
⑥ [불공제사유]란에 F2 또는 ▦ 을 클릭하면 나타나는 다음의 보조창에서 해당되는 불공제사유 "3:③개별소비세법 제1조제2항제3호에 따른 자동차 구입·유지 및 임차"를 선택한 후 Enter 키를 누르거나 확인(Enter) 을 클릭한다.

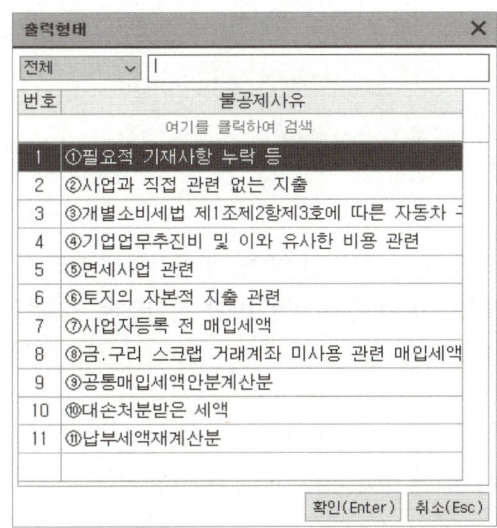

⑦ [분개]란에는 혼합거래이므로 "3.혼합"을 입력하면 분개는 자동으로 반영된다.

분개	(차변) 차량운반구	25,300,000	(대변) 당좌예금	20,000,000
			(대변) 미지급금(현대자동차)	5,300,000

구분	코드	계정과목	적요	거래처		차변(출금)	대변(입금)
차변	208	차량운반구	승용자동차	103	현대자동차	25,300,000	
대변	102	당좌예금	승용자동차	103	현대자동차		20,000,000
대변	253	미지급금	승용자동차	103	현대자동차		5,300,000

⑧ 반영되는 서식을 조회하면 다음과 같다.

- [부가가치]-[신고서/부속명세]-[부가가치세신고서] ⑪란, ⑯란 및 ㊿란 반영된 화면

  조회기간 : 2025년 4월 21일 ~ 2025년 4월 21일

구분			정기신고금액			구분		금액	세율	세액
			금액	세율	세액	16.공제받지못할매입세액				
과세표준및매출세액	과세	세금계산서발급분	1		10/100		공제받지못할 매입세액	50	23,000,000		2,300,000
		매입자발행세금계산서	2		10/100		공통매입세액면세등사업분	51			
		신용카드·현금영수증발행분	3		10/100		대손처분받은세액	52			
		기타(정규영수증외매출분)	4				합계	53	23,000,000		2,300,000
	영세	세금계산서발급분	5		0/100	18.그 밖의 경감·공제세액				
		기타	6		0/100		전자신고세액공제	54			
	예정신고누락분		7				전자세금계산서발급세액공제	55			
	대손세액가감		8				택시운송사업자경감세액	56			
	합계		9		㉮		대리납부세액공제	57			
매입세액	세금계산서수취분	일반매입	10				현금영수증사업자세액공제	58			
		수출기업수입분납부유예	10				기타	59			
		고정자산매입	11	23,000,000		2,300,000	합계	60			
	예정신고누락분		12								
	매입자발행세금계산서		13								
	그 밖의 공제매입세액		14								
	합계(10)-(10-1)+(11)+(12)+(13)+(14)		15	23,000,000		2,300,000					
	공제받지못할매입세액		16	23,000,000		2,300,000					
	차감계 (15-16)		17			㉯					
납부(환급)세액(매출세액㉮-매입세액㉯)					㉰						

- [부가가치]-[부가세신고서Ⅰ]-[세금계산서 합계표] – 매입 탭 조회화면

  조회기간 : 2025년 4월 ~ 2025년 4월, 매입 탭

			매입처수	매 수	공급가액	세 액
2. 매입세금계산서 총합계						
구 분						
합 계			1	1	23,000,000	2,300,000
과세기간 종료일 다음달 11일까지 전송된 전자세금계산서 발급받은분	사업자 번호 발급받은분		1	1	23,000,000	2,300,000
	주민등록번호발급받은분					
	소 계		1	1	23,000,000	2,300,000
위 전자세금계산서 외의 발급받은분(종이발급분+과세기간 종료일다음달 12일 이후분)	사업자 번호 발급받은분					
	주민등록번호발급받은분					
	소 계					

	사업자등록번호	코드	거래처명	매수	공급가액	세 액	대표자성명	업 태	종 목	주류코드
1	214-81-67860	00103	현대자동차	1	23,000,000	2,300,000	스피드	제조	자동차	
	합 계			1	23,000,000	2,300,000				

문제 2 4월 22일 : 판매거래처에 접대할 목적으로 선물용품(수량 50개, @30,000원, 부가가치세 별도)을 (주)임아트상회로부터 구입하고 전자세금계산서를 발급받았으며 대금은 법인카드(신한카드)로 결제하였다(전액 비용처리).

해설 일자 : 4월 22일

유형:54.불공 / 공급가액:1,500,000 / 부가세:150,000 / 공급처명:(주)임아트상회 / 전자:여 / 분개:카드 /
불공제사유:④기업업무추진비 및 이와 유사한 비용 관련

(차변) 기업업무추진비(판)	1,650,000	(대변) 미지급금(신한카드) 또는 미지급비용(신한카드)	1,650,000

□	일	번호	유형	품목	수량	단가	공급가액	부가세	코드	공급처명	사업/주민번호	전자	분개
□	22	50001	불공	선물용품			1,500,000	150,000	00102	(주)임아트상회	314-85-00186	여	카드

불공제사유 4 ④기업업무추진비 및 이와 유사한 비용 관련

구분	계정과목		적요		거래처	차변(출금)	대변(입금)	(세금)계산
대변	0253	미지급금	선물용품	99601	신한카드		1,650,000	현재라인인
차변	0813	기업업무추진비	선물용품	00102	(주)임아트상회	1,650,000		거래명

※ 하단 분개 시 대변 계정과목 "253.미지급금"의 거래처 코드를 "99601.신한카드"로 수정한다.

문제 3 4월 23일 : 새로 영입한 영업팀 상무이사 나잡스의 자택에 에어컨을 설치하기 위하여 (주)홈플러스로부터 500,000원(부가세 별도)에 구입하고 대금은 다음 달에 지급하기로 하였다. 구매 시 공급받는 자를 당사로 하여 전자세금계산서를 수령하였다.

해설 일자 : 4월 23일

유형:54.불공 / 공급가액:500,000 / 부가세:50,000 / 공급처명:(주)홈플러스 / 전자:여 / 분개:혼합 /
불공제사유:②사업과 직접 관련 없는 지출

| (차변) 가지급금(나잡스) | 550,000 | (대변) 미지급금((주)홈플러스) | 550,000 |

※ 하단 분개 시 대변 계정과목 "134.가지급금"에 대한 거래처코드를 "103.나잡스"로 수정한다.

⑤ "55. 수입" 최신 30회 중 6문제 출제

구 분	내 용
입력내용	재화를 수입하고 세관장이 발급하는 수입세금계산서를 발급받은 과세 매입거래
반영되는 서식	• 부가가치세신고서 ⑩란(고정자산매입은 ⑪란) • 매입처별 세금계산서 합계표 • 매입매출장

문제 5월 9일 : 미국 ABC사로부터 원재료를 수입통관하면서, 인천세관으로부터 40,000,000원(부가세 별도)의 수입전자세금계산서를 교부받고, 통관 제비용과 부가가치세 4,400,000원을 현금지급하였다(미착품은 고려하지 않기로 한다).

해설 일자 : 5월 9일

① [월]란에 거래발생 월인 "5"를 입력하고 [일]란에 거래발생 일인 "9"를 입력한다.
② [유형]란에 유형코드 "55"를 입력하고 [품목]란은 "원재료"를 입력하거나 입력을 생략한다.
③ [공급가액]란에 공급가액을 "40,000,000"을 입력하면 [부가세]란에 "4,000,000"이 자동으로 반영된다.

합격 TIP 수입세금계산서상의 공급가액

수입세금계산서상의 공급가액은 단순히 세관장이 부가가치세를 징수하기 위한 부가가치세 과세표준일 뿐이므로 회계처리대상이 아니다. 따라서, 전산세무회계 프로그램에서는 수입세금계산서의 경우 하단 분개 시에는 부가가치세만 표시되도록 되어 있다.

참고 수입재화의 과세표준 = 관세의 과세가액 + 관세 + 개별소비세, 교통·에너지·환경세, 주세 + 교육세 + 농어촌특별세

④ [코드]란에 커서를 놓고 "인천"을 입력하고 Enter 를 누르면 나타나는 「거래처도움」 보조창에서 "인천세관"을 선택한 후 Enter 키를 누르거나 확인(Enter) 을 클릭한다.
⑤ [전자]란에 "1.여"를 입력한다.
⑥ [분개]란에는 "3.혼합"을 입력하고 분개는 다음과 같이 입력한다.

| 분개 | (차변) 부가세대급금 | 4,000,000 | (대변) 현금 | 4,400,000 |
| | (차변) 원재료 | 400,000 | | |

구 분	코드	계정과목	적요	거래처	차변(출금)	대변(입금)
차변	135	부가세대급금	원재료 204	인천세관	4,000,000	
차변	153	원재료	원재료 204	인천세관	400,000	
대변	101	현금	원재료 204	인천세관		4,400,000

⑦ 반영되는 서식을 조회하면 다음과 같다.

• [부가가치]-[신고서/부속명세]-[부가가치세신고서] ⑩란 반영된 화면

조회기간 : 2025년 5월 9일 ~ 2025년 5월 9일

매입세액	세금계산서	일반매입	10	40,000,000		4,000,000
		수출기업수입분납부유예	10			
	수취분	고정자산매입	11			
	예정신고누락분		12			
	매입자발행세금계산서		13			
	그 밖의 공제매입세액		14			
	합계(10)-(10-1)+(11)+(12)+(13)+(14)		15	40,000,000		4,000,000
	공제받지못할매입세액		16			
	차감계 (15-16)		17	40,000,000	⑭	4,000,000

• [부가가치]-[부가세신고서Ⅰ]-[세금계산서 합계표] - 매입 탭 조회화면

조회기간 : 2025년 5월 ~ 2025년 5월, 매입 탭

구 분		매입처수	매 수	공급가액	세 액
합 계		1	1	40,000,000	4,000,000
과세기간 종료일 다음달 11일까지 전송된 전자세금계산서 발급받은분	사업자 번호 발급받은분	1	1	40,000,000	4,000,000
	주민등록번호발급받은분				
	소 계	1	1	40,000,000	4,000,000
위 전자세금계산서 외의 발급받은분(종이발급분+과세기간 종료일다음달 12일 이후분)	사업자 번호 발급받은분				
	주민등록번호발급받은분				
	소 계				

	사업자등록번호	코드	거래처명	매수	공급가액	세 액	대표자성명	업 태	종 목	주류코드
1	133-81-26371	00105	인천세관	1	40,000,000	4,000,000				
			합 계	1	40,000,000	4,000,000				

⑥ "57. 카과" 최신 30회 중 15문제 출제

구 분	내 용
입력내용	매입세액공제가 가능한 신용카드 등의 결제에 의한 과세 매입거래
반영되는 서식	• 부가가치세신고서 ⑭란 및 ㊶란(고정자산 매입 시 ㊷란) • 매입매출장

합격 TIP 신용카드매출전표 매입세액 공제요건

• 일반과세자와 세금계산서 발급의무가 있는 간이과세자(직전연도 공급대가 4,800만원 이상)로부터 공급가액과 세액이 분리 기재되어 있는 신용카드매출전표 수취
  ⇨ 세금계산서 발급의무가 없는 간이과세자(직전연도 공급대가 4,800만원 미만)로부터 수취한 신용카드매출전표는 공제가 되지 않는다.
• 매입세액 불공제 대상(기업업무추진비 관련, 비영업용 소형승용차 관련 등)이 아닐 것
  ⇨ 공제요건을 갖추지 못한 신용카드매출전표는 일반전표에 입력하는 것으로 54.불공에 해당하지 않는 것이다.

문제 6월 14일 : ㈜매입매출(회사코드 : 1004)은 공장에 설치중인 전자동기계의 성능을 시험해 보기로 하였다. 시운전을 위하여 일산유통에서 휘발유 165리터를 330,000원(2,000원/리터)에 구입하고 대금은 신한카드로 결제하였다(신용카드매출전표상에 공급가액과 세액을 구분 표시하여 받음).

해설 일자 : 6월 14일

□	일	번호	유형	품목	수량	단가	공급가액	부가세	코드	공급처명	사업/주민번호	전자	분개
□	14	50001	카과	휘발유	165	2,000	300,000	30,000	00202	일산유통	130-41-27190		카드
				공급처별 매출(입)전체 [1]건			300,000	30,000					

신용카드사: 99601 신한카드   봉사료:

구분	계정과목	적요	거래처	차변(출금)	대변(입금)
대변	0253 미지급금	휘발유 165X2000	99601 신한카드		330,000
차변	0135 부가세대급금	휘발유 165X2000	00202 일산유통	30,000	
차변	0206 기계장치	휘발유 165X2000	00202 일산유통	300,000	

① [월]란에 거래발생 월인 "6"을 입력하고 [일]란에 거래발생 일인 "14"를 입력한다.
② [유형]란에 유형코드 "57.카과"를 선택하고 [품목]란은 "휘발유"를 입력하거나 입력을 생략한다.
③ [수량]란에 "165", [단가]란에 "2,000"을 입력하면 [공급가액]란에 "300,000", [부가세]란에 "30,000"이 자동으로 반영된다. 만약, 수량과 단가가 제시되지 않았다면 [공급가액]란에 공급대가 "330,000"을 입력한다. 공급대가를 입력하고 키보드의 Enter 키를 누르면 공급가액 "300,000"과 부가가치세 "30,000"이 자동으로 분리되어 입력된다.
④ [코드]란에 커서를 놓고 "일산"을 입력하고 Enter 를 누르면 나타나는 「거래처도움」보조창에서 "일산유통"를 선택한 후 Enter 키를 누르거나 확인(Enter) 을 클릭한다.
⑤ [신용카드사]란에 커서가 놓일 때 키보드의 F2 를 누르거나 ⋯ 을 클릭하면 나타나는 다음의 보조창에서 "99601.신한카드"를 선택하고 확인(Enter) 을 클릭한다.

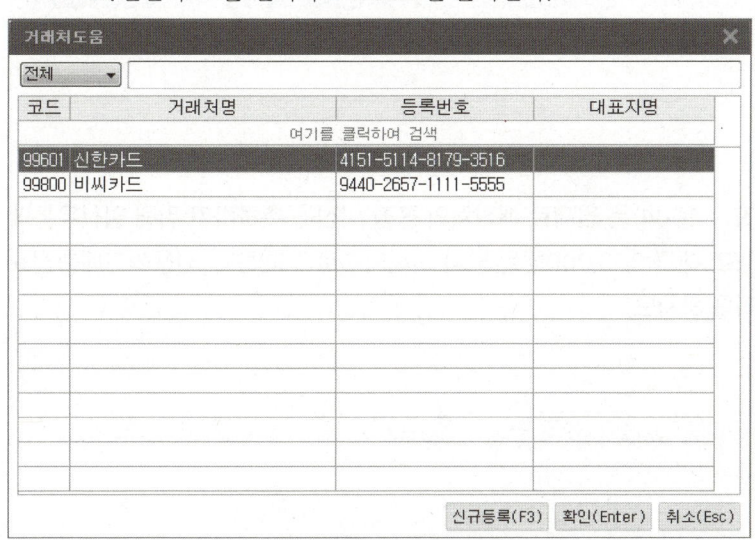

⑥ [분개]란에는 "4.카드"를 입력하고 분개는 다음과 같이 입력한다.

분개	(차변) 부가세대급금		30,000		(대변) 미지급금(신한카드)		330,000
	(차변) 기계장치		300,000				

구 분	코드	계정과목	적요		거래처	차변(출금)	대변(입금)
대변	253	미지급금	휘발유	99601	신한카드		330,000
차변	135	부가세대급금	휘발유	202	일산유통	30,000	
대변	206	기계장치	휘발유	202	일산유통	300,000	

⑦ [부가가치]-[신고서/부속명세]-[부가가치세신고서] ⑭란과 ㊷란에 반영된 화면은 다음과 같다.

조회기간 : 2025년 6월 14일 ~ 2025년 6월 14일

⭐ ❼ "58. 카면" 최신 30회 중 1문제 출제

구 분	내 용
입력내용	신용카드에 의한 면세매입
반영되는 서식	• 반영되는 서식 • 매입매출장

문제 6월 15일 : ㈜매입매출(회사코드 : 1004)은 원재료 매입처의 공장 이전을 축하하기 위해 일산유통에서 축하화환을 주문하여 배송하고, 대금 300,000원은 당사 비씨카드로 결제하고, 신용카드매출전표를 수취하였다. 적절한 회계 처리를 하시오.

해설 일자 : 6월 15일

일	번호	유형	품목	수량	단가	공급가액	부가세	코드	공급처명	사업/주민번호	전자	분개
15	50001	카면	축하화환			300,000		00202	일산유통	130-41-27190		카드

신용카드사 99800 비씨카드 봉사료

구분	계정과목	적요	거래처	차변(출금)	대변(입금)
대변	0253 미지급금	축하화환	99800 비씨카드		300,000
차변	0513 기업업무추진비	축하화환	00202 일산유통	300,000	

① [월]란에 거래발생 월인 "6"을 입력하고 [일]란에 거래발생 일인 "15"를 입력한다.
② [유형]란에 신용카드에 의한 면세매입이므로 유형코드 "58"을 입력하고 [품목]란은 "축하화환"은 입력하거나 입력을 생략한다.
③ [공급가액]란에 "300,000"을 입력한다.

④ [공급처명 코드]란에 커서를 놓고 "일산"을 입력하고 Enter 를 누르면 나타나는 「거래처도움」보조창에서 "일산유통"을 선택한 후 Enter 키를 누르거나 확인(Enter) 을 클릭한다.

⑤ [분개]란에는 "3.혼합" 또는 "4.카드"를 선택하고 다음과 같이 입력한다.

분개	(차변) 기업업무추진비(제)	300,000	(대변) 미지급금[비씨카드] 또는 미지급비용[비씨카드]	300,000

구 분	코드	계정과목	적요	거래처		차변(출금)	대변(입금)
차변	513	기업업무추진비	선물세트	202	일산유통	300,000	
대변	253	미지급금	선물세트	99800	비씨카드		300,000

★ ⑧ "61. 현과" 최신 30회 중 6문제 출제

구 분	내 용
입력내용	10% 부가가치세가 있는 현금영수증을 발급받은 과세 매입거래
반영되는 서식	• 부가가치세신고서 ⑭란 및 ㊶란(고정자산 매입 시 ㊷란) • 매입매출장

문제 7월 11일 : ㈜매입매출(회사코드 : 1004)은 영업부 직원의 야식대로 맛집에 피자를 33,000원에 주문하고 현금을 지급한 후 현금영수증(지출증빙용)을 수취하였다(승인번호 입력은 생략한다).

해설 일자 : 7월 11일

□	일	번호	유형	품목	수량	단가	공급가액	부가세	코드	공급처명	사업/주민번호	전자	분개
□	11	50001	현과	피자			30,000	3,000	00104	맛집	128-27-39402		현금

구분	계정과목		적요		거래처		차변(출금)	대변(입금)	
출금	0135 부가세대급금		피자		00104 맛집		3,000	(현금)	
출금	0811 복리후생비		피자		00104 맛집		30,000	(현금)	

① [월]란에 거래발생 월인 "7"을 입력하고 [일]란에 거래발생 일인 "11"을 입력한다.
② [유형]란에 유형코드 "61.현과"를 입력하고 [품목]란은 "피자"를 입력하거나 입력을 생략한다.
③ [공급가액]란에 공급대가 "33,000"을 입력하고 키보드의 Enter 키를 누르면 공급가액 30,000원과 부가가치세 3,000원이 자동으로 분리되어 입력된다.
④ [코드]란에 커서를 놓고 "맛집"을 입력하고 Enter 를 누르면 나타나는 「거래처도움」보조창에서 "맛집"을 선택한 후 Enter 키를 누르거나 확인(Enter) 을 클릭한다.
⑤ [분개]란에는 "1.현금"을 입력하면 분개는 자동으로 반영된다.

분개	(차변) 부가세대급금 (차변) 복리후생비	3,000 30,000	(대변) 현금	33,000

구 분	코드	계정과목	적요	거래처		차변(출금)	대변(입금)
출금	135	부가세대급금	피자	104	맛집	3,000	(현금)
출금	811	복리후생비	피자	104	맛집	30,000	(현금)

⑥ [부가가치]-[신고서/부속명세]-[부가가치세신고서] ⑭란 및 ㊶란에 반영된 화면은 다음과 같다.
조회기간 : 2025년 7월 11일 ~ 2025년 7월 11일

매입세액	세금계산서	일반매입	10				정	합계		40		
		수출기업수입분납부유예	10					신용카드매출	일반매입			
	수취분	고정자산매입	11				누	수령금액합계	고정매입			
	예정신고누락분		12					의제매입세액				
	매입자발행세금계산서		13				락	재활용폐자원등매입세액				
	그 밖의 공제매입세액		14	30,000		3,000		과세사업전환매입세액				
	합계(10)-(10-1)+(11)+(12)+(13)+(14)		15	30,000		3,000	분	재고매입세액				
	공제받지못할매입세액		16					변제대손세액				
	차감계 (15-16)		17	30,000	⑪	3,000		외국인관광객에대한환급				
납부(환급)세액(매출세액㉮-매입세액㉯)					⑫	-3,000		합계				
경감 공제 세액	그 밖의 경감·공제세액		18				14.그 밖의 공제매입세액					
	신용카드매출전표등 발행공제등		19				신용카드매출	일반매입	41		30,000
	합계		20		㉱		수령금액합계표	고정매입	42		
예정신고미환급세액			21		㉲		의제매입세액		43		
예정고지세액			22		㉳		재활용폐자원등매입세액		44		
사업양수자의 대리납부 기납부세액			23		㉴		과세사업전환매입세액		45		
매입자 납부특례 기납부세액			24		㉵		재고매입세액		46		
신용카드업자의 대리납부 기납부세액			25		㉶		변제대손세액		47		
가산세액계			26		㉷		외국인관광객에대한환급세액		48		
차감.가감하여 납부할세액(환급받을세액)(⑫-㉱-㉲-㉳-㉴-㉵-㉶+㉷)			27			-3,000		합계		49		30,000

❾ "62. 현면" 최신 30회 중 2문제 출제

구 분	내 용
입력내용	현금영수증에 의한 면세매입
반영되는 서식	• 매입매출장

문제 7월 12일 : ㈜매입매출(회사코드 : 1004)은 공장 직원들의 휴게공간에 간식을 비치하기 위해 ㈜홈플라스로부터 샤인머스캣 등을 구매하면서 구매대금 275,000원을 현금으로 지급하고, 지출증빙용 현금영수증을 발급받았다.

해설 일자 : 7월 12일

□	일	번호	유형	품목	수량	단가	공급가액	부가세	코드	공급처명	사업/주민번호	전자	분개
□	12	50001	현면	샤인머스캣 등			275,000		00101	㈜홈플라스	108-80-16943		현금

구분	계정과목	적요	거래처	차변(출금)	대변(입금)	
출금	0511 복리후생비	샤인머스캣 등	00101 ㈜홈플라스	275,000	(현금)	(세금)계산 현재라인인

① [월]란에 거래발생 월인 "7"을 입력하고 [일]란에 거래발생 일인 "12"를 입력한다.
② [유형]란에 지출증빙용 현금영수증에 의한 면세매입이므로 유형코드 "62"을 입력하고 [품목]란은 "샤인머스캣 등"은 입력하거나 입력을 생략한다.
③ [공급가액]란에 "275,000"을 입력한다.
④ [공급처명 코드]란에 커서를 놓고 "홈플"을 입력하고 Enter 를 누르면 나타나는 「거래처도움」보조창에서 "㈜홈플라스"을 선택한 후 Enter 키를 누르거나 확인(Enter) 을 클릭한다.
⑤ [분개]란에는 "1.현금" 또는 "3.혼합"을 선택하고 다음과 같이 입력한다.

분개	(차변) 복리후생비(제)	275,000	(대변) 현금	275,000

구 분	코드	계정과목	적요	거래처		차변(출금)	대변(입금)
출금	511	복리후생비	샤인머스캣 등	101	㈜홈플라스	275,000	(현금)

Ⅳ 기출문제 연습하기

> **입력시 주의사항**
> - 일반적인 적요의 입력은 생략하지만, 타계정 대체거래는 적요번호를 선택하여 입력한다.
> - 별도의 요구가 없는 한 반드시 기 등록되어 있는 거래처코드를 선택하는 방법으로 거래처명을 입력한다.
> - 제조경비는 500번대 계정코드를, 판매비와 관리비는 800번대 계정코드를 사용한다.
> - 회계처리시 계정과목은 별도제시가 없는 한 등록되어 있는 계정과목 중 가장 적절한 과목으로 한다.
> - 입력화면 하단의 분개까지 처리하고, 전자세금계산서 및 전자계산서는 전자입력으로 반영한다.
> - ㈜매입매출(회사코드 : 1004)은 매입매출전표 입력문제를 연습하기 위한 회사이므로 업태와 종목에 상관하지 말고 현금 잔액 및 거래처원장 등이 음수가 되더라도 이를 무시하고 연습하도록 하자.

1 8월 1일 : ㈜홈플라스에 제품 20,000,000원(부가가치세 별도)을 공급하고, 전자세금계산서를 발급하였다. 대금 중 5,000,000원은 ㈜임아트상회가 발행한 당좌수표로 배서받고, 잔액은 3개월만기 약속어음으로 받았다. 〔93회〕

2 8월 2일 : 영업부에서는 전자세금계산서 발급용 공인인증서를 우리은행에서 신청하고, 수수료 4,400원(부가가치세 포함)을 보통예금에서 이체하고 전자세금계산서를 수취하였다. 전자세금계산서 발급거래처인 우리은행은 일반과세자(사업자번호 : 105-87-51144)이다. 〔82회〕

3 8월 3일 : 일산유통으로부터 내국신용장을 발급받고, 제품 2,000개를 20,000,000원에 납품하고, 영세율 전자세금계산서를 발행하였다. 대금 중 6,000,000원은 보통예금으로 계좌이체 받고, 나머지는 ㈜홈플라스가 발행한 약속어음을 배서 받았다. 〔104회〕

4 8월 4일 원재료 매입처의 공장 이전을 축하하기 위해 ㈜임아트상회에서 축하화환을 주문하여 배송하고, 대금 300,000원은 당사 법인카드(신한카드)로 결제하고, 아래와 같은 신용카드매출전표를 수취하였다. 적절한 회계처리를 하시오. 〔90회〕

```
       신용카드매출전표
------------------------
카드종류 : 신한카드
회원번호 : 4151-5114-****-3516
거래일시 : 2025. 8. 4. 14:05:16
거래유형 : 신용승인
매    출 : 300,000원
부 가 세 :       0원
합    계 : 300,000원
결제방법 : 일시불
승인번호 : 71999995
은행확인 : 신한은행
========================
가맹점명 : ㈜임아트상회
       - 이 하 생 략 -
```

5 8월 5일 : 비사업자인 이성실에게 제품A를 220,000원(부가가치세 포함)에 판매하였다. 판매대금은 전액 보통예금으로 이체 받고, 현금영수증을 발급하였다. [112회]

6 8월 6일 : 대표이사 박분개(거래처코드 550번에 '박분개' 신규등록)의 가정집에서 사용하려고 냉장고 1대(5,500,000원, 부가가치세 포함)를 ㈜홈플라스로부터 구입하고, 당사 명의로 전자세금계산서를 발급받았다. 대금은 당좌수표를 발행하여 지급하였다.(가지급금계정을 사용할 것) [102회]

7 8월 7일 : 해외거래처로부터 수입한 원재료와 관련하여 인천세관에 부가가치세 3,200,000원(공급가액 32,000,000원)을 현금으로 납부하고, 전자수입세금계산서를 교부받았다. [110회]

8 8월 8일 : 회사는 일부 원재료를 수입하고 있다. 수입원재료의 통관비용을 현금 지급하고 다음의 전자세금계산서를 발급받았다. (복수거래를 이용할 것) [88회]

	전자세금계산서					승인번호		20251210-11058172-127266460	
공급자	사업자등록번호	130-41-27190	종사업장 번호		공급받는자	사업자등록번호	112-81-21646	종사업장 번호	
	상호(법인명)	일산유통	성명(대표자)	이신중		상호(법인명)	㈜매입매출	성 명	박분개
	사업장주소	서울특별시 서초구 방배로 142				사업장 주소	서울특별시 서초구 서운로 138(서초동)		
	업 태	운수	종목	화물, 중개		업 태	제조, 도소매	종 목	문구용품
	이메일					이메일			

작성일자	공급가액	세액	수정사유
2025. 8. 8.	470,000	47,000	
비고			

월	일	품 목	규 격	수 량	단 가	공 급 가 액	세 액	비 고
8	8	통관수수료				120,000	12,000	
8	8	운송료				350,000	35,000	

합계금액	현금	수표	어음	외상미수금	이 금액을	영수 함
517,000	517,000					청구

9 8월 9일 : 연말 선물용으로 당사 제품인 VIP선물세트(원가 50,000원, 시가 88,000원-부가세 포함)를 매출 거래처인 ㈜임아트상회에 제공하였다.　　　　　　　　　　　　　　　111회

10 8월 10일 : 미국 소재법인 ABC사에 직수출하는 제품의 선적을 완료하였으며, 수출대금 $200,000는 차후에 받기로 하였다. 제품수출계약은 8월 1일에 체결하였으며, 일자별 기준환율은 아래와 같다(단, 수출신고번호 입력은 생략할 것).　　　　　　　　　　　　　　　114회

일자	계약일 2025.08.01.	선적일 2025.08.10.
기준환율	1,100원/$	1,000원/$

11 8월 11일 : 영업부 직원의 교육을 위해 도서를 구입하면서 ㈜홈플라스로부터 다음과 같은 현금영수증을 발급받았다.　　　　　　　　　　　　　　　96회

```
              ㈜홈플라스
   108-80-16943              박덧셈

   경기도 파주시 광탄면 광탄천로   TEL:3289-8085

   홈페이지 http://www.kyobo.or.kr

              현금(지출증빙)

   구매 2025/8/11/17:06      거래번호 : 0026-0107
       상품명          수량          금액
       업무처리해설서      1         80,000
       재고관리입문서      1        120,000
       급여지급지침서      1        100,000

       합 계                       300,000
       받은금액                    300,000
              현금       300,000
```

12 8월 12일 : 이성실씨 개인에게 제품을 1,100,000원(부가가치세 포함)에 현금매출하고, 현금영수증을 발급하지 않았다. `105회`

13 8월 13일 : 영업부에서 거래처의 신축 공장건물 준공식에 선물로 제공하기 위해 냉난방기 1대 (3,500,000원, 부가가치세 별도)를 ㈜임아트상회로부터 구입하고, 전자세금계산서를 발급받았다. 대금은 보통예금에서 이체하여 지급하였다. `105회`

14 8월 14일 : 구매확인서에 의해 수출용 제품에 대한 원재료(공급가액 30,000,000원)를 일산유통으로부터 매입하고 영세율전자세금계산서를 발급받았다. 매입대금 중 13,000,000원은 ㈜슈퍼전자로부터 받아 보관 중인 약속어음을 배서양도하고, 나머지 금액은 6개월 만기의 당사 발행 약속어음으로 지급하였다. `99회`

영세율전자세금계산서						승인번호	20251001-1208900-00014267		
공급자	등록번호	122-81-21323			공급받는자	등록번호	106-81-74624		
	상호	일산유통	성명(대표자)	이신중		상호	㈜매입매출	성명(대표자)	박분개
	사업장주소	서울 서초구 방배로 142				사업장주소	서울특별시 서초구 서운로 138(서초동)		
	업태	운수, 도매	종사업장번호			업태	제조/도소매업	종사업장번호	
	종목	화물, 중개, 문구용품				종목	문구용품		
비고					수정사유				
작성일자		2025.10.01.			공급가액		30,000,000	세액	0
월	일	품 목	규격	수량	단 가	공 급 가 액		세 액	비 고
8	14	부품				30,000,000		0	
합 계 금 액		현 금	수 표		어 음	외상미수금		이 금액을 **청구** 함	
30,000,000					13,000,000	17,000,000			

15 8월 15일 : 회사 영업부 야유회를 위해 도시락 10개를 구입하고 신한카드로 결제하였다. `115회`

```
        신용카드매출전표
가 맹 점 명 : 맛집
사업자번호 : 128-27-39402
대 표 자 명 : 또먹자
주     소 : 서울특별시 서초구 서초대로
롯 데 카 드 : 신용승인
거 래 일 시 : 2025-08-15 11:08:54
카 드 번 호 : 4151-5114-****-3516
유 효 기 간 : 12/26
가맹점번호 : 123412341
매  입  사 : 신한카드(전자서명전표)
      상품명              금액
   한식도시락세트        330,000
   공 급 가 액 :    300,000
   부 가 세 액 :     30,000
   합     계 :    330,000
```

16 8월 16일 : 당사가 소유하던 토지(취득원가 62,000,000원)를 나잡스에게 65,000,000원에 매각하기로 계약하면서 동시에 전자계산서를 발급하였다. 대금 중 30,000,000원은 계약 당일 보통예금 계좌로 입금받았으며, 나머지는 다음 달에 받기로 약정하였다. `114회`

17 8월 17일 : 영업부 직원의 업무에 사용하기 위하여 현대자동차에서 취득가액 10,000,000원(부가가치세 별도)인 개별소비세 과세대상 자동차(1,500CC)를 10개월 할부로 구입하고 전자세금계산서를 발급받았다. `93회`

18 8월 18일 : 영업부에서 사용하고 있는 업무용 승용차(995cc)의 주유비 33,000원을 현대자동차에서 현금결제하고 현금영수증(지출증빙용)을 발급받았다. (현대자동차는 일반과세사업자이다) `107회`

19 8월 19일 : 일산유통에 기계장치를 16,500,000원(부가가치세 포함)에 매각하고 전자세금계산서를 발행하며 대금은 외상으로 하였다. 기계장치의 취득원가는 20,000,000원이며, 매각일 현재 감가상각누계액은 4,500,000원이다. `109회`

20 8월 20일 : ㈜홈플라스로부터 공급받았던 원재료 100,000원(공급가액)에 대한 하자가 있어 반품을 한 후 수정전자세금계산서을 발급받았다. 수정전자세금계산서 수취와 동시에 원재료 및 외상매입금과 상계처리하였다. `95회`

21 8월 21일 : 영업직 직원들이 나잡스로부터 교육훈련특강을 받고, 수강료 2,000,000원에 대한 수기분 계산서를 교부받았다. 수강료는 선급금으로 회계처리 되어 있던 계약금 200,000원을 제외한 나머지 1,800,000원을 현금으로 지급하였다. `101회`

22 8월 22일 : 영업부에서 사용할 승용차(배기량 998cc, 개별소비세 과세대상 아님)를 현대자동차에서 구입하고 전자세금계산서를 수취하였다. 차량구매대금 15,400,000원(부가가치세 포함)을 보통예금에서 이체하였다. `110회`

23 8월 23일 : 공장 신축을 위해 ㈜한국건설로부터 건물이 있는 토지를 취득하였으며 토지가액은 10,000,000원, 건물가액은 1,000,000원(부가가치세 별도)이다. 건물 취득에 대하여 전자세금계산서를 수취하고 대금은 당좌수표를 발행하여 결제하였으며 동 건물은 철거예정이다.(단, 전자세금계산서 수취분에 대해서만 매입매출전표에 입력하고 분개할 것.) `116회`

24 8월 24일 : ㈜홈플라스로부터 영업부 직원선물로 마른멸치세트 500,000원, 영업부 거래처선물로 마른멸치세트 300,000원을 구매하였다. 대금은 보통예금 계좌에서 이체하여 지급하고 전자계산서를 발급받았다(단, 하나의 거래로 작성할 것).
_{113회}

25 8월 25일 : ABC사에 제품을 다음과 같이 수출(선적)하고 나머지 대금은 10일 후에 받기로 하였다.(단, 하단 분개 시 제품매출은 부가가치세법상 과세표준으로 입력할 것)
_{71회}

거래일자	외화	환율	환가한 금액(원)	비고
7월 20일(계약금)	$2,000	1,100원/$(환산환율)※	2,200,000	원화로 환가함
8월 25일(선적일)	$20,000	1,100원/$(기준환율)		10일후에 수취할 예정임
9월 21일		1,150원/$(기준환율)	23,000,000	외상대금 전액을 원화로 환가함

※ 기준환율은 1,070원/$ 임

26 8월 26일 : ㈜슈퍼전자에 공급했던 제품A 중 일부가 품질에 문제가 있어 반품되었으며, 대금은 외상매출금 계정과 상계하여 처리하기로 하였다.
_{107회}

	(수정)전자세금계산서				승인번호		132428782128	
공급자	사업자등록번호	112-81-21646	종사업장 번호		공급받는자	사업자등록번호	133-81-26269	종사업장 번호	
	상호(법인명)	㈜매입매출	성명	부가세		상호(법인명)	㈜슈퍼전자	성 명	김재원
	사업장주소	서울특별시 서초구 서운로 138				사업장 주소	서울 서초구 서초대로		
	업 태	제조/도소매	종목	전자제품		업 태	제조. 소매	종 목	전자제품
	이메일					이메일			
작성일자		공급가액		세액			수정사유		
2025. 8. 26.		-8,000,000		-800,000			매출제품 중 일부 반품		
비고									

월	일	품 목	규 격	수 량	단 가	공 급 가 액	세 액	비 고
8	26	제품 A				-8,000,000	-800,000	

합계금액	현 금	수 표	어 음	외 상 미 수 금	이 금액을	영수 함
-8,800,000				-8,800,000		청구

27 8월 27일 : ㈜독도전자로부터 공장의 시설보호 목적으로 CCTV를 설치완료하고 전자세금계산서를 발급받았다. 대금총액은 3,300,000원(부가가치세 포함)이며 당일에 현금으로 300,000원을 지급하였고 나머지는 10회에 걸쳐 매달 균등지급하기로 하였다.(계정과목은 설비장치 과목을 사용하고 고정자산등록은 생략할 것)
_{100회}

28 8월 28일 : ㈜슈퍼전자에 제품 23,000,000원(부가가치세 별도)을 공급하고 전자세금계산서를 발급하였다. 지난 달에 받은 계약금 3,000,000원을 제외한 나머지 금액은 전액 ㈜슈퍼전자가 발행한 당좌수표로 받았다.
_{96회}

29 8월 29일 : 생산직 근로자들에게 추석선물로 주기 위하여 일산유통으로부터 선물세트를 구입하고, 전자세금계산서 8,800,000원(부가가치세 포함)을 발급받았다. 대금은 ㈜슈퍼전자에서 제품매출 대가로 받아 보관 중인 약속어음(만기 6개월)을 배서양도하였다.

82회

30 8월 30일 : ㈜홈플라스에 제품을 판매하고 현대카드로 결제를 받았다. 매출전표는 다음과 같다.

116회

단말기번호	11213692	전표번호	
카드종류		거래종류	결재방법
현대카드		신용구매	일시불
회원번호(Card No)		취소시 원거래일자	
4140-0202-3245-9958			
유효기간	거래일시		품명
/	2025.8.30. 14:20		
전표제출	금 액/AMOUNT		2,000,000
	부 가 세/VAT		200,000
전표매입사	봉 사 료/TIPS		
	합 계/TOTAL		**2,200,000**
거래번호	승인번호/(Approval No.) 98421147		
가맹점	㈜홈플라스		
대표자	박덧셈	TEL	032-2012-5462
가맹점번호	234567	사업자번호	108-80-16943
주소	경기도 파주시 광탄면 광탄천로		
	서명(Signature) *hansung*		

해설

1 일자 : 8월 1일

유형:11.과세 / 공급가액:20,000,000 / 부가세:2,000,000 / 공급처명:(주)홈플라스 / 전자:여 / 분개:혼합

(차변) 받을어음((주)홈플라스)	17,000,000	(대변) 부가세예수금	2,000,000
(차변) 현금	5,000,000	(대변) 제품매출	20,000,000

□	일	번호	유형	품목	수량	단가	공급가액	부가세	코드	공급처명	사업자주민번호	전자	분개
□	1	50001	과세	제품			20,000,000	2,000,000	00101	(주)홈플라스	108-80-16943	여	혼합
				공급처별 매출(입)전체 [1]건			20,000,000	2,000,000					

구분	계정과목		적요	거래처		차변(출금)	대변(입금)
대변	0255	부가세예수금	제품	00101	(주)홈플라스		2,000,000
대변	0404	제품매출	제품	00101	(주)홈플라스		20,000,000
차변	0110	받을어음	제품	00101	(주)홈플라스	17,000,000	
차변	0101	현금	제품	00101	(주)홈플라스	5,000,000	

2 일자 : 8월 2일

유형:51.과세 / 공급가액:4,000 / 부가세:400 / 공급처명:우리은행 / 전자:여 / 분개:혼합

(차변) 부가세대급금	400	(대변) 보통예금	4,400
(차변) 수수료비용	4,000		

□	일	번호	유형	품목	수량	단가	공급가액	부가세	코드	공급처명	사업자주민번호	전자	분개
□	2	50001	과세	공인인증서			4,000	400	98000	우리은행		여	혼합
				공급처별 매출(입)전체 [1]건			4,000	400					

구분	계정과목		적요	거래처		차변(출금)	대변(입금)
차변	0135	부가세대급금	공인인증서	98000	우리은행	400	
차변	0831	수수료비용	공인인증서	98000	우리은행	4,000	
대변	0103	보통예금	공인인증서	98000	우리은행		4,400

3 일자 : 8월 3일

유형:12.영세 / 공급가액:20,000,000 / 부가세:0 / 공급처명:일산유통 / 전자:여 / 분개:혼합 /
영세율구분:③내국신용장 · 구매확인서에 의하여 공급하는 재화

(차변) 보통예금	6,000,000	(대변) 제품매출	20,000,000
(차변) 받을어음((주)홈플라스)	14,000,000		

□	일	번호	유형	품목	수량	단가	공급가액	부가세	코드	공급처명	사업자주민번호	전자	분개
□	3	50001	영세	제품	2,000	10,000	20,000,000		00202	일산유통		여	혼합
				공급처별 매출(입)전체 [1]건			20,000,000	0					

구분	계정과목		적요	거래처		차변(출금)	대변(입금)
대변	0404	제품매출	제품 2000X10000	00202	일산유통		20,000,000
차변	0103	보통예금	제품 2000X10000	00202	일산유통	6,000,000	
차변	0110	받을어음	제품 2000X10000	00101	(주)홈플라	14,000,000	

4 일자 : 8월 4일

유형:58.카면 / 공급가액:300,000 / 부가세:0 / 공급처명:(주)임아트상회 / 분개:카드
신용카드사: 신한카드

기업업무추진비(제)	300,000	(대변) 미지급금(신한카드) 또는 미지급비용(신한카드)	300,000

□	일	번호	유형	품목	수량	단가	공급가액	부가세	코드	공급처명	사업/주민번호	전자	분개
□	4	50001	카면				300,000		00102	(주)임아트상회	314-85-00186		카드

| 신용카드사 | 99601 | 신한카드 | | 봉사료 | | |

구분	계정과목		적요	거래처		차변(출금)	대변(입금)
대변	0253	미지급금		99601	신한카드		300,000
차변	0513	기업업무추진비		00102	(주)임아트상회	300,000	

5 일자 : 8월 5일

유형:22.현과 / 공급가액:200,000 / 부가세:20,000 / 공급처명:이성실 / 분개:혼합

(차변) 보통예금 220,000 (대변) 부가세예수금 20,000
(대변) 제품매출 200,000

□	일	번호	유형	품목	수량	단가	공급가액	부가세	코드	공급처명	사업자주민번호	전자	분개
□	5	50001	현과	제품A			200,000	20,000	00800	이성실			혼합
			공급처별 매출(입)전체 [1]건				200,000	20,000					

구분	계정과목	적요	거래처	차변(출금)	대변(입금)
대변	0255 부가세예수금	제품A	00800 이성실		20,000
대변	0404 제품매출	제품A	00800 이성실		200,000
차변	0103 보통예금	제품A	00800 이성실	220,000	

6 일자 : 8월 6일

유형:54.불공 / 공급가액:5,000,000 / 부가세:500,000 / 공급처명:(주)홈플라스 / 전자:여 / 분개:혼합 /
불공제사유:②사업과 직접 관련 없는 지출

(차변) 가지급금(박분개) 5,500,000 (대변) 당좌예금 5,500,000

□	일	번호	유형	품목	수량	단가	공급가액	부가세	코드	공급처명	사업자주민번호	전자	분개
□	6	50001	불공	냉장고	1	5,000,000	5,000,000	500,000	00101	(주)홈플라스	108-80-16943	여	혼합
			공급처별 매출(입)전체 [1]건				5,000,000	500,000					

불공제사유 2 ②사업과 직접 관련 없는 지출

구분	계정과목	적요	거래처	차변(출금)	대변(입금)
차변	0134 가지급금	냉장고 1X5000000	00550 박분개	5,500,000	
대변	0102 당좌예금	냉장고 1X5000000	00101 (주)홈플라		5,500,000

* 하단 분개 중 계정과목 가지급금에 대한 거래처 코드 550번 '박분개'를 신규 등록할 것

7 일자 : 8월 7일

유형:55.수입 / 공급가액:32,000,000 / 부가세:3,200,000 / 공급처명:인천세관 / 전자:여 / 분개:현금

(차변) 부가세대급금 3,200,000 (대변) 현금 3,200,000

□	일	번호	유형	품목	수량	단가	공급가액	부가세	코드	공급처명	사업자주민번호	전자	분개
□	7	50001	수입	원재료			32,000,000	3,200,000	00105	인천세관		여	현금
			공급처별 매출(입)전체 [1]건				32,000,000	3,200,000					

구분	계정과목	적요	거래처	차변(출금)	대변(입금)
출금	0135 부가세대급금	원재료	00105 인천세관	3,200,000	(현금)

8 일자 : 8월 8일

유형:51.과세 / 공급가액:470,000 / 부가세:47,000 / 공급처명:일산유통 / 전자:여 / 분개:현금

(차변) 부가세대급금 47,000 (대변) 현금 517,000
(차변) 원재료 또는 미착품* 470,000

□	일	번호	유형	품목	수량	단가	공급가액	부가세	코드	공급처명	사업/주민번호	전자	분개
□	8	50001	과세	통관수수료외			470,000	47,000	00202	일산유통	130-41-27190	여	현금
			공급처별 매출(입)전체 [1]건				470,000	47,000					

구분	계정과목	적요	거래처	차변(출금)	대변(입금)
출금	0135 부가세대급금	통관수수료외	00202 일산유통	47,000	(현금)
출금	0153 원재료	통관수수료외	00202 일산유통	470,000	(현금)

※ [품목]란에 커서가 위치할 때 키보드의 F7 를 누른 후 화면 하단에서 다음과 같이 입력한다.

	품목	규격	수량	단가	공급가액	부가세	합계	비고
1	통관수수료				120,000	12,000	132,000	
2	운송료				350,000	35,000	385,000	

* 문제 지문 상으로는 회계 처리 시점에 수입 원재료가 창고 입고 전인지 후인지 명확하지 않으므로 원재료 대신 미착품으로 회계처리한 경우도 정답으로 처리됨

9 일자 : 8월 9일

유형:14.건별 / 공급가액:80,000 / 부가세:8,000 / 공급처명:(주)임아트상회 / 분개:혼합

(차변) 기업업무추진비(판)	58,000	(대변) 부가세예수금	8,000
		(대변) 제품(적요8. 타계정으로 대체)	50,000

□	일	번호	유형	품목	수량	단가	공급가액	부가세	코드	공급처명	사업/주민번호	전자	분개
■	9	50001	건별				80,000	8,000	00102	(주)임아트상회	314-85-00186		혼합

구분	계정과목	적요	거래처	차변(출금)	대변(입금)
대변	0255 부가세예수금		00102 (주)임아트상회		8,000
대변	0150 제품	08 타계정으로 대체액 손익계산서 반영분	00102 (주)임아트상회		50,000
차변	0813 기업업무추진비		00102 (주)임아트상회	58,000	

10 일자 : 8월 10일

유형:16.수출 / 공급가액:200,000,000 / 부가세:0 / 공급처명:ABC사 / 분개:외상

(차변) 외상매출금(ABC사)	200,000,000	(대변) 제품매출	200,000,000*

□	일	번호	유형	품목	수량	단가	공급가액	부가세	코드	공급처명	사업자주민번호	전자	분개
■	10	50001	수출	제품	1,000	200,000	200,000,000		00106	ABC사			외상
			공급처별 매출(입)전체 [1]건				200,000,000	0					

구분	계정과목	적요	거래처	차변(출금)	대변(입금)
차변	0108 외상매출금	제품 1000X200000	00106 ABC사	200,000,000	
대변	0404 제품매출	제품 1000X200000	00106 ABC사		200,000,000

※ $200,000 × 1,000원 = 200,000,000원

11 일자 : 8월 11일

유형:62.현면 / 공급가액:300,000 / 부가세:0 / 공급처명:(주)홈플라스 / 분개:현금

(차변) 도서인쇄비(판) 또는 교육훈련비(판)	300,000	(대변) 현금	300,000

□	일	번호	유형	품목	수량	단가	공급가액	부가세	코드	공급처명	사업/주민번호	전자	분개
■	11	50001	현면				300,000		00101	(주)홈플라스	108-80-16943		현금
			공급처별 매출(입)전체 [1]건				300,000						

구분	계정과목	적요	거래처	차변(출금)	대변(입금)
출금	0826 도서인쇄비		00101 (주)홈플라	300,000	(현금)

※ 도서를 구입하고 현금영수증을 받았기 때문에 현면에 해당하는 "도서인쇄비(판)"로 처리하는 것으로 출제하였으나 앞부분의 직원 교육을 위해 도서를 구입하였다면 포괄적인 "교육훈련비(판)"로도 처리가 가능함

12 일자 : 8월 12일

유형:14.건별 / 공급가액:1,000,000 / 부가세:100,000 / 공급처명:이성실 / 분개:현금

(차변) 현금	1,100,000	(대변) 부가세예수금	100,000
		(대변) 제품매출	1,000,000

□	일	번호	유형	품목	수량	단가	공급가액	부가세	코드	공급처명	사업자주민번호	전자	분개
■	12	50001	건별	제품			1,000,000	100,000	00800	이성실			현금
			공급처별 매출(입)전체 [1]건				1,000,000	100,000					

구분	계정과목	적요	거래처	차변(출금)	대변(입금)
입금	0255 부가세예수금	제품	00800 이성실	(현금)	100,000
입금	0404 제품매출	제품	00800 이성실	(현금)	1,000,000

13 일자 : 8월 13일

유형:54.불공 / 공급가액:3,500,000 / 부가세:350,000 / 공급처명:(주)임아트상회 / 전자:여 / 분개:혼합 /
불공제사유:④기업업무추진비 및 이와 유사한 비용 관련

| (차변) 기업업무추진비(판) | 3,850,000 | (대변) 보통예금 | 3,850,000 |

□	일	번호	유형	품목	수량	단가	공급가액	부가세	코드	공급처명	사업/주민번호	전자	분개
□	13	50001	불공				3,500,000	350,000	00102	(주)임아트상회	314-85-00186	여	혼합

불공제사유 4 ④기업업무추진비 및 이와 유사한 비용 관련

구분	계정과목	적요	거래처	차변(출금)	대변(입금)
차변	0813	기업업무추진비		00102 (주)임아트상회	3,850,000	
대변	0103	보통예금		00102 (주)임아트상회		3,850,000

14 일자 : 8월 14일

유형:52.영세 / 공급가액:30,000,000 / 부가세:0 / 공급처명:일산유통 / 전자:여 / 분개:혼합

| (차변) 원재료 | 30,000,000 | (대변) 받을어음[(주)슈퍼전자] | 13,000,000 |
| | | 지급어음[일산유통] | 17,000,000 |

□	일	번호	유형	품목	수량	단가	공급가액	부가세	코드	공급처명	사업/주민번호	전자	분개
□	14	50001	영세				30,000,000		00202	일산유통	130-41-27190	여	혼합

공급처별 매출(입)전체 [1]건   30,000,000

구분	계정과목	적요	거래처	차변(출금)	대변(입금)
차변	0153 원재료		00202 일산유통	30,000,000	
대변	0110 받을어음		01050 (주)슈퍼전자		13,000,000
대변	0252 지급어음		00202 일산유통		17,000,000

※ 하단 분개 중 계정과목 '110.받을어음'에 대한 거래처를 '1050.(주)슈퍼전자'로 수정해야 함

15 일자 : 8월 15일

유형:57.카과 / 공급가액:300,000 / 부가세:30,000 / 공급처명:맛집 /분개:카드
신용카드사:신한카드

| (차변) 부가세대급금 | 30,000 | (대변) 미지급금(신한카드) | 330,000 |
| (차변) 복리후생비(판) | 300,000 | 또는 미지급비용(신한카드) | |

□	일	번호	유형	품목	수량	단가	공급가액	부가세	코드	공급처명	사업/주민번호	전자	분개
□	15	50001	카과				300,000	30,000	00104	맛집	128-27-39402		카드

신용카드사 99601 신한카드   봉사료

구분	계정과목	적요	거래처	차변(출금)	대변(입금)
대변	0253 미지급금		99601 신한카드		330,000
차변	0135 부가세대급금		00104 맛집	30,000	
차변	0811 복리후생비		00104 맛집	300,000	

16 일자 : 8월 16일

유형:13.면세 / 공급가액:65,000,000 / 부가세:0 / 공급처명:나잡스 / 전자:여 /분개:혼합

| (차변) 보통예금 | 30,000,000 | (대변) 토지 | 62,000,000 |
| (차변) 미수금(나잡스) | 35,000,000 | (대변) 유형자산처분이익 | 3,000,000 |

□	일	번호	유형	품목	수량	단가	공급가액	부가세	코드	공급처명	사업/주민번호	전자	분개
□	16	50001	면세				65,000,000		00107	나잡스	890401-1005118	여	혼합

신용카드사   봉사료

구분	계정과목	적요	거래처	차변(출금)	대변(입금)
대변	0201 토지		00107 나잡스		62,000,000
차변	0103 보통예금		00107 나잡스	30,000,000	
차변	0120 미수금		00107 나잡스	35,000,000	
대변	0914 유형자산처분이익		00107 나잡스		3,000,000

17 일자 : 8월 17일

유형:54.불공 / 공급가액:10,000,000 / 부가세:1,000,000 / 공급처명:현대자동차 / 전자:여 / 분개:혼합 /
불공제사유:③비영업용 소형승용자동차 구입·유지 및 임차

| (차변) 차량운반구 | 11,000,000 | (대변) 미지급금(현대자동차) | 11,000,000 |

□	일	번호	유형	품목	수량	단가	공급가액	부가세	코드	공급처명	사업자주민번호	전자	분개
□	18	50001	불공	자동차			10,000,000	1,000,000	00103	현대자동차	214-81-67860	여	혼합
			공급처별 매출(입)전체 [1]건				10,000,000	1,000,000					

불공제사유 3 ③비영업용 소형승용자동차 구입·유지 및 임차

구분	계정과목		적요	거래처		차변(출금)	대변(입금)
차변	0208	차량운반구	자동차	00103	현대자동차	11,000,000	
대변	0253	미지급금	자동차	00103	현대자동차		11,000,000

18 일자 : 8월 18일, 유형 : 61.현과

유형:61.현과 / 공급가액:30,000 / 부가세:3,000 / 공급처명:현대자동차 / 분개:현금

| (차변) 부가세대급금 | 3,000 | (대변) 현금 | 33,000 |
| (차변) 차량유지비 | 30,000 | | |

□	일	번호	유형	품목	수량	단가	공급가액	부가세	코드	공급처명	사업자주민번호	전자	분개
□	19	50001	현과	주유비			30,000	3,000	00103	현대자동차	214-81-67860		현금
			공급처별 매출(입)전체 [1]건				30,000	3,000					

구분	계정과목		적요	거래처		차변(출금)	대변(입금)
출금	0135	부가세대급금	주유비	00103	현대자동차	3,000	(현금)
출금	0822	차량유지비	주유비	00103	현대자동차	30,000	(현금)

19 일자 : 8월 19일, 유형 : 11과세

유형:11.과세 / 공급가액:15,000,000 / 부가세:1,500,000 / 공급처명:일산유통 / 전자:여 / 분개:혼합

(차변) 감가상각누계액(207)	4,500,000	(대변) 부가세예수금	1,500,000
(차변) 미수금(일산유통)	16,500,000	(대변) 기계장치(또는 매출환입 및 에누리)	20,000,000
(차변) 유형자산처분손실	500,000		

□	일	번호	유형	품목	수량	단가	공급가액	부가세	코드	공급처명	사업자주민번호	전자	분개
□	20	50001	과세	기계장치			15,000,000	1,500,000	00202	일산유통		여	혼합
			공급처별 매출(입)전체 [1]건				15,000,000	1,500,000					

구분	계정과목		적요	거래처		차변(출금)	대변(입금)
대변	0255	부가세예수금	기계장치	00202	일산유통		1,500,000
대변	0206	기계장치	기계장치	00202	일산유통		20,000,000
차변	0207	감가상각누계1	기계장치	00202	일산유통	4,500,000	
차변	0120	미수금	기계장치	00202	일산유통	16,500,000	
차변	0970	유형자산처분	기계장치	00202	일산유통	500,000	

20 일자 : 8월 20일

유형:51.과세 / 공급가액:-100,000 / 부가세:-10,000 / 공급처명:(주)홈플라스 / 전자:여 / 분개:외상

| (차변) 부가세대급금 | -10,000 | (대변) 외상매입금((주)홈플라스) | -110,000 |
| (차변) 원재료 | -100,000 | | |

□	일	번호	유형	품목	수량	단가	공급가액	부가세	코드	공급처명	사업/주민번호	전자	분개
□	20	50001	과세	원재료			-100,000	-10,000	00101	(주)홈플라스	108-80-16943	여	외상

구분	계정과목		적요	거래처		차변(출금)	대변(입금)
대변	0251	외상매입금	원재료	00101	(주)홈플라스		-110,000
차변	0135	부가세대급금	원재료	00101	(주)홈플라스	-10,000	
차변	0153	원재료	원재료	00101	(주)홈플라스	-100,000	

21 일자 : 8월 21일

유형:53.면세 / 공급가액:2,000,000 / 부가세:0 / 공급처명:나잡스 / 분개:혼합

(차변) 교육훈련비(판)　　2,000,000　　(대변) 선급금(나잡스)　　200,000
　　　　　　　　　　　　　　　　　　　(대변) 현금　　　　　　1,800,000

22 일자 : 8월 22일

유형:51.과세 / 공급가액:14,000,000 / 부가세:1,400,000 / 공급처명:현대자동차 / 전자:여 / 분개:혼합

(차변) 부가세대급금　　1,400,000　　(대변) 보통예금　　15,400,000
(차변) 차량운반구　　14,000,000

23 일자 : 8월 23일

유형:54.불공 / 공급가액:1,000,000 / 부가세:100,000 / 공급처명:(주)한국건설 / 전자:여 / 분개:혼합

불공제사유 : ⑥토지의 자본적 지출 관련

(차변) 토지　　1,100,000　　(대변) 당좌예금　　1,100,000

24 일자 : 8월 24일

유형:53.면세 / 공급가액:800,000 / 부가세:0 / 공급처명:(주)홈플러스 / 전자:여 / 분개:혼합

(차변) 복리후생비(판)　　500,000　　(대변) 보통예금　　800,000
(차변) 기업업무추진비(판)　　300,000

25 일자 : 8월 25일

유형:16.수출 / 공급가액:24,200,000* / 부가세:0 / 공급처명:ABC사 / 분개:혼합 / 영세율구분: 1. 직접수출(대행수출 포함)

(차변) 선수금(ABC사)	2,200,000	(대변) 제품매출	24,200,000
(차변) 외상매출금(ABC사)	22,000,000		

구분	계정과목	적요	거래처	차변(출금)	대변(입금)
차변	0259 선수금	제품	00106 ABC사	2,200,000	
차변	0108 외상매출금	제품	00106 ABC사	22,000,000	
대변	0404 제품매출	제품	00106 ABC사		24,200,000

※ 공급시기 전에 환가한 경우 환가한 시점의 환율로 계산 ($2,000 × 1,100원) + 공급시기 이후 받기로 한 외국통화는 공급시기 기준환율로 계산한 금액 ($20,000 × 1,100원) = 24,200,000원

26 일자 : 8월 26일

유형:11.과세 / 공급가액: −8,000,000 / 부가세:−800,000 / 공급처명: (주)슈퍼전자 / 전자: 여 / 분개:외상

(차변) 외상매출금((주)슈퍼전자)	−8,800,000	(대변) 부가세예수금	−800,000
		(대변) 제품매출(또는 매출환입 및 에누리)	−8,000,000

구분	계정과목	적요	거래처	차변(출금)	대변(입금)
차변	0108 외상매출금	제품A	01050 (주)슈퍼전자	−8,800,000	
대변	0255 부가세예수금	제품A	01050 (주)슈퍼전자		−800,000
대변	0404 제품매출	제품A	01050 (주)슈퍼전자		−8,000,000

27 일자 : 8월 27일

유형:51.과세 / 공급가액:3,000,000 / 부가세:300,000 / 공급처명:(주)독도전자 / 전자:여 / 분개:혼합

(차변) 부가세대급금	300,000	(대변) 미지급금((주)독도전자)	3,000,000
(차변) 설비장치	3,000,000	(대변) 현금	300,000

구분	계정과목	적요	거래처	차변(출금)	대변(입금)
차변	0135 부가세대급금	CCTV	04100 (주)독도전자	300,000	
차변	0195 설비장치	CCTV	04100 (주)독도전자	3,000,000	
대변	0253 미지급금	CCTV	04100 (주)독도전자		3,000,000
대변	0101 현금	CCTV	04100 (주)독도전자		300,000

28 일자 : 8월 28일

유형:11.과세 / 공급가액:23,000,000 / 부가세:2,300,000 / 공급처명:(주)슈퍼전자 / 전자:여 / 분개:혼합

(차변) 현금	22,300,000	(대변) 부가세예수금	2,300,000
(차변) 선수금((주)슈퍼전자)	3,000,000	(대변) 제품매출	23,000,000

일	번호	유형	품목	수량	단가	공급가액	부가세	코드	공급처명	사업/주민번호	전자	분개
29	50001	과세	제품			23,000,000	2,300,000	01050	(주)슈퍼전자	133-81-26269	여	혼합
		공급처별 매출(입)전체 [1]건				23,000,000	2,300,000					

구분	계정과목		적요			거래처		차변(출금)	대변(입금)
대변	0255 부가세예수금	제품				01050	(주)슈퍼전자		2,300,000
대변	0404 제품매출	제품				01050	(주)슈퍼전자		23,000,000
차변	0101 현금	제품				01050	(주)슈퍼전자	22,300,000	
차변	0259 선수금	제품				01050	(주)슈퍼전자	3,000,000	

29 일자 : 8월 29일

유형:51.과세 / 공급가액:8,000,000 / 부가세:800,000 / 공급처명:일산유통 / 전자:여 / 분개:혼합

(차변) 부가세대급금	800,000	(대변) 받을어음((주)슈퍼전자)	8,800,000
(차변) 복리후생비(제)	8,000,000		

일	번호	유형	품목	수량	단가	공급가액	부가세	코드	공급처명	사업/주민번호	전자	분개
30	50001	과세	선물세트			8,000,000	800,000	00202	일산유통	130-41-27190	여	혼합
		공급처별 매출(입)전체 [1]건				8,000,000	800,000					

구분	계정과목		적요			거래처		차변(출금)	대변(입금)
차변	0135 부가세대급금	선물세트				00202	일산유통	800,000	
차변	0511 복리후생비	선물세트				00202	일산유통	8,000,000	
대변	0110 받을어음	선물세트				01050	(주)슈퍼전자		8,800,000

※ 하단 분개에서 받을어음의 거래처를 '(주)슈퍼전자'로 수정한다.

30 일자 : 8월 30일

유형:17.카과 / 공급가액:2,000,000 / 부가세:200,000 / 공급처명:(주)홈플러스 / 분개:카드
신용카드사:현대카드

(차변) 외상매출금(현대카드)	2,200,000	(대변) 부가세예수금	200,000
		(대변) 제품매출	2,000,000

일	번호	유형	품목	수량	단가	공급가액	부가세	코드	공급처명	사업/주민번호	전자	분개
31	50001	카과	제품			2,000,000	200,000	00101	(주)홈플러스	108-80-16943		카드
		공급처별 매출(입)전체 [1]건				2,000,000	200,000					

신용카드사: 99900 현대카드   봉사료:

구분	계정과목		적요			거래처		차변(출금)	대변(입금)
차변	0108 외상매출금	제품				99900	현대카드	2,200,000	
대변	0255 부가세예수금	제품				00101	(주)홈플라.		200,000
대변	0404 제품매출	제품				00101	(주)홈플라.		2,000,000

CHAPTER 03

오류수정

전산회계 1급 시험에서는 일반전표입력 및 매입매출전표입력에 오류가 있는 경우에 입력된 내용을 수정 또는 추가 입력하는 문제가 3점 배점의 2문제(6점 배점)가 출제되고 있다.

제1절 일반전표입력메뉴 수정 및 추가

일반전표입력메뉴에서 오류를 정정하는 문제로 출제되는 유형은 ①계정과목·금액·거래처 오류 ②이중으로 입력되거나 잘못 입력된 자료의 삭제 ③누락된 자료의 추가 입력 ④부가세신고와 관련된 거래를 일반전표 입력 등으로 구분된다.

다음의 거래 자료를 ㈜오류수정(회사코드 : 1005)의 일반전표입력 메뉴에서 수정하시오.

유형 1 1월 29일 : 영업부 사무실 수도광열비로 80,000원을 현금 지급한 것으로 회계처리 하였으나, 이는 제품제조공장의 수도요금 30,000원과 전기요금 50,000원인 것으로 확인되었다.

해설 1월 29일 일반전표입력 메뉴에서 계정과목과 금액 수정

• 수정 전

| (차변) 수도광열비(판) | | | 80,000 | (대변) 현금 | | 80,000 |

□	일	번호	구분	계정과목	거래처	적요	차변	대변
□	29	00001	출금	0815 수도광열비			80,000	(현금)

⇩

• 수정 후

| (차변) 가스수도료(제) | 30,000 | (대변) 현금 | 80,000 |
| (차변) 전력비(제) | 50,000 | | |

□	일	번호	구분	계정과목	거래처	적요	차변	대변
□	29	00001	차변	0515 가스수도료			30,000	
□	29	00001	차변	0516 전력비			50,000	
□	29	00001	대변	0101 현금				80,000

유형 2 5월 19일 : 영업부에서 (주)홈플라스에 대한 미지급금을 결제하기 위해 이체한 금액 281,000원에는 송금수수료(판매관리비로 처리) 1,000원이 포함되어 있다.

해설 5월 19일 일반전표입력 메뉴에서 계정과목과 금액 추가

• 수정 전

| (차변) 미지급금[(주)홈플라스] | 281,000 | (대변) 현금 | 281,000 |

	일	번호	구분	계정과목	거래처	적요	차변	대변
□	19	00001	차변	0253 미지급금	00101 (주)홈플라스		281,000	
□	19	00001	대변	0103 보통예금				281,000

⇩

• 수정 후

| (차변) 미지급금[(주)홈플라스] | 280,000 | (대변) 현금 | 281,000 |
| (차변) 수수료비용(판) | 1,000 | | |

	일	번호	구분	계정과목	거래처	적요	차변	대변
□	19	00001	차변	0253 미지급금	00101 (주)홈플라스		280,000	
□	19	00001	차변	0831 수수료비용			1,000	
□	19	00001	대변	0103 보통예금				281,000

유형 3 7월 21일 : 보통예금 입금액 10,253,800원을 ㈜홈플라스의 외상매출금 회수로 처리하였으나, 이는 대한은행 정기예금이 만기가 되어 보통예금에 정산하여 입금한 것으로 확인되었다. 정기예금의 정산 내역은 원금 10,000,000원, 이자수익 300,000원 그리고 이자수익에 대한 원천징수세액(선납세금) 46,200원이다.

해설 7월 21일 일반전표입력 메뉴에서 계정과목과 거래처 수정

• 수정 전

| (차변) 보통예금 | 10,253,800 | (대변) 외상매출금[(주)홈플라스] | 10,253,800 |

	일	번호	구분	계정과목	거래처	적요	차변	대변
□	21	00001	차변	0103 보통예금			10,253,800	
□	21	00001	대변	0108 외상매출금	00101 (주)홈플라스			10,253,800

⇩

• 수정 후

| (차변) 보통예금 | 10,253,800 | (대변) 정기예금 | 10,000,000 |
| (차변) 선납세금 | 46,200 | (대변) 이자수익 | 300,000 |

	일	번호	구분	계정과목	거래처	적요	차변	대변
□	21	00001	차변	0103 보통예금			10,253,800	
□	21	00001	대변	0105 정기예금				10,000,000
□	21	00001	차변	0136 선납세금			46,200	
□	21	00001	대변	0901 이자수익				300,000

유형 4 12월 30일 : 12월 30일 현재 선적이 완료되어 운송 중인 원재료 20,000,000원이 있으며, 이에 대한 전표처리가 누락되어 있음을 발견하였다. 당 원재료의 수입계약은 ABC사와 선적지 인도조건이며 대금은 도착 후 1개월 이내에 지급하기로 하였다.

해설 12월 30일 일반전표입력 메뉴 추가입력

(차변) 원재료 또는 미착품   20,000,000   (대변) 외상매입금(ABC사)   20,000,000

구분	계정과목	거래처	적요	차변	대변
차변	0153 원재료			20,000,000	
대변	0251 외상매입금	00106 ABC사			20,000,000

※ 부가가치세법상 재화의 수입시기는 「관세법」에 따른 수입신고가 수리된 때이다. 문제의 경우 수입 신고가 되지 않음. 그래서 당연히 수입세금계산서도 발행받지 못한 운송 중인 재화이므로 매입매출전표에 입력할 사항이 아니다.

유형 5 12월 17일 : 영업용 소모품을 (주)임아트상회로부터 550,000원(부가가치세 포함)에 현금 구매하고 일반전표에 입력하였다. 이는 현금영수증(지출증빙용)을 수령하여 매입매출전표에 입력하려던 것을 잘못 처리한 것이다.(비용계정을 사용할 것)

해설 12월 17일 일반전표입력 메뉴에서 거래 삭제 후 매입매출전표입력 메뉴 추가 입력

• 수정 전

(차변) 소모품비(판)   550,000   (대변) 현금   550,000

일	번호	구분	계정과목	거래처	적요	차변	대변
17	00001	출금	0830 소모품비			550,000	(현금)
17							

⇩

유형:61.현과 / 공급가액:500,000 / 부가세:50,000 / 공급처명:(주)임아트상회 / 분개:현금

(차변) 부가세대급금   50,000   (대변) 현금   550,000
(차변) 소모품비(판)   500,000

일	번호	유형	품목	수량	단가	공급가액	부가세	코드	공급처명	사업자주민번호	전자	분개
17	50001	현과	소모품			500,000	50,000	00102	(주)임아트상회	314-85-00186		현금
			공급처별 매출(입)전체 [1]건			500,000	50,000					

구분	계정과목	적요	거래처	차변(출금)	대변(입금)
출금	0135 부가세대급금	소모품	00102 (주)임아트	50,000	(현금)
출금	0830 소모품비	소모품	00102 (주)임아트	500,000	(현금)

제2절 매입매출전표입력메뉴 수정 및 추가

매입매출전표입력메뉴에서 오류를 정정하는 문제로 출제되는 유형은 ①부가세 코드유형 오류 ②계정과목 오류 ③거래처 오류 ④수량·단가·공급가액·부가세 금액 오류 등으로 구분된다.

다음의 거래 자료를 ㈜오류수정(회사코드 : 1005)의 매입매출전표입력 메뉴에서 수정하시오.

유형1 8월 19일 : 영업부에서 매출거래처 체육대회를 지원하기 위해 일산유통으로부터 현금으로 구매한 기념품 2,000,000원(부가가치세 별도)을 회계담당자의 실수로 인하여 복리후생비로 회계처리하였다.

해설 8월 19일 매입매출전표입력 메뉴에서 매입유형과 계정과목 수정

• 수정 전

유형:51.과세 / 공급가액:2,000,000 / 부가세:200,000 / 공급처명:일산유통 / 전자:여 / 분개:현금

| (차변) 부가세대급금 | 200,000 | (대변) 현금 | 2,200,000 |
| (차변) 복리후생비(판) | 2,000,000 | | |

□	일	번호	유형	품목	수량	단가	공급가액	부가세	코드	공급처명	사업자주민번호	전자	분개
□	19	50001	과세	기념품			2,000,000	200,000	00202	일산유통	130-41-27190	여	현금
				공급처별 매출(입)전체 [1]건			2,000,000	200,000					

구분	계정과목		적요	거래처		차변(출금)	대변(입금)	(세금)계산서
출금	0135	부가세대급금	기념품	00202	일산유통	200,000	(현금)	현재라인인쇄
출금	0811	복리후생비	기념품	00202	일산유통	2,000,000	(현금)	거래명세서

⇩

• 수정 후

유형:54.불공 / 공급가액:2,000,000 / 부가세:200,000 / 공급처명:일산유통 / 전자:여 / 분개:현금 /
불공제사유:④기업업무추진비 및 이와 유사한 비용 관련

| (차변) 기업업무추진비(판) | 2,200,000 | (대변) 현금 | 2,200,000 |

□	일	번호	유형	품목	수량	단가	공급가액	부가세	코드	공급처명	사업/주민번호	전자	분개
□	19	50002	불공	기념품			2,000,000	200,000	00202	일산유통	130-41-27190	여	현금

불공제사유 4 ④기업업무추진비 및 이와 유사한 비용 관련

구분	계정과목		적요	거래처		차변(출금)	대변(입금)	(세금)계산
출금	0813	기업업무추진비	기념품	00202	일산유통	2,200,000	(현금)	현재라인인

유형 2 11월 22일 : 생산공장 건물의 일부증축으로 인해 공사비 33,000,000원(부가가치세 포함)을 (주)한국건설에 지급하였다. 대금은 당좌수표를 발행하여 지급하고, 종이세금계산서를 발급받았다. 본 거래는 건물의 자본적 지출임에도 불구하고 회계담당자는 수익적 지출로 회계처리하였다.

해설 11월 22일 매입매출전표입력 메뉴에서 계정과목과 [전자]란 수정

• 수정 전

유형:51.과세 / 공급가액:30,000,000 / 부가세:3,000,000 / 공급처명:(주)한국건설 / 전자:여 / 분개:혼합

(차변) 부가세대급금	3,000,000	(대변) 당좌예금	33,000,000
(차변) 수선비(제)	30,000,000		

⇩

• 수정 후

유형:51.과세 / 공급가액:30,000,000 / 부가세:3,000,000 / 공급처명:(주)한국건설 / 전자:부 / 분개:혼합

(차변) 부가세대급금	3,000,000	(대변) 당좌예금	33,000,000
(차변) 건물	30,000,000		

유형 3 12월 20일 : ㈜임아트상회에 제품 20대를 공급하고 발행한 전자세금계산서의 대당 판매단가는 255,000원 이 아니라 225,000원(부가가치세 별도)으로 확인되었다.

해설 12월 20일 매입매출전표입력 수정 [단가 : 255,000 ⇨ 225,000]

• 수정 전

유형:11.과세 / 수량 :20 / 단가:255,000 / 공급가액:5,100,000 / 부가세:510,000 / 공급처명:(주)임아트상회 / 전자:여 / 분개:외상

(차변) 외상매출금[(임아트상회)]	5,610,000	(대변) 부가세예수금	510,000
		(대변) 제품매출	5,100,000

⇩

• 수정 후

유형:11.과세 / 수량 :20 / 단가:225,000 / 공급가액:4,500,000 / 부가세:450,000 / 공급처명:(주)임아트상회 / 전자:여 / 분개:외상

(차변) 외상매출금[(임아트상회)]	4,950,000	(대변) 부가세예수금	450,000
		(대변) 제품매출	4,500,000

□	일	번호	유형	품목	수량	단가	공급가액	부가세	코드	공급처명	사업자주민번호	전자	분개
	20	50001	과세	제품	20	225,000	4,500,000	450,000	00102	(주)임아트상회	314-85-00186	여	외상
				공급처별 매출(입)전체 [1]건			4,500,000	450,000					

구분	계정과목	적요	거래처	차변(출금)	대변(입금)
차변	0108 외상매출금	제품 20X225000	00102 (주)임아트	4,950,000	
대변	0255 부가세예수금	제품 20X225000	00102 (주)임아트		450,000
대변	0404 제품매출	제품 20X225000	00102 (주)임아트		4,500,000

유형 4 12월 24일 : 업무에 사용 중인 공장화물차에 대해 일산유통에서 주유하면서 330,000원(부가세 포함)을 법인카드(신한카드)로 결제하였다. 회계담당자는 매입매출전표입력에서 매입세액을 공제받지 못한 것으로 처리하였다.

해설 매입매출전표입력 메뉴에서 매입유형 '58.카면'을 '57.카과'로 수정

• 수정 전

유형:58.카면 / 공급가액:330,000 / 부가세:0 / 공급처명:일산유통 / 분개:카드

(차변) 차량유지비(제)	330,000	(대변) 미지급금(신한카드)	330,000

□	일	번호	유형	품목	수량	단가	공급가액	부가세	코드	공급처명	사업/주민번호	전자	분개
□	24	50001	카면	주유			330,000		00202	일산유통	130-41-27190		카드
				공급처별 매출(입)전체 [1]건			330,000						

신용카드사: 99601 신한카드   봉사료:

구분	계정과목	적요	거래처	차변(출금)	대변(입금)
대변	0253 미지급금	주유	99601 신한카드		330,000
차변	0522 차량유지비	주유	00202 일산유통	330,000	

⇩

• 수정 후

유형:57.카과 / 공급가액:300,000 / 부가세:30,000 / 공급처명:일산유통 / 분개:카드

(차변) 부가세대급금	30,000	(대변) 미지급금(신한카드)	330,000
(차변) 차량유지비(제)	300,000		

□	일	번호	유형	품목	수량	단가	공급가액	부가세	코드	공급처명	사업/주민번호	전자	분개
□	24	50001	카과	주유			300,000	30,000	00202	일산유통	130-41-27190		카드
				공급처별 매출(입)전체 [1]건			300,000	30,000					

신용카드사: 99601 신한카드   봉사료:

구분	계정과목	적요	거래처	차변(출금)	대변(입금)
대변	0253 미지급금	주유	99601 신한카드		330,000
차변	0135 부가세대급금	주유	00202 일산유통	30,000	
차변	0522 차량유지비	주유	00202 일산유통	300,000	

※ 공급가액 300,000원과 부가세 30,000원 및 하단 분개 중 차변 계정과목을 153.원재료에서 522.차량유지비로 수정한다.

오류수정 기출문제 연습하기

다음의 거래 자료를 ㈜오류수정(회사코드 : 1005)의 일반전표입력 메뉴 또는 매입매출전표입력 메뉴에서 수정하시오.

1 1월 10일 : 세금과공과금으로 처리한 금액은 지난날 직원급여를 지급하면서 원천징수한 소득세를 납부한 것으로 확인되었다. 〔98회〕

2 1월 19일 : 전자세금계산서를 발급한 제품매출에 대한 거래처는 ㈜홈플라스가 아니라 ㈜임아트상회이다. 〔65회〕

3 2월 15일 : 현금으로 지급한 운반비는 전액 원재료 구입과 관련된 운반비용으로서, 일산유통(일반과세자)으로부터 수기로 세금계산서를 발급 받은 것이다. 단, 입력된 운반비는 부가가치세가 포함된 금액이다. 〔75회〕

4 2월 26일 : 영업부문이 사용하는 차량에 대한 취득세 300,000원의 현금납부액을 판매비와관리비로 처리하였다. 〔88회〕

5 4월 21일 : 보통예금에 입금된 금액은 일산유통의 외상매출금이 회수된 것이 아니라, 현대자동차에 제품을 공급하기로 약속하고 받은 계약금으로 확인되었다. 〔81회〕

6 5월 25일 : 제조부서 직원을 위하여 확정급여형(DB형) 퇴직연금에 가입하고 보통예금에서 8,000,000원을 이체하여 불입하였으나, 회사에서는 확정기여형(DC형) 퇴직연금을 납부한 것으로 잘못 회계처리 되었다. 〔112회〕

7 6월 28일 : 본사 영업직원의 복리후생비로 처리한 출금거래 1,200,000원은 원재료 매입처 (주)임아트상회의 원재료 계약금을 지급한 것으로 확인되었다. 〔59회〕

8 7월 10일 : 영업부서 직원들의 회식대금 220,000원을 맛집에 현금 지급하고 일반전표에 입력하였다. 이는 제조부서 직원들의 회식대금 220,000원(부가가치세 포함)을 현금영수증(지출증빙용)으로 수령한 것을 잘못 처리한 것이다. (맛집은 일반과세사업자이다) `93회`

9 7월 15일 : 비품을 일산유통에 처분하면서 현금 4,400,000원(부가가치세 포함)을 받고 전자세금계산서를 발급하였다. 그러나, 감가상각누계액을 고려하지 않고 회계처리 하였다.(처분일 현재 비품 취득가액은 7,000,000원이고 감가상각누계액은 2,500,000원이다) `82회`

10 7월 25일자 회계처리한 세금과공과금은 2024년 1기 확정신고기간에 대한 부가가치세를 보통예금에서 인터넷뱅킹을 통해 납부한 것이다.(회사는 6월 30일자로 부가가치세와 관련한 회계처리를 이미 하였다) `102회`

11 8월 14일 : 제품 매출 5,000,000원의 환율적용이 $5,000에 대하여 1,000원/$으로 잘못 적용되었고 올바르게 적용되어야 할 기준환율은 1,200원/$이다. 또한 내국신용장에 의한 공급이 아닌 직접수출로 확인되었다. 당초 전자세금계산서는 발급하지 않았다.(영세율구분란에 코드도 수정하시오) `109회`

12 8월 29일 : (주)홈플라스에서 당사의 보통예금계좌로 송금한 10,950,000원은 전액 외상매출금을 회수한 것으로 처리하였으나, 8월 29일 현재 (주)홈플라스의 외상매출금 잔액을 초과한 금액 950,000원은 (주)홈플라스에서 발행한 어음대금을 조기상환 받은 것으로 확인되었다. `93회`

13 10월 9일 : 국민건강보험공단에 영업부서 사원에 대한 건강보험료 560,000원을 현금으로 납부하고 회사부담분과 종업원부담분(급여지급시 원천징수함) 전액을 복리후생비로 회계처리하였다. 회사부담분과 종업원부담분의 비율은 50:50이다. `81회`

14 10월 15일 : 330,000원(부가가치세 포함)을 현금지급하고 복리후생비로 일반전표에 입력하였으나, 이는 맛집식당(일반과세사업자)에서 매출거래처 접대회식비를 지출하고 아래 현금영수증(지출증빙용)으로 수령한 것이다. `99회`

```
                    맛집
       128-27-39402           대표자 : 먹자
   서울특별시  서초구  서초대로
   TEL:3289-8085
   홈페이지 http://www.kacpta.or.kr
              현금(지출증빙)
   구매 2025/10/15/19:06   거래번호 : 0026-0107
       상품명          수량           금액
        식대            1          330,000
      2043655000009
                       과세물품가액    300,000
                       부 가 세         30,000
                       합 계          330,000
                       받은금액        330,000
```

15 10월 19일 : 영업부에서 매출거래처 체육대회를 지원하기 위해 ㈜임아트상회로부터 현금으로 구매한 기념품 2,000,000원(부가가치세 별도)을 회계담당자의 실수로 인하여 복리후생비로 회계처리하였다.

115회

16 10월 28일 : 법인카드인 비씨카드로 결제된 차량유지비 110,000원이 일반전표로 처리되어 있다. 이는 현대자동차에서 공장화물자동차에 대한 주유요금 110,000원(부가가치세 포함)으로 매입세액공제요건을 갖춘 카드매출전표를 발급받은 것을 잘못 처리한 것이다(계정과목은 미지급금으로 처리).

116회

17 11월 8일 : ㈜홈플러스에서 컴퓨터(비품)를 구입하면서 법인신용카드(신한카드)로 계산한 것을 착오로 법인신용카드(비씨카드)로 계산한 것으로 매입매출전표에 회계처리 하였다.

69회

18 11월 9일 : 일반전표에 입력된 거래처 맛집의 외상매출금이 전액 현금 입금된 것으로 회계처리가 되었으나, 15,000,000원은 동사발행 약속어음(만기: 2025년 12월)으로 받고, 잔액만 현금으로 회수된 것으로 확인되었다.

79회

19 11월 18일 : 경리직원은 ㈜임아트상회로부터 사무용품 구입 시 발급받은 전자세금계산서를 이중으로 입력하였다. 대금은 구입 당시 현금으로 지급하고 구입 시 비용으로 처리하였다. `53회`

20 12월 21일 : 제조부문의 직원 체육대회와 관련하여 일산유통으로부터 구매한 행사물품금액 2,300,000원(부가가치세 별도)을 전자세금계산서로 발급받았는데, 이에 대해서 부가가치세를 포함하여 면세매입으로 잘못된 회계처리를 하였다. 대금은 구입 당시 현금으로 지급하였다. `52회`

21 12월 22일 : 매출처 ㈜임아트상회의 부도로 외상매출금 잔액 2,200,000원이 회수불가능하여 대손처리하였는데, 확인결과 부도시점에 외상매출금에 대한 대손충당금잔액이 950,000원이었던 것으로 확인되었다. `108회`

22 12월 24일 : 이자수익 1,000,000원 중 원천징수세액(원천징수세율은 15.4%로 가정)을 제외한 나머지 금액이 보통예금으로 입금되어 입금된 금액에 대해서만 회계처리 하였다.(단, 기업에서는 원천징수세액을 자산으로 처리하고 있다.) `83회`

23 12월 26일 : 영업부사원 이성실의 지방출장비에 대한 분개가 누락된 것이 발견되었다. 출장비 사용내용은 다음과 같으며, 비용은 보통예금계좌에서 개인계좌로 이체하여 지급하였다. `82회`

〈출장비 사용내역〉
- KTX 기차요금   120,000원
- 숙박비   100,000원
- 기타 제비용   80,000원
- 지출합계   300,000원

24 12월 27일 : 일반전표에 입력된 ㈜홈플러스의 외상매출금 15,000,000원 중 10,000,000원은 동사 발행 약속어음(만기:2026년 3월 30일)으로 받고, 잔액은 현금으로 회수된 것으로 회계처리가 되었으나, 이 어음의 발행인은 ㈜홈플러스가 아니라 ㈜일산유통인 것으로 밝혀졌다. `79회`

25 12월 29일 : 당사 직원 이성실에 대한 단기대여금 3,000,000원은 상환기간이 2028년 9월 30일이다. `88회`

해설

1 1월 10일 : 일반전표입력메뉴 : 계정과목을 '세금과공과(판)'에서 '예수금'으로 수정

• 수정 전

(차변) 세금과공과(판)　　　100,000　　　(대변) 현금　　　100,000

구분	계 정 과 목	거 래 처	적 요	차 변	대 변
출금	0817 세금과공과			450,000	(현금)

⇩

• 수정 후

(차변) 예수금　　　100,000　　　(대변) 현금　　　100,000

구분	계 정 과 목	거 래 처	적 요	차 변	대 변
출금	0254 예수금			450,000	(현금)

2 1월 19일 : 매입매출전표입력메뉴 : 거래처를 '(주)홈플라스'에서 '(주)임아트상회'로 수정

• 수정 전

유형:11.과세 / 공급가액:8,500,000 / 부가세:850,000 / 공급처명:(주)홈플라스 / 전자:여 / 분개:외상

(차변) 외상매출금((주)홈플라스)　　　9,350,000　　　(대변) 부가세예수금　　　850,000
　　　　　　　　　　　　　　　　　　　　　　　　　　(대변) 제품매출　　　　8,500,000

□	일	번호	유형	품목	수량	단가	공급가액	부가세	코드	공급처명	사업/주민번호	전자	분개
□	19	50001	과세	제품			8,500,000	850,000	00101	(주)홈플라스	108-80-16943	여	외상
				공급처별 매출(입)전체 [1]건			8,500,000	850,000					

구분	계정과목	적요	거래처	차변(출금)	대변(입금)	
차변	0108 외상매출금	제품	00101 (주)홈플라	9,350,000		(세금)계산서 현재라인인쇄
대변	0255 부가세예수금	제품	00101 (주)홈플라		850,000	거래명세서
대변	0404 제품매출	제품	00101 (주)홈플라		8,500,000	

⇩

• 수정 후

유형:11.과세 / 공급가액:8,500,000 / 부가세:850,000 / 공급처명:(주)임아트상회 / 전자:여 / 분개:외상

(차변) 외상매출금((주)임아트상회)　　　9,350,000　　　(대변) 부가세예수금　　　850,000
　　　　　　　　　　　　　　　　　　　　　　　　　　(대변) 제품매출　　　　8,500,000

□	일	번호	유형	품목	수량	단가	공급가액	부가세	코드	공급처명	사업/주민번호	전자	분개
□	19	50001	과세	제품			8,500,000	850,000	00102	(주)임아트상회	314-85-00186	여	외상
				공급처별 매출(입)전체 [1]건			8,500,000	850,000					

구분	계정과목	적요	거래처	차변(출금)	대변(입금)	
차변	0108 외상매출금	제품	00102 (주)임아트	9,350,000		(세금)계산서 현재라인인쇄
대변	0255 부가세예수금	제품	00102 (주)임아트		850,000	거래명세서
대변	0404 제품매출	제품	00102 (주)임아트		8,500,000	

3 2월 15일 : 일반전표입력 삭제 후 매입매출전표에 추가 입력한다.

• 수정 전 : 일반전표입력 메뉴 해당 거래 삭제

구분	계 정 과 목	거 래 처	적 요	차 변	대 변
출금	0824 운반비			220,000	(현금)

⇩

• 수정 후 : 매입매출전표입력 메뉴에 추가 입력

유형:51.과세 / 공급가액:200,000 / 부가세:20,000 / 공급처명:일산유통 / 전자:부 / 분개:현금

(차변) 부가세대급금	20,000	
(차변) 원재료	200,000	(대변) 현금 220,000

□	일	번호	유형	품목	수량	단가	공급가액	부가세	코드	공급처명	사업/주민번호	전자	분개
■	15	50001	과세				200,000	20,000	00202	일산유통	130-41-27190		현금
			공급처별 매출(입)전체 [1]건				200,000	20,000					

구분	계정과목		적요	거래처		차변(출금)	대변(입금)
출금	0135	부가세대급금		00202	일산유통	20,000	(현금)
출금	0153	원재료		00202	일산유통	200,000	(현금)

4 2월 26일 : 일반전표입력 메뉴에서 계정과목을 '세금과공과(판)'에서 '차량운반구'로 수정

• 수정 전

(차변) 세금과공과(판)　　　　300,000　　　(대변) 현금　　　　300,000

구분	계 정 과 목	거 래 처	적 요	차 변	대 변
출금	0817 세금과공과			300,000	(현금)

⇩

• 수정 후

(차변) 차량운반구　　　　300,000　　　(대변) 현금　　　　300,000

구분	계 정 과 목	거 래 처	적 요	차 변	대 변
출금	0208 차량운반구			300,000	(현금)

5 4월 21일 : 일반전표입력 메뉴에서 계정과목을 '외상매출금'에서 '선수금'으로, 거래처를 '일산유통'에서 '현대자동차'로 수정

• 수정 전

(차변) 보통예금　　　　5,000,000　　　(대변) 외상매출금[일산유통]　　　5,000,000

구분	계 정 과 목	거 래 처	적 요	차 변	대 변
차변	0103 보통예금			5,000,000	
대변	0108 외상매출금	00202 일산유통			5,000,000

⇩

• 수정 후

| (차변) 보통예금 | | | 5,000,000 | (대변) 선수금[현대자동차] | | 5,000,000 |

구분	계 정 과 목	거 래 처	적 요	차 변	대 변
차변	0103 보통예금			5,000,000	
대변	0259 선수금	00103 현대자동차			5,000,000

6 5월 25일 : 일반전표입력 메뉴에서 계정과목을 '퇴직급여(제)'에서 '퇴직연금운용자산'으로 수정

• 수정 전

| (차변) 퇴직급여(제) | | | 8,000,000 | (대변) 보통예금 | | 8,000,000 |

구분	계 정 과 목	거 래 처	적 요	차 변	대 변
차변	0508 퇴직급여			8,000,000	
대변	0103 보통예금				8,000,000

⇩

• 수정 후

| (차변) 퇴직연금운용자산 | | | 8,000,000 | (대변) 보통예금 | | 8,000,000 |

구분	계 정 과 목	거 래 처	적 요	차 변	대 변
차변	0186 퇴직연금운용자산			8,000,000	
대변	0103 보통예금				8,000,000

7 6월 28일 : 일반전표입력 메뉴의 계정과목과 거래처를 '복리후생비'에서 선급금((주)임아트상회)로 수정

• 수정 전

| (차변) 복리후생비(판) | | | 1,200,000 | (대변) 현금 | | 1,200,000 |

구분	계 정 과 목	거 래 처	적 요	차 변	대 변
출금	0811 복리후생비			1,200,000	(현금)

⇩

• 수정 후

| (차변) 선급금((주)임아트상회) | | | 1,200,000 | (대변) 현금 | | 1,200,000 |

구분	계 정 과 목	거 래 처	적 요	차 변	대 변
출금	0131 선급금	00102 (주)임아트상회		1,200,000	(현금)

8 7월 10일 : 일반전표 입력내용 삭제 후 매입매출전표 입력

• 수정 전 : 일반전표입력 메뉴 해당 거래 삭제

| (차변) 복리후생비(판) | | | 220,000 | (대변) 현금 | | 220,000 |

구분	계 정 과 목	거 래 처	적 요	차 변	대 변
출금	0811 복리후생비			220,000	(현금)

?Check
[1]건의 데이터를 선택하였습니다.
선택한 데이터를 삭제하시겠습니까?
예(Y)   아니오(N)

⇩

• 수정 후 : 매입매출전표입력 메뉴에서 추가 입력

유형:61.현과 / 공급가액:200,000 / 부가세:20,000 / 공급처명:맛집 / 분개:현금

(차변) 부가세대급금	20,000	(대변) 현금	220,000
(차변) 복리후생비(제)	200,000		

9 7월 15일 : 매입매출전표입력 메뉴에서 하단 분개에서 계정과목과 금액을 수정

• 수정 전

유형:11.과세 / 공급가액:4,000,000 / 부가세:400,000 / 공급처명:일산유통 / 전자:여 / 분개:혼합

(차변) 현금	4,400,000	(대변) 부가세예수금	400,000
(차변) 유형자산처분손실	3,000,000	(대변) 비품	7,000,000

⇩

• 수정 후

유형:11.과세 / 공급가액:4,000,000 / 부가세:400,000 / 공급처명:일산유통 / 전자:여 / 분개:혼합

(차변) 현금	4,400,000	(대변) 부가세예수금	400,000
(차변) 유형자산처분손실	500,000	(대변) 비품	7,000,000
(차변) 감가상각누계액(213)	2,500,000		

10 6월 30일 : 부가가치세에 대한 회계처리를 조회하여 미지급세금 1,000,000원을 확인한 뒤 일반전표입력메뉴에서 7월 25일자에 차변 계정과목을 '세금과공과(판)'에서 '미지급세금'으로, 대변 계정과목을 '현금'에서 '보통예금'으로 수정

• 수정 전

(차변) 세금과공과(판)	1,000,000	(대변) 현금	1,000,000

⇩

• 수정 후

| (차변) 미지급세금 | | | 1,000,000 | (대변) 보통예금 | | 1,000,000 |

구분	계정과목	거래처	적요	차변	대변
차변	0261 미지급세금			1,000,000	
대변	0103 보통예금				1,000,000

11 8월 14일 : 매입매출전표입력 메뉴에서 유형을 '12.영세(영세율 구분:3)'에서 '16.수출(영세율 구분:1)'로, 공급가액을 '5,000,000원'에서 '6,000,000원'으로 수정

• 수정 전

유형:12.영세 / 공급가액:5,000,000 / 부가세:0 / 공급처명:일산유통 / 분개:외상

영세율구분 : 3.내국신용장·구매확인서에 의하여 공급하는 재화

| (차변) 외상매출금(일산유통) | 5,000,000 | (대변) 제품매출 | 5,000,000 |

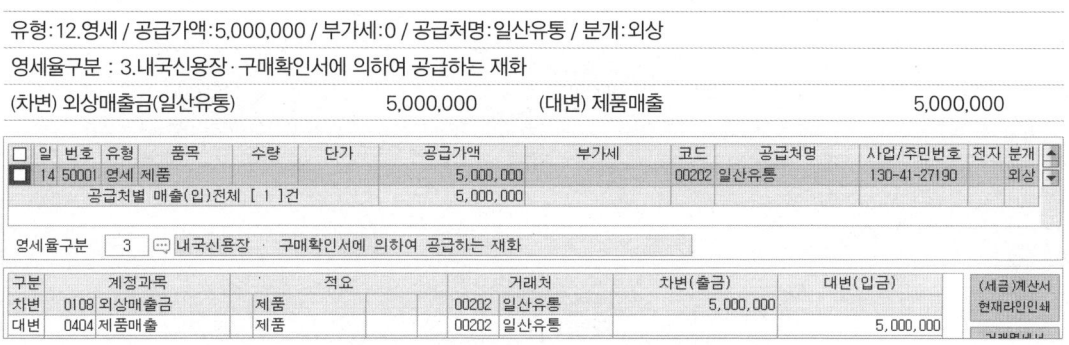

⇩

• 수정 후

유형:16.수출 / 공급가액:6,000,000 / 부가세:0 / 공급처명:일산유통 / 분개:외상

영세율구분 : 1.직접수출(대행수출 포함)

| (차변) 외상매출금(일산유통) | 6,000,000 | (대변) 제품매출 | 6,000,000 |

12 8월 29일 : 일반전표입력 메뉴에서 계정과목과 금액을 '외상매출금[(주)홈플러스] 10,950,000원'에서 '외상매출금[(주)홈플러스] 10,000,000원, 받을어음[(주)홈플러스] 950,000원'으로 수정

• 수정 전

| (차변) 보통예금 | 10,950,000 | (대변) 외상매출금[(주)홈플러스] | 10,950,000 |

일	번호	구분	계정과목	거래처	적요	차변	대변
29	00001	차변	0103 보통예금			10,950,000	
29	00001	대변	0108 외상매출금	00101 (주)홈플러스			10,950,000

⇩

• 수정 후

| (차변) 보통예금 | | | 10,950,000 | (대변) 외상매출금[(주)홈플라스] | | 10,000,000 |
| | | | | (대변) 받을어음[(주)홈플라스] | | 950,000 |

구분	계정과목	거래처	적요	차변	대변
차변	0103 보통예금			10,950,000	
대변	0108 외상매출금	00101 (주)홈플라스			10,000,000
대변	0110 받을어음	00101 (주)홈플라스			950,000

13 10월 9일 : 일반전표입력 메뉴에서 계정과목과 금액을 '복리후생비(판) 560,000원'에서 '복리후생비(판) 280,000원, 예수금 280,000원'으로 수정

• 수정 전

| (차변) 복리후생비(판) | 560,000 | (대변) 현금 | 560,000 |

구분	계정과목	거래처	적요	차변	대변
출금	0811 복리후생비		건강보험료	560,000	(현금)

⇩

• 수정 후

| (차변) 복리후생비(판) | 280,000 | (대변) 현금 | 560,000 |
| (차변) 예수금 | 280,000 | | |

구분	계정과목	거래처	적요	차변	대변
차변	0811 복리후생비		건강보험료	280,000	
차변	0254 예수금			280,000	
대변	0101 현금				560,000

14 10월 15일 : 일반전표입력 메뉴에서 계정과목을 '복리후생비(판)'에서 '기업업무추진비'로 수정

• 수정 전

| (차변) 복리후생비(판) | 330,000 | (대변) 현금 | 330,000 |

구분	계정과목	거래처	적요	차변	대변
출금	0811 복리후생비		식대	330,000	(현금)

⇩

• 수정 후

| (차변) 기업업무추진비(판) | 330,000 | (대변) 현금 | 330,000 |

구분	계정과목	거래처	적요	차변	대변
출금	0813 기업업무추진비		식대	330,000	(현금)

15 10월 19일 : 매입매출전표입력 메뉴에서 유형을 '51.과세'에서 '54.불공(불공제사유:4)'로, 계정과목을 '복리후생비(판)'에서 '기업업무추진비(판)'로 수정

• 수정 전

유형:51.과세 / 공급가액:2,000,000 / 부가세:200,000 / 공급처명:(주)임아트상회 / 전자:여 / 분개:현금

(차변) 부가세대급금	200,000	(대변) 현금	2,200,000
(차변) 복리후생비(판)	2,000,000		

⇩

• 수정 후

유형:54.불공 / 공급가액:2,000,000 / 부가세:200,000 / 공급처명:(주)임아트상회 / 전자:여 / 분개:현금
불공제사유 4 : ④ 기업업무추진비 및 이와 유사한 비용 관련

(차변) 기업업무추진비(판)	2,200,000	(대변) 현금	2,200,000

16 10월 28일

• 수정 전 : 일반전표입력 메뉴 해당 거래 삭제

(차변) 차량유지비(판)	110,000	(대변) 미지급금	110,000

⇩

• 수정 후 : 매입매출전표입력 메뉴에서 추가 입력

유형:57.카과 / 공급가액:100,000 / 부가세:10,000 / 공급처명:현대자동차 / 분개:카드
신용카드사 : 99800.비씨카드

(차변) 부가세대급금	10,000	(대변) 미지급금(비씨카드)	110,000
(차변) 차량유지비(제)	100,000		

□	일	번호	유형	품목	수량	단가	공급가액	부가세	코드	공급처명	사업/주민번호	전자	분개
□	28	50001	카과				100,000	10,000	00103	현대자동차	214-81-67860		카드
				공급처별 매출(입)전체 [1]건			100,000	10,000					

신용카드사: 99800 비씨카드   봉사료:

구분	계정과목	적요	거래처	차변(출금)	대변(입금)
대변	0253 미지급금		99800 비씨카드		110,000
차변	0135 부가세대급금		00103 현대자동차	10,000	
차변	0522 차량유지비		00103 현대자동차	100,000	

17 11월 8일 : 매입매출전표입력 메뉴에서 신용카드를 '비씨카드'에서 '신한카드'로 수정

• 수정 전

유형:57.카과 / 공급가액:1,450,000 / 부가세:145,000 / 공급처명:(주)홈플라스 / 분개:카드

신용카드사 : 99800.비씨카드

(차변) 부가세대급금   145,000
(차변) 비품   1,450,000   (대변) 미지급금(비씨카드)   1,595,000

□	일	번호	유형	품목	수량	단가	공급가액	부가세	코드	공급처명	사업/주민번호	전자	분개
□	8	50001	카과	컴퓨터			1,450,000	145,000	00101	(주)홈플라스	108-80-16943		카드
				공급처별 매출(입)전체 [1]건			1,450,000	145,000					

신용카드사: 99800 비씨카드   봉사료:

구분	계정과목	적요	거래처	차변(출금)	대변(입금)
대변	0253 미지급금	컴퓨터	99800 비씨카드		1,595,000
차변	0135 부가세대급금	컴퓨터	00101 (주)홈플라스	145,000	
차변	0212 비품	컴퓨터	00101 (주)홈플라스	1,450,000	

⇩

• 수정 후

유형:57.카과 / 공급가액:1,450,000 / 부가세:145,000 / 공급처명:(주)홈플라스 / 분개:카드

신용카드사 : 99601.신한카드

(차변) 부가세대급금   145,000
(차변) 비품   1,450,000   (대변) 미지급금(신한카드)   1,595,000

□	일	번호	유형	품목	수량	단가	공급가액	부가세	코드	공급처명	사업/주민번호	전자	분개
□	8	50001	카과	컴퓨터			1,450,000	145,000	00101	(주)홈플라스	108-80-16943		카드
				공급처별 매출(입)전체 [1]건			1,450,000	145,000					

신용카드사: 99601 신한카드   봉사료:

구분	계정과목	적요	거래처	차변(출금)	대변(입금)
대변	0253 미지급금	컴퓨터	카 99601 신한카드		1,595,000
차변	0135 부가세대급금	컴퓨터	00101 (주)홈플라스	145,000	
차변	0212 비품	컴퓨터	00101 (주)홈플라스	1,450,000	

18 11월 9일 : 일반전표입력 메뉴에서 차변 계정과목과 금액을 '받을어음(맛집) 15,000,000'과 '현금 30,000,000'으로 수정

• 수정 전

(차변) 현금   45,000,000   (대변) 외상매출금(맛집)   45,000,000

구분	계 정 과 목	거 래 처	적 요	차 변	대 변
입금	0108 외상매출금	00104 맛집		(현금)	45,000,000

⇩

• 수정 후

(차변) 받을어음(맛집)	15,000,000	(대변) 외상매출금(맛집)	45,000,000
(차변) 현금	30,000,000		

구분	계정과목		거래처		적요	차변	대변
대변	0108	외상매출금	00104	맛집			45,000,000
차변	0110	받을어음	00104	맛집		15,000,000	
차변	0101	현금				30,000,000	

19 11월 18일 : 동일한 거래를 중복하여 입력한 것이므로 매입매출전표입력 중 하나의 거래 삭제

20 12월 21일 : 매입매출전표입력 메뉴에서 유형을 '53.면세'에서 '51.과세' 수정

• 수정 전

유형:53.면세 / 공급가액:2,530,000 / 부가세:0 / 공급처명:일산유통 / 전자:여 / 분개:현금

(차변) 복리후생비(제)	2,530,000	(대변) 현금	2,530,000

⇩

• 수정 후

유형:51.과세 / 공급가액:2,300,000 / 부가세:230,000 / 공급처명:일산유통 / 전자:여 / 분개:현금

(차변) 부가세대급금	230,000	(대변) 현금	2,530,000
(차변) 복리후생비(제)	2,300,000		

21 12월 22일 : 일반전표입력 메뉴에서 계정과목과 금액 '대손충당금(109) 2,200,000원'을 '대손충당금(109) 950,000원, 대손상각비(판) 1,250,000원'으로 수정

• 수정 전

(차변) 대손충당금(109)   2,200,000   (대변) 외상매출금[(주)임아트상회]   2,200,000

구분	계정과목		거래처	적요	차변	대변
차변	0109	대손충당금			2,200,000	
대변	0108	외상매출금	00102 (주)임아트상회			2,200,000

⇩

• 수정 후

(차변) 대손충당금(109)   950,000   (대변) 외상매출금[(주)임아트상회]   2,200,000
(차변) 대손상각비(판)   1,250,000

구분	계정과목		거래처	적요	차변	대변
차변	0109	대손충당금			950,000	
대변	0108	외상매출금	00102 (주)임아트상회			2,200,000
차변	0835	대손상각비			1,250,000	

22 12월 24일 : 일반전표입력 메뉴에서 원천징수세액에 대해 '선납세금'으로 추가 입력

• 수정 전

(차변) 보통예금   846,000   (대변) 이자수익   846,000

구분	계정과목		거래처	적요	차변	대변
차변	0103	보통예금			846,000	
대변	0901	이자수익				846,000

⇩

• 수정 후

(차변) 보통예금   846,000   (대변) 이자수익   1,000,000
(차변) 선납세금   154,000

구분	계정과목		거래처	적요	차변	대변
차변	0103	보통예금			846,000	
대변	0901	이자수익				1,000,000
차변	0136	선납세금			154,000	

※ 대체전표로 (차) 선납세금 154,000원 (대) 이자수익 154,000원을 추가로 입력하는 것도 정답으로 인정됨.

23 12월 26일 : 일반전표입력 메뉴에서 추가 입력

(차변) 여비교통비(판)   300,000   (대변) 보통예금   300,000

구분	계정과목		거래처	적요	차변	대변
차변	0812	여비교통비			300,000	
대변	0103	보통예금				300,000

24 12월 27일 : 일반전표입력 메뉴에서 차변 계정과목인 받을어음의 거래처를 '(주)홈플라스'에서 '일산유통'으로 수정

• 수정 전

| (차변) 받을어음[(주)홈플라스] | 10,000,000 | (대변) 외상매출금[(주)홈플라스] | 15,000,000 |
| (차변) 현금 | 5,000,000 | | |

구분	계정과목		거래처		적요	차변	대변
차변	0110	받을어음	00101	(주)홈플라스		10,000,000	
차변	0101	현금				5,000,000	
대변	0108	외상매출금	00101	(주)홈플라스			15,000,000

⇩

• 수정 후

| (차변) 받을어음[일산유통] | 10,000,000 | (대변) 외상매출금[(주)홈플라스] | 15,000,000 |
| (차변) 현금 | 5,000,000 | | |

구분	계정과목		거래처		적요	차변	대변
차변	0110	받을어음	00202	일산유통		10,000,000	
차변	0101	현금				5,000,000	
대변	0108	외상매출금	00101	(주)홈플라스			15,000,000

25 12월 29일 : 일반전표입력 메뉴에서 계정과목을 '단기대여금'에서 '장기대여금'으로 수정

• 수정 전

| (차변) 단기대여금[이성실] | 3,000,000 | (대변) 현금 | 3,000,000 |

구분	계정과목		거래처		적요	차변	대변
출금	0114	단기대여금	00800	이성실		3,000,000	(현금)

⇩

• 수정 후

| (차변) 장기대여금[이성실] | 3,000,000 | (대변) 현금 | 3,000,000 |

구분	계정과목		거래처		적요	차변	대변
출금	0179	장기대여금	00800	이성실		3,000,000	(현금)

전산회계 1급 3주 완성

PART 03

원가회계

원가계산의 기초

❶ 원가와 원가회계의 개념

원가란 재화나 용역을 얻기 위해서 희생된 경제적 자원를 화폐단위로 측정한 것을 의미한다. 즉, 제조회사가 제품을 생산하기 위해 지출한 모든 금액의 합계를 말하며 이를 측정, 분류 및 기록하는 것을 원가회계이며 그 원가를 집계하여 분류, 계산하는 과정을 원가계산이라 한다.

❷ 원가회계의 목적

원가회계는 정보이용자의 다양한 의사결정에 필요한 원가정보를 제공하고 재무제표 작성에 필요한 원가자료를 제공하는 것을 목적으로 한다. 즉, 정보이용자가 요구하는 상이한 목적에 따라 상이한 원가정보가 제공되는 것이다.
① 재무제표 작성에 필요한 원가정보의 제공
② 원가통제에 필요한 원가정보의 제공
③ 경영의사결정에 필요한 원가정보의 제공

❸ 재무회계와 관리회계의 차이점

구분	재무회계	관리회계
목적	외부이용자의 경제적 의사결정에 유용한 정보를 제공하는 외부보고목적	내부경영자의 경제적 의사결정에 유용한 정보를 제공하기 위한 내부보고목적
이용자	외부이용자	내부이용자
준거기준	일반기업회계기준 등	일정한 기준이 없다.
정보속성	객관적이고 과거지향적	미래지향적

(1) 재무회계
외부이해관계자인 주주와 채권자에게 유용한 정보를 제공하기 위한 회계이며 외부이해관계자가 다양하므로 일반기업회계기준에 의해 작성된 일반목적 재무제표가 보고수단으로 사용된다.

(2) 관리회계
내부이해관계자인 경영자에게 특수목적 재무제표 및 보고서를 통해 유용한 정보를 제공하기 위한 회계이다. 즉, 일반 기업회계기준과 같이 일정한 작성기준이 존재하지 않는다.

(3) 원가회계의 영역
① 제품원가계산 : 재무회계적 성격
② 계획 · 의사결정, 통제 · 성과평가 : 관리회계적 성격

> **기출확인문제**
>
> 다음 중 원가회계에 대한 설명이 아닌 것은?
>
> ① 외부의 정보이용자들에게 유용한 정보를 제공하기 위한 정보이다.
> ② 원가통제에 필요한 정보를 제공하기 위함이다.
> ③ 제품원가계산을 위한 원가정보를 제공한다.
> ④ 경영계획수립과 통제를 위한 원가정보를 제공한다.
>
> **해설** 외부의 정보이용자들에게 유용한 정보를 제공하는 것은 재무회계의 목적이다.
>
> **답** ①

④ 원가의 분류

원가는 분류기준에 따라 여러 가지로 분류할 수 있다.

(1) 발생형태에 따른 분류

1) 재료비
제품 생산을 위하여 소비된 원재료의 가액을 말한다.

2) 노무비
제품 생산을 위하여 투입된 노동력의 대가를 말한다.

3) (제조)경비
제품 생산에 소비된 원가요소 중 재료비와 노무비를 제외한 나머지 모든 원가를 말하며 제조원가에 산입하는 방법에 따라 월할제조경비, 측정제조경비, 지급제조경비, 발생제조경비로 구분된다.

① **월할제조경비**
임차료, 보험료, 세금과공과 등 1년 또는 일정기간사용분을 총괄하여 일시에 지급하는 경비를 말한다.

② **측정제조경비**
전력비, 가스수도료 등 계량기에 의하여 소비액을 계산하는 경비를 말한다.

③ **지급경비**
수선비, 운반비 등 매월의 소비액을 그달에 지급하는 경비를 말한다. 때로는 전월선급액이나 당월 미지급액이 있을 수 있는데 이 경우에는 다음의 식을 이용하여 계산한 금액을 당월의 소비액으로 계상한다.

> 당월소비액 = 당월지급액 − 당월선급액 − 전월미지급액 + 전월선급액 + 당월미지급액

| 사례 | 지급경비 |

지급경비다음은 2월말 경비에 대한 자료이다. 제조비용에 포함될 2월의 경비소비액은 계산하시오.

- 당월 지급액   100,000원
- 당월 미지급액   20,000원
- 전월 미지급액   5,000원
- 당월 선급액   30,000원
- 전월 선급액   10,000원

해설 당월소비액 = 100,000원 − 30,000원 − 5,000원 + 20,000원 + 10,000원 = 95,000원

④ 발생경비 : 재고자산감모손실 등 현금의 지출 없이 발생하는 경비를 말한다.

(2) 추적가능성에 따른 분류

1) 직접원가
특정제품에 직접 추적할 수 있는 원가요소를 말한다. 즉, 특정제품을 만들기 위해 직접 관련이 있는 원가이다.

2) 간접원가
특정제품에 직접 추적할 수 없는 원가요소이다. 즉, 둘 이상의 제품을 만들기 위한 공통원가를 말한다.

(3) 제조활동과의 관련성에 의한 분류

1) 제조원가(제품원가)
제조원가는 발생형태와 추적가능성이라는 2개의 복합적 기준에 따라 다음과 같이 직접재료비, 간접재료비, 직접노무비, 간접노무비, 직접경비, 간접경비로 구분한다. 실무에서는 재료비와 노무비는 거의 직접비에 해당하고, 제조경비의 대부분은 간접비에 해당하므로 원가를 직접재료비, 직접노무비, 제조간접비로 분류할 수 있다.

	추적가능성 有 (직접원가)	추적가능성 無 (간접원가)
재료비	직접재료비	간접재료비
노무비	직접노무비	간접노무비
경 비	직접경비	간접경비

① **직접재료비**(direct material costs)
특정제품에 직접적으로 추적할 수 있는 원재료 사용액을 말한다. 즉, 간접재료비는 제조간접비에 해당한다.

② **직접노무비**(direct labor costs)
특정제품에 직접적으로 추적할 수 있는 노동력의 사용액을 말한다. 즉, 간접노무비는 제조간접비에 해당한다.

③ **제조간접비**(factory overhead costs)
특정제품에 직접적으로 추적할 수 없는 원가이다. 즉, 간접재료비, 간접노무비, 감가상각비(공장분), 보험료, 수선비, 동력비등을 말한다.

> **합격 TIP**
>
> ① 직접비(기본원가)
>
> 직접비(기본원가) = 직접재료비 + 직접노무비
>
> ② 가공비(전환원가)
>
> 가공비(전환원가) = 직접노무비 + 제조간접비

2) 비제조원가(기간비용)

기업의 제조활동과 직접적인 관련이 없는 원가로 판관비를 의미한다. 이는 제품원가를 구성하지 발생한 즉시 비용 처리하는 기간비용에 해당한다.

> **합격 TIP** 제조원가와 판관비의 비교
>
> | 제조원가 | 판매비와 관리비 |
> | --- | --- |
> | ① 공장 관리자 및 사원의 인건비 | ① 본사 사무실 관리자 및 사원의 인건비 |
> | ② 공장 사무실의 운영비 | ② 본사 사무실의 운영비 |
> | ③ 공장의 전력비, 가스수도료 | ③ 본사의 수도광열비 |
> | ④ 공장 유형자산의 감가상각비 | ④ 본사 유형자산의 감가상각비 |
> | ⑤ 공장 건물의 보험료 | ⑤ 본사 건물의 보험료 |

사례 제조원가와 판관비의 비교

다음 자료에 의해 제품제조원가를 계산하라. 단, 건물은 모두 공장 분이며, 수도광열비는 공장과 영업부에서 50%씩 사용하고 있다.

- 재료소비액   200,000원
- 건물감가상각비   2,000원
- 본사직원의 여비교통비 4,000원
- 기계감가상각비   5,000원
- 공장임금   150,000원
- 수도광열비   30,000원
- 영업부 급여   150,000원

해설 : 제품제조원가 = 재료소비액(200,000) + 건물감가상각비(2,000) + 공장임금(150,000) + 기계감가상각비(5,000) + 수도광열비×50% (30,000원×0.5) = 372,000원

3) 원가구성도

원가의 구성에 관한 용어의 정확한 숙지와 원가의 구성내역에 대해 파악하고 원가구성도의 일부 금액 찾기 문제를 대비하자.

				판매이익
			판관비	
		제조간접비		
직접재료비			제조원가	판매원가	판매가격
직접노무비	직접원가			

> **기출확인문제**
>
> 원가 및 비용의 분류항목 중 제조원가에 해당하는 것은 무엇인가?
>
> ① 생산공장의 전기요금 ② 영업용 사무실의 전기요금
> ③ 마케팅부의 교육연수비 ④ 생산공장 기계장치의 처분손실
>
> **해설**
> - 판매비와관리비 : 영업용 사무실의 전기요금, 마케팅부의 교육연수비
> - 영업외손익 : 유형자산의 처분으로 인한 손익
>
> **답** ①

(4) 원가행태에 따른 분류

조업도의 수준의 변동에 따라 일정하게 변화하는 원가발생액의 변동양상을 의미하는 원가행태에 따라 원가는 변동원가와 고정원가로 분류된다. 여기서 조업도란 일정기간 기업의 설비능력을 이용한 정도를 나타내는 지표로 생산량, 직접노동시간, 기계작업시간 등이 있다.

1) 변동원가(variable costs)

조업도의 변동에 따라 총원가가 직접적으로 비례해서 증감하는 원가를 변동원가라고 한다. 이는 다시 변동비와 준변동비로 구분된다. 직접재료비와 직접노무비는 무조건 변동비에 해당한다.

① 변동비

조업도의 변화에 정비례하여 총원가가 변동하는 원가를 변동비라 한다. 따라서 변동비는 조업도의 증감에 따라 원가총액은 증감하나 단위당 원가의 조업도의 변동에 관계없이 일정한 형태의 원가이다. 직접재료비, 직접노무비, 변동제조간접비(간접재료비, 간접노무비 등)는 변동비에 해당한다.

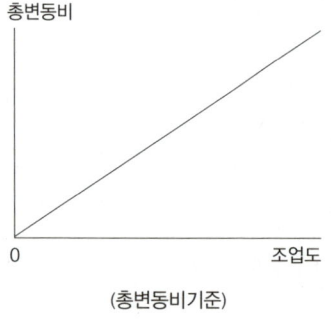

(총변동비기준)

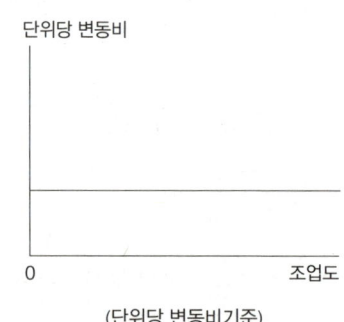

(단위당 변동비기준)

② 준변동비(semi-variable costs)
조업도의 변화에 관계없이 총원가가 일정한 고정원가와 변동원가의 두 부분으로 구성된 원가를 준변동비라 하며 택시요금, 전기요금 등이 이에 해당한다. 준 변동원가는 변동원가와 고정원가가 혼합된 원가이므로 혼합원가(mixed costs)라고도 한다.

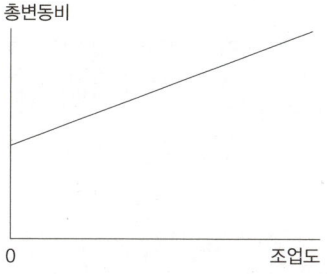

2) 고정원가(fixed costs)
조업도의 변동에 관계없이 총원가가 일정하게 발생하는 원가를 고정원가라고 하며, 이는 다시 고정원가와 준고정원가로 세분된다.

① 고정비
조업도의 변동에 관계없이 총원가가 일정한 원가를 고정원가라고 한다. 따라서 고정원가는 조업도의 변동과 무관하게 원가총액은 일정하나 단위당 원가는 조업도의 증감에 반비례하는 행태의 원가이다. 공장임차료, 보험료 등 고정제조간접비는 고정원가이다.

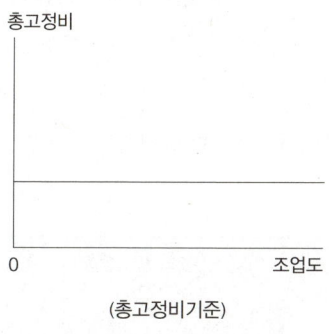
(총고정비기준)

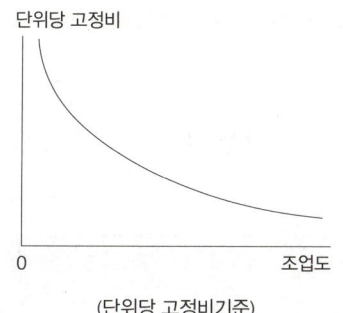
(단위당 고정비기준)

② 준고정비(semi-fixed costs)
특정범위의 조업도 내에서는 총원가가 일정하지만 조업도가 특정범위를 벗어나면 일정액만큼 증가 또는 감소하는 원가를 준 고정비라고 한다. 준 고정비는 계단형의 형태이므로 계단원가라고도 한다.

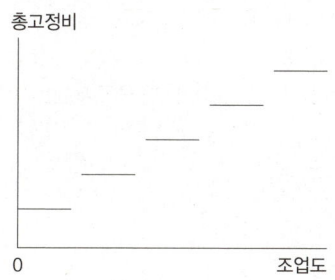

합격 TIP 조업도의 증감에 따른 원가행태

구 분	총원가	단위당 원가
변동원가	조업도 증감하면 총원가도 증감	조업도 관계없이 일정
고정원가	조업도 관계없이 일정	조업도 증가하면 단위당 원가는 감소, 반면 조업도가 감소하면 단위당 원가는 증가

기출확인문제

다음 중 원가행태에 따라 변동원가와 고정원가로 분류할 때 이에 대한 설명으로 올바른 것은?

① 변동원가는 조업도가 증가할수록 총원가도 증가한다.
② 변동원가는 조업도가 증가할수록 단위당 원가도 증가한다.
③ 고정원가는 조업도가 증가할수록 총원가도 증가한다.
④ 고정원가는 조업도가 증가할수록 단위당 원가도 증가한다.

> [해설] 변동원가는 조업도가 증가할수록 총원가는 증가하지만 단위당 원가는 변동이 없다. 고정원가는 조업도가 증가할 때 총원가는 일정하며 단위당 원가는 감소한다.

답 ①

(5) 의사결정과의 관련성에 따른 분류

① **기회원가(기회비용)**
기회원가란 자원을 다른 대체적인 용도에 사용할 경우 얻을 수 있는 최대금액을 의미한다.
즉, 의사결정에 영향을 미치는 관련원가이나 회계장부에는 기록되지 않는다.

② **매몰원가**
과거의 의사결정으로 인하여 이미 발생한 원가로서 대안 간에 차이가 발생하지 않는 원가를 매몰원가라고 한다.
이는 의사결정과 관계없는 비관련원가이다.

기출확인문제

다음 중 매몰원가에 해당하지 않는 것은?

① 전기승용차 구입 결정을 함에 있어 사용하던 승용차 처분 시 기존 승용차의 취득원가
② 과거 의사결정으로 발생한 원가로 향후 의사결정을 통해 회수할 수 없는 취득원가
③ 사용하고 있던 기계장치의 폐기 여부를 결정할 때, 해당 기계장치의 취득원가
④ 공장의 원재료 운반용 화물차를 판매 제품의 배송용으로 전환하여 사용할지 여부를 결정할 때, 새로운 화물차의 취득가능금액

> [해설] 자산을 다른 용도로 사용하는 것은 기회원가에 해당한다. 대체 자산 취득 시 기존 자산의 취득원가는 의사결정에 영향을 주지 않는 경우 매몰원가에 해당한다.

답 ④

객관식 기출문제

[유형 1] 원가회계의 개념과 목적 (1 ~ 2) 최신 30회 중 2문제 출제

1 다음 중 원가관리회계에 대한 설명으로 가장 거리가 먼 것은? 67회

① 도·소매업 등에서 매출원가 정보 등을 획득하기 위한 회계과정이다.
② 경영활동의 계획과 통제를 위해 필요한 회계과정이다.
③ 미래 의사결정을 위한 성과평가 시 유용한 정보를 제공한다.
④ 외부 이해관계자보다 내부 경영자를 위한 회계이다.

2 다음 중 원가회계의 일반적인 특성이 아닌 것은? 59회

① 제품제조원가계산을 위한 원가자료의 제공
② 기업의 외부정보이용자에게 정보제공
③ 기업의 경영통제를 위한 원가자료의 제공
④ 특수의사결정을 위한 원가정보의 제공

정답 및 해설

1 답 ①
해설 원가관리회계는 기본적으로 제조기업에 적용되는 회계이다.

2 답 ②
해설 원가회계는 일반적 기업의 내부적 의사결정목적으로 작성된다.

★ [유형 2] 원가의 분류 (3 ~ 26) 최신 30회 중 34문제 출제

3 원가는 여러 가지 방법을 통해서 분류할 수 있다. 다음 중 원가분류에 대한 설명으로 옳지 않은 것은? 　91회

① 자산화 여부에 따라 제품원가와 기간원가로 분류한다.
② 원가행태에 따라 기초원가와 가공원가로 분류한다.
③ 의사결정의 관련성에 따라 관련원가와 비관련원가로 분류한다.
④ 제조활동과의 관련성에 따라 제조원가와 비제조원가로 분류한다.

4 다음 중 원가의 분류 방법과 종류가 잘못 짝지어진 것은? 　104회

① 원가의 행태에 따른 분류: 변동원가와 고정원가
② 통제가능성에 따른 분류: 역사적원가와 예정원가
③ 추적가능성에 따른 분류: 직접원가와 간접원가
④ 의사결정과의 관련성에 따른 분류: 관련원가와 매몰원가

5 다음 원가 중 제조과정에서 원가와의 추적가능성에 따라 분류한 것은? 　97회

① 재료비, 노무비, 경비　　② 직접비와 간접비
③ 변동비와 고정비　　　　④ 제품원가와 기간원가

6 원가 및 비용의 분류 중 제조원가에 해당하는 것은? 　103회

① 원재료 운반용 차량의 처분손실　② 영업용 차량의 처분손실
③ 생산부 건물 경비원의 인건비　　④ 영업부 사무실의 소모품비

7 다음 자료에 의하여 노무비 소비액을 계산하면 얼마인가? 　19회

- 전월미지급액 : 120,000원　　・ 당월지급액 : 800,000원
- 당월미지급액 : 85,000원

① 805,000원　② 815,000원　③ 965,000원　④ 765,000원

8 다음 자료를 보고 노무비의 당월 발생액을 계산하면 얼마인가? 100회

- 노무비 전월선급액 : 100,000원
- 노무비 당월지급액(현금) : 400,000원
- 당월 선급액과 당월 미지급액은 없다.

① 220,000원   ② 300,000원   ③ 400,000원   ④ 500,000원

9 다음 자료에서 기초원가와 가공비(가공원가) 양쪽 모두에 해당하는 금액은 얼마인가? 61회

- 직접재료비 :   300,000원
- 직접노무비 :   400,000원
- 변동제조간접비 : 200,000원
- 고정제조간접비 : 150,000원

① 350,000원   ② 400,000원   ③ 450,000원   ④ 500,000원

정답 및 해설

3 답 ②
해설 원가행태에 따라 변동원가와 고정원가로 분류한다.

4 답 ②
해설 통제가능성과 관련된 원가는 통제가능원가와 통제불능원가로 구분된다. 역사적원가와 예정원가는 시점에 따른 분류이다.

5 답 ②
해설 ①-원가요소에 따른 분류기준, ③-원가행태에 따른 분류기준, ④-제조활동에 따른 분류기준

6 답 ③
해설 자산의 처분으로 인한 손익은 영업외손익으로 처리한다. 영업부 사무실의 소모품비는 판매관리비 항목이다.

7 답 ④
해설 당월 노무비 소비액 = 당월지급액(800,000원) − 전월미지급액(120,000원) + 당월미지급액(85,000원)
= 765,000원

8 답 ④
해설 노무비 발생액은 = 400,000원 + 100,000원 = 500,000원

9 답 ②
해설 직접노무비는 기초원가와 가공비(가공원가) 양쪽 모두에 해당된다.

10 (주)세창의 당기 직접재료비는 50,000원이고, 제조간접비는 45,000원이다. (주)세창의 직접노무비는 가공비의 20%에 해당하는 경우, 당기의 직접노무비는 얼마인가? 47회

① 9,000원　　　② 10,000원　　　③ 11,250원　　　④ 12,500원

11 원가계산의 일반원칙에 대한 설명으로 틀린 것은? 84회

① 제조원가는 일정한 제품의 생산량과 관련시켜 집계하고 계산한다.
② 제조원가는 신뢰할 수 있는 객관적인 자료와 증거에 의하여 계산한다.
③ 제조원가는 직접원가와 판매비와관리비를 더한 것을 말한다.
④ 제조원가는 그 발생의 경제적 효익 또는 인과관계에 비례하여 관련제품 또는 원가부문에 직접부과하고, 직접부과가 곤란한 경우에는 합리적인 배부기준을 설정하여 배부한다.

12 다음 중 원가에 대한 설명으로 틀린 것은? 72회

① 직접노무비는 기본원가에 포함되지만 가공비에 포함되지는 않는다.
② 직접비와 간접비는 추적가능성에 따른 분류이다.
③ 제조간접비란 간접재료비, 간접노무비 및 간접제조경비의 합이다.
④ 판매활동과 일반관리활동에서 발생하는 원가로서 제조활동과 직접적인 관련이 없는 원가를 비제조원가라 한다.

13 다음 중 원가행태를 나타낸 표로 올바른 것은? 61회

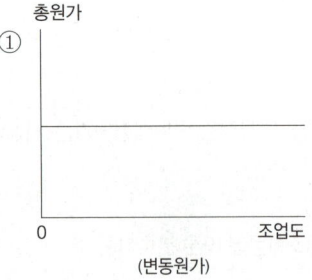
(변동원가)

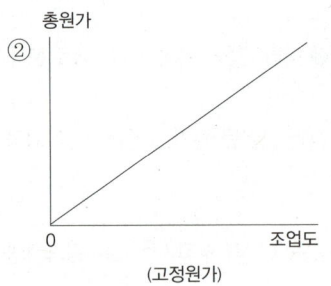
(고정원가)

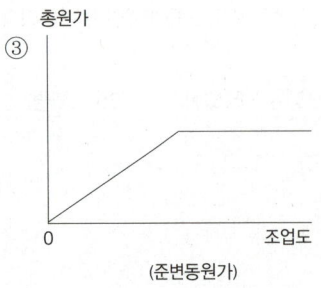
(준변동원가)

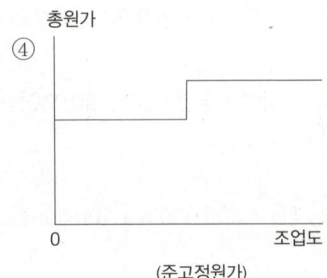
(준고정원가)

14 다음 변동비와 고정비에 대한 설명 중 옳은 것은? 79회

① 관련범위 내에서 조업도가 증가하더라도 단위당 변동비는 일정하다.
② 관련범위 내에서 조업도가 증가하더라도 단위당 고정비는 일정하다.
③ 관련범위 내에서 조업도가 증가함에 따라 총 변동비는 감소한다.
④ 관련범위 내에서 조업도가 증가함에 따라 총 고정비는 증가한다.

15 일반적으로 조업도가 증가할수록 발생원가 총액이 증가하고, 조업도가 감소할수록 발생원가 총액이 감소하는 원가형태에 해당되는 것은? 49회

① 공장 기계장치에 대한 감가상각비
② 공장 건물에 대한 재산세
③ 원재료 운반용 트럭에 대한 보험료
④ 개별 제품에 대한 포장비용

정답 및 해설

10 답 ③
해설 가공비 = 직접노무비 + 제조간접비
 • 직접노무비 = (직접노무비 + 제조간접비) × 0.2
 • 직접노무비 = (직접노무비 + 45,000원) × 0.2
 ∴ 위 식을 직접노무비에 대하여 풀면, 직접노무비 = 11,250원

11 답 ③
해설 제조원가는 직접원가와 제조간접비를 더한 것을 말한다.

12 답 ①
해설 가공비에도 포함된다.

13 답 ④
해설 • 변동원가는 조업도에 따라 총원가가 비례적으로 증가하며, 고정원가는 조업도와 무관하게 총원가는 일정하다.
 • 준변동원가는 조업도에 따라 총원가가 비례적으로 증가하다가, 일정조업도 이후에는 단위당 변동비가 달라지므로 비율을 달리하여 총원가가 비례적으로 증가한다.
 • 준고정원가는 조업도와 무관하게 총원가가 일정하게 유지되다가, 일정조업도 이후 총원가가 증가한 후에 다시 일정하게 유지된다.

14 답 ①
해설 • ② 관련범위 내에서 조업도가 증가하더라도 단위당 고정비는 감소한다.
 • ③ 관련범위 내에서 조업도가 증가함에 따라 총 변동비는 증가한다.
 • ④ 관련범위 내에서 조업도가 증가함에 따라 총 고정비는 일정하다.

15 답 ④
해설 포장비용의 경우 변동비에 해당한다.

16 다음 그래프의 원가행태를 모두 만족하는 원가는 무엇인가?　　　2015년 특별회

① 직접재료비　　　　　② 관련범위 내의 제조간접비
③ 계단원가　　　　　　④ 공장건물 감가상각비

17 다음 자료의 원가행태를 모두 만족하는 것은 무엇인가?　　　70회

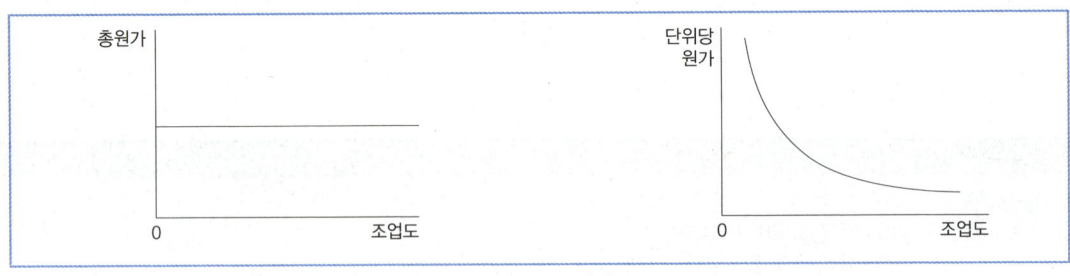

① 준변동원가　　　　　② 관련범위 내의 감가상각비
③ 계단원가　　　　　　④ 직접재료비

18 제조원가 중 원가행태가 다음과 같은 경우의 원가로서 가장 부적합한 것은?　　　44회

조업도	100시간	500시간	1,000시간
총원가	₩ 5,000	₩ 5,000	₩ 5,000

① 재산세　　　　　　　② 전기요금
③ 정액법에 의한 감가상각비　　④ 임차료

19. 다음에서 설명하고 있는 원가행태는 무엇인가? [83회]

> 특정범위의 조업도 수준(관련범위)에서는 일정한 금액이 발생하지만, 관련범위를 벗어나면 원가총액이 일정액만큼 증가 또는 감소하는 원가를 말한다.

① 준변동비(준변동원가) ② 변동비(변동원가)
③ 고정비(고정원가) ④ 준고정비(준고정원가)

20. 원가행태에 따라 다음의 설명에 해당되는 것은 무엇인가? [2020년 8월 특별회]

> 수도요금의 원가행태는 사용량이 없는 경우에도 발생하는 기본요금과 조업도(사용량)이 증가함에 따라 비례적으로 납부금액이 증가하는 추가요금으로 구성되어 있다.

① 준고정비 ② 고정비 ③ 변동비 ④ 준변동비

정답 및 해설

16 답 ①
해설 변동비에 대한 그래프로서 직접재료비와 직접노무비 등이 있다.

17 답 ②
해설 관련범위 내의 고정원가에 대한 그래프로서 감가상각비, 보험료, 임차료 등이 있다.

18 답 ②
해설 조업도가 변화하더라도 총원가가 일정한 경우는 고정비이며, 전기료의 경우 혼합원가(준변동비)에 해당한다.

19 답 ④
해설 준고정비에 대한 설명이다. 그래프로 표현하면 다음과 같다.

20 답 ④
해설 준변동비는 고정원가와 변동원가의 두 가지 요소로 구성된 원가를 말하며, 혼합원가 라고도 한다.

21 다음은 (주)관우전자의 공장전기요금고지서의 내용이다. 원가 행태상의 분류로 옳은 것은? [46회]

- 기 본 요 금 : 1,000,000원 (사용량과 무관)
- 사 용 요 금 : 3,120,000원 (사용량 : 48,000kw, kw당 65원)
- 전기요금합계 : 4,120,000원

① 고정원가　　② 준고정원가　　③ 변동원가　　④ 준변동원가

22 다음 중 원가에 대한 설명으로 가장 옳지 않은 것은? [90회]

① 직접재료비는 기초원가에 해당된다.
② 매몰원가는 의사결정과정에 영향을 미치지 않는 원가를 말한다.
③ 고정원가는 조업도의 변동에 관계없이 총 원가가 일정한 원가를 말한다.
④ 직접원가란 특정한 원가 집적 대상에 추적할 수 없는 원가를 말한다.

23 다음은 원가개념에 대한 설명이다. 물리치료사 수험서 구입비 25,000원은 어떤 원가를 의미하는가? [99회]

물리치료사 자격시험을 위해 관련수험서를 25,000원에 구입하여 공부하다가 진로를 세무회계 분야로 변경하면서 전산세무회계 자격증 수험서를 새로 구입하였다.

① 대체원가　　② 매몰원가　　③ 통제불능원가　　④ 전환원가

24 공장에서 사용하던 화물차(취득원가 3,500,000원, 처분시점까지 감가상각누계액 2,500,000원)가 고장이 나서 매각하려고 한다. 동 화물차에 대해 500,000원 수선비를 투입하여 처분하면 1,200,000원을 받을 수 있지만, 수선하지 않고 처분하면 600,000원을 받을 수 있다. 이 경우에 매몰원가는 얼마인가? [91회]

① 400,000원　　② 500,000원　　③ 1,000,000원　　④ 1,200,000원

25 다음 중 원가개념의 설명으로 틀린 것은? 75회

① 직접원가란 특정제품의 제조에만 소비되어 특정제품에 직접 추적하여 부과할 수 있는 원가이다.
② 관련원가란 의사결정에 영향을 미치는 원가로서 여러 대안 사이에 차이가 나는 과거의 원가이다.
③ 원가행태란 조업도수준이 변화함에 따라 총원가발생액이 일정한 형태로 변화할 때 그 변화하는 형태를 말한다.
④ 매몰원가는 과거의 의사결정의 결과로 이미 발생된 원가로서 현재의 의사결정에는 아무런 영향을 미치지 못하는 원가이다.

26 ㈜한세는 제품 A의 공손품 10개를 보유하고 있다. 이 공손품의 생산에는 단위당 직접재료비 1,000원, 단위당 변동가공원가 1,200원, 단위당 고정원가 800원이 투입되었다. 정상적인 제품 A의 판매가격은 5,000원이다. 공손품을 외부에 단위당 3,500원에 판매한다면 단위당 운반비 300원이 발생한다고 한다. 다음 중 매몰원가가 아닌 것은? 77회

① 단위당 직접재료비 1,000원   ② 단위당 변동가공원가 1,200원
③ 단위당 고정원가 800원   ④ 단위당 운반비 300원

정답 및 해설

21 답 ④
해설 고정원가와 변동원가가 혼합된 것으로 사용량과 무관하게 발생하는 기본요금과 사용량에 따라 비례적으로 발생하는 추가요금이 혼합된 준변동원가에 해당한다.

22 답 ④
해설 직접원가란 특정한 원가 집적대상에 추적할 수 있는 원가를 말한다.

23 답 ②
해설 과거의 의사결정에 의해 이미 발생된 원가로서 현재 이후 어떤 의사결정을 하더라도 회수할 수 없는 원가를 매몰원가라 한다.

24 답 ③
해설 매몰원가는 과거에 발생한 원가로써 의사결정에 영향을 주지 않는 원가를 말한다. 따라서 화물차의 매몰원가는 취득원가에서 감가상각누계액을 차감한 장부금액 1,000,000원이 되는 것이다.

25 답 ②
해설 관련원가란 의사결정에 영향을 미치는 원가로서 여러 대안 사이에 차이가 나는 미래원가이다.

26 답 ④
해설 ①, ②, ③번은 과거의 의사결정으로 이미 발생한 원가로서 의사결정에 영향을 미치지 않는 매몰원가이다.

CHAPTER 02 원가의 흐름

❶ 제조원가의 흐름

제조기업의 경영활동은 각종 원재료, 노동력 및 생산설비 등을 구입하는 구매활동과 구입된 원재료, 노동력 등을 투입하여 제품을 제조하는 제조활동 그리고 완료된 제품을 판매하는 판매활동이라는 일련의 과정을 거치게 된다. 즉, 원가의 흐름이란 원가가 발생→변형→소멸되는 과정을 말한다. 아래의 그림에서 보듯이 **제조활동에 투입된 제조원가는 재공품계정에 집계되며, 제품이 완성되는 경우 완성된 제품의 제조원가는 제품계정에 대체된다. 제품이 판매되면 판매된 제품의 원가는 다시 매출원가계정으로 대체**된다.

원재료	
기초재료	**사용액**
당기매입	기말재료

노무비	
미지급	**사용액**
당기지급	선급

제조간접비	
감가상각비	**사용액**
동 력 비	
수 선 비	

재 공 품	
기초재공품	완 성 품
직접재료비	
직접노무비	당기제품원가
제조간접비	
(총제조원가)	기말재공품

제 품	
기초 제품	판 매 분 (매 출 원 가)
당기제품원가	
	미판매분 (기말 제품)

❷ 재공품

(1) 재공품계정

재공품이란 생산과정에 있는 미완성품을 의미한다. **재공품계정의 차변은 기초재공품원가와 당기에 발생된 직접재료비, 직접노무비, 제조간접비의 합계액인 당기총제조원가가 기입되며 재공품계정의 대변은 완성된 제품의 제조원가인 당기제품제조원가와 기말재공품계정이 기입**된다.

(2) 당기총제조원가

당기에 제조과정에 투입된 모든 제조원가의 금액이다. 즉, 재공품 계정에 집계된 당기발생원가의 직접재료비, 직접노무비, 제조간접비의 합계액이다.

> 당기총제조원가 = 직접재료비 + 직접노무비 + 제조간접비

(3) 당기제품제조원가

당기에 완성된 제품의 제조원가이다. 즉, 재공품 중에서 완성되어 제품으로 대체되는 부분에 해당한다.

> 당기제품제조원가 = 기초재공품재고액 + 당기총제조원가 − 기말재공품재고액

사례 원가의 흐름

다음은 (주)배움의 20x1년의 원가계산 자료이다. 매출원가를 구하시오.

- 직접재료비 350,000원
- 가공비 500,000원
- 기초재공품 150,000원
- 기말재공품 100,000원
- 기초제품 140,000원
- 기말제품 120,000원

해설

재 공 품

기초재공품 (150,000)	당기제품 제조원가 (900,000)
직접재료비 (350,000)	
가 공 비 (500,000)	기말재공품 (100,000)
계: 1,000,000	계: 1,000,000

제 품

기초제품 (140,000)	매출원가 (920,000)
당기제품 제조원가 (900,000)	기말제품 (120,000)
계: 1,040,000	계: 1,040,000

❸ 제품

(1) 제품계정

제품이란 제조과정이 완료된 완성품을 말한다. 제품계정의 차변은 기초제품재고액과 당기 완성된 제품의 원가인 당기제품제조원가를 기입하며 제품계정의 대변은 당기에 판매된 제품의 원가는 매출원가와 미판매된 제품의 원가인 기말제품재고액를 기입한다.

(2) 매출원가

매출원가는 기초제품재고액에서 당기제품제조원가의 합계액에서 기말제품재고액을 차감한 후의 금액이다.

> 매출원가 = 기초제품재고액 + 당기제품제조원가 − 기말제품재고액

기출확인문제

다음은 제조기업의 원가 관련 자료이다. 매출원가 금액으로 옳은 것은?

- 당기총제조원가 1,500,000원
- 기초재공품재고액 500,000원
- 기초제품재고액 800,000원
- 기말재공품재고액 1,300,000원
- 기말제품재고액 300,000원
- 직접재료원가 700,000원

① 700,000원 ② 800,000원 ③ 1,200,000원 ④ 2,000,000원

해설
- 당기제품제조원가 : 기초재공품 500,000원 + 당기총제조원가 1,500,000원 − 기말재공품 1,300,000원 = 700,000원
- 매출원가 : 기초제품 800,000원 + 당기제품제조원가 700,000원 − 기말제품 300,000원 = 1,200,000원

답 ③

❹ 제조원가명세서와 손익계산서

제품의 생산요소를 투입한 후 제품으로 전환되는 과정까지의 원가흐름은 모두 재공품계정으로 집계되며 **재공품계정의 당기제품제조원가를 구하는 명세서를 제조원가명세서**라고 한다. 또한, **제조원가명세서의 당기제품제조원가는 손익계산서상의 매출원가의 당기제품제조원가와 일치**해야 한다.

제조원가명세서   20x1.1.1.~ 20x1.12.31

직접재료비		
기초재료재고액	×× ×	
당기매입액	×× ×	
사용가능재료	×× ×	
기말재료재고액	(−) ×× ×	×× ×
직접노무비		×× ×
제조간접비		×× ×
당기총제조원가		×× ×
기초재공품재고액		×× ×
합 계		×× ×
기말재공품재고액		(−) ×× ×
당기제품제조원가		×× ×

손익계산서   20x1.1.1 ~ 20x1.12.31

매출액		×× ×
매출원가		
기초제품재고액	×× ×	
당기제품제조원가	×× ×	
판매가능제품원가	×× ×	
기말제품재고액	(−) ×× ×	×× ×
매출총이익		×× ×
판매비와 관리비		×× ×
영업이익		×× ×
:		:
당기순이익		×× ×

기출확인문제

다음 중 제조원가명세서의 구성요소로 옳은 것을 모두 고른 것은?

가. 기초재공품재고액	나. 기말원재료재고액
다. 기말제품재고액	라. 당기제품제조원가
마. 당기총제조비용	

① 가, 나　　② 가, 나, 라　　③ 가, 나, 다, 라　　④ 가, 나, 라, 마

해설
- 기말제품재고액은 재무상태표와 손익계산서에서 확인할 수 있다.
- 기초재공품재고액, 기말원재료재고액, 당기제품제조원가, 당기총제조비용은 제조원가명세서에서 확인할 수 있다.

답 ④

객관식 기출문제

★ **[유형 1] 원가의 흐름 (1 ~ 25)** 최신 30회 중 22문제 출제

1 다음 중 원가집계 계정의 흐름으로 가장 옳은 것은? 67회
난이도

① 매출원가 → 재공품 → 재료비 → 제품
② 재료비 → 매출원가 → 재공품 → 제품
③ 매출원가 → 재료비 → 재공품 → 제품
④ 재료비 → 재공품 → 제품 → 매출원가

2 다음 중 원가에 관한 설명으로 틀린 것은? 85회
난이도

① 재료원가는 기초원재료재고액과 당기원재료매입액의 합계액에서 기말원재료재고액을 차감한 금액을 말한다.
② 당기총제조원가는 직접재료원가, 직접노무원가, 제조간접원가를 합한 금액을 말한다.
③ 직접노무원가와 제조간접원가의 합계액을 가공원가라고 한다.
④ 판매활동 이외의 제조활동과 관리활동에서 발생하는 원가를 비제조원가라 한다.

3 개별원가계산에서 재공품계정의 대변에서 제품계정의 차변으로 대체되는 금액은 무엇을 의미하는가? 67회
난이도

① 당기에 지급된 모든 작업의 원가
② 당기에 발생된 모든 작업의 원가
③ 당기에 투입된 모든 작업의 원가
④ 당기에 완성된 모든 작업의 원가

4 다음 중 당기제품제조원가를 계산함에 있어서 옳지 않은 설명은? 87회
난이도

① 당기제품제조원가는 원가3요소에 기말재공품과 기초재공품을 반영하여 계산한다.
② 기말원재료가액이 기초원재료가액보다 작을 경우 직접재료비는 당기매입원재료비보다 커진다.
③ 기말재공품가액이 기초재공품가액보다 작을 경우 당기제품제조원가는 당기총제조원가보다 커진다.
④ 당기말 미지급급여가 전기말 미지급급여보다 작을 경우 당기 발생액은 당기 지급액보다 커진다.

5 다음은 제조기업의 원가계산과 관련된 산식이다. 틀린 것은? 〔102회〕

① 당기총제조원가 = 직접재료비(+)직접노무비(−)제조간접비
② 직접재료비 = 기초원재료재고액(+)당기원재료매입액(−)기말원재료재고액
③ 당기제품제조원가 = 기초재공품재고액(+)당기총제조원가(−)기말재공품재고액
④ 매출원가 = 기초제품재고액(+)당기제품제조원가(−)기말제품재고액

6 원가자료가 다음과 같을 때 당기의 직접재료비를 계산하면 얼마인가? 〔50회〕

- 당기총제조원가는 5,204,000원이다.
- 제조간접비는 직접노무비의 75%이다.
- 제조간접비는 당기총제조원가의 24%이다.

① 2,009,600원 ② 2,289,760원 ③ 2,825,360원 ④ 3,955,040원

정답 및 해설

1 답 ④
해설 원가집계 계정의 흐름은 재료비 → 재공품 → 제품 → 매출원가이다.

2 답 ④
해설 제조활동 이외의 판매활동과 관리활동에서 발생하는 원가를 비제조원가라 한다.

3 답 ④
해설 재공품계정 대변에서 제품계정 차변으로 대체되는 금액은 당기제품제조원가를 말한다. 당기에 완성된 모든 작업의 원가를 의미한다.

4 답 ④
해설 당기말 미지급급여가 전기말 미지급급여보다 작을 경우 당기발생액은 당기지급액보다 작아진다.

5 답 ①
해설 당기총제조원가 = 직접재료비 + 직접노무비 + 제조간접비

6 답 ②
해설
- 제조간접비 = 5,204,000원 × 24% = 1,248,960원
- 직접노무비 = 1,248,960원 ÷ 75% = 1,665,280원
- 직접재료비 = 5,204,000원 − 1,248,960원 − 1,665,280원 = 2,289,760원

7 다음 자료를 참고하여 (주)세무의 6월 중 직접노무비를 계산하면 맞는 것은? 52회

- 6월 중 45,000원의 직접재료를 구입하였다.
- 6월 중 제조간접비는 27,000원이었다.
- 6월 중 총제조원가는 109,000원이었다.
- 직접재료의 6월초 재고가 8,000원이었고, 6월말 재고가 6,000원이다.

① 35,000원　② 36,000원　③ 45,000원　④ 62,000원

8 직접노무비의 70%를 제조간접비로 배부하는 경우, 만일 특정 작업에 배부된 제조간접비가 35,000원이라면 그 작업에 소요된 직접노무비는 얼마인가? 82회

① 40,000원　② 45,000원　③ 50,000원　④ 55,000원

9 당기의 원재료 매입액은 20억원이고, 기말 원재료 재고액이 기초 원재료 재고액보다 3억원이 감소한 경우, 당기의 원재료원가는 얼마인가? 108회

① 17억원　② 20억원　③ 23억원　④ 25억원

10 여범제조(주)의 기말재공품계정은 기초재공품에 비하여 400,000원 증가하였다. 또한, 재공품 공정에 투입한 직접재료비와 직접노무비, 제조간접비의 비율이 1:2:3이었다. 여범제조(주)의 당기제품제조원가가 800,000원이라면, 재공품에 투입한 직접노무비는 얼마인가? 49회

① 100,000원　② 200,000원　③ 400,000원　④ 600,000원

11 다음 자료에 의하여 제조간접비를 계산하면 얼마인가? 43회

- 당기총제조원가:600,000원
- 직접비(기본원가):300,000원
- 가공원가:500,000원

① 100,000원 ② 200,000원 ③ 300,000원 ④ 400,000원

12 다음은 제조원가와 관련된 자료이다. 기말재공품은 얼마인가? 71회

- 직접재료비 : 5,000,000원
- 직접노무비 : 1,500,000원
- 제조간접비 : 7,000,000원
- 기초재공품 : 500,000원
- 당기제품제조원가 : 12,000,000원
- 기초제품 : 500,000원

① 2,000,000원 ② 800,000원 ③ 1,000,000원 ④ 900,000원

정답 및 해설

7 답 ①
해설
- 직접재료비 소비액 = 8,000원 + 45,000원 − 6,000원 = 47,000원
- 직접노무비 = 총제조원가 − 직접재료비 소비액 − 제조간접비
  = 109,000원 − 47,000원 − 27,000원 = 35,000원

8 답 ③
해설
직접노무비 × 70% = 35,000원, 직접노무비 = 35,000원 ÷ 70% = 50,000원

9 답 ③
해설
- 당기원재료비 : 기초 원재료 재고액 A + 당기 원재료 매입액 20억원 − 기말 원재료 재고액 B
  = 당기 원재료 매입액 20억원 + 원재료 재고 감소액 3억원 = 23억원

10 답 ③
해설
- 800,000원 + 400,000원 = 1,200,000원(당기총제조원가)
- 1,200,000원 × 2/6 = 400,000원

11 답 ③
해설
- 당기총제조원가 = 직접재료비 + 직접노무비 + 제조간접비 = 600,000원
- 직접비(기본원가) = 직접재료비 + 직접노무비 = 300,000원
∴ 제조간접비 = 300,000원

12 답 ①
해설
- 기초재공품 + 직접재료비 + 직접노무비 + 제조간접비 = 당기제품제조원가 + 기말재공품(x)
- 500,000원 + 5,000,000원 + 1,500,000원 + 7,000,000원 = 12,000,000원 + x
∴ x = 2,000,000원

13 다음 자료에 의한 당기총제조원가는 얼마인가? 단, 노무원가는 발생주의에 따라 계산한다. 〔113회〕

- 기초원재료 300,000원
- 기말원재료 450,000원
- 전기미지급임금액 150,000원
- 당기미지급임금액 250,000원
- 당기지급임금액 350,000원
- 당기원재료매입액 1,300,000원
- 제조간접원가 700,000원
- 기초재공품 200,000원

① 2,100,000원 ② 2,300,000원 ③ 2,450,000원 ④ 2,500,000원

14 다음 자료에서 기말재공품재고액은 얼마인가? 〔52회〕

- ⓐ 직접재료비 : 800,000원 ⓑ 직접노무비 : 1,000,000원 ⓒ 제조간접비 : 1,400,000원
- ⓓ 외주가공비 : 500,000원 ⓔ 기초재공품재고액 : 1,500,000원
- ⓕ 당기제품제조원가 : 3,550,000원
- 단, ⓐ, ⓑ, ⓒ, ⓓ는 모두 당기에 발생한 금액이다.

① 1,150,000원 ② 1,350,000원 ③ 1,650,000원 ④ 1,950,000원

15 흑치(주)의 제2기 원가 자료가 다음과 같을 경우 가공원가는 얼마인가? 〔105회〕

- 직접재료원가 구입액 : 800,000원
- 직접재료원가 사용액 : 900,000원
- 직접노무원가 발생액 : 500,000원
- 변동제조간접원가 발생액 : 600,000원
  (변동제조간접원가는 총제조간접원가의 40%이다)

① 2,000,000원 ② 2,400,000원 ③ 2,800,000원 ④ 2,900,000원

16 기말재공품은 기초재공품에 비해 500,000원 증가하였으며, 제조과정에서 직접재료비가 차지하는 비율은 60%이다. 당기제품제조원가가 1,500,000원이라면, 당기총제조원가에 투입한 가공원가는 얼마인가? 〔56회〕

① 200,000원 ② 400,000원 ③ 600,000원 ④ 800,000원

17 다음은 재공품계정에 대한 설명이다. 괄호 안에 들어갈 내용으로 맞는 것은? [63회]

> 기말재공품재고액이 기초재공품재고액 보다 크다면 당기총제조비용이 당기제품제조원가보다 (   ).

① 크다   ② 작다   ③ 같다   ④ 알 수 없다

18 다음 자료는 20x1. 12. 31. 종료되는 회계연도의 제조원가와 관련된 자료이다. 기초재공품은 얼마인가? [2016년 8월 특별회]

- 직접재료비 : 5,000,000원
- 직접노무비 : 4,000,000원
- 제조간접비 : 3,000,000원
- 기말재공품 : 1,500,000원
- 당기제품제조원가 : 13,000,000원
- 기초제품 : 2,500,000원

① 2,500,000원   ② 2,700,000원   ③ 2,900,000원   ④ 3,000,000원

정답 및 해설

13 답 ②
해설
- 직접재료원가 : 기초원재료 300,000원 + 당기원재료매입액 1,300,000원 − 기말원재료 450,000원
  = 1,150,000원
- 직접노무원가 : 당기지급임금액 350,000원 + 당기미지급임금액 250,000원 − 전기미지급임금액 150,000원
∴ 당기총제조원가 = 직접재료원가 1,150,000원 + 직접노무원가 450,000원 + 제조간접원가 700,000원
  = 2,300,000원

14 답 ③
해설 1,650,000원
- 당기제품제조원가 = 당기총제조비용 + 기초재공품재고액 − 기말재공품재고액
  (3,550,000원)   (3,700,000원)   (1,500,000원)   (1,650,000원)
- 당기총제조비용 = 재료비소비액 + 직접노무비 + 제조간접비 + 외주가공비
  (3,700,000원)   (800,000원)   (1,000,000원) (1,400,000원)   (500,000원)

15 답 ①
해설 500,000원(직접노무비) + [600,000원/0.4](제조간접비) = 2,000,000원

16 답 ④
해설
- 당기제품제조원가 = 당기총제조원가 + 기초재공품 − 기말재공품
- 당기총제조원가(2,000,000원) = 당기제품제조원가(1,500,000원) − 기초재공품(0원) + 기말재공품(500,000원)
∴ 가공원가(800,000원) = 당기총제조원가(2,000,000원) × 가공원가 비율(40%)

17 답 ①
해설 기말재공품재고액 − 기초재공품재고액 = 당기총제조비용 − 당기제품제조원가
따라서, 기말재공품재고액 〉 기초재공품재고액 = 당기총제조비용 〉 당기제품제조원가

18 답 ①
해설
- 기초재공품 + 직접재료비 + 직접노무비 + 제조간접비 = 당기제품제조원가 + 기말재공품
- X + 5,000,000 + 4,000,000 + 3,000,000 = 1,500,000 + 13,000,000
∴ X = 2,500,000

19 제품의 제조와 매출에 관련된 자료가 다음과 같을 경우 매출총이익률은 얼마인가? `62회`

- 매출액 : 500,000원
- 판매부대비용 : 100,000원
- 기말재공품 : 50,000원
- 기초제품재고액 : 40,000원
- 당기총제조원가 : 320,000원
- 기말제품재고액 : 90,000원
- 기초재공품 : 30,000원

① 30% ② 50% ③ 62.5% ④ 66.6%

20 다음 자료를 참고하여 당기총제조원가를 구하면 얼마인가? `84회`

- 직접재료비 : 500,000원
- 제조간접비 : 200,000
- 직접노무비 : 400,000원
- 광고선전비 : 300,000원
- 직접제조경비 : 100,000원

① 1,000,000원 ② 1,200,000원 ③ 1,500,000원 ④ 1,800,000원

21 다음 자료에 의하여 당기총제조원가를 계산하면 얼마인가? `88회`

- 기초원재료 : 100,000원
- 기말원재료 : 100,000원
- 제조간접비 : (원재료비 + 직접노무비) × 20%
- 당기매입원재료 : 500,000원
- 직접노무비 : 3,500,000원

① 4,020,000원 ② 4,220,000원 ③ 4,300,000원 ④ 4,800,000원

22 다음 자료에 의하여 당기총제조원가를 구하면? `87회`

- 당기 원재료재고증가액 : 200,000원
- 당기 원재료매입액 : 2,500,000원
- 당기 제조간접비 : 1,800,000원
- 당기 재공품재고감소액 : 150,000원
- 당기 직접노무비 : 1,200,000원

① 5,300,000원 ② 5,450,000원 ③ 5,500,000원 ④ 5,600,000원

23 난이도 ●●○

다음은 제조원가와 관련된 자료이다. 당기제품제조원가는 얼마인가?   [99회]

- 직접재료비 1,000,000원
- 제조간접비 700,000원
- 기말재공품 600,000원
- 직접노무비 500,000원
- 기초재공품 300,000원
- 기초제품 800,000원

① 1,100,000원 　② 1,900,000원 　③ 2,500,000원 　④ 2,700,000원

24 난이도 ●●○

다음의 자료에 의하여 매출원가를 계산하면 얼마인가?   [51회]

- 제조지시서 #1 : 제조원가 52,000원
- 제조지시서 #3 : 제조원가 50,000원
- 월말제품재고액 : 40,000원
- 제조지시서 #2 : 제조원가 70,000원
- 월초제품재고액 : 50,000원
- 단, 제조지시서 #3은 미완성품이다.

① 182,000원 　② 122,000원 　③ 132,000원 　④ 172,000원

정답 및 해설

19 답 ②
해설
- 제품매출원가 = 40,000원 + (320,000원 + 30,000원 − 50,000원) − 90,000원 = 250,000원
- 매출총이익률 = 매출총이익 / 매출액 = (500,000원 − 250,000원) / 500,000원 = 50%

20 답 ②
해설
당기총제조원가 : 직접재료비 + 직접노무비 + 직접제조경비 + 제조간접비
　　　　　　　 = 500,000원 + 400,000원 + 100,000원 + 200,000원 = 1,200,000원

21 답 ④
해설
- 원재료비 : 100,000원 + 500,000원 − 100,000원 = 500,000원
- 당기총제조원가 : 500,000원 + 3,500,000원 + (4,000,000원 × 20%) = 4,800,000원

22 답 ①
해설
당기 원재료재고증가액은 [기말원재료재고액 − 기초원재료재고액]과 같은 의미이므로
당기 원재료비 = 기초 원재료재고액 + 당기 원재료매입액 − 기말 원재료재고액
　　　　　　 = 당기 원재료매입액 − (기말 원재료재고액 − 기초 원재료재고액)
　　　　　　 = 당기 원재료매입액 − 당기 원재료재고증가액

∴ 당기총제조원가 = 당기 원재료비 + 당기 직접노무비 + 당기 제조간접비
　　　　　　　　 = (2,500,000원 − 200,000원) + 1,200,000원 + 1,800,000원 = 5,300,000원

23 답 ②
해설
- 당기제품제조원가 = 기초재공품 300,000원 + 당기총제조원가 2,200,000원 − 기말재공품 600,000원
　= 1,900,000원
- 당기총제조원가 = 직접재료비 1,000,000원 + 직접노무비 500,000원 + 제조간접비 700,000원
　= 2,200,000원

24 답 ③
해설
- 제품계정 : 월초제품재고액 + 당월완성품제조원가 = 매출원가 + 월말제품재고액
∴ 50,000원 + 52,000원 + 70,000원 = 매출원가(132,000원) + 40,000원

25 ㈜우진전자의 올해 기초 및 기말재고 자료이다. 매출원가를 구하면 얼마인가? [96회]

구분	기초재고	기말재고
재공품	1,000,000원	300,000원
제품	1,500,000원	500,000원

단, 당기총제조비용은 2,000,000원이다.

① 2,700,000원　② 3,500,000원　③ 3,700,000원　④ 4,000,000원

★ **[유형 2]** 제조원가명세서와 손익계산서 (26 ~ 30)　최신 30회 중 8문제 출제

26 다음 중 제조원가명세서의 당기제품제조원가에 영향을 미치지 않는 거래는? [84회]

① 당기에 투입된 원재료를 과대계상 하였다.
② 공장 직원의 복리후생비를 과대계상 하였다.
③ 당기의 기말재공품을 과대계상 하였다.
④ 기초 제품을 과대계상 하였다.

27 제조원가명세서에 대한 다음 설명 중 가장 옳지 않은 것은? [56회]

① 제조원가명세서만 보면 매출원가를 계산할 수 있다.
② 상품매매기업에서는 작성하지 않아도 된다.
③ 제조원가명세서에서 당기총제조비용을 알 수 있다.
④ 재공품계정의 변동사항이 나타난다.

28 다음 중 제조원가명세서에 포함되는 항목으로만 짝지어진 것은? [92회]

㉠ 기말원재료재고액	㉡ 기말제품재고액	㉢ 기말재공품재고액
㉣ 당기제품제조원가	㉤ 당기총제조원가	㉥ 당기제품매출원가

① ㉠, ㉢, ㉣, ㉤　② ㉠, ㉡, ㉣, ㉤　③ ㉡, ㉢, ㉣, ㉤　④ ㉢, ㉣, ㉤, ㉥

29 다음 중 원가항목과 그 원가항목의 금액을 확인할 수 있는 재무제표간의 짝이 적절치 않은 것은? 단, 재무제표는 2개년 비교형식으로 제공되는 것으로 가정한다. 61회

① 기말제품 : 재무상태표, 손익계산서
② 기초재공품 : 재무상태표
③ 기말재공품 : 재무상태표
④ 원재료비 : 재무상태표

30 원재료의 사용액을 과소하게 계상한 경우 제조원가와 재무제표에 미치는 영향으로 틀린 것은? (단, 기말재공품과 기말제품은 존재하지 않는다고 가정한다) 73회

① 당기총제조원가 과소계상
② 당기제품제조원가 과소계상
③ 제품매출원가 과소계상
④ 당기순이익 과소계상

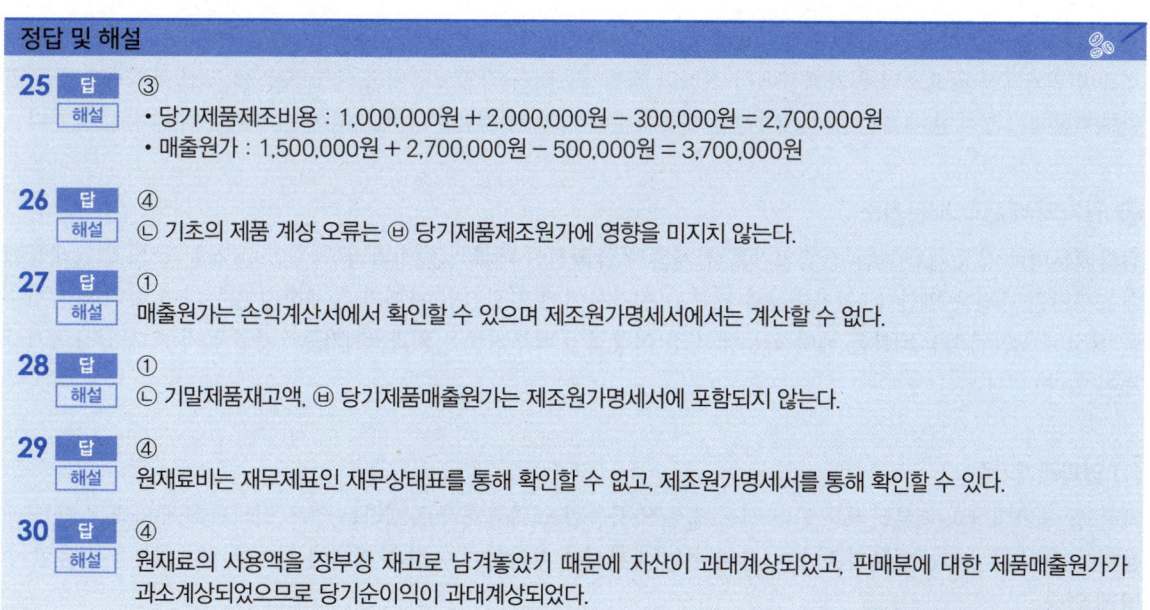

정답 및 해설

25 답 ③
해설
- 당기제품제조비용 : 1,000,000원 + 2,000,000원 − 300,000원 = 2,700,000원
- 매출원가 : 1,500,000원 + 2,700,000원 − 500,000원 = 3,700,000원

26 답 ④
해설 ⓒ 기초의 제품 계상 오류는 ⓗ 당기제품제조원가에 영향을 미치지 않는다.

27 답 ①
해설 매출원가는 손익계산서에서 확인할 수 있으며 제조원가명세서에서는 계산할 수 없다.

28 답 ①
해설 ⓒ 기말제품재고액, ⓗ 당기제품매출원가는 제조원가명세서에 포함되지 않는다.

29 답 ④
해설 원재료비는 재무제표인 재무상태표를 통해 확인할 수 없고, 제조원가명세서를 통해 확인할 수 있다.

30 답 ④
해설 원재료의 사용액을 장부상 재고로 남겨놓았기 때문에 자산이 과대계상되었고, 판매분에 대한 제품매출원가가 과소계상되었으므로 당기순이익이 과대계상되었다.

원가계산절차

❶ 원가계산의 의의
원가계산이란 제품에 소비된 원가를 집계하는 계산절차를 말한다. 제품의 원가는 다음과 같은 세 단계를 통해 계산된다.

> 요소별 원가계산 ⇨ 부문별 원가계산 ⇨ 제품별 원가계산

(1) 요소별 원가계산
요소별 원가계산은 원가를 발생형태에 따라 재료비, 노무비, 제조경비의 세 가지 원가요소로 분류하여 집계하는 것이다. 현실적으로 재료비와 노무비는 대부분 직접비에 해당하고 제조경비는 대부분 간접비에 해당하므로 원가를 직접재료비, 직접노무비, 제조간접비로 분류하여 집계한다.

(2) 부문별 원가계산
부문별 원가계산은 요소별 원가계산에서 집계된 원가 중 제조간접비를 원가의 발생장소인 부문별로 구분하여 집계하는 절차이다. 직접재료비와 직접노무비는 해당 제품에 직접 부과하여 제품의 원가를 집계하는 반면 제조간접비는 여러 제품의 제조를 위해 공통적으로 발생한 원가이므로 특정 제품에 직접 부과할 수 없다. 따라서, 제조간접비는 원가의 발생장소인 부문별로 구분하여 집계하였다가 일정한 배부기준에 따라 제품에 배부하는 절차를 따라야 한다.

(3) 제품별 원가계산
제품별 원가계산은 요소별 원가계산에서 집계한 직접재료비와 직접노무비를 해당 제품에 직접 부과하고 부문별 원가계산에서 집계한 제조간접비를 일정한 배부기준에 따라 각 제품별로 배부하여 원가를 구하는 것을 말한다.

❷ 원가의 배분과 배분기준
원가배분이란 공통원가 또는 간접원가를 집계하여 합리적인 배부기준에 따라 제품 또는 부문 등의 원가대상에 대응시키는 과정을 말한다. 원가대상과 배분될 원가사이에 직접적인 관계가 존재하지 않는다면 합리적인 기준을 설정하여 인위적인 배분을 해야 하는데 가장 이상적인 배부기준은 인과관계기준이며 수혜기준, 부담능력기준 등이 있다.

(1) 인과관계기준
제품 등 원가대상과 배분하려는 원가 사이에 추적 가능한 인과관계가 존재하는 경우 인과관계에 따라 원가를 배분하는 가장 이상적인 배분기준이다. 그러나, 인과관계를 파악하기 어려운 경우에는 다른 원가배분을 사용할 수밖에 없다.

(2) 수혜기준

원가대상이 배분대상이 되는 공통원가로부터 제공받은 경제적 효익의 크기에 비례하여 원가를 배분하는 기준을 말한다.

(3) 부담능력기준

원가대상이 원가를 부담할 수 있는 능력에 따라 원가를 배분하는 기준이다. 즉, 수익성이 높은 제품이 낮은 제품보다 더 많은 원가를 배분받는 것이다.

★ ❸ 부문별 원가계산의 절차

원가부문은 제조활동에 직접 참여하는 제조부문과 이들 제조부문에 전력, 수선, 식당 등의 용역을 제공할 뿐 제조활동에 직접 참여하지 않는 보조부문으로 구성되어 있다. 제조기업의 부문별 원가계산을 하는 절차는 다음과 같이 4단계로 나누어진다.

> 1단계 : 부문직접비를 각 부문에 부과
> 2단계 : 부문간접비를 각 부문에 배분
> 3단계 : 보조부문비를 각 제조부문에 배분
> 4단계 : 제조부문비를 각 제품에 배분

(1) 부문 직접비의 부과

부분 직접비란 특정 부문 책임자의 인건비나 특정 부문에서만 사용하는 기계장치의 감가상각비 등 제품에는 추적이 어려운 제조간접비이나 특정 부문에는 추적 가능한 원가를 말한다.

(2) 부문 간접비의 배분

부문 간접비란 공장장의 인건비, 여러 부문이 공동으로 사용하는 기계장치의 감가상각비 등 각 부문에 직접 추적할 수 없는 간접비를 말한다. 각 부문에 부문 직접비를 부과한 이후에는 부문 간접비를 다음의 배부기준을 이용하여 제조부문과 보조부문에 배분해야 한다.

부문 간접비	배분기준
① 전기사용료	각 부문의 전기사용량
② 가스수도료	각 부문의 가스 수도 사용량
③ 운반비	각 부문의 운반횟수
④ 종업원 후생부문	각 부문의 종업원 인원수
⑤ 기계장치의 감가상각비	각 부문의 기계사용시간
⑥ 공장건물의 감가상각비 및 임차료, 재산세	각 부문의 면적비율

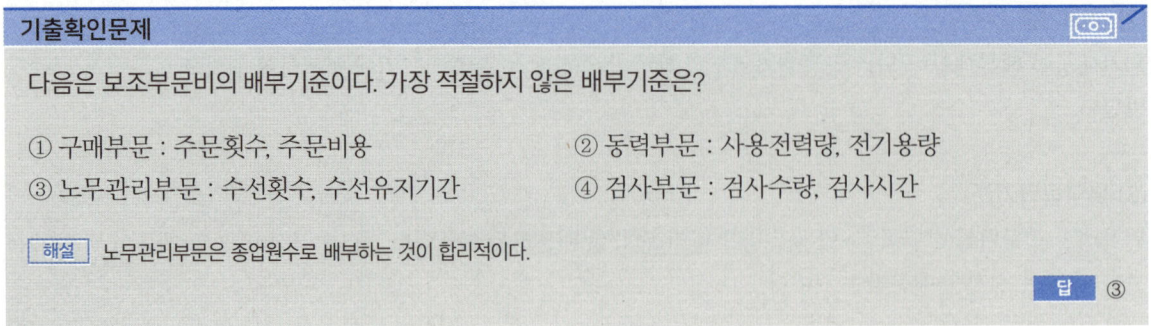

(3) 보조부문비의 배분
부문 직접비를 부과하고 부문 간접비를 배분하면 보조부문의 제조간접비 발생액을 알 수 있다. 이러한 보조부문비는 제품이 직접 통과하지 않으므로 각 제품에 직접 배부할 수 없고 제조부문에 배분해야 한다.

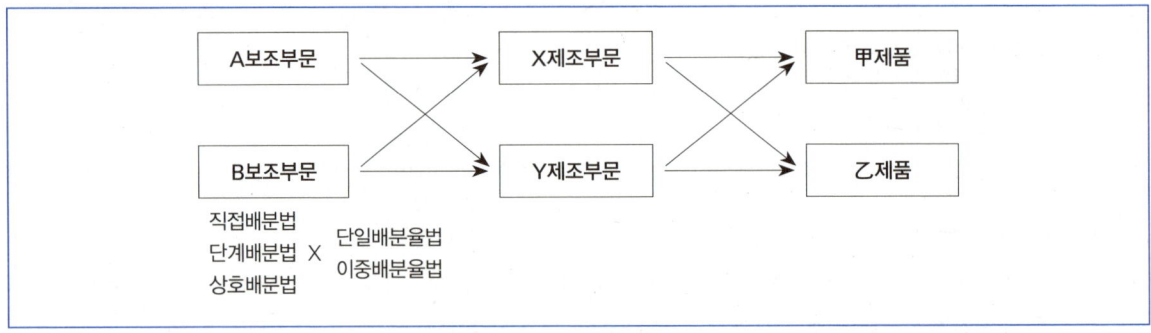

1) 보조부문 상호간의 용역수수관계의 인식정도에 따른 배분방법
보조부문이 두 개 이상일 때 보조부문간의 용역수수를 어떻게(얼마나) 고려하느냐에 따라서 직접배분법, 단계배분법, 상호배분법으로 구분할 수 있다. 이러한 배분방법은 자가소비용역을 무시한다. 자가소비용역이란 자기부문이 생산한 용역을 자기부문이 소비하는 것을 말한다. 예를 들어 식당부문이 생산한 음식을 식당부문에서 근무하는 종업원이 먹는 음식 등이 해당한다. 보조부문에서 발생한 모든 원가는 궁극적으로 다른 부문에 배분되어야 하기 때문에 자기부분 소비용역은 보조부문의 원가배분에서는 별도로 고려하지 않고 있다. 즉, 자가소비용역은 무시하고 용역제공비율을 계산한 후 이를 기초로 보조부문원가를 제조부문에 배분한다.

① 직접배분법
보조부문 상호간에 행해지는 용역의 수수를 완전히 무시하고 보조부문원가를 각 제조 부문이 사용한 용역의 상대적 비율에 따라 제조부문에 직접 배분하는 방법이다. 보조부문 상호간의 용역수수관계가 중요하지 않은 경우에 적용하며 가장 간단한 방법이다.

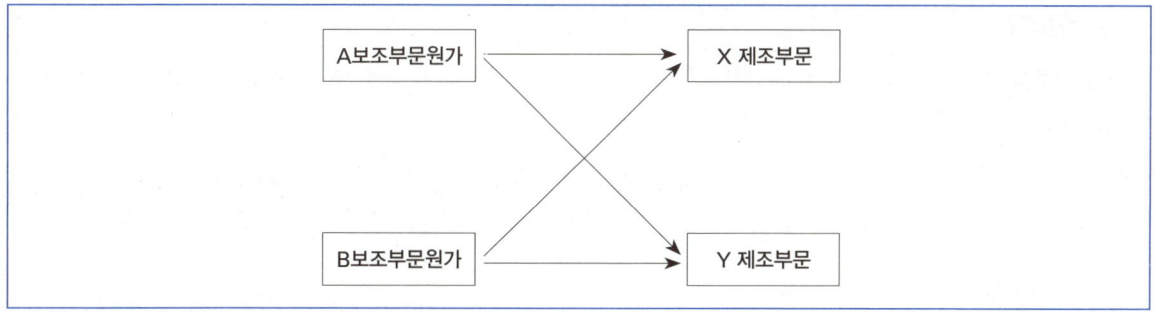

기출확인문제

다음은 보조부문원가에 관한 자료이다. 보조부문의 제조간접비를 다른 보조부문에는 배부하지 않고 제조부문에만 직접 배부할 경우 수선부문에서 절삭부문으로 배부될 제조간접비는 얼마인가?

구 분		보조부문		제조부문	
		수선부문	포장부문	조립부문	절삭부문
제조간접비		80,000원	60,000원		
부문별배부율	수선부문		50%	30%	20%
	포장부문	20%		40%	40%

① 16,000원　　② 18,000원　　③ 24,000원　　④ 32,000원

해설　80,000원 × $\dfrac{20\%}{(30\%+20\%)}$ = 32,000원

답　④

② 단계배분법

보조부문원가의 배분순서를 정하여 그 순서에 따라 단계적으로 보조부문원가를 다른 보조부문과 제조부문에 배분하는 방법이다. 즉, 단계배분법에서는 한 개의 보조부문의 원가만을 다른 보조부문에 배부하여 보조부문간의 용역수수관계를 일부 인식하는 방법이다. 직접배분법과 상호배분법의 절충적인 방법이다.

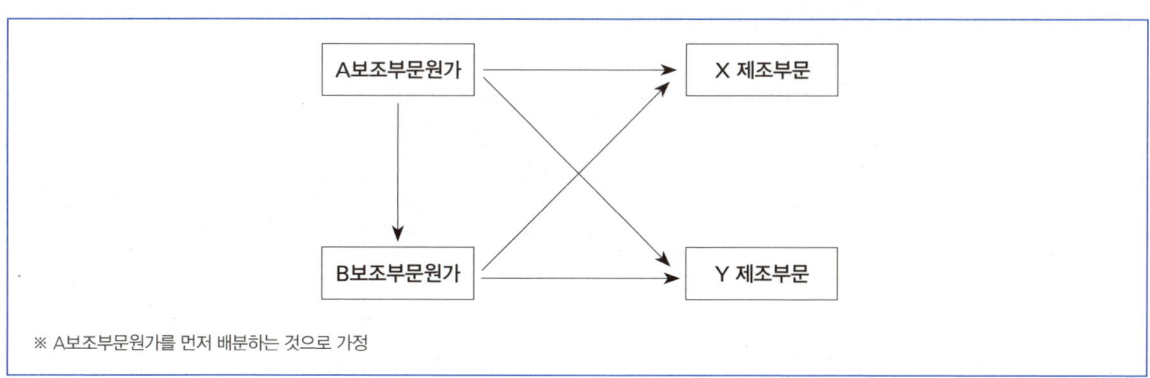

※ A보조부문원가를 먼저 배분하는 것으로 가정

기출확인문제

다음 자료를 이용하여 제조부문 Y에 배부되는 보조부문의 제조간접비 총액을 계산하면 얼마인가?(단, 단계배분법을 사용하고, A부문을 먼저 배분할 것)

	보조부문		제조부문	
	A부문	B부문	X부문	Y부문
A부문	–	40%	20%	40%
B부문	20%	–	30%	50%
발생원가	300,000원	400,000원	400,000원	600,000원

① 120,000원　　② 315,000원　　③ 325,000원　　④ 445,000원

해설
㉠ A부문 → Y부문 배부액 : 300,000원 × 40% = 120,000원
㉡ A부문 → B부문 배부액 : 300,000원 × 40% = 120,000원
㉢ B부문 → Y부문 배부액 : (120,000원㉡ + 400,000원) × $\dfrac{50\%}{30\% + 50\%}$ = 325,000원

Y부문에 배부되는 보조부문의 총액 = ㉠ + ㉢ = 120,000원 + 325,000원 = 445,000원

답 ④

③ 상호배분법

보조부문간의 상호 관련성을 전부 고려하는 배분방법으로서 보조부문 사이에 용역수수관계가 존재할 때 각 보조부문간의 용역수수관계를 연립방정식을 통해 계산한 다음, 이를 이용하여 보조부문원가를 배분하는 방법이다. 즉 보조부문간의 용역수수관계를 완벽하게 고려하여 가장 정확한 계산을 할 수 있다. 이론적으로 가장 타당하지만 계산이 매우 복잡하다.

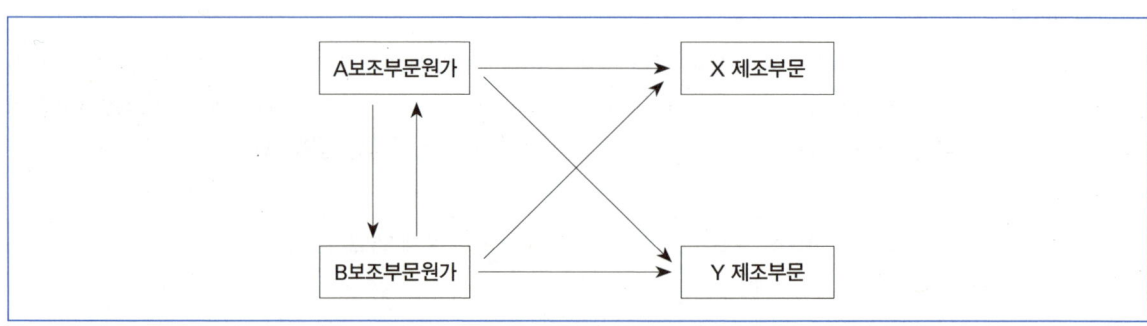

사례

(주)배움의 공장에는 두 개의 보조부문인 식당부문, 수선부문 및 두 개의 제조부문 절단부문과 조립부문이 있다. 각 부문의 용역수수관계와 발생원가(제조간접비)는 다음과 같다.

제공\사용	보조부문		제조부문		합계
	식당	수선	절단	조립	
식당	–	20%	50%	30%	100%
수선	50%	–	10%	40%	100%
발생원가	20,000원	10,000원	30,000원	40,000원	100,000원

(1) 보조부문비를 직접배분법을 이용하여 제조부문에 배분하시오.
(2) 보조부문비를 단계배분법(식당부문의 원가를 우선배분)을 이용하여 제조부문에 배분하시오.

해설

(1) 직접배분법
- 식당 → 절단 : 20,000원 × 50/(50+30) = 12,500원
- 식당 → 조립 : 20,000원 × 30/(50+30) = 7,500원
- 수선 → 절단 : 10,000원 × 10/(10+40) = 2,000원
- 수선 → 조립 : 10,000원 × 40/(10+40) = 8,000원
① 절단부문 원가 : 30,000원 + 식당부문에서 배부된 원가 12,500원 + 수선부문에서 배부된 원가 2,000원 = 44,500원
② 조립부문 원가 : 40,000원 + 식당부문에서 배부된 원가 7,500원 + 수선부문에서 배부된 원가 8,000원 = 55,500원

(2) 단계배분법
- 식당 → 절단 : 20,000원 × 50/100 = 10,000원
- 식당 → 조립 : 20,000원 × 30/100 = 6,000원
- 식당 → 수선 : 20,000원 × 20/100 = 4,000원
- 수선 → 절단 : (4,000원 + 10,000원) × 10/(10+40) = 2,800원
- 수선 → 조립 : (4,000원 + 10,000원) × 40/(10+40) = 11,200원
① 절단부문 원가 : 30,000원 + 식당부문에서 배부된 원가 10,000원 + 수선부문에서 배부된 원가 2,800원 = 42,800원
② 조립부문 원가 : 40,000원 + 식당부문에서 배부된 원가 6,000원 + 수선부문에서 배부된 원가 11,200원 = 57,200원

※ 어떤 방법을 사용하더라도 보조부문비 총액은 모두 제조부문에 배부된다. 재고가 존재하지 않는다면 제품의 총원가는 어떤 방법으로 배부한다 하더라도 같기 때문에 회사의 총이익 역시 배부방법에 따라 달라지지 않는다.

2) 보조부문의 원가행태에 의한 구분여부에 따른 배분방법

보조부문의 원가행태에 의한 구분여부에 따라 단일배분율법과 이중배분율법으로 구분할 수 있다.

① 단일배분율법

단일배분율법은 보조부문비를 변동원가와 고정원가로 구분하지 아니하고 모든 보조부문의 원가를 하나의 배분기준을 사용하여 배분하는 방법으로 계산은 간편하지만 정확한 배분이 이루어지지 않는다.

② 이중배분율법

이중배분율법이란 보조부문비를 고정비와 변동비로 구분하여 각각 다른 배부기준으로 배분하는 방법이다. 일반적으로 변동비는 실제용역제공량을 기준으로 배분하고 고정비는 최대 용역제공가능량을 기준으로 배분한다.

(4) 제조부문비의 배분

보조부문비를 제조부문에 배분하면 제조부문에는 자체적으로 발생한 제조간접비와 보조부문으로부터 배분받은 금액이 함께 집계되며 이 집계액을 각 제품에 배부하여 제품의 원가를 계산한다.

객관식 기출문제

[유형 1] 원가계산의 의의와 배분기준 (1 ~ 4)

1 다음 중 일반적인 제조기업의 원가계산흐름을 바르게 설명한 것은? [42회]

① 부문별 원가계산 → 요소별 원가계산 → 제품별 원가계산
② 부문별 원가계산 → 제품별 원가계산 → 요소별 원가계산
③ 요소별 원가계산 → 부문별 원가계산 → 제품별 원가계산
④ 요소별 원가계산 → 제품별 원가계산 → 부문별 원가계산

2 다음 중 보조부문 원가의 배부기준으로 적합하지 않은 것은? [112회]

	보조부문원가	배부기준
①	건물 관리 부문	점유 면적
②	공장 인사관리 부문	급여 총액
③	전력 부문	전력 사용량
④	수선 부문	수선 횟수

3 부문공통비인 건물의 감가상각비 배분기준으로 가장 적합한 것은? [46회]

① 각 부문의 인원수　　　② 각 부문의 면적
③ 각 부문의 작업시간　　④ 각 부문의 노무비

4 다음 중 공장건물의 재산세와 임차료를 각 제품제조원가에 배부하는 가장 적합한 배부기준은 무엇인가? [73회]

① 각 제품생산라인의 연면적비율　　② 공장에서 발생하는 직접원가비율
③ 기계장치의 수선비용　　　　　　　④ 생산직 근로자의 임금비율

★ [유형 2] 부문별 원가계산 [5 ~ 15] 최신 30회 중 16문제 출제

5 다음 보조부문의 제조간접비 배부방법 중 정확도가 가장 높은 방법과 계산방법이 가장 단순한 방법을 순서대로 나열한 것은? [72회]

① 상호배분법, 직접배분법
② 상호배분법, 단계배분법
③ 단계배분법, 상호배분법
④ 단계배분법, 직접배분법

6 다음 중 보조부문원가를 제조부문에 배부하는 방법에 속하지 않는 것은? [103회]

① 단계배분법
② 직접배분법
③ 간접배분법
④ 상호배분법

7 다음은 보조부문원가를 제조부문에 배부하는 내용이다. 무엇에 대한 설명인가? [83회]

> 보조부문원가를 보조부문의 배부순서를 정하여 한 번만 다른 보조부문과 제조부문에 배부한다.

① 직접배분법
② 단계배분법
③ 상호배분법
④ 개별배분법

정답 및 해설

1 답 ③
해설 일반적인 제조기업의 원가계산흐름은 요소별 원가계산 → 부문별 원가계산 → 제품별 원가계산이다.

2 답 ②
해설 공장 인사 관리 부문의 원가는 종업원의 수를 배부기준으로 하는 것이 적합하다.

3 답 ②
해설 부문공통비인 건물의 감가상각비 배분기준은 각 부문의 면적이다.

4 답 ①
해설 각 제품생산라인이 차지하는 연면적비율로 배부하는 것이 가장 합리적인 방법이다.

5 답 ①
해설
- 직접배분법 : 보조부문비를 배분하지 않고 직접 제조부문에만 배부, 간단, 정확도, 신뢰도 낮음
- 단계배분법 : 직접배분법과 상호배분법의 절충
- 상호배분법 : 보조부문비를 다른 보조 부문과 제조부문에 배부, 복잡, 정확도, 신뢰도 높음

6 답 ③
해설 보조부문원가를 제조부문에 배부하는 방법은 직접배분법, 단계배분법, 상호배분법이 있다.

7 답 ②
해설 단계배분법에 대한 설명이다.

8 보조부문원가의 배부방법 중 단계배분법에 대한 설명으로 틀린 것은? 　　　87회

① 최초 배부되는 부문의 경우 자신을 제외한 다른 모든 부문에 배부된다.
② 보조부문간의 배부순서에 따라 순차적으로 다른 보조부문과 제조부문에 배부하는 방법이다.
③ 보조부문의 배부순서에 따라 배부액이 달라질 수 있다.
④ 보조부문 상호 간의 용역수수를 완전히 고려하므로 이론적으로 가장 타당하다.

9 다음 중 보조부문원가 배부방법에 대한 설명으로 옳은 것은? 　　　115회 수정

① 보조부문의 원가 배분방법으로는 직접배분법, 단계배분법 및 상호배분법이 있으며, 이들 배분 방법에 관계없이 전체 보조부문의 원가는 동일하다.
② 보조부문간 용역수수 관계를 전혀 고려하지 않고 제조부문에 직접 배부하는 방법은 단계배분법이다.
③ 보조부문간 배부순서를 정하고 단계적으로 다른 보조부문과 제조부문에 배부하는 방법은 상호배분법이다.
④ 보조부문간 용역수수 관계를 완전하게 고려하는 방법은 직접배분법이다.

10 다음 중 보조부문의 원가 배분에 대한 설명으로 옳지 않은 것은? 　　　110회

① 보조부문의 원가 배분방법으로는 직접배분법, 단계배분법 및 상호배분법이 있으며, 어떤 방법을 사용하더라도 전체 보조부문의 원가는 차이가 없다.
② 상호배분법을 사용할 경우, 부문간 상호수수를 고려하여 계산하기 때문에 어떤 배분방법보다 정확성이 높다고 할 수 있다.
③ 단계배분법을 사용할 경우, 배분순서를 어떻게 하더라도 각 보조부문에 배분되는 금액은 차이가 없다.
④ 직접배분법을 사용할 경우, 보조부문 원가 배분액의 계산은 쉬우나 부문간 상호수수에 대해서는 전혀 고려하지 않는다.

11 다음 중 보조부문의 원가를 배부하는 방법과 관련된 내용으로 틀린 것은? 　　　80회

① 직접배분법은 보조부문 상호간의 용역제공관계를 무시하므로 계산이 가장 복잡한 방법이다.
② 단계배분법과 상호배분법은 보조부문 상호간의 용역제공관계를 고려한다.
③ 어떤 방법을 사용하더라도 보조부문비 총액은 모두 제조부문에 배부된다.
④ 보조부문 배부방법에 따라 제품별 이익이 달라지나, 회사 총이익은 같다.

12 다음 중 보조부문의 원가를 배부하는 방법에 관한 설명 중 옳은 것은? 63회

① 직접배분법은 보조부문의 자가소비용역을 고려한다.
② 단계배분법은 보조부문의 우선순위가 결정되어야 한다.
③ 보조부문비 총액 중 일부만 제조부문에 배부된다.
④ 상호배분법은 보조부문간 용역제공관계를 고려하지 않는다.

13 다음 중 보조부문의 원가를 배부하는 방법과 관련된 내용으로 틀린 것은? 96회

① 직접배분법은 보조부문 상호 간의 용역제공관계를 무시하므로 계산이 가장 간단한 방법이다.
② 단계배분법과 상호배분법은 보조부문 상호 간의 용역제공관계를 고려한다.
③ 원가계산의 정확성은 상호배분법 〉 단계배분법 〉 직접배분법 순이다.
④ 단일배분율법은 보조부문원가를 변동원가와 고정원가로 구분하여 각각 다른 배부기준을 적용하여 배분한다.

정답 및 해설

8 답 ④
해설 보조부문 상호간의 용역수수를 완전히 고려하는 방법은 상호배분법이다.

9 답 ①
해설 ② 직접배분법, ③ 단계배분법, ④ 상호배분법에 대한 설명이다.

10 답 ③
해설 단계배분법을 사용할 경우, 배부순서에 따라 각 보조부문에 배분되는 금액은 차이가 발생한다.

11 답 ①
해설 직접배분법은 보조부문 상호간의 용역제공관계를 무시하므로 계산이 가장 간단한 방법이다.

12 답 ②
해설 직접배분법은 보조부문의 자가소비용역을 고려하지 않으며 보조부문비 총액을 제조부문에 배부해야 한다. 또한, 상호배분법은 보조부문간 용역제공관계를 고려하는 방법이다.

13 답 ④
해설 보조부문원가를 변동원가와 고정원가로 구분하여 각각 다른 배부기준을 적용하여 배부하는 방법은 이중배분율법이다.

14

(주)세원은 A, B 제조부문과 X, Y의 보조부문이 있다. 각 부문의 용역수수관계와 제조간접비 발생원가가 다음과 같다. 직접배분법에 의해 보조부문의 제조간접비를 배부한다면 B제조부문의 총제조간접비는 얼마인가?

44회

	보조부문		제조부문		합계
	X	Y	A	B	
자기부문발생액	150,000원	250,000원	300,000원	200,000원	900,000원
[제공한 횟수]					
X		200회	300회	700회	1,200회
Y	500회	–	500회	1,500회	2,500회

① 200,000원 ② 292,500원 ③ 492,500원 ④ 600,000원

15

(주)한우물은 단계배분법을 이용하여 보조부문 제조간접비를 제조부문에 배부하고자 한다. 각 부문별 원가발생액과 보조부문의 용역공급이 다음과 같을 경우 수선부문에서 절단부문으로 배부될 제조간접비는 얼마인가?(단, 전력부문부터 배부한다고 가정함)

구 분	제조부문		보조부문	
	조립부문	절단부문	전력부문	수선부문
자기부문 제조간접비	200,000원	400,000원	200,000원	360,000원
전력부문 동력공급(kw)	300	100	–	100
수선부문 수선공급(시간)	10	40	50	–

① 160,000원 ② 200,000원 ③ 244,000원 ④ 320,000원

정답 및 해설

14 답 ③
해설
- X 부문 배부액(105,000원) = 150,000원 × (700회 / 1,000회)
- Y 부문 배부액(187,500원) = 250,000원 × (1,500회 / 2,000회)
- B 부문 총제조간접비(492,500원) = 200,000원 + 105,000원 + 187,500원

15 답 ④
해설
- 전력부문의 제조간접비 200,000원은 다른 제조부문 및 보조부문에 1차 배분하므로 수선부문은 200,000원 × 100kw / (300 + 100 + 100)kw = 40,000원을 합산한 400,000원(360,000원 + 40,000원)을 수선부문에서 조립부문 및 절단부문에 수선시간을 기준으로 배부한다.
- ∴ 절단부문으로 제조간접비 배부액 = 400,000원 × 40시간 / (10 + 40)시간 = 320,000원

CHAPTER 04 개별원가계산

기업이 제품원가를 계산하는 경우에 기업의 생산형태에 따라 원가계산방법이 상이하다. 특정제품을 개별적으로 생산하는 기업에 적용하는 원가계산방법을 개별원가계산이라 하고 동종제품을 연속적으로 대량생산하는 기업에 적용하는 원가계산방법을 종합원가계산이라 한다.

❶ 개별원가계산의 의의

개별원가계산은 제품의 종류나 규격이 다양하여 개별 작업별로 원가를 계산한다. 여러 종류의 제품을 고객의 요구에 따라 소량으로 주문생산하는 기업의 원가계산에 적합하다. 이는 조선업, 건설업, 기계제조업 등에 적용한다.

(1) 제조지시서

개별원가계산은 제조지시(지령)서에 의해 개별 작업별로 원가계산이 이루어지기 때문에 제조직접비(직접재료비와 직접노무비)와 제조간접비의 구분이 매우 중요하다.

제조지시서

No.
다음과 같이 제품을 제조하여 주십시오.

주문처 :
납기일 :

제조지시인 _____ (인)

완성요구일 ○월 ○일
제조착수일 ○월 ○일
제조완성일 ○월 ○일

제품명	규격	수량	적요

(2) 작업원가표

작업원가표는 제품의 원가를 개별작업별로 구분하여 집계하는 경우 사용하는 표이며 개별원가계산제도의 기본적인 요소이다. 제조원가를 직접재료비, 직접노무비, 제조간접비로 구분하여 기록한다.

작업원가표

작업번호 _____
품　목 _____
시 작 일 _____

생산량 _____
완성일 _____

일 자	직접재료비	직접노무비	제조간접비	합 계

⭐ ❷ 개별원가계산의 절차 및 배부

(1) 개별원가계산의 절차

개별원가계산은 제조간접비를 각 제품별로 어떠한 배부기준에 의하여 배부하는지가 핵심이다. 직접비(직접원가)는 추적 가능하므로 발생과 동시에 각 제품에 부과하고 간접비는 원가추적이 불가능하므로 일정한 방법으로 간접 배부한다.

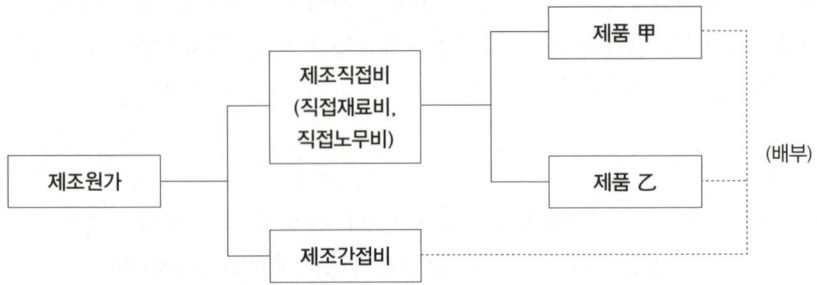

(2) 제조간접비의 배부

제조간접비는 여러 제품을 생산하기 위하여 공통적으로 발생한 제조원가이므로 발생과 동시에 각 개별작업에 부과할 수 없다. 따라서 기말에 제조간접비를 적당한 배부기준에 의하여 각 **작업원가표**에 배부하는 과정을 거치게 된다. 제조간접비를 각 작업에 배부하는 경우에는 무엇을 배부기준으로 하여야 할 것인지가 중요하다. 일반적으로 많이 사용되는 배부기준으로는 ①직접노무비기준 ②직접노동시간기준 ③기계시간기준 등이 있다.

(3) 제조간접비의 배부율

제조간접비는 개별제품이나 작업에 배부하기 위하여 다음과 같은 제조간접비 배부율을 사용해야 한다. 만약, 공장 내에 두 개 이상의 제조부문이 있을 경우 제조간접비를 개별제품 등에 배부하는 방법은 공장전체 제조간접비 배부율, 또는 부문별 제조간접비 배부율을 적용하는 두 가지 방법이 있다.

> 제조간접비 배부율 = 제조간접비 / 배부기준 (조업도)

1) 공장전체 제조간접비 배부율

공장 내의 총 제조간접비를 하나의 기준을 사용하여 배부하는 방법이다. 공장전체 제조간접비 배부율을 적용하면 원가집계와 배부절차가 간편하다는 장점이 있으나 제품원가를 정확하게 계산할 수 없는 단점이 있다.

> 공장전체 제조간접비 배부율 = 공장전체 제조간접비[※] / 공정전체 배부기준 총계

※ 공장 내의 모든 보조부문과 제조부문의 제조간접비 합계액

> **사례**
>
> | | 甲제품 | 乙제품 | 丙제품 | 계 |
> |---|---|---|---|---|
> | 직접재료비 | 300,000원 | 300,000원 | 400,000원 | 1,000,000원 |
> | 직접노무비 | 280,000원 | 220,000원 | 500,000원 | 1,000,000원 |
> | 기계시간 | 500시간 | 300시간 | 200시간 | 1,000시간 |
> | 제조간접비 | | | | 1,500,000원 |
>
> (1) 기계시간을 이용하여 갑제품의 원가를 구하라.
> (2) 직접노무비 기준으로 을제품의 원가를 구하라.
>
> **해설**
> (1) 제조간접비배부율(기계시간) 1,500,000원 / 1,000시간 = 1,500원 / 기계시간
>   갑제품 제조간접비   1,500원 × 500시간 = 750,000원
>   갑제품 원가 : 300,000원(직접재료비) + 280,000원(직접노무비) + 750,000원(제조간접비)
>   = 1,330,000원
> (2) 제조간접비배부율(직접노무비) 1,500,000원 / 1,000,000원 = 1.5
>   을제품 제조간접비   1.5 × 220,000원 = 330,000원
>   을제품 원가 : 300,000원(직접재료비) + 220,000원(직접노무비) + 330,000원(제조간접비)
>   = 850,000원

2) 부문별 제조간접비 배부율

각 제조부문별로 서로 다른 제조간접비배부율을 적용하는 방법이다. 부문별 제조간접비 배부율을 적용할 경우 정확한 원가계산이 가능하다는 장점이 있으나 그 절차가 복잡하다는 단점이 있다.

> 부문별 제조간접비 배부율 = 부문별 제조간접비[※] / 부문별 배부기준

[※] 제조부문 자체적으로 발생한 제조간접비와 보조부문에서 배분받은 원가의 합계액

기출확인문제

㈜성진은 직접원가를 기준으로 제조간접원가를 배부한다. 다음 자료에 의하여 계산한 제조지시서 no.1의 제조간접원가 배부액은 얼마인가?

공장전체 발생원가	제조지시서 no.1
• 총생산수량 : 10,000개	• 총생산수량 : 5,200개
• 기계시간 : 24시간	• 기계시간 : 15시간
• 직접재료원가 : 800,000원	• 직접재료원가 : 400,000원
• 직접노무원가 : 200,000원	• 직접노무원가 : 150,000원
• 제조간접원가 : 500,000원	• 제조간접원가 : (?)원

① 250,000원 ② 260,000원 ③ 275,000원 ④ 312,500원

해설
• 제조간접원가 배부율 : 제조간접원가 500,000원 ÷ (직접재료원가 800,000원 + 직접노무원가 200,000원) = 0.5원/직접원가당
• 제조지시서 no.1의 제조간접원가 배부액 : (직접재료원가 400,000원 + 직접노무원가 150,000원) × 배부율 0.5원 = 275,000원

답 ③

❸ 실제개별원가계산과 정상개별원가계산

실제개별원가계산은 직접재료비, 직접노무비 뿐만 아니라 제조간접비까지 실제발생액을 기준으로 제품에 배부하는 방법이다. 실제개별원가계산에서는 실제제조간접비가 월말 또는 기말에 집계되기 전에는 제조간접비배부율을 산정할 수 없으므로 제품이 완성되어도 제품의 원가를 계산할 수 없다. 또한, 실제개별원가계산은 계절별 생산량이 큰 차이가 있는 경우에 제품의 단위당 원가가 계절별로 다르게 되는 문제점이 있다. 실제개별원가계산의 이러한 문제점들을 해결하는 방법이 정상개별원가계산이다.

(1) 정상개별원가계산 개요

정상(예정)개별원가계산은 직접재료비, 직접노무비는 실제발생액을 기준으로 제품에 배부하지만 제조간접비는 회계연도 사전에 결정된 제조간접비 예정배부율을 이용하여 예정배부액을 제품에 배부하는 방법이다. 그러므로 제품의 완성과 동시에 신속한 원가계산을 할 수 있다.

(2) 실제개별원가계산과 정상개별원가계산의 비교

실제개별원가와 정상개별원가의 차이점은 다음과 같다.

구 분	실제개별원가계산	정상개별원가계산
주요정보이용자	외부정보이용자	내부정보이용자(경영자)
원가계산의 시점	회계연도의 기말	제품생산 완료시점 (적시성)
직접재료비, 직접노무비	실제발생액 배부	실제발생액 배부
제조간접비 배부액	실제배부기준×실제배부율	실제배부기준×예정배부율

(3) 제조간접비 예정배부율

> 제조간접비 예정배부율 = 제조간접비예산 / 예정조업도(배부기준)

사례

	甲제품	乙제품	丙제품	계
직접재료비	30,000원	30,000원	40,000원	100,000원
직접노무비	28,000원	22,000원	50,000원	100,000원
기계시간	50시간	30시간	20시간	100시간
예상기계시간	60시간	50시간	30시간	140시간
제조간접비				150,000원
제조간접비 예산				140,000원

정상원가계산제도를 채택하고 있는 회사의 배부기준인 기계시간을 이용하여 갑제품의 원가를 계산하시오.

해설
① 제조간접비배부율(기계시간) 140,000원(예산)/140시간(예정) = 1,000원/기계시간
② 갑제품 제조간접비   1,000원 × 50시간(실제발생액) = 50,000원
③ 갑제품 원가 : 30,000원(직접재료비) + 28,000원(직접노무비) + 50,000원(제조간접비) = 108,000원

기출확인문제

당사는 직접노무시간을 기준으로 제조간접원가를 배부하고 있다. 당기의 제조간접원가 실제 발생액은 500,000원이고, 예정배부율은 200원/직접노무시간이다. 당기의 실제 직접노무시간이 3,000시간일 경우, 다음 중 제조간접원가 배부차이로 옳은 것은?

① 100,000원 과대배부   ② 100,000원 과소배부
③ 200,000원 과대배부   ④ 200,000원 과소배부

해설
- 제조간접원가 예정배부액: 실제 직접노무시간 3,000시간 × 예정배부율 200원 = 600,000원
- 제조간접원가 배부차이: 제조간접원가 예정배부액 600,000원 − 실제 제조간접원가 발생액 500,000원 = 100,000원 과대배부

답 ①

(4) 제조간접비 배부차이 조정방법

제조간접비 배부차이가 발생하면 회계연도 말에 비례배분법, 매출원가조정법, 영업외손익법 등으로 배부차이를 조정하여 실제원가로 외부에 보고한다.

> 제조간접비 배부차이 = 실제발생액 − 예정배부액
> - 실제발생액 < 예정배부액 ⇨ 과대배부
> - 실제발생액 > 예정배부액 ⇨ 과소배부

① **비례배분법**: 배부차이를 기말 재공품, 기말 제품, 매출원가의 상대적 비율에 따라서 안분하는 방법이다.
② **매출원가조정법**: 배부차이 전액을 매출원가에서 가감하는 방법이다.
③ **영업외손익법**: 배부차이 전액을 영업외손익으로 가감하는 방법이다.

객관식 기출문제

[유형 1] 개별원가계산의 의의 (1 ~ 3) 최신 30회 중 1문제 출제

1 다음 중 개별원가계산에 대한 설명으로 틀린 것은? 71회

① 개별원가계산은 시장생산 형태보다 주문생산 형태에 적합하다.
② 개별원가계산은 다품종 제품생산에 적합하다.
③ 개별원가계산은 개별작업별로 구분하여 집계한다.
④ 개별원가계산은 제조간접비의 제품별 직접 추적이 가능하다.

2 다음 중 개별원가계산에 대한 설명으로 옳지 않은 것은? 66회

① 선박, 비행기 제조에 사용하기에 적당하다.
② 제지업에 사용하기에는 적합하지 않다.
③ 모든 제조원가를 작업별로 직접 추적한다.
④ 작업원가표를 사용하며, 제조간접비는 배부하는 절차를 따른다.

3 다음 중 제조간접비에 대한 설명으로 틀린 것은? 61회

① 배부방법에는 실제배부법과 예정배부법이 있다.
② 실제배부법은 계절별 생산량이 큰 차이가 있는 경우에 적합한 배부법이다.
③ 여러 제품에 공통으로 발생하는 원가이기에 각 제품별로 집계하기 어렵다.
④ 일반적으로 제조부문의 임차료, 보험료, 감가상각비 등이 이에 해당된다.

[유형 2] 개별원가계산의 절차와 배부 (4 ~ 15) 최신 30회 중 11문제 출제

4 다음 내용의 개별원가계산 절차를 순서대로 바르게 나열한 것은? 88회

> 가. 개별작업과 관련하여 발생한 제조간접원가를 파악한다.
> 나. 제조간접원가를 원가대상에 배부하기 위해 배부기준을 선정해야 한다.
> 다. 원가계산대상이 되는 개별작업을 파악하고, 개별작업에 대한 직접원가를 계산한다.
> 라. 원가배부 기준에 따라 제조간접원가배부율을 계산하여 제조간접원가를 배부한다.

① 가 → 나 → 다 → 라
② 다 → 가 → 나 → 라
③ 다 → 라 → 나 → 가
④ 가 → 다 → 나 → 라

5 (주)세무는 직접원가를 기준으로 제조간접비를 배부한다. 다음 자료에 의해 작업지시서 No.1의 제조간접비 배부액은 얼마인가? 54회

	공장전체발생원가	작업지시서 No.1
직접재료비	1,000,000원	300,000원
직접노무비	1,500,000원	400,000원
기계시간	150시간	15시간
제조간접비	7,500,000원	( )

① 700,000원
② 2,100,000원
③ 3,000,000원
④ 3,651,310원

정답 및 해설

1 답 ④
해설 개별원가계산은 제조간접비의 제품별 직접 추적이 불가능하기에 작업별로 배부한다.

2 답 ③
해설 제조간접원가는 작업별로 추적할 수 없어서 배부한다.

3 답 ②
해설 실제배부법은 계절별 생산량이 큰 차이가 있는 경우에 제품의 단위당 원가가 계절별로 다르게 되는 문제점이 있다.

4 답 ②
해설 개별원가계산 절차의 순서는 「다 → 가 → 나 → 라」이다.

5 답 ②
해설 • 제조간접비 배부율 = 제조간접비/직접원가 = 7,500,000원 / 2,500,000원 = @3원 / 직접원가
∴ 제조간접비 배부액 = 700,000원 × @3원 = 2,100,000원

6 갑사의 제품 A와 제품 B에 대한 제조원가 자료는 다음과 같다. 실제개별원가계산 방법에 따라 기계시간을 기준으로 제조간접비를 배부하였을 때 제품 A의 제조원가는 얼마인가?
난이도 ●●○
92회

구분	제품 A	제품 B	합계
직접재료비	7,000,000원	3,000,000원	10,000,000원
직접노무비	4,000,000원	1,000,000원	5,000,000원
제조간접비(실제)	?	?	3,000,000원
기계시간	600시간	400시간	1,000시간
노무시간	400시간	100시간	500시간

① 5,200,000원   ② 12,200,000원   ③ 12,800,000원   ④ 13,400,000원

7 개별원가계산을 하고 있는 세원제약의 4월의 제조지시서와 원가자료는 다음과 같다.
난이도 ●●○

	제조지시서	
	#101	#102
생 산 량	1,000단위	1,000단위
직접노동시간	600시간	600시간
직접재료비	1,350,000원	1,110,000원
직접노무비	2,880,000원	2,460,000원

4월의 실제 제조간접비 총액은 4,000,000원이고, 제조간접비는 직접노동시간당 2,700원의 배부율로 예정배부되며, 제조지시서 #101은 4월중 완성되었고, #102는 미완성상태이다. 4월말 생산된 제품의 단위당 원가는 얼마인가?
46회

① 5,900원   ② 5,850원   ③ 5,520원   ④ 5,190원

8 개별원가계산시 실제제조간접비 배부율 및 배부액과 예정제조간접비 배부율 및 배부액을 산정하는 산식 중 올바르지 않은 것은?
난이도 ●●○
100회

① 실제제조간접비배부율 = 실제제조간접비 합계액/실제조업도(실제 배부기준)
② 예정제조간접비배부율 = 예정제조간접비 합계액/예정조업도(예정 배부기준)
③ 실제제조간접비배부액 = 개별제품등의 실제조업도(실제 배분기준)×제조간접비 실제배부율
④ 예정제조간접비배부액 = 개별제품등의 예정조업도(예정 배분기준)×제조간접비 예정배부율

9 제조간접비와 관련한 자료가 다음과 같을 경우 기계작업시간당 제조간접비 예정배부액은 얼마인가?

- 제조간접비 실제발생액 : 23,500,000원
- 제조간접비 과대배부 : 500,000원
- 제조지시서의 기계작업시간 : 2,000시간

① 11,500원 ② 11,750원 ③ 12,000원 ④ 12,500원

10 제조간접비예정배부율은 직접노동시간당 90원이고, 직접노동시간이 43,000시간 발생했을 때 제조간접비 배부차이가 150,000원 과소배부인 경우 제조간접비 실제발생액은 얼마인가?

① 3,720,000원 ② 3,870,000 ③ 4,020,000원 ④ 4,170,000원

정답 및 해설

6 답 ③
해설 12,800,000원
- 제조간접비 실제배부율 = 실제 제조간접비 ÷ 실제조업도 = 3,000,000원 ÷ 1,000시간(기계시간) = @3,000원/기계시간
- 제조간접비 배부액 = 개별작업의 실제조업도 × 제조간접비 실제배부율
- 제품 A 제조간접비 배부액 = 600시간 × 3,000원 = 1,800,000원
- 제품 B 제조간접비 배부액 = 400시간 × 3,000원 = 1,200,000원
- 제품 A 제품원가 = 7,000,000원 + 4,000,000원 + 1,800,000원 = 12,800,000원
- 제품 B 제품원가 = 3,000,000원 + 1,000,000원 + 1,200,000원 = 5,200,000원

7 답 ②
해설
- #101 제조간접비 배부액(1,620,000원) = 600시간 × 2,700원
- 제품 단위당 원가(5,850원) = (1,620,000원 + 1,350,000원 + 2,880,000원) / 1,000단위

8 답 ④
해설 예정제조간접비 배부액 = 개별제품 등의 실제조업도(실제 배분기준) × 제조간접비 예정배부율

9 답 ③
해설
- 제조간접비 예정배부액 : 23,500,000원 + 500,000원 = 24,000,000원
- 기계작업시간당 제조간접비 예정배부액 : 24,000,000원 / 2,000시간 = 12,000원

10 답 ③
해설 90원 × 43,000원 + 150,000원 = 4,020,000원

11 ㈜거제산업은 제조간접비를 직접노동시간을 기준으로 하여 배부하고 있다. 다음 자료에 의하여 10월의 제조간접비 배부차이를 구하면? [71회]

- 제조간접비 예산 : 6,000,000원
- 10월 직접노동시간 : 15,000시간
- 예상직접노동시간 : 120,000시간
- 10월 실제 제조간접비 발생액 : 1,000,000원

① 250,000원 과대배부 ② 250,000원 과소배부
③ 300,000원 과대배부 ④ 300,000원 과소배부

12 (주)동부는 제조간접비를 직접노무시간으로 배부하고 있다. 당해연도초 제조간접비 예상금액은 600,000원, 예상직접노무시간은 20,000시간이다. 당기말 현재 실제제조간접비발생액은 400,000원이고 실제직접노무시간이 15,000시간일 경우 제조간접비 배부차이는 얼마인가? [111회]

① 과대배부 50,000원 ② 과소배부 50,000원
③ 과대배부 200,000원 ④ 과소배부 200,000원

13 다음 자료를 참고하여 20×2년 제조작업지시서 #200에 대한 제조간접원가 예정배부율과 예정배부액을 계산하면 각각 얼마인가? [115회]

가. 20×1년 연간 제조간접원가 4,200,000원, 총기계작업시간은 100,000시간인 것으로 파악되었다.
나. 20×2년 연간 예정제조간접원가 3,800,000원, 총예정기계작업시간은 80,000시간으로 예상하고 있다.
다. 20×2년 제조작업지시서별 실제기계작업시간은 다음과 같다.
 • 제조작업지시서 #200 : 11,000시간
 • 제조작업지시서 #300 : 20,000시간

	제조간접원가 예정배부율	제조간접원가 예정배부액
①	42원/기계작업시간	462,000원
②	52.5원/기계작업시간	577,500원
③	47.5원/기계작업시간	522,500원
④	46원/기계작업시간	506,000원

14 한국전자는 제조간접비를 직접노무시간을 기준으로 예정배부하고 있다. 당해 연도 초의 예상직접노무시간은 70,000시간이다. 당기 말 현재 실제제조간접비 발생액이 2,150,000원이고 실제 직접노무시간이 75,000시간일 때 제조간접비 배부차이가 250,000원 과대배부된 경우 당해 연도초의 제조간접비 예상액은 얼마였는가? 47회

① 1,900,000원 ② 2,240,000원 ③ 2,350,000원 ④ 2,400,000원

15 정상개별원가계산에서 제조간접비의 배부차이를 조정하는 일반적인 방법이 아닌 것은? 62회

① 매출원가조정법 ② 비례배분법 ③ 순실현가치법 ④ 영업외손익법

정답 및 해설

11 답 ②
해설
- 직접노동시간당 제조간접비예정배부율 6,000,000원/120,000시간 = 50원/시간
- 10월 제조간접비예정배부 = 15,000시간 × 50원 = 750,000원
- 배부차이 : 750,000원(예정배부액) − 1,000,000원(실제배부액) = 250,000원 과소배부

12 답 ①
해설
- 예정배부율 : 600,000원/20,000시간 = 30원/시간당
- 예정배부액 : 15,000시간 × 30원 = 450,000원
- 배부차이 : 실제발생액 − 예정배부액 = 400,000원 − 450,000원 = 50,000원 (과대배부)

13 답 ③
해설
- 제조간접원가 예정배부율 : 3,800,000원/80,000시간 = 47.5원/기계작업시간
- 제조간접원가 예정배부액 : 11,000시간(#200 실제기계작업시간)×47.5원/기계작업시간=522,500원

14 답 ②
해설
- 제조간접비 과대배부 : 실제발생액 〈 예정배부액
- 실제발생액(2,150,000원) + 과대배부액(250,000원) = 제조간접비 배부액(2,400,000원)
- 제조간접비 예정배부율 = 2,400,000원 ÷ 75,000시간 = 32원/시간
∴ 제조간접비 예상액 = 70,000시간 × 32원 = 2,240,000원

15 답 ③
해설 제조간접비 배부차이 조정으로 매출원가조정법, 비례배분법, 영업외손익법이 있다.

CHAPTER 05 종합원가계산

★ ❶ 종합원가계산의 개요

종합원가계산은 단일 종류의 제품을 연속적으로 대량생산하는 업종에 적합한 원가계산방법으로서 화학공업, 식품가공업, 제지업, 자동차생산업과 같은 산업분야에 사용된다. 원가요소의 분류가 재료비와 가공비로 단순화된다. 이유는 일반적으로 재료비와 가공비의 원가투입시점이 다르기 때문이다.

(1) 직접재료비
종합원가에서 직접재료비는 일반적으로 공정초기에 전량 투입한다.

(2) 가공비(직접노무비 + 제조간접비)
종합원가에서 직접노무비와 제조간접비의 합인 가공비는 공정전반에 걸쳐서 투입하는 원가이다. 원가의 성격을 보면 가공하면서 진행률에 따라서 산정한다.

(3) 개별원가계산과 종합원가계산의 차이

개별원가계산	종합원가계산
① 다품종소량생산 업종에 적합하다.	① 소품종대량생산 업종에 적합하다.
② 고객의 주문에 따라 제품을 생산하는 주문업종에 적합하다. (건설업, 조선업, 항공기제작업 등)	② 대량으로 연속 생산하는 업종에 적합하다. (화학업, 식품가공업 등)
③ 제조원가는 각 작업별로 집계되며 그 작업에서 생산된 제품단위에 원가를 배분한다.	③ 제조원가는 각 공정별로 집계되며 그 공정을 통과한 제품단위에 원가를 배분 한다.
④ 개별작업에 대한 작업원가표가 개별원가계산의 기초가 된다.	④ 각 제조공정에 대한 제조원가보고서가 종합원가계산의 기초가 된다.
⑤ 제조간접비 배부가 핵심이다.	⑤ 완성품환산량 계산이 핵심이다.
⑥ 원가계산이 복잡하고 정확하다.	⑥ 원가계산이 간편하고 경제적이다.

기출확인문제

다음 중 개별원가계산과 종합원가계산에 대한 설명으로 옳지 않은 것은?

① 개별원가계산은 작업지시서에 의한 원가계산을 한다.
② 개별원가계산은 주문형 소량 생산 방식에 적합하다.
③ 종합원가계산은 공정별 대량 생산 방식에 적합하다.
④ 종합원가계산은 여러 공정에 걸쳐 생산하는 경우 적용할 수 없다.

해설 공정별 원가계산에 적합한 것은 종합원가계산이다.

답 ④

(4) 완성품환산량

완성품 환산량은 산출물의 완성정도를 측정하는 개념으로써 공정에서의 모든 노력이 완성품으로 나타났을 경우 생산되었을 완성품의 개수를 말한다. 즉, 재공품수량을 완성품 환산량으로 집계한다.

★ ❷ 종합원가계산의 방법

종합원가계산은 방법을 평균법과 선입선출법으로 나누어서 볼 수 있다.

(1) 선입선출법

선입선출법은 기초재공품을 우선적으로 가공하여 완성시킨 후에 당기 착수물량을 가공한다고 가정한다. 즉 기초 재공품원가와 당기 발생원가를 명확히 구분하여 완성품원가는 기초 재공품원가와 당기발생원가로 구성되어 있고, 기말 재공품원가는 당기 발생원가로만 구성되어 있다고 가정한다.

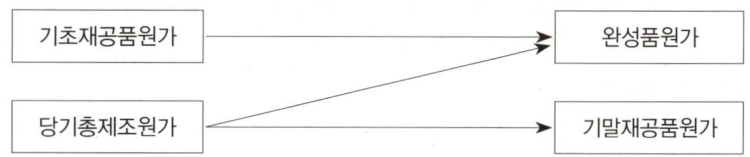

사례 **선입선출법에 의한 종합원가계산**

(주)배움은 단일제품을 대량으로 생산하고 있다. 원재료는 공정초기에 모두 투입되고, 가공비는 공정전반에 걸쳐 균등하게 발생한다. 1월의 원가계산에 대한 자료는 다음과 같다. 당기완성품원가와 기말재공품원가를 계산하시오.

기초재공품 :	수량	400개	당기완성 :	수량	1,200개
	재료비	120,000원			
	가공비	36,000원			
	완성도	60%			
당기착수 :	수량	1,000개	기말재공품 :	수량	200개
	재료비	370,000원		완성도	40%
	가공비	156,000원			

해설

① 물량흐름파악

| 1/1 | 400개 (60%) | 완성량 | 1,200개 |
| 착수량 | 1,000개 | 12/31 | 200개 (40%) |

② 완성품 환산량

	직접재료비	가공비
기초완성품	0개	160개
당기착수완성품	800개	800개
기말	200개	80개
완성품환산량	1,000개	1,040개

③ 완성품 환산량 단위당 원가
 직접재료비 : 370,000원 ÷ 1,000개 = @370
 가공비   : 156,000원 ÷ 1,040개 = @150

④ 원가계산
 완성품 원가   : (800개 × @370) + (960개 × @150) + 120,000원 + 36,000원 = 596,000원
 기말재공품 원가 : (200개 × @370) + (80개 × @150) = 86,000원

(2) 평균법

평균법은 기초재공품의 제조를 당기 이전에 착수하였음에도 불구하고 당기에 착수한 것으로 가정한다. 따라서 평균법은 기초재공품원가와 당기발생원가를 구분하지 않고 동일하게 취급하여 완성품과 기말재공품에 안분계산하는 방법이다.

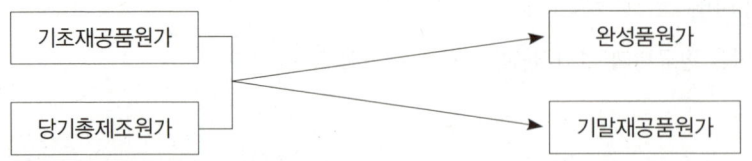

> **사례** 평균법에 의한 종합원가계산
>
> (주)배움은 단일제품을 대량으로 생산하고 있다. 원재료는 공정초기에 모두 투입되고, 가공비는 공정전반에 걸쳐 균등하게 발생한다. 1월의 원가계산에 대한 자료는 다음과 같다. 당기완성품원가와 기말재공품원가를 계산하시오.
>
> 기초재공품 : 수량   400개   당기완성 : 수량   1,200개
>   재료비 120,000원
>   가공비   48,800원
>   완성도   60%
> 당기착수 : 수량 1,000개   기말재공품 : 수량   200개
>   재료비 370,000원   완성도   40%
>   가공비 168,800원

해설

① 물량흐름파악

| 1/1 | 400개 (60%) | 완성량 | 1,200개 |
| 착수량 | 1,000개 | 12/31 | 200개 (40%) |

② 완성품 환산량

	직접재료비	가공비
기초완성품	1,200개	1,200개
기말	200개	80개
완성품환산량	1,400개	1,280개

③ 완성품 환산량 단위당 원가
   직접재료비 : 490,000원(120,000원 + 370,000원) ÷ 1,400개 = @350
   가공비   : 217,600원(48,800원 + 168,800원) ÷ 1,280개 = @170

④ 원가계산
   완성품 원가   : (1,200개 × @350) + (1,200개 × @170) = 624,000원
   기말재공품 원가 : (200개 × @350) + (80개 × @170) = 83,600원

기출확인문제

㈜대한은 평균법에 의한 종합원가계산을 채택하고 있다. 재료원가는 공정 초기에 모두 투입되며, 가공원가는 공정 전반에 걸쳐 고르게 투입되는 경우 완성품환산량으로 맞는 것은?

- 기초재공품 : 100개(완성도 50%)
- 당기완성수량 : 1,800개
- 당기착수수량 : 2,000개
- 기말재공품 : 300개(완성도 70%)

	재료원가 완성품환산량	가공원가 완성품환산량
①	2,100개	2,010개
②	2,100개	2,100개
③	2,100개	1,960개
④	2,100개	1,950개

해설

	[1단계] 물량흐름파악	[2단계] 완성품 환산량	
		재료비	가공비
당기완성품수량	1,800개	1,800개	1,800개
기말재공품수량	300개(70%)	300개	300개×70%=210개
계		2,100개	2,010개

- 재료원가 : 당기완성 1,800개 + 기말재공품 300개 = 2,100개
- 가공원가 : 당기완성 1,800개 + 기말재공품 300개 × 70% = 2,010개

답 ①

③ 공손품과 작업폐물

(1) 공손품

공손품은 작업공정에서 발생한 불량품을 의미한다. 정상적인 생산과정에서 어쩔 수 없이 발생하는 불량품을 정상공손이라 하며, 원가성이 있다고 표현한다. 부주의 등에 의한 불량품을 비정상공손이라 하며, 원가성이 없다고 표현한다. 재무회계에서 재고자산의 감모손실과 일치하도록 정상공손은 제조원가(완성품원가 또는 기말재공품원가)에 포함되고 비정상공손은 발생즉시 영업외비용으로 처리한다.

(2) 작업폐물

작업폐물은 가구제조업의 나무토막 등 생산에 사용된 원재료로부터 남아 있는 찌꺼기와 조각을 의미하는 것이며 공손품과는 다른 개념이다. 작업폐물이 발생하면 작업폐물의 판매가치에 대한 평가액만큼 제조원가를 감소시켜야 한다. 즉, 작업폐물이 특정 제품과 관련된 것이라면 직접재료비를 감소시키고 여러 제품의 제조과정에서 발생한 것이라면 제조간접비를 감소시킨다.

| 사례 | 공손품 |

(주)배움의 제조관련자료가 다음과 같고, 정상공손은 완성품수량의 10%라 할 때, 정상공손 수량과 비정상공손 수량은 몇 개인가?

| 기초재공품 : 500개 | 당기착수량 : 1,200개 |
| 기말재공품 : 300개 | 공손수량 : 200개 |

해설

재공품

기초	500	완성	1,200
착수	1,200	공손	200
		기말	300
	1,700		1,700

정상공손 = 1,200개 × 10% = 120개, 비정상공손 = 200개 − 120개 = 80개

기출확인문제

다음은 공손에 대한 설명이다. ( ) 안에 들어갈 말은?

- 정상공손 : 제품을 생산하는데 불가피하게 발생한 것으로 (ㄱ)에 포함한다.
- 비정상공손 : 비효율적 생산관리로 인하여 발생한 것으로 (ㄴ)로 처리한다.

① (ㄱ) 영업외비용　　(ㄴ) 판매관리비
② (ㄱ) 제품제조원가　(ㄴ) 영업외비용
③ (ㄱ) 영업외비용　　(ㄴ) 제품제조원가
④ (ㄱ) 판매관리비　　(ㄴ) 영업외비용

해설 정상공손은 제품제조원가, 비정산공손은 영업외비용으로 처리한다.

답 ②

객관식 기출문제

★ **[유형 1] 개별원가계산과 종합원가계산의 차이 (1 ~ 8)**   최신 30회 중 14문제 출제

1 다음 중 개별원가계산과 종합원가계산에 대한 설명으로 잘못된 것은?   105회
난이도 ●●○
① 종합원가계산은 동일 규격의 제품이 반복하여 생산되는 경우 사용된다.
② 종합원가계산은 각 작업별로 원가보고서를 작성한다.
③ 개별원가계산은 주문에 의해 각 제품을 별도로 제작, 판매하는 제조업에 사용된다.
④ 개별원가계산은 주문받은 개별 제품별로 작성된 작업원가표에 집계하여 원가를 계산한다.

2 다음 중 종합원가계산의 특징으로 가장 옳은 것은?   87회
난이도 ●●○
① 직접원가와 간접원가로 나누어 계산한다.
② 단일 종류의 제품을 연속적으로 대량 생산하는 경우에 적용한다.
③ 고객의 주문이나 고객이 원하는 형태의 제품을 생산할 때 사용되는 방법이다.
④ 제조간접원가는 원가대상에 직접 추적할 수 없으므로 배부기준을 정하여 배부율을 계산하여야 한다.

3 다음 중 종합원가계산에 대한 설명으로 틀린 것은?   2015년 특별회
난이도 ●●○
① 적용생산형태 : 대량연속생산
② 원가계산 : 공정별원가계산
③ 적용업종 : 자동차, 전자제품, 정유업 등
④ 원가계산의 특징 : 제조간접비 배부

정답 및 해설

1 답 ②
해설 종합원가계산은 각 공정별로 원가보고서를 작성한다.

2 답 ②
해설 ①, ③, ④는 개별원가계산에 대한 설명이다.

3 답 ④
해설 원가계산의 특징은 완성품환산량 계산이다.

4 종합원가계산방법과 개별원가계산방법에 대한 내용으로 가장 올바르지 않은 것은? 　　83회

구분	종합원가계산방법	개별원가계산방법
① 핵심과제	완성품환산량 계산	제조간접비 배분
② 업종	식품 제조업 등	조선업 등
③ 원가집계	개별작업별 집계	공정 및 부문별 집계
④ 장점	경제성 및 편리함	정확한 원가계산

5 개별원가계산에 대한 다음 설명 중 가장 적합하지 않은 것은? 　　114회 수정

① 주문식 맞춤 생산방식에 적합한 원가계산 방법이다.
② 제조간접원가의 작업별, 제품별 배부계산이 중요하다.
③ 제품원가를 제조공정별로 집계한 후 이를 생산량으로 나누어 단위당 원가를 계산한다.
④ 다품종 소량생산에 적합하며 주로 건설업, 조선업 등에서 사용된다.

6 다음 중 개별원가계산과 종합원가계산에 대한 설명으로 틀린 것은? 　　113회 수정

① 개별원가계산은 제품원가를 개별작업별로 구분하여 집계한 다음, 이를 그 작업의 생산량으로 나누어서 제품 단위당 원가를 계산한다.
② 종합원가계산은 원가계산이 간편하고 경제적이며, 개별원가계산에 비해 정확한 원가계산이 가능하다.
③ 종합원가계산의 핵심과제는 완성품환산량을 계산하는 것이다.
④ 제조원가 중 제조간접원가는 실제 조업도에 예정배부율을 반영하여 계산하는 것은 개별원가계산에 대한 설명이다.

7 개별원가계산과 종합원가계산의 차이점을 설명한 것 중 틀린 것은? 　　70회

① 개별원가계산은 다품종 소량주문생산, 종합원가계산은 동종의 유사제품을 대량생산하는 업종에 적합하다.
② 개별원가계산은 각 작업별로 원가를 집계하나 종합원가계산은 공정별로 원가를 집계한다.
③ 개별원가계산은 건설업, 조선업에 적합하며 종합원가계산은 정유업, 시멘트산업에 적합하다.
④ 개별원가계산은 완성품환산량을 기준으로 원가를 배분하며 종합원가계산은 작업원가표에 의하여 배분한다.

8 다음 중 개별원가계산을 주로 사용하는 업종이 아닌 것은? 　　80회

① 항공기제조업　　② 건설업　　③ 화학공업　　④ 조선업

[유형 2] 종합원가계산의 방법 (9 ~ 21) 최신 30회 중 13문제 출제

9 다음 중 종합원가계산에서 재료비와 가공비의 완성도에 관계없이 완성품환산량의 완성도가 항상 가장 높은 것은 무엇인가?   44회

① 가공비   ② 직접노무원가   ③ 전공정원가   ④ 직접재료원가

10 종합원가계산에서 평균법을 적용하여 완성품환산량의 원가를 계산할 때 고려해야 할 원가는?   47회

① 당기총제조비용
② 당기총제조비용과 기말재공품재고액의 합계
③ 당기총제조비용과 기말재공품재고액의 차액
④ 당기총제조비용과 기초재공품재고액의 합계

정답 및 해설

4 답 ③
해설

구분	종합원가계산	개별원가계산
핵심과제	완성품환산량 계산	제조간접비 배분
업 종	통조림제조업	조선업
원가집계	공정 및 부문별 집계	개별작업별 집계
장 점	경제성 및 편리함	정확한 원가계산

5 답 ③
해설 공정별로 규격화된 제품의 원가계산에는 종합원가계산제도가 적합한 방법이다.

6 답 ②
해설 개별원가계산이 종합원가계산보다 정확한 원가계산을 할 수 있다.

7 답 ④
해설 개별원가계산은 작업원가표에 의하여 원가를 배분하며 종합원가계산은 완성품환산량을 기준으로 원가를 배분한다.

8 답 ③
해설 화학공업은 종합원가계산을 주로 사용한다.

9 답 ③
해설 전공정원가는 전공정에서 원가가 모두 발생하였기 때문에 100%로 계산된다. 따라서 완성도에 관계없이 항상 완성품환산량의 완성도가 항상 가장 높은 것은 전공정원가이다.

10 답 ④
해설 종합원가계산에서 평균법을 적용하여 완성품환산량의 원가를 계산할 때 고려해야 할 원가는 당기총제조비용과 기초재공품재고액의 합계금액이다.

11 (주)서울은 평균법에 의하여 종합원가계산을 수행하고 있고, 물량흐름은 아래와 같다. 재료비는 공정 초기에 전량 투입되고, 가공비는 공정전반에 걸쳐 균등하게 투입된다. 재료비 및 가공비의 완성품환산량을 계산하면 얼마인가? [98회]

- 기초 재공품 수량 : 0개
- 당기 착수 수량 : 60,000개
- 당기 완성품 수량 : 50,000개
- 기말 재공품 수량 : 10,000개(당기 완성도 50%)

① 재료비 55,000개, 가공비 60,000개 ② 재료비 55,000개, 가공비 55,000개
③ 재료비 60,000개, 가공비 60,000개 ④ 재료비 60,000개, 가공비 55,000개

12 다음 자료를 활용하여 평균법에 의한 재료비와 가공비의 완성품환산량을 계산하면 얼마인가? [102회]

- 기초재공품 : 700개(완성도 30%)
- 당기완성품 : 1,700개
- 당기착수량 : 1,500개
- 기말재공품 : 500개(완성도 50%)
- 재료는 공정초에 전량 투입되고, 가공비는 공정전반에 걸쳐 균등하게 투입된다.

① 재료비 2,200개, 가공비 1,950개 ② 재료비 2,200개, 가공비 1,990개
③ 재료비 1,740개, 가공비 1,950개 ④ 재료비 1,740개, 가공비 1,990개

13 다음 자료를 보고 선입선출법에 의한 직접재료비 및 가공비 각각 완성품환산량을 계산하면 얼마인가? [73회]

- 기초재공품 : 10,000단위(완성도:60%)
- 당기착수량 : 40,000단위
- 기말재공품 : 20,000단위(완성도:40%)
- 완성품수량 : 30,000단위
- 직접재료비는 공정 50% 시점에서 전량 투입되고, 가공비는 공정전반에 걸쳐 균등하게 발생한다.

	직접재료비	가 공 비		직접재료비	가 공 비
①	40,000 단위	32,000 단위	②	32,000 단위	40,000 단위
③	20,000 단위	32,000 단위	④	38,000 단위	50,000 단위

14 당사는 선입선출법으로 종합원가계산을 하고 있다. 다음 자료에 따라 계산하는 경우 기말재공품의 원가는 얼마인가? [94회]

- 완성품환산량 단위당 재료비 : 350원
- 완성품환산량 단위당 가공비 : 200원
- 기말재공품 수량 : 300개(재료비는 공정초기에 모두 투입되고, 가공비는 80%를 투입)

① 132,000원 ② 153,000원 ③ 144,000원 ④ 165,000원

15 종합원가계산 하에서는 원가흐름 또는 물량흐름의 가정에 따라 완성품환산량이 다르게 계산된다. 다음 중 선입선출법을 적용하는 경우에 대한 설명으로 옳지 않은 것은? 66회

① 전기와 당기 발생원가를 구분하지 않고 모두 당기 발생원가로 가정하여 계산한다.
② 기초재공품이 없는 경우 제조원가는 평균법과 동일하게 계산된다.
③ 완성품환산량은 당기 작업량을 의미한다.
④ 먼저 제조에 착수된 것이 먼저 완성된다고 가정한다.

16 다음 중 종합원가계산에 대한 설명으로 옳지 않은 것은? 84회

① 동종 제품의 연속 대량생산에 적합한 원가계산방식이다.
② 선입선출법에 의한 원가계산은 평균법에 의한 원가계산보다 간단하여 정확성이 떨어진다.
③ 원가흐름 또는 물량흐름의 가정을 어떻게 하느냐에 따라 완성품환산량은 다르게 계산된다.
④ 기초재공품이 없는 경우 제조원가는 평균법과 선입선출법 중 어느 것을 적용해도 동일하다.

정답 및 해설

11 답 ④
해설 재료비 60,000개, 가공비 55,000개(50,000개 + (10,000개 × 50%))

12 답 ①
해설
- 재료비 완성품환산량 : 1,700개 + 500개 = 2,200개
- 가공비 완성품환산량 : 1,700개 + 500개 × 0.5 = 1,950개

13 답 ③
해설
- 직접재료비는 50%시점에서 전량 투입되므로 기초재공품(완성도:60%)의 직접재료비 완성품환산량은 10,000단위이고, 기말재공품(완성도:40%)의 직접재료비 완성품환산량은 0단위이다.
- 직접재료비 완성품환산량 20,000단위 = 30,000단위(완성품) + 0단위(기말) - 10,000단위(기초)
- 가공비 완성품환산량 32,000단위 = 30,000단위(완성품)+20,000단위 × 0.4(기말) - 10,000단위 × 0.6(기초)

14 답 ②
해설
- 기말재공품 재료비 : 300개 × 350원 = 105,000원
- 기말재공품 가공비 : (300개 × 0.8) × 200원 = 48,000원
- 기말재공품 원가 : 105,000원 + 48,000원 = 153,000원

15 답 ①
해설 전기와 당기 발생원가를 구분하지 않고 모두 당기 발생원가로 가정하여 계산하는 것은 평균법에 대한 설명이다.

16 답 ②
해설 평균법에 의한 원가계산과 다르게 선입선출법에 의한 원가계산은 당기완성품을 전기착수분과 당기착수분을 구분하여 계산하기 때문에 복잡하지만 당기투입원가에 대한 당기완성품환산량으로 나누어 단위당 원가를 계산하기 때문에 평균법에 비해 정확하다.

17 다음 자료를 이용하여 선입선출법과 평균법에 의한 재료비의 완성품환산량 차이는 얼마인가? 74회

- 기초재공품 : 200개(완성도 50%)   • 완성품수량 : 2,600개   • 기말재공품 : 500개(완성도 40%)
- 원재료는 공정초에 전량 투입되고, 가공비는 공정전반에 걸쳐 균등하게 발생된다.

① 100개   ② 200개   ③ 300개   ④ 400개

18 다음은 종합원가계산시 가공비(공정전반에 걸쳐 균등하게 발생)에 관한 자료이다. 기말재공품 평가를 평균법과 선입선출법으로 계산할 경우, 완성품환산량의 차이는? 67회

- 기초재공품 수량 : 200개(완성도 60%)   • 당기 착수 수량 : 800개
- 기말재공품 수량 : 300개(완성도 40%)   • 당기 완성품 수량 : 700개

① 100개   ② 120개   ③ 140개   ④ 160개

19 평균법으로 종합원가계산을 하고 있다. 기말재공품은 200개(재료비는 공정초기에 모두 투입되고, 가공비는 70%를 투입)이며 만일 완성품환산량 단위당 재료비와 가공비가 각각 350원, 200원이라면 기말재공품의 원가는 얼마인가? 69회

① 96,000원   ② 98,000원   ③ 100,000원   ④ 102,000원

20 종합원가계산은 원가흐름에 대한 가정에 따라 완성품환산량에 차이가 있다. 이에 관한 설명 중 옳지 않은 것은? 88회

① 평균법은 기초재공품원가와 당기투입원가를 구분하지 않고 모두 당기 발생원가로 가정한다.
② 선입선출법은 기초재공품부터 먼저 완성되고 난 후, 당기 투입분을 완성시킨다고 가정한다.
③ 기초재공품이 없을 경우 선입선출법과 평균법의 완성품환산량은 동일하다.
④ 재료비의 경우 공정초에 투입된다고 가정할 경우와 공정 전반에 걸쳐 균등하게 발생한다고 가정할 경우에 기말재공품의 완성품환산량은 차이가 없다.

21 종합원가계산하에서 기말재공품 평가 시 평균법과 선입선출법에 대한 설명 중 틀린 것은?

2016년 8월 특별회

① 선입선출법은 평균법에 비해 원가계산이 간단하여 정확하지 않다.
② 선입선출법은 기초재공품원가가 먼저 완성되는 것으로 가정하여 당기투입원가가 배분대상원가이다.
③ 평균법은 기초재공품을 당기투입원가와 같이 당기에 투입한 것으로 보므로 기초재공품에 대하여 완성도를 적용할 필요가 없다.
④ 평균법상 완성품환산량은 당기완성수량+기말재공품환산량이다.

정답 및 해설

17 답 ②
해설
- 기초재공품수량 + 당기착수량 = 당기완성품수량 + 기말재공품수량
- 200개 + 2,900개 = 2,600개 + 500개
- 선입선출법에 의한 재료비 완성품환산량 : 2,600개 + 500개 − 200개 = 2,900개
- 평균법에 의한 재료비 완성품환산량 : 2,600개 + 500개 = 3,100개
- 선입선출법과 평균법에 의한 재료비의 완성품환산량 차이 : 3,100개 − 2,900개 = 200개

18 답 ②
해설 평균법과 선입선출법에 의한 완성품환산량의 차이는 기초재공품의 완성품환산량 120개(200개 × 60%) 차이이다.
- 평균법 : 700개 + 300개 × 40% = 820개
- 선입선출법 : 700개 + 300개 × 40% − 200개 × 60% = 700개

19 답 ②
해설
- 재료비 = 200개 × 350원 = 70,000원
- 가공비 = 200개 × 70% × 200원 = 28,000원
- 기말재공품원가 = 재료비 + 가공비 = 98,000원

20 답 ④
해설 재료비의 경우 공정초에 전량 투입될지, 공정 전반에 걸쳐 균등하게 투입될지에 따라 당기완성품과 기말재공품의 완성품환산량은 차이가 발생한다.

21 답 ①
해설 선입선출법은 평균법에 비해 원가계산이 더 복잡하며, 정확성도 더 높다.

[유형 3] 공손품과 작업폐물 (22 ~ 24)   최신 30회 중 3문제 출제

22 제품 생산 과정에서 정상적인 원인으로 원재료가 장부상 수량보다 실제 수량이 부족함이 발견되었다. 이 차액의 회계 처리방법은? 75회

① 제품제조원가에 가산한다.
② 제품제조원가에서 차감한다.
③ 판매비와관리비로 계상한다.
④ 영업외비용으로 계상한다.

23 다음 중 공손에 대한 설명으로 틀린 것은? 85회

① 정상공손은 원가에 포함한다.
② 공손품은 일정수준에 미달하는 불합격품을 말한다.
③ 작업폐물은 공손품으로 분류한다.
④ 비정상공손은 영업외비용으로 처리한다.

24 다음 중 공손에 대한 설명으로 옳지 않은 것은? 103회

① 공손품은 정상품에 비하여 품질이나 규격이 미달하는 불합격품을 말한다.
② 공손품은 원재료의 불량, 작업자의 부주의 등의 원인에 의해 발생한다.
③ 정상공손이란 효율적인 생산과정에서도 발생하는 공손을 말한다.
④ 정상 및 비정상 공손품의 원가는 발생한 기간의 손실로서 영업외비용으로 처리한다.

정답 및 해설

22 답 ①
해설 정상적인 재고감모손실은 제품제조원가에 가산한다.

23 답 ③
해설 작업폐물이란 투입된 원재료로부터 발생하는 찌꺼기나 조각을 말하며, 판매가치가 상대적으로 작은 것을 말한다.

24 답 ④
해설 정상공손품의 원가는 제품 원가의 일부를 구성한다.

MEMO

전산회계 1급 3주 완성

PART 04

결산 및 장부조회

결산

결산이란 보고기간 종료일에 장부를 마감하여 재무상태를 파악하고 경영성과를 계산하는 절차이다. 전산회계프로그램에서의 결산은 별도의 장부마감절차 없이 기말수정분개를 일반전표입력 메뉴에서 12/31일자로 입력하여 재무제표를 확정짓는 작업을 말한다. 즉, 결산은 보고기간 종료일(12월 말 법인은 12월 31일)에 회계기간 중 입력한 자료를 일반기업회계기준에 맞게 정리하는 과정이라고 할 수 있다.

실무에서의 결산은 입력방법에 따라「수동결산」과「자동결산」으로 나누어진다. 먼저「자동결산」은 메인메뉴의 [결산/재무제표]-[결산자료입력]을 선택하여 해당 칸에 숫자만 입력한 후 F3 전표추가 키를 클릭하면 자동으로 결산분개가 생성되는 과정을 말하며 수동결산은 일반전표입력 메뉴의 결산일(12월 31일)에 직접 기말수정분개를 입력해야 하는 절차를 일컫는다.

결산	구 분
수동 결산	일반전표입력 메뉴의 12월 31일에 입력
자동 결산	결산자료입력 메뉴에 입력

I 결산작업 순서

1 [1단계] 수동결산 : 일반전표에 12월 31일자로 입력

선급비용, 선수수익, 미지급비용, 미수수익, 소모품, 현금과부족, 가지급금, 가수금, 부가가치세 상계정리, 단기매매증권 평가, 장기차입금을 유동성부채로 대체, 외화채권과 외화채무의 외환환산손익, 마이너스 통장 단기차입금으로 대체 등

2 [2단계] 자동결산 : [결산/재무제표]-[결산자료입력] ⇨ F3 전표추가

자동결산내용
① 유형자산의 감가상각비(무형자산상각비) 입력
② 퇴직급여(전입액) 입력(퇴직보험충당금전입액에 입력금지)
③ 대손상각비의 입력
④ 재고자산의 기말재고 입력(실지재고액 입력)
⑤ 법인세비용의 입력

3 [3단계] 재무제표 확정

재무제표를 완성하는 과정은 [제조원가명세서] ⇨ [손익계산서] ⇨ [이익잉여금처분계산서 : F6 전표추가] ⇨ [재무상태표] 순서에 따른다.

Ⅱ 수동결산유형

[일반전표입력] 메뉴에서 12월 31일자로 입력한다.

[유형 1] 소모품의 정리   최신 30회 중 7문제 출제

소모품이란 쓰는 대로 닳아 없어지는 물품으로서 문방구, 사무용품 등을 말한다. 소모품 중에서 당기 사용분은 소모품비로 하여 비용으로 계상하여야 하고, 미사용분은 자산으로 계상하여야 한다. 소모품 구입 시에 어떠한 처리를 하였느냐에 따라서 두 가지의 결산 분개가 가능하게 된다.

구입시점	기말수정분개
① 비 용	사용하지 않은 것만큼 비용을 소멸시키고 그만큼 소모품을 증가시킨다. (차) 소모품 ××× (대) 소모품비 ×××
② 자 산	사용한 것만큼 비용으로 인식하고 그만큼 소모품을 감소시킨다. (차) 소모품비 ××× (대) 소모품 ×××

연습문제 다음 거래자료를 (주)결산분개(회사코드 : 1006)의 [일반전표입력] 메뉴에 입력하시오.

1 12월 31일 : 10월 11일에 본사 사무용소모품 500,000원을 현금으로 구입하였는데, 12월 31일 결산 시에 소모품을 조사한 결과 미사용분 420,000원이 있음을 발견하였다(단, 구입 시 전액 비용처리함).

2 12월 31일 : 2025년 7월 1일 소모품으로 1,000,000원을 구입(소모품 계정으로 회계처리)하였으며, 결산 시 소모품 잔액을 확인한 결과 100,000원이 남아 있었다. 소모품은 사무직과 생산직에서 1 : 2의 비율로 사용하였다. 기말수정분개를 하시오.

해설

1 일자 : 12월 31일

| 분개 | (차변) 소 모 품 | 420,000 | (대변) 소모품비(판) | 420,000 |

구분	계 정 과 목	거 래 처	적 요	차 변	대 변
차변	0122 소모품			420,000	
대변	0830 소모품비				420,000

2 일자 : 12월 31일

분개	(차변) 소모품비(판)	300,000	(대변) 소 모 품	900,000
	(차변) 소모품비(제)	600,000		

구분	계정과목		거 래 처	적 요	차 변	대 변
차변	0830	소모품비			300,000	
차변	0530	소모품비			600,000	
대변	0122	소모품				900,000

★ [유형 2] 수익과 비용의 이연   최신 30회 중 12문제 출제

일반기업회계기준에 의하면 수익은 실현주의, 비용은 수익·비용 대응의 원칙에 의해 인식해야 한다. 그러나, 회계기간 중에 현금이 들어온 금액만큼 수익, 현금이 지출된 금액만큼 비용으로 인식한, 즉 현금주의에 따라 회계처리한 것이 있다면 그 금액 중 차기의 금액은 올해의 수익과 비용이 아니므로 기말시점에 차기로 이월(이연)시켜야 한다.

수익의 이연(선수수익)	선수이자, 선수임대료 등	유동부채
비용의 이연(선급비용)	선급비용, 선급보험료 등	당좌자산

❶ 수익의 이연(선수수익)

선수수익이란 이미 현금을 받은 금액 중에서 당기 수익이 아니고 다음연도 수익에 속하는 부분을 말한다. 즉, 현금을 미리 받고 수익으로 계상하였지만 결산일 현재 일부의 수익이 실현되지 않은 경우가 수익의 이연에 해당된다. 결산일까지 수익이 실현되지 않은 부분에 대해서는 부채계정인 선수수익으로 수정하여 차기로 이연시켜야 한다.

현금수취시점	기말수정분개
① 수 익	결산일 현재 실현되지 않은 부분만큼 부채(선수수익)를 증가시키고 그만큼 수익을 소멸시킨다. (차) 수익계정 ××× (대) 선수수익 ×××
② 부 채(선수수익)	결산일 현재 실현된 부분만큼 부채(선수수익)를 감소시키고 그만큼 수익을 발생시킨다. (차) 선수수익 ××× (대) 수익계정 ×××

❷ 비용의 이연(선급비용)

선급비용이란 현금은 지출되었으나 다음연도의 비용에 해당하는 금액을 말한다. 즉, 이미 현금을 지급하고 비용으로 계상하였지만 결산일 현재 일부가 사용 또는 소비되지 않은 경우가 비용의 이연에 해당된다. 결산일까지 비용화되지 않은 부분에 대해서는 자산계정인 선급비용으로 수정하여 차기로 이연시켜야 한다. 선급비용은 차기에 사용 또는 소비될 때 비용으로 대체된다.

현금지급시점	기말수정분개
① 비 용	결산일에 소비되지 않은 부분만큼 자산(선급비용)을 증가시키고 그만큼 비용을 소멸시킨다. (차) 선급비용 ××× (대) 비용계정 ×××
② 자 산(선급비용)	결산일에 소비된 부분만큼 자산(선급비용)을 감소시키고 그만큼 비용을 발생시킨다. (차) 비용계정 ××× (대) 선급비용 ×××

연습문제 다음 거래자료를 (주)결산분개(회사코드 : 1006)의 [일반전표입력] 메뉴에 입력하시오.

1 12월 31일 : (주)결산분개는 본사 건물 중 일부를 임대해주고 있는데, 2025년 4월 1일에 건물임대에 대한 1년분 임대료를 현금으로 받았다. 해당거래를 조회하여 기말수정분개를 하시오. 월 임대료는 1,000,000원이며 부가가치세는 고려하지 않는다.

2 12월 31일 : 2025년 8월 1일 일시적으로 건물 중 일부를 임대(임대기간 2025년 8월 1일~2026년 7월 31일)하면서 1년분 임대료 6,000,000원을 현금으로 받고 선수수익으로 회계처리하였다. 월할계산하여 기말수정분개를 하시오.

3 12월 31일 : 월간기술지를 생산부서에서 1년 정기구독(정기구독기간 2025.10.01~2026.09.30, 정기구독비용 600,000원은 10월 1일에 전액 선지급하였음)하고 전액 선급비용으로 회계처리하였다. 월할계산으로 할 것

4 12월 31일 : 회사는 2025년 4월 1일 본사창고 화재보험료 1년분 3,000,000원을 (주)삼성화재에 선납하고 보험료로 비용처리하였다. 보험료는 월할계산한다.

해설

1 일자 : 12월 31일

분개	(차변) 임 대 료　3,000,000	(대변) 선 수 수 익　3,000,000*

*12,000,000원×3/12=3,000,000원

구분	계정과목	거래처	적요	차변	대변
차변	0904 임대료			3,000,000	
대변	0263 선수수익				3,000,000

2 일자 : 12월 31일

분개	(차변) 선 수 수 익　2,500,000	(대변) 임 대 료　2,500,000*

*6,000,000원×5/12=2,500,000원

구분	계정과목	거래처	적요	차변	대변
차변	0263 선수수익			2,500,000	
대변	0904 임대료				2,500,000

3 일자 : 12월 31일

| 분개 | (차변) 도서인쇄비(제) | 150,000 | (대변) 선 급 비 용 | 150,000 |

*600,000원×3/12=150,000원

구분	계 정 과 목	거 래 처	적 요	차 변	대 변
차변	0526 도서인쇄비			150,000	
대변	0133 선급비용				150,000

4 일자 : 12월 31일

| 분개 | (차변) 선 급 비 용 | 750,000 | (대변) 보 험 료(판) | 750,000 |

*3,000,000원×3/12=750,000원

구분	계 정 과 목	거 래 처	적 요	차 변	대 변
차변	0133 선급비용			750,000	
대변	0821 보험료				750,000

★ [유형 3] 수익과 비용의 발생   최신 30회 중 8문제 출제

당기의 현금의 수입과 지출이 없더라도 당기에 실현된 수익이나 수익·비용 대응의 원칙에 따라 비용에 해당하는 것이 있으면 당기의 손익계산서에 수익과 비용으로 포함시켜야 한다.

수익의 발생(미수수익)	미수이자, 미수임대료 등	당좌자산
비용의 발생(미지급비용)	미지급비용, 미지급임차료 등	유동부채

❶ 수익의 발생(미수수익)

미수수익이란 당기에 용역을 제공하고 수익은 획득하였으나 그 대가를 받지 못해서 수익계정에 기입하지 않은 금액을 말한다. 이미 서비스를 제공하여 그 대가를 수령할 권리가 있는데 결산일 현재까지 이행되지 않은 경우가 있다. 이러한 경우에 당기 수익으로 회계처리를 해야 한다.

〈미수수익의 기말수정분개〉

(차) 미 수 수 익   ×××   (대) 수 익 계 정   ×××
　　(자산의 증가)　　　　　　　　　(수익의 발생)

❷ 비용의 발생(미지급비용)

미지급비용이란 기중에 용역을 제공받고도 현금을 지급하지 않아서 아직 비용을 장부에 기록하지 않은 미지급분을 말한다. 이미 서비스를 제공받아 그 대가를 지불할 의무가 있는데 결산일 현재까지 이행되지 않은 경우가 있다. 이러한 경우에 당기 비용으로 회계처리를 해야 한다.

〈미지급비용의 기말수정분개〉

(차) 비 용 계 정   ×××   (대) 미 지 급 비 용   ×××
　　(비용의 발생)　　　　　　　　　(부채의 증가)

> **연습문제** 다음 거래자료를 (주)결산분개(회사코드 : 1006)의 [일반전표입력] 메뉴에 입력하시오.

1 12월 31일 : 거래은행인 우리은행에 예금된 정기예금에 대하여 당기분 경과이자를 인식하다(예금 금액 100,000,000원, 만기 3년, 가입연월일 2025년 4월 1일, 연이자율 10%, 만기일 2027년 3월 31일, 월할계산으로 할 것).

2 12월 31일 : 2025년 12월분(지급기한 : 말일) 임차료에 대하여 기말현재 경과된 기간에 대한 임차료 미지급분 2,500,000원(공장분 : 1,500,000원, 본사사무실분 : 1,000,000원)이 있다.

3 12월 31일 : 당기말에 운영자금으로 사용된 우리은행의 대출금이 있는데, 이에 대한 대출약정 내용은 다음과 같다.

> - 대출금 사용 기간 : 2025년 10월 1일~2026년 9월 30일
> - 대출금액 : 100,000,000원
> - 대출이자율 : 연 12%, 이자는 만기에 일시불로 지급함
>   상기의 내용에 따라 이자 미지급액에 대한 결산분개 사항을 입력하라.
>   (계정과목은 미지급비용 계정을 사용하며, 월할 계산을 사용함)

해설

1 일자 : 12월 31일

분개	(차변) 미수수익(우리은행) 7,500,000	(대변) 이자수익 7,500,000*

*경과이자 = 정기예금액 × 이자율 × 기간경과 = 100,000,000원 × 10% × 9/12 = 7,500,000원

구분	계정과목	거래처	적요	차변	대변
차변	0116 미수수익	98000 우리은행		7,500,000	
대변	0901 이자수익				7,500,000

2 일자 : 12월 31일

분개	(차변) 임차료(판) 1,000,000 (차변) 임차료(제) 1,500,000	(대변) 미지급금 2,500,000

*12월 31일 현재 지급기일이 도래한 채무는 미지급금 계정으로 처리한다.

구분	계정과목	거래처	적요	차변	대변
차변	0819 임차료			1,000,000	
차변	0519 임차료			1,500,000	
대변	0253 미지급금				2,500,000

3 일자 : 12월 31일

분개	(차변) 이자비용 3,000,000	(대변) 미지급비용(우리은행) 3,000,000*

*경과이자 = 대출금 × 이자율 × 기간경과 = 100,000,000원 × 12% × 3/12 = 3,000,000원

구분	계정과목	거래처	적요	차변	대변
차변	0951 이자비용			3,000,000	
대변	0262 미지급비용	98000 우리은행			3,000,000

★ [유형 4] 현금과부족 정리   최신 30회 중 7문제 출제

"현금과부족"계정은 일종의 미결산항목계정이므로 현금불일치의 원인을 조사하여 원인이 밝혀지면 올바른 계정으로 대체해야 한다. 만약, 결산일까지 원인을 밝혀내지 못하면 현금과부족을 잡손실, 잡이익으로 대체해야 한다.

① 현금 잔액이 부족한 경우 : 장부상 현금잔액보다 실제 보유하고 있는 현금이 부족한 경우로 결산 시까지 원인이 밝혀지지 않은 경우 현금과부족을 잡손실로 대체한다.

> 12월 31일   (차) 잡손실 ×××   (대) 현금과부족 ×××

만약, 기말 현재 현금부족액을 발견한 경우에는 「(차) 잡손실 ××× (대) 현금 ×××」으로 분개한다.

② 현금 잔액이 남는 경우 : 장부상 현금잔액보다 실제 보유하고 있는 현금이 많은 경우로 결산 시까지 원인이 밝혀지지 않은 경우에는 현금과부족을 잡이익으로 대체한다.

> 12월 31일   (차) 현금과부족 ×××   (대) 잡이익 ×××

만약, 기말 현재 현금과잉액을 발견한 경우에는 「(차) 현금 ××× (대) 잡이익 ×××」으로 분개한다.

연습문제 다음 거래자료를 (주)결산분개(회사코드 : 1006)의 [일반전표입력] 메뉴에 입력하시오.

1 12월 31일 : 기중에 현금시재가 부족하여 현금과부족으로 계상하였던 금액 5,000원에 대하여 결산일 현재에도 그 원인을 알 수 없어 당기 비용(영업외비용)으로 처리하다.

2 12월 31일 : 결산일 현재 장부금액은 1,000,000원인데. 실제 보유한 현금은 700,000원이다. 현금부족의 원인을 조사한 결과 영업사원의 해외출장경비가 100,000원이 누락되었으며 나머지 금액은 거래내역을 확인할 수 없었다.

해설

1 일자 : 12월 31일

분개	(차변) 잡 손 실	5,000	(대변) 현금과부족	5,000

구분	계정과목	거래처	적요	차변	대변
차변	0980 잡손실			5,000	
대변	0141 현금과부족				5,000

2 일자 : 12월 31일

| 분개 | (차변) 여비교통비(판) 100,000
(차변) 잡손실 200,000 | (대변) 현금 300,000 |

구분	계정과목	거래처	적요	차변	대변
차변	0812 여비교통비			100,000	
차변	0980 잡손실			200,000	
대변	0101 현금				300,000

★ [유형 5] 외화 자산·부채의 평가 최신 30회 중 12문제 출제

외화자산·부채 중 현금, 외상매출금, 외상매입금 등과 같은 화폐성 외화자산·부채는 결산일 현재의 환율로 환산한 가액을 재무상태표가액으로 한다. 이 때 장부금액과 기말평가액의 차액은 외화환산손익으로 하여 손익계산서 영업외손익 항목에 반영한다.

❶ 외화자산

환율변동	기말수정분개
① 기말 기준환율 〉 거래환율	(차) 외화자산 ××× (대) 외화환산이익 ×××
② 기말 기준환율 〈 거래환율	(차) 외화환산손실 ××× (대) 외화자산 ×××

❷ 외화부채

환율변동	기말수정분개
① 기말 기준환율 〉 거래환율	(차) 외화환산손실 ××× (대) 외화부채 ×××
② 기말 기준환율 〈 거래환율	(차) 외화부채 ××× (대) 외화환산이익 ×××

연습문제 다음 거래자료를 (주)결산분개(회사코드 : 1006)의 [일반전표입력] 메뉴에 입력하시오.

1 12월 31일 : 단기차입금으로 계상된 외화차입금 잔액은 미국의 ABC사에서 차입한 금액($23,000)으로 차입일 현재 환율은 1달러당 1,000원이었으나 기말 현재 환율은 1달러당 1,100원이다.

2 12월 31일 : 단기대여금으로 계상된 외화대여금 잔액은 미국의 ABC사에서 대여한 금액($1,000)으로 대여일 현재 환율은 1달러당 1,000원이었으나 기말 현재 환율은 1달러당 1,100원이다.

해설

1 일자 : 12월 31일

| 분개 | (차변) 외화환산손실 2,300,000 | (대변) 단기차입금(ABC사) 2,300,000 |

구분	계정과목		거래처		적요	차변	대변
차변	0955	외화환산손실				2,300,000	
대변	0260	단기차입금	00105	ABC사			2,300,000

2 일자 : 12월 31일

분개	(차변) 단기대여금(ABC사) 100,000	(대변) 외화환산이익 100,000

구분	계정과목		거래처		적요	차변	대변
차변	0114	단기대여금	00105	ABC사		100,000	
대변	0910	외화환산이익					100,000

★ **[유형 6] 단기매매증권 기말평가**   최신 30회 중 6문제 출제

단기매매증권을 보고기간종료일 현재 보유하고 있는 경우에는 결산시점의 공정가치를 재무상태표금액으로 표시해야 하며, 장부금액과의 차액을 단기매매증권평가손익(영업외손익)으로 처리한다.

❶ 장부금액보다 공정가치가 큰 경우

> 12월 31일   (차) 단기매매증권 ×××   (대) 단기매매증권평가이익 ×××

❷ 장부금액보다 공정가치가 낮은 경우

> 12월 31일   (차) 단기매매증권평가손실 ××× (대) 단기매매증권 ×××

연습문제 다음 거래자료를 (주)결산분개(회사코드 : 1006)의 [일반전표입력] 메뉴에 입력하시오.

12월 31일 : 회사가 보유하고 있는 단기매매증권의 내역은 다음과 같으며 기말 평가는 기업회계기준에 따라 처리하기로 한다.

2024년 취득원가	시가	
	2024년 12월 31일	2025년 12월 31일
7,500,000원	7,200,000원	7,700,000원

해설

일자 : 12월 31일

분개	(차변) 단기매매증권 500,000	(대변) 단기매매증권평가이익 500,000

구분	계정과목		거래처		적요	차변	대변
차변	0107	단기매매증권				500,000	
대변	0905	단기매매증권평가이익					500,000

[유형 7] 유동성대체 최신 30회 중 8문제 출제

차입시점에는 만기가 1년을 초과한 장기차입금 등 비유동부채는 시간의 경과로 인해 결산일 현재 만기가 1년 이내로 도래하게 되면 유동부채인 유동성장기부채로 대체하여야 한다.

> 12월 31일 (차) 장기차입금 ×××   (대) 유동성장기부채 ×××

연습문제 다음 거래자료를 (주)결산분개(회사코드 : 1006)의 [일반전표입력] 메뉴에 입력하시오.

12월 31일 : 기말(2025년 말) 우리은행의 장기차입금 내역은 다음과 같다.

항목	금액(원)	상환예정시기	비 고
장기차입금(합계)	10,000,000		2019년 초에 차입
장기차입금A 상환	6,000,000	2026. 06. 30	전액 상환예정
장기차입금B 상환	4,000,000	2027. 06. 30	전액 상환예정

해설

일자 : 12월 31일

분개	(차변) 장기차입금(우리은행) 6,000,000*	(대변) 유동성장기부채(우리은행) 6,000,000

*2026년 6월 30일에 상환예정인 금액을 유동성대체

구분	계정과목		거래처	적요	차변	대변
차변	0293	장기차입금	98000 우리은행		6,000,000	
대변	0264	유동성장기부채	98000 우리은행			6,000,000

[유형 8] 부가가치세계정 정리 최신 30회 중 7문제 출제

매출 시에는 부가세예수금계정으로, 매입 시에는 부가세대급금계정으로 회계처리하였다가 부가가치세 예정, 과세기간 종료일(3월 31일, 6월 30일, 9월 30일, 12월 31일)에 부가세예수금과 부가세대급금을 상계처리하는 분개를 한다.

❶ 부가세 납부 시

> 12월 31일 (차) 부가세예수금 ×××   (대) 부가세대급금 ×××
> 　　　　　　　　　　　　　　　　　　　　미지급세금　×××

❷ 부가세 환급 시

> 12월 31일 (차) 부가세예수금 ×××   (대) 부가세대급금 ×××
> 　　　　　　　미수금　　×××

연습문제 다음 거래자료를 (주)결산분개(회사코드 : 1006)의 [일반전표입력] 메뉴에 입력하시오.

12월 31일 : 다음 2기 확정 부가가치세신고서의 일부 내용을 참조하여 부가세대급금과 부가세예수금을 정리한다. 단, 환급 또는 납부세액 발생 시 미수금 또는 미지급세금 계정으로 회계처리하고, 전자신고세액공제 10,000원은 영업외수익 중 적절한 계정과목을 선택하여 반영한다.

구분	금액(원)	세액(원)
과세표준 및 매출세액	39,873,000	3,602,000
매입세액	31,945,000	3,194,510
전자신고세액공제		10,000
차감납부할세액		397,490

해설

일자 : 12월 31일

분개	(차변) 부가세예수금	3,602,000	(대변) 부가세대급금	3,194,510
			(대변) 잡 이 익	10,000
			(대변) 미지급세금	397,490

구분	계정과목	거래처	적요	차변	대변
차변	0255 부가세예수금			3,602,000	
대변	0135 부가세대급금				3,194,510
대변	0930 잡이익				10,000
대변	0261 미지급세금				397,490

[유형 9] 가지급금, 가수금계정의 정리 `최신 30회 중 2문제 출제`

기중에 발생한 미결산항목인 가지급금과 가수금 계정은 결산시에 그 내용을 나타내는 적절한 과목으로 대체하여야 한다.

12월 31일 (차) 해당계정과목 ×××   (대) 가지급금 ×××

12월 31일 (차) 가수금 ×××   (대) 해당계정과목 ×××

연습문제 다음 거래자료를 (주)결산분개(회사코드 : 1006)의 [일반전표입력] 메뉴에 입력하시오.

12월 31일 : 임직원 나잡스의 가지급금 정산내역명세서에 다음과 같은 금액이 있으나 기말 현재 아직까지 반영되지 아니하였다. 관련 증빙은 적정하게 구비되어 있음이 확인되었으며, 정산 후 잔액은 현금으로 회수하다.

가지급금 정산내역서		
• 가지급금 수령액 : 550,000원		• 가지급금 사용내역 　- 인사부 회식대금　　　　　: 300,000원 　- 제조공장 3라인 직장체육비 : 245,000원
• 정산 후 잔액　: 5,000원		

※ 관련증빙을 첨부하오니 확인바랍니다.
2025. 12. 31.
재무팀 담당 귀하

해설

일자 : 12월 31일

분개	(차변) 복리후생비(판)	300,000	(대변) 가지급금(나잡스)	550,000
	(차변) 복리후생비(제)	245,000		
	(차변) 현　　　금	5,000		

구분	계 정 과 목		거 래 처		적 요	차 변	대 변
차변	0811	복리후생비				300,000	
차변	0511	복리후생비				245,000	
차변	0101	현금				5,000	
대변	0134	가지급금	00103	나잡스			550,000

[유형 10] 마이너스 통장 단기차입금 대체

보고기간 종료일 현재 예금잔액이 음수(-)인 경우에는 해당 예금을 "0"으로 만들고 단기차입금 계정으로 대체하면 된다.

연습문제 다음 거래자료를 (주)결산분개(회사코드 : 1006)의 [일반전표입력] 메뉴에 입력하시오.

12월 31일 : 우리은행의 당좌예금 계좌는 마이너스 통장이며 기말 현재 잔액은 단기차입금으로 대체하고자 한다.

해설

① 12월 31일 : [결산및재무제표]-[합계잔액시산표] 조회 시

차　변		계정과목	대　변	
잔액	합계		합계	잔액
962,841,490	1,173,728,490	1.유　동　자　산	211,477,000	590,000
873,341,490	1,081,628,490	〈당　좌　자　산〉	208,877,000	590,000
82,627,490	170,036,490	현　　　　금	87,409,000	
-670,000	67,330,000	당　좌　예　금	68,000,000	
591,339,000	604,370,000	보　통　예　금	13,031,000	

② 기말수정분개

| 분개 | (차변) 당좌예금 | 670,000 | (대변) 단기차입금(우리은행) 670,000 |

구분	계정과목	거래처	적요	차변	대변
차변	0102 당좌예금			670,000	
대변	0260 단기차입금	98000 우리은행			670,000

Ⅲ 자동결산 유형

자동결산은 [결산자료입력] 메뉴에서 입력하는 해당란을 정확히 찾는 연습이 필요하다.

[유형 1] 매출원가   최신 30회 중 4문제 출제

(1) 상품매출원가

동일한 상품을 다양한 가격으로 매입하여 보유 중인 경우, 판매할 때마다 얼마짜리가 팔렸는지 정확히 계산하여 매출원가를 산정하는 것은 실무적으로 많은 어려움이 따른다. 따라서, 상품매출에 대한 원가의 인식은 기말상품재고액을 통하여 결산일 1회만 인식한다. 전산회계 프로그램은 상품계정을 2분법(상품, 상품매출)으로 사용하고 있기 때문에 기말 합계잔액시산표상의 상품계정잔액은 기초상품재고액과 당기상품매입액의 합계액인 판매가능액이다. 기말상품재고액을 조사하여 동 금액을 합계잔액시산표상의 상품계정잔액에서 차감한 금액이 상품매출원가가 된다. 기말상품재고액만 해당 칸에 입력하고 상단 툴바의 F3 전표추가 를 클릭하면 12월 31일자 일반전표입력 메뉴에 다음의 분개가 자동 반영된다.

> (차) 상품매출원가* ×××   (대) 상   품 ×××
>   *상품매출원가 = 기초상품재고액 + 당기상품매입액 − 기말상품재고액
>   ↓
>   합계잔액시산표 12월의 상품계정잔액

(2) 제품매출원가

재고조사를 통해 산출된 기말원재료재고액, 기말재공품재고액, 기말제품재고액을 해당 칸에 입력하고 상단 툴바의 F3 전표추가 를 클릭하면 12월 31일자 일반전표입력 메뉴에 다음의 분개가 자동 반영된다.

내용	차변	대변
① 원재료 사용분 원재료비로 대체	501. 원재료비 ×××	153. 원재료 ×××
② 원재료비를 재공품으로 대체		501. 원재료비 ×××
③ 노무비를 재공품으로 대체	169. 재공품 ×××	504. 임금 ×××
④ 제조경비를 재공품으로 대체		[500번대 제조경비]
⑤ 완성품제조원가를 제품으로 대체	150. 제품 ×××	169. 재공품 ×××
⑥ 제품 중 당기 판매분 제품매출원가로 대체	455. 제품매출원가 ×××	150. 제품 ×××

> **연습문제** 다음 거래자료를 (주)결산분개(회사코드 : 1006)의 [결산자료입력] 메뉴에 입력하시오.

결산일 현재 재고자산의 기말재고액은 다음과 같다. 단, 재고자산을 실사하던 중 도난, 파손의 사유로 수량 부족이 발생한 상품의 원가는 100,000원으로 확인되었다(단, 수량 부족의 원인은 비정상적으로 발생한 것이다).

• 상품 900,000원 • 원재료 : 300,000원 • 재공품 : 5,100,000원 • 제품 : 4,800,000원

해설

① 일반전표입력 메뉴에서 다음과 같이 입력한다.

2025.12.31.	(차) 재고자산감모손실 100,000	(대) 상품 100,000
		(적요 8. 타계정으로 대체액)

구분	코드	계정과목	거래처	적요	차변	대변
차변	0959	재고자산감모손실			100,000	
대변	0146	상품		8 타계정으로 대체액 손익		100,000

② 결산자료입력 메뉴에서 입력한 화면은 다음과 같다.

기간 2025년 1월 ~ 2025년 12월

±	코드	과 목	결산분개금액	결산전금액	결산반영금액	결산후금액
		1. 매출액		117,350,000		117,350,000
	0401	상품매출		90,500,000		90,500,000
	0404	제품매출		26,850,000		26,850,000
		2. 매출원가		102,709,000		91,609,000
	0451	상품매출원가				50,500,000
	0146	① 기초 상품 재고액		1,500,000		1,500,000
	0146	② 당기 상품 매입액		50,000,000		50,000,000
	0146	⑥ 타계정으로 대체액		100,000		100,000
	0146	⑩ 기말 상품 재고액			900,000	900,000
	0455	제품매출원가				41,109,000
		1)원재료비		10,000,000		9,700,000
	0501	원재료비		10,000,000		9,700,000
	0153	① 기초 원재료 재고액		3,200,000		3,200,000
	0153	② 당기 원재료 매입액		7,400,000		7,400,000
	0153	⑥ 타계정으로 대체액		600,000		600,000
	0153	⑩ 기말 원재료 재고액			300,000	300,000
	0455	8)당기 총제조비용		23,309,000		23,009,000
	0169	① 기초 재공품 재고액		10,000,000		10,000,000
	0169	⑩ 기말 재공품 재고액			5,100,000	5,100,000
		9)당기완성품제조원가		33,309,000		27,909,000
	0150	① 기초 제품 재고액		20,000,000		20,000,000
	0150	⑥ 타계정으로 대체액		2,000,000		2,000,000
	0150	⑩ 기말 제품 재고액			4,800,000	4,800,000
		3. 매출총이익		14,541,000	11,100,000	25,641,000

★ [유형 2] 감가상각비 최신 30회 중 8문제 출제

토지를 제외한 건물, 비품, 차량운반구 등의 유형자산은 사용하거나 시일의 경과에 따라 그 가치가 점차적으로 감소하게 되는데, 이와 같이 가치의 감소액을 감가라 하고, 기말 결산 시 이를 비용으로 계상한 것을 감가상각비라 하며, 해당 유형자산에 대한 가치감소분을 기업의 재무상태와 경영성과에 반영하는 절차를 감가상각이라 한다. 감가상각비 계상과 관련된 분개는 자동결산항목이므로 감가상각비 중 제조원가는「결산자료입력」메뉴에서 제품매출원가의 경비 중 [2)일반감가상각비]란에 유형자산별로 감가상각비를 입력하고 감가상각비 중 판관비는「결산자료입력」에서 판매비와 일반관리비 중 [4)감가상각비]란에 유형자산별로 감가상각비를 입력한다. 입력이 완료된 후 상단 툴바 F3 전표추가 를 클릭하면 다음의 분개가 일반전표입력 12월 31일자에 자동으로 반영된다.

> 12월 31일 : (차) 감가상각비(제) ×××   (대) 감가상각누계액 ×××
>   (차) 감가상각비(판) ×××

(1) 고정자산 및 감가상각 메뉴 알아보기

일반전표 또는 매입매출전표에 입력된 유형자산과 무형자산 계정과목을 등록하고 감가상각금액을 산정하여 결산에 반영하는 메뉴이다. 고정자산 등록의 입력사항으로 감가상각비를 구할 수 있다. [회계관리]-[재무회계]-[고정자산및감가상각]-[고정자산등록]을 조회한 화면은 다음과 같다.

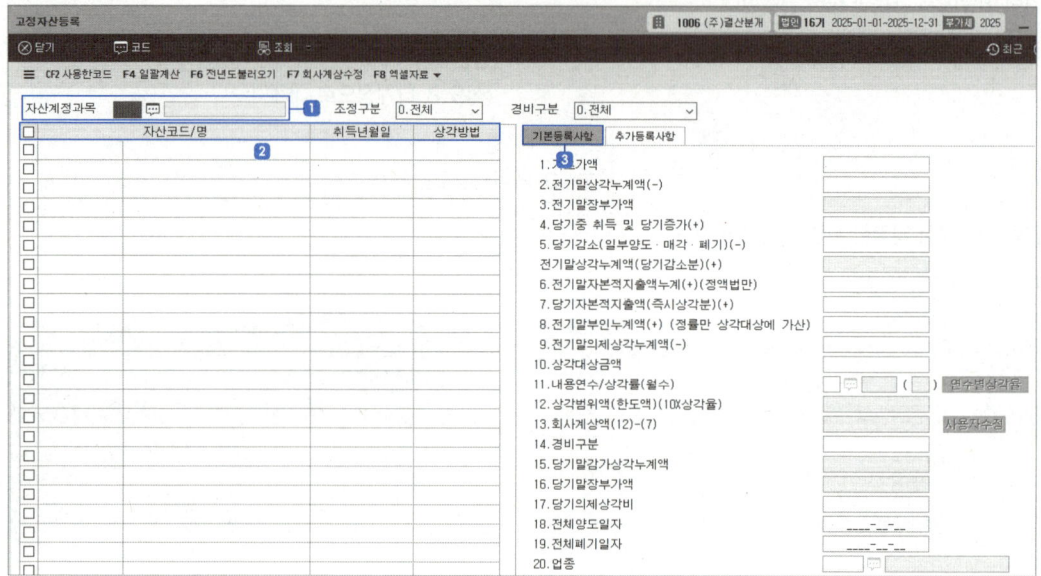

❶ 자산계정과목

자산등록 화면에서 고정자산의 계정과목 코드 3자리 입력한다. 코드를 모르는 경우 🔍키 또는 [자산계정과목]란에 커서를 위치하고 F2키를 누르면 [계정과목도움] 대화상자가 나타난다. 해당 고정자산을 선택하고 확인(Enter) 키를 누른다.

❷ 자산코드/명, 취득연월일, 상각방법

코드는 원하는 숫자를 6자리까지 입력가능하며, 마우스 오른쪽 버튼을 눌러 코드정렬을 변경할 수 있다. 자산명은 해당 자산의 구체적인 품목명을 한글은 10자, 영문은 20자 이내로 입력할 수 있으며, 취득일에 해당자산의 취득 년, 월, 일을 입력한다. 또한, 감가상각방법은 1 : 정률법, 2 : 정액법 중 한 가지 방법을 선택한다. 단, 건물의 경우에는 상각방법이 정액법으로 고정되어 있으므로 다른 방법을 선택할 수 없다.

3 기본등록사항

1. 기초가액 : 고정자산의 취득원가를 입력한다.
2. 전기말상각누계액 : 현재의 전기말상각누계액을 입력한다.
3. 전기말 장부가액 : ①-②로 자동 반영된다.
4. 당기 중 취득 및 당기증가 : 당기에 구입한 자산 금액을 입력한다.
5. 당기감소 : 당기에 매각하거나 양도 또는 폐기한 고정자산의 금액을 입력한다.
6. 전기말자본적 지출누계액 : 전기말까지의 자본적 지출액을 입력한다.
7. 당기말자본적 지출누계액 : 당기말까지의 자본적 지출액을 입력한다.
8. 전기말부인누계액 : 전기말까지 감가상각 부인된 누계액을 입력한다.
9. 전기말의제상각누계액 : 전기말까지 의제상각한 금액의 누계액을 입력한다.
10. 상각대상금액 : 당기의 감가상각대상금액을 입력한다.
11. 내용연수/상각률(월수) : 해당 고정자산의 내용연수를 입력하면 상각률은 자동 반영된다.
12. 상각범위액 : 감가상각 범위액을 입력한다.
13. 회사계상상각비 : 기초가액(취득원가), 상각방법, 내용연수 등으로 자동으로 감가상각비가 계산된다. 수정을 원하는 경우 우측의 [사용자수정]을 클릭하여 수정하면 된다.
14. 경비구분 : 고정자산의 용도에 따른 감가상각비 해당 경비의 구분은 6 : 800번대(판매비와 관리비), 1 : 500번대(제조경비), 2 : 600번대(도급경비), 3 : 700번대(분양경비) 중 선택하여 입력하며 원가경비별 감가상각 명세서에서 조회할 수 있다.
15. 당기말상각누계액 : 전기말상각누계액과 당기상각비의 합계액이 자동으로 표시된다.

(2) 고정자산 및 감가상각 메뉴 따라하기

다음 자료에 의하여 (주)결산분개(회사코드 : 1006)의 고정자산내역은 다음과 같다. 고정자산 등록 메뉴에 등록하고 각 자산별 감가상각비를 계산하시오.

계정과목	코드	자산명	취득일자	취득가액	전기말 상각누계액	상각방법	내용연수	용도
건물	000001	공장건물	2022. 11. 01	18,547,000	8,155,000	정액법	20년	공장생산부
차량운반구	000001	승용차	2023. 03. 25	31,000,000	10,147,500	정률법	5년	본사사무실

해설

1 건물의 감가상각비 : 927,350원

① [자산계정과목]란에 📝 또는 F2를 눌러서 "건물"을 선택한다.
② [자산코드]란에 "1", [자산명]란에 "공장건물"을 입력하고, [취득연월일]란에 "2022 11 01"을 입력한다.
③ [기초가액]란에 취득원가 "18,547,000"을 입력하고 [전기말상각누계액]란 "8,155,000"을 입력한다.
④ 건물이므로 상각방법은 "정액법"으로 정해져 있고, [내용연수]란은 "20"을 입력한 후 [경비구분]란은 공장이므로 "1 : 500번대"를 입력한다.
⑤ [회사계상액]란에 자동 계산된 927,350원은 당기 공장건물의 감가상각비이다.

2 차량운반구의 감가상각비 : 9,404,477원

① [자산계정과목]란에 📝 또는 F2를 눌러서 "차량운반구"를 선택한다.
② [자산코드]란에 "1", [자산명]란에 "승용차"를 입력하고, [취득연월일]란에 "2023 3 25"를 입력한다.
③ [기초가액]란에 취득원가 "31,000,000"을 입력하고 [전기말상각누계액]란 "10,147,500"을 입력한다.
④ 건물이므로 [상각방법]란은 "1 : 정률법"으로 반영되어 있으며, [내용연수]란은 "5"를 입력한 후 [경비구분]란은 본사이므로 "6 : 800번대(판관비)"를 입력한다.
⑤ [회사계상액]란 9,404,477원은 당기 차량운반구의 감가상각비이다.

> **연습문제** 다음 거래자료를 (주)결산분개(회사코드 : 1006)의 [결산자료입력] 메뉴에 입력하시오.

12월 31일 : 당기의 감가상각비는 다음과 같이 계상하기로 하였다.

- 생산공장 건물 : 927,350원   • 본사 차량운반구 : 9,404,477원

해설

[결산자료입력] 메뉴의 상단 툴바 F7 감가상각 을 클릭한 후 다음의 보조창에서 결산반영 을 클릭한다.

코드	계정과목명	경비구분	고정자산등록 감가상각비	감가상각비X(조회기간월수/내용월수)	결산반영금액
020200	건물	제조	927,350	927,350	927,350
020800	차량운반구	판관	9,404,477	9,404,477	9,404,477
	감가상각비(제조)합계		927,350	927,350	927,350
	감가상각비(판관)합계		9,404,477	9,404,477	9,404,477

⇩

- 기간 2025년 1월 ~ 2025년 12월

±	코드	과 목	결산분개금액	결산전금액	결산반영금액	결산후금액
		7) 경 비		11,809,000	927,350	12,736,350
		1). 복리후생비 외		11,809,000		11,809,000
	0511	복리후생비		3,763,000		3,763,000
	0512	여비교통비		216,000		216,000
	0513	접대비		3,000,000		3,000,000
	0515	가스수도료		30,000		30,000
	0516	전력비		2,550,000		2,550,000
	0519	임차료		1,500,000		1,500,000
	0526	도서인쇄비		150,000		150,000
	0530	소모품비		600,000		600,000
	0518	2). 일반감가상각비			927,350	927,350
	0202	건물			927,350	927,350
	0206	기계장치				
	0208	차량운반구				
		4. 판매비와 일반관리비		11,811,000	9,404,477	21,215,477
		1). 급여 외		1,000,000		1,000,000
	0801	급여		1,000,000		1,000,000
	0806	2). 퇴직급여(전입액)				
	0850	3). 퇴직연금충당금전입액				
	0818	4). 감가상각비			9,404,477	9,404,477
	0202	건물				
	0206	기계장치				
	0208	차량운반구			9,404,477	9,404,477

★ [유형 3] 대손충당금   최신 30회 중 7문제 출제

외상매출금, 받을어음, 대여금 및 미수금 등의 채권의 기말잔액은 차기로 이월되는 후에 전액 회수된다는 보장이 어렵다. 따라서, 결산일 현재 채권의 회수가능성을 검토한 후 대손충당금으로 설정해야 한다. 대손충당금은 영업활동에서 발생한 채권의 회수불능정도를 말한다.

시산표상 채권잔액 × 대손율	= 대손예상액(대손충당금)	⇨ 재무상태표
	− 시산표상 대손충당금잔액	
	= 추가설정액(대손상각비)	⇨ 손익계산서

대손충당금 추가 계상액과 관련된 분개는 자동결산항목이므로 결산자료입력 메뉴의 판매비와 일반관리비 중 '5).대손상각'란 매출채권별로 대손상각비 추가 계상액을 입력한 후 상단 툴바 F3 전표추가 를 클릭하면 다음의 분개가 일반전표입력 12월 31일자에 자동으로 반영된다.

* 대손추산액 > 대손충당금잔액

12월 31일 : (차) 대손상각비(판) ×××   (대) 대손충당금 ×××

연습문제 다음 거래자료를 (주)결산분개(회사코드 : 1006)의 [결산자료입력] 메뉴에 입력하시오.

12월 31일 : 당사는 매출채권의 1%를 보충법으로 대손충당금을 설정하기로 한다.

해설

[결산자료입력] 메뉴의 상단 툴바 F8 대손상각 을 클릭한 후 다음의 보조창에서 부도어음과수표, 단기대여금, 미수수익, 미수금, 선급금의 [추가설정액]란 금액을 키보드의 스페이스바를 눌러 삭제한 후 결산반영 을 클릭한다.

코드	계정과목명	금액	코드	설정전 충당금 잔액 계정과목명	금액	추가설정액(결산반영) [(금액×대손율)-설정전충당금잔액]	유형
0108	외상매출금	32,040,000	0109	대손충당금	200,000	120,400	판관
0110	받을어음	85,875,000	0111	대손충당금	390,000	468,750	판관
0246	부도어음과수표	200,000	0247	대손충당금			판관
0114	단기대여금	10,100,000	0115	대손충당금			영업외
0116	미수수익	7,500,000	0117	대손충당금			영업외
0120	미수금	48,700,000	0121	대손충당금			영업외
0131	선급금	5,000,000	0132	대손충당금			영업외
	대손상각비 합계					589,150	판관

대손율(%) 1.00

⇩

• 기간 2025년 1월 ~ 2025년 12월

±	코드	과 목	결산분개금액	결산전금액	결산반영금액	결산후금액
		4. 판매비와 일반관리비		11,811,000	9,993,627	21,804,627
		1). 급여 외		1,000,000		1,000,000
	0801	급여		1,000,000		1,000,000
	0806	2). 퇴직급여(전입액)				
	0850	3). 퇴직연금충당금전입액				
	0818	4). 감가상각비			9,404,477	9,404,477
	0202	건물				
	0206	기계장치				
	0208	차량운반구			9,404,477	9,404,477
	0835	5). 대손상각			589,150	589,150
	0108	외상매출금			120,400	120,400
	0110	받을어음			468,750	468,750
	0246	부도어음과수표				

① 외상매출금 관련 대손충당금 추가설정액 : 32,040,000원 × 1% − 200,000원 = 120,400원
② 받을어음 관련 대손충당금 추가설정액 : 85,875,000원 × 1% − 390,000원 = 468,750원

[유형 4] 퇴직급여충당부채   최신 30회 중 4문제 출제

결산 시 재무상태표에 표시될 퇴직급여충당부채는 퇴직급여추계액(전 종업원이 일시 퇴직 시 지급할 퇴직금의 합계)으로 하도록 규정하고 있다. 따라서, 매기말 본사직원과 공장직원 각각의 퇴직금추계액과 이미 계상된 퇴

직급여충당부채 잔액의 차이를 추가로 차변에 퇴직급여계정과 대변에 퇴직급여충당부채계정으로 계상하고, 실제로 퇴직금 지급시에는 퇴직급여충당부채와 상계한다. 퇴직급여충당부채의 추가 계상액과 관련된 분개는 자동결산항목이므로 공장임직원에 대한 추가설정액은 「결산자료입력」메뉴에서 제품매출원가의 3)노무비 중 [2)퇴직급여(전입액)]란에 입력하고 본사임직원에 대한 추가설정액은 「결산자료입력」 메뉴의 판매비와 일반관리비 중 [2).퇴직급여(전입액)]란에 추가 설정액을 입력한다. 입력이 완료된 후 상단 툴바 F3 전표추가 를 클릭하면 다음의 분개가 일반전표입력 12월 31일자에 자동으로 반영된다.

12월 31일 : (차) 퇴직급여(제) ×××   (대) 퇴직급여충당부채 ×××
            퇴직급여(판) ×××

연습문제 다음 거래자료를 (주)결산분개(회사코드 : 1006)의 [결산자료입력] 메뉴에 입력하시오.

12월 31일 : 기말 결산 시 다음과 같이 퇴직급여충당부채를 설정하다.

부서	결산 전 퇴직급여충당부채 잔액	퇴직급여추계액
생산직	26,300,000원	30,000,000원
관리직	20,000,000원	22,000,000원

* 당사는 퇴직급여추계액 전액을 기말퇴직급여충당부채로 설정한다.

해설

[결산자료입력] 메뉴의 상단 툴바 CF8 퇴직충당 을 클릭한 후 다음의 보조창에서 [508.퇴직급여 퇴직급여추계액]란 "30,000,000", [806.퇴직급여 퇴직급여추계액]란에 "22,000,000"을 입력하고 결산반영 을 클릭한다.

코드	계정과목명	퇴직급여추계액	설정전 잔액 기초금액	당기증가	당기감소	잔액	추가설정액(결산반영)(퇴직급여추계액-설정전잔액)	유형
0508	퇴직급여	30,000,000	26,300,000			26,300,000	3,700,000	제조
0806	퇴직급여	22,000,000	20,000,000			20,000,000	2,000,000	판관

⇩

• 기간 2025년 1월 ~ 2025년 12월

±	코드	과 목	결산분개금액	결산전금액	결산반영금액	결산후금액
		3)노 무 비		1,500,000	3,700,000	5,200,000
		1). 임금 외		1,500,000		1,500,000
	0504	임금		1,500,000		1,500,000
	0508	2). 퇴직급여(전입액)			3,700,000	3,700,000
	0550	3). 퇴직연금충당금전입액				
		4. 판매비와 일반관리비		11,811,000	11,993,627	23,804,627
		1). 급여 외		1,000,000		1,000,000
	0801	급여		1,000,000		1,000,000
	0806	2). 퇴직급여(전입액)			2,000,000	2,000,000

① 생산직 근로자 퇴직급여충당부채 추가 설정액 : 30,000,000원 - 26,300,000원 = 3,700,000원
② 관리직 근로자 퇴직급여충당부채 추가 설정액 : 22,000,000원 - 20,000,000원 = 2,000,000원

★ [유형 5] 법인세 비용 최신 30회 중 6문제 출제

법인세의 납부는 사업연도 종료 후 3개월 이내에 신고·납부하는 것이 원칙이다. 그러나, 조세수입의 조기확보를 위하여 사업연도 중에 원천징수 및 중간예납을 통해 미리 법인세를 징수하고 있다. 즉, 회계연도 중에 원천징수 대상소득을 받게 되는 경우 미리 납부한 법인세 등을 처리하는 계정과목이 선납세금(자산)이 되며 보고기간종료일에 법인세 등(비용)으로 대체된다. 반면, 미지급세금이란 보고기간종료일 현재 회사가 납부해야 할 법인세 부담액(법인세 추산액) 중 아직 납부하지 않은 금액을 말한다. 즉, 보고기간종료일에 법인세를 계산하고 기 납부한 중간예납세액 및 원천징수세액을 차감한 잔액은 기말 현재 납부할 수 없으므로 미지급세금(부채)으로 처리한다. 법인세 등 계상액과 관련된 분개는 자동결산항목이므로 결산자료입력 메뉴의 9.법인세 등 중 [1].선납세금]란의 결산전 금액은 합계잔액시산표 상의 기말 선납세금 잔액이며 동 금액을 [결산반영금액]란에 입력한다. 또한 [2)추가계상액]란은 미지급세금에 해당하는 금액을 입력한다. [1).선납세금]란과 [2)추가계상액]란을 입력한 후 상단 툴바 F3 전표추가 를 클릭하면 다음의 분개가 일반전표입력 12월 31일자에 자동으로 반영된다.

[1) 선납세금]란 ⇨ (차) 법인세 등 ×××   (대) 선납세금   ×××
[2) 추가계상액]란 ⇨ (차) 법인세 등 ×××   (대) 미지급세금 ×××

연습문제 다음 거래자료를 (주)결산분개(회사코드 : 1006)의 [결산자료입력] 메뉴에 입력하시오.

12월 31일 : 법인세등 예상액은 2,000,000원이며, 중간예납세액 1,000,000원과 이자소득에 대한 원천징수세액 110,000원은 선납세금으로 계상되어 있다.(이외의 다른 자료는 무시한다.)

해설
① 법인세비용 추가 계상액 : 2,000,000원 − (1,000,000원 + 110,000원) = 890,000원
② 결산자료입력 메뉴에서 다음과 같이 선납세금이 [결산전금액]란에 자동으로 반영되어 있으므로 별도의 조회가 필요가 없으며 [9.법인세등의 1)선납세금]란에 1,110,000원, [2)추가계상액]란에 890,000원을 각각 입력한다.

• 기간 2025년 1월 ~ 2025년 12월

0998	9. 법인세등			2,000,000	2,000,000
0136	1). 선납세금		1,110,000	1,110,000	1,110,000
0998	2). 추가계상액			890,000	890,000

Ⅳ 결산완료

결산자료 해당 사항을 모두 입력한 후 상단 툴바의 F3 전표추가 를 클릭하면 다음의 메시지가 나타나고 예(Y) 버튼을 선택하면 해당분개가 12월 31일 일반전표에 자동으로 반영되면서 결산이 완료된다.

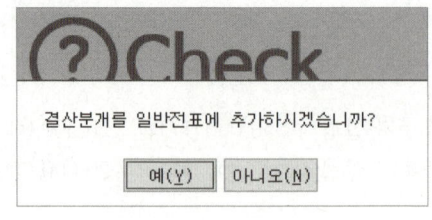

⇩

- [일반전표입력] 메뉴 : 12월 31일 자동결산에 의한 기말수정분개가 반영된 조회 화면

조회일자: 2025년 12월 31일

일	번호	구분	계정과목	거래처	적요	차변	대변
31	00043	결차	0455 제품매출원가		1 제품매출원가 대체	45,736,350	
31	00043	결대	0150 제품				45,736,350
31	00044	결차	0806 퇴직급여		1 퇴직충당금 당기분전입액	2,000,000	
31	00044	결대	0295 퇴직급여충당부채		7 퇴직급여충당부채당기설		2,000,000
31	00045	결차	0818 감가상각비			9,404,477	
31	00045	결대	0209 감가상각누계액				9,404,477
31	00046	결차	0835 대손상각비			589,150	
31	00046	결대	0109 대손충당금				120,400
31	00046	결대	0111 대손충당금				468,750
31	00047	결차	0998 법인세등			1,110,000	
31	00047	결대	0136 선납세금				1,110,000
31	00048	결차	0998 법인세등			890,000	
31	00048	결대	0261 미지급세금				890,000

* 자동결산의 오류정정 : 결산자료입력 메뉴에서 해당 란의 입력이 틀린 금액을 입력한 후 전표추가를 한 경우에는 상단의 CF5 결산분개삭제 버튼을 클릭하여 자동결산분개를 삭제한다. 이 후 결산자료입력 메뉴의 해당 란의 틀린 금액을 수정한 후 상단 툴바의 F3 전표추가 를 한 번 더 클릭한다.

V 재무제표의 확정작업

재무제표의 확정작업이란 결산수정분개가 완료된 후에 다음의 작업순서로 재무제표를 확정짓는 절차이다.

1 제조원가명세서 : 제조원가의 확정

제조원가명세서는 제품제조원가가 어떻게 산출되는 것인지 그 내역을 기록한 재무제표의 부속명세서로서 제조업인 경우 반드시 제조원가명세서를 작성해야 한다.

- [회계관리]–[재무회계]–[결산/재무제표]–[제조원가명세서] 기간 12월 31일 조회 화면

과 목	제16(당)기 [2025년01월01일~2025년12월31일] 금액		제15(전)기 [2024년01월01일~2024년12월31일] 금액	
2.노무비		5,200,000		5,000,000
임금	1,500,000		4,000,000	
상여금			1,000,000	
퇴직급여	3,700,000			
3.경비		12,736,350		11,080,000
복리후생비	3,763,000		1,800,000	
여비교통비	216,000			
기업업무추진비	3,000,000			
가스수도료	30,000		1,500,000	
전력비	2,550,000		500,000	
세금과공과			2,350,000	
감가상각비	927,350		1,440,000	
임차료	1,500,000			
수선비			440,000	
보험료			350,000	
차량유지비			200,000	
도서인쇄비	150,000			
소모품비	600,000		2,500,000	
4.당기 총 제조비용		27,936,350		27,580,000
5.기초재공품 재고액		10,000,000		3,430,000
6.합계		37,936,350		31,010,000
7.기말재공품 재고액				10,000,000
8.타계정으로 대체액				
9.당기제품 제조원가		37,936,350		21,010,000

2 손익계산서 : 당기순이익의 확정

일정기간 중 실현된 수익에서 발생된 비용을 차감하여 산출되는 당기순이익을 조회하여 확정짓는 것이다.

• [회계관리]-[재무회계]-[결산/재무제표]-[손익계산서] 기간 12월 조회 화면

과 목	제 16(당)기 2025년1월1일 ~ 2025년12월31일 금액		제 15(전)기 2024년1월1일 ~ 2024년12월31일 금액	
V. 영업손실		13,790,977		-19,550,000
VI. 영업외수익		35,610,000		5,000,000
이자수익	7,500,000		5,000,000	
임대료	11,500,000			
단기매매증권평가이익	500,000			
외화환산이익	100,000			
유형자산처분이익	16,000,000			
잡이익	10,000			
VII. 영업외비용		26,095,000		6,000,000
이자비용	4,000,000		6,000,000	
외환차손	200,000			
기부금	1,500,000			
외화환산손실	2,300,000			
매출채권처분손실	200,000			
단기매매증권처분손실	80,000			
재고자산감모손실	100,000			
재해손실	500,000			
유형자산처분손실	17,000,000			
잡손실	205,000			
수수료비용	10,000			
VIII. 법인세차감전손익		4,275,977		-18,550,000
IX. 법인세등		2,000,000		
법인세등	2,000,000			
X. 당기순손익		6,275,977		-18,550,000

3 이익잉여금처분 : 미처분잉여금처분의 확정

손익을 확정시킨 후 상단의 전표 추가(F6)키를 통해 손익의 마감분개를 일반전표에 자동으로 반영시킨다. 또한, 재무상태표의 자본 중 미처분이익잉여금은 이익잉여금처분계산서의 미처분이익잉여금과 일치하여야 한다. 이익잉여금의 처분은 익년도 주주총회에서 확정되면 주주총회일에 [일반전표입력] 메뉴에서 이익잉여금처분내역을 직접 분개하는 것이다.

연습문제 다음 거래자료를 (주)결산분개(회사코드 : 1006)의 [이익잉여금처분계산서] 메뉴에 입력하시오.

2월 28일 : 당기 이익잉여금에 대한 처분내역은 다음과 같다.

- 당기처분예정일 : 2026년 2월 28일
- 전기처분확정일 : 2025년 2월 28일
- 현금배당액 : 5,000,000원
- 이익준비금 : 현금배당액의 10%

해설

만약, "편집된 데이터를 불러오시겠습니까?"라는 보조창이 뜨면 "아니오"를 클릭한 후 이익잉여금처분계산서에서 다음 사항을 입력한다.

① 당기처분예정일 : 2026년 2월 28일, 전기처분확정일 : 2025년 2월 28일

② 이익준비금 : 500,000원
③ 현금배당 : 5,000,000원

- [회계관리]-[재무회계]-[결산/재무제표]-[이익잉여금처분계산서] 조회 화면

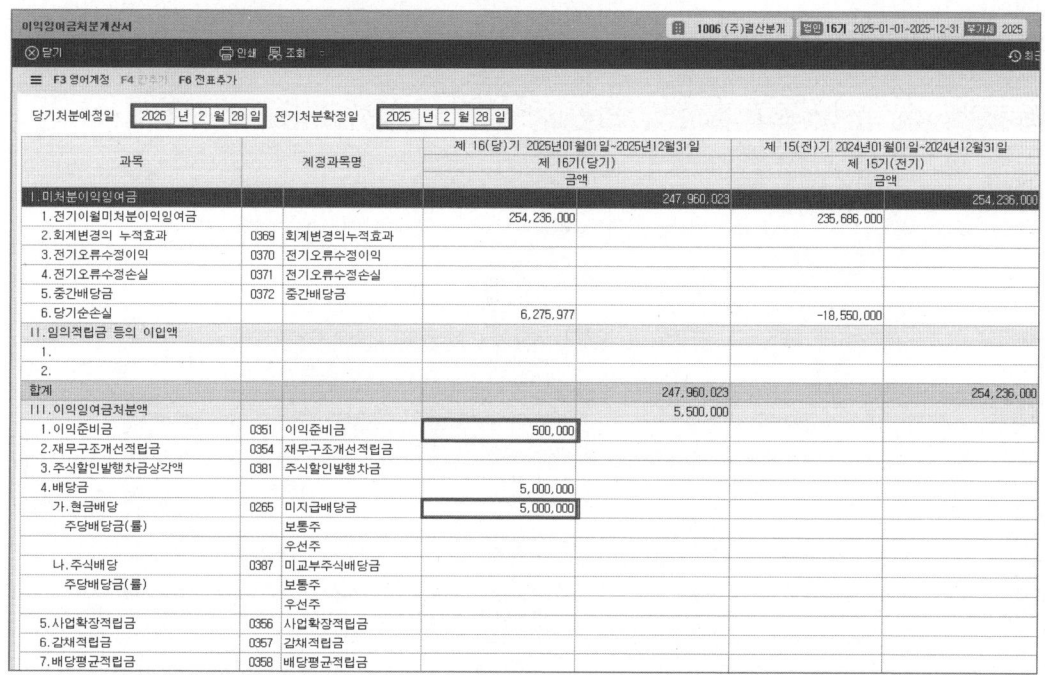

⑤ 상단 툴바의 F6 전표추가 를 클릭하여 12월 31일 일반전표입력에 마감분개(수익과 비용을 손익계정에 대체하는 분개 등)를 자동으로 반영시킨다.

⑥ [일반전표입력] 메뉴를 조회하면 다음과 같다.

조회일자: 2025년 12월 31일

구분	계정과목	거래처	적요	차변	대변
차변	0377 미처분이익잉여금		당기순이익 잉여금에 대체	6,275,977	
대변	0400 손익		당기순손익 잉여금에 대체		6,275,977
차변	0375 이월이익잉여금		처분전 이익잉여금에 대체	254,236,000	
대변	0377 미처분이익잉여금		이월이익잉여금에서 대체		254,236,000
대변	0375 이월이익잉여금		처분전 이익잉여금에 대체		247,960,023
차변	0377 미처분이익잉여금		이월이익잉여금에서 대체	247,960,023	

4 재무상태표 : 자산·부채·자본의 확정 및 차기이월

재무상태표는 특별한 작업 없이 입력된 자료에 의하여 보고기간 종료일 재무상태표를 조회하면 자산·부채·자본이 확정된다.

• [회계관리]-[재무회계]-[결산/재무제표]-[재무상태표] 기간 12월 조회 화면

과 목	제 16(당)기 2025년1월1일~2025년12월31일 금액	제 15(전)기 2024년1월1일~2024년12월31일 금액
미지급세금	1,287,490	
미지급비용	3,000,000	
선수수익	6,500,000	
유동성장기부채	56,000,000	50,000,000
Ⅱ.비유동부채	375,919,000	273,219,000
장기차입금	320,919,000	226,919,000
임대보증금	3,000,000	
퇴직급여충당부채	52,000,000	46,300,000
부채총계	803,972,490	655,633,000
자본		
Ⅰ.자본금	50,000,000	50,000,000
자본금	50,000,000	50,000,000
Ⅱ.자본잉여금	10,000,000	10,000,000
주식발행초과금	10,000,000	10,000,000
Ⅲ.자본조정		
Ⅳ.기타포괄손익누계액	5,000,000	5,000,000
매도가능증권평가이익	5,000,000	5,000,000
Ⅴ.이익잉여금	247,960,023	254,236,000
미처분이익잉여금	247,960,023	254,236,000
(당기순손실)		
당기: 6,275,977		
전기: -18,550,000		
자본총계	312,960,023	319,236,000
부채와자본총계	1,116,932,513	974,869,000

5 기출유형

결산 및 재무제표 작성과 관련된 기출문제는 다음의 2가지 유형으로 구분할 수 있다.

[유형 1] 기말수정분개만 입력하는 유형 (대부분 출제되는 유형)

① 수동결산 : [일반전표입력] 메뉴에서 12월 31일자에 직접 입력
② 자동결산 : [결산자료입력] 메뉴에서 해당 란에 결산반영금액을 입력한 후 상단 툴바 F3 전표추가 를 클릭

[유형 2] 기말수정분개와 이익잉여금 처분내역을 입력하는 유형

① 수동결산 : [일반전표입력] 메뉴에서 12월 31일자에 직접 입력
② 자동결산 : [결산자료입력] 메뉴에서 해당 란에 결산반영금액을 입력한 후 상단 툴바 F3 전표추가 를 클릭
③ 재무제표 확정절차 : [제조원가명세서] 조회_생략가능 ⇨ [손익계산서] 조회 ⇨ [이익잉여금처분계산서 조회 후 상단 툴바 F6 전표추가 클릭] ⇨ [재무상태표]_생략가능

Ⅵ 실무 기출문제 연습하기

(주)결산정복(회사코드 : 1007)의 결산정리사항은 다음과 같다. 결산을 완료하시오.

[유형 1] 수동결산 (1 ~ 19)

1 기말현재 영업부서에서 구입 시 비용(소모품비)처리한 소모품 중 미사용액이 2,800,000원 이다. (회사는 미사용액에 대하여 자산처리 함) 　104회

2 기말시점 영업부에서 보관 중인 소모품은 850,000원이다. 기중에 소모품 2,700,000원을 구입하면서 모두 자산으로 처리하였다. 　63회

3 8월 1일 전액 비용으로 회계처리된 보험료(제조부문 : 1,800,000원, 관리부문 : 1,560,000원)는 1년분(2025.8.1. ~ 2026.7.31)에 해당하며, 당기분과 차기분은 월단위로 계산한다.(단, 거래처 입력은 생략함) 　102회

4 2025년 9월 1일 보험료 1년분(2025 9월 1일 ~ 2026년 8월 31일) 2,400,000원(제조부문 : 1,800,000원, 본사관리부문 : 600,000원)을 현금으로 납부하면서 모두 자산으로 회계처리 하였다. (단, 보험료는 월할계산 함.) 　82회

5 2025년 7월 1일 사무실을 임대(임대기간 2025.7.1 ~ 2026.6.30)하면서 1년분 임대료 12,000,000원을 자기앞수표로 받고 전액 선수수익으로 회계처리 하였다. 월할 계산하여 기말수정분개를 하시오. 　83회

6 거래은행인 우리은행에 예금된 정기예금에 대하여 당기분 경과이자를 인식하다. 　109회

- 예금금액 : 50,000,000원
- 연이자율 : 10%, 월할계산으로 할 것
- 예금기간 : 2025. 4. 1 ~ 2026. 3. 31
- 이자지급일 : 연 1회(매년 3월 31일)

7 2024년 10월 1일에 영업부서의 사무실을 임차(임차기간 2025.10.1. ~ 2026.9.30., 매 6개월마다 후불로 6,000,000원을 지급하기로 함)하였으나, 회계담당자가 기말까지 아무런 회계처리를 하지 않았다.(월할 계산할 것) 　65회

8 2020년 7월 1일 우리은행으로부터 차입한 장기차입금 3,000,000원은 2026년 6월 30일에 만기가 도래하고, 회사는 이를 상환할 계획이다. `116회`

9 단기차입금에는 거래처 ABC사에 대한 외화차입금 10,000,000원(미화 $10,000)이 계상되어 있다.(회계기간 종료일 현재 적용환율 : 미화 1$당 1,200원) `105회`

10 외상매입금계정에는 홍콩 거래처 미우리상사에 대한 외화외상매입금 2,400,000원($2,000)이 계상되어 있다.(회계기간 종료일 현재 적용환율 : $1당 1,180원) `96회`

11 당사는 원활한 입출금거래를 위해 마이너스통장을 개설하여 사용하고 있으며, 결산일 현재 우리은행에 당사의 보통예금계좌의 잔고를 확인한 결과 마이너스(-) 4,500,000원인 것으로 나타나 이를 단기차입금으로 대체하고자 한다. `69회`

12 기말재고조사 결과 제품재고 1,200,000원이 부족하여 확인한 결과 영업부의 가을체육대회에서 경품으로 제공된 것이 발견되었다.(적요 중 타계정으로 대체액을 사용할 것) `73회`

13 입력된 데이터는 무시하고 다음 자료를 이용하여 2025년 제2기 부가가치세 확정신고기간에 대한 부가가치세를 정리하는 회계처리를 하시오.(단, 납부세액은 미지급세금, 환급세액은 미수금으로 회계처리하고 거래처입력은 생략할 것). `116회`

- 부가가치세 대급금 잔액 : 22,670,000원
- 부가가치세 예수금 잔액 : 22,270,990원

14 기말 현재 당사가 단기매매차익을 목적으로 보유하고 있는 주식현황과 기말 현재 공정가치는 다음과 같다. 당사는 단기매매증권의 평가손익을 통산하여 회계처리하고 있다. `94회`

주 식 명	보유주식수	주당 취득원가	기말 공정가치
(주)한성 보통주	2,000주	10,000원	주당 12,000원
(주)강화 보통주	1,500주	8,000원	주당 10,000원
(주)도전 보통주	100주	15,000원	주당 15,000원

15 기말 현재 당사가 장기투자를 목적으로 보유하고 있는 ㈜하나가 발행한 주식의 취득원가, 전년도 말 및 당해연도 말 공정가액은 다음과 같다. 단, 하나의 전표로 입력할 것. `95회`

주 식 명	취득원가	전년도 말 공정가액	당해연도 말 공정가액
㈜하나 보통주	30,000,000원	32,000,000원	28,000,000원

16 결산일 현재 12월 19일자 가수금 3,000,000원의 내역이 다음과 같이 확인되었다. `53회`

- 전자마을에 대한 거래로 제품매출을 위한 계약금을 받은 금액 : 500,000원
- 전자마을에 대한 외상대금 중 일부를 회수한 금액 : 2,500,000원

17 장부상 현금보다 실제 현금이 부족하여 현금과부족으로 계상하였던 금액 50,000원에 대하여 결산일 현재에도 그 원인을 알 수 없어 당기 비용(영업외비용)으로 처리하다. `87회`

18 장부상 현금잔액은 35,245,450원이나, 실제 보유하고 있는 현금잔액은 35,232,780원으로 현금부족액에 대한 원인이 밝혀지지 아니하였다. 영업외비용 중 적절한 계정과목에 의하여 회계처리 하시오. `97회`

19 결산일 현재 장부상 현금잔액은 16,500,000원이나, 실제 현금잔액은 15,900,000원인 것으로 나타나, 차이의 원인을 조사해본 결과 정산은 완료되었으나 회계처리되지 않은 영업부 직원의 출장비인 것으로 판명되었다.(관련 회계처리 날짜는 결산일로 할 것) `73회`

[유형 2] 자동결산 (20 ~ 27)

20 결산일 현재 재고자산의 기말재고액은 다음과 같다. `101회`

- 원재료 : 8,000,000원
- 재공품 : 12,000,000원
- 제 품 : 24,000,000원(위탁판매목적 출고분 중 미판매분 2,000,000원 미포함)

21 매출채권(외상매출금과 받을어음)에 대한 1%의 대손충당금을 설정하다. `112회`

22 당사는 일반기업회계기준에 의하여 퇴직급여충당부채를 설정하고 있으며, 관련자료는 다음과 같다. `104회`

구분	기초 금액	기중 감소(사용)금액	기말금액(퇴직금 추계액)
생산부	19,000,000원	8,000,000원	22,000,000원
영업부	17,000,000원	7,000,000원	19,000,000원

23 당기의 감가상각비는 다음과 같이 계상하기로 하였다. `88회`

- 본사영업부 건물 : 14,600,000원
- 생산공장 건물 : 3,300,000원
- 생산공장 기계장치 : 5,000,000원

24 결산일 현재 무형자산인 특허권(취득가액: ?, 내용연수: 5년, 상각방법: 정액법)의 전기 말(2024년 12월 31일) 상각 후 미상각잔액은 15,000,000원이다. 특허권은 2023년 1월 1일에 취득하였으며 매년 법정상각범위액을 전부 무형자산상각비로 인식하였다. 당해연도 특허권의 무형자산상각비를 인식하시오.(단, 무형자산은 직접 상각하고, 판매비와 관리비로 처리함) `73회`

25 결산일 현재 무형자산인 소프트웨어의 전기말 상각후 미상각잔액은 24,000,000원이다. 내용연수는 5년이며, 2024년 1월에 구입하였다. 2024년도말 무형자산을 상각하시오. `64회`

26 법인세등 예상액은 21,000,000원이며, 중간예납세액 8,000,000원과 이자소득에 대한 원천징수세액 3,210,000원은 선납세금으로 계상되어 있다.(이외의 다른 자료는 무시한다) `114회`

27 당기의 이익잉여금 처분명세는 아래와 같다. `세무 2급`

- 처분확정일(예정일) : 2026년 2월 26일(전기 2025년 2월 28일)
- 현 금 배 당 : 4,000,000원
- 주 식 배 당 : 2,000,000원
- 이익준비금 : 금전배당액의 10%

해설

1 일자 : 12월 31일

| 분개 | (차변) 소모품 | 2,800,000 | (대변) 소모품비(판) | 2,800,000 |

구분	계정과목	거래처	적요	차변	대변
차변	0122 소모품			2,800,000	
대변	0830 소모품비				2,800,000

2 일자 : 12월 31일

| 분개 | (차변) 소모품비(판) | 1,850,000* | (대변) 소모품 | 1,850,000 |

* 2,700,000원 − 850,000원=1,850,000원

구분	계정과목	거래처	적요	차변	대변
차변	0830 소모품비			1,850,000	
대변	0122 소모품				1,850,000

3 일자 : 12월 31일

| 분개 | (차변) 선급비용 | 1,960,000 | (대변) 보험료(제) | 1,050,000 *1 |
| | | | (대변) 보험료(판) | 910,000 *2 |

*1 1,800,000원×7/12=1,050,000원
*2 1,560,000원×7/12=910,000원

구분	계정과목	거래처	적요	차변	대변
차변	0133 선급비용			1,960,000	
대변	0521 보험료				1,050,000
대변	0821 보험료				910,000

4 일자 : 12월 31일

| 분개 | (차변) 보험료(제) | 600,000 *1 | (대변) 선급비용 | 800,000 |
| | (차변) 보험료(판) | 200,000 *2 | | |

*1. 1,800,000원 × 4/12 = 600,000원(제)
*2. 600,000원 × 4/12 = 200,000원(판)

구분	계정과목	거래처	적요	차변	대변
차변	0521 보험료			600,000	
차변	0821 보험료			200,000	
대변	0133 선급비용				800,000

5 일자 : 12월 31일

| 분개 | (차변) 선수수익 | 6,000,000 | (대변) 임대료 | 6,000,000 |

* 12,000,000원÷12개월×6개월 = 6,000,000원

구분	계정과목	거래처	적요	차변	대변
차변	0263 선수수익			6,000,000	
대변	0904 임대료				6,000,000

6 일자 : 12월 31일

| 분개 | (차변) 미수수익 | 3,750,000 | (대변) 이자수익 | 3,750,000 |

* 50,000,000원 × 10% × 9/12 = 3,750,000원

구분	계정과목		거래처	적요	차변	대변
차변	0116	미수수익			3,750,000	
대변	0901	이자수익				3,750,000

7 일자 : 12월 31일

| 분개 | (차변) 임차료 | 3,000,000 | (대변) 미지급비용 | 3,000,000* |

*2024년 귀속분 임차료 계산 : 6,000,000원 × 3/6 = 3,000,000원

구분	계정과목		거래처	적요	차변	대변
차변	0819	임차료			3,000,000	
대변	0262	미지급비용				3,000,000

8 일자 : 12월 31일

| 분개 | (차변) 장기차입금(우리은행) | 3,000,000 | (대변) 유동성장기부채(우리은행) | 3,000,000 |

구분	계정과목		거래처		적요	차변	대변
차변	0293	장기차입금	98000	우리은행		3,000,000	
대변	0264	유동성장기부채	98000	우리은행			3,000,000

9 일자 : 12월 31일

| 분개 | (차변) 외화환산손실 | 2,000,000 | (대변) 단기차입금(ABC사) | 2,000,000 |

* $10,000 × (1,200원 – 1,000원)

구분	계정과목		거래처		적요	차변	대변
차변	0955	외화환산손실				2,000,000	
대변	0260	단기차입금	00200	ABC사			2,000,000

10 일자 : 12월 31일

| 분개 | (차변) 외상매입금(미우리상사) | 40,000 | (대변) 외화환산이익 | 40,000[1] |

*1. $2,000 × (1,180원 – 1,200원[2]) = 40,000원
*2. 2,400,000원 ÷ $2,000 = 1,200원/$

구분	계정과목		거래처		적요	차변	대변
차변	0251	외상매입금	00600	미우리상사		40,000	
대변	0910	외화환산이익					40,000

11 일자 : 12월 31일

| 분개 | (차변) 보통예금 | 4,500,000 | (대변) 단기차입금(우리은행) | 4,500,000 |

구분	계정과목		거래처		적요	차변	대변
차변	0103	보통예금				4,500,000	
대변	0260	단기차입금	98000	우리은행			4,500,000

12 일자 : 12월 31일

| 분개 | (차변) 복리후생비(판) | 1,200,000 | (대변) 제품(적요 8.타계정으로 대체액) | 1,200,000 |

구분	계정과목		거래처		적요	차변	대변
차변	0811	복리후생비				1,200,000	
대변	0150	제품			8 타계정으로 대체액 손익		1,200,000

13 일자 : 12월 31일

| 분개 | (차변) 부가세예수금 | 22,270,990 | (대변) 부가세대급금 | 22,670,000 |
| | 미수금 | 399,010 | | |

구분	계정과목		거래처	적요	차변	대변
차변	0255	부가세예수금			22,270,990	
대변	0135	부가세대급금				22,670,000
차변	0120	미수금			399,010	

14 일자 : 12월 31일

| 분개 | (차변) 단기매매증권 | 7,000,000 | (대변) 단기매매증권평가이익 | 7,000,000 |

*2,000주 × (12,000원 − 10,000원) + 1,500주 × (10,000원 − 8,000원) = 7,000,000원

구분	계정과목		거래처	적요	차변	대변
차변	0107	단기매매증권			7,000,000	
대변	0905	단기매매증권평가이익				7,000,000

15 일자 : 12월 31일

| 분개 | (차변) 매도가능증권평가이익 2,000,000원 | (대변) 매도가능증권(178) 4,000,000원 |
| | 매도가능증권평가손실 2,000,000원 | |

구분	계정과목		거래처	적요	차변	대변
차변	0394	매도가능증권평가이익			2,000,000	
차변	0395	매도가능증권평가손실			2,000,000	
대변	0178	매도가능증권				4,000,000

16 일자 : 12월 31일

| 분개 | (차변) 가수금 | 3,000,000 | (대변) 선수금(전자마을) | 500,000 |
| | | | 외상매출금(전자마을) | 2,500,000 |

구분	계정과목		거래처		적요	차변	대변
차변	0257	가수금				3,000,000	
대변	0259	선수금	02001	전자마을			500,000
대변	0108	외상매출금	02001	전자마을			2,500,000

17 일자 : 12월 31일

| 분개 | (차변) 잡손실 | 50,000 | (대변) 현금과부족 | 50,000 |

구분	계정과목		거래처	적요	차변	대변
차변	0980	잡손실			50,000	
대변	0141	현금과부족				50,000

18 일자 : 12월 31일

분개	(차변) 잡손실	12,670*	(대변) 현금	12,670

*35,245,450원 - 35,232,780원 = 12,670원

구분	계정과목		거래처	적요	차변	대변
출금	0980	잡손실			12,670	(현금)

19 일자 : 12월 31일

분개	(차변) 여비교통비	600,000	(대변) 현금	600,000

구분	계정과목		거래처	적요	차변	대변
출금	0812	여비교통비			600,000	(현금)

20 [결산자료입력] 메뉴에 다음의 금액을 입력한다.

- 기말원재료재고액 : 8,000,000원
- 기말재공품재고액 : 12,000,000원
- 기말제품재고액 : 26,000,000원

21 다음 ①, ② 중 선택하여 입력
① [결산자료입력] 메뉴에서 다음과 같이 입력한다.
- 판관비 - 5) 대손상각 - 외상매출금 : 5,228,296원*1, 받을어음 : 1,704,250원*2

② 12월 31일 [일반전표입력] 메뉴에 다음과 같이 분개를 입력한다.

분개	(차변) 대손상각비	6,932,546	(대변) 대손충당금(109)	5,228,296
			대손충당금(109)	1,704,250

*1. 외상매출금 : 542,829,600원 × 1% - 200,000원 = 5,228,296원
*2. 받을어음 : 209,425,000원 × 1% - 390,000원 = 1,704,250원

구분	계정과목		거래처	적요	차변	대변
차변	0835	대손상각비			6,932,546	
대변	0109	대손충당금				5,228,296
대변	0109	대손충당금				1,704,250

22 다음 ①, ② 중 선택하여 입력
① 결산자료 입력 메뉴에서 다음과 같이 입력한다.
- 제조경비 - 2) 퇴직급여 : 11,000,000원
- 판관비 - 2) 퇴직급여 : 9,000,000원

② 12월 31일 [일반전표입력] 메뉴에 다음과 같이 분개를 입력한다.

분개	(차변) 퇴직급여(제)	11,000,000*1	(대변) 퇴직급여충당부채	20,000,000
	퇴직급여(판)	9,000,000*2		

*1. 퇴직급여(제) : 22,000,000원 - (19,000,000원 - 8,000,000원) = 11,000,000원
*2. 퇴직급여(판) : 19,000,000원 - (17,000,000원 - 7,000,000원) = 9,000,000원

구분	계정과목		거래처	적요	차변	대변
차변	0508	퇴직급여			11,000,000	
차변	0806	퇴직급여			9,000,000	
대변	0295	퇴직급여충당부채				20,000,000

23 다음 ①, ② 중 선택하여 입력

① 결산자료 입력 메뉴에서 다음과 같이 입력한다.
- 제조경비 – 일반상각비 : 건물 3,300,000원, 기계장치 5,000,000원
- 판관비 – 감가상각비 : 건물 14,600,000원

② 12월 31일 [일반전표입력] 메뉴에 다음과 같이 분개를 입력한다.

분개	(차변) 감가상각비(제)	8,300,000	(대변) 감가상각누계액(건물)	17,900,000
	감가상각비(판)	14,600,000	감가상각누계액(기계장치)	5,000,000

구분	계정과목	거래처	적요	차변	대변
차변	0518 감가상각비			8,300,000	
차변	0818 감가상각비			14,600,000	
대변	0203 감가상각누계액				17,900,000
대변	0207 감가상각누계액				5,000,000

24 다음 ①, ② 중 선택하여 입력

① 결산자료 입력 메뉴에서 다음과 같이 입력한다.
- 판관비 – 6) 무형자산상각비상각비 : 특허권 5,000,000원*
  * 15,000,00원 × 1/3 = 5,000,000원

② 12월 31일 [일반전표입력] 메뉴에 다음과 같이 분개를 입력한다.

분개	(차변) 무형자산상각비	5,000,000	(대변) 특허권	5,000,000

구분	계정과목	거래처	적요	차변	대변
차변	0840 무형자산상각비			5,000,000	
대변	0219 특허권				5,000,000

25 다음 ①, ② 중 선택하여 입력

① 결산자료 입력 메뉴에서 다음과 같이 입력한다.
- 판관비 – 6) 무형자산상각비상각비 : 소프트웨어 6,000,000원

② 12월 31일 [일반전표입력] 메뉴에 다음과 같이 분개를 입력한다.

분개	(차변) 무형자산상각비	6,000,000	(대변) 소프트웨어	6,000,000

* 24,000,000원 ÷ (5년 – 1년) = 6,000,000원

구분	계정과목	거래처	적요	차변	대변
차변	0840 무형자산상각비			6,000,000	
대변	0227 소프트웨어				6,000,000

26 다음 ①, ②중 선택하여 입력한다.

① 결산자료 입력 메뉴에서 다음과 같이 입력한다.
  • 9.법인세등 - 1) 선납세금 : 11,210,000원
  • 9.법인세등 - 2) 추가계상액 : 9,790,000원

② 12월 31일 [일반전표입력] 메뉴에 다음과 같이 분개를 입력한다.

분개	(차변) 법인세등	21,000,000	(대변) 선납세금	11,210,000
			미지급세금	9,790,000

구분	계 정 과 목	거 래 처	적 요	차 변	대 변
차변	0998 법인세등			21,000,000	
대변	0136 선납세금				11,210,000
대변	0261 미지급세금				9,790,000

※ [19] ~ [25]번의 [결산자료입력] 메뉴 해당 칸에 입력된 것을 확인한 후 [결산자료입력] 메뉴의 상단 툴바의 `F3 전표추가` 를 반드시 클릭하여 해당 기말수정분개를 [일반전표입력] 메뉴 12월 31일자에 자동 반영시킨다.

27 ① [제조원가명세서] 조회_생략가능 ⇨ [손익계산서] 조회 ⇨ [이익잉여금처분계산서] 조회한다.

② 2025년 귀속 처분내역을 [이익잉여금처분계산서] 메뉴에 입력한 후 상단 툴바의 `F6 전표추가` 를 클릭한다.
  • 당기처분예정일 : 2026년 2월 26일
  • 전기처분확정일 : 2025년 2월 28일
  • 이익준비금 : 400,000원
  • 현금배당 : 4,000,000원
  • 주식배당 : 2,000,000원

객관식 기출문제 `최신 30회 중 6문제 출제`

1 다음 중 제조기업의 재무제표를 작성하는 순서로 가장 올바른 것은? `87회`

- ㉠ 제조원가명세서
- ㉡ 손익계산서
- ㉢ 이익잉여금처분계산서
- ㉣ 재무상태표

① ㉠ → ㉡ → ㉢ → ㉣
② ㉡ → ㉢ → ㉣ → ㉠
③ ㉢ → ㉣ → ㉠ → ㉡
④ ㉠ → ㉢ → ㉣ → ㉡

2 다음 중 결산정리분개에 대한 설명으로 가장 옳은 것은? `66회`

① 시장성 있는 유가증권계정은 기말결산시 공정가치법에 의하여 평가하고, 공정가치는 기말 결산일 현재 종가이다.
② 비유동자산은 사용에 의해 가치가 감소하게 되고, 가치감소액은 정액법만 사용하여 산출한다.
③ 부가가치세는 매입세액과 매출세액을 서로 상계처리하고 차액은 선수금계정으로 처리한다.
④ 가지급금, 가수금계정은 기말 결산 시까지 내용이 파악되지 않은 경우에도 그대로 사용한다.

정답 및 해설

1 답 ①
해설 제조기업의 재무제표 작성 시, 제조원가명세서에서 당기제품제조원가를 산출하여야 손익계산서의 매출원가를 구할 수 있다. 이에 따라 당기순손익이 결정되면 이익잉여금처분계산서 상의 미처분이익잉여금이 결정되고, 최종적으로 재무상태표가 작성된다.

2 답 ①
해설
- 비유동자산은 사용에 의한 가치가 감소하게 된다. 가치감소액은 정액법, 정률법 등을 이용하여 감가상각비를 산출한다.
- 부가가치세는 매입세액과 매출세액을 서로 상계처리하고 차액은 미지급세금·미수금계정으로 처리한다.
- 가지급금, 가수금계정은 기말 결산 시까지 내용이 파악되지 않은 경우에는 파악될 계정을 사용하여 반드시 상계처리하여야 한다.

3 다음 거래 내용을 보고 12월 31일 결산 수정분개 시 차변계정과목과 차변금액으로 적절한 것은?

82회

- 20x1년 8월 1일 소모품 600,000원을 현금으로 구입하고 자산으로 처리하였다.
- 20x1년 12월 31일 결산시 소모품미사용액은 250,000원이다.

① 소모품 250,000원 ② 소모품 350,000원
③ 소모품비 250,000원 ④ 소모품비 350,000원

4 발생기준에 따른 재무제표 작성시 발생과 이연의 개념을 사용하여 기말에 결산을 하게 되는데, 이와 관련된 계정과목으로 맞는 것은?

70회

① 선수수익 ② 선급금 ③ 선수금 ④ 가지급금

5 다음 중 기말 결산 시 비용의 이연과 가장 관련있는 거래는?

63회

① 공장건물에 선급보험료 100,000원을 계상하다.
② 공장건물에 대한 선수임대료 1,000,000원을 계상하다.
③ 정기예금에 대한 미수이자 100,000원을 계상하다.
④ 단기차입금에 대한 미지급이자 100,000원을 계상하다.

6 다음 중 기말 결산 시의 결산정리사항과 관련 없는 것은?

61회

① 선급보험료 ② 선수이자 ③ 선수수수료 ④ 선수금

7 다음 설명의 괄호 안에 들어갈 것으로 옳은 것은?

56회

이연이란 (　　　)과 같이 미래에 수익을 인식하기 위해 현재의 현금유입액을 부채로 인식하거나, (　　　)과 같이 미래에 비용을 인식하기 위해 현재의 현금유출액을 자산으로 인식하는 회계과정을 의미한다.

① 미수수익, 선급비용 ② 선수수익, 선급비용
③ 미수수익, 미지급비용 ④ 선수수익, 미지급비용

8
다음 내용을 보고 결산시점 수정분개로 적절한 것은? 〔80회〕

- 9월 1일 본사 건물에 대한 화재보험료 1,500,000원을 보통예금계좌에서 이체하였다.
- 경리부에서는 이를 전액 비용처리 하였다.
- 12월 31일 결산시점에 화재보험료 미경과분은 1,000,000원이다.

	차 변	대 변
①	보험료 500,000	미지급비용 500,000
②	보험료 1,000,000	선급비용 1,000,000
③	미지급비용 500,000	보험료 500,000
④	선급비용 1,000,000	보험료 1,000,000

9
20x1년에 자동차 보험료 24개월분(20x1.3월~20x3.2월) 480,000원을 현금으로 지급하고 미경과분을 선급비용처리 한 경우, 20x2년 비용으로 인식할 보험료 금액은? 〔61회〕

① 200,000원　② 220,000원　③ 240,000원　④ 260,000원

정답 및 해설

3 답 ④
해설 취득시점에 자산처리한 경우 기말에 당기 사용액 350,000원은 감소하고 해당 금액만큼 당기 비용처리가 되므로 기말수정분개는 다음과 같다.
(차) 소모품비　350,000　(대) 소모품　350,000

4 답 ①
해설 재무제표는 발생기준에 따라 작성된다. 발생주의 회계의 기본적인 논리는 발생기준에 따라 수익과 비용을 인식하는 것이다. 발생주의 회계는 발생과 이연의 개념을 포함한다.

5 답 ①
해설 ②-수익의 이연. ③-수익의 발생. ④-비용의 발생에 해당한다.

6 답 ④
해설 선급보험료, 선수이자, 선수수수료는 기말결산시 사용하는 손익의 이연에 해당하는 사항이고, 선수금은 계약체결에 따른 거래대금을 미리 받은 것을 의미한다.

7 답 ②
해설 이연이란 선수수익과 같이 미래에 수익을 인식하기 위해 현재의 현금유입액을 부채로 인식하거나 선급비용과 같이 미래에 비용을 인식하기 위해 현재의 현금유출액을 자산으로 인식하는 회계과정이다.

8 답 ④
해설 결산시점에 화재보험료 미경과분은 당기 보험료가 아니므로 결산시점 수정분개는 다음과 같다.
(차) 선급비용　1,000,000　(대) 보험료　1,000,000

9 답 ③
해설 20x2년 보험료 = 480,000원 × 12개월 / 24개월 = 240,000원

10 다음 자료를 토대로 발생하는 재무정보에 대한 설명으로 옳지 않은 것은? `2017년 특별회`

> 선급보험료(당초 지급시 선급비용 처리함)의 기간 경과분을 인식하는 결산수정분개를 누락하였다.

① 자산이 과대계상된다.
② 자본이 과대계상된다.
③ 당기순이익이 과소계상된다.
④ 기말 총부채에는 영향을 미치지 않는다.

11 결산시 미지급 이자비용을 계상하지 않을 경우 당기 재무제표에 미치는 영향으로 틀린 것은? `67회`

① 부채가 과소계상
② 순이익이 과대계상
③ 비용이 과소계상
④ 자본이 과소계상

12 다음 중 결산시 미수이자를 계상하지 않은 경우 당기 재무제표에 미치는 영향으로 올바른 것은? `71회`

| 가. 자산의 과소계상 | 나. 자산의 과대계상 | 다. 수익의 과소계상 | 라. 수익의 과대계상 |

① 가, 다
② 가, 라
③ 나, 다
④ 나, 라

13 (주)관우의 결산 결과 손익계산서에 당기순이익이 100,000원으로 계상되어 있으나, 다음과 같은 사항들을 발견하고 수정하였다. 수정 후의 당기순이익으로 옳은 것은? `59회`

- 손익계산서에 계상된 보험료 중 5,000원은 차기 비용이다.
- 손익계산서에 계상된 이자수익 중 4,000원은 차기 수익이다.

① 99,000원
② 100,000원
③ 101,000원
④ 109,000원

14 다음의 내용을 결산시점에 결산수정분개로 반영하였을 경우 당기순이익의 변동은? 〔91회〕

- 매출채권잔액 5,500,000원에 대해 2%의 대손충당금을 설정하지 않았다. 단, 설정전 대손충당금 기말잔액은 30,000원이라고 가정한다.
- 12월 15일에 가수금으로 회계 처리하였던 50,000원에 대하여 기말에 가수금에 대한 원인이 파악되지 아니하여 결산수정분개를 해야 하는데 하지 않고 있다.

① 당기순이익을 30,000원 감소시킨다.　　② 당기순이익을 60,000원 감소시킨다.
③ 당기순이익을 130,000원 감소시킨다.　④ 당기순이익을 160,000원 감소시킨다.

15 기중에 수익(임대료)계정으로 회계처리한 금액 중 차기분이 포함되어 있다. 결산시 선수수익을 계상하는 분개를 누락할 경우 당기 재무제표에 미치는 영향으로 올바른 것은? 〔2020년 10월 특별회〕

① 수익은 과대계상, 부채는 과소계상　　② 수익은 과소계상, 부채는 과대계상
③ 수익은 과대계상, 자산은 과소계상　　④ 수익은 과소계상, 자산는 과대계상

정답 및 해설

10 답 ③
해설 당기보험료를 과소계상하므로 당기순이익 및 자본이 과대계상되며, 선급비용을 과대계상함에따라 자산이 과대계상된다.

11 답 ④
해설 계상하지 않은 회계처리 : (차) 이자비용(비용) ××× (대) 미지급비용(부채) ×××
∴ 비용이 과소계상, 부채가 과소계상, 비용이 계상되지 않았으므로 순이익이 과대계상되어 자본이 과대계상

12 답 ①
해설 누락된 분개 (차)미수수익(자산) ××× / (대)이자수익(수익) ×××
∴ 자산이 과소, 수익이 과소, 당기순이익 과소, 자본이 과소계상 됨.

13 답 ③
해설 당기순이익에서 보험료 중 선급비용 5,000원은 더하고, 이자수익 중 선수수익 4,000원을 뺀다.
∴ 100,000원 + 5,000원 − 4,000원 = 101,000원

14 답 ①
해설
- 보충법에 의해 12월31일 매출채권 5,500,000원 × 2% − 기말잔액 30,000원 = 80,000원 추가 설정
　차) 대손상각비　80,000원　　대) 대손충당금　80,000원
- 가수금에 대한 원인이 파악되지 않았으므로
　차) 가 수 금　50,000원　　대) 잡 이 익　50,000원
따라서, 당기순이익은 30,000원(= 80,000원 − 50,000원)을 감소시킨다.

15 답 ①
해설 선수수익을 계상할 분개 "(차)임대료(수익)×××/(대)선수수익(부채)×××"를 누락하면 수익은 과대계상, 부채는 과소계상, 당기순이익, 자본은 과대계상, 비용 및 자산은 불변이다.

CHAPTER 02

전기분 재무제표와 거래처별 초기이월

전기분 재무제표 초기이월에 대한 작업은 본 프로그램을 이용하여 전기에 결산을 하고 [마감후이월]메뉴에서 마감작업을 하면 자동으로 반영되므로 별도의 작업은 필요 없다. 하지만 계속사업자가 당기 중에 회계프로그램을 처음 사용하는 경우에는 입력된 전기의 자료가 없기 때문에 결산이 완료된 전기분 재무상태표 등을 보고 입력하여 전기이월 작업을 하는 것이다. 이는 전기와 당기의 비교식 재무제표를 작성하여 공시하기 위함이다.

제1절 전기분 재무상태표

[회계관리]-[재무회계]-[전기분 재무제표]-[전기분 재무상태표]에 들어오면 전기분 재무상태표를 입력하는 메뉴가 나온다. 본 항목은 전기의 재무상태표를 입력하여 각 계정별로 전기 잔액을 이월시킴과 동시에 비교식 재무상태표의 전기분 자료를 제공하게 된다. 본 메뉴에 입력된 재고자산 중 상품과 제품계정의 금액은 [전기분 손익계산서]메뉴의 기말상품재고액과 기말제품재고액으로 자동 표기되며 재고자산 중 원재료와 재공품금액은 [전기분 원가명세서]메뉴의 기말원재료와 기말재공품으로 자동 표기된다. 또한, 채권·채무 등 거래처관리가 필요한 과목의 금액은 [거래처별 초기이월]메뉴에 입력할 수 있는 기초금액을 제공하고 있다.

I 전기분 재무상태표 메뉴 알아보기

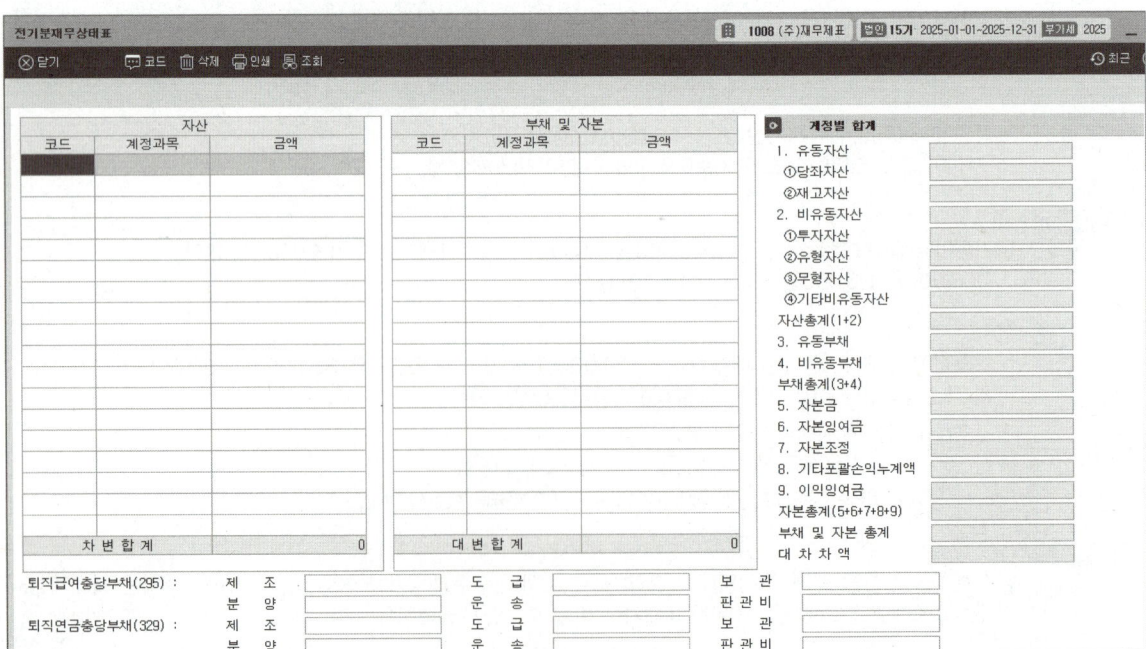

❶ | 자산 | / | 부채 및 자본 |

차변에는 자산계정만 입력 및 조회가 가능하며, 대변에는 부채 및 자본계정만 입력 및 조회가 가능하다.

❷ | 코드 | 계정과목 | 금액 |

❶ 코드 및 계정과목 입력

다음의 2가지 방법 중 편한 방법을 선택하여 입력한다.

▶▶ 방법 ①: [코드]란에 커서를 놓고 입력하고자 하는 계정과목의 한 글자 이상을 입력한 후 Enter 을 누르면 입력한 글자가 포함된 계정과목코드가 조회되며, 해당 계정과목을 선택하여 입력한다.

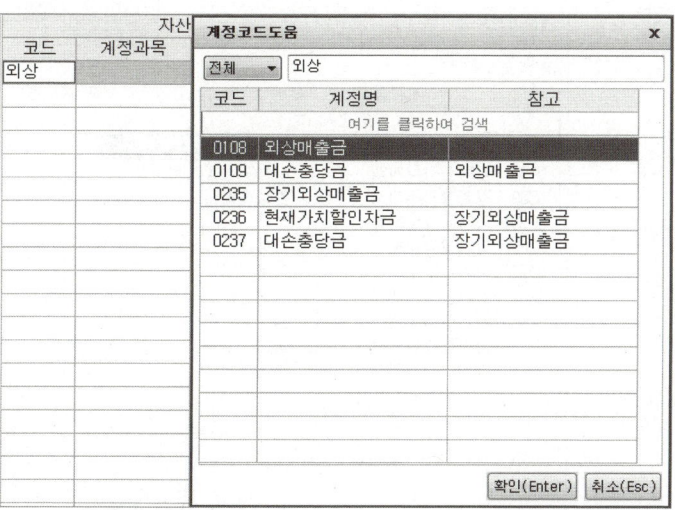

▶▶ 방법 ② : [코드]란에 F2 를 누르거나 화면 상단의 툴바 코드 를 클릭하면 「계정코드도움」보조창이 나온다. 여기서 전체 란에 찾고자 하는 계정과목의 앞 한 글자 이상을 입력하면 한 글자를 포함하는 계정과목코드가 조회되며, 해당 계정과목을 선택하여 입력한다.

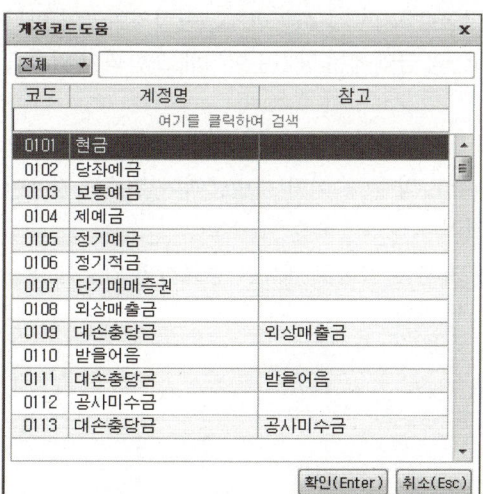

❷ 금액 입력

프로그램에서 금액 입력 시 특징은 "+"를 누르면 '000'이 한꺼번에 입력된다. 즉 1,000,000원을 입력하고자 할 때는 "1", "+", "+"를 누르면 '1,000,000'이 표시된다.

❸ 입력 시 유의사항

① 계정과목의 코드와 금액은 차변과 대변 구분 없이 모두 양수(+)로 입력한다. 대손충당금, 감가상각누계액 등 차감계정도 「계정과목 및 적요등록」 메뉴에서 「성격」란 의 '4.차감'으로 설정되어 있으므로 금액 입력 시 양수(+)로 입력하면 음수(-)로 계산되어지므로 양수(+)로 입력하면 된다. 또한, 대손충당금, 감가상각누계액 등 차감계정은 해당 계정과목의 다음 코드번호를 입력하는 것으로 다음의 「계정코드도움」 도움창의 참고를 확인 후 입력한다.

 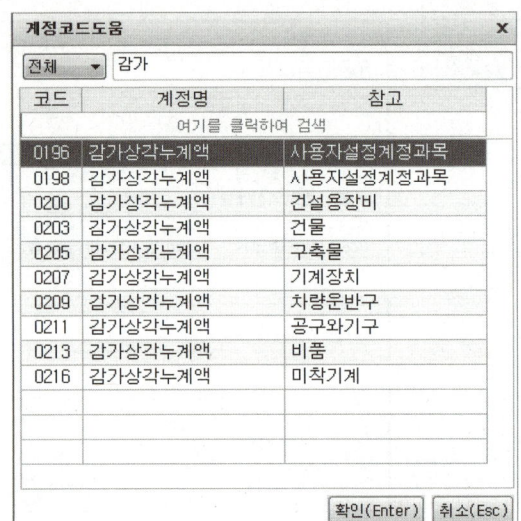

② 134.가지급금과 257.가수금을 입력 시 해당 임직원에 대해 사용된 지급(가수)과 회수(지급)의 적요번호를 구분하여 입력한다.

③ 295.퇴직급여충당부채는 원가경비별로 구분하여 입력하면 [결산자료입력] 메뉴에 자동으로 반영이 된다.

④ 프로그램의 특성에 따라 전기분 재무상태표의 미처분이익잉여금을 입력 시 377.미처분이익잉여금이 아닌 375.이월이익잉여금으로 입력해야 한다. 또한, 미처분이익잉여금의 금액에는 당기순이익에 포함되어 있으므로 별도로 379.당기순이익을 입력하지 아니한다.

⑤ 각 계정과목과 금액을 입력하면 화면하단의 차변 금액과 대변 금액이 자동 집계되며 대차차액이 표시된다. 「대차차액」란의 금액이 음수(-)이면 차변 금액이 부족한 경우이고 양수(+)이면 대변금액이 부족한 경우이다. 즉, 입력이 완료되었을 때 대차차액이 없으면 오류가 없는 것이다.

⑥ 입력을 완료한 다음 키보드의 [Esc] 키 누르거나 상단 툴바의 [종료]를 클릭하고 메뉴를 종료하면 입력한 내용이 자동으로 저장된다.

Ⅱ 전기분 재무상태표 메뉴 따라하기

다음은 (주)재무제표(코드번호 : 1008)의 전기분 재무상태표이다. 다음 자료를 이용하여 전기분 재무상태표 메뉴에 입력하시오.

재 무 상 태 표

(주)재무제표　　　　　　　　　2024년 12월 31일 현재　　　　　　　　　단위 : 원

과　목	금　액		과　목	금　액	
Ⅰ. 유 동 자 산		743,127,000	부　　　채		
1. 당 좌 자 산		708,427,000	1. 유 동 부 채		382,414,000
현　　금		130,897,000	외상매입금		75,194,000
당좌예금		67,330,000	지급어음		67,380,000
보통예금		478,150,000	미지급금		52,820,000
외상매출금	14,500,000		단기차입금		137,020,000
대손충당금	150,000	14,350,000	유동성장기부채		50,000,000
받을어음	17,000,000		2. 비유동부채		273,219,000
대손충당금	890,000	16,110,000	장기차입금		226,919,000
단기매매증권		1,590,000	퇴직급여충당부채		46,300,000
2. 재 고 자 산		34,700,000	부 채 총 계		655,633,000
상　　품		1,500,000	자　　본		
원 재 료		3,200,000	1. 자 본 금		50,000,000
재 공 품		10,000,000	자 본 금		50,000,000
제　　품		20,000,000	2. 자 본 잉 여 금		10,000,000
Ⅱ. 비 유 동 자 산		231,742,000	주식발행초과금		10,000,000
1. 투 자 자 산		30,000,000	3. 기타포괄손익누계액		5,000,000
장기대여금		10,000,000	매도가능증권평가이익		5,000,000
매도가능증권		20,000,000	4. 이 익 잉 여 금		254,236,000
2. 유 형 자 산		201,742,000	미처분이익잉여금		254,236,000
토　　지		50,000,000	(당기순이익 18,550,000)		
건　　물	140,000,000		자 본 총 계		319,236,000
감가상각누계액	59,000,000	81,000,000			
기 계 장 치	60,000,000				
감가상각누계액	18,258,000	41,742,000			
차량운반구	50,000,000				
감가상각누계액	21,000,000	29,000,000			
3. 무 형 자 산		0			
4. 기타비유동자산		0			
자 산 총 계		974,869,000	부채와 자본 총계		974,869,000

* 퇴직급여충당부채 중 제조원가는 26,300,000원이며 판관비는 20,000,000원이다.

해설

▶▶ [회계관리]-[재무회계]-[전기분 재무제표]-[전기분 재무상태표] 입력화면

자산			부채 및 자본			계정별 합계	
코드	계정과목	금액	코드	계정과목	금액		
0101	현금	130,897,000	0251	외상매입금	75,194,000	1. 유동자산	743,127,000
0102	당좌예금	67,330,000	0252	지급어음	67,380,000	①당좌자산	708,427,000
0103	보통예금	478,150,000	0253	미지급금	52,820,000	②재고자산	34,700,000
0107	단기매매증권	1,590,000	0260	단기차입금	137,020,000	2. 비유동자산	231,742,000
0108	외상매출금	14,500,000	0264	유동성장기부채	50,000,000	①투자자산	30,000,000
0109	대손충당금	150,000	0293	장기차입금	226,919,000	②유형자산	201,742,000
0110	받을어음	17,000,000	0295	퇴직급여충당부채	46,300,000	③무형자산	
0111	대손충당금	890,000	0331	자본금	50,000,000	④기타비유동자산	
0146	상품	1,500,000	0341	주식발행초과금	10,000,000	자산총계(1+2)	974,869,000
0150	제품	20,000,000	0375	이월이익잉여금	254,236,000	3. 유동부채	382,414,000
0153	원재료	3,200,000	0394	매도가능증권평	5,000,000	4. 비유동부채	273,219,000
0169	재공품	10,000,000				부채총계(3+4)	655,633,000
0178	매도가능증권	20,000,000				5. 자본금	50,000,000
0179	장기대여금	10,000,000				6. 자본잉여금	10,000,000
0201	토지	50,000,000				7. 자본조정	
0202	건물	140,000,000				8. 기타포괄손익누계액	5,000,000
0203	감가상각누계액	59,000,000				9. 이익잉여금	254,236,000
0206	기계장치	60,000,000				자본총계(5+6+7+8+9)	319,236,000
0207	감가상각누계액	18,258,000				부채 및 자본 총계	974,869,000
0208	차량운반구	50,000,000				대 차 차 액	
0209	감가상각누계액	21,000,000					
차 변 합 계		974,869,000	대 변 합 계		974,869,000		

퇴직급여충당부채(295): 제 조 26,300,000   도 급   보 관
                     분 양   운 송   판 관 비 20,000,000
퇴직연금충당부채(329): 제 조   도 급   보 관
                     분 양   운 송   판 관 비

① 자산 계정과목 중 현금을 입력할 시 [코드]란에 커서를 놓고 "현금"을 입력하면 [계정과목]란에 '현금'이 바로 표시되며 [금액]란에 "130,897,000"을 입력한다.

② 자산 계정과목 중 두 번째 당좌예금을 입력할 시 [코드]란에 커서를 놓고 "당좌"을 입력하면 다음의 「계정코드도움」보조창이 나오며 보조창에서 '102.당좌예금'을 선택하여 반영한 후 [금액]란에 "67,330,000"을 입력한다. 또한, '보통예금'부터 같은 방법으로 입력한다.

③ 대손충당금, 감가상각누계액 입력 시 음수(-)를 사용하지 않으며, 관련자산의 차감적 평가계정이므로 관련 자산의 다음 코드번호를 입력한다.

④ 매도가능증권을 입력하면 123번과 178번 두 가지가 나온다. 123번은 당좌자산인 매도가능증권이며 178번은 투자자산인 매도가능증권이므로 178번을 입력해야 한다.

⑤ 퇴직급여충당부채는 화면하단 [제조]란에 "26,300,000"과 [판관비]란에 "20,000,000"을 나누어 입력한다.

퇴직급여충당부채(295) :	제 조	26,300,000	도 급		보 관	
	분 양		운 송		판관비	20,000,000
퇴직연금충당부채(329) :	제 조		도 급		보 관	
	분 양		운 송		판관비	

⑥ 미처분이익잉여금은 "375.이월이익잉여금"으로 입력하며 만약, 미처리결손금이 해당하면 "376.이월결손금"으로 입력한다. 즉, 당기순이익이나 당기순손실은 별도로 입력하지 않음에 주의하자.

⑦ 입력을 완료한 후 대차차액이 없으면 오류가 없는 것이다.

⑧ 입력 중 틀리면 삭제 후 다시 입력하고 누락했다면 중간에 삽입이 되지 않으므로 맨 하단부에 추가 입력하면 된다.

제2절 전기분 원가명세서

[회계관리]-[재무회계]-[전기분 재무제표]-[전기분 원가명세서]에 들어오면 비교식 제조원가명세서를 작성하기 위하여 전기분 원가명세서를 입력하는 메뉴가 나온다. 전산회계 1급의 시험범위는 제조기업이며 제조기업은 원재료를 투입 후 공장에서 제품을 만들고 만들어진 제품을 팔아서 수익을 창출하는 기업이다. 이때, 원재료 투입 후 공장에서 제품을 생산하는 과정을 집계한 보고서가 제조원가명세서이다. 제조원가명세서의 기말원재료와 기말재공품은 전기분 재무상태표에서 입력한 원재료와 재공품가액을 불러온다. 또한, 제조원가명세서의 당기제품제조원가는 손익계산서의 매출원가를 구하는데 영향을 미친다.

I 전기분 원가명세서 메뉴 알아보기

1 매출원가 및 경비선택

사용여부	매출원가코드 및 계정과목		원가경비		화면
부	0455	제품매출원가	1	0500번대	제조
부	0452	도급공사매출원가	2	0600번대	도급
부	0457	보관매출원가	3	0650번대	보관
부	0453	분양공사매출원가	4	0700번대	분양
부	0458	운송매출원가	5	0750번대	운송

[참고사항]
1. 편집(tab)을 선택하면 사용여부를 1.여 또는 0.부로 변경하실 수 있습니다.
2. 사용여부를 1.여로 입력 되어야만 매출원가코드를 변경하실 수 있습니다. (편집(tab)을 클릭하신 후에 변경하세요)
3. 사용여부가 1.여인 매출원가코드가 중복 입력되어 있는 경우 본 화면에 입력하실 수 없습니다.

① 제조업의 매출원가코드는 '455.제품매출원가'이므로 「매출원가 및 경비선택」 보조창 하단 편집(Tab) 을 클릭한 후 [사용여부]란의 '부'를 '1:여'로 변경한다.

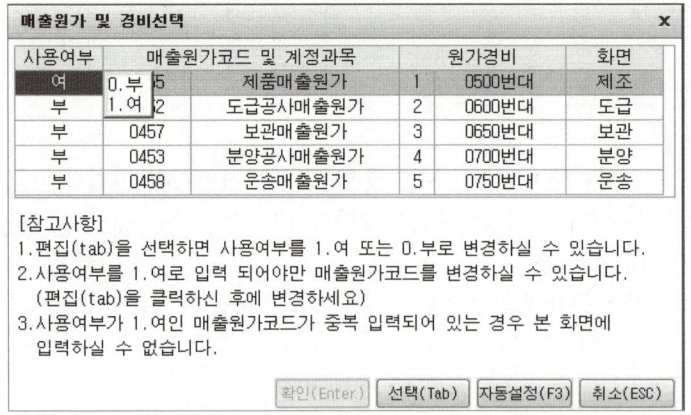

② 「매출원가 및 경비선택」 보조창 하단 선택(Tab)을 클릭한 다음 활성화된 바로 옆의 확인(Enter)을 클릭하면 다음의 화면이 나온다.

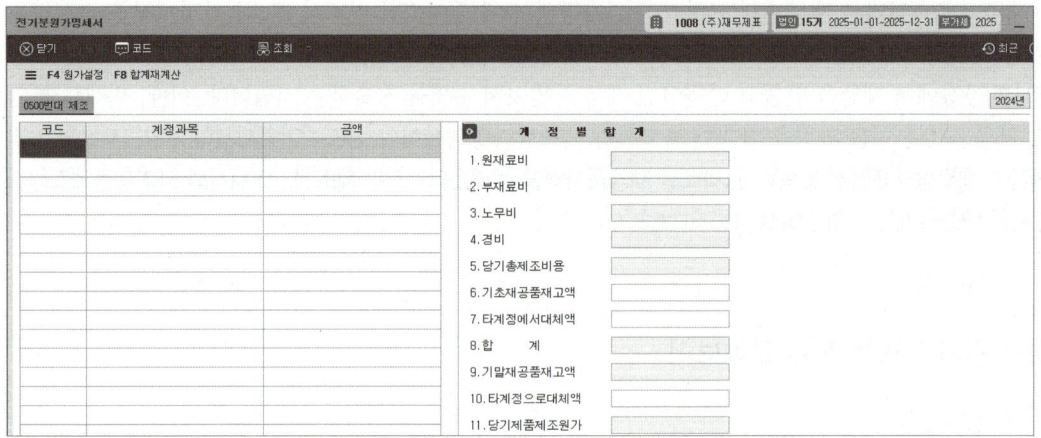

③ 9.기말재공품재고액 10,000,000 은 [전기분 재무상태표]메뉴에서 "169.재공품"으로 입력한 금액 10,000,000원이 자동으로 반영된 것이다. 만약, 기말재공품재고액을 수정하고자 한다면 「전기분 재무상태표」메뉴에서 "169.재공품"의 금액을 수정한 후에 다시 불러와야 한다.

④ 상기 화면의 확인 을 클릭하면 입력할 준비가 끝난 것이다.

2 코드 계정과목 금액

계정과목의 코드번호와 금액은 「전기분 재무상태표」메뉴에서 입력하는 방법과 동일하다. 또한, 계정과목 및 금액을 입력하면 화면 우측의 [계정별합계]란에 자동으로 반영된다.

3 원재료비 입력

계정과목 [코드]란에 커서를 놓고 "501.원재료비"를 입력하면 「원재료」보조창이 나타난다. 기초원재료재고액과 당기원재료매입액을 입력하고 키보드의 Enter 키를 계속 누르면 원재료비(기초원재료재고액 + 당기원재료매입액 – 기말원재료재고액)가 자동으로 산출된다. 기말원재료재고액은 「전기분 재무상태표」메뉴에서 입력한 금액이 자동 반영되어 표시되므로 다음의 보조창에서는 수정할 수 없다. 만약, 기말원재료재고액을 변경하고자 한다면 「전기분 재무상태표」메뉴의 원재료 금액을 수정한 후 다시 「원재료」보조창을 다시 불러오면 된다.

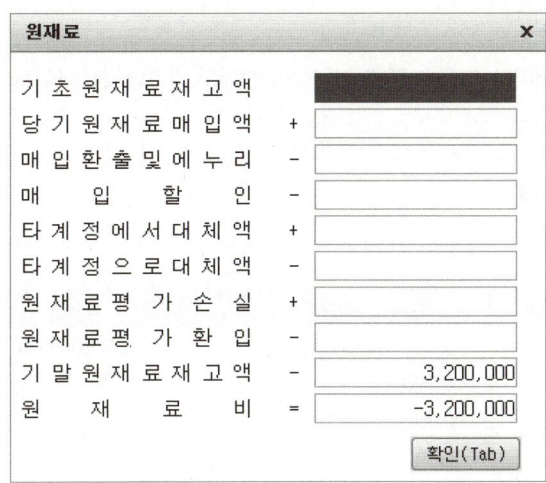

4 재공품재고액 입력

기초재공품재고액은 화면 우측 [계정별합계]란의 [6.기초재공품재고액]에 직접 입력한다. [9.기말재공품재고액]은 「전기분 재무상태표」메뉴에서 입력한 금액이 자동 반영되어 표시되므로 [계정별합계]란에서 수정할 수 없다. 만약, 기말재공품재고액을 변경하고자 한다면 「전기분 재무상태표」메뉴의 재공품 금액을 수정한 후 다시 「전기분 원가명세서」메뉴를 다시 불러오면 된다.

Ⅱ 전기분 원가명세서 메뉴 따라하기

다음은 (주)재무제표(코드번호 : 1008)의 전기분 제조원가명세서이다. 다음 자료를 이용하여 전기분 원가명세서 메뉴에 입력하시오.

제 조 원 가 명 세 서

(주)재무제표　　　　　2024년1월1일부터 2024년12월31일까지　　　　　단위 : 원

과　　목	금　　액	
Ⅰ. 원 재 료 비		11,500,000
기초원재료재고액	2,500,000	
당기원재료매입액	12,200,000	
기말원재료재고액	3,200,000	
Ⅱ. 노 　무 　비		5,000,000
임　　　　금	4,000,000	
상　여　금	1,000,000	
Ⅲ. 경　　　　비		11,080,000
복 리 후 생 비	1,800,000	
가 스 수 도 료	1,500,000	
전 　력 　비	500,000	
세 금 과 공 과	2,350,000	
감 가 상 각 비	1,440,000	
수 　선 　비	440,000	
보 　험 　료	350,000	
차 량 유 지 비	200,000	
소 　모 품 비	2,500,000	
Ⅳ. 당 기 총 제 조 비용		27,580,000
Ⅴ. 기초 재공품 재고액		3,430,000
Ⅵ. 합　　　　계		31,010,000
Ⅶ. 기말 재공품 재고액		10,000,000
Ⅷ. 타계정으로의 대체액		0
Ⅸ. 당기 제품 제조원가		21,010,000

> **해설**

▶▶ [회계관리]-[재무회계]-[전기분 재무제표]-[전기분 원가명세서] 입력화면

코드	계정과목	금액
0501	원재료비	11,500,000
0504	임금	4,000,000
0505	상여금	1,000,000
0511	복리후생비	1,800,000
0515	가스수도료	1,500,000
0516	전력비	500,000
0517	세금과공과	2,350,000
0518	감가상각비	1,440,000
0520	수선비	440,000
0521	보험료	350,000
0522	차량유지비	200,000
0530	소모품비	2,500,000

계 정 별 합 계

1. 원재료비	11,500,000
2. 부재료비	
3. 노무비	5,000,000
4. 경비	11,080,000
5. 당기총제조비용	27,580,000
6. 기초재공품재고액	3,430,000
7. 타계정에서대체액	
8. 합 계	31,010,000
9. 기말재공품재고액	10,000,000
10. 타계정으로대체액	
11. 당기제품제조원가	21,010,000

① [코드]란에 커서를 놓고 "원재"를 입력하면 「계정코드도움」 보조창이 나오고 '501.원재료비'를 선택한 후 확인(Enter)을 클릭한다.

② 다음의 「원재료」 보조창에서 기초원재료재고액 "2,500,000"과 당기원재료매입액 "12,200,000"을 입력하고 키보드의 Enter 키를 계속 누르면 원재료비 11,500,000원이 자동으로 산출된다. 「원재료」 보조창의 기말원재료재고액은 「전기분 재무상태표」 메뉴에서 "153.원재료"로 입력된 금액 '3,200,000'이 자동 반영된 것이다.

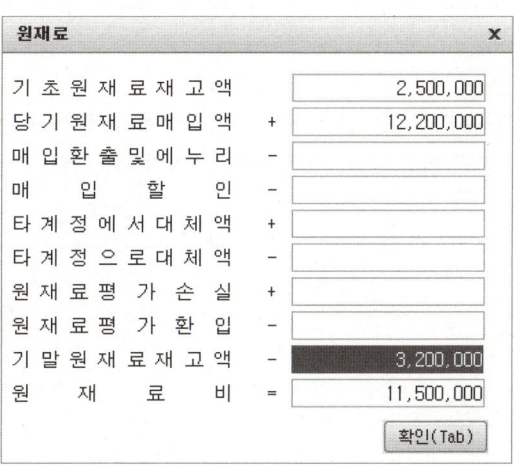

③ 제조원가 계정과목은 500번대이며 '임금'부터 '소모품비'까지 입력한다.
④ 화면 우측 [기초재공품재고액]란에 커서를 놓고 "3,430,000"을 직접 입력한다. [기말재공품재고액]은 「전기분 재무상태표」 메뉴에서 "169.재공품"으로 입력된 금액 '10,000,000'이 자동 반영된다.
⑤ 화면 우측 [항목별합계액] 중 당기제품제조원가의 금액이 자료에서 제시된 21,010,000원이면 정확하게 입력한 것이다.
⑥ 입력 중 틀리면 삭제 후 다시 입력하고 누락했다면 중간에 삽입이 되지 않으므로 맨 하단부에 추가 입력하면 된다.

제3절 | 전기분 손익계산서

[회계관리]-[재무회계]-[전기분 재무제표]-[전기분 손익계산서]에 들어오면 비교식 손익계산서를 작성하기 위하여 전기분 손익계산서를 입력하는 메뉴가 나온다. **전기분 손익계산서의 당기순이익은 전기분 이익잉여금처분계산서의 미처분이익잉여금 중 당기순이익에 반영된다.**

I 전기분 손익계산서 메뉴 알아보기

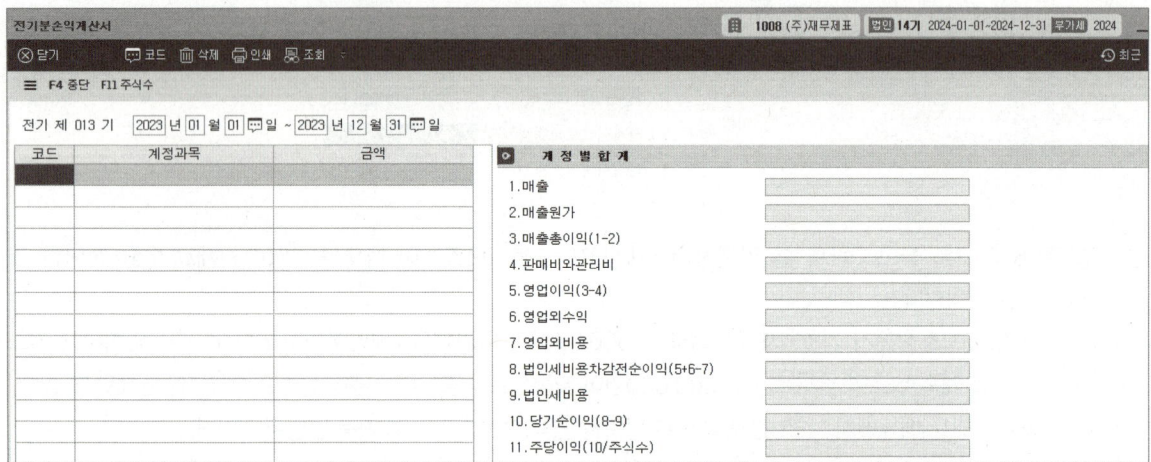

1 코드 계정과목 금액

전기분 손익계산서를 보고 계정과목과 금액을 입력하면 [계정별합계액]에 자동으로 반영된다. 전기분 손익계산서의 판관비는 800번대 비용으로 입력한다. 또한, 계정과목 코드번호와 금액은 「전기분 재무상태표」메뉴의 입력방법과 동일하다.

2 제품매출원가 입력방법

[코드]란에 커서를 놓고 "455.제품매출원가"를 입력하면 다음의 「매출원가」 보조창이 나타난다. '기초제품재고액'과 '당기제품제조원가'를 해당 칸에 입력하고 계속 키보드의 [Enter]을 누르면 제품매출원가(기초제품재고액 + 당기제품제조원가 − 기말제품재고액)가 자동 계산되어진다. '기말제품재고액'은 「전기분 재무상태표」메뉴에서 "150.제품"으로 입력한 금액이 자동으로 표시되므로 본 메뉴에서는 수정이 불가능하다. 만약, 수정하고자 한다면 「전기분 재무상태표」메뉴에서 "150.제품"의 금액을 수정한 후 다시 「매출원가」 보조창을 불러오면 반영된다.

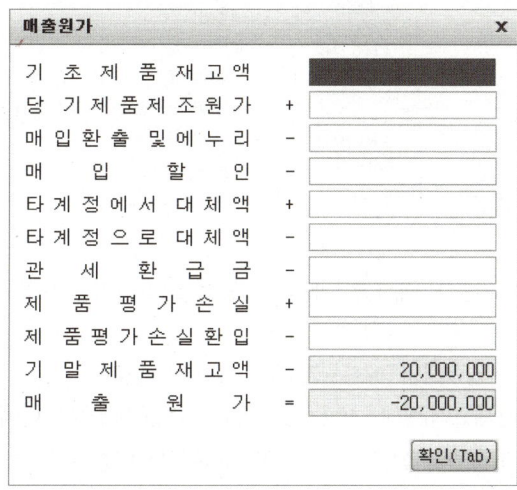

Ⅱ 전기분 손익계산서 메뉴 따라하기

다음은 (주)재무제표(코드번호 : 1008)의 전기분 손익계산서이다. 다음 자료를 이용하여 전기분 손익계산서 메뉴에 입력하시오.

손 익 계 산 서

(주)재무제표　　　　　　　2024년1월1일부터 2024년12월31일까지　　　　　　　단위 : 원

과 목	금 액	과 목	금 액
Ⅰ. 매 출 액	159,413,200	감 가 상 각 비	2,858,500
제 품 매 출	159,413,200	임 차 료	4,000,000
Ⅱ. 제품 매출 원가	41,010,000	수 선 비	2,250,000
기초 제품 재고액	40,000,000	차 량 유 지 비	2,500,000
당기제품제조원가	21,010,000	대 손 상 각 비	125,000
기말 제품 재고액	20,000,000	Ⅴ. 영 업 이 익	19,550,000
Ⅲ. 매 출 총 이 익	118,403,200	Ⅵ. 영 업 외 수 익	5,000,000
Ⅳ. 판매비와관리비	98,853,200	이 자 수 익	5,000,000
급 여	67,438,400	Ⅶ. 영 업 외 비 용	6,000,000
복 리 후 생 비	8,900,000	이 자 비 용	6,000,000
통 신 비	3,130,000	Ⅷ. 법인세차감전이익	18,550,000
수 도 광 열 비	2,251,300	Ⅸ. 법 인 세 비 용	
세 금 과 공 과	5,400,000	Ⅹ. 당 기 순 이 익	18,550,000

해설

▶▶ [회계관리]-[재무회계]-[전기분 재무제표]-[전기분 손익계산서] 입력화면

코드	계정과목	금액
0404	제품매출	159,413,200
0455	제품매출원가	41,010,000
0801	급여	67,438,400
0811	복리후생비	8,900,000
0814	통신비	3,130,000
0815	수도광열비	2,251,300
0817	세금과공과	5,400,000
0818	감가상각비	2,858,500
0819	임차료	4,000,000
0820	수선비	2,250,000
0822	차량유지비	2,500,000
0835	대손상각비	125,000
0901	이자수익	5,000,000
0951	이자비용	6,000,000

계정별합계	
1.매출	159,413,200
2.매출원가	41,010,000
3.매출총이익(1-2)	118,403,200
4.판매비와관리비	98,853,200
5.영업이익(3-4)	19,550,000
6.영업외수익	5,000,000
7.영업외비용	6,000,000
8.법인세비용차감전이익(5+6-7)	18,550,000
9.법인세비용	
10.당기순이익(8-9)	18,550,000
11.주당이익(10/주식수)	

① [코드]란에 커서를 놓고 "제품매"를 입력하면 「계정코드도움」 보조창이 나오고 '404.제품매출'을 선택한 후 확인(Enter) 을 클릭한다.

② [코드]란에 "455.제품매출원가"를 입력하면 「매출원가」 보조창이 나타난다.

③ 「매출원가」 보조창에서 [기초제품재고액]란에 "40,00,000", [당기제품제조원가]란에 "21,100,000"을 입력하고 키보드의 Enter 키를 계속 누르면 매출원가 41,010,000원이 산출된다. 「매출원가」 보조창의 기말제품재고액은 「전기분 재무상태표」 메뉴에서 "150.제품"으로 입력된 금액 '20,000,000'이 자동 반영된 것이다.

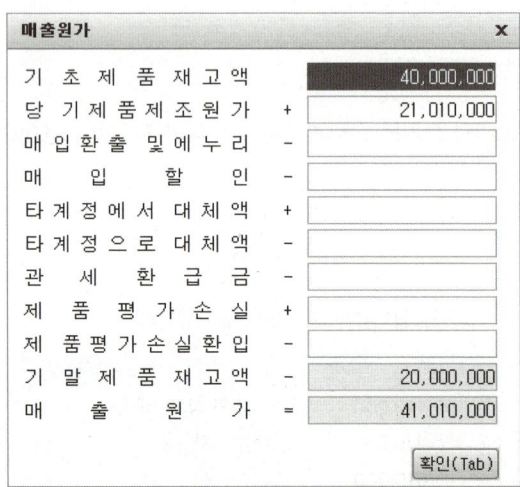

④ 판관비 계정과목은 800번대, 영업외손익 계정과목은 900번대이며 '급여'부터 '이자비용'까지 입력한다.

⑤ 화면 우측 「항목별합계액」 중 당기순이익의 금액이 자료에서 제시된 18,550,000원이면 정확하게 입력한 것이다.

⑥ 입력 중 틀리면 삭제 후 다시 입력하고 누락했다면 중간에 삽입이 되지 않으므로 맨 하단부에 추가 입력하면 된다.

제4절 전기분 잉여금처분계산서

[회계관리]-[재무회계]-[전기분 재무제표]-[전기분 잉여금처분계산서]에 들어오면 비교식 이익잉여금처분계산서를 작성하기 위한 전기분 이익잉여금처분계산서를 입력하는 메뉴가 나온다. 법인은 결산일(보고기간 종료일)로부터 3월 이내 주주총회를 개최하여 이익에 대한 처분을 하며 이익처분 등에 대하여 보고하는 서식이 이익잉여금처분계산서이다. 또한 결산일은 결산기준일일 뿐 주주총회가 있기 전이므로 이익처분에 관한 사항을 알 수 없다. 따라서, 결산일에 재무상태표에 반영되는 미처분이익잉여금은 주주총회일에 확정된 처분내역을 반영하기 전의 금액이다.

I 전기분 잉여금처분계산서 메뉴 알아보기

과목	계정과목명		제 14(전)기 2024년01월01일~2024년12월31일	
	코드	계정과목	입력금액	합계
I.미처분이익잉여금				
1.전기이월미처분이익잉여금				
2.회계변경의 누적효과	0369	회계변경의누적효과		
3.전기오류수정이익	0370	전기오류수정이익		
4.전기오류수정손실	0371	전기오류수정손실		
5.중간배당금	0372	중간배당금		
6.당기순이익				
II.임의적립금 등의 이입액				
1.				
2.				
합계(I + II)				
III.이익잉여금처분액				
1.이익준비금	0351	이익준비금		
2.재무구조개선적립금	0354	재무구조개선적립금		
3.주식할인발행차금상각액	0381	주식할인발행차금		
4.배당금				
가.현금배당	0265	미지급배당금		
주당배당금(률)		보통주(원/%)		
		우선주(원/%)		
나.주식배당	0387	미교부주식배당금		
주당배당금(률)		보통주(원/%)		
		우선주(원/%)		
5.사업확장적립금	0356	사업확장적립금		
6.감채적립금	0357	감채적립금		
7.배당평균적립금	0358	배당평균적립금		
IV.차기이월미처분이익잉여금				

❶ | 6.당기순이익 | | | 18,550,000 |

[6.당기순이익]란은 「전기분 손익계산서」메뉴의 당기순이익을 자동으로 반영되며 해당란을 덧씌워 입력하는 방법으로 수정도 가능하다.

❷ | I.미처분이익잉여금 |

전기분 이익잉여금처분계산서의 미처분이익잉여금은 전기분 재무상태표의 이월이익잉여금의 금액과 일치해야 한다. 본 메뉴의 [1.전기이월미처분이익잉여금]란의 금액을 정확히 추가 입력하면 [1.전기이월미처분이익잉여금]과 [6.당기순이익]의 합계금액이 [I.미처분이익잉여금]란으로 자동 반영된다.

3 프로그램 상단툴바 기능

- **F4 칸추가** : 기본적으로 설정된 항목 이외의 새로운 칸을 추가하는 기능이다. **F4 칸추가** 는 커서가 [당기순이익]란, [Ⅱ.임의적립금 등의 이입액]란 아래 칸, [Ⅳ.차기이월미처분이익잉여금]란에 위치한 경우에만 활성화되며 **F4 칸추가** 를 클릭하면 새로운 라인을 추가할 수 있다.
- **삭제** : 추가된 라인에 커서를 놓고 **삭제** 를 클릭하면 라인을 삭제할 수 있다.
- **F6 불러오기** : 「전기분 손익계산서」 메뉴의 당기순이익을 새로 불러오는 기능이다.

Ⅱ 전기분 잉여금처분계산서 메뉴 따라하기

다음은 (주)재무제표(코드번호 : 1008)의 전기분 잉여금처분계산서이다. 다음 자료를 이용하여 전기분 잉여금처분계산서 메뉴에 입력하시오.

이익잉여금처분계산서

(주)재무제표　　　　　　　　　2024년 1월1일부터 2024년12월31일　　　　　　　　　　단위 : 원

과　목	금　액	
Ⅰ.미 처 분 이 익 잉 여 금		254,236,000
1.전기이월미처분이익잉여금	235,686,000	
2.회계변경의 누적효과		
3.전기 오류 수정 손익		
4.당 기 순 이 익	18,550,000	
Ⅱ.임의적립금이입액		
합　　　계		254,236,000
Ⅲ.이익잉여금처분액		
이익준비금		
현금배당금		
주식배당금		
Ⅳ.차기이월미처분이익잉여금		254,236,000

* 처분확정일자 : 2025년 2월 28일

해설

▶▶ [회계관리]-[재무회계]-[전기분 재무제표]-[전기분 잉여금처분계산서] 입력화면

과목	계정과목명		제 14(전)기 2024년01월01일~2024년12월31일	
	코드	계정과목	입력금액	합계
I.미처분이익잉여금				254,236,000
1.전기이월미처분이익잉여금			235,686,000	
2.회계변경의 누적효과	0369	회계변경의누적효과		
3.전기오류수정이익	0370	전기오류수정이익		
4.전기오류수정손실	0371	전기오류수정손실		
5.중간배당금	0372	중간배당금		
6.당기순이익			18,550,000	
II.임의적립금 등의 이입액				
1.				
2.				
합계(I + II)				254,236,000
III.이익잉여금처분액				
1.이익준비금	0351	이익준비금		
2.재무구조개선적립금	0354	재무구조개선적립금		
3.주식할인발행차금상각액	0381	주식할인발행차금		
4.배당금				
가.현금배당	0265	미지급배당금		
주당배당금(률)		보통주(원/%)		
		우선주(원/%)		
나.주식배당	0387	미교부주식배당금		
주당배당금(률)		보통주(원/%)		
		우선주(원/%)		
5.사업확장적립금	0356	사업확장적립금		
6.감채적립금	0357	감채적립금		
7.배당평균적립금	0358	배당평균적립금		
IV.차기이월미처분이익잉여금				254,236,000

① [처분확정일자]란에 "2025 2 28"을 입력한다.
② [전기이월미처분이익잉여금]란에 "235,686,000"을 입력하며 [당기순이익]란은 「전기분 손익계산서」 메뉴의 당기순이익이 자동으로 반영된다.

제5절 전기분 재무제표 메뉴의 상호간 연관관계

전기분 재무제표 메뉴의 상호간 연결고리는 다음과 같다.

재무상태표
20x1.12.31일 현재

자산		부채	
Ⅰ. 유동자산	×××	Ⅰ. 유동부채	×××
1. 당좌자산	×××	Ⅱ. 비유동부채	×××
(1)현금및…	×××	:	
(2)당좌예금	×××	부채총계	×××
:			
2. 재고자산	×××	자본	
(1)상품	×××	Ⅰ. 자본금	×××
(2)제품	×××	Ⅱ. 자본잉여금	×××
(3)반제품	×××	Ⅲ. 이익잉여금	×××
(4)재공품	×××	1. 이익준비금	×××
(5)원재료	×××	2. 기타법정	×××
(6)저장품	×××	3. 임의적립금	×××
:		4. 미처분이익잉여금	×××
Ⅱ. 비유동자산	×××	(당기순이익×××)	
1. 투자자산	×××	Ⅳ. 자본조정	×××
2. 유형자산	×××	:	
3. 무형자산	×××	자본총계	×××
자산총계	×××	부채와자본의총계	×××

손익계산서
20x1.1.1일 부터 20x1.12.31일 까지

Ⅰ. 매출액		×××
Ⅱ. 매출원가		×××
1. 상품매출원가	×××	
(1) 기초상품재고액	×××	
(2) 당기상품매입액	×××	
(3) 기말상품재고액	×××	
2. 제품매출원가	×××	
(1) 기초제품재고액	×××	
(2) 당기제품제조원가	×××	
(3) 기말제품재고액	×××	
Ⅲ. 매출총이익(손실)		×××
Ⅳ. 판매비와관리비		×××
1. 급여	×××	
:		
Ⅴ. 영업이익(손실)		×××
Ⅵ. 영업외수익		×××
Ⅶ. 영업외비용		×××
Ⅷ. 법인세차감전순이익(손실)		×××
Ⅸ. 법인세등		×××
Ⅹ. 당기순이익(손실)		×××

제조원가명세서

Ⅰ. 원재료비		×××
1. 기초원재료재고액	×××	
2. 당기원재료매입액	×××	
3. 기말원재료재고액	×××	
Ⅱ. 노무비		×××
1. 임 금	×××	
:		
Ⅲ. 경 비		×××
1. 복리후생비	×××	
:		
Ⅳ. 당기총제조비용		×××
Ⅴ. 기초재공품원가		×××
Ⅵ. 합 계		×××
Ⅶ. 기말재공품원가		×××
Ⅷ. 타계정(유형자산)대체액		×××
Ⅸ. 당기제품제조원가		×××

이익잉여금처분계산서(결의일20x2.02.28)

Ⅰ. 미처분이익잉여금		×××
1. 전기이월이익잉여금	×××	
2. 당기순이익		×××
Ⅱ. 임의적립금등의 이입액		×××
합 계		
Ⅲ. 이익잉여금처분액		×××
1. 이익준비금	×××	
2. 기타법정적립금	×××	
3. 주식할인발행차금상각액	×××	
4. 배당금	×××	
(1) 현금배당	×××	
(2) 주식배당	×××	
Ⅳ. 차기이월이익잉여금		×××

1 재무상태표의 기말재고액

재무상태표는 보고기간 종료일의 자산, 부채, 자본의 현황을 표시하므로 재무상태표의 원재료, 재공품, 제품은 다음의 재무제표에 자동으로 반영된다.
- 재무상태표의 원재료 ⇨ 제조원가명세서의 원재료비 중 기말원재료
- 재무상태표의 재공품 ⇨ 제조원가명세서의 기말재공품재고액
- 재무상태표의 제품 ⇨ 손익계산서의 매출원가 중 기말제품

2 제조원가명세서의 당기제품제조원가

제조원가명세서의 당기제품제조원가는 손익계산서의 매출원가 계산산식 중 당기제품제조원가의 금액과 일치해야 한다.

3 손익계산서의 당기순이익

손익계산서의 당기순이익은 이익잉여금처분계산서의 미처분이익잉여금 중 당기순이익 금액과 일치해야 한다.

4 이익잉여금처분계산서의 미처분이익잉여금

이익잉여금처분계산서의 미처분이익잉여금은 재무상태표의 미처분이익잉여금(375.이월이익잉여금) 금액과 일치해야 한다.

★ Ⅰ 전기분 재무제표 메뉴의 상호간 연관관계 출제포인트 최신 30회 중 26문제 출제

1 전기분 재무제표 메뉴의 상호간의 연결고리에 대한 이해도를 평가하는 문제, 즉 재무제표 각 서식간의 연관되는 계정과목 및 금액에 대한 문제가 주로 출제된다.

2 중요출제유형

① 제시된 전기분 재무제표를 보고 기 등록된 내용을 검토하여 잘못된 계정과목 및 금액은 수정하고 누락된 계정과목 및 금액은 추가 입력
② 전기분 재무상태표의 기말재고자산금액 수정 및 추가입력으로 인한 관련된 재무제표 상호간의 연결고리인 계정과목 및 금액 수정
③ 전기분 제조원가명세서 또는 전기분 손익계산서의 계정과목 및 금액의 오류수정 및 추가입력으로 인한 관련된 재무제표 상호간의 연결고리인 계정과목 및 금액 수정

제6절 거래처별초기이월

[회계관리]-[재무회계]-[전기분 재무제표]-[거래처별초기이월]은 채권·채무 등 거래처별관리가 필요한 재무상태표 항목에 대하여 관련 계정과목의 거래처별 잔액을 이월 받아 관리의 연속성을 유지하기 위한 메뉴이다. 즉, 거래처원장을 만들고자 할 때 거래처별관리가 필요한 재무상태표 항목에 대해 거래처를 등록하고 전기말 잔액을 입력한다.

I 거래처별초기이월 메뉴 알아보기

1 상단 툴바 F4 불러오기

「거래처별초기이월」메뉴의 상단 툴바 F4 불러오기 를 클릭하면 다음의 대화창이 나타난다.

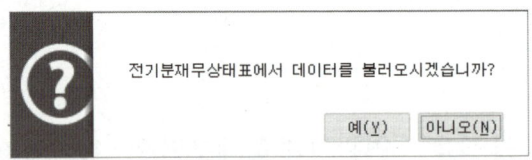

예(Y) 를 클릭하면「전기분 재무상태표」메뉴의 계정과목 및 금액을 다음과 같이 불러온다.

코드	계정과목	재무상태표금액
0101	현금	130,897,000
0102	당좌예금	67,330,000
0103	보통예금	478,150,000
0107	단기매매증권	1,590,000
0108	외상매출금	14,500,000
0109	대손충당금	150,000
0110	받을어음	17,000,000
0111	대손충당금	890,000
0146	상품	1,500,000
0150	제품	20,000,000
0153	원재료	3,200,000
0169	재공품	10,000,000
0178	매도가능증권	20,000,000
0179	장기대여금	10,000,000
0201	토지	50,000,000
0202	건물	140,000,000
0203	감가상각누계액	59,000,000
0206	기계장치	60,000,000
0207	감가상각누계액	18,258,000
0208	차량운반구	50,000,000
0209	감가상각누계액	21,000,000
0251	외상매입금	75,194,000
0252	지급어음	67,380,000
0253	미지급금	52,820,000
0260	단기차입금	137,020,000
0264	유동성장기부채	50,000,000
0293	장기차입금	226,919,000
0295	퇴직급여충당부채	46,300,000
0331	자본금	50,000,000

❷ | 코드 | 거래처 | 금액 |

거래처별로 초기이월할 계정과목을 클릭하여 우측의 [코드]란에 커서를 놓고 키보드의 F2키를 누르면 「거래처도움」 보조창이 나타난다. 「거래처도움」보조창의 전체 란에 찾고자 하는 거래처의 앞 한 글자 이상을 입력하면 한 글자를 포함하는 거래처코드와 거래처명이 조회되며, 해당 거래처를 선택한 후 확인(Enter) 을 클릭한다. 각 거래처별로 전기이월 금액을 입력하면 화면 우측 하단 [차액]란의 금액이 '0'이 되며 입력된 자료는 [회계관리]-[재무회계]-[장부관리]-[거래처원장] 메뉴에 반영된다.

Ⅱ 거래처별초기이월 메뉴 따라하기

㈜재무제표(회사코드 : 1008)의 다음 자료를 이용하여 거래처별초기이월 메뉴에 입력하시오.

계정과목	거래처명	금 액
외상매출금	㈜홈플라스	14,500,000원
받을어음	㈜임아트상회	17,000,000원
외상매입금	㈜홈플라스	75,194,000원
지급어음	㈜임아트상회	67,380,000원

해설

▶▶ [회계관리]-[재무회계]-[전기분 재무제표등]-[거래처별초기이월] 메뉴 선택

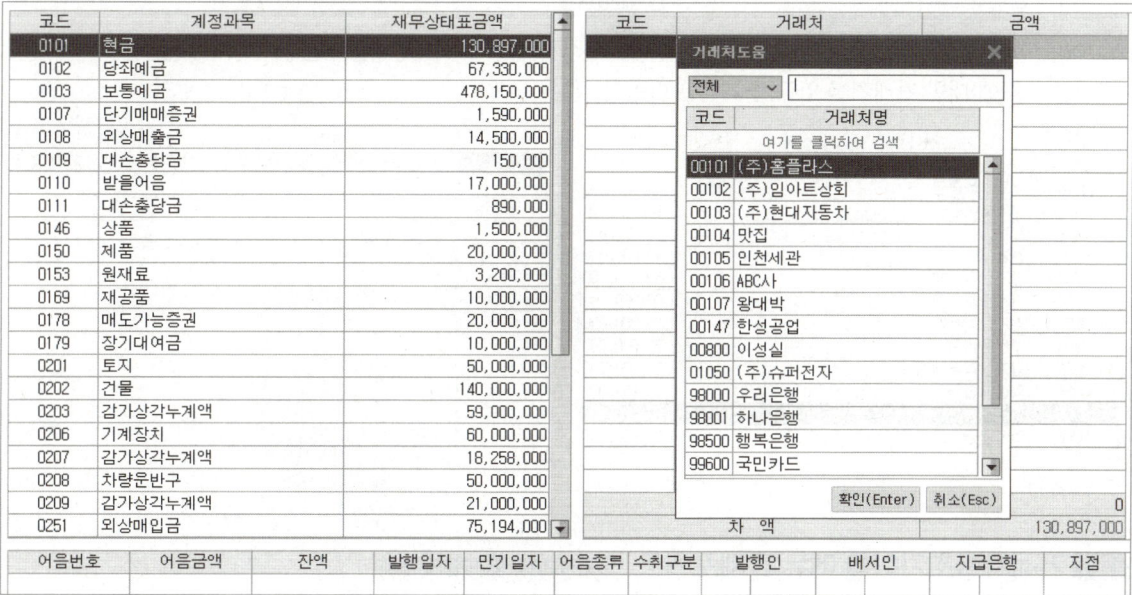

① 상단 툴바의 F4 불러오기 를 클릭하면 나타나는 대화창에서 예(Y) 를 클릭하고 「전기분 재무상태표」메뉴의 계정과목 및 금액을 불러온다.
② 화면 좌측의 '108.외상매출금'을 클릭하고 화면 우측 [코드]란에 커서를 놓고 키보드의 F2를 누른다.
③ 「거래처도움」보조창에서 거래처 ㈜홈플라스를 선택한 후 확인(Enter) 을 클릭한다. 또한, [금액]란에 "14,500,000"을 입력한다.

④ '외상매출금'에 대한 거래처를 입력한 화면은 다음과 같다.

코드	계정과목	재무상태표금액		코드	거래처	금액
0101	현금	130,897,000		00101	(주)홈플러스	14,500,000
0102	당좌예금	67,330,000				
0103	보통예금	478,150,000				
0107	단기매매증권	1,590,000				
0108	**외상매출금**	**14,500,000**				
0109	대손충당금	150,000				
0110	받을어음	17,000,000				

⑤ '받을어음'도 같은 방법으로 입력하고 입력 후 화면은 다음과 같다.

코드	계정과목	재무상태표금액		코드	거래처	금액
0101	현금	130,897,000		00102	(주)임아트상회	17,000,000
0102	당좌예금	67,330,000				
0103	보통예금	478,150,000				
0107	단기매매증권	1,590,000				
0108	외상매출금	14,500,000				
0109	대손충당금	150,000				
0110	**받을어음**	**17,000,000**				
0111	대손충당금	890,000				

⑥ '외상매입금'에 대한 거래처를 입력한 화면은 다음과 같다.

코드	계정과목	재무상태표금액		코드	거래처	금액
0169	재공품	10,000,000		00101	(주)홈플러스	75,194,000
0178	매도가능증권	20,000,000				
0179	장기대여금	10,000,000				
0201	토지	50,000,000				
0202	건물	140,000,000				
0203	감가상각누계액	59,000,000				
0206	기계장치	60,000,000				
0207	감가상각누계액	18,258,000				
0208	차량운반구	50,000,000				
0209	감가상각누계액	21,000,000				
0251	**외상매입금**	**75,194,000**				
0252	지급어음	67,380,000				

⑦ '지급어음'에 대한 거래처를 입력한 화면은 다음과 같다.

코드	계정과목	재무상태표금액		코드	거래처	금액
0169	재공품	10,000,000		00102	(주)임아트상회	67,380,000
0178	매도가능증권	20,000,000				
0179	장기대여금	10,000,000				
0201	토지	50,000,000				
0202	건물	140,000,000				
0203	감가상각누계액	59,000,000				
0206	기계장치	60,000,000				
0207	감가상각누계액	18,258,000				
0208	차량운반구	50,000,000				
0209	감가상각누계액	21,000,000				
0251	외상매입금	75,194,000				
0252	**지급어음**	**67,380,000**				
0253	미지급금	52,820,000				

★ Ⅲ 거래처별초기이월 메뉴 출제포인트 최신 30회 중 19문제 출제

1 문제에서 제시된 자료를 보고 이미 등록된 내용 중 오류를 수정하거나 입력이 누락된 내용을 추가 입력하는 형태가 주로 출제된다.

2 중요출제유형
① 제시된 채권·채무 관련 계정과목의 거래처별 금액을 추가등록
② 제시된 채권·채무 관련 계정과목의 거래처별 금액에 대한 오류수정 및 삭제

Ⅳ 기출문제 연습하기

[유형 1] 전기분 재무제표 (1 ~ 6)

1 다음은 ㈜하이전자(회사코드 : 1009)의 전기분 제조원가명세서이다. 전기분 원가명세서상의 원재료와 관련된 내용이 잘못 입력되어 있다. 다음 자료의 내용을 전기분 원가명세서와 전기분 재무상태표에 추가로 입력하시오.

52회

제조원가명세서		
(2024.1.1 ~ 2024.12.31)		(단위 : 원)
계 정 과 목	금 액	
Ⅰ. 재료비		209,200,000
기초원재료재고액	15,000,000	
당기원재료매입액	200,000,000	
매입환출 및 에누리	(1,500,000)	
매입할인	(1,300,000)	
기말원재료재고액	3,000,000	
Ⅱ. 노무비	:	

해설

[1] 전기분 재무상태표와 전기분 손익계산서 메뉴

① [전기분 재무상태표] 메뉴에서 원재료를 3,000,000원 추가 입력한 후 화면 우측 하단의 대차차액이 "0"인지 확인한다.

자산			부채 및 자본			계정별 합계	
코드	계정과목	금액	코드	계정과목	금액	1. 유동자산	491,003,000
0101	현금	146,497,000	0251	외상매입금	62,694,000	①당좌자산	473,303,000
0102	당좌예금	80,910,000	0252	지급어음	67,380,000	②재고자산	17,700,000
0103	보통예금	127,378,000	0253	미지급금	19,900,000	2. 비유동자산	215,592,000
0105	정기예금	38,898,000	0254	예수금	670	①투자자산	
0106	정기적금	1,590,000	0255	부가세예수금	1,588,000	②유형자산	215,592,000
0108	외상매출금	59,700,000	0259	선수금	37,020,000	③무형자산	
0109	대손충당금	280,000	0260	단기차입금	10,000,000	④기타비유동자산	
0110	받을어음	17,000,000	0263	선수수익	1,820,000	자산총계(1+2)	706,595,000
0111	대손충당금	3,890,000	0295	퇴직급여충당부채	64,000,000	3. 유동부채	201,072,000
0134	가지급금	5,500,000	0331	자본금	297,850,000	4. 비유동부채	64,000,000
0150	제품	12,000,000	0375	이월이익잉여금	143,673,000	부채총계(3+4)	265,072,000
0169	재공품	2,700,000				5. 자본금	297,850,000
0202	건물	169,900,000				6. 자본잉여금	
0203	감가상각누계액	39,000,000				7. 자본조정	
0206	기계장치	71,950,000				8. 기타포괄손익누계액	
0207	감가상각누계액	18,258,000				9. 이익잉여금	143,673,000
0208	차량운반구	52,000,000				자본총계(5+6+7+8+9)	441,523,000
0209	감가상각누계액	21,000,000				부채 및 자본 총계	706,595,000
0153	원재료	3,000,000				대 차 차 액	
	차 변 합 계	706,595,000		대 변 합 계	706,595,000		

② [전기분 원가명세서] 메뉴의 [원재료비]란의 [매입할인]란에 "1,300,000"을 입력한다.

2 다음은 ㈜동산텍(회사코드 : 1010)의 자료이다. 전기분 손익계산서를 검토한 결과 다음과 같은 오류 및 누락이 발견되었다. 전기분 손익계산서, 전기분 잉여금처분계산서, 전기분 재무상태표 중 관련된 부분을 수정하시오. 65회

계정과목	틀린 금액	올바른 금액	내용
세금과공과	5,400,000원	4,500,000원	입력오류

해설

[2] 전기분 손익계산서, 전기분 잉여금처분계산서 및 전기분 재무상태표 메뉴
① [전기분 손익계산서] 메뉴에서 세금과공과 "5,400,000"을 "4,500,000"으로 수정하여 입력한 후 당기순이익 "24,000,000"을 확인한다.

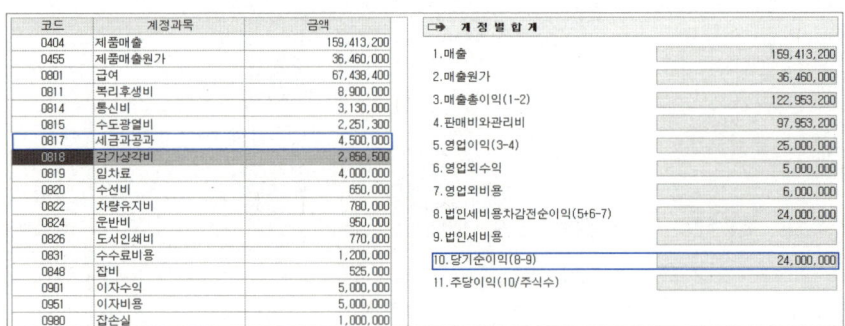

② [전기분 잉여금처분계산서] 메뉴에서 상단 툴바의 F6 불러오기 를 클릭하면 당기순이익 "23,100,000"이 "24,000,000원"으로 수정된다. 미처분이익잉여금 합계금액 "124,000,000"을 확인한다.

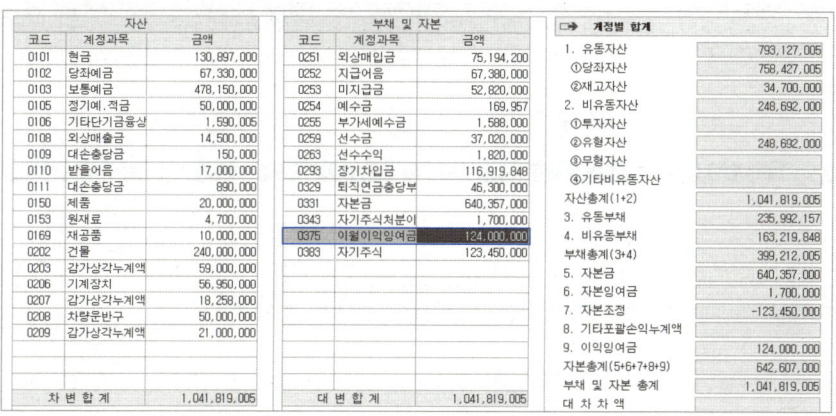

③ [전기분 재무상태표] 메뉴에서 이월이익잉여금 "123,100,000"을 "124,000,000"으로 수정하여 입력한 후 화면 우측 하단의 대차차액이 "0"인지 확인한다.

3 다음은 ㈜으뜸전자(회사코드 : 1011)의 자료이다. 전기분 결산사항을 검토한 결과 다음과 같은 입력누락이 발견되었다. 전기분손익계산서, 전기분잉여금처분계산서, 전기분재무상태표 중 관련된 부분을 수정하시오.

83회

차변		대변	
계정과목	금액	계정과목	금액
선급비용	1,100,000원	보험료(판)	1,100,000원

해설

[3] 전기분 손익계산서, 전기분 잉여금처분계산서 및 전기분 재무상태표 메뉴
① [전기분손익계산서] 메뉴에서 보험료(판) "5,600,000"을 "4,500,000"으로 수정 입력한 후 당기순이익 "57,400,000"을 확인한다.

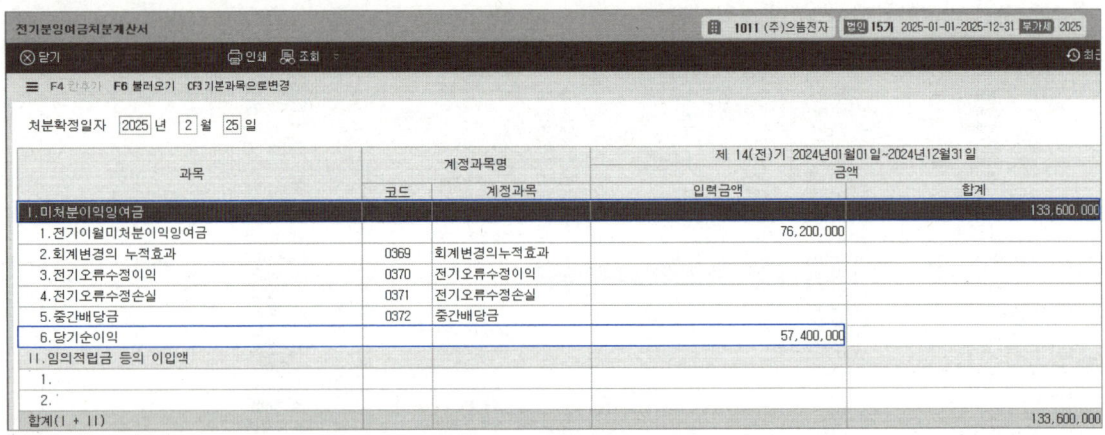

② [전기분 잉여금처분계산서] 메뉴에서 상단 툴바의 F6 불러오기 를 클릭하여 당기순이익 "56,300,000"을 "57,400,000"으로 반영한다. 미처분이익잉여금 합계 "133,600,000"을 확인한다.

③ [전기분 재무상태표] 메뉴에서 선급비용 "540,000"을 "1,640,000"으로 수정하여 입력하고 이월이익잉여금 "132,500,000"을 "133,600,000원"으로 수정하여 입력한다.

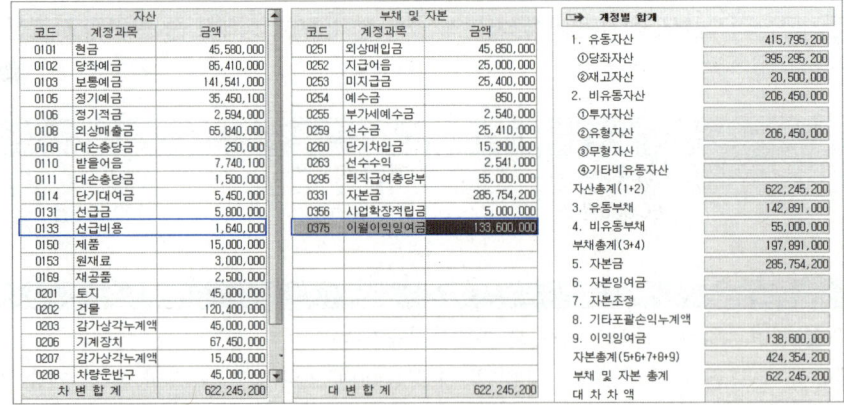

4 다음은 ㈜정밀(회사코드 : 1012)의 전기분 자료 중 원재료, 재공품, 제품의 기말재고액이다. 주어진 자료로 추가 수정 입력하여 관련 전기분재무제표를 수정하시오.

99회

- 원재료 : 4,000,000원
- 재공품 : 8,000,000원
- 제품 : 12,000,000원

> 해설

[4] 전기분 재무상태표, 전기분 원가명세서 및 전기분 손익계산서 메뉴
① [전기분 재무상태표] 메뉴
- 원재료 "3,500,000" → "4,000,000"으로 수정 입력한다.
- 재공품 "7,000,000" → "8,000,000"으로 수정 입력한다.
- 제품 "10,500,000" → "12,000,000"으로 수정 입력한다.

② [전기분 원가명세서] 메뉴를 조회한 후 기말 원재료재고액 "4,000,000", 기말 재공품재고액 "8,000,0000" 및 당기제품제조원가 "92,000,000"을 확인한다.

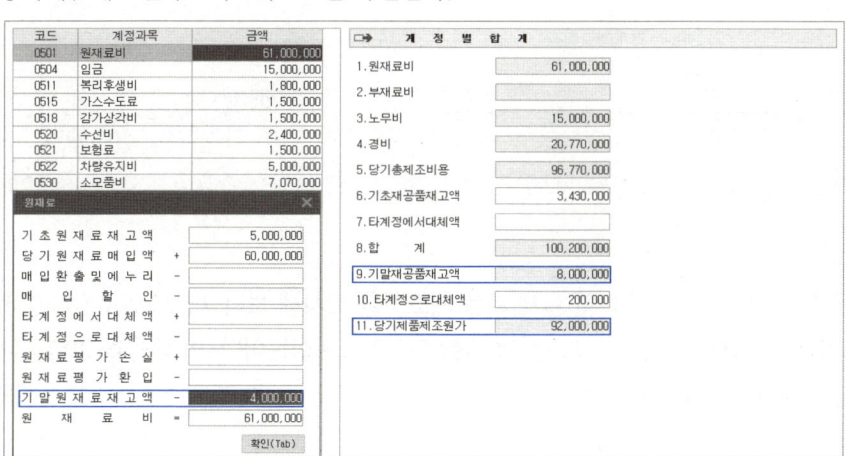

③ [전기분 손익계산서] 메뉴를 조회한 후 기말제품재고액 "12,000,000"이 반영되었는지 확인한다. 또한, 「매출원가」 보조창에서 당기제품제조원가 '93,500,000'을 '92,000,000'으로 수정한다.

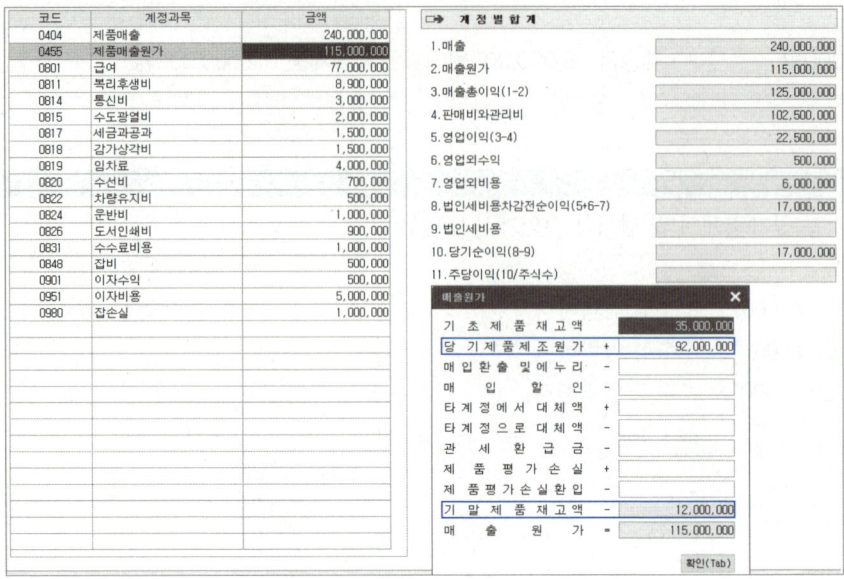

④ [전기분 잉여금처분계산서] 메뉴에서 상단 툴바의 F6 불러오기 를 클릭하여 당기순이익 "14,000,000"이 "17,000,000원"으로 수정한다. 미처분이익잉여금 합계금액 "32,000,000"을 확인한다.

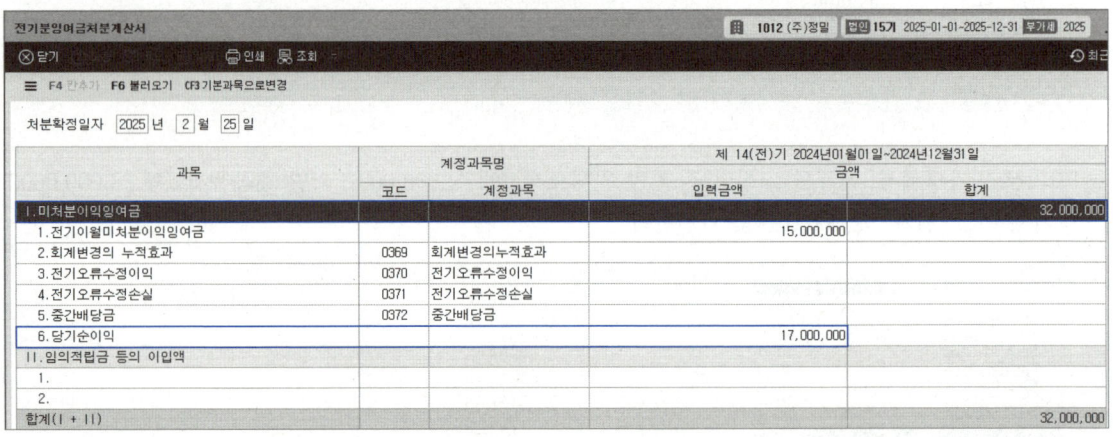

5 (주)튼튼전자(회사코드 : 1013)의 전기 기말 실제 제품 재고액을 조사해 보니 7,500,000원이었다. 전기 재무상태의 기말재고와의 차액은 재고자산에 대한 정상감모손실분이다. 이 내용을 반영하여 전기분 재무제표와 관련된 내용을 모두 수정하시오. 51회

> 해설

[5] 전기분 재무상태표와 전기분 손익계산서 메뉴

① [전기분 재무상태표] 메뉴에서 기말제품재고액 "10,000,000"을 "7,500,000"으로 수정한다.

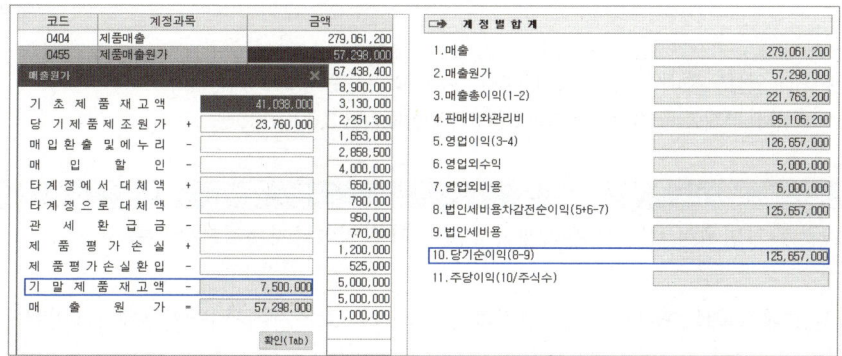

② [전기분 손익계산서] 메뉴에서 [455.제품매출원가]를 조회한 후 기말제품재고액 "7,500,000"을 확인한다. 또한, 당기순이익 "125,657,000원"으로 감소되었는지 검토한다.

③ 「전기분잉여금처분계산서」 메뉴에서 상단 툴바의 F6 불러오기 를 클릭한 후 당기순이익 "128,157,000"이 "125,657,000원"으로 수정된 후 미처분이익잉여금 합계금액 "161,157,000"을 확인한다.

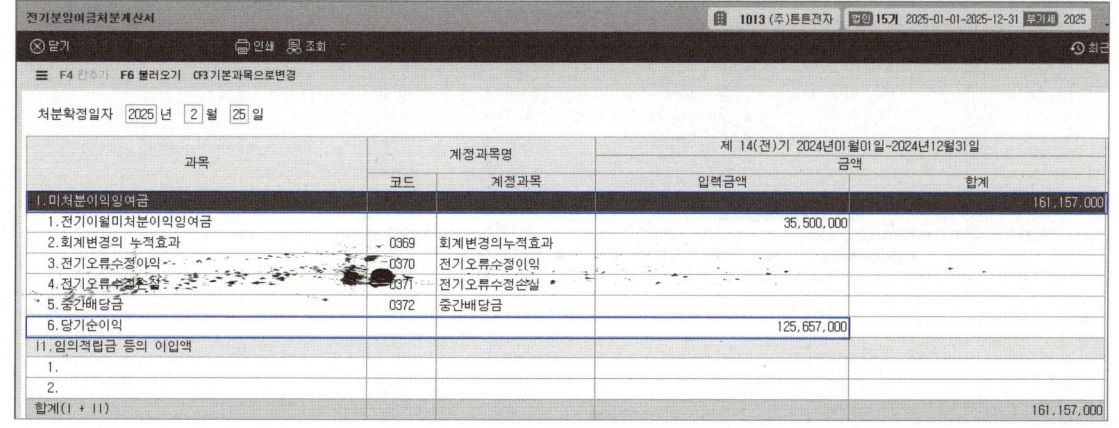

④ [전기분 재무상태표]메뉴에서 [375.이월이익잉여금]란의 금액을 "163,657,000"에서 "161,157,000"으로 수정한 후 화면 우측 하단의 대차차액이 "0"인지를 확인한다.

코드	자산 계정과목	금액	코드	부채 및 자본 계정과목	금액	계정별 합계	
0101	현금	130,897,000	0251	외상매입금	40,000,000	1. 유동자산	840,425,957
0102	당좌예금	215,378,952	0252	지급어음	67,380,000	①당좌자산	825,525,957
0103	보통예금	353,700,000	0253	미지급금	52,820,000	②재고자산	14,900,000
0105	정기예금	50,000,000	0254	예수금	169,957	2. 비유동자산	238,692,000
0106	정기적금	1,590,005	0255	부가세예수금	1,588,000	①투자자산	
0108	외상매출금	56,000,000	0259	선수금	37,020,000	②유형자산	238,692,000
0109	대손충당금	150,000	0263	선수수익	1,820,000	③무형자산	
0110	받을어음	17,000,000	0293	장기차입금	237,163,000	④기타비유동자산	
0111	대손충당금	890,000	0331	자본금	480,000,000	자산총계(1+2)	1,079,117,957
0120	미수금	2,000,000	0375	이월이익잉여금	161,157,000	3. 유동부채	200,797,957
0150	제품	7,500,000				4. 비유동부채	237,163,000
0153	원재료	4,700,000				부채총계(3+4)	437,960,957
0169	재공품	2,700,000				5. 자본금	480,000,000
0202	건물	240,000,000				6. 자본잉여금	
0203	감가상각누계액	61,000,000				7. 자본조정	
0206	기계장치	56,950,000				8. 기타포괄손익누계액	
0207	감가상각누계액	18,258,000				9. 이익잉여금	161,157,000
0208	차량운반구	42,000,000				자본총계(5+6+7+8+9)	641,157,000
0209	감가상각누계액	21,000,000				부채 및 자본 총계	1,079,117,957
	차 변 합 계	1,079,117,957		대 변 합 계	1,079,117,957	대 차 차 액	

6 ㈜연결고리(회사코드 : 1019)의 전기분 원가명세서를 검토한 결과 다음과 같은 오류가 발견되었다. 이와 관련된 전기분 재무제표(재무상태표, 손익계산서, 원가명세서, 잉여금처분계산서)를 모두 적절하게 수정하시오. 114회

> 전기에 외상으로 매입한 부재료비 3,000,000원이 누락된 것으로 확인된다.
> (차) 부재료비(502) 3,000,000원 (대) 외상매입금 3,000,000원

해설

[6] 전기분 재무상태표, 전기분 원가명세서, 전기분 손익계산서 및 전기분 잉여금처분계산서 메뉴

① [전기분 원가명세서] 메뉴 : 계정과목 '부재료비'를 입력하면 나타나는 보조창에서 [당기부재료매입액]란에 금액 '3,000,000원'을 추가 입력한다. → '당기제품제조원가'의 금액이 '87,250,000원'에서 '90,250,000원'으로 변경되었는지 확인한다.

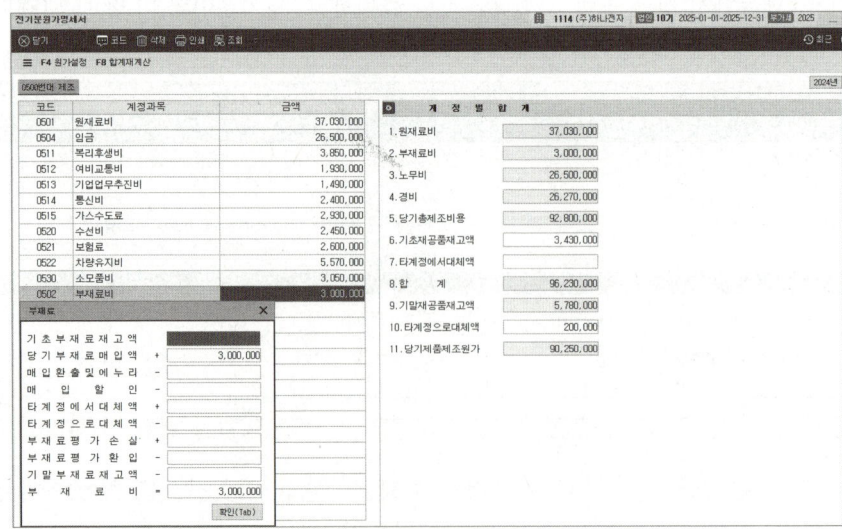

② [전기분 손익계산서] : 계정과목 '455.제품매출원가' 보조창에서 '당기제품제조원가'의 금액을 '87,250,000원'에서 '90,250,000원'으로 수정한다. → 당기순이익이 '81,210,000원'에서 '78,210,000원'으로 변경되었는지 확인한다.

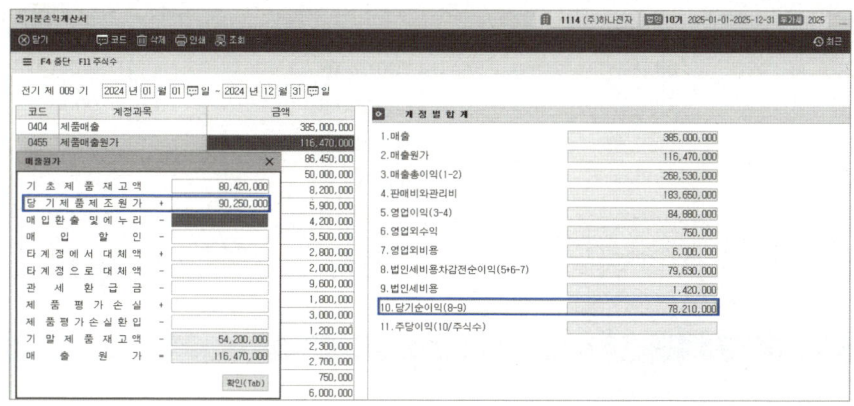

③ [전기분 잉여금처분계산서] : 상단 툴바의 F6 불러오기 를 클릭한 후 전기분 손익계산서를 불러온 다음 당기순이익이 '81,210,000원'에서 '78,210,000원'으로 변동되었는지 확인한다. → 미처분이익잉여금이 '93,940,000원'에서 '90,940,000원'으로 변동한다.

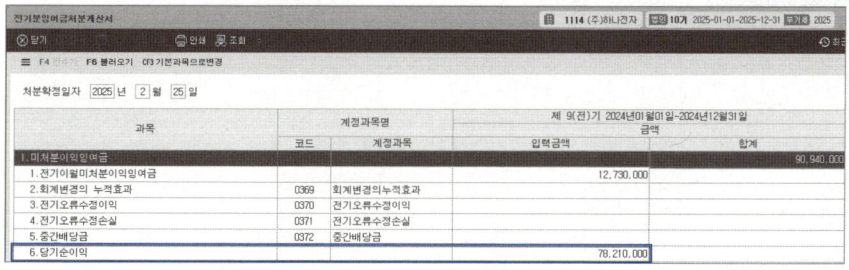

④ [전기분 재무상태표] : 계정과목 '375.이월이익잉여금'을 '93,940,000원'에서 '90,940,000원'으로, 계정과목 '251.외상매입금'의 금액을 '87,000,000원'에서 '90,000,000원'으로 수정한다. → 대차 차액이 없어진 것을 확인한다.

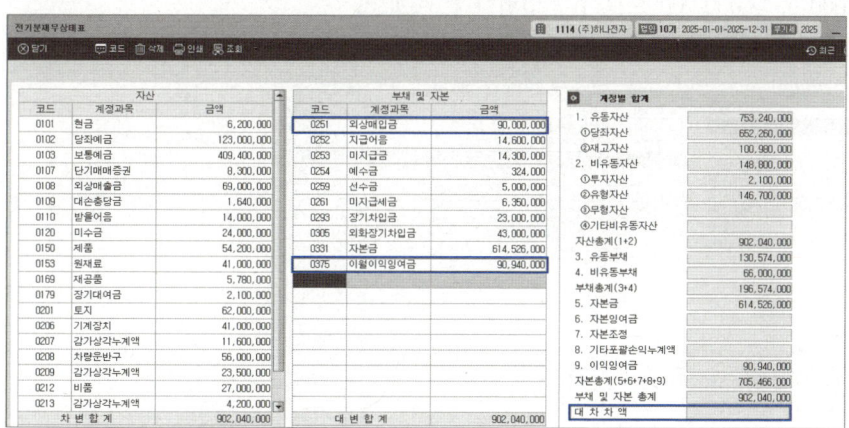

[유형 2] 거래처별 초기이월 (7 ~ 9)

7 ㈜미래전자(회사코드 : 1014)의 거래처별 초기이월 자료를 검토하여 수정 또는 추가입력하시오. `68회`

계정과목	거래처	금 액	비 고
보통예금	하나은행	4,000,000원	12,200,000원
	국민은행	3,000,000원	
	신한은행	5,200,000원	
정기예금	우리은행	3,500,000원	10,400,000원
	오케이저축은행	5,000,000원	
	푸른저축은행	1,900,000원	

해설

[7] 거래처별초기이월 메뉴

① 보통예금
- 국민은행 "2,700,000"을 "3,000,000"으로 수정 입력한다.
- 신한은행 "5,000,000"을 "5,200,000"으로 수정 입력한다.

코드	계정과목	재무상태표금액		코드	거래처	금액
0103	보통예금	12,200,000		98001	하나은행	4,000,000
0105	정기예금	10,400,000		98002	국민은행	3,000,000
0108	외상매출금	80,000,000		98003	신한은행	5,200,000
0110	받을어음	33,197,000				
0251	외상매입금	62,694,000				
0252	지급어음	67,380,000				
0253	미지급금	19,900,000				
0259	선수금	9,902,000				
0293	장기차입금	100,000,000				
					합 계	12,200,000
					차 액	0

② 정기예금
- 오케이저축은행 "4,500,000"을 "5,000,000"으로 수정 입력한다.
- 푸른저축은행 "1,900,000"을 추가 입력한다.

코드	계정과목	재무상태표금액		코드	거래처	금액
0103	보통예금	12,200,000		98000	우리은행	3,500,000
0105	정기예금	10,400,000		98004	오케이저축은행	5,000,000
0108	외상매출금	80,000,000		98005	푸른저축은행	1,900,000
0110	받을어음	33,197,000				
0251	외상매입금	62,694,000				
0252	지급어음	67,380,000				
0253	미지급금	19,900,000				
0259	선수금	9,902,000				
0293	장기차입금	100,000,000				
					합 계	10,400,000
					차 액	0

8 다음은 ㈜과거전자(회사코드 : 1015)의 자료이다. 신입직원의 잘못으로 ㈜미래통상의 외상매출금과 외상매입금을 상계정리하여 잔액인 외상매출금 3,000,000원만 입력하였다. 거래처별 초기이월 메뉴와 전기분재무상태표를 수정하시오.

85회

- 외상매출금 : 12,000,000원
- 외상매입금 : 9,000,000원

해설

[8] 거래처별초기이월와 전기분 재무상태표 메뉴

① [거래처별초기이월] 메뉴에서
- ㈜미래통상 외상매출금 조정 : "3,000,000" → "12,000,000"

코드	계정과목	재무상태표금액
0102	당좌예금	50,000,000
0103	보통예금	366,556,422
0105	정기예금	40,000,000
0106	정기적금	10,000,000
0108	외상매출금	56,000,000
0110	받을어음	17,000,000

코드	거래처	금액
00102	주식회사 온세상	10,250,000
00131	㈜미래통상	12,000,000
00135	㈜러쉬전자	24,000,000
00139	우주기획	9,750,000

- ㈜미래통상 외상매입금 조정 : "0" → "9,000,000"

코드	계정과목	재무상태표금액
0102	당좌예금	50,000,000
0103	보통예금	366,556,422
0105	정기예금	40,000,000
0106	정기적금	10,000,000
0108	외상매출금	56,000,000
0110	받을어음	17,000,000
0251	외상매입금	40,000,000
0252	지급어음	190,781,427

코드	거래처	금액
00106	㈜캐스터	31,000,000
00131	㈜미래통상	9,000,000

② [전기분 재무상태표] 메뉴에서
- 외상매출금 조정 : "56,000,000" → "65,000,000"
- 외상매입금 조정 : "40,000,000" → "49,000,000"

자산			부채 및 자본			계정별 합계	
코드	계정과목	금액	코드	계정과목	금액		
0101	현금	300,000,000	0251	외상매입금	49,000,000	1. 유동자산	871,947,098
0102	당좌예금	50,000,000	0252	지급어음	190,781,427	①당좌자산	845,447,098
0103	보통예금	366,556,422	0253	미지급금	52,820,000	②재고자산	26,500,000
0105	정기예금	40,000,000	0254	예수금	169,000	2. 비유동자산	193,140,005
0106	정기적금	10,000,000	0255	부가세예수금	1,588,000	①투자자산	
0108	외상매출금	65,000,000	0259	선수금	37,020,000	②유형자산	185,140,005
0109	대손충당금	4,250,000	0260	단기차입금	59,888,676	③무형자산	8,000,000
0110	받을어음	17,000,000	0263	선수수익	1,820,000	④기타비유동자산	
0111	대손충당금	890,000	0293	장기차입금	183,000,000	자산총계(1+2)	1,065,087,103
0120	미수금	2,000,000	0295	퇴직급여충당부	20,000,000	3. 유동부채	393,087,103
0135	부가세대급금	30,676	0331	자본금	440,000,000	4. 비유동부채	203,000,000
0150	제품	15,000,000	0375	이월이익잉여금	29,000,000	부채총계(3+4)	596,087,103
0153	원재료	3,500,000				5. 자본금	440,000,000
0169	재공품	8,000,000				6. 자본잉여금	
0202	건물	191,590,005				7. 자본조정	
0203	감가상각누계액	61,000,000				8. 기타포괄손익누계액	
0206	기계장치	56,950,000				9. 이익잉여금	29,000,000
0207	감가상각누계액	23,400,000				자본총계(5+6+7+8+9)	469,000,000
0208	차량운반구	42,000,000				부채 및 자본 총계	1,065,087,103
0209	감가상각누계액	21,000,000				대 차 차 액	
0218	영업권	8,000,000					
차 변 합 계		1,065,087,103	대 변 합 계		1,065,087,103		

9 다음은 ㈜해나라(회사코드 : 1016)의 자료이다. 전기분 재무상태표 입력 시 외상매출금과 관련하여 거래처 (주)영서물산으로부터 지난해 12월 중에 외상매출금 2,000,000원을 현금으로 회수한 내용이 누락되어 있다. 이의 영향을 전기분 재무제표와 거래처별초기이월에 반영하시오. 55회

해설

[9] 거래처별초기이월와 전기분 재무상태표 메뉴
① [전기분 재무상태표] 메뉴의 외상매출금 "56,000,000"을 "54,000,000"으로 수정한다. 현금을 "130,000,000"을 "132,000,000"으로 수정한다.

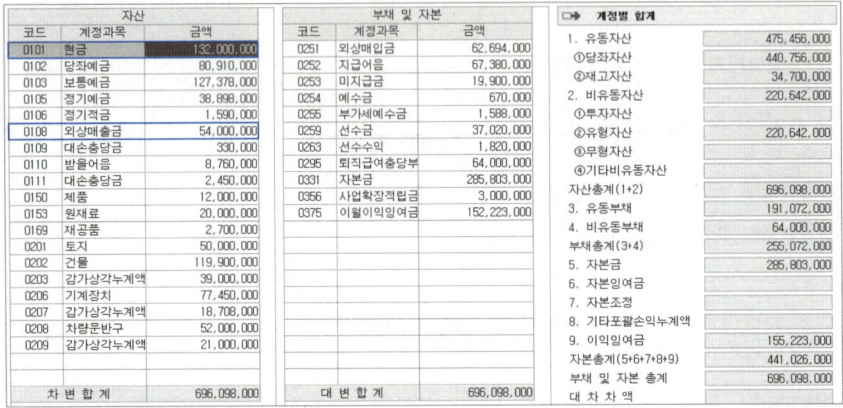

② [거래처별초기이월] 메뉴의 ㈜영서물산의 외상매출금 "26,000,000"을 "24,000,000"으로 수정하여 입력한다.

재무제표 및 제장부 조회

03

전산회계 프로그램을 통해 회계상의 거래를 입력하면 그 거래의 내용은 각종 회계장부에 자동적으로 반영된다. 기업의 경영자와 이해관계자는 다양한 의사결정을 수행하기 위해서 자동 작성된 회계장부를 보고 이해할 수 있어야 한다. 따라서, 전산회계 1급 시험에서는 이러한 능력을 검증하기 위해 제시된 요구에 따라 가장 적합한 장부를 조회하여 해당 금액을 찾아보도록 하는 문제가 3점 배점으로 3문제가 출제되고 있다. 회사코드 1017.㈜장부조회로 회사변경한 후 학습한다.

제1절 거래처원장 　최신 30회 중 17문제 출제

[회계관리]-[재무회계]-[장부관리]-[거래처원장]에서는 전표입력 메뉴에서 채권과 채무 등의 관리코드가 입력된 계정과목에 대한 거래처별 계정과목의 증감내역과 잔액을 조회할 수 있다.

1 잔액 탭

해당 월의 마지막 잔액을 거래처별로 조회할 수 있다.
(● 6월 말 현재 외상매출금의 거래처별잔액 등 조회 시)
→ • 기간 : 1월 1일~6월 30일 /　• 계정과목 : 108.외상매출금 /　• 거래처 : 102.㈜나래컴퓨터~99603.우리카드

코드	거래처	등록번호	대표자명	전기이월	차 변	대 변	잔 액	(담당)부서/사원
00102	㈜나래컴퓨터	125-81-12255	김재원		300,000		300,000	
00105	㈜빛날조명	113-81-12344	김빛날		12,000,000		12,000,000	
00106	㈜후지스	129-81-25636	우지환		900,000		900,000	
00109	㈜엘지컴퓨터	203-82-30206	이형래		3,500,000		3,500,000	
00112	㈜무상랜드	124-89-74628	박기인		10,000,000		10,000,000	
00114	한림소프트	104-25-35124	김일병		1,950,000	572,000	1,378,000	
00115	㈜대한기업	107-81-31220	양현석		2,000,000		2,000,000	
00119	㈜가운기업	621-81-31726	장주호		25,300,000		25,300,000	
00121	㈜호이마트	120-81-35097	도현명		109,951,600		109,951,600	
00125	세운서점	101-29-74510	진성길		12,180,000		12,180,000	
00135	㈜삼한	254-81-24457	박성주		1,500,000		1,500,000	
00139	㈜미림	121-12-32549	박현재		2,230,000		2,230,000	
00140	㈜고풍	132-81-56872	송대천		15,250,000		15,250,000	
	합 계			14,500,000	378,411,600	38,232,000	354,679,600	

2 내용 탭

특정 거래처에 대하여 조회기간에 대한 특정 계정과목의 증감거래내용을 조회할 수 있다.
(● 2월 한 달 동안의 한림소프트에 대한 외상매출금을 현금으로 회수한 금액 조회 시)
→ • 기간 : 2월 1일 ~ 2월 28일 / • 계정과목 : 108.외상매출금 / • 거래처 : 114.㈜한림소프트 ~ 114.㈜한림소프트

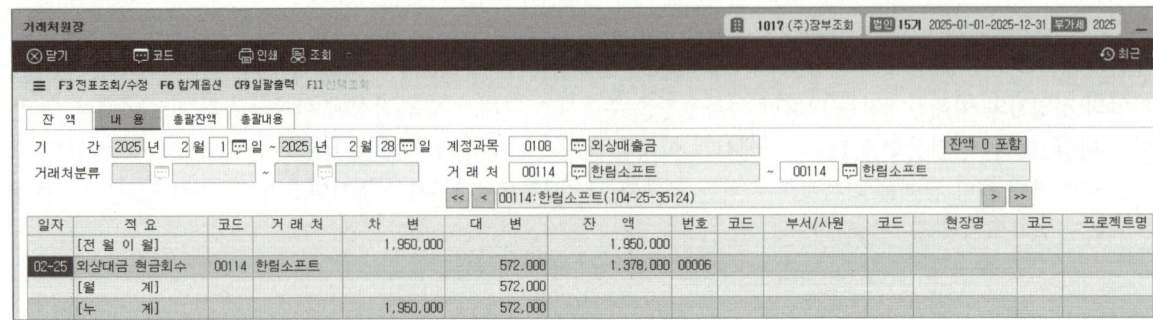

---- 중요출제유형 ----

① 1월말 현재 받을어음 잔액이 가장 큰 거래처코드를 조회하여 입력하시오.
② 2월말 현재 매출처인 전자마을의 외상매출금 잔액은 얼마인가?
③ 3월 한 달 동안의 스머프상사에 대한 외상매출금을 회수한 금액은 얼마인가?

3 ㈜장부조회(회사코드 : 1017)의 회계장부 중 거래처원장 조회하기

1 4월 30일 현재 외상매출금 잔액이 가장 많은 거래처와 금액은 얼마인가?

2 6월 30일 현재 국민은행의 단기차입금 잔액은 얼마인가?

3 1월 중 (주)하드웨어에게 외상매입금을 지급한 금액은 얼마인가?

4 10월 중 (주)엘지컴퓨터에서 외상매출금을 회수한 금액은 얼마인가?

> **해설**

1 거래처원장 [잔액 탭] 조회 : 스머프상사, 110,144,000원
→ • 기간 : 1월 1일 ~ 4월 30일 / • 계정과목 : 108.외상매출금 / • 거래처 : 102.(주)나래컴퓨터 ~ 99603.우리카드

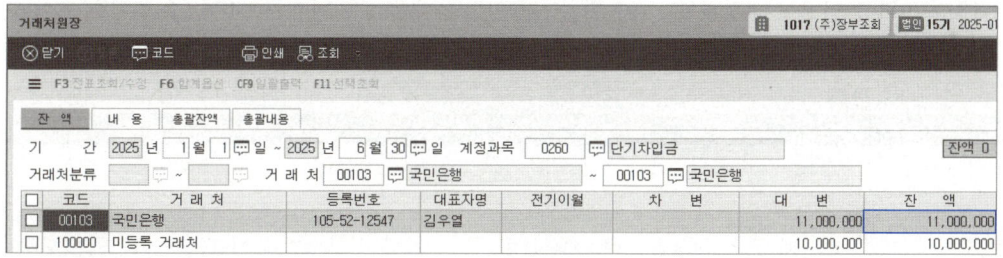

2 거래처원장 [잔액 탭] 조회 : 11,000,000원
→ • 기간 : 1월 1일 ~ 6월 30일 / • 계정과목 : 260.단기차입금 / • 거래처 : 103.국민은행 ~ 103.국민은행

3 거래처원장 [내용 탭] 조회 : 9,240,000원
→ • 기간 : 1월 1일 ~ 1월 31일 / • 계정과목 : 251.외상매입금 / • 거래처 : 110.(주)하드웨어 ~ 110.(주)하드웨어

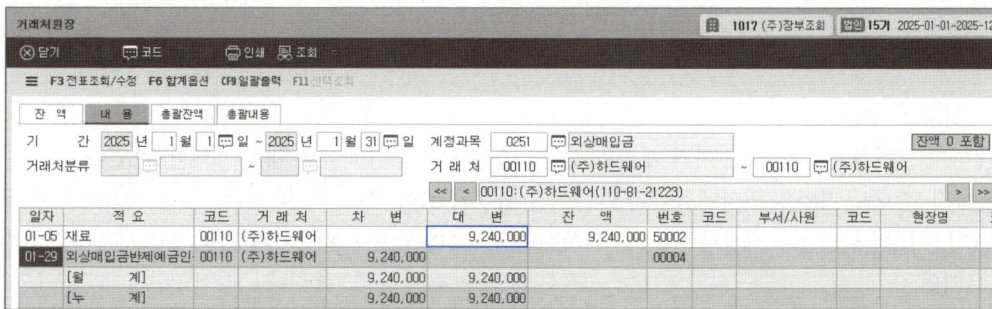

4 거래처원장 [내용 탭] 조회 : 8,300,000원
→ • 기간 : 1월 1일 ~ 10월 31일 / • 계정과목 : 108.외상매출금 / • 거래처 : 109.(주)엘지컴퓨터 ~ 109.(주)엘지컴퓨터

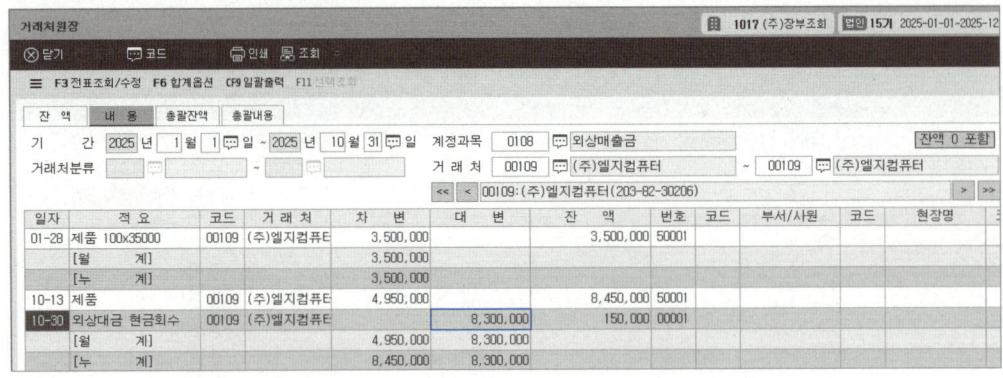

| 제2절 | 거래처별계정과목별원장 |

[회계관리]-[재무회계]-[장부관리]-[거래처별계정과목별원장]에서 거래처별로 계정과목의 증감내역 및 잔액을 조회할 수 있다.

1 잔액 탭

특정 거래처에 대하여 선택한 기간 동안에 여러 계정과목별로 잔액을 조회할 수 있다.
(@ 9월 말 현재 (주)후지스의 외상매출금과 지급어음의 잔액 조회 시)
→ • 기간 : 1월 1일 ~ 9월 30일 / • 계정과목 : 101.현금 ~ 999.소득세등 / • 거래처 : 106.(주)후지스 ~ 106.(주)후지스

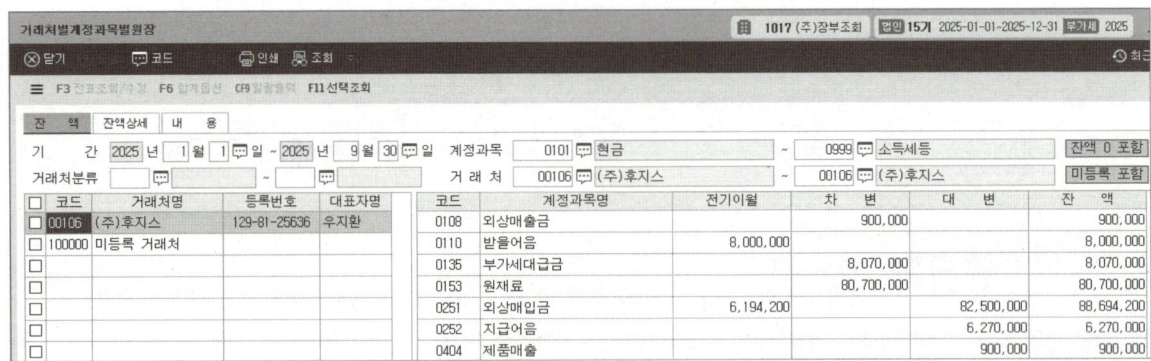

2 잔액상세 탭

특정 거래처에 대하여 선택한 기간 동안에 여러 계정과목별로 증감내역 및 잔액을 상세히 조회할 수 있다.
(@ 7월에서 12월까지 (주)가운기업의 외상매출금과 받을어음 회수액 조회 시)
→ • 기간 : 7월 1일 ~ 12월 31일 / • 계정과목 : 108.외상매출금 ~ 110.받을어음 / • 거래처 : 119.(주)가운기업 ~ 119.(주)가운기업

3 내용 탭

선택한 기간 동안에 여러 계정과목별 증감내역 및 잔액을 거래처별·일자별로 조회할 수 있다.

(⊙(주)한림소프트의 1월에서 6월까지 외상매출금과 외상매입금의 증감내역 조회 시)

→ • 기간 : 1월 1일 ~ 6월 30일 / • 계정과목 : 101.현금 ~ 999.소득세등 / • 거래처 : 114.한림소프트 ~ 114.한림소프트

① 외상매출금 조회 시

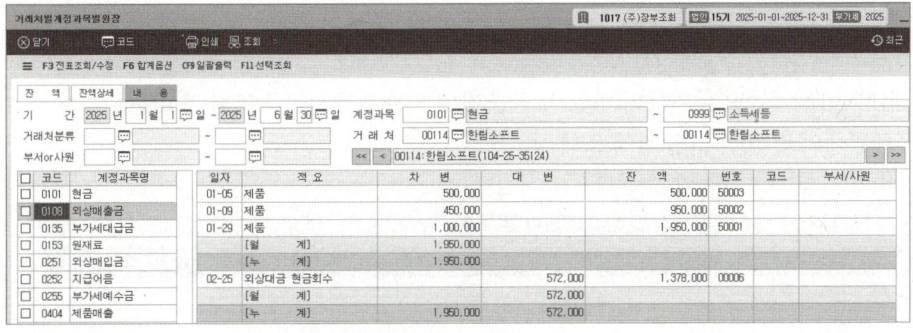

② 외상매입금 조회 시

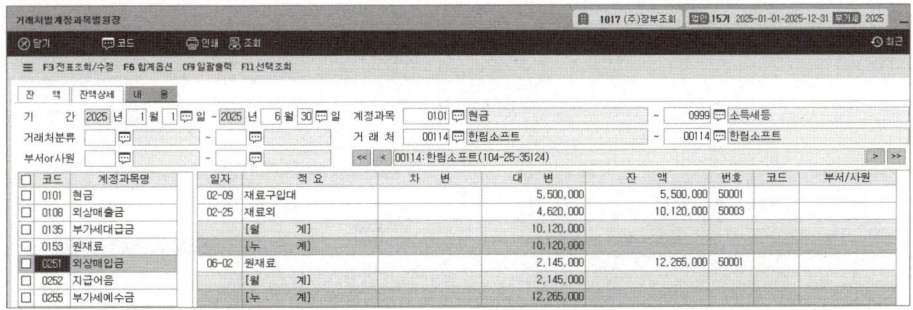

제3절 계정별원장   최신 30회 중 3문제 출제

[회계관리]-[재무회계]-[장부관리]-[계정별원장]에서는 거래가 빈번하게 발생하는 특정 계정에 대하여 거래를 발생순서별로 기입하는 보조장부이다. 특정 계정과목의 조회기간에 대한 증감내역 및 잔액을 상세히 조회하는 경우 사용한다. 단, 현금계정의 조회는 '현금출납장'에서만 조회가 가능하다.

(● 6월 1일부터 6월 30일까지 외상매출금의 증감내역 및 6월 30일 잔액을 조회 시)
→ ・기간 : 6월 1일 ~ 6월 30일 / ・계정과목 : 108.외상매출금 ~ 108.외상매출금

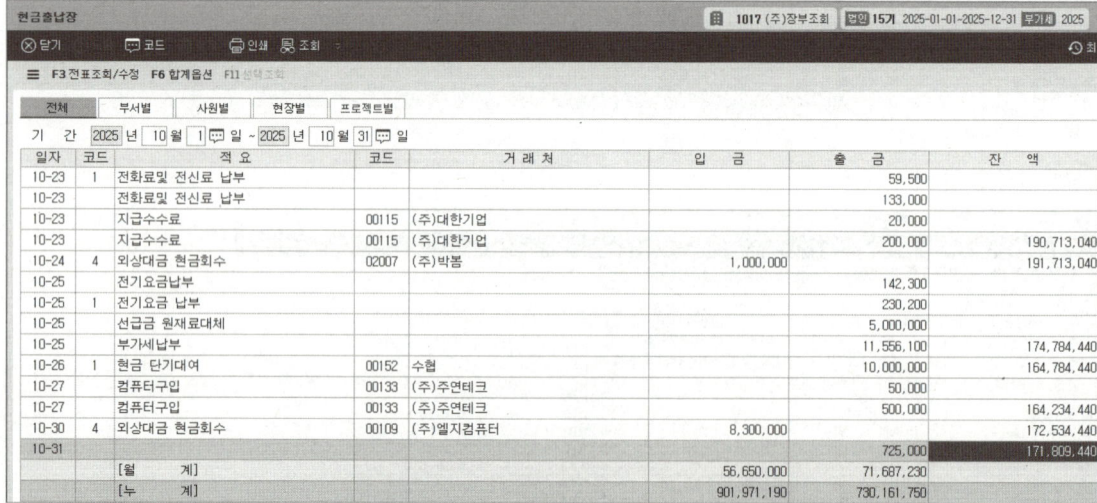

제4절 현금출납장   최신 30회 중 2문제 출제

1 장부조회하기

[회계관리]-[재무회계]-[장부관리]-[현금출납장]은 현금의 입금과 출금의 내용을 상세히 기록한 보조장부이며 현금의 입금과 출금 거래내역이 날짜순으로 기록되어 있다. 현금 잔액 또는 거래실적을 조회 시 이용한다.

(● 10월 중 현재 현금의 증감내역 및 10월 31일 잔액 조회 시)
→ ・기간 : 10월 1일 ~ 10월 31일

> **중요출제유형**
>
> ① 상반기 누적 현금지급액은 얼마인가?
> ② 1월 1일부터 1월 31일까지의 거래 중 현금 출금액의 합계액은 얼마인가?
> ③ 1월 중 현금유입액과 현금유출액의 차이는 얼마인가?

2 ㈜장부조회(회사코드 : 1017)의 회계장부 중 현금출납장 조회하기

1 1월 중 현금유입액과 현금유출액의 차이는 얼마인가?

2 2분기 말 현금잔액은 1분기 말 현금잔액에 비해 얼마나 감소하였나?

해설

1 현금출납장 조회 : 122,108,357원 − 105,350,000원 = 16,758,357원
→ • 기간 : 1월 1일 ~ 1월 31일

일자	코드	적요	코드	거래처	입금	출금	잔액
01-25		지급수수료	00115	㈜대한기업		20,000	
01-25		지급수수료	00115	㈜대한기업		200,000	121,172,943
01-26	2	직원식대				20,000	
01-26	1	TV신문광고료 지급				5,000,000	116,152,943
01-27	4	보통예금 현금인출			40,000,000		
01-27		제품	00142	올림푸스조명	5,000,000		161,152,943
01-28	1	차량할부미지급금 반제	00131	타이어나라		5,000,000	
01-28	8	급여등 지급				9,524,000	146,628,943
01-29		받을어음 입금	00165	㈜남동기기	100,000		
01-29						80,000	
01-29	1	소모자재대 지급				35,000	
01-29	1	신문구독료 지급				10,000	
01-29	1	신문구독료 지급				10,000	146,593,943
01-30	1	전화료및 전신료 납부				85,800	
01-30	1	사무실임차료 지급	00156	㈜강촌마트		250,000	
01-30	5	핸드폰요금				60,000	
01-30		직원식대				241,200	
01-30	5	전기요금납부				56,300	145,900,643
01-31		제품	00115	㈜대한기업	2,000,000		
01-31		자동차분면허세납부				138,000	
01-31		자동차분면허세납부				156,000	
01-31	1	차입금이자 지급				120,000	
01-31		보통예금 현금입금			30,000,000		117,486,643
		[월 계]			105,350,000	122,108,357	
		[누 계]			239,595,000	122,108,357	

2 현금출납장 조회 : 132,362,603원 − 114,778,480원 = 17,584,123원

① 6월 30일 조회한 금액 : 114,778,480원
→ • 기간 : 6월 30일 ~ 6월 30일

일자	코드	적요	코드	거래처	입금	출금	잔액
		[전 일 이 월]			573,759,600	458,981,120	114,778,480
		[월 계]					
		[누 계]			573,759,600	458,981,120	

② 3월 31일 조회한 금액 : 132,362,603원
→ • 기간 : 3월 31일 ~ 3월 31일

일자	코드	적요	코드	거래처	입금	출금	잔액
		[전 일 이 월]			295,611,000	173,933,397	121,677,603
03-31	1	당좌예금 현금입금			10,000,000		
03-31		제품	00114	한림소프트	335,000		
03-31		제품	00114	한림소프트	3,350,000		
03-31		상여금지급				3,000,000	132,362,603
		[월 계]			13,685,000	3,000,000	
		[누 계]			309,296,000	176,933,397	

제5절 일/월계표 최신 30회 중 12문제 출제

일계표는 하루의 거래금액을 계정과목별로 총괄적으로 일람할 수 있는 표이며 월계표는 한 달의 거래내역을 정리한 계정집계표이다.

1 일계표 탭

[회계관리]-[재무회계]-[장부관리]-[일계표]에서 조회하고자 하는 일을 입력하면 다음의 화면이 나타난다. 일계표는 특정 일 또는 1개월 이내의 기간 동안 대체거래 및 현금거래 조회 시 이용한다.

(예 7월 1일부터 7월 31일까지 발생한 판매비와 관리비 중 복리후생비 현금 지급액 조회 시)

→ • 조회기간 : 7월 01일 ~ 7월 31일

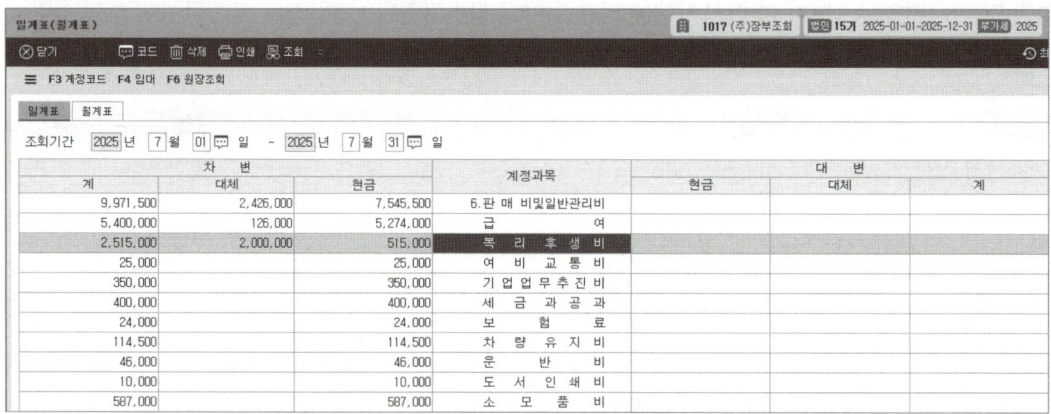

2 월계표 탭

[회계관리]-[재무회계]-[장부관리]-[월계표]에서 조회하고자 하는 월을 선택하면 다음의 화면이 나타난다. 월계표는 특정 월 또는 1년 이내의 월별 기간동안 현금거래와 대체거래의 실적을 조회 시 이용한다.

(예 1월부터 6월까지의 판매비 및 일반관리비 중 접대비 발생액의 대체거래 조회 시)

→ • 조회기간 : 01월 ~ 06월

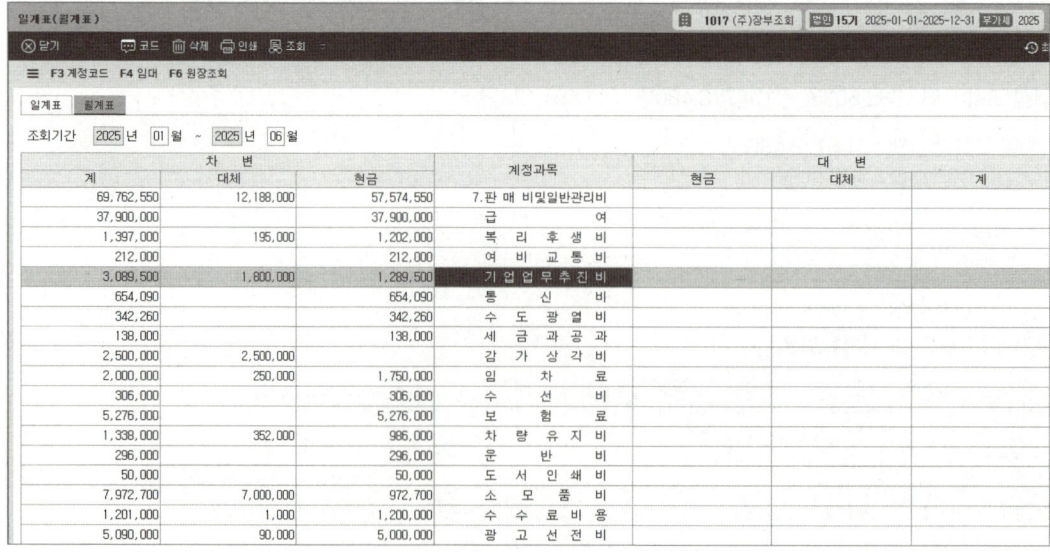

> **중요출제유형**
> ① 1월 한 달간 현금으로 지급된 복리후생비는 얼마인가?
> ② 1월 중 접대비 대체거래 지출액은 얼마인가?
> ③ 1월 한 달간의 원재료 매입액은 얼마인가?
> ④ 상반기 중 제품 제조에 투입된 제조경비는 얼마인가?

3 ㈜장부조회(회사코드 : 1017)의 회계장부 중 일/월계표 조회하기

1 5월 중 현금으로 지급한 판매비와관리비는 얼마인가?

2 2월(2월1일~2월28일)의 판매비와관리비 중 비용계상이 두 번째로 큰 계정과목은?

3 4월부터 6월까지 제조원가가 가장 큰 월과 금액은 얼마인가?

4 2025년 7월부터 9월까지 제조경비에 해당되는 복리후생비 발생액은 얼마인가?

5 2025년 10월부터 12월까지의 원재료 매입액은 얼마인가?

해설

1 월계표 조회 : 6,993,390원
→ ・조회기간 : 05월 ~ 05월

차변			계정과목	대변		
계	대체	현금		현금	대체	계
10,041,390	3,048,000	6,993,390	7.판 매 비 및 일 반 관 리 비			
5,400,000		5,400,000	급 여			
637,000	195,000	442,000	복 리 후 생 비			
50,000		50,000	여 비 교 통 비			
125,000		125,000	기 업 업 무 추 진 비			
122,090		122,090	통 신 비			
63,200		63,200	수 도 광 열 비			
2,500,000	2,500,000		감 가 상 각 비			
250,000		250,000	임 차 료			
556,500	352,000	204,500	차 량 유 지 비			
75,000		75,000	운 반 비			
10,000		10,000	도 서 인 쇄 비			
51,600		51,600	소 모 품 비			
201,000	1,000	200,000	수 수 료 비 용			

2 월계표 조회 : 보험료
→ • 조회기간 : 02월 ~ 02월

계	차변 대체	현금	계정과목	현금	대변 대체	계
7,864,400	90,000	7,774,400	6.판매비및일반관리비			
5,400,000		5,400,000	급 여			
111,900		111,900	복 리 후 생 비			
12,000		12,000	여 비 교 통 비			
98,000		98,000	기 업 업 무 추 진 비			
141,000		141,000	통 신 비			
59,900		59,900	수 도 광 열 비			
500,000		500,000	임 차 료			
55,000		55,000	수 선 비			
836,000		836,000	보 험 료			
198,800		198,800	차 량 유 지 비			
54,000		54,000	운 반 비			
10,000		10,000	도 서 인 쇄 비			
97,800		97,800	소 모 품 비			
200,000		200,000	수 수 료 비 용			
90,000	90,000		광 고 선 전 비			

3 월계표 조회 : 6월, 59,751,500원

① 월계표 4월 조회 : 7,760,800원
→ • 조회기간 : 04월 ~ 04월

계	차변 대체	현금	계정과목	현금	대변 대체	계
7,760,800	191,000	7,569,800	5.제 조 원 가			
4,650,000	126,000	4,524,000	<노 무 비>			
4,650,000	126,000	4,524,000	임 금			
3,110,800	65,000	3,045,800	<제 조 경 비>			
421,200		421,200	복 리 후 생 비			
66,600		66,600	여 비 교 통 비			
65,000	65,000		기 업 업 무 추 진 비			
2,000,000		2,000,000	전 력 비			
100,000		100,000	수 선 비			
255,000		255,000	차 량 유 지 비			
203,000		203,000	소 모 품 비			

② 월계표 조회 : 6,260,500원
→ • 조회기간 : 05월 ~ 05월

계	차변 대체	현금	계정과목	현금	대변 대체	계
6,260,500	126,000	6,134,500	6.제 조 원 가			
4,650,000	126,000	4,524,000	<노 무 비>			
4,650,000	126,000	4,524,000	임 금			
1,610,500		1,610,500	<제 조 경 비>			
235,000		235,000	복 리 후 생 비			
425,000		425,000	여 비 교 통 비			
150,000		150,000	전 력 비			
545,500		545,500	차 량 유 지 비			
255,000		255,000	소 모 품 비			

③ 월계표 조회 : 59,751,500원
→ • 조회기간 : 06월 ~ 06월

차변 계	차변 대체	차변 현금	계정과목	대변 현금	대변 대체	대변 계
59,751,500	276,000	59,475,500	5.제 조 원 가			
7,150,000	126,000	7,024,000	<노 무 비>			
7,150,000	126,000	7,024,000	임 금			
52,601,500	150,000	52,451,500	<제 조 경 비>			
438,200		438,200	복 리 후 생 비			
268,000	150,000	118,000	여 비 교 통 비			
125,000		125,000	전 력 비			
158,000		158,000	수 선 비			
1,320,000		1,320,000	보 험 료			
91,000		91,000	차 량 유 지 비			
10,000		10,000	도 서 인 쇄 비			
105,300		105,300	소 모 품 비			
50,000,000		50,000,000	외 주 가 공 비			
86,000		86,000	잡 비			

4 월계표 조회 : 4,811,000원
→ • 조회기간 : 07월 ~ 09월

차변 계	차변 대체	차변 현금	계정과목	대변 현금	대변 대체	대변 계
11,821,350	4,130,000	7,691,350	<제 조 경 비>			
4,811,000	3,500,000	1,311,000	복 리 후 생 비			
62,350		62,350	여 비 교 통 비			
30,000	30,000		가 스 수 도 료			
2,633,000		2,633,000	전 력 비			
112,500		112,500	세 금 과 공 과			
336,000	300,000	36,000	수 선 비			
2,560,000		2,560,000	보 험 료			
782,000	300,000	482,000	차 량 유 지 비			
90,000		90,000	도 서 인 쇄 비			
329,500		329,500	소 모 품 비			
75,000		75,000	잡 비			

5 월계표 조회 : 114,830,000원
→ • 조회기간 : 10월 ~ 12월

차변 계	차변 대체	차변 현금	계정과목	대변 현금	대변 대체	대변 계
1,863,010,820	1,808,050,620	54,960,200	<재 고 자 산>		2,470,309,820	2,470,309,820
50,000,000		50,000,000	상 품		50,000,000	50,000,000
850,440,410	850,440,410		제 품		870,440,410	870,440,410
114,830,000	109,869,800	4,960,200	원 재 료		699,429,000	699,429,000
847,740,410	847,740,410		재 공 품		850,440,410	850,440,410

제6절 분개장

분개장이란 분개를 전표일자별로 기록하는 장부이다. 분개장은 거래가 발생한 순서대로 기록하는 장부이며 거래를 계정계좌에 전기하기 위한 중개수단이 된다.
① 기간 : 출력 및 조회할 분개장의 기간을 입력한다.
② 구분 : 출력 및 조회할 전표의 구분을 선택한다.
③ 유형 : 출력 및 조회할 전표의 유형을 선택한다.

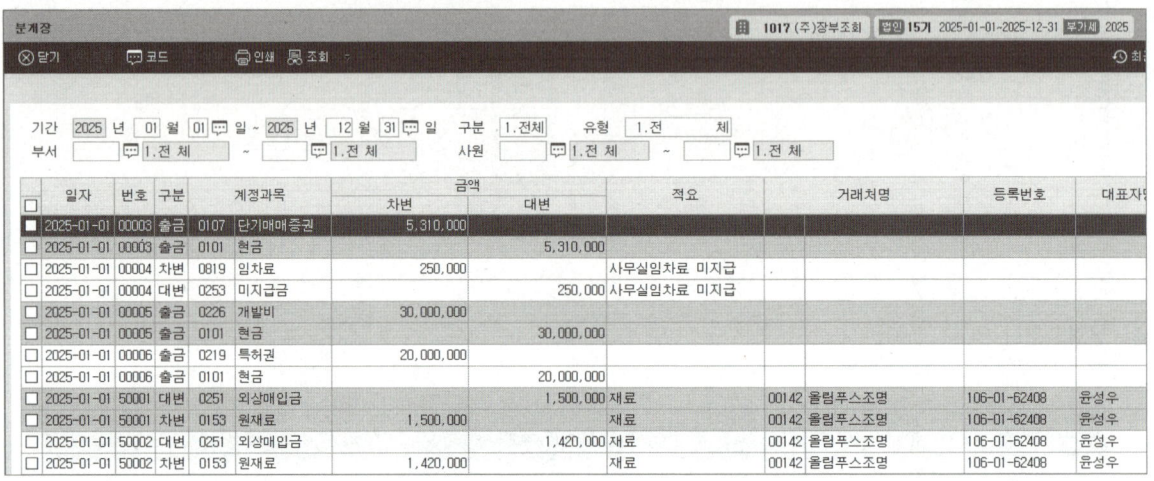

제7절 총계정원장 최신 30회 중 13문제 출제

총계정원장은 결산의 기초가 되는 주요 장부로서 그 기업에서 사용하는 모든 계정과목에 대한 증감변화를 기록한 장부이다. 특정계정의 월별 누계액을 비교 조회 시 이용한다.

1 월별 탭

[회계관리]-[재무회계]-[장부관리]-[총계정원장]에서 '월별'을 선택하면 다음과 같은 화면이 나온다.
(● 7월부터 12월까지 판매비와 일반관리비 중 복리후생비 발생액이 가장 큰 월과 금액 조회 시)
→ • 기간 : 07월 01일 ~ 12월 31일 / • 계정과목 : 811.복리후생비 ~ 811.복리후생비

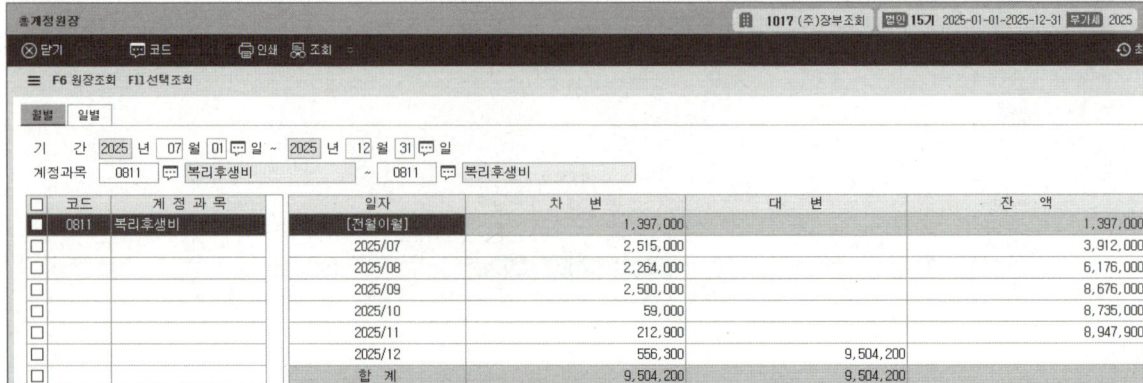

2 일별 탭

[회계관리]-[재무회계]-[장부관리]-[총계정원장]에서 '일별'을 선택하면 다음과 같은 화면이 나온다.
(● 1월부터 12월까지 판매비와 일반관리비 중 기업업무추진비 발생액이 가장 큰 일자와 금액 조회 시)

→ • 기간 : 01월 01일 ~ 12월 31일 / • 계정과목 : 813.기업업무추진비 ~ 813.기업업무추진비

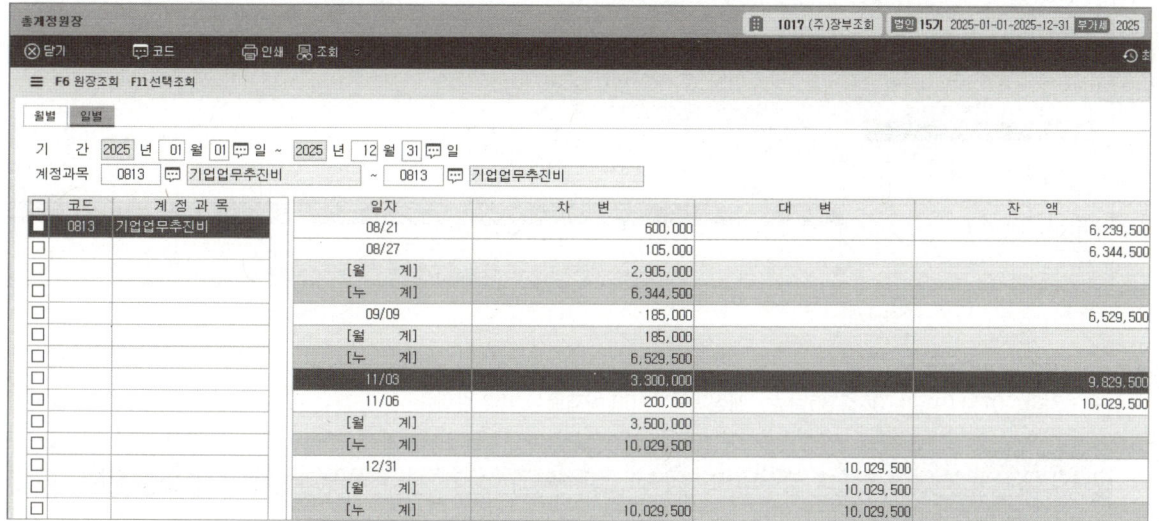

중요출제유형

① 상반기 중 제품매출이 가장 많은 월과 금액은 각각 얼마인가?
② 1월부터 6월까지 외상매출금 회수가 가장 많은 달은 몇 월인가?

3 ㈜장부조회(회사코드 : 1017)의 회계장부 중 총계정원장 조회하기

1 1월부터 6월까지 외상매출금 회수가 가장 많은 달은 몇 월인가?

2 당기 1월부터 6월까지 원재료 매입이 가장 많은 월은 몇 월인가?

3 상반기(1월 ~ 6월) 중 제품매출액이 가장 많은 달과 그 금액은 얼마인가?

4 7월부터 12월까지 외상매출 발생액이 가장 큰 월과 그 월의 외상매출 발생액 총액은 얼마인가?

해설

1 총계정원장 월별 탭 : 4월
→ • 기간 : 01월 01일 ~ 06월 30일 / • 계정과목 : 108.외상매출금 ~ 108.외상매출금

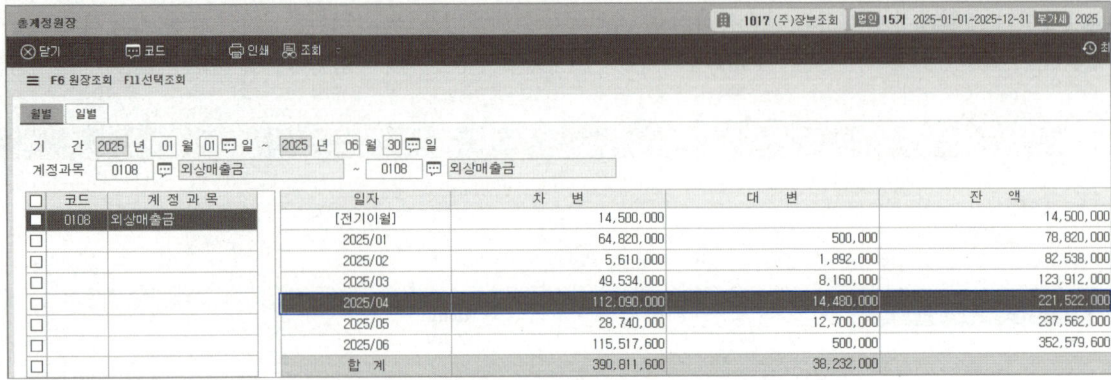

2 총계정원장 월별 탭 조회 : 3월
→ • 기간 : 01월 01일 ~ 06월 30일 / • 계정과목 : 153.원재료 ~ 153.원재료

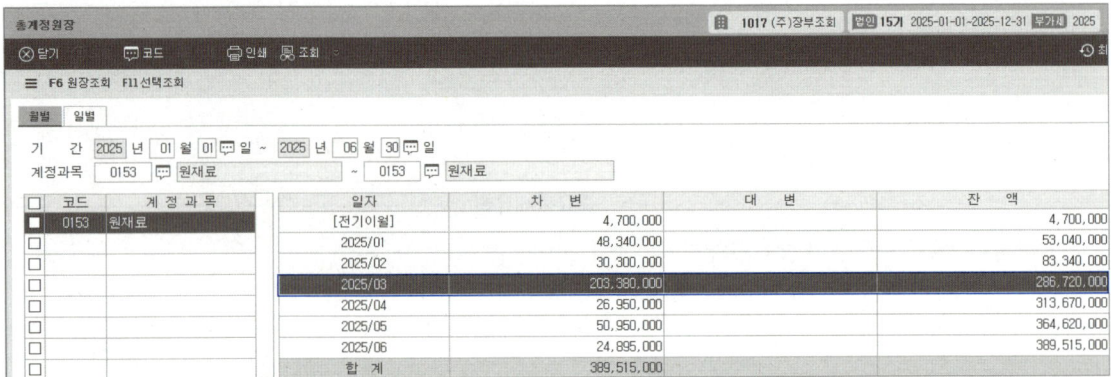

3 총계정원장 월별 탭 조회 : 1월, 202,309,092원
→ • 기간 : 01월 01일 ~ 06월 30일 / • 계정과목 : 404.제품매출 ~ 404.제품매출

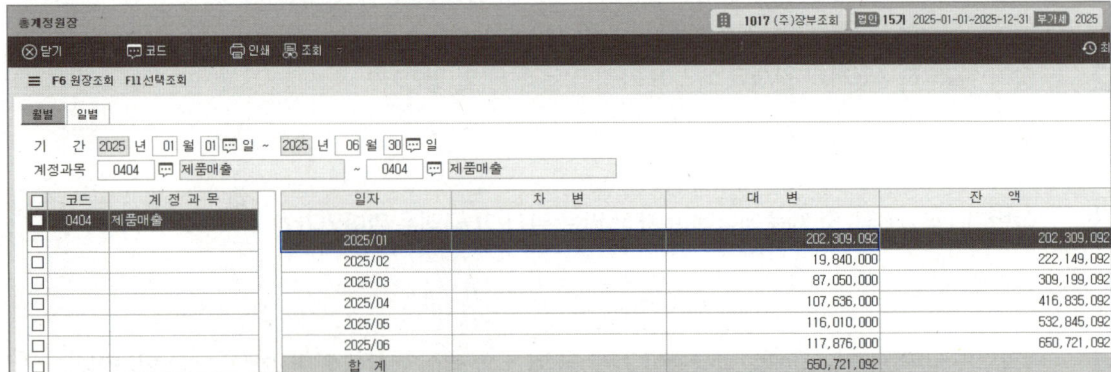

4 총계정원장 월별 탭 조회 : 7월, 122,694,000원
→ • 기간 : 07월 01일 ~ 12월 31일 / • 계정과목 : 108.외상매출금 ~ 108.외상매출금

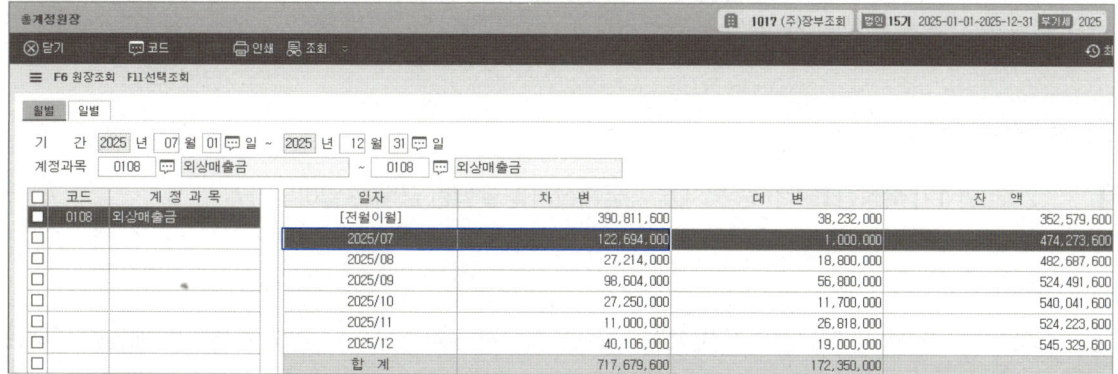

제8절 | 매입매출장 최신 30회 중 11문제 출제

1 장부 조회하기

[회계관리]-[재무회계]-[장부관리]-[매입매출장]은 [매입매출전표입력] 메뉴에 입력된 내용에 따라 자동으로 작성되어 진다. [매입매출전표입력] 메뉴의 코드유형별로 매입내역과 매출내역을 조회할 수 있다.

(● 제1기 부가가치세 예정신고기간(1월~3월) 중 영세율 전자세금계산서 발급한 매출은 몇 건이며 공급가액은 얼마인가?)

→ • 기간 : 01월 01일 ~ 03월 31일 / • 구분 : 2.매출 / • 유형 : 12.영세

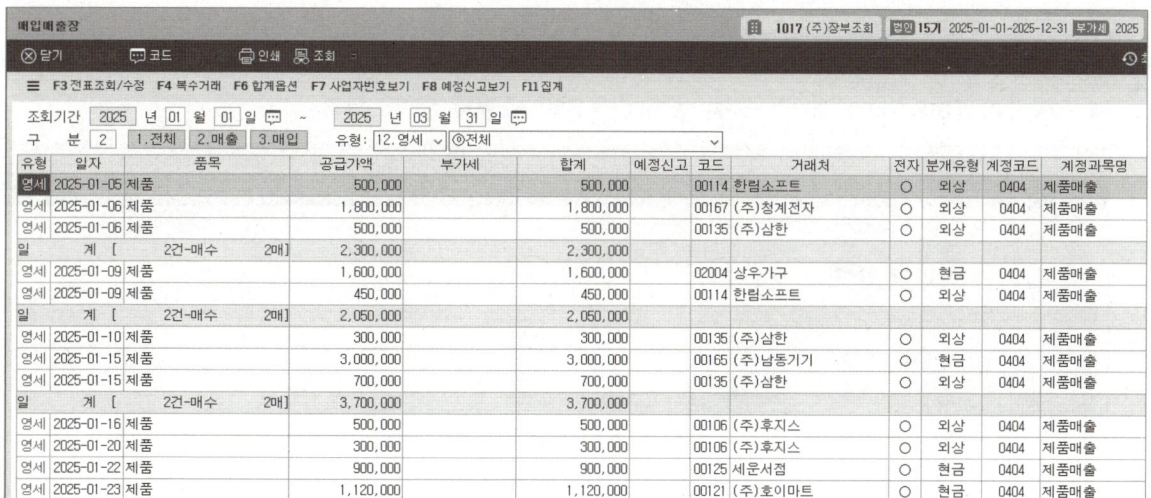

> **중요출제유형**
> ① 제1기 부가가치세 예정신고기간(1월~3월) 전자계산서 발급한 매출금액은 얼마인가?
> ② 제1기 부가가치세 확정신고기간(4월~6월) 중 전자세금계산서 매입으로 인해 부가가치세를 공제받은 세액은?

2 매입매출장 연습하기

1 2025년 1기 확정신고기간 중 영세율 세금계산서를 발행한 금액은 얼마인가?

2 제2기 부가가치세 예정신고기간(7월~9월) 중 계산서(전자계산서 포함)를 수취하여 매입한 금액은 얼마인가?

해설

1 매입매출장 조회 : 38,450,000원
→ • 기간 : 04월 01일 ~ 06월 30일 / • 구분 : 2.매출 / • 유형 : 12.영세

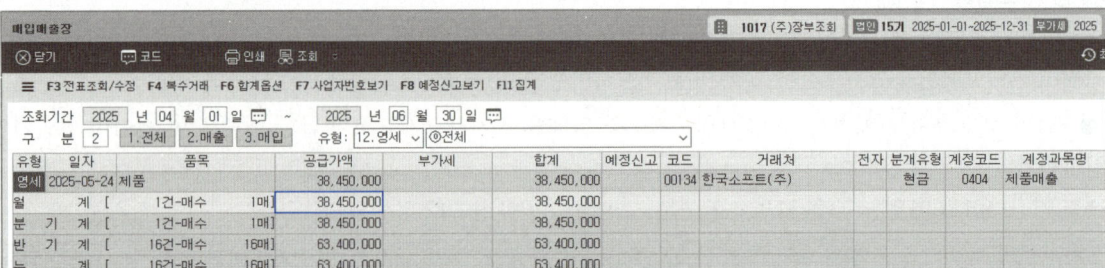

2 매입매출장 조회 : 2,200,000원
→ • 기간 : 07월 01일 ~ 09월 30일 / • 구분 : 3.매입 / • 유형 : 53.면세

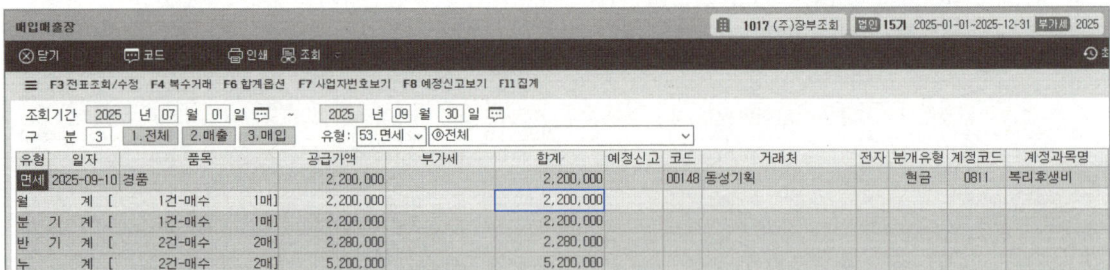

제9절 전표출력

전표는 회계상의 거래를 적어놓은 용지를 말한다.
① 기간/구분 : 출력 및 조회할 전표의 기간 및 구분을 입력한다.

② 전표번호 : 특정번호의 전표를 출력 및 조회하고자 할 때 해당번호를 입력한다. 전표번호를 입력하지 않고 Enter 키를 누르면 '00001~99999'로 자동 입력되어 모든 전표가 조회된다.

제10절 부가가치세신고서   최신 30회 중 22문제 출제

1 장부 조회하기

[부가가치]-[부가가치세Ⅰ]-[부가가치세신고서]는 일반과세자 및 간이과세자의 부가가치세신고서를 작성 및 출력하는 메뉴이다. [매입매출전표입력] 메뉴에서 전표 입력 시 부가세유형에 따라 부가가치세 신고서 해당란에 자동으로 반영된다.

(● 제1기 부가가치세 확정신고기간(4월~6월)의 납부세액은 얼마인가?)

→ • 조회기간 : 04월 01일 ~ 06월 30일 / • 신고구분 : 1.정기신고

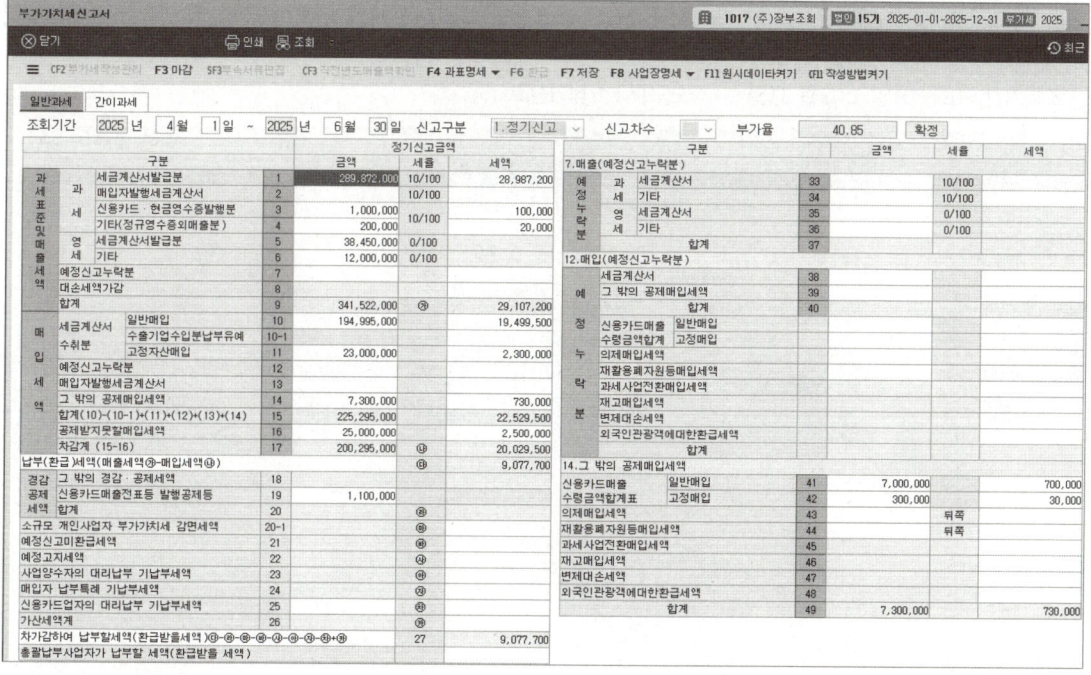

CHAPTER 03 재무제표 및 제장부 조회 611

> **중요출제유형**
> ① 제1기 부가가치세 예정신고기간(1월~3월) 공제받지 못할 매입세액은 얼마인가?
> ② 제1기 부가가치세 확정신고기간(4월~6월) 매출세액 및 납부세액은 얼마인가?

2 ㈜장부조회(회사코드 : 1017)의 회계장부 중 부가가치세 신고서 조회하기

1 2025년 제1기 예정신고기간의 영세율 과세표준 얼마인가?

2 4월부터 6월까지의 매출액 중 세금계산서를 발급한 매출분 공급가액은 모두 얼마인가?

3 2025년 제1기 부가가치세 확정신고기간(4월~6월)에 대한 부가가치세신고서상 납부(환급)세액을 조회하면 얼마인가?

4 2025년 제2기 예정신고기간(7월~9월)의 공제받지 못할 매입세액의 공급가액과 세액은 얼마인가?

> **해설**

1 부가가치세 신고서 조회 : 24,950,000원
→ • 조회기간 : 01월 01일 ~ 03월 31일 / • 신고구분 : 1.정기신고

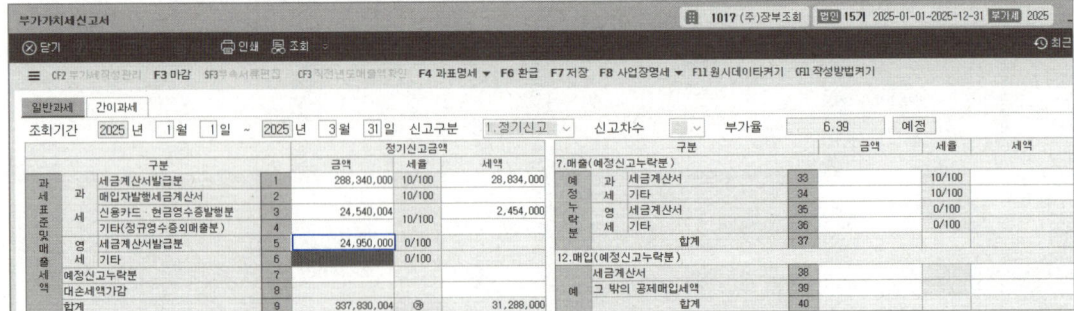

2 부가가치세 신고서 조회 : 일반과세 세금계산서발급분(289,872,000원) + 영세율 세금계산서발급분(38,450,000원)
   = 328,322,000원
   → • 조회기간 : 04월 01일 ~ 06월 30일 / • 신고구분 : 1.정기신고

3 부가가치세 신고서 조회 : 9,077,700원
   → • 조회기간 : 04월 01일 ~ 06월 30일 / • 신고구분 : 1.정기신고

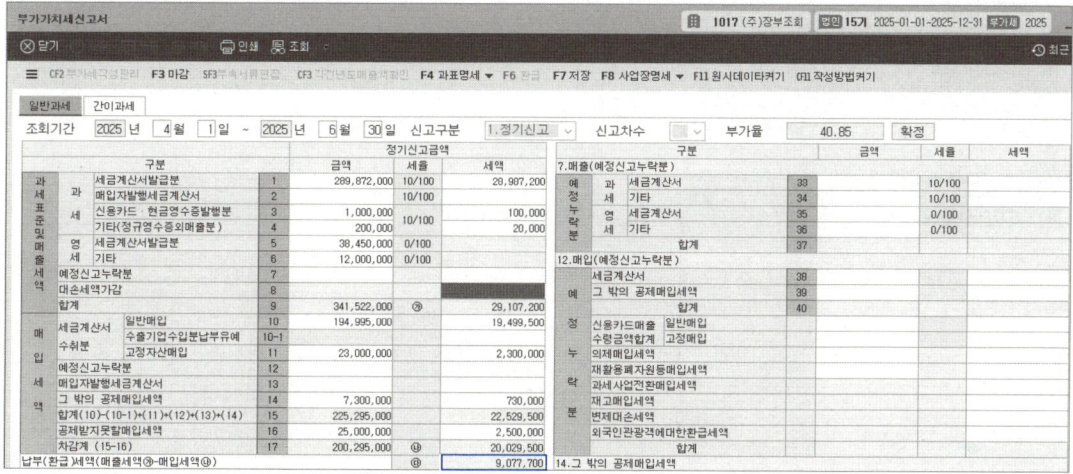

4 부가가치세 신고서 조회 : 공급가액 2,300,000원, 세액 230,000원
   → • 조회기간 : 07월 01일 ~ 09월 30일 / • 신고구분 : 1.정기신고

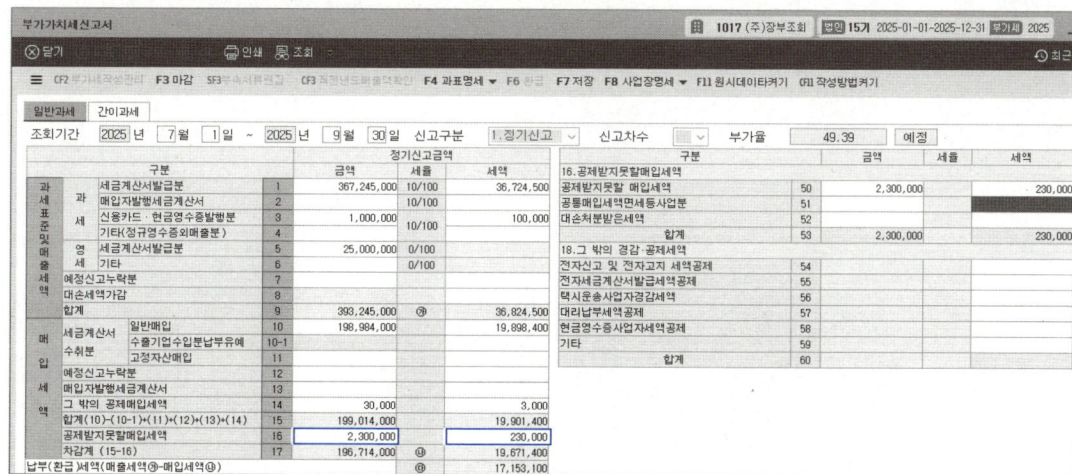

제11절 세금계산서합계표 최신 30회 중 8문제 출제

[부가가치]-[부가가치세Ⅰ]-[세금계산서합계표]는 발급하였거나 수취한 세금계산서를 매출처별과 매입처별로 집계한 표를 말한다.

1 매출 탭

(● 제1기 부가가치세 확정신고기간(4월~6월) 중에 발행된 매출전자세금계산서의 매수와 공급가액의 합계액은 얼마인가?)

→ • 조회기간 : 04월~06월 / • 1기 확정 : 1.정기신고

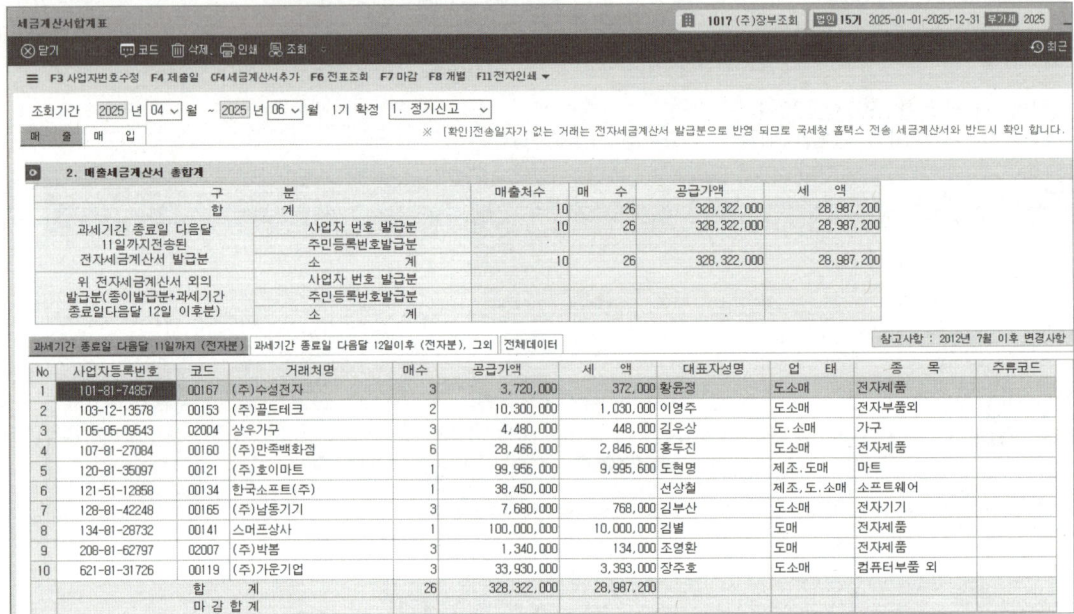

2 매입 탭

(● 제1기 부가가치세 확정신고기간(4월~6월) 중에 발행된 매입전자세금계산서의 매수와 공급가액의 합계액은 얼마인가?)

→ • 조회기간 : 04월~06월 / • 1기 확정 : 1.정기신고

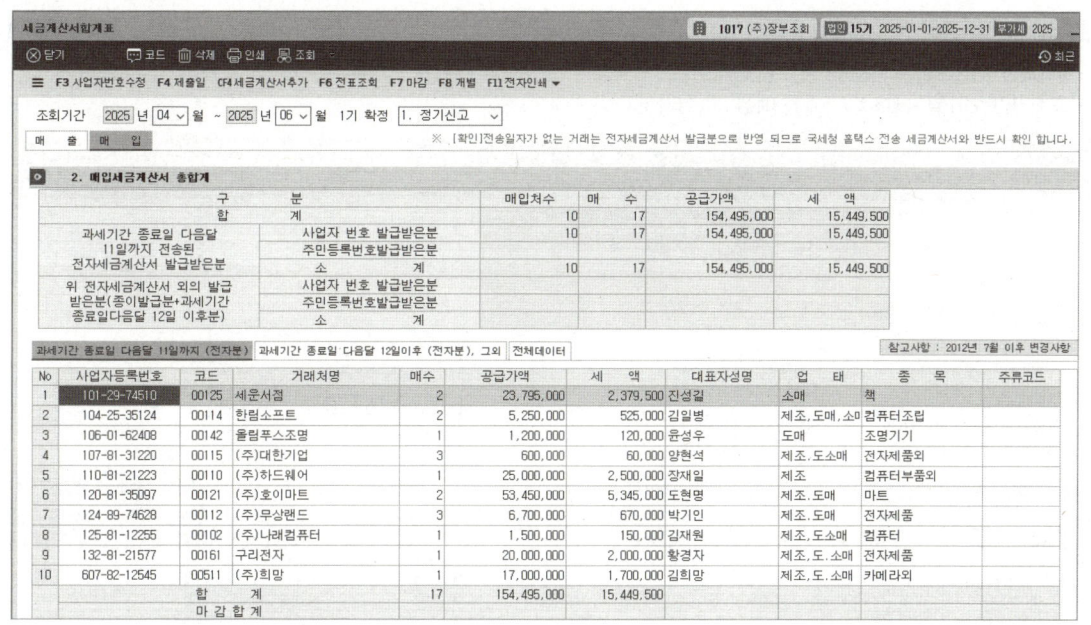

▶ 중요출제유형 ◀

① 제1기 부가가치세 예정신고기간(1월~3월) 중에 발행된 매입전자세금계산서의 매수와 공급가액은 얼마인가?
② 제1기 부가가치세 확정신고기간(4월~6월) 동안에 발생된 전자세금계산서의 매출 및 매입거래처 중에서 매출과 매입이 동시에 발생한 거래처코드와 공급가액은 각각 얼마인가?

3 세금계산서합계표 기출문제 연습하기

1 부가가치세 제1기 예정신고기간(1월~3월)의 전자세금계산서에 의한 매입 관련 공급가액은 얼마인가?

2 제2기 부가가치세 예정신고기간(7월~9월)의 매출전자세금계산서 총 발급매수와 공급가액은 각각 얼마인가?

3 10월부터 12월까지 매출전자세금계산서 매수가 가장 많은 거래처를 조회하면? (거래처 코드만 입력하시오)

해설

1 세금계산서합계표[매입 탭] 조회 : 307,620,000원
→ ・조회기간 : 01월 ~ 03월 / ・1기 예정 : 1.정기신고

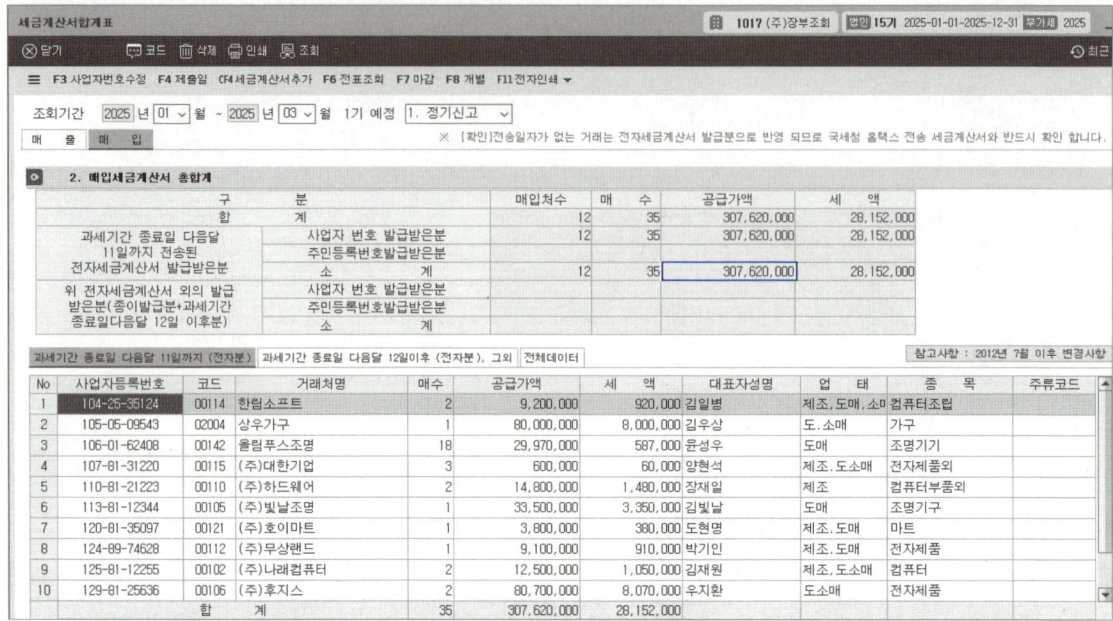

2 세금계산서합계표[매출 탭] 조회 : 총 발급매수 30건, 공급가액 392,245,000원
→ ・조회기간 : 07월 ~ 09월 / ・2기 예정 : 1.정기신고

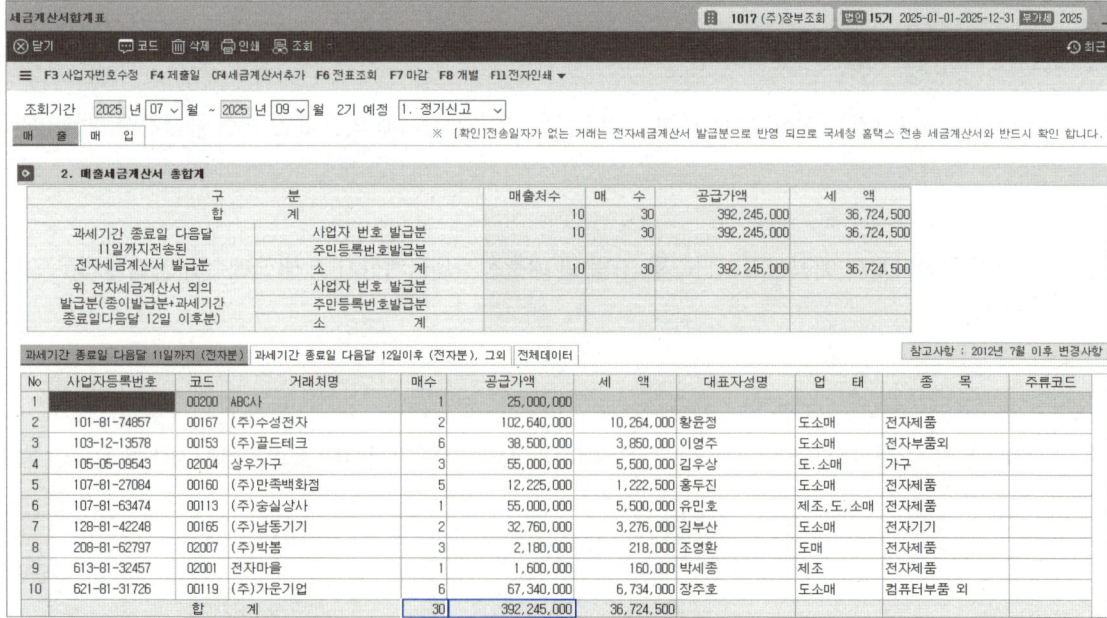

3 세금계산서합계표[매출 탭] 조회 : 거래처코드 119. ㈜가운기업
→ • 조회기간 : 10월 ~ 12월 / • 2기 확정 : 1.정기신고

제12절 재무제표

재무상태표   최신 30회 중 9문제 출제

[회계관리]-[재무회계]-[결산/재무제표]-[재무상태표]는 일정 시점의 자산, 부채 및 자본의 잔액을 보여주는 재무제표이다. 전기와 당기를 비교하는 형식으로 조회할 수 있다.

> **중요출제유형**
>
> ① 전기 말과 비교하여 5월 31일 현재 유동자산 증가액은 얼마인가?
> ② 6월 말 현재 유동자산과 유동부채 간의 금액 차이는 얼마인가?
> ③ 6월 말 현재 외상매출금의 장부금액은 얼마인가?
> ④ 6월 말 현재 차량운반구의 장부금액은 얼마인가?

2 손익계산서

[회계관리]-[재무회계]-[결산/재무제표]-[손익계산서]는 일정기간 중 실현된 수익에서 발생된 비용을 차감하여 산출되는 당기순이익을 전기와 비교하여 조회할 수 있다.

과 목	제 15(당)기 2025년1월1일 ~ 2025년12월31일 금액	제 14(전)기 2024년1월1일 ~ 2024년12월31일 금액
Ⅶ. 영업외비용	37,787,004	6,000,000
이자비용	13,792,000	5,000,000
외환차손	200,000	
기부금	1,500,000	
외화환산손실	2,300,000	
매출채권처분손실	200,000	
단기매매증권처분손실	80,000	
재해손실	500,000	
유형자산처분손실	19,000,000	
잡손실	205,004	1,000,000
수수료비용	10,000	
Ⅷ. 법인세차감전이익	363,137,800	141,505,000
Ⅸ. 법인세등		
Ⅹ. 당기순이익	363,137,800	141,505,000

> **중요출제유형**
>
> ① 1월 ~ 5월까지 영업외비용은 얼마인가?
> ② 전기 대비 당기순이익의 증가액은 얼마인가?
> ③ 당기 말 판관비는 매출액의 몇 %인가?

3 ㈜장부조회(회사코드 : 1017)의 회계장부 중 재무제표 조회하기

1 전기말과 비교하여 3월 31일 현재 유동자산의 증가액은 얼마인가?

2 6월말 현재 유동자산과 유동부채 간의 금액 차이는 얼마인가?

3 1월부터 3월까지의 영업외비용은 얼마인가?

해설

1 재무상태표 3월 조회 : 1,067,658,608원 − 411,025,005원 = 656,633,603원

→ • 기간 : 3월

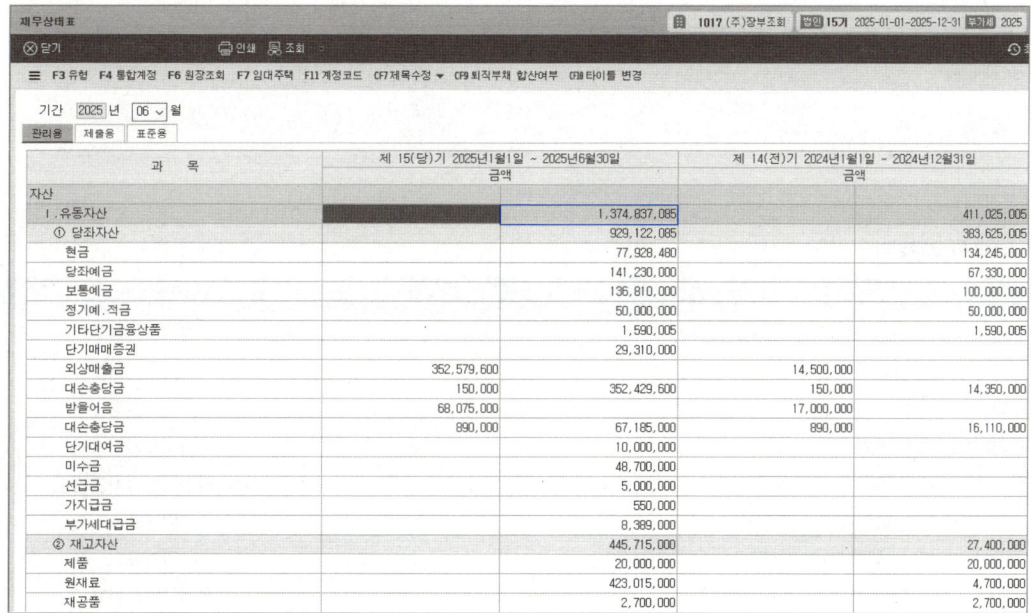

2 재무상태표 6월 조회 : 1,374,837,085원 − 675,221,627원 = 699,615,458원

① 6월 말 현재 유동자산 조회 : 1,374,837,085원

→ • 기간 : 6월

② 6월 말 현재 유동부채 조회 : 675,221,627원
→ ・기간 : 6월

3 손익계산서 3월 조회 : 5,376,004원
→ ・기간 : 3월

합격 TIP 장부조회 요약정리

관련 문제	관련 장부
현금 이외 특정 계정과목 증감내역 또는 잔액을 조회 시	계정별원장
현금 입·출금내역 또는 잔액을 조회 시	현금출납장
계정과목의 월별 금액을 비교 시	총계정원장
계정과목과 거래처를 동시 조회 시	거래처원장
거래처별 둘 이상의 계정과목을 동시 조회 시	거래처별계정과목별원장
1년 이내 현금거래액 또는 대체거래액 조회 시	월계표
1달 이내 현금거래액 또는 대체거래액 조회 시	일계표
일정시점까지의 누계액 조회 시	합계잔액시산표
전기와 당기 계정과목(통합계정과목 포함) 증감액 조회 시	재무상태표와 손익계산서
부가가치세신고서 항목 조회 시	부가가치세신고서
세금계산서 발행매수, 공급가액, 거래처 조회 시	세금계산서합계표
매입매출전표입력의 코드유형별 매입과 매출 내역 조회 시	매입매출장

장부조회 기출문제 연습하기

(주)조회정복(회사코드 : 1018)의 다음 사항을 조회하시오..

1 제1기 확정신고기간(4월 ~ 6월)의 매출액 중 세금계산서 발급분의 공급가액은 모두 얼마인가? `116회`

2 1월(1월 1일 ~ 1월 31일)의 외상매출금 회수액은 얼마인가? `111회`

3 1월 중 현금유입액과 현금유출액의 차이는 얼마인가? `63회`

4 5월 중 현금으로 지급한 판매비 및 관리비로 분류되는 소모품비의 금액은 얼마인가? `84회`

5 제1기 부가가치세 확정신고기간(10월 ~ 12월)의 세금계산서 수취분 중 고정자산의 매입세액은 얼마인가? `111회`

6 2025년 상반기(1월~6월) 중 기업업무추진비(판)가 가장 많이 발생한 월은? `98회`

7 1기 확정(4월 ~ 6월) 부가가치세 신고기간 중 과세표준과 납부세액은 각각 얼마인가? `99회`

8 2025년 제1기 확정신고기간(4월 ~ 6월) 동안 ㈜개포로 발행한 매출세금계산서의 매수와 공급가액은 얼마인가? `109회`

9 3월 31일 현재 유동자산에서 유동부채를 차감한 차이금액은 얼마인가? `84회`

10 오진기업에 대한 외상매출금 중 상반기(1월~6월)에 회수한 금액의 합계액은 얼마인가? `102회`

11 1월부터 6월까지 판매비와관리비로 지출한 소모품비는 얼마인가? `81회`

12 2025년 하반기 중 세금과공과(판)이 가장 많이 발생한 월은? `80회`

13 부가가치세 제2기 확정신고기간 중 공제받지 못할 매입세액은 얼마인가? `114회`

14 5월 31일 현재 재고자산은 전기 말 대비 얼마가 증가되었는가? `80회`

15 4월말 현재 외상매출금 잔액이 가장 큰 거래처명과 그 금액은 얼마인가? `116회`

16 상반기에 발생한 차량유지비 중 제조경비에 해당되는 금액은 얼마인가? `82회`

17 2025년 1기 확정 부가가치세 신고기간(4월 ~ 6월) 매출 중 영세율세금계산서 공급가액의 합계액은 얼마인가? `83회`

18 2025년 2월 말 현재 미수금과 미지급금의 차액은 얼마인가? (단, 반드시 양수로 기재할 것) `114회`

19 1기 확정(4월~6월) 부가가치세 신고기간 중 카드로 매출된 공급대가는 얼마인가? `98회`

20 1월부터 12월까지의 전기 대비 당기순이익의 증가액은 얼마인가? `출제예상`

21 제1기 부가가치세 예정신고기간 중 면세사업수입금액은 얼마인가? `91회`

22 2025년 4월 중 영업외수익 합계금액과 영업외비용 합계금액의 차이는 얼마인가?(음수로 입력하지 말 것)
91회

23 제1기 확정(4월~6월) 부가가치세 신고기간의 전자세금계산서 발급분 중 주민등록번호발급분의 공급가액은 얼마인가?
104회

24 제1기 부가가치세 예정신고기간(1월~3월)의 「신용카드매출전표수령금액합계표」란의 일반매입세액은 얼마인가?
92회

25 2025년 10월부터 12월까지 매입세금계산서 매수가 가장 많은 거래처명 및 매수를 입력하시오.
100회

해설

1 부가가치세신고서 : 339,400,000원
   (= 일반과세 세금계산서발급분 300,950,000원 + 영세율 세금계산서발급분의 합계 38,450,000원)
   → • 조회기간 : 04월 01일 ~ 06월 30일 / • 신고구분 : 1.정기신고

2 계정별원장 조회 : 1,320,000원
   → • 기간 : 01월 01일 ~ 01월 31일 / • 계정과목 : 108.외상매출금 ~ 108.외상매출금

3 현금출납장 조회 : 60,471,900원 (= 현금유입액 94,428,000원 − 현금유출액 33,956,100원)
   → • 기간 : 01월 01일 ~ 01월 31일

4 일계표(월계표) 조회 : 850,000원
   → • 조회기간 : 05월 01일 ~ 05월 31일

5 부가가치세신고서 : 50,000원
   → • 조회기간 : 10월 01일 ~ 12월 31일 / • 신고구분 : 1.정기신고

6 총계정원장(월별 탭) 조회 : 3월
   → • 기간 : 01월 01일 ~ 06월 30일 / • 계정과목 : 813.기업업무추진비 ~ 813.기업업무추진비

7 부가가치세신고서 : 과세표준 345,000,000원, 납부세액 20,095,000원
→ • 조회기간 : 04월 01일 ~ 06월 30일 / • 신고구분 : 1.정기신고

8 세금계산서합계표[매출 탭, 전체데이터 탭] 조회 : 6매, 28,466,000원
→ • 조회기간 : 04월 ~ 06월 / • 1기 확정 : 1.정기신고

9 재무상태표 조회 : 556,931,000원 (= 유동자산 982,776,347원 – 유동부채 425,845,347원)
→ • 기간 : 03월

10 거래처원장 [내용 탭] 조회 : 16,660,000원
→ • 기간 : 01월 01일 ~ 06월 30일 / • 계정과목 : 108.외상매출금 / • 거래처 : 141.오진기업 ~ 141.오진기업

11 일계표(월계표) 조회 : 6,741,100원
→ • 조회기간 : 01월 01일 ~ 06월 30일

12 총계정원장 (월별 탭) 조회 : 9월
→ • 기간 : 07월 01일 ~ 12월 31일 / • 계정과목 : 817.세금과공과 ~ 817.세금과공과

13 부가가치세신고서(또는 매입매출장) 조회 : 300,000원
→ • 조회기간 : 10월 01일 ~ 12월 31일 / • 신고구분 : 1.정기신고

14 재무상태표 조회 : 351,009,915원 (= 당기 5월 31일의 금액 371,009,915원 – 전기 12월 31일의 금액 20,000,000원)
→ • 기간 : 5월

15 거래처원장 [잔액 탭] 조회 : 강창상회, 25,300,000원
→ • 기간 : 1월 1일 ~ 04월 30일 / • 계정과목 : 108.외상매출금 / • 거래처 : 101.(주)에코 ~ 99602.비씨카드

16 일계표(월계표) 조회 : 2,229,000원
→ • 조회기간 : 1월 01일 ~ 06월 30일

17 부가가치세신고서 조회 : 38,450,000원
→ • 조회기간 : 04월 01일 ~ 06월 30일 / • 신고구분 : 1.정기신고

18 재무상태표 조회 : 58,500,000원(=미지급금 60,000,000원 – 미수금 1,500,000원)
→ • 기간 : 02월

22 2025년 4월 중 영업외수익 합계금액과 영업외비용 합계금액의 차이는 얼마인가?(음수로 입력하지 말 것)
91회

23 제1기 확정(4월~6월) 부가가치세 신고기간의 전자세금계산서 발급분 중 주민등록번호발급분의 공급가액은 얼마인가?
104회

24 제1기 부가가치세 예정신고기간(1월~3월)의 「신용카드매출전표수령금액합계표」란의 일반매입세액은 얼마인가?
92회

25 2025년 10월부터 12월까지 매입세금계산서 매수가 가장 많은 거래처명 및 매수를 입력하시오.
100회

해설

1 부가가치세신고서 : 339,400,000원
　　　　　　(= 일반과세 세금계산서발급분 300,950,000원 + 영세율 세금계산서발급분의 합계 38,450,000원)
→ ・조회기간 : 04월 01일 ~ 06월 30일 / ・신고구분 : 1.정기신고

2 계정별원장 조회 : 1,320,000원
→ ・기간 : 01월 01일 ~ 01월 31일 / ・계정과목 : 108.외상매출금 ~ 108.외상매출금

3 현금출납장 조회 : 60,471,900원 (= 현금유입액 94,428,000원 – 현금유출액 33,956,100원)
→ ・기간 : 01월 01일 ~ 01월 31일

4 일계표(월계표) 조회 : 850,000원
→ ・조회기간 : 05월 01일 ~ 05월 31일

5 부가가치세신고서 : 50,000원
→ ・조회기간 : 10월 01일 ~ 12월 31일 / ・신고구분 : 1.정기신고

6 총계정원장(월별 탭) 조회 : 3월
→ ・기간 : 01월 01일 ~ 06월 30일 / ・계정과목 : 813.기업업무추진비 ~ 813.기업업무추진비

7 부가가치세신고서 : 과세표준 345,000,000원, 납부세액 20,095,000원
→ ・조회기간 : 04월 01일 ~ 06월 30일 / ・신고구분 : 1.정기신고

8 세금계산서합계표[매출 탭, 전체데이터 탭] 조회 : 6매, 28,466,000원
→ ・조회기간 : 04월 ~ 06월 / ・1기 확정 : 1.정기신고

9 재무상태표 조회 : 556,931,000원 (= 유동자산 982,776,347원 − 유동부채 425,845,347원)
→ ・기간 : 03월

10 거래처원장 [내용 탭] 조회 : 16,660,000원
→ ・기간 : 01월 01일 ~ 06월 30일 / ・계정과목 : 108.외상매출금 / ・거래처 : 141.오진기업 ~ 141.오진기업

11 일계표(월계표) 조회 : 6,741,100원
→ ・조회기간 : 01월 01일 ~ 06월 30일

12 총계정원장 (월별 탭) 조회 : 9월
→ ・기간 : 07월 01일 ~ 12월 31일 / ・계정과목 : 817.세금과공과 ~ 817.세금과공과

13 부가가치세신고서(또는 매입매출장) 조회 : 300,000원
→ ・조회기간 : 10월 01일 ~ 12월 31일 / ・신고구분 : 1.정기신고

14 재무상태표 조회 : 351,009,915원 (= 당기 5월 31일의 금액 371,009,915원 − 전기 12월 31일의 금액 20,000,000원)
→ ・기간 : 5월

15 거래처원장 [잔액 탭] 조회 : 강창상회, 25,300,000원
→ ・기간 : 1월 1일 ~ 04월 30일 / ・계정과목 : 108.외상매출금 / ・거래처 : 101.(주)에코 ~ 99602.비씨카드

16 일계표(월계표) 조회 : 2,229,000원
→ ・조회기간 : 1월 01일 ~ 06월 30일

17 부가가치세신고서 조회 : 38,450,000원
→ ・조회기간 : 04월 01일 ~ 06월 30일 / ・신고구분 : 1.정기신고

18 재무상태표 조회 : 58,500,000원(=미지급금 60,000,000원 − 미수금 1,500,000원)
→ ・기간 : 02월

19 매입매출장 조회 : 1,100,000원
→ ・조회기간 4월 01일 ~ 6월 30일 / ・구분 : 2.매출 / ・유형 : 17.카과

20 손익계산서 조회 : 1,055,265,132원 (= 당기 당기순이익 1,091,085,132원 – 전기 당기순이익 35,820,000원)
→ ・기간 : 12월

21 부가가치세신고서 [상단 툴바의 F4 과표명세 에서 면세사업수입금액] 조회 : 500,000원
→ ・조회기간 : 1월 1일 ~ 3월 31일 / ・신고구분 : 1.정기신고

22 일계표(월계표)[월계표 탭] 조회 : 14,869,000 (= 영업외수익 15,000,000원 – 영업외비용 131,000원)
→ ・조회기간 : 4월 ~ 4월

23 세금계산서합계표[매출 탭] 조회 : 50,000,000원
→ ・조회기간 : 04월 ~ 06월 / ・1기 확정 : 1.정기신고

24 부가가치세신고서[매입세액-그 밖의 공제매입세액-일반매입-세액] 조회 : 350,000원
→ ・조회기간 : 01월 01일 ~ 03월 31일 / ・신고구분 : 1.정기신고

25 세금계산서합계표[매입 탭, 전체데이터 탭] 조회 : 구파발전자, 4매
→ ・조회기간 : 10월 ~ 12월 / ・2기 확정 : 1.정기신고

전산회계 1급 3주 완성

부록

최신 기출문제

※ **기출문제 안내** : 5회분 교재로 제공(116회~112회) + 7회분 PDF 파일로 제공(111회~105회)
※ **PDF 파일 신청방법** : "애드투" 홈페이지 고객센터 공지사항 게시판 참조. www.addto.co.kr

제116회 / 기출문제

이론시험

다음 문제를 보고 알맞은 것을 골라 [이론문제 답안작성] 메뉴에 입력하시오. (객관식 문항당 2점)

기본전제

문제에서 한국채택국제회계기준을 적용하도록 하는 전제조건이 없는 경우, 일반기업회계기준을 적용한다.

1 다음 중 일반기업회계기준에 따른 재무제표에 대한 설명으로 가장 옳지 않은 것은?

① 재무상태표는 일정 시점 현재 기업실체가 보유하고 있는 경제적 자원인 자산과 경제적 의무인 부채, 그리고 자본에 대한 정보를 제공하는 재무보고서이다.
② 손익계산서는 일정 시점 현재 기업실체의 경영성과에 대한 정보를 제공하는 재무보고서이다.
③ 현금흐름표는 일정 기간 동안 기업실체에 대한 현금유입과 현금유출에 대한 정보를 제공하는 재무보고서이다.
④ 자본변동표는 기업실체에 대한 자본의 크기와 그 변동에 관한 정보를 제공하는 재무보고서이다.

2 다음 중 단기매매증권 취득 시 발생한 비용을 취득원가에 가산할 경우 재무제표에 미치는 영향으로 옳은 것은?

① 자산의 과소계상
② 부채의 과대계상
③ 자본의 과소계상
④ 당기순이익의 과대계상

3 ㈜회계는 20x1년 1월 1일 10,000,000원에 유형자산(기계장치)을 취득하여 사용하다가 20x2년 6월 30일 4,000,000원에 처분하였다. 해당 기계장치의 처분 시 발생한 유형자산처분손실을 계산하면 얼마인가? 단, 내용연수 5년, 잔존가액 1,000,000원, 정액법(월할상각)의 조건으로 20x2년 6월까지 감가상각이 완료되었다고 가정한다.

① 2,400,000원
② 3,300,000원
③ 5,100,000원
④ 6,000,000원

4 다음의 자료를 바탕으로 20x1년 12월 31일 현재 현금및현금성자산과 단기금융상품의 잔액을 계산한 것으로 옳은 것은?

- 현금시재액 : 200,000원
- 당좌예금 : 500,000원
- 정기예금 : 1,500,000원(만기 20x2년 12월 31일)
- 선일자수표 : 150,000원
- 외상매입금 : 2,000,000원

① 현금및현금성자산 : 700,000원
② 현금및현금성자산 : 2,500,000원
③ 단기금융상품 : 1,650,000원
④ 단기금융상품 : 2,000,000원

5 다음 중 대손충당금에 대한 설명으로 가장 옳지 않은 것은?

① 대손충당금은 유형자산의 차감적 평가계정이다.
② 회수가 불확실한 채권은 합리적이고 객관적인 기준에 따라 산출한 대손 추산액을 대손충당금으로 설정한다.
③ 미수금도 대손충당금을 설정할 수 있다.
④ 매출 활동과 관련되지 않은 대여금에 대한 대손상각비는 영업외비용에 속한다.

6 다음 중 자본에 영향을 미치지 않는 항목은 무엇인가?

① 당기순이익   ② 현금배당   ③ 주식배당   ④ 유상증자

7 다음 중 일반기업회계기준에 따른 수익 인식 시점에 대한 설명으로 옳지 않은 것은?

① 위탁판매의 경우 수탁자가 위탁품을 소비자에게 판매한 시점에 수익을 인식한다.
② 배당금수익은 배당금을 받을 권리와 금액이 확정되는 시점에 수익을 인식한다.
③ 대가가 분할되어 수취되는 할부판매의 경우 대가를 나누어 받을 때마다 수익으로 인식한다.
④ 설치수수료 수익은 재화가 판매되는 시점에 수익을 인식하는 재화의 판매에 부수되는 설치의 경우를 제외하고는 설치의 진행률에 따라 수익으로 인식한다.

8 다음 중 재고자산에 대한 설명으로 옳지 않은 것은?

① 기업이 생산과정에 사용하거나 판매를 목적으로 보유한 자산이다.
② 취득원가에 매입부대비용은 포함되지 않는다.
③ 기말 평가방법에 따라 기말 재고자산 금액이 다를 수 있다.
④ 수입 시 발생한 관세는 취득원가에 가산하여 재고자산에 포함된다.

9 다음 중 원가에 대한 설명으로 옳지 않은 것은?

① 원가의 발생형태에 따라 재료원가, 노무원가, 제조경비로 분류한다.
② 특정 제품에 대한 직접 추적가능성에 따라 직접원가, 간접원가로 분류한다.
③ 조업도 증감에 따른 원가의 행태로서 변동원가, 고정원가로 분류한다.
④ 기회비용은 과거의 의사결정으로 인해 이미 발생한 원가이며, 대안 간의 차이가 발생하지 않는 원가를 말한다.

10 부문별 원가계산에서 보조부문의 원가를 제조부문에 배분하는 방법 중 보조부문의 배분 순서에 따라 제조간접원가의 배분액이 달라지는 방법은?

① 직접배분법   ② 단계배분법   ③ 상호배분법   ④ 총배분법

11 다음 중 제조원가명세서에서 제공하는 정보는 무엇인가?

① 기부금
② 이자비용
③ 당기총제조원가
④ 매출원가

12 다음의 자료를 이용하여 평균법에 의한 가공원가 완성품환산량을 구하시오(단, 재료는 공정 초기에 전량 투입되고 가공원가는 공정 전반에 걸쳐 균등하게 발생한다).

- 당기완성품 : 40,000개
- 기초재공품 : 10,000개(완성도 30%)
- 당기착수량 : 60,000개
- 기말재공품 : 30,000개(완성도 60%)

① 52,000개　② 54,000개　③ 56,000개　④ 58,000개

13 다음 중 부가가치세법상 납세의무자에 대한 설명으로 틀린 것은?

① 사업의 영리 목적 여부에 관계없이 사업상 독립적으로 재화 및 용역을 공급하는 사업자이다.
② 영세율을 적용받는 사업자는 납세의무자에 해당하지 않는다.
③ 간이과세자도 납세의무자에 포함된다.
④ 재화를 수입하는 자는 그 재화의 수입에 대한 부가가치세를 납부할 의무가 있다.

14 다음 중 부가가치세법상 사업장에 대한 설명으로 옳지 않은 것은?

① 사업장은 사업자가 사업을 하기 위하여 거래의 전부 또는 일부를 하는 고정된 장소로 한다.
② 사업장을 설치하지 않고 사업자등록도 하지 않은 경우에는 과세표준 및 세액을 결정하거나 경정할 당시의 사업자의 주소 또는 거소를 사업장으로 한다.
③ 제조업의 경우 따로 제품 포장만을 하거나 용기에 충전만 하는 장소도 사업장에 포함될 수 있다.
④ 부동산상의 권리만 대여하는 경우에는 그 사업에 관한 업무를 총괄하는 장소를 사업장으로 한다.

15 부가가치세법상 법인사업자가 전자세금계산서를 발급하는 경우 전자세금계산서 발급 명세를 언제까지 국세청장에게 전송해야 하는가?

① 전자세금계산서 발급일의 다음 날
② 전자세금계산서 발급일로부터 1주일 이내
③ 전자세금계산서 발급일이 속하는 달의 다음 달 10일 이내
④ 전자세금계산서 발급일이 속하는 달의 다음 달 25일 이내

실무시험

㈜태림상사(회사코드:1116)는 자동차부품의 제조 및 도소매업을 영위하는 중소기업으로 당기(제11기) 회계기간은 2025.1.1.~2025.12.31.이다. 전산세무회계 수험용 프로그램을 이용하여 다음 물음에 답하시오.

기본전제

- 문제에서 한국채택국제회계기준을 적용하도록 하는 전제조건이 없는 경우, 일반기업회계기준을 적용하여 회계처리 한다.
- 문제의 풀이와 답안작성은 제시된 문제의 순서대로 진행한다.

문제1 다음은 [기초정보관리] 및 [전기분재무제표]에 대한 자료이다. 각각의 요구사항에 대하여 답하시오. (10점)

1 [거래처등록] 메뉴를 이용하여 다음의 신규 거래처를 추가로 등록하시오. (3점)

- 거래처코드 : 05000
- 거래처명 : ㈜대신전자
- 대표자 : 김영일
- 사업자등록번호 : 108-81-13579
- 업태 : 제조
- 종목 : 전자제품
- 유형 : 매출
- 사업장주소 : 경기도 시흥시 정왕대로 56(정왕동)

※ 주소 입력 시 우편번호 입력은 생략해도 무방함.

2 ㈜태림상사의 기초 채권 및 채무의 올바른 잔액은 아래와 같다. [거래처별초기이월] 메뉴의 자료를 검토하여 오류가 있으면 올바르게 삭제 또는 수정, 추가 입력을 하시오. (3점)

계정과목	거래처	금액
외상매출금	㈜동명상사	6,000,000원
받을어음	㈜남북	1,000,000원
지급어음	㈜동서	1,500,000원

3 전기분 손익계산서를 검토한 결과 다음과 같은 오류를 발견하였다. 해당 오류사항과 관련된 [전기분원가명세서] 및 [전기분손익계산서]를 수정 및 삭제하시오. (4점)

- 공장 건물에 대한 재산세 3,500,000원이 판매비와관리비의 세금과공과금으로 반영되어 있다.

문제2 [일반전표입력] 메뉴를 이용하여 다음의 거래 자료를 입력하시오(일반전표입력의 모든 거래는 부가가치세를 고려하지 말 것). (18점)

입력 시 유의사항

- 일반적인 적요의 입력은 생략하지만, 타계정 대체거래는 적요번호를 선택하여 입력한다.
- 채권·채무와 관련된 거래는 별도의 요구가 없는 한 반드시 기등록된 거래처코드를 선택하는 방법으로 거래처명을 입력한다.
- 제조경비는 500번대 계정코드를, 판매비와관리비는 800번대 계정코드를 사용한다.
- 회계처리 시 계정과목은 별도의 제시가 없는 한 등록된 계정과목 중 가장 적절한 과목으로 한다.

---

1 08월 05일 회사는 운영자금 문제를 해결하기 위해서, 보유 중인 ㈜기경상사의 받을어음 1,000,000원을 한국은행에 할인하였으며 할인료 260,000원을 공제하고 보통예금 계좌로 입금받았다(단, 매각거래로 간주한다). (3점)

2 08월 10일 본사관리부 직원의 국민연금 800,000원과 카드결제수수료 8,000원을 법인카드(하나카드)로 결제하여 일괄 납부하였다. 납부한 국민연금 중 50%는 회사부담분, 50%는 원천징수한 금액으로 회사부담분은 세금과공과로 처리한다. (3점)

3 08월 22일 공장에서 사용할 비품(공정가치 5,000,000원)을 대주주로부터 무상으로 받았다. (3점)

4 09월 04일 ㈜경기로부터 원재료를 구입하기로 계약하고, 계약금 1,000,000원을 보통예금 계좌에서 이체하여 지급하였다. (3점)

5 10월 28일 영업부에서 사용할 소모품을 현금으로 구입하고 아래의 간이영수증을 수취하였다(단, 당기 비용으로 처리할 것). (3점)

영 수 증 (공급받는자용)				
No.	㈜태림상사 귀하			
공급자	사업자등록번호	314-36-87448		
	상 호	솔잎문구	성 명	김솔잎 (인)
	사 업 장 소 재 지	경기도 양주시 남방동 25		
	업 태	도소매	종 목	문구점
작성년월일	공급대가 총액		비고	
2025.10.28.	70,000원			
위 금액을 정히 **영수**(청구)함.				
월일	품목	수량	단가	공급가(금액)
10.28.	A4	2	35,000원	70,000원
합계				70,000원
부가가치세법시행규칙 제25조의 규정에 의한 (영수증)으로 개정				

6 12월 01일 단기시세차익을 목적으로 ㈜ABC(시장성 있는 주권상장법인에 해당)의 주식 100주를 주당 25,000원에 취득하였다. 이와 별도로 발생한 취득 시 수수료 50,000원과 함께 대금은 모두 보통예금 계좌에서 이체하여 지급하였다. (3점)

문제3 [매입매출전표입력] 메뉴를 이용하여 다음의 거래 자료를 입력하시오. (18점)

> **입력 시 유의사항**
> - 일반적인 적요의 입력은 생략하지만, 타계정 대체거래는 적요번호를 선택하여 입력한다.
> - 채권·채무와 관련된 거래는 별도의 요구가 없는 한 반드시 기등록된 거래처코드를 선택하는 방법으로 거래처명을 입력한다.
> - 제조경비는 500번대 계정코드를, 판매비와관리비는 800번대 계정코드를 사용한다.
> - 회계처리 시 계정과목은 별도의 제시가 없는 한 등록된 계정과목 중 가장 적절한 과목으로 한다.
> - 입력화면 하단의 분개까지 처리하고, 전자세금계산서 및 전자계산서는 전자입력으로 반영한다.

1 07월 05일 제일상사에게 제품을 판매하고 신용카드(삼성카드)로 결제받고 발행한 매출전표는 아래와 같다. (3점)

카드매출전표

카드종류 : 삼성카드
회원번호 : 951-3578-654
거래일시 : 2025.07.05. 11:20:22
거래유형 : 신용승인
매   출 : 800,000 원
부 가 세 : 80,000 원
합   계 : 880,000 원
결제방법 : 일시불
승인번호 : 2025070580001
은행확인 : 삼성카드사

- 이 하 생 략 -

2 07월 11일   ㈜연분홍상사에게 다음과 같은 제품을 판매하고 1,000,000원은 현금으로, 15,000,000원은 어음으로 받고 나머지는 외상으로 하였다. (3점)

전자세금계산서

승인번호	20250711-1000000-00009329

<table>
<tr><th rowspan="5">공급자</th><th>등록번호</th><td>215-81-69876</td><th>종사업장번호</th><td></td><th rowspan="5">공급받는자</th><th>등록번호</th><td>134-86-81692</td><th>종사업장번호</th><td></td></tr>
<tr><th>상호(법인명)</th><td>㈜태림상사</td><th>성명</th><td>정대우</td><th>상호(법인명)</th><td>㈜연분홍상사</td><th>성명</th><td>이연홍</td></tr>
<tr><th>사업장주소</th><td colspan="3">경기도 양주시 양주산성로 85-7</td><th>사업장주소</th><td colspan="3">경기도 화성시 송산면 마도북로 40</td></tr>
<tr><th>업태</th><td>제조,도소매</td><th>종목</th><td>자동차부품 외</td><th>업태</th><td>제조</td><th>종목</th><td>자동차특장</td></tr>
<tr><th>이메일</th><td colspan="3">school_01@taelim.kr</td><th>이메일</th><td colspan="3">pink01@hanmail.net</td></tr>
<tr><td colspan="5"></td><td></td><th>이메일</th><td colspan="3"></td></tr>
</table>

작성일자	공급가액	세액	수정사유	비고
2025/07/11	30,000,000	3,000,000	해당 없음	

월	일	품목	규격	수량	단가	공급가액	세액	비고
07	11	제품				30,000,000	3,000,000	

합계금액	현금	수표	어음	외상미수금	위 금액을 (영수) 함 (청구)
33,000,000	1,000,000		15,000,000	17,000,000	

3 10월 01일   제조공장 직원들의 야근 식사를 위해 대형마트에서 국내산 쌀(면세)을 1,100,000원에 구입하고 대금은 보통예금 계좌에서 이체하였으며, 지출증빙용 현금영수증을 발급받았다. (3점)

현금영수증		
승인번호	구매자 발행번호	발행방법
G54782245	215-81-69876	지출증빙
신청구분	발행일자	취소일자
사업자번호	2025.10.01	-
상품명		
쌀		
구분	주문번호	상품주문번호
일반상품	20251001054897	2025100185414

판매자 정보	
판매자상호	대표자명
대형마트	김대인
사업자등록번호	판매자전화번호
201-17-45670	02-788-8888
판매자사업장주소	
서울특별시 종로구 종로동 2-1	

금액	
공급가액	1 1 0 0 0 0 0
부가세액	
봉사료	
승인금액	1 1 0 0 0 0 0

4 10월 30일   미국의 Nice Planet에 $50,000(수출신고일 10월 25일, 선적일 10월 30일)의 제품을 직수출하였다. 수출대금 중 $20,000는 10월 30일에 보통예금 계좌로 입금받았으며, 나머지 잔액은 11월 3일에 받기로 하였다. 일자별 기준환율은 다음과 같다(단, 수출신고필증은 정상적으로 발급받았으며, 수출신고번호는 고려하지 말 것). (3점)

일자	10월 25일	10월 30일	11월 03일
기준환율	1,380원/$	1,400원/$	1,410원/$

5 11월 30일   ㈜제니빌딩으로부터 영업부 임차료에 대한 공급가액 3,000,000원(부가가치세 별도)의 전자세금계산서를 수취하고 대금은 다음 달에 지급하기로 한다. 단, 미지급금으로 회계처리 하시오. (3점)

6 12월 10일 건축물이 있는 토지를 취득하여 그 건축물을 철거하고 토지만 사용하고자 한다. 건물 철거비용에 대하여 ㈜시온건설로부터 아래의 전자세금계산서를 발급받았다. 대금은 ㈜선유자동차로부터 제품 판매대금으로 받아 보관 중인 ㈜선유자동차 발행 약속어음으로 전액 지급하였다. (3점)

전자세금계산서					승인번호	20251210-12595557-12569886		
공급자	등록번호	105-81-23608	종사업장번호		공급받는자	등록번호	215-81-69876	종사업장번호	
	상호(법인명)	㈜시온건설	성명	정상임		상호(법인명)	㈜태림상사	성명	정대우
	사업장주소	서울특별시 강남구 도산대로 42				사업장주소	경기도 양주시 양주산성로 85-7		
	업태	건설	종목	토목공사		업태	제조, 도소매	종목	자동차부품 외
	이메일	sion@hanmail.net				이메일	school_01@taelim.kr		
						이메일			

작성일자	공급가액	세액	수정사유	비고
2025/12/10	60,000,000	6,000,000	해당 없음	

월	일	품목	규격	수량	단가	공급가액	세액	비고
12	10	철거비용			60,000,000	60,000,000	6,000,000	

합계금액	현금	수표	어음	외상미수금	위 금액을 (영수) 함
66,000,000			66,000,000		

문제4 [일반전표입력] 및 [매입매출전표입력] 메뉴에 입력된 내용 중 다음과 같은 오류가 발견되었다. 입력된 내용을 확인하여 정정하시오. (6점)

1 09월 01일 ㈜가득주유소에서 주유 후 대금은 당일에 현금으로 결제했으며 현금영수증을 수취한 것으로 일반전표에 입력하였다. 그러나 해당 주유 차량은 제조공장의 운반용트럭(배기량 2,500cc)인 것으로 확인되었다. (3점)

2 11월 12일 경영관리부서 직원들을 대상으로 확정기여형(DC형) 퇴직연금에 가입하고 보통예금 계좌에서 당기분 퇴직급여 17,000,000원을 이체하였으나, 회계담당자는 확정급여형(DB형) 퇴직연금에 가입한 것으로 알고 회계처리를 하였다(단, 납입 당시 퇴직급여충당부채 잔액은 없는 것으로 가정한다). (3점)

문제5 결산정리사항은 다음과 같다. 관련 메뉴를 이용하여 결산을 완료하시오. (9점)

입력 시 유의사항

- 적요의 입력은 생략한다.
- 채권·채무와 관련된 거래는 별도의 요구가 없는 한 반드시 기등록된 거래처코드를 선택하는 방법으로 거래처명을 입력한다.
- 회계처리 시 계정과목은 별도의 제시가 없는 한 등록된 계정과목 중 가장 적절한 과목으로 한다.

---

1 7월 1일에 가입한 하나은행의 정기예금 10,000,000원(만기 1년, 연 이자율 4.5%)에 대하여 기간 경과분 이자를 계상하였다(단, 이자 계산은 월할 계산하며, 원천징수는 없다고 가정한다). (3점)

2 경남은행으로부터 차입한 장기차입금 중 50,000,000원은 2026년 11월 30일에 상환기일이 도래한다. (3점)

3 2025년 제2기 부가가치세 확정신고 기간에 대한 부가세예수금은 52,346,500원, 부가세대급금은 52,749,000원일 때 부가가치세를 정리하는 회계처리를 하시오(단, 납부세액(또는 환급세액)은 미지급세금(또는 미수금)으로 회계처리하고, 불러온 자료는 무시한다). (3점)

문제6 다음 사항을 조회하여 알맞은 답안을 이론문제 답안작성 메뉴에 입력하시오. (9점)

1 3월 말 현재 외상매출금 잔액이 가장 큰 거래처명과 그 금액은 얼마인가? (3점)

2 2025년 중 실제로 배당금을 수령한 달은 몇 월인가? (3점)

3 2025년 제1기 부가가치세 확정신고서(2025.04.01.~2025.06.30.)의 매출액 중 세금계산서 발급분 공급가액의 합계액은 얼마인가? (3점)

제116회 / 정답 및 해설

이론시험

1	2	3	4	5	6	7	8	9	10	11	12	13	14	15
②	④	②	①	①	③	③	②	④	②	③	④	②	③	①

1 답 ②
해설 손익계산서는 일정 기간 동안 기업실체의 경영성과에 대한 정보를 제공하는 재무보고서이다.

2 답 ④
해설 단기매매증권 취득 시 발생한 거래원가는 당기비용으로 처리한다. 만약 이를 자산으로 계상 시 자산의 과대계상으로 이어지고 이는 자본 및 당기순이익의 과대계상을 초래한다.

3 답 ② 3,300,000원
해설
- 20x1년 감가상각비 : (10,000,000원 − 1,000,000원) / 5년 = 1,800,000원
- 20x2년 감가상각비 : (10,000,000원 − 1,000,000원) / 5년 × 6/12 = 900,000원
- 20x2년 6월 30일 감가상각누계액 : 1,800,000원 + 900,000원 = 2,700,000원
- 처분손실 : 장부금액 7,200,000원(10,000,000원 − 2,700,000원) − 처분금액 4,000,000원 = 3,300,000원

4 답 ①
해설
- 현금및현금성자산 : 현금시재액 200,000원 + 당좌예금 500,000원 = 700,000원
- 단기금융상품 : 정기예금 1,500,000원(보고기간 종료일로부터 1년 이내에 만기가 도래)

5 답 ①
해설 대손충당금은 채권의 차감적 평가계정이다.

6 답 ③ 주식배당
해설
① 당기순이익은 미처분이익잉여금을 증가시킴(자본증가)
② 현금배당은 미처분이익잉여금을 감소시킴(자본감소)
③ 주식배당은 미처분이익잉여금을 감소시킴과 동시에 자본금을 증가시킴(영향 없음)
④ 유상증자는 발행금액만큼 자본을 증가시킴(자본증가)

7 답 ③
해설 대가가 분할되어 수취되는 할부판매의 경우에는 이자부분을 제외한 판매가격에 해당하는 수익을 판매시점에 인식한다. 판매가격은 대가의 현재가치로서 수취할 할부금액을 내재이자율로 할인한 금액이다.

8 답 ②
해설 취득원가에 매입부대비용은 포함된다.

9 답 ④
해설 과거의 의사결정으로 인해 이미 발생한 원가이며, 대안 간의 차이가 발생하지 않는 원가는 매몰비용(매몰원가)에 대한 설명이다.

10 답 ②
해설 단계배분법은 보조부문원가의 배분순서를 정하여 그 순서에 따라 보조부문원가를 다른 보조부문과 제조부문에 단계적으로 배분하는 방법이다.

11 답 ③
해설 기부금, 이자비용, 매출원가는 손익계산서에서 제공하는 정보이다.

12 답 ④ 58,000개
해설 • 가공원가 완성품환산량 : 당기완성품 40,000개 + 기말재공품 30,000개 × 60%(완성도) = 58,000개

13 답 ②
해설 영세율을 적용받는 사업자도 납세의무자에 해당한다.

14 답 ③
해설 제조업의 경우 따로 제품 포장만을 하거나 용기에 충전만 하는 장소는 사업장에서 제외한다.

15 답 ①
해설 전자세금계산서는 발급일의 익일까지 국세청장에게 전송하여야 한다.

실무시험

문제1 기초정보관리

1 [회계관리] – [재무회계] – [기초정보관리] – [거래처등록] 메뉴 – [일반거래처] 탭

'코드 : 05000 / 거래처명 : ㈜대신전자 / 유형 : 1.매출 / 사업자등록번호 : 108-81-13579 / 대표자성명 : 김영일 / 업태 : 제조 / 종목 : 전자제품 / 주소 : 경기도 시흥시 정왕대로 56(정왕동)'을 추가 입력한다.

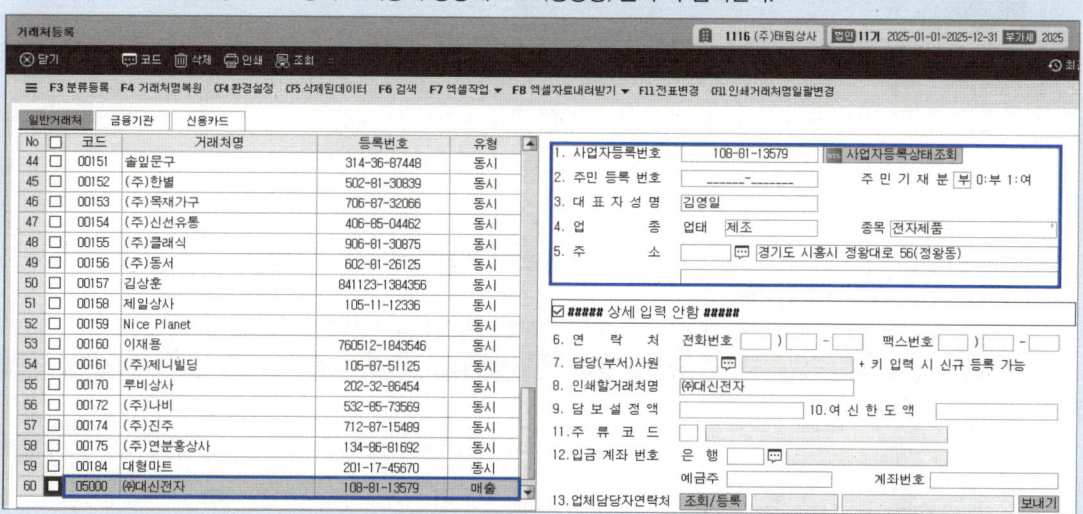

2 [회계관리]–[재무회계]–[전기분 재무제표]–[거래처별 초기이월]

[거래처별 초기이월] 메뉴에서 다음과 같이 수정한다.

- 108.외상매출금
  - 104.㈜동명상사 : 금액 '5,000,000원'을 '6,000,000원'으로 수정한다.

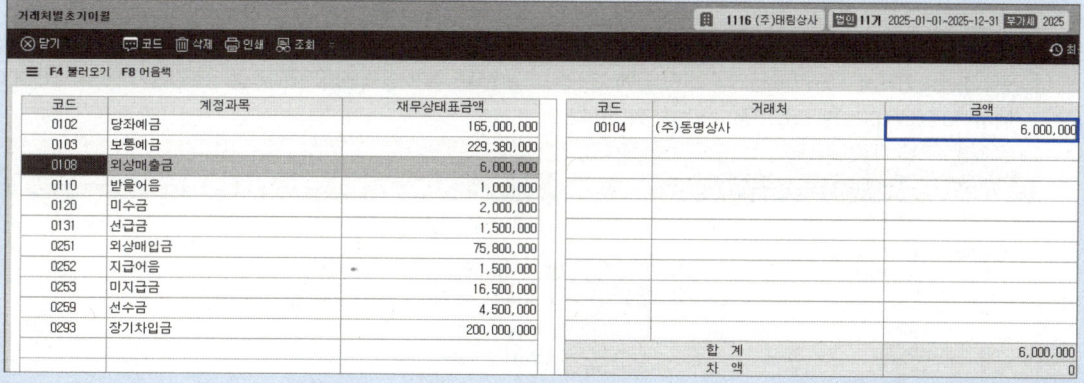

- 11.받을어음
  - 132.㈜남북 : 금액 '2,500,000원'을 '1,000,000원'으로 수정한다.

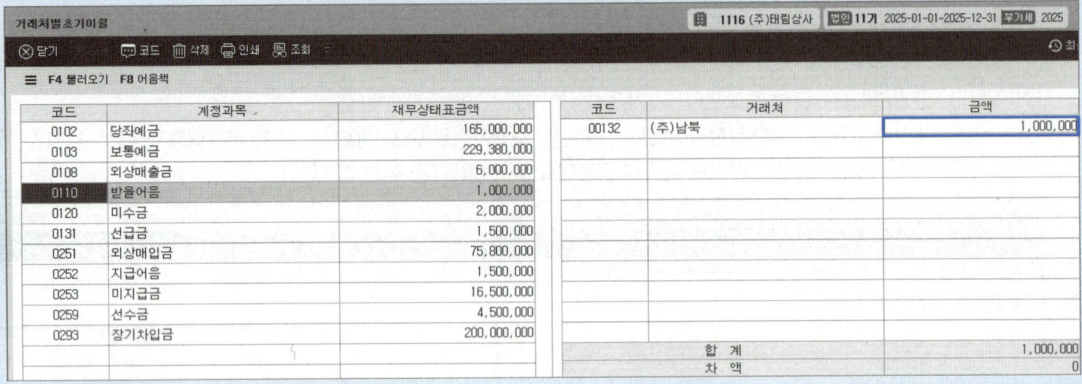

- 252.지급어음
  - 156.㈜동서 : [거래처코드]란에 커서가 위치했을 때 키보드의 F2를 이용하여 거래처 '156.㈜동서', 금액 '1,500,000원'을 추가 입력한다.

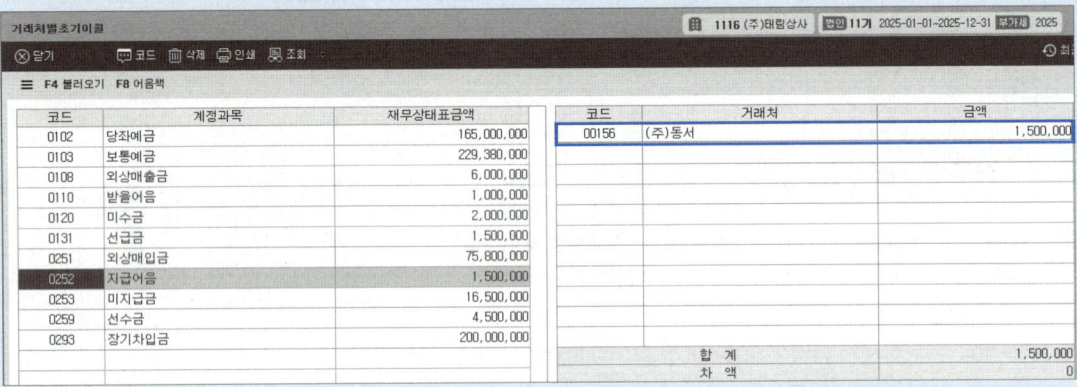

3 [회계관리] – [재무회계] – [전기분재무제표]

① 전기분원가명세서 : '517.세금과공과'의 금액 '3,500,000원'을 추가 입력한다. 당기제품제조원가가 '104,150,000원'에서 '107,650,000원'으로 변경되었는지 확인한다.

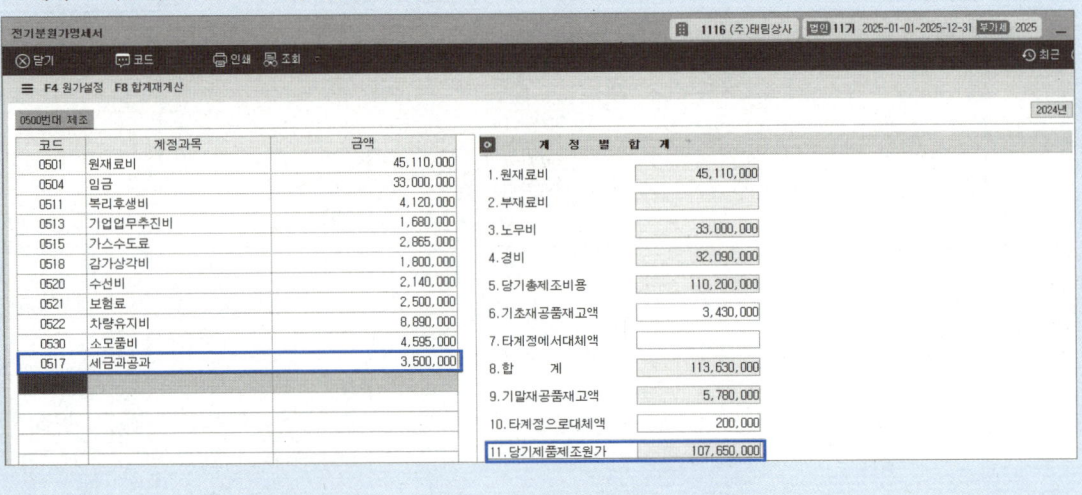

② 전기분 손익계산서 : '455.제품매출원가'를 계산하는 보조창의 당기제품제조원가를 '104,150,000원'에서 '107,650,000원'으로 수정 입력하고 '817.세금과공과'의 금액 '3,500,000원'을 '0원'으로 입력하거나 삭제한다. → 당기순이익의 금액이 '18,530,000원'으로 변동이 없는지 확인한다.

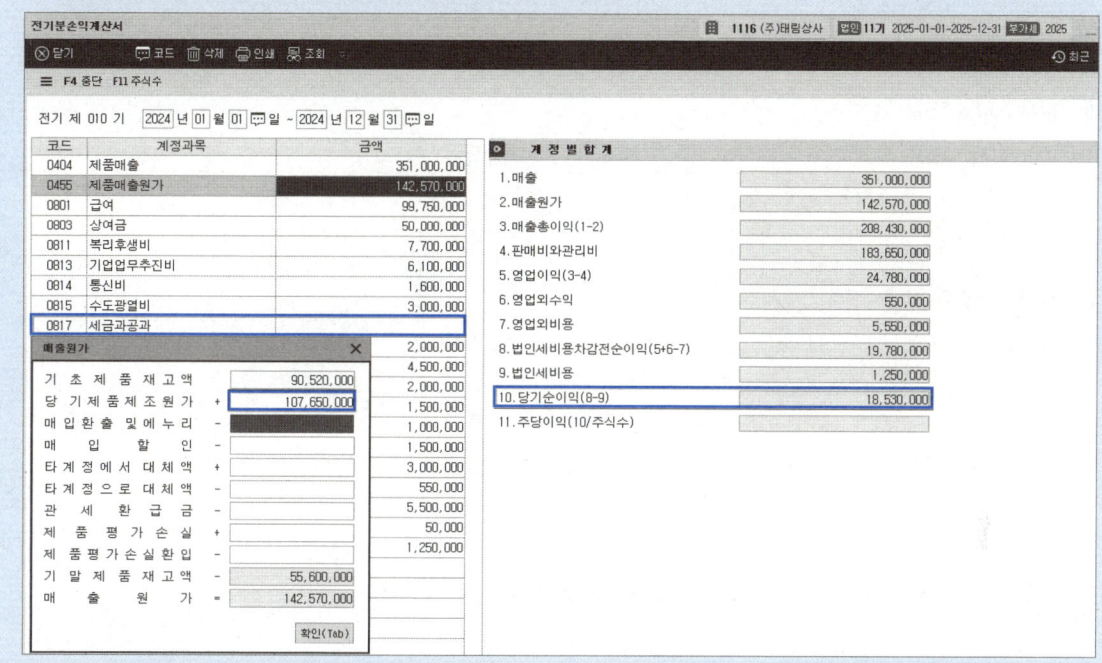

* 전기분 잉여금처분계산서의 미처분이익잉여금과 전기분 재무상태표의 이월이익잉여금은 변동이 없으므로 별도의 정정은 불필요하다.

문제2 [회계관리] – [재무회계] – [전표입력] – [일반전표입력]

1 일자 : 8월 5일

| (차) 보통예금 | 740,000 | (대) 받을어음[(주)기경상사] | 1,000,000 |
| 매출채권처분손실 | 260,000 | | |

구분	계정과목	거래처	적요	차변	대변
차변	0103 보통예금			740,000	
차변	0956 매출채권처분손실			260,000	
대변	0110 받을어음	00139 (주)기경상사			1,000,000

2 일자 : 8월 10일

(차) 세금과공과(판)	400,000	(대) 미지급금[하나카드]	808,000
수수료비용(판)	8,000	또는 미지급비용[하나카드]	
예수금	400,000		

구분	계정과목	거래처	적요	차변	대변
차변	0817 세금과공과			400,000	
차변	0831 수수료비용			8,000	
차변	0254 예수금			400,000	
대변	0253 미지급금	99600 하나카드			808,000

3 일자 : 8월 22일

| (차) 비품 | 5,000,000 | (대) 자산수증이익 | 5,000,000 |

구분	계정과목	거래처	적요	차변	대변
차변	0212 비품			5,000,000	
대변	0917 자산수증이익				5,000,000

4 일자 : 9월 04일

(차) 선급금[(주)경기]   1,000,000   (대) 보통예금   1,000,000

구분	계정과목	거래처	적요	차변	대변
차변	0131 선급금	00118 (주)경기		1,000,000	
대변	0103 보통예금				1,000,000

5 일자 : 10월 28일

(차) 소모품비(판)   70,000   (대) 현금   70,000

구분	계정과목	거래처	적요	차변	대변
차변	0830 소모품비			70,000	
대변	0101 현금				70,000

6 일자 : 12월 01일

(차) 단기매매증권   2,500,000   (대) 보통예금   2,550,000
　　 수수료비용(984)   50,000

구분	계정과목	거래처	적요	차변	대변
차변	0107 단기매매증권			2,500,000	
차변	0984 수수료비용			50,000	
대변	0103 보통예금				2,550,000

문제3 [회계관리] – [재무회계] – [전표입력] – [매입매출전표입력]

1 7월 05일

유형	공급가액	부가세	공급처명	전자	분개
17.카과	800,000	80,000	제일상사		4.카드 또는 3.혼합
신용카드사	99601.삼성카드				

(차) 외상매출금[삼성카드]   880,000   (대) 부가세예수금   80,000
　　　　　　　　　　　　　　　　　　　　　 제품매출   800,000

2 7월 11일

유형	공급가액	부가세	공급처명	전자	분개
11.과세	30,000,000	3,000,000	㈜연분홍상사	1.여	3.혼합

(차) 외상매출금   17,000,000   (대) 부가세예수금   3,000,000
　　 받을어음   15,000,000   제품매출   30,000,000
　　 현금   1,000,000

3 10월 01일

유형	공급가액	부가세	공급처명	전자	분개
62.현면	1,100,000		대형마트		3.혼합
(차) 복리후생비(제)		1,100,000	(대) 보통예금		1,100,000

4 10월 30일

유형	공급가액	부가세	공급처명	전자	분개
16.수출	70,000,000		Nice Planet		3.혼합
영세율구분	① 직접수출(대행수출 포함)				
(차) 보통예금 외상매출금[Nice Planet]	28,000,000*2 42,000,000*3		(대) 제품매출		70,000,000*1

*1 $50,000 × 1,400원/$ = 70,000,000원 *2 $20,000 × 1,400원/$ = 28,000,000원
*3 $30,000 × 1,400원/$ = 42,000,000원

5 11월 30일

유형	공급가액	부가세	공급처명	전자	분개
51.과세	3,000,000	300,000	(주)제니빌딩	1.여	3.혼합
(차) 부가세대급금 임차료(판)	300,000 3,000,000		(대) 미지급금		3,300,000

6 12월 10일

유형	공급가액	부가세	공급처명	전자	분개
54.불공	60,000,000	6,000,000	㈜시온건설	1.여	3.혼합
불공제 사유	⑥토지의 자본적 지출 관련				
(차) 토지		66,000,000	(대) 받을어음[(주)선유자동차]		66,000,000

* 하단 분개 입력 시 대변 계정과목 '110.받을어음'에 대한 거래처를 '115.(주)선유자동차'로 수정한다.

문제4 오류수정

1 일반전표입력 삭제 후 매입매출전표 추가 입력
[일반전표입력]에서 조회되는 거래 내용을 삭제한 후 [매입매출전표입력]에 입력한다.

• 수정 전: [일반전표입력] 09월 01일

(차) 차량유지비(판)　　　121,000　　　(대) 현금　　　121,000

일	번호	구분	계정과목	거래처	적요	차변	대변
1	00001	출금	0822 차량유지비	00136 (주)가득주유소	유류대	110,000	(현금)

• 수정 후: [매입매출전표입력] 09월 01일

유형	공급가액	부가세	공급처명	전자	분개
61.현과	100,000	10,000	㈜가득주유소		1.현금 또는 3.혼합

| (차) | 부가세대급금 | 10,000 | (대) | 현금 | 110,000 |
| | 차량유지비(제) | 100,000 | | | |

□	일	번호	유형	품목	수량	단가	공급가액	부가세	코드	공급처명	사업/주민번호	전자	분개
□	1	50001	현과				100,000	10,000	00136	(주)가득주유소	261-81-21569		현금

구분	계정과목	적요	거래처	차변(출금)	대변(입금)
출금	0135 부가세대급금		00136 (주)가득주유소	10,000	(현금)
출금	0522 차량유지비		00136 (주)가득주유소	100,000	(현금)

2 11월 12일 : [일반전표입력] 메뉴 수정

• 수정 전

(차) 퇴직연금운용자산　　　17,000,000　　　(대) 보통예금　　　17,000,000

구분	계정과목	거래처	적요	차변	대변
차변	0186 퇴직연금운용자산		퇴직연금 이체	17,000,000	
대변	0103 보통예금		퇴직연금 이체		17,000,000

• 수정 후

(차) 퇴직급여(판)　　　17,000,000　　　(대) 보통예금　　　17,000,000

구분	계정과목	거래처	적요	차변	대변
차변	0806 퇴직급여		퇴직연금 이체	17,000,000	
대변	0103 보통예금		퇴직연금 이체		17,000,000

문제5 결산정리사항

1 [일반전표입력] 12월 31일

(차) 미수수익　　　225,000*　　　(대) 이자수익　　　225,000

* 10,000,000원 × 4.5% × 6/12 = 225,000원

구분	계정과목	거래처	적요	차변	대변
차변	0116 미수수익			225,000	
대변	0901 이자수익				225,000

2 [일반전표입력] 12월 31일

(차) 장기차입금[경남은행] 50,000,000 (대) 유동성장기부채[경남은행] 50,000,000

구분	계정과목	거래처	적요	차변	대변
차변	0293 장기차입금	98003 경남은행		50,000,000	
대변	0264 유동성장기부채	98003 경남은행			50,000,000

3 [일반전표입력] 12월 31일

(차) 부가세예수금 52,346,500 (대) 부가세대급금 52,749,000
　　미수금　　　　　　 402,500

구분	계정과목	거래처	적요	차변	대변
차변	0255 부가세예수금			52,346,500	
대변	0135 부가세대급금				52,749,000
차변	0120 미수금			402,500	

문제6 장부조회

1 [회계관리]-[재무회계]-[장부관리]-[거래처원장]-[잔액] 탭

- 기간 '2025년 1월 1일~2025년 3월 31일', 계정과목 '108.외상매출금', 거래처 '101.(주)하남물류~99708.국민카드'를 조회한 후 외상매출금의 거래처별 잔액을 확인한다.

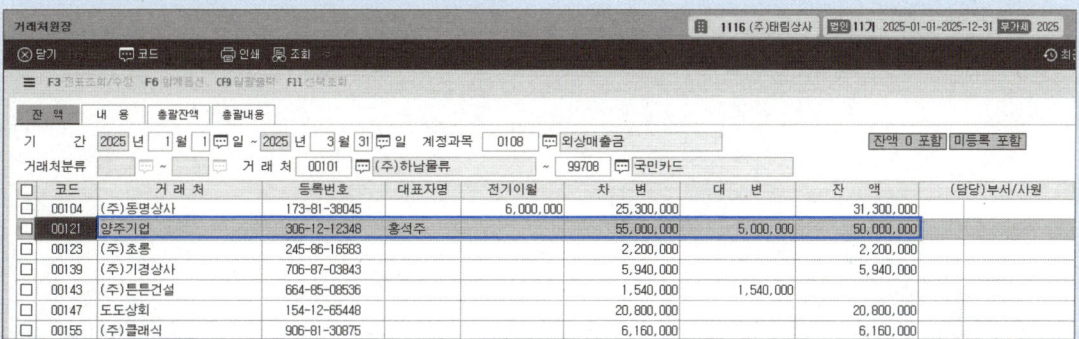

[답안] 양주기업, 50,000,000원

2 [회계관리]-[재무회계]-[장부관리]-[계정별원장]-[계정별] 탭

- 기간 '2025년 1월 1일~2025년 12월 31일', 계정과목 '903.배당금수익 ~ 903.배당금수익'을 입력한 후 불러오는 거래를 확인한다.

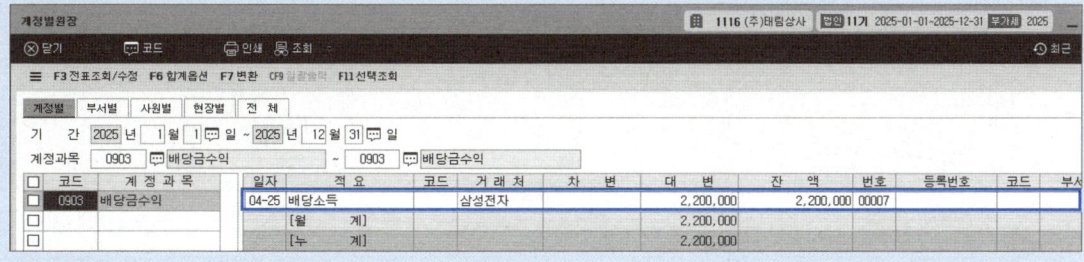

[답안] 4월

3 [부가가치]-[신고서/부속명세]-[부가가치세]-[부가가치세 신고서]
- 조회기간 '2025년 4월 1일~2025년 6월 30일'을 입력한 후 과세 세금계산서 발급분 공급가액과 영세 세금계산서 발급분 공급가액을 확인한다.

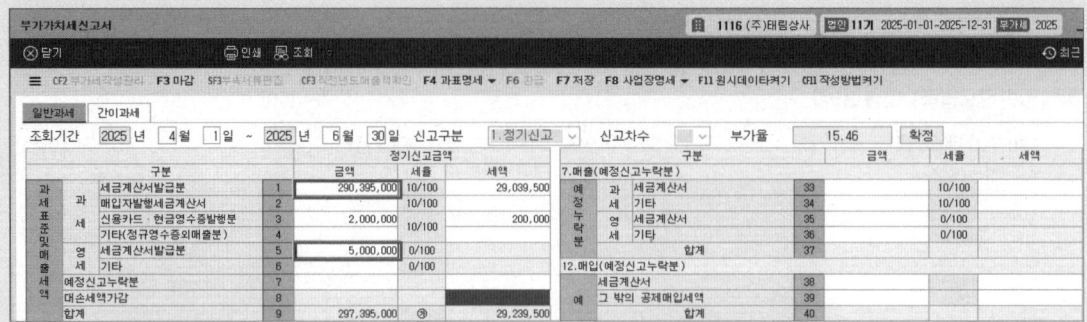

[답안] 295,395,000원(∵ 과세 세금계산서 발급분 공급가액 290,395,000원 + 영세 세금계산서 발급분 공급가액 5,000,000원)

제115회 / 기출문제

이론시험

다음 문제를 보고 알맞은 것을 골라 [이론문제 답안작성] 메뉴에 입력하시오.(객관식 문항당 2점)

기본전제
문제에서 한국채택국제회계기준을 적용하도록 하는 전제조건이 없는 경우, 일반기업회계기준을 적용한다.

1 다음 중 회계순환과정에 있어 기말결산정리의 근거가 되는 가정으로 적절한 것은?

① 발생주의 회계 ② 기업실체의 가정 ③ 계속기업의 가정 ④ 기간별 보고의 가정

2 다음 중 당좌자산에 포함되지 않는 것은 무엇인가?

① 선급비용 ② 미수금 ③ 미수수익 ④ 선수수익

3 다음에서 설명하는 재고자산 단가 결정방법으로 옳은 것은?

실제 물량 흐름과 원가 흐름의 가정이 유사하다는 장점이 있으나, 수익·비용 대응의 원칙에 부적합하고, 물가 상승 시 이익이 과대 계상되는 단점이 있다.

① 개별법 ② 선입선출법 ③ 후입선출법 ④ 총평균법

4 다음 중 유형자산에 대한 추가적인 지출이 발생했을 경우 발생한 기간의 비용으로 처리하는 거래로 옳은 것은?

① 건물의 피난시설을 설치하기 위한 지출
② 내용연수를 연장시키는 지출
③ 건물 내부 조명기구를 교체하는 지출
④ 상당한 품질향상을 가져오는 지출

5 다음 중 무형자산에 대한 설명으로 가장 옳지 않은 것은?

① 무형자산은 상각완료 후 잔존가치로 1,000원을 반드시 남겨둔다.
② 무형자산의 상각방법은 정액법, 정률법 둘 다 사용 가능하다.
③ 무형자산을 상각하는 회계처리를 할 때는 일반적으로 직접법으로 처리하고 있다.
④ 무형자산 중 내부에서 창출한 영업권은 무형자산으로 인정되지 않는다.

6 다음 중 일반기업회계기준에 따른 부채가 아닌 것은 무엇인가?

① 임차보증금   ② 퇴직급여충당부채
③ 선수금   ④ 미지급배당금

7 다음의 자본 항목 중 성격이 다른 하나는 무엇인가?

① 자기주식처분이익   ② 감자차익
③ 자기주식   ④ 주식발행초과금

8 다음의 자료를 이용하여 영업이익을 구하시오(기초재고는 50,000원, 기말재고는 '0'으로 가정한다).

• 총매출액 500,000원	• 매출할인 10,000원	• 당기총매입액 300,000원
• 매입에누리 20,000원	• 이자비용 30,000원	• 급여 20,000원
• 통신비 5,000원	• 감가상각비 10,000원	• 배당금수익 20,000원
• 임차료 25,000원	• 유형자산처분손실 30,000원	

① 60,000원   ② 70,000원   ③ 100,000원   ④ 130,000원

9 다음 중 보조부문의 원가 배분에 대한 설명으로 옳지 않은 것은?

① 보조부문의 원가 배분방법으로는 직접배분법, 단계배분법 및 상호배분법이 있으며, 이들 배분 방법에 따라 전체 보조부문의 원가에 일부 차이가 있을 수 있다.
② 상호배분법은 부문간 상호수수를 고려하여 계산하기 때문에 다른 배분방법보다 계산이 복잡한 방법이라 할 수 있다.
③ 단계배분법은 보조부문간 배분순서에 따라 각 보조부문에 배분되는 금액에 차이가 있을 수 있다.
④ 직접배분법은 보조부문 원가 배분액의 계산이 상대적으로 간편한 방법이라 할 수 있다.

10 다음의 원가 분류 중 분류 기준이 같은 것으로만 짝지어진 것은?

| 가. 변동원가 | 나. 관련원가 | 다. 직접원가 | 라. 고정원가 | 마. 매몰원가 | 바. 간접원가 |

① 가, 나　　② 나, 다　　③ 나, 마　　④ 라, 바

11 다음 자료를 참고하여 20x2년 제조작업지시서 #200에 대한 제조간접원가 예정배부율과 예정배부액을 계산하면 각각 얼마인가?

가. 20x1년 연간 제조간접원가 4,200,000원, 총기계작업시간은 100,000시간인 것으로 파악되었다.
나. 20x2년 연간 예정제조간접원가 3,800,000원, 총예정기계작업시간은 80,000시간으로 예상하고 있다.
다. 20x2년 제조작업지시서별 실제기계작업시간은 다음과 같다.
  • 제조작업지시서 #200 : 11,000시간
  • 제조작업지시서 #300 : 20,000시간

	제조간접원가 예정배부율	제조간접원가 예정배부액
①	42원/기계작업시간	462,000원
②	52.5원/기계작업시간	577,500원
③	47.5원/기계작업시간	522,500원
④	46원/기계작업시간	506,000원

12 다음 중 종합원가계산을 적용할 경우 평균법과 선입선출법에 의한 완성품 환산량의 차이를 발생시키는 주요 원인은 무엇인가?

① 기초재공품 차이
② 기초제품 차이
③ 기말제품 차이
④ 기말재공품 차이

13 다음 중 부가가치세법상 납세의무자에 대한 설명으로 가장 옳지 않은 것은?

① 부가가치세법상 사업자는 일반과세자와 간이과세자이다.
② 국가·지방자치단체도 납세의무자가 될 수 있다.
③ 사업자단위과세사업자는 모든 사업장의 부가가치세를 총괄하여 신고만 할 수 있다.
④ 영세율을 적용받는 사업자도 부가가치세법상의 사업자등록의무가 있다.

14 다음 중 부가가치세법상 매입세액공제가 가능한 경우는?

① 면세사업에 관련된 매입세액
② 비영업용 소형승용자동차의 유지와 관련된 매입세액
③ 토지의 형질변경과 관련된 매입세액
④ 제조업을 영위하는 사업자가 농민으로부터 구입한 면세 농산물의 의제매입세액

15 다음 중 부가가치세법상 세금계산서 발급 의무가 면제되지 않는 경우는?

① 택시운송사업자가 공급하는 재화 또는 용역
② 미용업자가 공급하는 재화 또는 용역
③ 제조업자가 구매확인서에 의하여 공급하는 재화
④ 부동산임대업자의 부동산임대용역 중 간주임대료

실무시험

다산컴퓨터㈜(회사코드:1115)는 컴퓨터 등의 제조 및 도소매업을 영위하는 중소기업으로 당기(제11기) 회계기간은 2025.1.1.~2025.12.31.이다. 전산세무회계 수험용 프로그램을 이용하여 다음 물음에 답하시오.

기본전제

- 문제에서 한국채택국제회계기준을 적용하도록 하는 전제조건이 없는 경우, 일반기업회계기준을 적용하여 회계처리 한다.
- 문제의 풀이와 답안작성은 제시된 문제의 순서대로 진행한다.

문제1 다음은 [기초정보관리] 및 [전기분재무제표]에 대한 자료이다. 각각의 요구사항에 대하여 답하시오.
(10점)

1 다음 자료를 보고 [거래처등록] 메뉴에서 신규 거래처를 등록하시오(단, 주어진 자료 외의 다른 항목은 입력할 필요 없음). (3점)

- 거래처코드 : 02411
- 거래처명 : ㈜구동컴퓨터
- 사업자등록번호 : 189-86-70759
- 업태 : 제조
- 사업장주소 : 울산광역시 울주군 온산읍 종동길 102
- 거래처구분 : 일반거래처
- 유형 : 동시
- 대표자성명 : 이주연
- 종목 : 컴퓨터 및 주변장치

2 기초정보관리의 [계정과목및적요등록] 메뉴에서 821.보험료 계정과목에 아래의 적요를 추가로 등록하시오. (3점)

- 현금적요 7번 : 경영인 정기보험료 납부
- 대체적요 5번 : 경영인 정기보험료 미지급
- 대체적요 6번 : 경영인 정기보험료 상계

3 다음은 다산컴퓨터㈜의 올바른 선급금, 선수금의 전체 기초잔액이다. [거래처별초기이월] 메뉴의 자료를 검토하여 오류가 있으면 올바르게 삭제 또는 수정, 추가 입력을 하시오. (4점)

계정과목	거래처명	금액
선급금	해원전자㈜	2,320,000원
	공상㈜	1,873,000원
선수금	㈜유수전자	2,100,000원
	㈜신곡상사	500,000원

문제2 [일반전표입력] 메뉴를 이용하여 다음의 거래 자료를 입력하시오(일반전표입력의 모든 거래는 부가가치세를 고려하지 말 것). (18점)

입력 시 유의사항

- 일반적인 적요의 입력은 생략하지만, 타계정 대체거래는 적요번호를 선택하여 입력한다.
- 채권·채무와 관련된 거래는 별도의 요구가 없는 한 반드시 기등록된 거래처코드를 선택하는 방법으로 거래처명을 입력한다.
- 제조경비는 500번대 계정코드를, 판매비와관리비는 800번대 계정코드를 사용한다.
- 회계처리 시 계정과목은 별도의 제시가 없는 한 등록된 계정과목 중 가장 적절한 과목으로 한다.

---

1 07월 28일 거래처 ㈜경재전자의 외상매입금 2,300,000원 중 2,000,000원은 당사에서 어음을 발행하여 지급하고 나머지는 면제받았다. (3점)

2 09월 03일 하나은행에서 차입한 단기차입금 82,000,000원과 이에 대한 이자 2,460,000원을 보통예금계좌에서 이체하여 지급하였다. (3점)

3 09월 12일 중국의 DOKY사에 대한 제품 수출 외상매출금 10,000$(선적일 기준환율 : 1,400원/$)를 회수하여 즉시 원화 보통예금 계좌로 입금하였다(단, 입금일의 기준환율은 1,380원/$이다). (3점)

4 10월 07일 주당 액면가액이 5,000원인 보통주 1,000주를 주당 7,000원에 발행하였고, 발행가액 전액이 보통예금 계좌로 입금되었다(단, 하나의 전표로 처리하며 신주 발행 전 주식할인발행차금 잔액은 1,000,000원이고 신주발행비용은 없다고 가정한다). (3점)

5 10월 28일 당기분 DC형 퇴직연금 불입액 12,000,000원이 자동이체 방식으로 보통예금 계좌에서 출금되었다. 불입액 12,000,000원 중 4,000,000원은 영업부에서 근무하는 직원들에 대한 금액이고 나머지는 생산부에서 근무하는 직원들에 대한 금액이다. (3점)

6 11월 12일 전기에 회수불능으로 일부 대손처리한 ㈜은상전기의 외상매출금이 회수되었으며, 대금은 하나은행 보통예금 계좌로 입금되었다. (3점)

		[보통예금(하나)] 거래 내용				
행	연월일	내용	찾으신 금액	맡기신 금액	잔액	거래점
			계좌번호 120-99-80481321			
1	2025-11-12	㈜은상전기		₩2,500,000	******	1111

문제3 [매입매출전표입력] 메뉴를 이용하여 다음의 거래 자료를 입력하시오. (18점)

── 입력 시 유의사항 ──

- 일반적인 적요의 입력은 생략하지만, 타계정 대체거래는 적요번호를 선택하여 입력한다.
- 채권·채무와 관련된 거래는 별도의 요구가 없는 한 반드시 기등록된 거래처코드를 선택하는 방법으로 거래처명을 입력한다.
- 제조경비는 500번대 계정코드를, 판매비와관리비는 800번대 계정코드를 사용한다.
- 회계처리 시 계정과목은 별도의 제시가 없는 한 등록된 계정과목 중 가장 적절한 과목으로 한다.

1 07월 03일 회사 영업부 야유회를 위해 도시락 10개를 구입하고 현대카드로 결제하였다. (3점)

```
          신용카드매출전표
가 맹 점 명 : 맛나도시락
사업자번호 : 127-10-12343
대 표 자 명 : 김도식
주     소 : 서울 마포구 마포대로 2
롯 데 카 드 : 신용승인
거 래 일 시 : 2025-07-03 11:08:54
카 드 번 호 : 3256-6455-****-1329
유 효 기 간 : 12/26
가맹점번호 : 123412341
매  입  사 : 현대카드(전자서명전표)
─────────────────────
   상품명              금액
  한식도시락세트      330,000
 공 급 가 액 :   300,000
 부 가 세 액 :    30,000
 합     계 :   330,000
```

2 08월 06일 제품을 만들고 난 후 나온 철 스크랩을 비사업자인 최한솔에게 판매하고, 판매대금 1,320,000원(부가가치세 포함)을 수취하였다. 대금은 현금으로 받고, 해당 거래에 대한 증빙은 아무것도 발급하지 않았다(계정과목은 잡이익으로 하고, 거래처를 조회하여 입력할 것). (3점)

3 08월 29일 ㈜선월재에게 내국신용장에 의해 제품을 판매하고 전자세금계산서를 발급하였다. 대금 중 500,000원은 현금으로 받고 나머지는 외상으로 하였다(단, 서류번호입력은 생략할 것). (3점)

영세율 전자세금계산서

승인번호	20250829-100028100-484650					

공급자
- 등록번호: 129-81-50101
- 상호(법인명): 다산컴퓨터㈜
- 성명: 박새은
- 사업장주소: 경기도 남양주시 가운로 3-28
- 업태: 제조,도소매
- 종목: 컴퓨터
- 이메일:

공급받는자
- 등록번호: 601-81-25803
- 상호(법인명): ㈜선월재
- 성명: 정일원
- 사업장주소: 경상남도 사천시 사천대로 11
- 업태: 도소매
- 종목: 컴퓨터 및 기기장치
- 이메일:

작성일자	공급가액	세액	수정사유	비고
2025.08.29	5,200,000			

월	일	품목	규격	수량	단가	공급가액	세액	비고
8	29	제품A		1	5,200,000	5,200,000		

합계금액	현금	수표	어음	외상미수금	
5,200,000	500,000			4,700,000	위 금액을 (청구) 함

4 **10월 15일** ㈜우성유통에 제품을 판매하고 다음과 같이 전자세금계산서를 발급하였다. 대금 중 8,000,000원은 하움공업이 발행한 어음을 배서양도 받고, 나머지는 다음 달에 받기로 하였다. (3점)

전자세금계산서					승인번호		20251015-100028100-484650		
공급자	등록번호	129-81-50101	종사업장번호		공급받는자	등록번호	105-86-50416	종사업장번호	
	상호(법인명)	다산컴퓨터㈜	성명	박새은		상호(법인명)	㈜우성유통	성명	김성길
	사업장주소	경기도 남양주시 가운로 3-28				사업장주소	서울시 강남구 강남대로 292		
	업태	제조,도소매	종목	컴퓨터		업태	도소매	종목	기기장치
	이메일					이메일			
						이메일			

작성일자	공급가액	세액	수정사유	비고
2025.10.15	10,000,000	1,000,000	해당 없음	

월	일	품목	규격	수량	단가	공급가액	세액	비고
10	15	컴퓨터				10,000,000	1,000,000	

합계금액	현금	수표	어음	외상미수금	
11,000,000			8,000,000	3,000,000	위 금액을 **(청구)** 함

5 **10월 30일** 미국의 MARK사로부터 수입한 업무용 컴퓨터(공급가액 6,000,000원)와 관련하여 인천세관장으로부터 수입전자세금계산서를 발급받고, 해당 부가가치세를 당좌예금 계좌에서 이체하여 납부하였다(단, 부가가치세 회계처리만 할 것). (3점)

6 12월 02일 공장 직원들의 휴게공간에 간식을 비치하기 위해 두나과일로부터 샤인머스캣 등을 구매하면서 구매대금 275,000원을 현금으로 지급하고, 지출증빙용 현금영수증을 발급받았다. (3점)

Hometax. 국세청홈택스 현금영수증	
● 거래정보	
거래일시	2025.12.02.
승인번호	G12458265
거래구분	승인거래
거래용도	지출증빙
발급수단번호	129-81-50101

● 거래금액

공급가액	부가세	봉사료	총 거래금액
275,000	-	-	275,000

● 가맹점 정보

상호	두나과일
사업자번호	221-90-43529
대표자명	이두나
주소	경북 고령군 대가야읍 왕릉로 35

● 익일 홈택스에서 현금영수증 발급 여부를 반드시 확인하시기 바랍니다.
● 홈페이지 (http : //www.hometax.go.kr)
  - 조회/발급 > 현금영수증 조회 > 사용내역(소득공제) 조회
                                > 매입내역(지출증빙) 조회
● 관련문의는 국세상담센터(☎126-1-1)

문제4 [일반전표입력] 및 [매입매출전표입력] 메뉴에 입력된 내용 중 다음과 같은 오류가 발견되었다. 입력된 내용을 확인하여 정정하시오. (6점)

1 11월 01일 ㈜호수의 주식 1,000주를 단기간 차익을 목적으로 1주당 12,000원(1주당 액면가 5,000원)에 현금으로 취득하고 발생한 수수료 120,000원을 취득원가에 포함하였다. (3점)

2 11월 26일 원재료 매입 거래처의 워크숍을 지원하기 위해 ㈜산들바람으로부터 현금으로 구매한 선물세트 800,000원(부가가치세 별도, 종이세금계산서 수취)을 소모품비로 회계처리하였다. (3점)

문제5 결산정리사항은 다음과 같다. 관련 메뉴를 이용하여 결산을 완료하시오. (9점)

1. 12월 31일 제2기 부가가치세 확정신고기간의 부가가치세 매출세액은 14,630,000원, 매입세액은 22,860,000원, 환급세액은 8,230,000원이다. 관련된 결산 회계처리를 하시오(단, 환급세액은 미수금으로 처리한다). (3점)

2. 10월 1일에 로배전자에 30,000,000원(상환기일 2026년 9월 30일)을 대여하고, 연 7%의 이자를 상환일에 원금과 함께 수취하기로 약정하였다. 결산 정리분개를 하시오(이자는 월할계산할 것). (3점)

3. 12월 31일 현재 신한은행의 장기차입금 중 일부인 13,000,000원의 만기상환기일이 1년 이내에 도래할 것으로 예상되었다. (3점)

문제6 다음 사항을 조회하여 알맞은 답안을 이론문제 답안작성 메뉴에 입력하시오. (9점)

1. 6월 말 현재 외상매입금 잔액이 가장 많은 거래처명과 그 금액은 얼마인가? (3점)

2. 1분기(1월~3월) 중 판매비와관리비 항목의 소모품비 지출액이 가장 적게 발생한 월과 그 금액은 얼마인가? (3점)

3. 2025년 제1기 확정신고기간(4월~6월) 중 ㈜하이일렉으로부터 발급받은 세금계산서의 총 매수와 매입세액은 얼마인가? (3점)

제115회 / 정답 및 해설

합격률 64.91%

이론시험

1	2	3	4	5	6	7	8	9	10	11	12	13	14	15
④	④	②	③	①	①	③	③	①	③	③	①	③	④	③

1 답 ④
해설 기업회계에서의 기말결산은 기업이 회계기간의 손익을 산정하고 기말 시점의 재정 상태를 명확하게 하기 위한 회계적 절차이므로 기말결산의 근거가 되는 가정은 기간별 보고의 가정이다.

2 답 ④
해설 선수수익은 유동부채 항목이다.

3 답 ②
해설 원가 흐름의 가정 중 선입선출법은 먼저 입고된 자산이 먼저 출고된 것으로 가정하여 입고 일자가 빠른 원가를 출고 수량에 먼저 적용한다. 선입선출법은 실제 물량 흐름과 원가 흐름의 가정이 유사하다는 장점이 있으나, 수익·비용 대응의 원칙에 부적합하고, 물가 상승 시 이익이 과대 계상되는 단점이 있다.

4 답 ③
해설 건물 내부의 조명기구를 교체하는 지출은 수선유지를 위한 지출에 해당하며 이는 자본적 지출에 해당하지 않으므로 발생한 기간의 비용으로 인식한다.

5 답 ①
해설 무형자산의 잔존가치는 원칙적으로 '0'인 것으로 본다.

6 답 ①
해설 임차보증금은 기타비유동자산으로서 자산계정에 해당한다.

7 답 ③
해설 자기주식은 자본조정 항목이고, 자기주식처분이익과 감자차익, 주식발행초과금은 자본잉여금 항목이다.

8 답 ③
해설
- 순매출액 : 총매출액 500,000원 – 매출할인 10,000원 = 490,000원
- 매출원가 : 기초재고 50,000원 + (당기총매입액 300,000원 – 매입에누리 20,000원) = 330,000원
- 판매비와관리비 : 급여 20,000원 + 통신비 5,000원 + 감가상각비 10,000원 + 임차료 25,000원 = 60,000원
- 영업이익 : 순매출액 490,000원 – 매출원가 330,000원 – 판매비와관리비 60,000원 = 100,000원
- 이자비용과 유형자산처분손실은 영업외비용, 배당금수익은 영업외수익이다.

9 답 ①
해설 보조부문의 원가 배분방법으로는 직접배분법, 단계배분법 및 상호배분법이 있으며, 이들 배분 방법에 관계없이 전체 보조부문의 원가는 동일하다.

10 답 ③
해설
- 가, 라 : 원가행태에 따른 분류
- 나, 마 : 의사결정과의 관련성에 따른 분류
- 다, 바 : 원가 추적가능성에 따른 분류

11 답 ③
해설
- 제조간접원가 예정배부율 : 3,800,000원/80,000시간 = 47.5원/기계작업시간
- 제조간접원가 예정배부액 : 11,000시간(#200 실제기계작업시간) × 47.5원/기계작업시간 = 522,500원

12 답 ①
해설 평균법과 선입선출법에 의한 완성품 환산량의 차이는 기초재공품의 차이에서 발생한다.

13 답 ③
해설 사업자단위과세사업자는 모든 사업장의 부가가치세를 총괄하여 신고 및 납부할 수 있다.

14 답 ④
해설 사업자가 부가가치세를 면제받아 공급받거나 수입한 농·축·수산물 또는 임산물을 원재료로 하여 제조·가공한 재화 또는 창출한 용역의 공급에 대하여 부가가치세가 과세되는 경우 면세 농산물 등에 매입세액이 있는 것으로 보아 매입세액을 공제할 수 있다.

15 답 ③
해설 내국신용장 또는 구매확인서에 의하여 공급하는 재화는 세금계산서 발급 의무가 있다.

실무시험

문제1 기초정보관리

1 [회계관리] - [재무회계] - [기초정보관리] - [거래처등록] 메뉴 - [일반거래처] 탭
'코드 : 02411 / 거래처명 : ㈜구동컴퓨터 / 유형 : 3.동시 / 사업자등록번호 : 189-86-70759 / 대표자성명 : 이주연 / 업태 : 제조 / 종목 : 컴퓨터 및 주변장치 / 주소 : 울산광역시 울주군 온산읍 종동길 102'를 추가 입력한다.

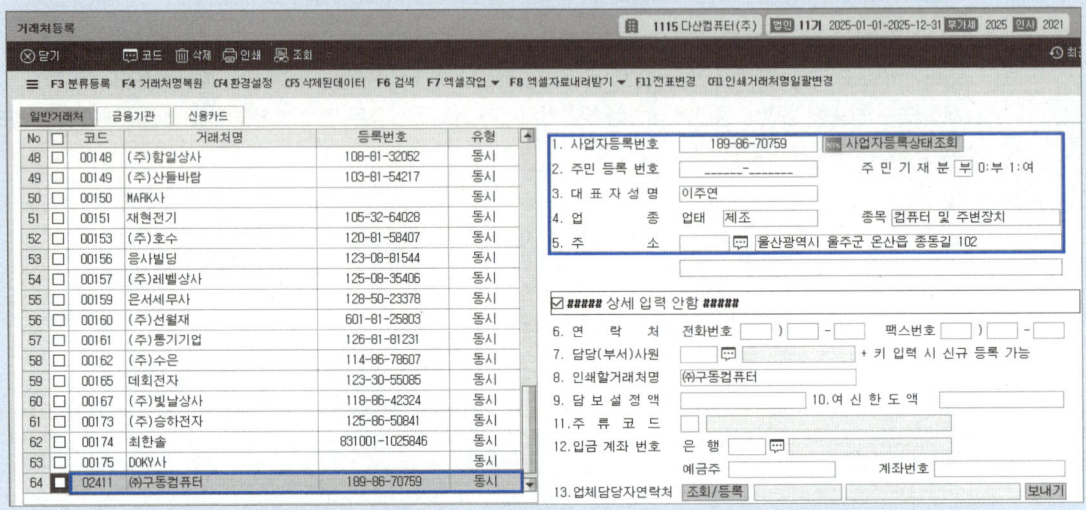

2 [회계관리]-[재무회계]-[기초정보관리]-[계정과목 및 적요등록] 메뉴
- 코드/계정과목: 821.보험료
- [현금적요]란에 'NO.7, 경영인 정기보험료 납부'를 입력한다.
- [대체적요]란에 'NO.5, 경영인 정기보험료 미지급'을 입력한다.
- [대체적요]란에 'NO.6, 경영인 정기보험료 상계'를 입력한다.

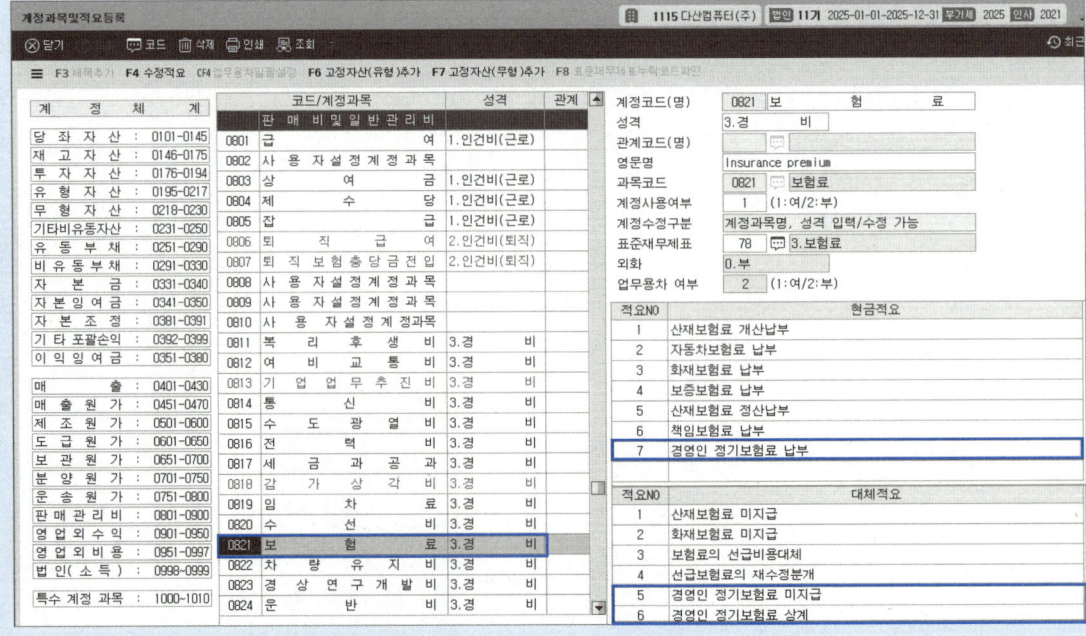

3 [회계관리]-[재무회계]-[전기분 재무제표]-[거래처별 초기이월]

[거래처별 초기이월] 메뉴에서 다음과 같이 수정한다.

- 131.선급금
  - 102.해원전자(주) : 금액 '1,320,000원'을 '2,320,000원'으로 수정한다.
  - [거래처코드]란에 커서가 위치했을 때 키보드의 F2 를 이용하여 거래처 '114.공상(주)', 금액 '1,873,000원'을 추가 입력한다.

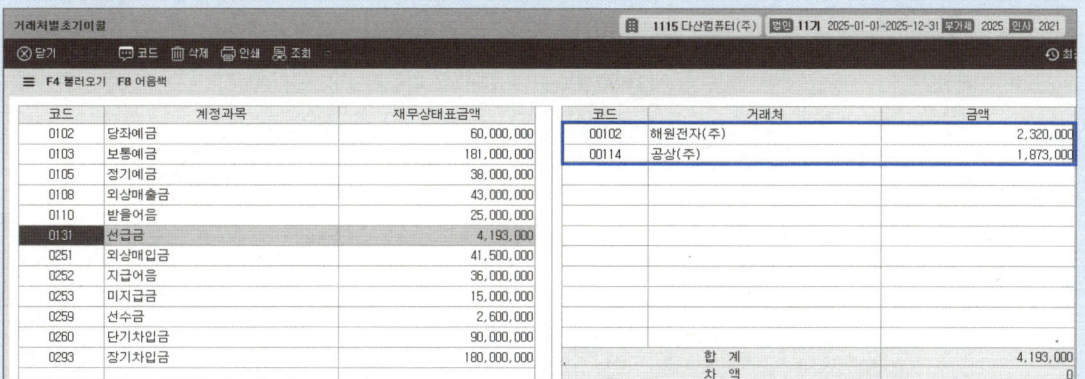

- 259.선수금
  - 103.(주)유수전자 : 금액 '210,000원'을 '2,100,000원'으로 수정한다.
  - 165.데회전자 : 금액 '500,000원'을 '0원'으로 수정하거나 거래처와 금액을 삭제한다.

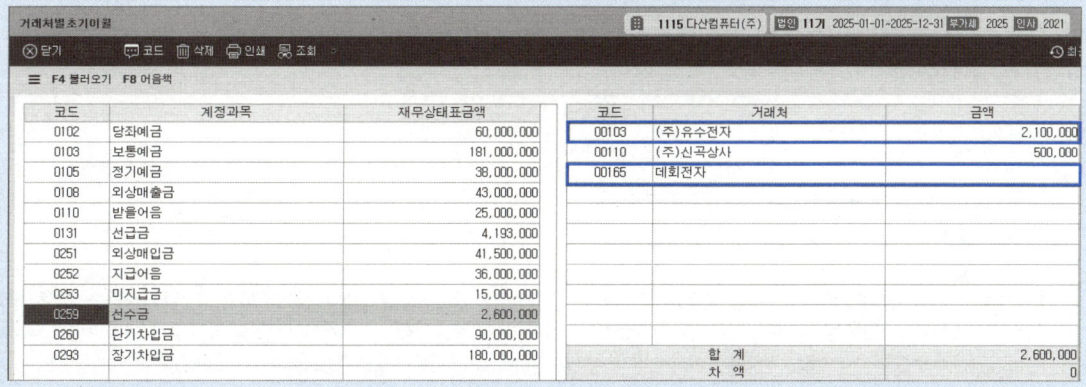

문제2 [회계관리] - [재무회계] - [전표입력] - [일반전표입력]

1 일자 : 7월 28일

(차) 외상매입금[(주)경재전자]	2,300,000	(대) 지급어음[(주)경재전자]	2,000,000
		채무면제이익	300,000

구분	계정과목		거래처		적요	차변	대변
차변	0251	외상매입금	00109	(주)경재전자		2,300,000	
대변	0252	지급어음	00109	(주)경재전자			2,000,000
대변	0918	채무면제이익					300,000

2 일자 : 9월 3일

(차) 단기차입금[하나은행]	82,000,000	(대) 보통예금	84,460,000
이자비용	2,460,000		

구분	계정과목	거래처	적요	차변	대변
차변	0260 단기차입금	98002 하나은행		82,000,000	
차변	0951 이자비용			2,460,000	
대변	0103 보통예금				84,460,000

3 일자 : 9월 12일

(차) 보통예금	13,800,000	(대) 외상매출금[DOKY사]	14,000,000
외환차손	200,000		

구분	계정과목	거래처	적요	차변	대변
차변	0103 보통예금			13,800,000	
차변	0952 외환차손			200,000	
대변	0108 외상매출금	00175 DOKY사			14,000,000

4 일자 : 10월 7일

(차) 보통예금	7,000,000	(대) 자본금	5,000,000
		주식할인발행차금	1,000,000
		주식발행초과금	1,000,000

구분	계정과목	거래처	적요	차변	대변
차변	0103 보통예금			7,000,000	
대변	0331 자본금				5,000,000
대변	0381 주식할인발행차금				1,000,000
대변	0341 주식발행초과금				1,000,000

5 일자 : 10월 28일

(차) 퇴직급여(제)	8,000,000	(대) 보통예금	12,000,000
퇴직급여(판)	4,000,000		

구분	계정과목	거래처	적요	차변	대변
차변	0508 퇴직급여			8,000,000	
차변	0806 퇴직급여			4,000,000	
대변	0103 보통예금				12,000,000

> **합격 TIP** 퇴직연금제도 중 확정기여형(DC형) 퇴직연금제도를 채택하고 있는 기업은 일정한 산식에 따라 결정된 부담금을 납부하게 되며, 기업은 정해진 부담금만을 납부할 뿐 궁극적으로 종업원에게 지급될 퇴직연금에 대해서는 추가적인 부담을 하지 않게 된다. 따라서, 기업은 퇴직급여 지급과 관련하여 자산 또는 부채를 인식하지 않고, 각 회계기간에 납부하여야 하는 부담금을 퇴직급여(비용)로 인식한다.

6 일자 : 11월 12일

(차) 보통예금	2,500,000	(대) 대손충당금(109)	2,500,000

구분	계정과목	거래처	적요	차변	대변
차변	0103 보통예금			2,500,000	
대변	0109 대손충당금				2,500,000

문제3 [회계관리] - [재무회계] - [전표입력] - [매입매출전표입력]

1 7월 3일

유형	공급가액	부가세	공급처명	전자	분개
57.카과	300,000	30,000	맛나도시락		4.카드
신용카드사	99604.현대카드				
(차) 부가세대급금 복리후생비(판)		30,000 300,000	(대) 미지급금(현대카드) 또는 미지급비용(현대카드)		330,000

2 8월 6일

유형	공급가액	부가세	공급처명	전자	분개
14.건별	1,200,000	120,000			1.현금 또는 3.혼합
(차) 현금		1,320,000	(대) 부가세예수금 잡이익		120,000 1,200,000

합격 TIP 제품판매가 아닌 제조 과정에서 발생한 부산물에 해당하는 철스크랩을 판매한 거래이므로 제품매출이 아닌 잡이익 계정과목으로 회계처리해야 한다.

3 일자 : 8월 29일

유형	공급가액	부가세	공급처명	전자	분개
12.영세	5,200,000	0	㈜선월재	1.여	3.혼합
영세율 구분	③내국신용장 · 구매확인서에 의하여 공급하는 재화				
(차) 현금 외상매출금		500,000 4,700,000	(대) 제품매출		5,200,000

4 10월 15일

유형	공급가액	부가세	공급처명	전자	분개
11.과세	10,000,000	1,000,000	㈜우성유통	1.여	3.혼합
(차) 받을어음[하움공업]		8,000,000	(대) 부가세예수금		1,000,000
외상매출금		3,000,000	제품매출		10,000,000

구분	계정과목	적요	거래처	차변(출금)	대변(입금)
대변	0255 부가세예수금		00145 ㈜우성유통		1,000,000
대변	0404 제품매출		00145 ㈜우성유통		10,000,000
차변	0110 받을어음		00127 하움공업	8,000,000	
차변	0108 외상매출금		00145 ㈜우성유통	3,000,000	

* 하단 분개 입력 시 차변 계정과목 '110.받을어음'에 대한 거래처를 '127.하움공업'으로 수정한다.

5 10월 30일

유형	공급가액	부가세	공급처명	전자	분개
55.수입	6,000,000	600,000	인천세관	1.여	3.혼합
(차) 부가세대급금		600,000	(대) 당좌예금		600,000

구분	계정과목	적요	거래처	차변(출금)	대변(입금)
차변	0135 부가세대급금		00120 인천세관	600,000	
대변	0102 당좌예금		00120 인천세관		600,000

6 12월 2일

유형	공급가액	부가세	공급처명	전자	분개
62.현면	275,000		두나과일		1.현금 또는 3.혼합
(차) 복리후생비(제)		275,000	(대) 현금		275,000

구분	계정과목	적요	거래처	차변(출금)	대변(입금)
출금	0511 복리후생비		00147 두나과일	275,000	(현금)

합격 TIP : 면세 대상인 미가공식료품을 현금으로 결제하고 현금영수증을 발급받은 거래의 과세유형은 "62.현면"으로 입력해야 한다.

문제4 오류수정

1 11월 1일 : [일반전표입력] 메뉴 수정

• 수정 전

(차) 단기매매증권		12,120,000	(대) 현금		12,120,000

구분	계정과목	거래처	적요	차변	대변
차변	0107 단기매매증권		㈜호수 주식 취득	12,120,000	
대변	0101 현금		㈜호수 주식 취득		12,120,000

• 수정 후

| (차) 단기매매증권 | 12,000,000 | (대) 현금 | 12,120,000 |
| 수수료비용(984) | 120,000 | | |

구분	계정과목	거래처	적요	차변	대변
차변	0107 단기매매증권		(주)호수 주식 취득	12,000,000	
대변	0101 현금		(주)호수 주식 취득		12,120,000
차변	0984 수수료비용			120,000	

2 11월 26일 : [매입매출전표입력] 수정

• 수정 전

유형	공급가액	부가세	공급처명	전자	분개
51.과세	800,000	80,000	㈜산들바람	0.부	3.혼합

| (차) | 부가세대급금 | | 80,000 | (대) | 현금 | 880,000 |
| | 소모품비(제) | | 800,000 | | | |

□	일	번호	유형	품목	수량	단가	공급가액	부가세	코드	공급처명	사업/주민번호	전자	분개
□	26	50001	과세	거래처 선물세트			800,000	80,000	00149	(주)산들바람	103-81-54217		혼합

구분	계정과목	적요	거래처	차변(출금)	대변(입금)
차변	0135 부가세대급금	거래처 선물세트	00149 (주)산들바람	80,000	
차변	0530 소모품비	거래처 선물세트	00149 (주)산들바람	800,000	
대변	0101 현금	거래처 선물세트	00149 (주)산들바람		880,000

• 수정 후

유형	공급가액	부가세	공급처명	전자	분개
54.불공	800,000	80,000	㈜산들바람	0.부	1.현금 또는 3.혼합
불공제 사유	④기업업무추진비 및 이와 유사한 비용 관련				

| (차) 기업업무추진비(제) | 880,000 | (대) 현금 | 880,000 |

합격 TIP 원재료 매입 거래처의 워크숍을 지원하기 위한 비용은 제조경비의 성격이므로 기업업무추진비는 제조경비로 회계처리 하는 것이 적절하다.

□	일	번호	유형	품목	수량	단가	공급가액	부가세	코드	공급처명	사업/주민번호	전자	분개
□	26	50001	불공	거래처 선물세트			800,000	80,000	00149	(주)산들바람	103-81-54217		현금
불공제사유	4	④기업업무추진비 및 이와 유사한 비용 관련											

구분	계정과목	적요	거래처	차변(출금)	대변(입금)
출금	0513 기업업무추진비	거래처 선물세트	00149 (주)산들바람	880,000	(현금)

문제5 결산정리사항

1 [일반전표입력] 12월 31일

| (차) 부가세예수금 | 14,630,000 | (대) 부가세대급금 | 22,860,000 |
| 미수금 | 8,230,000 | | |

구분	계정과목	거래처	적요	차변	대변
차변	0255 부가세예수금			14,630,000	
대변	0135 부가세대급금				22,860,000
차변	0120 미수금			8,230,000	

2 [일반전표입력] 12월 31일

| (차) 미수수익 | 525,000* | (대) 이자수익 | 525,000 |

* 당기분 이자 : 30,000,000원 × 7% × 3/12 = 525,000원

구분	계정과목	거래처	적요	차변	대변
차변	0116 미수수익			525,000	
대변	0901 이자수익				525,000

3 [일반전표입력] 12월 31일

| (차) 장기차입금[신한은행] | 13,000,000 | (대) 유동성장기부채[신한은행] | 13,000,000 |

구분	계정과목		거래처		적요	차변	대변
차변	0293	장기차입금	98005	신한은행		13,000,000	
대변	0264	유동성장기부채	98005	신한은행			13,000,000

합격 TIP : 장기차입금의 만기상환일이 결산일로부터 1년 이래에 도래한다면 유동성장기부채로 전환해야 하므로 단기차입금을 이용하여 입력한 답안은 정답으로 인정되지 않는다.

문제6 장부조회

1 [회계관리]-[재무회계]-[장부관리]-[거래처원장]-[잔액] 탭

기간 '2025년 1월 1일~2025년 6월 30일', 계정과목 '251.외상매입금', 거래처 '101.(주)채온전자 ~ 99604.현대카드'를 조회한 후 거래처별 외상매입금의 잔액을 확인한다.

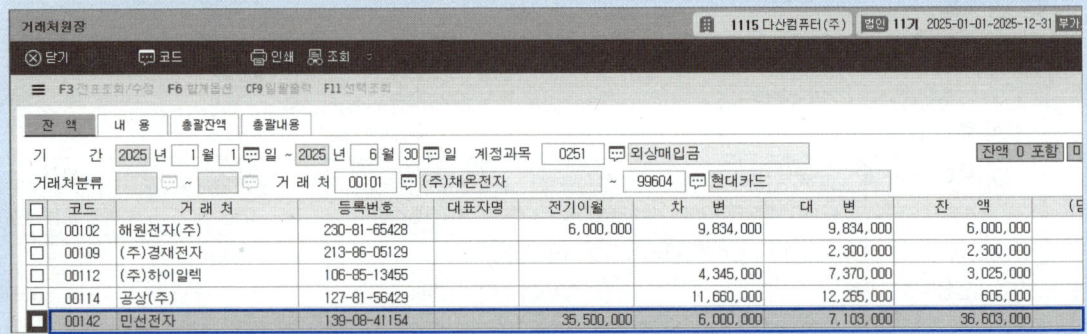

[답안] 민선전자, 36,603,000원

2 [회계관리]-[재무회계]-[장부관리]-[총계정원장]-[월별] 탭

기간 '2025년 1월 1일~2025년 3월 31일', 계정과목 '830.소모품비 ~ 830.소모품비'를 입력하고 차변 금액을 확인한다.

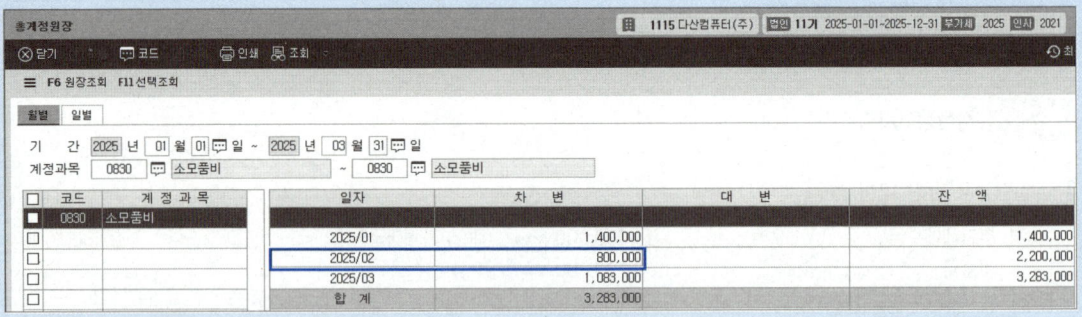

[답안] 2월, 800,000원

3 [부가가치]-[신고서/부속명세]-[부가가치세]-[세금계산서합계표]-[매입] 탭
조회기간 '2025년 4월~2025년 6월'을 입력하고 [전체데이터] 탭을 클릭한 후 '00112.(주)하이일렉'의 총발행매수와 매입세액을 확인한다.

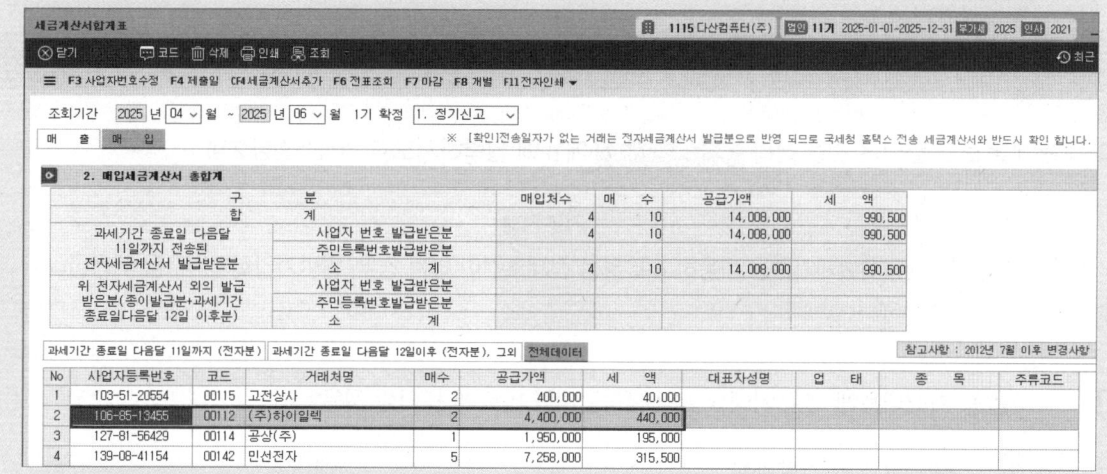

[답안] 2매, 440,000원

제114회 / 기출문제

이론시험

다음 문제를 보고 알맞은 것을 골라 [이론문제 답안작성] 메뉴에 입력하시오.(객관식 문항당 2점)

기본전제
문제에서 한국채택국제회계기준을 적용하도록 하는 전제조건이 없는 경우, 일반기업회계기준을 적용한다.

1 다음 중 거래내용에 대한 거래요소의 결합관계를 바르게 표시한 것은?

	거래요소의 결합관계	거래내용
①	자산의 증가 : 자산의 증가	외상매출금 4,650,000원을 보통예금으로 수령하다.
②	자산의 증가 : 부채의 증가	기계장치를 27,500,000원에 구입하고 구입대금은 미지급하다.
③	비용의 발생 : 자산의 증가	보유 중인 건물을 임대하여 임대료 1,650,000원을 보통예금으로 수령하다.
④	부채의 감소 : 자산의 감소	장기차입금에 대한 이자 3,000,000원을 보통예금에서 이체하는 방식으로 지급하다.

2 다음 중 재고자산이 아닌 것은?

① 약국의 일반의약품 및 전문의약품
② 제조업 공장의 생산 완제품
③ 부동산매매업을 주업으로 하는 기업의 판매 목적 토지
④ 병원 사업장소재지의 토지 및 건물

3 다음은 ㈜한국이 신규 취득한 기계장치 관련 자료이다. 아래의 기계장치를 연수합계법으로 감가상각할 경우, ㈜한국의 당기(회계연도 : 매년 1월 1일~12월 31일) 말인 20x1년 12월 31일 현재 기계장치의 장부금액은 얼마인가?

- 기계장치 취득원가 : 3,000,000원
- 잔존가치 : 300,000원
- 취득일 : 20x1.01.01.
- 내용연수 : 5년

① 2,000,000원 ② 2,100,000원 ③ 2,400,000원 ④ 2,460,000원

4 다음은 ㈜서울의 당기 지출 내역 중 일부이다. 아래의 자료에서 무형자산으로 기록할 수 있는 금액은 모두 얼마인가?

- 신제품 특허권 취득 비용 30,000,000원
- 신제품의 연구단계에서 발생한 재료 구입 비용 1,500,000원
- A기업이 가지고 있는 상표권 구입 비용 22,000,000원

① 22,000,000원   ② 30,000,000원   ③ 52,000,000원   ④ 53,500,000원

5 다음 중 매도가능증권에 대한 설명으로 옳지 않은 것은?

① 기말 평가손익은 기타포괄손익누계액에 반영한다.
② 취득 시 발생한 수수료는 당기 비용으로 처리한다.
③ 처분 시 발생한 처분손익은 당기손익에 반영한다.
④ 보유 목적에 따라 당좌자산 또는 투자자산으로 분류한다.

6 다음 중 채권 관련 계정의 차감적 평가항목으로 옳은 것은?

① 감가상각누계액   ② 재고자산평가충당금
③ 사채할인발행차금   ④ 대손충당금

7 다음 중 자본잉여금 항목에 포함되는 것을 모두 고른 것은?

가. 주식발행초과금
나. 자기주식처분손실
다. 주식할인발행차금
라. 감자차익

① 가, 라   ② 나, 다   ③ 가, 나, 다   ④ 가, 다, 라

8 다음은 현금배당에 관한 회계처리이다. 아래의 괄호 안에 각각 들어갈 회계처리 일자로 옳은 것은?

(가)	(차) 이월이익잉여금	×××원	(대) 이익준비금	×××원
			미지급배당금	
(나)	(차) 미지급배당금	×××원	(대) 보통예금	×××원

	(가)	(나)
①	회계종료일	배당결의일
②	회계종료일	배당지급일
③	배당결의일	배당지급일
④	배당결의일	회계종료일

9 원가의 분류 중 원가행태(行態)에 따른 분류에 해당하는 것은?

① 변동원가 ② 기회원가 ③ 관련원가 ④ 매몰원가

10 다음은 제조업을 영위하는 ㈜인천의 당기 원가 관련 자료이다. ㈜인천의 당기총제조원가는 얼마인가? 단, 기초재고자산은 없다고 가정한다.

- 기말재공품재고액 300,000원
- 매출원가 2,000,000원
- 제조간접원가 600,000원
- 기말제품재고액 500,000원
- 기말원재료재고액 700,000원
- 직접재료원가 1,200,000원

① 1,900,000원 ② 2,200,000원 ③ 2,500,000원 ④ 2,800,000원

11 평균법에 따른 종합원가계산을 채택하고 있는 ㈜대전의 당기 물량 흐름은 다음과 같다. 재료원가는 공정 초기에 전량 투입되며, 가공원가는 공정 전반에 걸쳐 균등하게 발생한다. 아래의 자료를 이용하여 재료원가 완성품환산량을 계산하면 몇 개인가?

- 기초재공품 수량 : 1,000개(완성도 20%)
- 당기착수량 : 10,000개
- 당기완성품 수량 : 8,000개
- 기말재공품 수량 : 3,000개(완성도 60%)

① 8,000개 ② 9,000개 ③ 9,800개 ④ 11,000개

12 다음 중 개별원가계산에 대한 설명으로 옳지 않은 것은?

① 항공기 제조업은 종합원가계산보다는 개별원가계산이 더 적합하다.
② 제품원가를 제조공정별로 집계한 후 이를 생산량으로 나누어 단위당 원가를 계산한다.
③ 직접원가와 제조간접원가의 구분이 중요하다.
④ 단일 종류의 제품을 대량으로 생산하는 업종에는 적합하지 않은 방법이다.

13 다음 중 우리나라 부가가치세법의 특징으로 틀린 것은?

① 국세
② 인세(人稅)
③ 전단계세액공제법
④ 다단계거래세

14 다음 중 부가가치세법상 주된 사업에 부수되는 재화·용역의 공급으로서 면세 대상이 아닌 것은?

① 은행업을 영위하는 면세사업자가 매각한 사업용 부동산인 건물
② 약국을 양수도하는 경우로서 해당 영업권 중 면세 매출에 해당하는 비율의 영업권
③ 가구제조업을 영위하는 사업자가 매각한 사업용 부동산 중 토지
④ 부동산임대업자가 매각한 부동산임대 사업용 부동산 중 상가 건물

15 다음 중 부가가치세법상 아래의 괄호 안에 공통으로 들어갈 내용으로 옳은 것은?

> 가. 부가가치세 매출세액은 (　　　)에 세율을 곱하여 계산한 금액이다.
> 나. 재화 또는 용역의 공급에 대한 부가가치세의 (　　　)(은)는 해당 과세기간에 공급한 재화 또는 용역의 공급가액을 합한 금액으로 한다.
> 다. 재화의 수입에 대한 부가가치세의 (　　　)(은)는 그 재화에 대한 관세의 과세가격과 관세, 개별소비세, 주세, 교육세, 농어촌특별세 및 교통·에너지·환경세를 합한 금액으로 한다.

① 공급대가
② 간주공급
③ 과세표준
④ 납부세액

실무시험

㈜하나전자(회사코드:1114)는 전자부품의 제조 및 도소매업을 영위하는 중소기업으로 당기(제10기) 회계기간은 2025.1.1.~2025.12.31.이다. 전산세무회계 수험용 프로그램을 이용하여 다음 물음에 답하시오.

기본전제

- 문제에서 한국채택국제회계기준을 적용하도록 하는 전제조건이 없는 경우, 일반기업회계기준을 적용하여 회계처리 한다.
- 문제의 풀이와 답안작성은 제시된 문제의 순서대로 진행한다.

문제1 다음은 [기초정보관리] 및 [전기분재무제표]에 대한 자료이다. 각각의 요구사항에 대하여 답하시오. (10점)

1 다음의 자료를 이용하여 [거래처등록] 메뉴에서 신규 거래처를 추가로 등록하시오. (3점)

- 거래처코드 : 00500
- 거래처구분 : 일반거래처
- 사업자등록번호 : 134-24-91004
- 업태 : 정보통신업
- 주소 : 경기도 성남시 분당구 판교역로192번길 12 (삼평동)
- 거래처명 : 한국개발
- 유형 : 동시
- 대표자성명 : 김한국
- 종목 : 소프트웨어개발

※ 주소 입력 시 우편번호 입력은 생략함

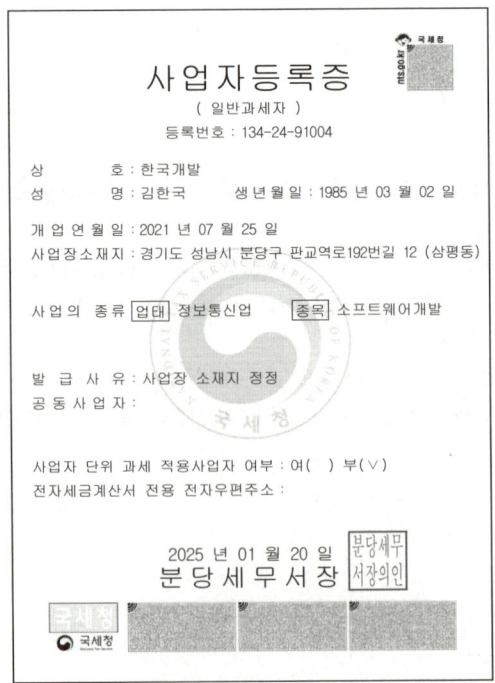

2 다음 자료를 이용하여 [계정과목및적요등록]에 반영하시오. (3점)

- 코드 : 862
- 계정과목 : 행사지원비
- 성격 : 경비
- 현금적요 1번 : 행사지원비 현금 지급
- 대체적요 1번 : 행사지원비 어음 발행

3 전기분 원가명세서를 검토한 결과 다음과 같은 오류가 발견되었다. 이와 관련된 전기분 재무제표(재무상태표, 손익계산서, 원가명세서, 잉여금처분계산서)를 모두 적절하게 수정하시오. (4점)

해당 연도(2024년)에 외상으로 매입한 부재료비 3,000,000원이 누락된 것으로 확인된다.

문제2 [일반전표입력] 메뉴를 이용하여 다음의 거래 자료를 입력하시오(일반전표입력의 모든 거래는 부가가치세를 고려하지 말 것). (18점)

─── 입력 시 유의사항 ───
- 일반적인 적요의 입력은 생략하지만, 타계정 대체거래는 적요번호를 선택하여 입력한다.
- 채권·채무와 관련된 거래는 별도의 요구가 없는 한 반드시 기등록된 거래처코드를 선택하는 방법으로 거래처명을 입력한다.
- 제조경비는 500번대 계정코드를, 판매비와관리비는 800번대 계정코드를 사용한다.
- 회계처리 시 계정과목은 별도의 제시가 없는 한 등록된 계정과목 중 가장 적절한 과목으로 한다.

1 07월 05일 영업팀 직원들에 대한 확정기여형(DC형) 퇴직연금 납입액 1,400,000원을 보통예금 계좌에서 이체하여 납입하였다. (3점)

2 07월 25일 ㈜고운상사의 외상매출금 중 5,500,000원은 약속어음으로 받고, 나머지 4,400,000원은 보통예금 계좌로 입금받았다. (3점)

3 08월 30일 자금 부족으로 인하여 ㈜재원에 대한 받을어음 50,000,000원을 만기일 전에 은행에서 할인받고, 할인료 5,000,000원을 차감한 잔액이 보통예금 계좌로 입금되었다(단, 본 거래는 매각거래이다). (3점)

4 10월 03일 단기 투자 목적으로 보유하고 있는 ㈜미학건설의 주식으로부터 배당금 2,300,000원이 확정되어 즉시 보통예금 계좌로 입금되었다. (3점)

5 10월 31일 재무팀 강가연 팀장의 10월분 급여를 농협 보통예금 계좌에서 이체하여 지급하였다(단, 공제합계액은 하나의 계정과목으로 회계처리할 것). (3점)

2025년 10월 급여명세서

이름	강가연	지급일	2025년 10월 31일
기본급	4,500,000원	소득세	123,000원
식대	200,000원	지방소득세	12,300원
자가운전보조금	200,000원	국민연금	90,500원
		건강보험	55,280원
		고용보험	100,000원
		공제합계	381,080원
급여계	4,900,000원	지급총액	4,518,920원

6 12월 21일 자금 조달을 위하여 사채(액면금액 8,000,000원, 3년 만기)를 8,450,000원에 발행하고, 납입금은 당좌예금 계좌로 입금하였다. (3점)

문제3 다음 거래 자료를 [매입매출전표입력] 메뉴에 입력하시오. (18점)

입력 시 유의사항

- 일반적인 적요의 입력은 생략하지만, 타계정 대체거래는 적요번호를 선택하여 입력한다.
- 채권·채무와 관련된 거래는 별도의 요구가 없는 한 반드시 기등록된 거래처코드를 선택하는 방법으로 거래처명을 입력한다.
- 제조경비는 500번대 계정코드를, 판매비와관리비는 800번대 계정코드를 사용한다.
- 회계처리 시 계정과목은 별도의 제시가 없는 한 등록된 계정과목 중 가장 적절한 과목으로 한다.

1 07월 20일 미국 소재법인 NDVIDIA에 직수출하는 제품의 선적을 완료하였으며, 수출대금 $5,000는 차후에 받기로 하였다. 제품수출계약은 7월 1일에 체결하였으며, 일자별 기준환율은 아래와 같다(단, 수출신고번호 입력은 생략할 것). (3점)

일자	계약일 2025.07.01.	선적일 2025.07.20.
기준환율	1,100원/$	1,200원/$

2 07월 23일 당사가 소유하던 토지(취득원가 62,000,000원)를 돌상상회에 65,000,000원에 매각하기로 계약하면서 동시에 전자계산서를 발급하였다. 대금 중 30,000,000원은 계약 당일 보통예금 계좌로 입금받았으며, 나머지는 다음 달에 받기로 약정하였다. (3점)

3 08월 10일 영업팀에서 회사 제품을 홍보하기 위해 광고닷컴에서 홍보용 수첩을 제작하고 현대카드로 결제하였다. (3점)

카드번호 (9876-****-****-1230)	
승인번호	28516480
거래일자	2025년08월10일15:29:44
결제방법	일시불
가맹점명	광고닷컴
가맹점번호	23721275
대표자명	김광고
사업자등록번호	305-35-65424
전화번호	02-651-1212
주소	서울특별시 서초구 명달로 100
공급가액	4,000,000원
부가세액	400,000원
승인금액	4,400,000원
고객센터(1577-8398)	www.hyundaicard.com	
Hyundai Card 현대카드	

4 08월 17일 제품 생산에 필요한 원재료를 구입하고, 아래의 전자세금계산서를 발급받았다. (3점)

전자세금계산서				승인번호	20250817-15454645-58811889		
공급자	등록번호	139-81-54313	종사업장번호	공급받는자	등록번호	125-86-65247	종사업장번호
	상호(법인명)	㈜고철상사	성명 황영민		상호(법인명)	㈜하나전자	성명 김영순
	사업장	서울특별시 서초구 명달로 3			사업장	경기도 남양주시 덕릉로 1067	
	업태	도소매	종목 전자부품		업태	제조,도소매	종목 전자부품
	이메일				이메일		
					이메일		

작성일자	공급가액	세액	수정사유
2025/08/17	12,000,000	1,200,000	해당 없음
비고			

월	일	품목	규격	수량	단가	공급가액	세액	비고
08	17	k-312 벨브		200	60,000	12,000,000	1,200,000	

합계금액	현금	수표	어음	외상미수금	이 금액을 (청구) 함
13,200,000			5,000,000	8,200,000	

5 08월 28일 ㈜와마트에서 업무용으로 사용하는 냉장고를 5,500,000원(부가가치세 포함)에 현금으로 구입하고, 현금영수증(지출증빙용)을 수취하였다(단, 자산으로 처리할 것). (3점)

㈜와마트

133-81-05134   류예린
서울특별시 구로구 구로동로 10   TEL : 02-117-2727
홈페이지 http://www.kacpta.or.kr

현금영수증(지출증빙용)

구매 2025/08/28/17:27   거래번호 : 0031-0027

상품명	수량	단가	금액
냉장고	1	5,500,000원	5,500,000원
		과세물품가액	5,000,000원
		부가가치세액	500,000원
		합 계	5,500,000원
		받은금액	5,500,000원

6 11월 08일   대표이사 김영순(거래처코드 : 375)의 호텔 결혼식장 대관료(업무관련성 없음)를 당사의 보통예금 계좌에서 이체하여 지급하고, 아래의 전자세금계산서를 수취하였다. (3점)

전자세금계산서				승인번호	20251108-27620200-4651260		
공급자	등록번호	511-81-53215	종사업장번호	공급받는자	등록번호	125-86-65247	종사업장번호	
	상호(법인명)	대박호텔㈜	성명	김대박		상호(법인명)	㈜하나전자	성명	김영순
	사업장	서울특별시 강남구 도산대로 104			사업장	경기도 남양주시 덕릉로 1067	
	업태	숙박,서비스	종목	호텔, 장소대여		업태	제조,도소매	종목	전자부품
	이메일				이메일		
					이메일		
작성일자	공급가액		세액		수정사유		
2025/11/08	25,000,000		2,500,000		해당 없음		
비고							
월	일	품목	규격	수량	단가	공급가액	세액	비고
11	08	파라다이스 홀 대관			25,000,000	25,000,000	2,500,000	
합계금액	현금	수표	어음	외상미수금	이 금액을 (영수) 함		
27,500,000	27,500,000						

문제4   [일반전표입력] 및 [매입매출전표입력] 메뉴에 입력된 내용 중 다음과 같은 오류가 발견되었다. 입력된 내용을 확인하여 정정하시오. (6점)

1 11월 12일   호호꽃집에서 영업부 사무실에 비치할 목적으로 구입한 공기정화식물(소모품비)의 대금 100,000원을 보통예금 계좌에서 송금하고 전자계산서를 받았으나 전자세금계산서로 처리하였다. (3점)

2 12월 12일   본사 건물에 엘리베이터를 설치하고 ㈜베스트디자인에 지급한 88,000,000원(부가가치세 포함)을 비용으로 처리하였으나, 건물의 자본적지출로 처리하는 것이 옳은 것으로 판명되었다. (3점)

문제5 결산정리사항은 다음과 같다. 관련 메뉴를 이용하여 결산을 완료하시오. (9점)

1 당기 중 단기시세차익을 목적으로 ㈜눈사람의 주식 100주(1주당 액면금액 100원)를 10,000,000원에 취득하였으나, 기말 현재 시장가격은 12,500,000원이다(단, ㈜눈사람의 주식은 시장성이 있다). (3점)

2 기말 현재 미국 GODS사에 대한 장기대여금 $2,000가 계상되어 있다. 장부금액은 2,100,000원이며, 결산일 현재 기준환율은 1,120원/$이다. (3점)

3 기말 현재 당기분 법인세(지방소득세 포함)는 15,000,000원으로 산출되었다. 관련된 결산 회계처리를 하시오(단, 당기분 법인세 중간예납세액 5,700,000원과 이자소득 원천징수세액 1,300,000원은 선납세금으로 계상되어 있다). (3점)

문제6 다음 사항을 조회하여 알맞은 답안을 [이론문제 답안작성] 메뉴에 입력하시오. (9점)

1 3월에 발생한 판매비와일반관리비 중 발생액이 가장 적은 계정과목과 그 금액은 얼마인가? (3점)

2 2025년 2월 말 현재 미수금과 미지급금의 차액은 얼마인가? (단, 반드시 양수로 기재할 것) (3점)

3 2025년 제1기 부가가치세 확정신고기간(4월~6월)의 공제받지못할매입세액은 얼마인가? (3점)

제114회 / 정답 및 해설

합격률 37.78%

이론시험

1	2	3	4	5	6	7	8	9	10	11	12	13	14	15
②	④	②	③	②	④	①	③	①	④	④	②	②	④	③

1 답 ②
해설
- ② (차) 기계장치 27,500,000원(자산 증가)　(대) 미지급금 27,500,000원(부채 증가)
- ① (차) 보통예금 4,650,000원(자산 증가)　(대) 외상매출금 4,650,000원(자산 감소)
- ③ (차) 보통예금 1,650,000원(자산 증가)　(대) 임대료 1,650,000원(수익 발생)
- ④ (차) 이자비용 3,000,000원(비용 발생)　(대) 보통예금 3,000,000원(자산 감소)

2 답 ④
해설 병원 사업장소재지의 토지 및 건물은 병원의 유형자산이다.

3 답 ②
해설
- 1차연도 감가상각비 : (취득원가 3,000,000원 − 잔존가치 300,000원)×5/(5+4+3+2+1)=900,000원
- 당기 말 기계장치 장부금액 : 취득원가 3,000,000원 − 감가상각누계액 900,000원=2,100,000원

4 답 ③
해설
- 연구단계에서 발생한 비용은 기간비용으로 처리한다.
- 무형자산 : 신제품 특허권 구입 비용 30,000,000원+A기업의 상표권 구입 비용 22,000,000원
　=52,000,000원

5 답 ②
해설 매도가능증권을 취득하는 경우에 발생한 수수료는 취득원가에 가산한다.

6 답 ④
해설 대손충당금은 자산의 채권 관련 계정의 차감적 평가항목이다.

7 답 ①
해설
- 자본잉여금 : 주식발행초과금, 감자차익
- 자본조정 : 자기주식처분손실, 주식할인발행차금

8 답 ③
해설 (가)는 배당결의일의 회계처리이고, (나)는 배당지급일의 회계처리이다.

9 답 ①
해설
- 원가행태에 따른 분류에는 변동원가, 고정원가, 혼합원가, 준고정원가가 있다.

10 답 ④
해설
- 당기제품제조원가 : 기말제품 500,000원+매출원가 2,000,000원 − 기초제품 0원=2,500,000원
- 당기총제조원가 : 당기제품제조원가 2,500,000원+기말재공품 300,000원 − 기초재공품 0원=2,800,000원

11 답 ④
해설 11,000개 · 재료원가 완성품환산량 : 당기완성품 수량 8,000개+기말재공품 완성품환산량 3,000개=11,000개

12 답 ②
해설 제품원가를 제조공정별로 집계한 후 이를 생산량으로 나누어 단위당 원가를 계산하는 것은 종합원가계산에 대한 설명이다.

13 답 ②
해설 부가가치세법은 인적사항을 고려하지 않는 물세이다.

14 답 ④
해설 부동산임대업자가 해당 사업에 사용하던 건물을 매각하는 경우는 과세 대상이다.

15 답 ③
해설 과세표준에 대한 설명이다.

실무시험

문제1 기초정보관리

1. [회계관리] – [재무회계] – [기초정보관리] – [거래처등록] 메뉴 – [일반거래처] 탭
   '코드 : 00500 / 거래처명 : 한국개발 / 유형 : 3.동시 / 사업자등록번호 : 134-24-91004 / 대표자성명 : 김한국 / 업태 : 정보통신업 / 종목 : 소프트웨어개발 / 주소 : 경기도 성남시 분당구 판교역로192번길 12 (삼평동)'을 추가 입력한다.

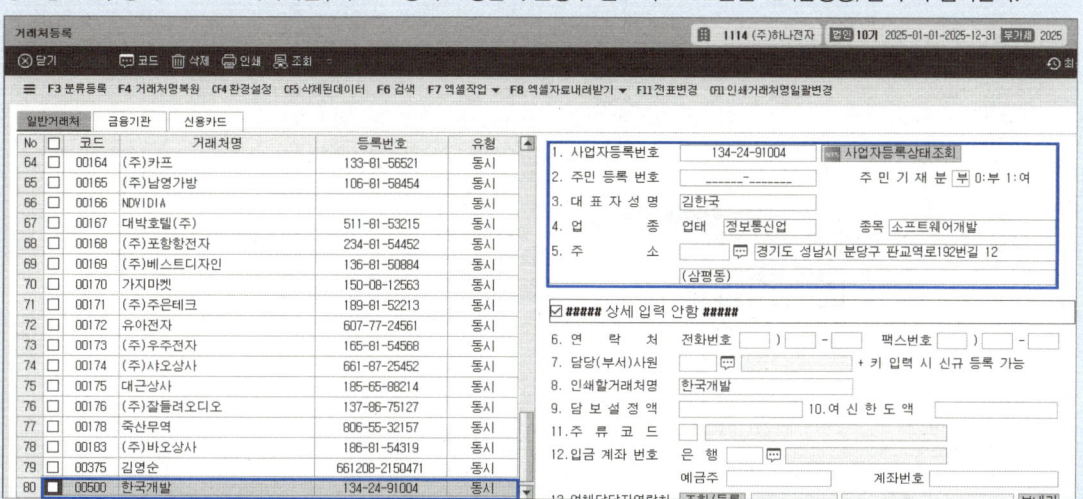

2. [회계관리]–[재무회계]–[기초정보관리]–[계정과목 및 적요등록] 메뉴
   - 코드/계정과목: 862.행사지원비
   - 성격: 3.경비
   - [현금적요]란에 'NO.1. 행사지원비 현금 지급'을 입력한다.
   - [대체적요]란에 'NO.1. 행사지원비 어음 발행'을 입력한다.

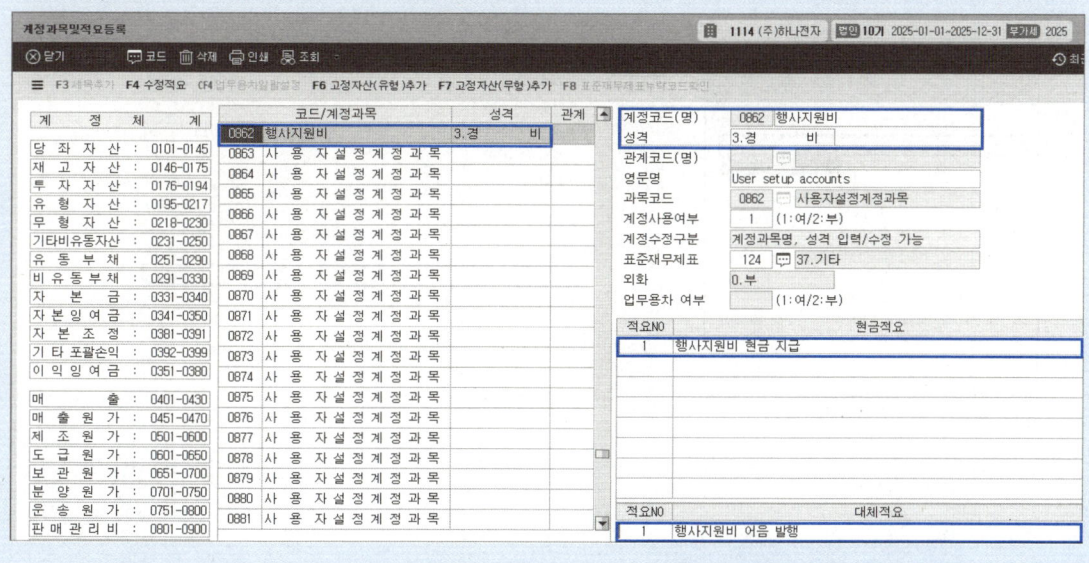

3 [회계관리] – [재무회계] – [전기분재무제표]

① [전기분 원가명세서]: 계정과목 '부재료비'의 보조창에서 [당기부재료매입액]란에 금액 '3,000,000원'을 추가 입력한다.
→ '당기제품제조원가'의 금액이 '87,250,000원'에서 '90,250,000원'으로 변경되었는지 확인한다.

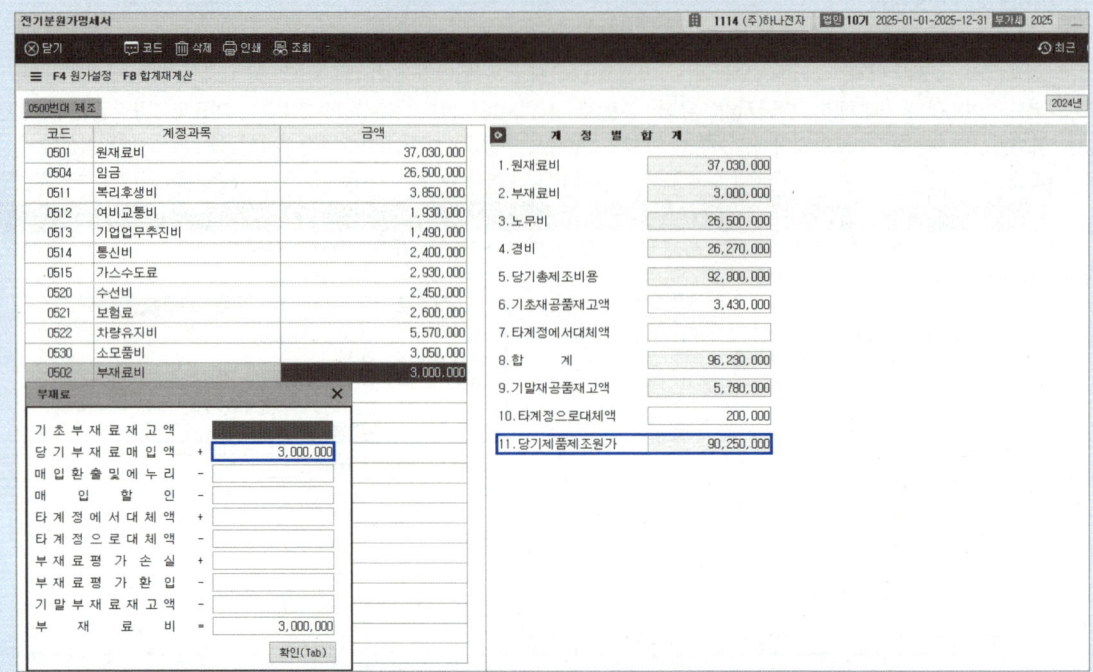

② [전기분 손익계산서]: 계정과목 '455.제품매출원가' 보조창에서 '당기제품제조원가'의 금액을 '87,250,000원'에서 '90,250,000원'으로 수정한다. → 당기순이익이 '81,210,000원'에서 '78,210,000원'으로 변경되었는지 확인한다.

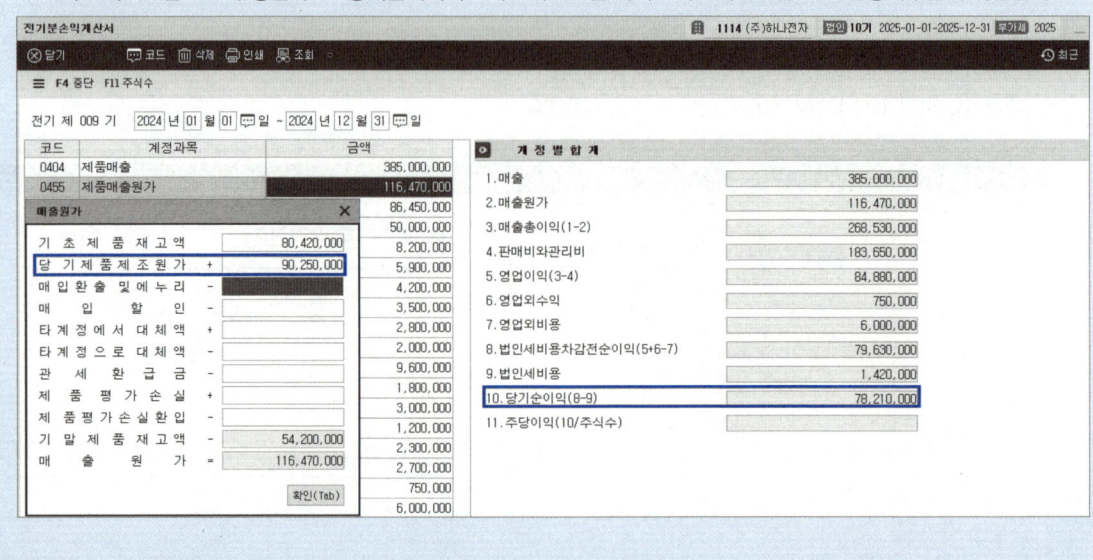

③ [전기분 잉여금처분계산서] : 상단 툴바의 F6 불러오기 를 클릭한 후 전기분 손익계산서를 불러온 다음 당기순이익이 '81,210,000원'에서 '78,210,000원'으로 변동되었는지 확인한다. → 미처분이익잉여금이 '93,940,000원'에서 '90,940,000원'으로 변동한다.

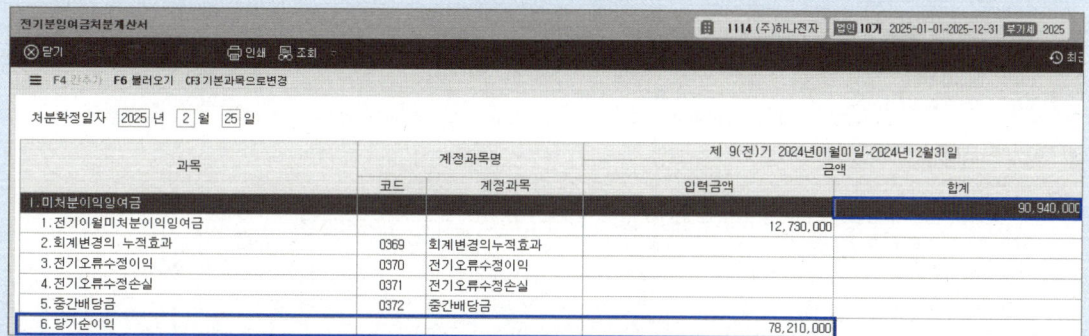

④ [전기분 재무상태표] : 계정과목 '375.이월이익잉여금'을 '93,940,000원'에서 '90,940,000원'으로, 계정과목 '251.외상매입금'의 금액을 '87,000,000원'에서 '90,000,000원'으로 수정한다. → 대차 차액이 없어진 것을 확인한다.

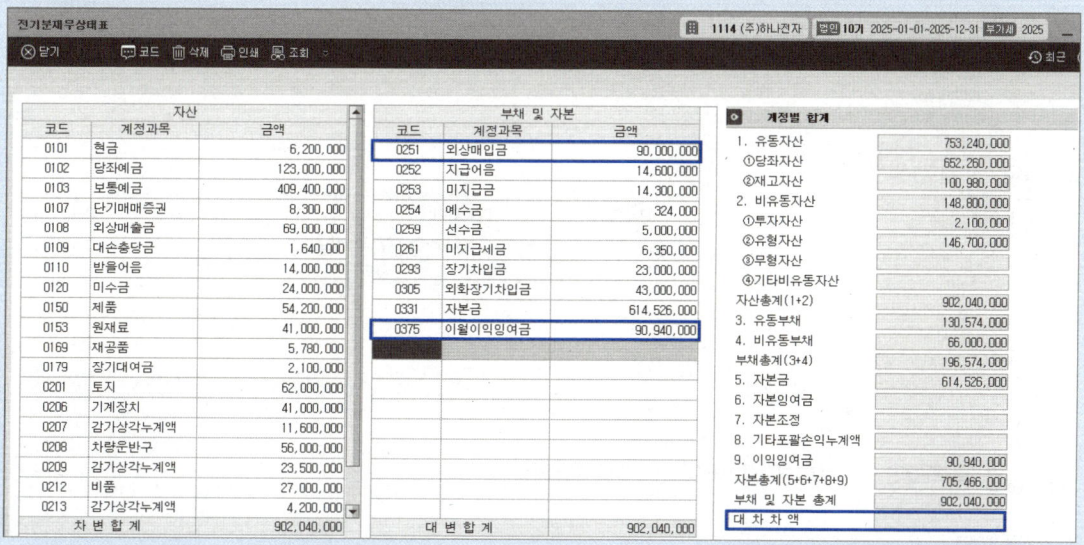

문제2 [회계관리] – [재무회계] – [전표입력] – [일반전표입력]

1 일자 : 7월 5일

(차) 퇴직급여(판)　　　1,400,000　　　(대) 보통예금　　　1,400,000

구분	계 정 과 목	거 래 처	적 요	차 변	대 변
차변	0806 퇴직급여			1,400,000	
대변	0103 보통예금				1,400,000

2 일자 : 7월 25일

(차) 보통예금　　　4,400,000　　　(대) 외상매출금[㈜고운상사]　　　9,900,000
　　받을어음[㈜고운상사]　　5,500,000

구분	계 정 과 목	거 래 처	적 요	차 변	대 변
대변	0108 외상매출금	00101 ㈜고운상사			9,900,000
차변	0103 보통예금			4,400,000	
차변	0110 받을어음	00101 ㈜고운상사		5,500,000	

3 일자 : 8월 30일

(차) 보통예금	45,000,000	(대) 받을어음[(주)재원]	50,000,000
매출채권처분손실	5,000,000		

구분	계정과목	거래처	적요	차변	대변
대변	0110 받을어음	00162 (주)재원			50,000,000
차변	0103 보통예금			45,000,000	
차변	0956 매출채권처분손실			5,000,000	

4 일자 : 10월 3일

(차) 보통예금	2,300,000	(대) 배당금수익	2,300,000

구분	계정과목	거래처	적요	차변	대변
차변	0103 보통예금			2,300,000	
대변	0903 배당금수익				2,300,000

5 일자 : 10월 31일

(차) 급여(판)	4,900,000	(대) 예수금	381,080
		보통예금	4,518,920

구분	계정과목	거래처	적요	차변	대변
차변	0801 급여			4,900,000	
대변	0254 예수금				381,080
대변	0103 보통예금				4,518,920

6 일자 : 12월 21일

(차) 당좌예금	8,450,000	(대) 사채	8,000,000
		사채할증발행차금	450,000

구분	계정과목	거래처	적요	차변	대변
차변	0102 당좌예금			8,450,000	
대변	0291 사채				8,000,000
대변	0313 사채할증발행차금				450,000

문제3 [회계관리] - [재무회계] - [전표입력] - [매입매출전표입력]

1 7월 20일

유형	공급가액	부가세	공급처명	전자	분개
16.수출	6,000,000	0	NDVIDIA		2.외상 또는 3.혼합
영세율구분	① 직접수출(대행수출 포함)				

(차) 외상매출금[NDVIDIA]	6,000,000	(대) 제품매출	6,000,000

일	번호	유형	품목	수량	단가	공급가액	부가세	코드	공급처명	사업/주민번호	전자	분개
20	50001	수출				6,000,000		00166	NDVIDIA			외상

영세율구분 1 직접수출(대행수출 포함)   수출신고번호

구분	계정과목	적요	거래처	차변(출금)	대변(입금)
차변	0108 외상매출금		00166 NDVIDIA	6,000,000	
대변	0404 제품매출		00166 NDVIDIA		6,000,000

> **합격 TIP** 재화의 판매에 대한 수익인식시점은 재화의 소유에 따른 유의적인 위험과 보상이 구매자에게 이전된 때이다. 위험과 보상의 이전은 일반적으로 법적 소유권의 이전 또는 재화의 물리적 이전과 동시에 일어난다. 계약은 앞으로 법적 소유권 또는 재화의 물리적 이전이 일어날 것을 약속한 성격에 불과할뿐 실제로 법적 소유권 또는 재화의 물리적 이전이 일어난 것이 아니다. 제품을 선적하는 때 법적소유권 및 재화의 물리적 이전이 발생하므로 선적일의 환율에 따라 환산한 금액을 제품매출로 인식해야 한다.

2 7월 23일

유형	공급가액	부가세	공급처명	전자	분개
13.면세	65,000,000		돌상상회	1.여	3.혼합

(차)	보통예금	30,000,000	(대)	토지	62,000,000
	미수금	35,000,000		유형자산처분이익	3,000,000

3 8월 10일

유형	공급가액	부가세	공급처명	전자	분개
57.카과	4,000,000	400,000	광고닷컴		4.카드 또는 3.혼합
신용카드사	99603.현대카드				

(차)	부가세대급금	400,000	(대)	미지급금[현대카드]	4,400,000
	광고선전비(판)	4,000,000		또는 미지급비용[현대카드]	

합격 TIP 문제의 지문에서 "회사 제품을 홍보하기 위해 광고닷컴에서 홍보용 수첩을 제작"했다고 명시하고 있으므로 광고선전비(판)라는 계정과목을 사용해야 한다.

4 8월 17일

유형	공급가액	부가세	공급처명	전자	분개
51.과세	12,000,000	1,200,000	㈜고철상사	1.여	3.혼합

(차)	부가세대급금	1,200,000	(대)	지급어음	5,000,000
	원재료	12,000,000		외상매입금	8,200,000

5 8월 28일

유형	공급가액	부가세	공급처명	전자	분개
61.현과	5,000,000	500,000	(주)와마트		1.현금 또는 3.혼합

(차)	부가세대급금	500,000	(대)	현금	5,500,000
	비품	5,000,000			

6 11월 8일

유형	공급가액	부가세	공급처명	전자	분개
54.불공	25,000,000	2,500,000	대박호텔㈜	1.여	3.혼합
불공제 사유	②사업과 직접 관련 없는 지출				

(차) 가지급금[김영순]   27,500,000   (대) 보통예금   27,500,000

일	번호	유형	품목	수량	단가	공급가액	부가세	코드	공급처명	사업/주민번호	전자	분개
8	50001	불공				25,000,000	2,500,000	00167	대박호텔㈜	511-81-53215	여	혼합

불공제사유 2 ②사업과 직접 관련 없는 지출

구분	계정과목	적요	거래처	차변(출금)	대변(입금)
차변	0134 가지급금		00375 김영순	27,500,000	
대변	0103 보통예금		00167 대박호텔㈜		27,500,000

문제4 오류수정

1 11월 12일 : [매입매출전표입력] 수정

• 수정 전

유형	공급가액	부가세	공급처명	전자	분개
51.과세	90,909	9,091	호호꽃집	1.여	3.혼합

(차) 부가세대급금   9,091   (대) 보통예금   100,000
    소모품비(판)   90,909

일	번호	유형	품목	수량	단가	공급가액	부가세	코드	공급처명	사업/주민번호	전자	분개
12	50001	과세	공기정화식물			90,909	9,091	00109	호호꽃집	143-01-06569	여	혼합

구분	계정과목	적요	거래처	차변(출금)	대변(입금)
차변	0135 부가세대급금	공기정화식물	00109 호호꽃집	9,091	
차변	0830 소모품비	공기정화식물	00109 호호꽃집	90,909	
대변	0103 보통예금	공기정화식물	00109 호호꽃집		100,000

• 수정 후

유형	공급가액	부가세	공급처명	전자	분개
53.면세	100,000		호호꽃집	1.여	3.혼합

(차) 소모품비(판)   100,000   (대) 보통예금   100,000

일	번호	유형	품목	수량	단가	공급가액	부가세	코드	공급처명	사업/주민번호	전자	분개
12	50001	면세	공기정화식물			100,000		00109	호호꽃집	143-01-06569	여	혼합

구분	계정과목	적요	거래처	차변(출금)	대변(입금)
차변	0830 소모품비	공기정화식물	00109 호호꽃집	100,000	
대변	0103 보통예금	공기정화식물	00109 호호꽃집		100,000

2 12월 12일 : [매입매출전표입력] 수정

• 수정 전

유형	공급가액	부가세	공급처명	전자	분개
51.과세	80,000,000	8,000,000	㈜베스트디자인	1.여	3.혼합

(차) 부가세대급금   8,000,000   (대) 보통예금   88,000,000
    수선비(판)   80,000,000

일	번호	유형	품목	수량	단가	공급가액	부가세	코드	공급처명	사업/주민번호	전자	분개
12	50001	과세	본사 건물 엘리베이터 설치			80,000,000	8,000,000	00169	㈜베스트디자인	136-81-50884	여	혼합

구분	계정과목	적요	거래처	차변(출금)	대변(입금)
차변	0135 부가세대급금	본사 건물 엘리베이터 설치	00169 ㈜베스트디자인	8,000,000	
차변	0820 수선비	본사 건물 엘리베이터 설치	00169 ㈜베스트디자인	80,000,000	
대변	0103 보통예금	본사 건물 엘리베이터 설치	00169 ㈜베스트디자인		88,000,000

• 수정 후

유형	공급가액	부가세	공급처명	전자	분개
51.과세	80,000,000	8,000,000	㈜베스트디자인	1.여	3.혼합

(차)	부가세대급금		8,000,000	(대)	보통예금	88,000,000
	건물		80,000,000			

□	일	번호	유형	품목	수량	단가	공급가액	부가세	코드	공급처명	사업/주민번호	전자	분개
■	12	50001	과세	본사 건물 엘리베이터 설치			80,000,000	8,000,000	00169	㈜베스트디자인	136-81-50884	여	혼합

구분	계정과목	적요	거래처	차변(출금)	대변(입금)
차변	0135 부가세대급금	본사 건물 엘리베이터 설치	00169 ㈜베스트디자인	8,000,000	
차변	0202 건물	본사 건물 엘리베이터 설치	00169 ㈜베스트디자인	80,000,000	
대변	0103 보통예금	본사 건물 엘리베이터 설치	00169 ㈜베스트디자인		88,000,000

문제5 결산정리사항

1 [일반전표입력] 12월 31일

(차) 단기매매증권　　　　2,500,000　　(대) 단기매매증권평가이익　　2,500,000*

* 12,500,000원 − 10,000,000원 = 2,500,000원

구분	계정과목	거래처	적요	차변	대변
차변	0107 단기매매증권			2,500,000	
대변	0905 단기매매증권평가이익				2,500,000

2 [일반전표입력] 12월 31일

(차) 장기대여금[미국 GODS사]　　140,000　　(대) 외화환산이익　　140,000*

* ($2,000 × 1,120원) − 2,100,000원 = 140,000원

구분	계정과목	거래처	적요	차변	대변
차변	0179 장기대여금	00154 미국 GODS사		140,000	
대변	0910 외화환산이익				140,000

3 자동결산 또는 수동결산

다음 ①, ②중 선택하여 입력한다.

① 방법 1 : 수동결산

[일반전표입력] 12월 31일

(차) 법인세등　　　　15,000,000　　(대) 선납세금　　　　7,000,000
　　　　　　　　　　　　　　　　　　　　미지급세금　　　8,000,000

차변	0998 법인세등				15,000,000	
대변	0136 선납세금					7,000,000
대변	0261 미지급세금					8,000,000

② 방법 2 : 자동결산

자동결산-[결산자료입력] 메뉴의 [결산반영금액]란에 다음과 같이 입력한 후 상단 툴바의 F3전표추가 를 클릭하여 [일반전표입력] 메뉴 12월 31일자에 관련 기말수정분개를 반영시킨다.

- [9.법인세등- 1)선납세금]란 : 7,000,000원
- [9.법인세등- 2)추가계상액]란 : 8,000,000원

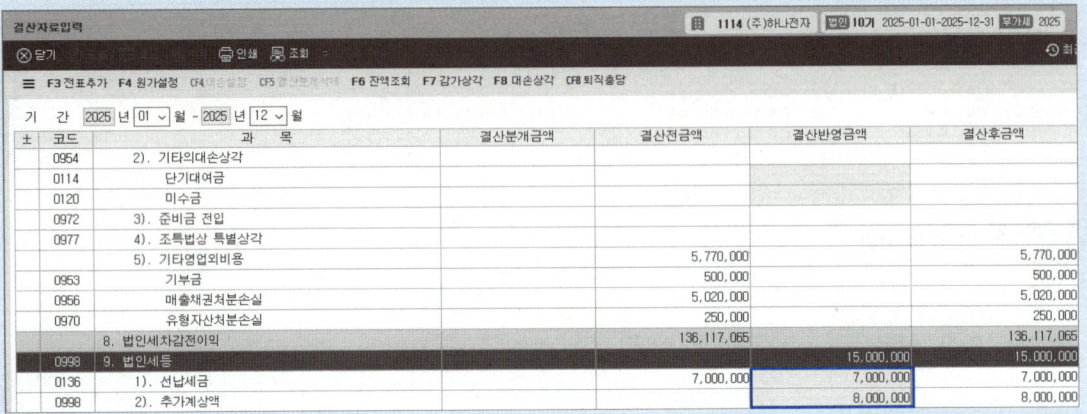

문제6 장부조회

1 [회계관리]-[재무회계]-[장부관리]-[일계표(월계표)]-[월계표] 탭

조회기간 '2025년 3월~2025년 3월'을 입력한 후 판매비와 일반관리비의 계정과목과 금액을 조회한다.

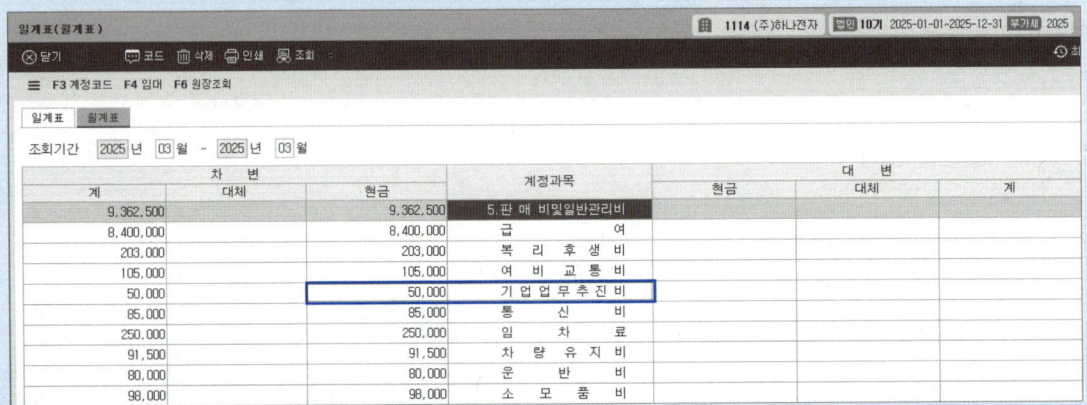

[답안] 기업업무추진비, 50,000원

2 [회계관리]-[재무회계]-[결산/재무제표]-[재무상태표]

기간 '2025년 2월'을 입력한 후 미수금과 미지급금의 금액을 확인한다.

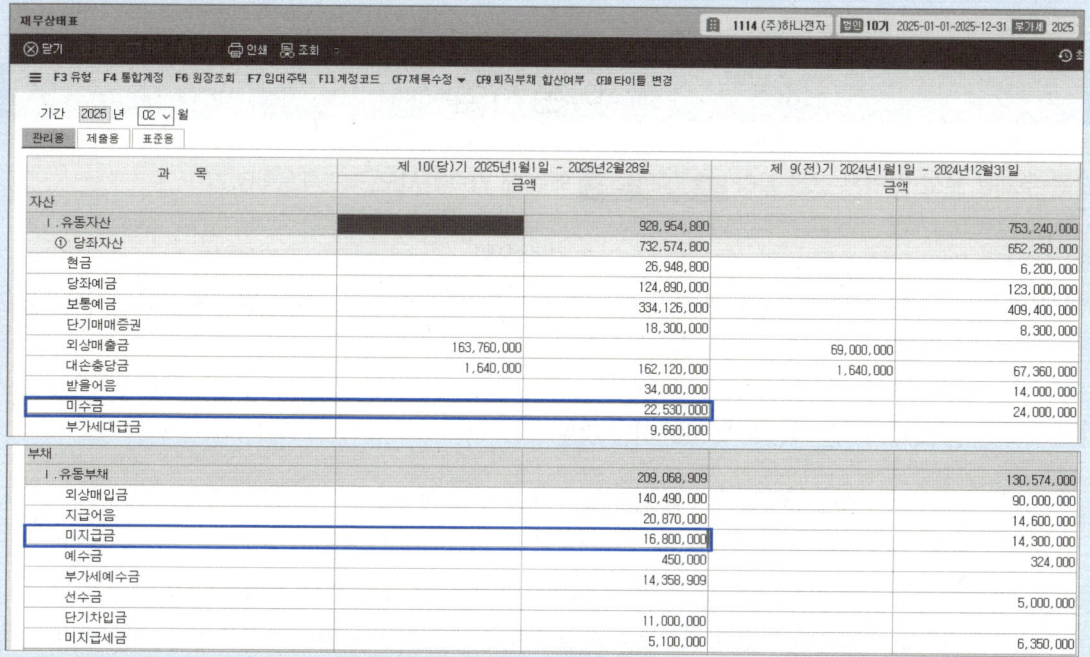

[답안] 5,730,000원(∵ 미수금 22,530,000원 - 미지급금 16,800,000원)

3 [부가가치]-[신고서/부속명세]-[부가가치세]-[부가가치세 신고서]

조회기간 '2025년 4월 1일~2025년 6월 30일'을 입력한 후 [16.공제받지 못할 매입세액]란의 금액을 확인한다.

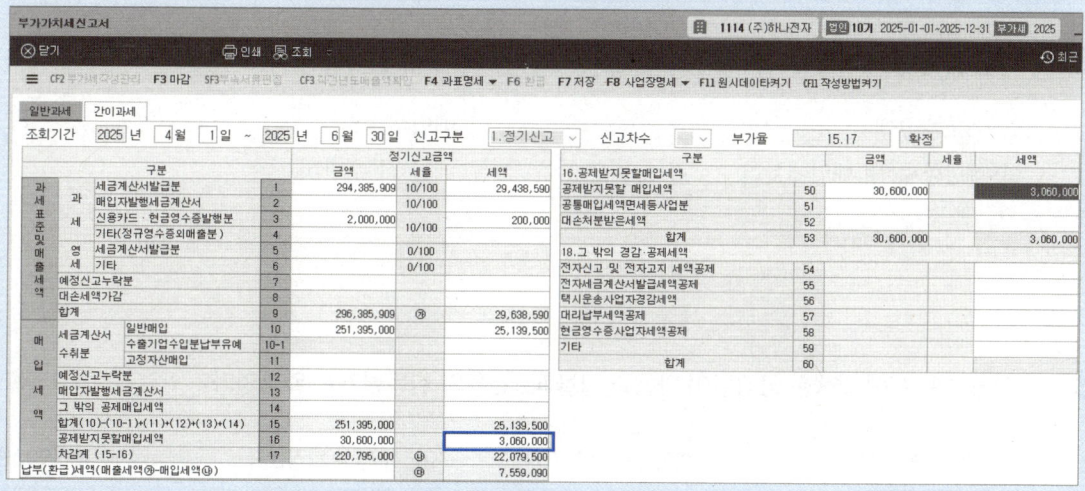

[답안] 3,060,000원

제113회 / 기출문제

이론시험

다음 문제를 보고 알맞은 것을 골라 **이론문제 답안작성** 메뉴에 입력하시오. (객관식 문항당 2점)

기본전제

문제에서 한국채택국제회계기준을 적용하도록 하는 전제조건이 없는 경우, 일반기업회계기준을 적용한다.

---

1 다음 중 회계의 기본가정과 특징이 아닌 것은?

① 기업의 관점에서 경제활동에 대한 정보를 측정·보고한다.
② 기업이 예상가능한 기간동안 영업을 계속할 것이라 가정한다.
③ 기업은 수익과 비용을 인식하는 시점을 현금이 유입·유출될 때로 본다.
④ 기업의 존속기간을 일정한 기간단위로 분할하여 각 기간 단위별로 정보를 측정·보고한다.

2 다음 중 상품의 매출원가 계산 시 총매입액에서 차감해야 할 항목은 무엇인가?

① 기초재고액　　　　　　　　　　② 매입수수료
③ 매입환출 및 매입에누리　　　　④ 매입 시 운반비

3 건물 취득 시에 발생한 금액들이 다음과 같을 때, 건물의 취득원가는 얼마인가?

• 건물 매입금액	2,000,000,000원	• 자본화 대상 차입원가	150,000,000원
• 건물 취득세	200,000,000원	• 관리 및 기타 일반간접원가	16,000,000원

① 21억 5,000만원　　　　　　　② 22억원
③ 23억 5,000만원　　　　　　　④ 23억 6,600만원

4 다음 중 무형자산에 대한 설명으로 틀린 것은?

① 물리적인 실체는 없지만 식별이 가능한 비화폐성 자산이다.
② 무형자산을 통해 발생하는 미래 경제적 효익을 기업이 통제할 수 있어야 한다.
③ 무형자산은 자산의 정의를 충족하면서 다른 자산들과 분리하여 거래를 할 수 있거나 계약상 또는 법적 권리로부터 발생하여야 한다.
④ 일반기업회계기준은 무형자산의 회계처리와 관련하여 영업권을 포함한 무형자산의 내용연수를 원칙적으로 40년을 초과하지 않도록 한정하고 있다.

5 다음 중 재무제표에 해당하지 않는 것은?

① 기업의 계정별 합계와 잔액을 나타내는 시산표
② 일정 시점 현재 기업의 재무상태(자산, 부채, 자본)을 나타내는 보고서
③ 기업의 자본에 관하여 일정기간 동안의 변동 흐름을 파악하기 위해 작성하는 보고서
④ 재무제표의 과목이나 금액에 기호를 붙여 해당 항목에 대한 추가 정보를 나타내는 별지

6 다음 중 유동부채와 비유동부채의 분류가 적절하지 않은 것은?

	유동부채	비유동부채
①	단기차입금	사채
②	외상매입금	유동성장기부채
③	미지급비용	장기차입금
④	지급어음	퇴직급여충당부채

7 다음의 자본 항목 중 포괄손익계산서에 영향을 미치는 항목은 무엇인가?

① 감자차손
② 주식발행초과금
③ 자기주식처분이익
④ 매도가능증권평가이익

8 다음 자료 중 빈 칸 (A)에 들어갈 금액으로 적당한 것은?

기초상품재고액	매입액	기말상품재고액	매출원가	매출액	매출총이익	판매비와 관리비	당기순손익
219,000원	350,000원	110,000원		290,000원		191,000원	A

① 당기순손실 360,000원
② 당기순손실 169,000원
③ 당기순이익 290,000원
④ 당기순이익 459,000원

9 다음 중 원가행태에 따라 변동원가와 고정원가로 분류할 때 이에 대한 설명으로 틀린 것은?

① 고정원가는 조업도가 증가할수록 단위당 원가도 증가한다.
② 고정원가는 조업도가 증가하여도 총원가는 일정하다.
③ 변동원가는 조업도가 증가하여도 단위당 원가는 일정하다.
④ 변동원가는 조업도가 증가할수록 총원가도 증가한다.

10 다음 중 보조부문원가를 배분하는 방법 중 옳지 않은 것은?

① 상호배분법은 보조부문 상호 간의 용역수수관계를 완전히 반영하는 방법이다.
② 단계배분법은 보조부문 상호 간의 용역수수관계를 전혀 반영하지 않는 방법이다.
③ 직접배분법은 보조부문 상호 간의 용역수수관계를 전혀 반영하지 않는 방법이다.
④ 상호배분법, 단계배분법, 직접배분법 어떤 방법을 사용하더라도 보조부문의 총원가는 제조부문에 모두 배분된다.

11 다음 자료에 의한 당기총제조원가는 얼마인가? 단, 노무원가는 발생주의에 따라 계산한다.

• 기초원재료	300,000원	• 당기지급임금액	350,000원
• 기말원재료	450,000원	• 당기원재료매입액	1,300,000원
• 전기미지급임금액	150,000원	• 제조간접원가	700,000원
• 당기미지급임금액	250,000원	• 기초재공품	200,000원

① 2,100,000원   ② 2,300,000원   ③ 2,450,000원   ④ 2,500,000원

12 다음 중 종합원가계산에 대한 설명으로 옳지 않은 것은?

① 소품종 대량 생산하는 업종에 적용하기에 적합하다.
② 공정 과정에서 발생하는 공손 중 정상공손은 제품의 원가에 가산한다.
③ 평균법을 적용하는 경우 기초재공품원가를 당기에 투입한 것으로 가정한다.
④ 제조원가 중 제조간접원가는 실제 조업도에 예정배부율을 반영하여 계산한다.

13 다음 중 부가가치세법상 세금계산서를 발급할 수 있는 자는?

① 면세사업자로 등록한 자
② 사업자등록을 하지 않은 자
③ 사업자등록을 한 일반과세자
④ 간이과세자 중 직전 사업연도 공급대가가 4,800만원 미만인 자

14 다음 중 부가가치세법상 대손사유에 해당하지 않는 것은?

① 소멸시효가 완성된 어음·수표
② 특수관계인과의 거래로 인해 발생한 중소기업의 외상매출금으로서 회수기일이 2년 이상 지난 외상매출금
③ 채무자의 파산, 강제집행, 형의 집행, 사업의 폐지, 사망, 실종, 행방불명으로 인하여 회수할 수 없는 채권
④ 부도발생일부터 6개월 이상 지난 외상매출금(중소기업의 외상매출금으로서 부도발생일 이전의 것에 한정한다)

15 다음 중 부가가치세법상 공급시기로 옳지 않은 것은?

① 폐업 시 잔존재화의 경우 : 폐업하는 때
② 내국물품을 외국으로 수출하는 경우 : 수출재화의 선적일
③ 무인판매기로 재화를 공급하는 경우 : 무인판매기에서 현금을 인취하는 때
④ 위탁판매의 경우(위탁자 또는 본인을 알 수 있는 경우) : 위탁자가 판매를 위탁한 때

실무시험

㈜혜송상사(회사코드:1113)는 자동차부품 등의 제조 및 도소매업을 영위하는 중소기업으로 당기(제14기) 회계기간은 2025.1.1.~2025.12.31.이다. 전산세무회계수험용프로그램을 이용하여 다음 물음에 답하시오.

기본전제

- 문제에서 한국채택국제회계기준을 적용하도록 하는 전제조건이 없는 경우, 일반기업회계기준을 적용하여 회계처리 한다.
- 문제의 풀이와 답안작성은 제시된 문제의 순서대로 진행한다.

문제1 다음은 [기초정보관리] 및 [전기분재무제표]에 대한 자료이다. 각각의 요구사항에 대하여 답하시오. (10점)

1 다음의 자료를 이용하여 [거래처등록] 메뉴에서 신규거래처를 추가로 등록하시오. (3점)

- 거래처코드 : 00777
- 거래처명 : 슬기로운㈜
- 사업자등록번호 : 253-81-13578
- 업태 : 도매
- 사업장주소 : 부산광역시 부산진구 중앙대로 663(부전동)
    ※ 주소 입력 시 우편번호는 생략해도 무방함
- 거래처구분 : 일반거래처
- 유형 : 동시
- 대표자 : 김슬기
- 종목 : 금속

2 다음 자료를 이용하여 [계정과목및적요등록] 메뉴에서 대체적요를 등록하시오. (3점)

- 코드 : 134
- 계정과목 : 가지급금
- 대체적요 : 8. 출장비 가지급금 정산

3 전기분 손익계산서를 검토한 결과 다음과 같은 오류가 발견되었다. 해당 오류와 관련된 [전기분원가명세서] 및 [전기분손익계산서]를 수정하시오. (4점)

> 공장 일부 직원의 임금 2,200,000원이 판매비및일반관리비 항목의 급여(801)로 반영되어 있다.

문제2 [일반전표입력] 메뉴를 이용하여 다음의 거래 자료를 입력하시오(일반전표입력의 모든 거래는 부가가치세를 고려하지 말 것). (18점)

입력 시 유의사항

- 일반적인 적요의 입력은 생략하지만, 타계정 대체거래는 적요번호를 선택하여 입력한다.
- 채권·채무와 관련된 거래는 별도의 요구가 없는 한 반드시 기등록된 거래처코드를 선택하는 방법으로 거래처명을 입력한다.
- 제조경비는 500번대 계정코드를, 판매비와관리비는 800번대 계정코드를 사용한다.
- 회계처리 시 계정과목은 별도의 제시가 없는 한 등록된 계정과목 중 가장 적절한 과목으로 한다.

---

1 07월 15일 ㈜상수로부터 원재료를 구입하기로 계약하고, 당좌수표를 발행하여 계약금 3,000,000원을 지급하였다. (3점)

2 08월 05일 사옥 취득을 위한 자금 900,000,000원(만기 6개월)을 우리은행으로부터 차입하고, 선이자 36,000,000원(이자율 연 8%)을 제외한 나머지 금액을 보통예금 계좌로 입금받았다(단, 하나의 전표로 입력하고, 선이자지급액은 선급비용으로 회계처리할 것). (3점)

3 09월 10일 창고 임차보증금 10,000,000원(거래처 : ㈜대운) 중에서 미지급금으로 계상되어 있는 작년분 창고 임차료 1,000,000원을 차감하고 나머지 임차보증금만 보통예금으로 돌려받았다. (3점)

4 10월 20일 ㈜영광상사에 대한 외상매출금 2,530,000원 중 1,300,000원이 보통예금 계좌로 입금되었다. (3점)

5 11월 29일 장기투자 목적으로 ㈜콘프상사의 보통주 2,000주를 1주당 10,000원(1주당 액면가액 5,000원)에 취득하고 대금은 매입수수료 240,000원과 함께 보통예금 계좌에서 이체하여 지급하였다. (3점)

6 12월 08일 수입한 상품에 부과된 관세 7,560,000원을 보통예금 계좌에서 이체하여 납부하였다. (3점)

납부영수증서[납부자용]					File No : 사업자과세 B/L No. : 45241542434	
사업자번호 : 312-86-12548						
회계구분	관세청소관 일반회계			납부기한	2025년 12월 08일	
회계연도	2025			발행일자	2025년 12월 02일	
수입징수관 계좌번호	110288	납부자 번호	0127 040-11-17-6-178461-8	납기내 금액	7,560,000	
※수납기관에서는 위의 굵은 선 안의 내용을 즉시 전산입력하여 수입징수관에 EDI방식으로 통지될 수 있도록 하시기 바랍니다.				납기후 금액		
수입신고번호	41209-17-B11221W			수입징수관서	인천세관	
납부자	성명	황동규		상호	(주)혜송상사	
	주소	경기도 용인시 기흥구 갈곡로 6(구갈동)				
2025년 12월 2일 수입징수관 인천세관						

문제3 다음 거래 자료를 [매입매출전표입력] 메뉴에 입력하시오. (18점)

―――― 입력 시 유의사항 ――――
- 일반적인 적요의 입력은 생략하지만, 타계정 대체거래는 적요번호를 선택하여 입력한다.
- 채권·채무와 관련된 거래는 별도의 요구가 없는 한 반드시 기등록된 거래처코드를 선택하는 방법으로 거래처명을 입력한다.
- 제조경비는 500번대 계정코드를, 판매비와관리비는 800번대 계정코드를 사용한다.
- 회계처리 시 계정과목은 별도의 제시가 없는 한 등록된 계정과목 중 가장 적절한 과목으로 한다.

1 08월 10일 ㈜산양산업으로부터 영업부에서 사용할 소모품(공급가액 950,000원, 부가가치세 별도)을 현금으로 구입하고 전자세금계산서를 발급받았다. 단, 소모품은 자산으로 처리한다.
(3점)

2 08월 22일 내국신용장으로 수출용 제품의 원재료 34,000,000원을 ㈜로띠상사에서 매입하고 아래의 영세율전자세금계산서를 발급받았다. 대금은 당사가 발행한 3개월 만기 약속어음으로 지급하였다. (3점)

영세율전자세금계산서					승인번호		20250822-14258645-58811657	
공급자	등록번호	124-86-15012	종사업장번호		공급받는자	등록번호	312-86-12548	종사업장번호	
	상호(법인명)	㈜로띠상사	성명	이로운		상호(법인명)	㈜혜송상사	성명	황동규
	사업장	대전광역시 대덕구 대전로1019번길 28-10				사업장	경기도 용인시 기흥구 갈곡로 6		
	업태	제조	종목	부품		업태	제조,도소매	종목	자동차부품
	이메일					이메일	hyesong@hscorp.co.kr		
						이메일			

작성일자	공급가액	세액	수정사유
2025/08/22	34,000,000원		
비고			

월	일	품목	규격	수량	단가	공급가액	세액	비고
08	22	부품 kT_01234				34,000,000원		

합계금액	현금	수표	어음	외상미수금	이 금액을 (청구) 함
34,000,000원			34,000,000원		

3 08월 25일 송강수산으로부터 영업부 직원선물로 마른멸치세트 500,000원, 영업부 거래처선물로 마른멸치세트 300,000원을 구매하였다. 대금은 보통예금 계좌에서 이체하여 지급하고 아래의 전자계산서를 발급받았다(단, 하나의 거래로 작성할 것). (3점)

전자계산서

승인번호			20250825-1832324-1635032			

공급자
- 등록번호: 850-91-13586
- 종사업장번호:
- 상호(법인명): 송강수산
- 성명: 송강
- 사업장: 경상남도 남해군 남해읍 남해대로 2751
- 업태: 도소매
- 종목: 건어물
- 이메일:

공급받는자
- 등록번호: 312-86-12548
- 종사업장번호:
- 상호(법인명): ㈜혜송상사
- 성명: 황동규
- 사업장: 경기도 용인시 기흥구 갈곡로 6
- 업태: 제조,도소매
- 종목: 자동차부품
- 이메일: hyesong@hscorp.co.kr

작성일자	공급가액	수정사유	비고
2025/08/25	800,000원		

월	일	품목	규격	수량	단가	공급가액	비고
08	25	마른멸치세트		5	100,000원	500,000원	
08	25	마른멸치세트		3	100,000원	300,000원	

합계금액	현금	수표	어음	외상미수금	이 금액을 (영수) 함
800,000원	800,000원				

4 10월 16일 업무와 관련없이 대표이사 황동규가 개인적으로 사용하기 위하여 상해전자㈜에서 노트북 1대를 2,100,000원(부가가치세 별도)에 외상으로 구매하고 아래의 전자세금계산서를 발급받았다(단, 가지급금 계정을 사용하고, 거래처를 입력할 것). (3점)

전자세금계산서

승인번호			20251016-15454645-58811886			

공급자
- 등록번호: 501-81-12347
- 종사업장번호:
- 상호(법인명): 상해전자㈜
- 성명: 김은지
- 사업장: 서울특별시 동작구 여의대방로 28
- 업태: 도소매
- 종목: 전자제품
- 이메일:

공급받는자
- 등록번호: 312-86-12548
- 종사업장번호:
- 상호(법인명): ㈜혜송상사
- 성명: 황동규
- 사업장: 경기도 용인시 기흥구 갈곡로 6
- 업태: 제조,도소매
- 종목: 자동차부품
- 이메일: hyesong@hscorp.co.kr

작성일자	공급가액	세액	수정사유
2025/10/16	2,100,000원	210,000원	해당 없음
비고			

월	일	품목	규격	수량	단가	공급가액	세액	비고
10	16	노트북		1	2,100,000원	2,100,000원	210,000원	

합계금액	현금	수표	어음	외상미수금	이 금액을 (청구) 함
2,310,000원				2,310,000원	

5 11월 04일 개인소비자 김은우에게 제품을 770,000원(부가가치세 포함)에 판매하고, 대금은 김은우의 신한카드로 수취하였다(단, 신용카드 결제대금은 외상매출금으로 회계처리할 것). (3점)

6 12월 04일 제조부가 사용하는 기계장치의 원상회복을 위한 수선비 880,000원을 하나카드로 결제하고 다음의 매출전표를 수취하였다. (3점)

```
                    하나카드 승인전표

    카드번호         4140-0202-3245-9959
    거래유형         국내일반
    결제방법         일시불
    거래일시         2025.12.04.15:35:45
    취소일시
    승인번호         98421149
    ─────────────────────────────────────
    공급가액                      800,000원
    부가세                         80,000원
    봉사료
    승인금액                      880,000원

    가맹점명         ㈜뚝딱수선
    가맹점번호       00990218110
    가맹점 전화번호   031-828-8624
    가맹점 주소       경기도 성남시 수정구 성남대로 1169
    사업자등록번호   204-81-76697
    대표자명         이은샘

                    ♦ 하나카드
```

문제4 [일반전표입력] 및 [매입매출전표입력] 메뉴에 입력된 내용 중 다음과 같은 오류가 발견되었다. 입력된 내용을 확인하여 정정하시오. (6점)

1 09월 09일 ㈜초록산업으로부터 5,000,000원을 차입하고 이를 모두 장기차입금으로 회계처리하였으나, 그중 2,000,000원의 상환기일은 2025년 12월 8일로 확인되었다. (3점)

2 10월 15일 바로카센터에서 영업부의 영업용 화물차량을 점검 및 수리하고 차량유지비 250,000원(부가세 별도)을 현금으로 지급하였으며, 전자세금계산서를 발급받았다. 그러나 회계 담당 직원의 실수로 이를 일반전표에 입력하였다. (3점)

문제5 결산정리사항은 다음과 같다. 관련 메뉴를 이용하여 결산을 완료하시오. (9점)

1. 결산일 현재 외상매입금 잔액은 2025년 1월 2일 미국에 소재한 원재료 공급거래처 NOVONO로부터 원재료 $5,500를 외상으로 매입하고 미지급한 잔액 $2,000가 포함되어 있다(단, 매입 시 기준환율은 1,100원/$, 결산 시 기준환율은 1,200원/$이다). (3점)

2. 12월 31일 결산일 현재 단기 매매 목적으로 보유 중인 지분증권에 대한 자료는 다음과 같다. 적절한 결산 분개를 하시오. (3점)

종목	취득원가	결산일 공정가치	비고
㈜가은	56,000,000원	54,000,000원	단기 매매 목적

3. 2025년 5월 1일 제조부 공장의 1년치 화재보험료(2025년 5월 1일~2026년 4월 30일) 3,600,000원을 보통예금 계좌에서 이체하여 납부하고 전액 보험료(제조경비)로 회계처리하였다(단, 보험료는 월할 계산하고, 거래처입력은 생략할 것). (3점)

문제6 다음 사항을 조회하여 알맞은 답안을 이론문제 답안작성 메뉴에 입력하시오. (9점)

1. 2025년 제1기 부가가치세 확정신고(2025.04.01.~2025.06.30.)에 반영된 예정신고누락분 매출의 공급가액과 매출세액은 각각 얼마인가? (3점)

2. 2분기(4월~6월) 중 제조원가 항목의 복리후생비 지출액이 가장 많이 발생한 월(月)과 그 금액을 각각 기재하시오. (3점)

3. 4월 말 현재 미지급금 잔액이 가장 큰 거래처명과 그 금액은 얼마인가? (3점)

제113회 / 정답 및 해설

합격률 42.89%

이론시험

1	2	3	4	5	6	7	8	9	10	11	12	13	14	15
③	③	③	④	①	②	④	①	①	②	②	④	③	②	④

1 답 ③
해설 회계는 발생주의를 기본적 특징으로 한다. 수익과 비용을 인식하는 시점을 현금이 유입·유출될 때로 보는 것은 현금주의에 대한 설명이다.
- ① 기업실체의 가정, ② 계속기업의 가정, ④ 기간별보고의 가정

2 답 ③
해설 상품의 매입환출 및 매입에누리는 매출원가 계산 시 총매입액에서 차감하는 항목이다.

3 답 ③ 23억5,000만원
해설
- 건물의 취득원가 : 매입금액 20억원 + 자본화차입원가 1억 5,000만원 + 취득세 2억원 = 23억5,000만원
- 관리 및 기타 일반간접원가는 판매비와관리비로서 당기 비용처리한다.

4 답 ④
해설 일반기업회계기준은 무형자산의 회계처리와 관련하여 영업권을 포함한 무형자산의 내용연수를 원칙적으로 20년을 초과하지 않도록 한정하고 있다.

5 답 ①
해설 합계잔액시산표에 관한 설명으로 합계잔액시산표는 재무제표에 해당하지 않는다. 재무제표는 재무상태표, 손익계산서, 현금흐름표 및 자본변동표와 주석으로 구성되어 있다.
- ② 재무상태표 ③ 자본변동표 ④ 주석

6 답 ②
해설 유동성장기부채는 비유동부채였으나 보고기간 종료일 현재 만기가 1년 이내 도래하는 부채를 의미하므로 영업주기와 관계없이 유동부채로 분류한다.

7 답 ④
해설 매도가능증권평가이익은 기타포괄손익누계액에 포함되는 항목으로 매도가능증권평가이익의 증감은 포괄손익계산서상의 기타포괄손익에 영향을 미친다.

8 답 ① 당기순손실 360,000원
해설

기초상품재고액	매입액	기말상품재고액	매출원가	매출액	매출총이익	판매비와관리비	당기순손익
219,000원	350,000원	110,000원	459,000원	290,000원	-169,000원	191,000원	-360,000원

9 답 ①
해설 고정원가는 조업도가 증가할수록 단위당 원가는 감소한다.

10 답 ②
해설 단계배분법은 보조부문 상호 간의 용역수수관계를 일부 인식하는 방법이다.

11 답 ② 2,300,000원

해설
- 직접재료원가 : 기초원재료 300,000원 + 당기원재료매입액 1,300,000원 − 기말원재료 450,000원
  = 1,150,000원
- 직접노무원가 : 당기지급임금액 350,000원 + 당기미지급임금액 250,000원 − 전기미지급임금액 150,000원
  = 450,000원
- 당기총제조원가 : 직접재료원가 1,150,000원 + 직접노무원가 450,000원 + 제조간접원가 700,000원
  = 2,300,000원

12 답 ④

해설 제조원가 중 제조간접원가는 실제 조업도에 예정배부율을 반영하여 계산하는 것은 개별원가계산에 대한 설명이다.

13 답 ③

해설 사업자등록을 한 일반과세자는 부가가치세법상 세금계산서를 발급할 수 있다.

14 답 ②

해설 중소기업의 외상매출금 및 미수금(이하 "외상매출금등"이라 한다)으로서 회수기일이 2년 이상 지난 외상매출금 등은 부가가치세법상 대손 사유에 해당한다. 다만, 특수관계인과의 거래로 인하여 발생한 외상매출금 등은 제외한다.

15 답 ④

해설 위탁판매의 경우 부가가치세법상 공급시기는 위탁받은 수탁자 또는 대리인이 실제로 판매한 때이다.

실무시험

문제1 기초정보관리

1 [회계관리] – [재무회계] – [기초정보관리] – [거래처등록] 메뉴 – [일반거래처] 탭
'코드 : 00777 / 거래처명 : 슬기로운㈜ / 유형 : 3.동시 / 사업자등록번호 : 253-81-13578 / 대표자성명 : 김슬기 / 업태 : 도매 / 종목 : 금속 / 주소 : 부산광역시 부산진구 중앙대로 663(부전동)'을 추가 입력한다.

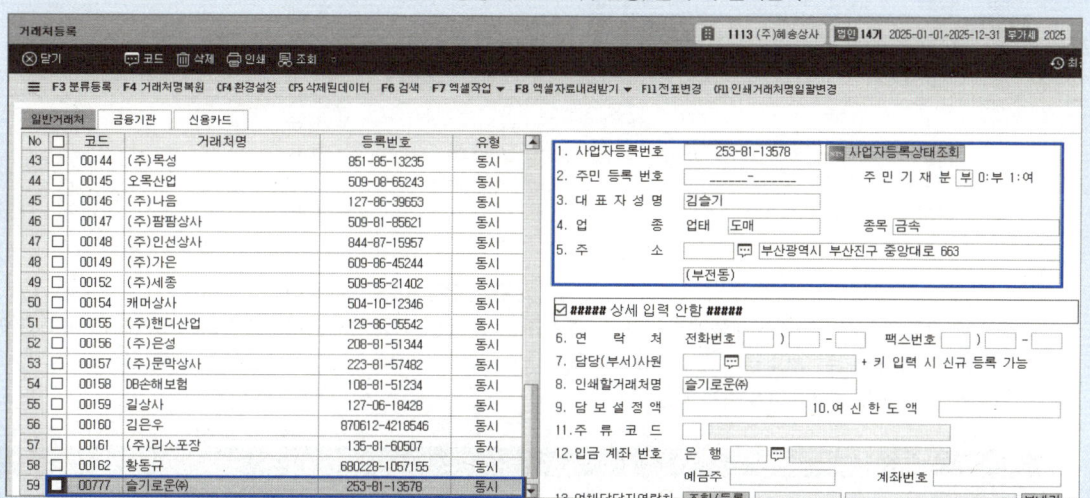

합격 TIP 법인의 경우, 등기부등본상 등록된 명칭을 사용하여야 한다. ㈜슬기로운과 슬기로운㈜는 완전히 다른 명칭이므로 의미가 통한다는 이유로 ㈜를 임의의 순서로 변경하여 입력해서는 안 된다.

2 [회계관리]–[재무회계]–[기초정보관리]–[계정과목 및 적요등록] 메뉴
- 코드/계정과목: 134. 가지급금
- [대체적요]란에 'NO 8. 출장비 가지급금 정산'을 입력한다.

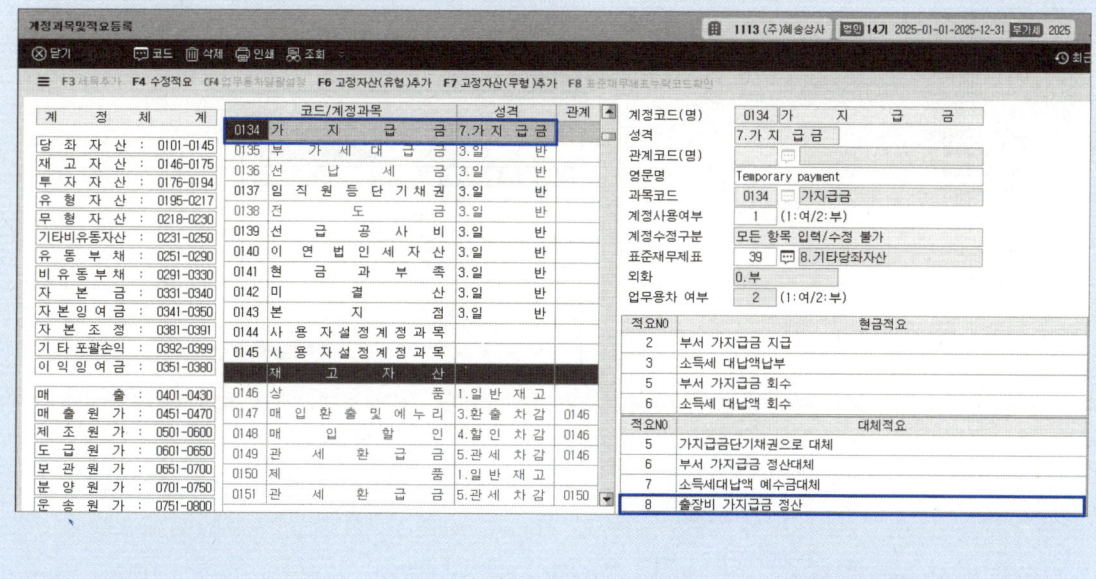

3 [회계관리] – [재무회계] – [전기분재무제표]

① 전기분원가명세서 : '504.임금'의 금액 '45,000,000원'을 '47,200,000원'으로 수정한다. → 당기제품제조원가가 '398,580,000원'에서 '400,780,000원'으로 변경되었는지 확인한다.

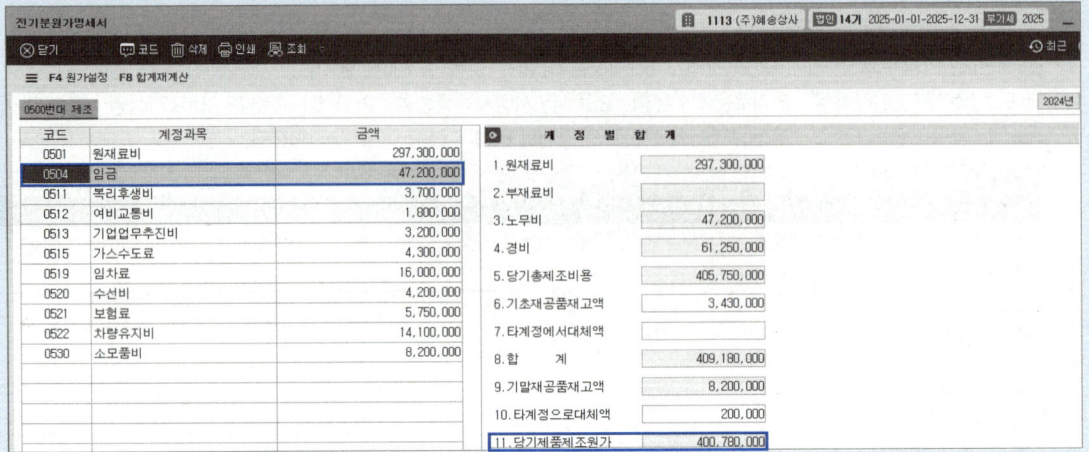

② 전기분 손익계산서 : '455.제품매출원가'를 계산하는 보조창의 당기제품제조원가를 '398,580,000원'에서 '400,780,000원'으로, '801.급여'의 금액을 '86,500,000원'에서 '84,300,000원'으로 수정 입력한다. → 당기순이익의 금액이 '74,960,000원'이 맞는지 확인한다.

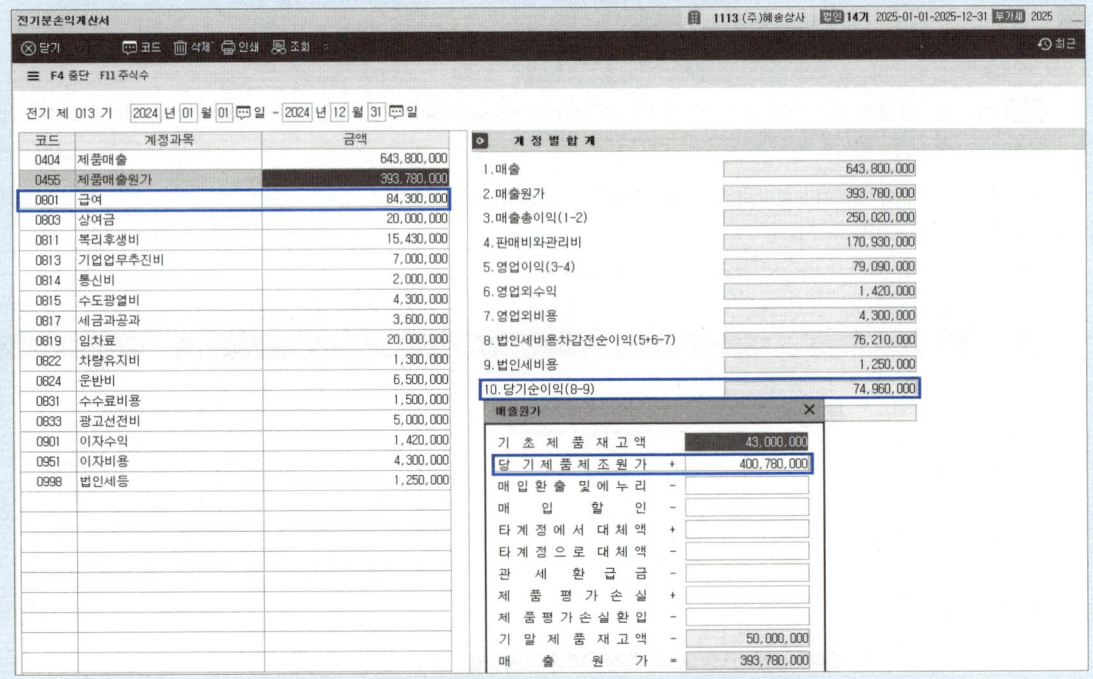

* 전기분 잉여금처분계산서의 미처분이익잉여금과 전기분 재무상태표의 이월이익잉여금은 변동이 없으므로 별도의 정정은 불필요하다.

문제2 [회계관리] – [재무회계] – [전표입력] – [일반전표입력]

1 일자 : 7월 15일

| (차) 선급금[(주)상수] | 3,000,000 | (대) 당좌예금 | 3,000,000 |

구분	계정과목	거래처	적요	차변	대변
차변	0131 선급금	00105 (주)상수		3,000,000	
대변	0102 당좌예금				3,000,000

2 일자 : 8월 5일

| (차) 보통예금 | 864,000,000 | (대) 단기차입금[우리은행] | 900,000,000 |
| 선급비용 | 36,000,000 | | |

구분	계정과목	거래처	적요	차변	대변
차변	0103 보통예금			864,000,000	
차변	0133 선급비용			36,000,000	
대변	0260 단기차입금	98004 우리은행			900,000,000

3 일자 : 9월 10일

| (차) 미지급금[(주)대운] | 1,000,000 | (대) 임차보증금[(주)대운] | 10,000,000 |
| 보통예금 | 9,000,000 | | |

구분	계정과목	거래처	적요	차변	대변
차변	0253 미지급금	00110 (주)대운		1,000,000	
차변	0103 보통예금			9,000,000	
대변	0232 임차보증금	00110 (주)대운			10,000,000

> **합격 TIP** 문제의 지문에서 작년분 창고 임차료가 '미지급금'으로 계상되어 있다고 명시하고 있으며, 이는 작년에 '(차) 임차료 1,000,000원 / (대) 미지급금 1,000,000원'의 분개가 이루어졌다는 것을 의미한다. 따라서 당기의 차변에 임차료로 처리할 경우, 작년에 비용 처리한 임차료를 당기에 다시 비용으로 처리하는 것으로 하나의 거래에 대해서 두 번의 비용처리를 하는 결과를 초래하므로 '임차료'로 처리할 수 없다.

4 일자 : 10월 20일

| (차) 보통예금 | 1,300,000 | (대) 외상매출금[(주)영광상사] | 1,300,000 |

구분	계정과목	거래처	적요	차변	대변
차변	0103 보통예금			1,300,000	
대변	0108 외상매출금	00121 (주)영광상사			1,300,000

> **합격 TIP** 문제에서 ㈜영광상사에 대하여 매출은 이미 발생하였음을 알 수 있으며, 지문에서 외상매출금 2,530,000원 중 1,300,000원이 보통예금으로 입금되었음을 명시하고 있다. 따라서 보통예금에 입금된 1,300,000원에 대하여만 회계처리가 이루어지면 되는 것으로, 아직 회수되지 아니한 외상매출금 잔액에 대하여 다른 계정으로 대체하는 회계처리는 불필요하다.

5 일자 : 11월 29일

| (차) 매도가능증권(178) | 20,240,000 | (대) 보통예금 | 20,240,000 |

구분	계정과목	거래처	적요	차변	대변
차변	0178 매도가능증권			20,240,000	
대변	0103 보통예금				20,240,000

> **합격 TIP** 문제의 지문에서 장기투자목적으로 해당 주식을 취득하였음을 명시하고 있으므로 투자자산에 해당하는 매도가능증권(178)으로 분류하여야 한다. 유동자산에 해당하는 매도가능증권(123)은 해당 채무증권의 만기가 보고기간 종료일로부터 1년 이내에 도래하는 경우에 사용한다.

6 일자 : 12월 8일

| (차) 상품 | 7,560,000 | (대) 보통예금 | 7,560,000 |

구분	계정과목	거래처	적요	차변	대변
차변	0146 상품			7,560,000	
대변	0103 보통예금				7,560,000

> **합격 TIP** 기업이 재고자산의 취득에 직접적으로 관련되고 정상적으로 발생한 지출은 재고자산의 취득원가에 가산하여야 한다. 관세는 상품의 취득과정에서 직접적이고 정상적으로 발생한 비용이므로 상품으로 처리해야 한다.

문제3 [회계관리] - [재무회계] - [전표입력] - [매입매출전표입력]

1 8월 10일

유형	공급가액	부가세	공급처명	전자	분개
51.과세	950,000	95,000	㈜산양산업	1.여	1.현금 또는 3.혼합

| (차) 부가세대급금 | 95,000 | (대) 현금 | 1,045,000 |
| 소모품 | 950,000 | | |

일	번호	유형	품목	수량	단가	공급가액	부가세	코드	공급처명	사업/주민번호	전자	분개
10	50001	과세				950,000	95,000	00128	㈜산양산업	506-81-45431	여	현금

구분	계정과목	적요	거래처	차변(출금)	대변(입금)
출금	0135 부가세대급금		00128 ㈜산양산업	95,000	(현금)
출금	0173 소모품		00128 ㈜산양산업	950,000	(현금)

2 8월 22일

유형	공급가액	부가세	공급처명	전자	분개
52.영세	34,000,000		㈜로띠상사	1.여	3.혼합

| (차) 원재료 | 34,000,000 | (대) 지급어음 | 34,000,000 |

일	번호	유형	품목	수량	단가	공급가액	부가세	코드	공급처명	사업/주민번호	전자	분개
22	50001	영세				34,000,000		00124	㈜로띠상사	124-86-15012	여	혼합

구분	계정과목	적요	거래처	차변(출금)	대변(입금)
차변	0153 원재료		00124 ㈜로띠상사	34,000,000	
대변	0252 지급어음		00124 ㈜로띠상사		34,000,000

3 8월 25일

유형	공급가액	부가세	공급처명	전자	분개
53.면세	800,000		송강수산	1.여	3.혼합

| (차) 복리후생비(판) | 500,000 | (대) 보통예금 | 800,000 |
| 기업업무추진비(판) | 300,000 | | |

일	번호	유형	품목	수량	단가	공급가액	부가세	코드	공급처명	사업/주민번호	전자	분개
25	50001	면세				800,000		00111	송강수산	850-91-13586	여	혼합

구분	계정과목	적요	거래처	차변(출금)	대변(입금)
차변	0811 복리후생비		00111 송강수산	500,000	
차변	0813 기업업무추진비		00111 송강수산	300,000	
대변	0103 보통예금		00111 송강수산		800,000

4 10월 16일

유형	공급가액	부가세	공급처명	전자	분개
54.불공	2,100,000	210,000	상해전자㈜	1.여	3.혼합
불공제 사유	②사업과 직접 관련 없는 지출				

(차)	가지급금[황동규]	2,310,000	(대)	미지급금	2,310,000

	일	번호	유형	품목	수량	단가	공급가액	부가세	코드	공급처명	사업/주민번호	전자	분개
	16	50001	불공				2,100,000	210,000	00137	상해전자(주)	501-81-12347	여	혼합

불공제사유 2 ②사업과 직접 관련 없는 지출

구분	계정과목	적요	거래처	차변(출금)	대변(입금)
차변	0134 가지급금		00162 황동규	2,310,000	
대변	0253 미지급금		00137 상해전자(주)		2,310,000

5 11월 4일

유형	공급가액	부가세	공급처명	전자	분개
17.카과	700,000	70,000	김은우		4.카드 또는 3.혼합
신용카드사	99601. 신한카드				

(차)	외상매출금[신한카드]	770,000	(대)	부가세예수금	70,000
				제품매출	700,000

	일	번호	유형	품목	수량	단가	공급가액	부가세	코드	공급처명	사업/주민번호	전자	분개
	4	50001	카과				700,000	70,000	00160	김은우	870612-4218546		카드

신용카드사 99601 신한카드   봉사료

구분	계정과목	적요	거래처	차변(출금)	대변(입금)
차변	0108 외상매출금		99601 신한카드	770,000	
대변	0255 부가세예수금		00160 김은우		70,000
대변	0404 제품매출		00160 김은우		700,000

* 하단 분개 입력 시 차변 계정과목 '108.외상매출금'에 대한 거래처를 '99601.신한카드'로 수정한다.

6 12월 4일

유형	공급가액	부가세	공급처명	전자	분개
57.카과	800,000	80,000	㈜뚝딱수선		4.카드 또는 3.혼합
신용카드사	99603.하나카드				

(차)	부가세대급금	80,000	(대)	미지급금[하나카드]	880,000
	수선비(제)	800,000		또는 미지급비용[하나카드]	

	일	번호	유형	품목	수량	단가	공급가액	부가세	코드	공급처명	사업/주민번호	전자	분개
	4	50001	카과				800,000	80,000	00109	(주)뚝딱수선	204-81-76697		카드

신용카드사 99603 하나카드   봉사료

구분	계정과목	적요	거래처	차변(출금)	대변(입금)
대변	0253 미지급금		99603 하나카드		880,000
차변	0135 부가세대급금		00109 (주)뚝딱수선	80,000	
차변	0520 수선비		00109 (주)뚝딱수선	800,000	

합격 TIP 유형자산에 대한 지출로 인하여 해당 유형자산의 가치가 새롭게 증가하게 되는 지출이 자본적 지출에 해당한다. '원상회복'이란 '본 디의 형편이나 상태로 돌아감'을 의미하며 원상회복으로 인하여 새롭게 가치가 증가하지는 않는다. 따라서 원상회복을 위한 지출은 수익적 지 출로 이해하고 수선비로 처리해야 한다.

문제4 오류수정

1 9월 9일 : [일반전표입력] 메뉴 수정

• 수정 전

| (차) 보통예금 | 5,000,000 | (대) 장기차입금[㈜초록산업] | 5,000,000 |

구분	계정과목	거래처	적요	차변	대변
차변	0103 보통예금		㈜초록산업 차입금	5,000,000	
대변	0293 장기차입금	00133 ㈜초록산업	㈜초록산업 차입금		5,000,000

• 수정 후

| (차) 보통예금 | 5,000,000 | (대) 장기차입금[㈜초록산업] | 3,000,000 |
| | | 단기차입금[㈜초록산업] | 2,000,000 |

구분	계정과목	거래처	적요	차변	대변
차변	0103 보통예금		㈜초록산업 차입금	5,000,000	
대변	0293 장기차입금	00133 ㈜초록산업	㈜초록산업 차입금		3,000,000
대변	0260 단기차입금	00133 ㈜초록산업			2,000,000

합격 TIP 본 문제는 장기차입금으로 잘못 계상한 단기차입금을 올바르게 정정할 것을 요구하는 것으로 당초 장기차입금은 3,000,000원, 단기차입금은 2,000,000원이 발생한 것이다. 따라서 애초에 발생하지 않은 장기차입금 2,000,000원을 단기차입금으로 대체하거나 유동성 장기차입금으로 대체하는 회계처리를 할 수는 없다.

2 일반전표입력 삭제 후 매입매출전표 추가 입력

[일반전표입력]에서 조회되는 거래 내용을 삭제한 후 [매입매출전표입력]에 입력한다.

• 수정 전: [일반전표입력] 10월 15일

| (차) 차량유지비(판) | 275,000 | (대) 현금 | 275,000 |

구분	계정과목	거래처	적요	차변	대변
차변	0822 차량유지비		영업팀 영업용차량 수리	275,000	
대변	0101 현금		영업팀 영업용차량 수리		275,000
				275,000	275,000

[2]건의 데이터를 선택하였습니다.
선택한 데이터를 삭제하시겠습니까?
예(Y) 아니오(N)

• 수정 후: [매입매출전표입력] 10월 15일

유형	공급가액	부가세	공급처명	전자	분개
51.과세	250,000	25,000	바로카센터	1.여	1.현금 또는 3.혼합

| (차) | 부가세대급금 | | 25,000 | (대) | 현금 | 275,000 |
| | 차량유지비(판) | | 250,000 | | | |

□	일	번호	유형	품목	수량	단가	공급가액	부가세	코드	공급처명	사업/주민번호	전자	분개
□	15	50001	과세				250,000	25,000	00116	바로카센터	225-04-36425	여	현금

구분	계정과목	적요	거래처	차변(출금)	대변(입금)
출금	0135 부가세대급금		00116 바로카센터	25,000	(현금)
출금	0822 차량유지비		00116 바로카센터	250,000	(현금)

문제5 결산정리사항

1 [일반전표입력] 12월 31일

(차) 외화환산손실 200,000 (대) 외상매입금[NOVONO] 200,000

- 기말환산액 : $2,000×결산 시 기준환율 1,200원＝2,400,000원
- 장부금액 : $2,000×매입 시 기준환율 1,100원＝2,200,000원
- 외화환산손실 : 기말환산액 2,400,000원－장부금액 2,200,000원＝200,000원. 외화부채이므로 외화환산손실로 처리한다.

구분	계 정 과 목	거 래 처	적 요	차 변	대 변
차변	0955 외화환산손실			200,000	
대변	0251 외상매입금	00141 NOVONO			200,000

2 [일반전표입력] 12월 31일

(차) 단기매매증권평가손실 2,000,000 (대) 단기매매증권 2,000,000*

구분	계 정 과 목	거 래 처	적 요	차 변	대 변
차변	0957 단기매매증권평가손실			2,000,000	
대변	0107 단기매매증권				2,000,000

* 취득원가 56,000,000원 － 결산일 공정가치 54,000,000원 ＝ 평가손실 2,000,000

3 [일반전표입력] 12월 31일

(차) 선급비용 1,200,000* (대) 보험료(제) 1,200,000

구분	계 정 과 목	거 래 처	적 요	차 변	대 변
차변	0133 선급비용			1,200,000	
대변	0821 보험료				1,200,000

* 3,600,000원 × 4/12 ＝ 1,200,000원

문제6 장부조회

1 [부가가치]－[신고서/부속명세]－[부가가치세]－[부가가치세신고서]

조회기간 '2025년 4월 1일～2025년 6월 30일'을 입력한 후 [과세표준 및 매출세액] 중 7번 [예정신고누락분]의 금액과 세액을 확인한다.

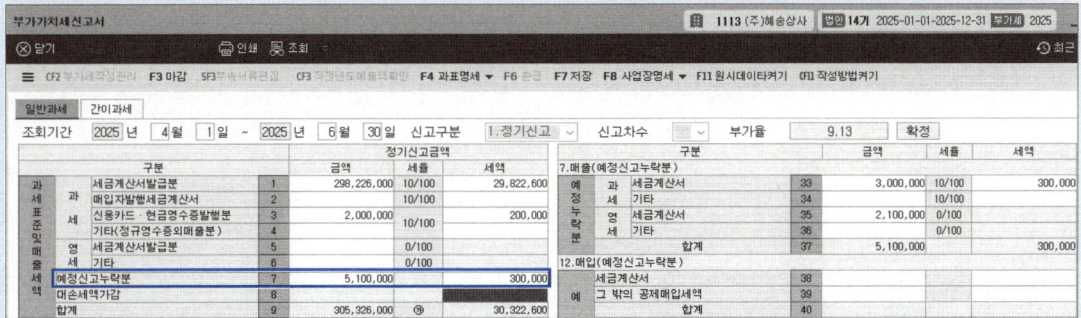

[답안] 공급가액 5,100,000원, 세액 300,000원

2 [회계관리]-[재무회계]-[장부관리]-[총계정원장]-[월별] 탭

기간 '2025년 4월 1일~2025년 6월 30일', 계정과목 '511.복리후생비 ~ 511.복리후생비'를 입력하고 차변 금액을 확인한다.

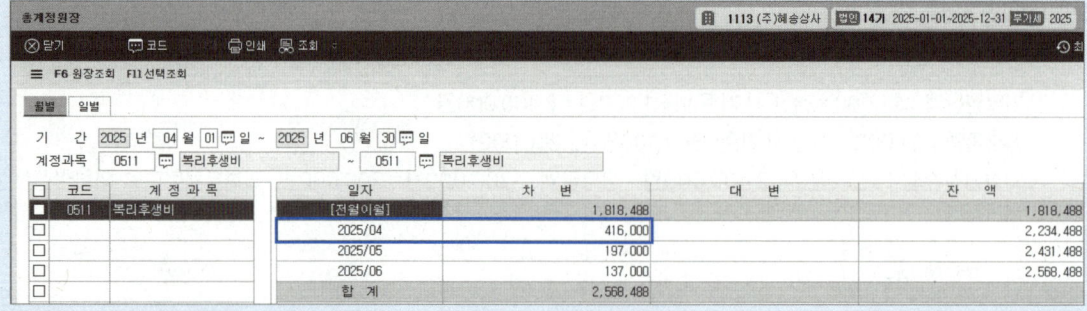

[답안] 4월, 416,000원

3 [회계관리]-[재무회계]-[장부관리]-[거래처원장]-[잔액] 탭

기간 '2025년 1월 1일~2025년 4월 30일', 계정과목 '253.미지급금', 거래처 '101.(주)공수상사 ~99603.하나카드'를 조회한 후 거래처별 미지급금의 잔액을 확인한다.

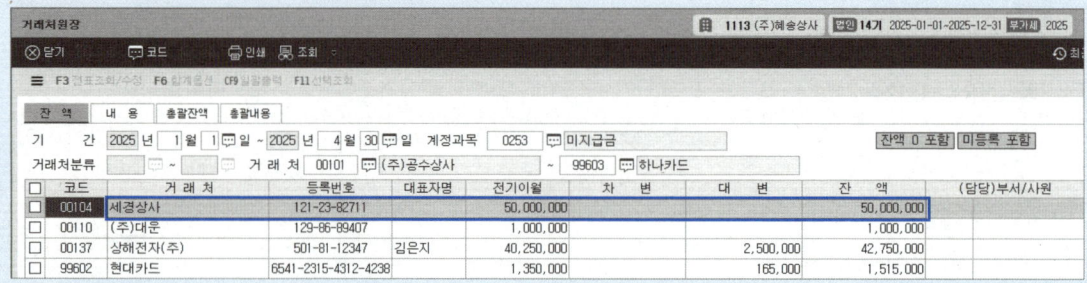

[답안] 세경상사, 50,000,000원

제112회 / 기출문제

이론시험

다음 문제를 보고 알맞은 것을 골라 [이론문제 답안작성] 메뉴에 입력하시오. (객관식 문항당 2점)

기본전제

문제에서 한국채택국제회계기준을 적용하도록 하는 전제조건이 없는 경우, 일반기업회계기준을 적용한다.

---

1 다음 중 일반기업회계기준에 따른 재무제표의 종류에 해당하지 않는 것은?

① 현금흐름표 ② 주석
③ 제조원가명세서 ④ 재무상태표

2 다음 중 정액법으로 감가상각을 계산할 때 관련이 없는 것은?

① 잔존가치 ② 취득원가
③ 내용연수 ④ 생산량

3 다음 중 이익잉여금처분계산서에 나타나지 않는 항목은?

① 이익준비금 ② 자기주식
③ 현금배당 ④ 주식배당

4 다음 중 수익인식기준에 대한 설명으로 잘못된 것은?

① 위탁매출은 위탁자가 수탁자로부터 판매대금을 지급받는 때에 수익을 인식한다.
② 상품권매출은 물품 등을 제공하거나 판매하면서 상품권을 회수하는 때에 수익을 인식한다.
③ 단기할부매출은 상품 등을 판매(인도)한 날에 수익을 인식한다.
④ 용역매출은 진행기준에 따라 수익을 인식한다.

5 다음 중 계정과목의 분류가 나머지 계정과목과 다른 하나는 무엇인가?

① 임차보증금　　　　　　　　② 산업재산권
③ 프랜차이즈　　　　　　　　④ 소프트웨어

6 다음 중 자본의 분류 항목의 성격이 다른 것은?

① 자기주식　　　　　　　　　② 주식할인발행차금
③ 자기주식처분이익　　　　　④ 감자차손

7 실제 기말재고자산의 가액은 50,000,000원이지만 장부상 기말재고자산의 가액이 45,000,000원으로 기재된 경우, 해당 오류가 재무제표에 미치는 영향으로 다음 중 옳지 않은 것은?

① 당기순이익이 실제보다 5,000,000원 감소한다.
② 매출원가가 실제보다 5,000,000원 증가한다.
③ 자산총계가 실제보다 5,000,000원 감소한다.
④ 자본총계가 실제보다 5,000,000원 증가한다.

8 다음의 거래를 회계처리할 경우에 사용되는 계정과목으로 옳은 것은?

> 7월 1일 투자 목적으로 영업활동에 사용할 예정이 없는 토지를 5,000,000원에 취득하고 대금은 3개월 후에 지급하기로 하다. 단, 중개수수료 200,000원은 타인이 발행한 당좌수표로 지급하다.

① 외상매입금　　② 당좌예금　　③ 수수료비용　　④ 투자부동산

9 다음 중 원가 개념에 관한 설명으로 옳지 않은 것은?

① 관련 범위 밖에서 총고정원가는 일정하다.
② 매몰원가는 의사결정에 영향을 주지 않는다.
③ 관련 범위 내에서 단위당 변동원가는 일정하다.
④ 관련원가는 대안 간에 차이가 나는 미래원가로서 의사결정에 영향을 준다.

10 다음 중 제조원가명세서에서 제공하는 정보가 아닌 것은?

① 기말재공품재고액　　　　　② 당기제품제조원가
③ 당기총제조원가　　　　　　④ 매출원가

11 다음 중 보조부문 원가의 배부기준으로 적합하지 않은 것은?

	보조부문원가	배부기준
①	건물 관리 부문	점유 면적
②	공장 인사관리 부문	급여 총액
③	전력 부문	전력 사용량
④	수선 부문	수선 횟수

12 다음 자료를 토대로 선입선출법에 의한 직접재료원가 및 가공원가의 완성품환산량을 각각 계산하면 얼마인가?

- 기초재공품 5,000개(완성도 70%)
- 기말재공품 10,000개(완성도 30%)
- 당기착수량 35,000개
- 당기완성품 30,000개
- 재료는 공정초기에 전량투입되며, 가공원가는 공정 전반에 걸쳐 균등하게 발생한다.

	직접재료원가	가공원가
①	35,000개	29,500개
②	35,000개	34,500개
③	40,000개	34,500개
④	45,000개	29,500개

13 다음 중 우리나라 부가가치세법의 특징으로 옳지 않은 것은?

① 소비지국과세원칙　　　　　② 생산지국과세원칙
③ 전단계세액공제법　　　　　④ 간접세

14 다음 중 부가가치세법상 과세기간 등에 대한 설명으로 옳지 않은 것은?

① 사업개시일 이전에 사업자등록을 신청한 경우에 최초의 과세기간은 그 신청한 날부터 그 신청일이 속하는 과세기간의 종료일까지로 한다.
② 사업자가 폐업하는 경우의 과세기간은 폐업일이 속하는 과세기간의 개시일부터 폐업일까지로 한다.
③ 폐업자의 경우 폐업일이 속하는 과세기간 종료일부터 25일 이내에 확정신고를 하여야 한다.
④ 간이과세자의 과세기간은 1월 1일부터 12월 31일까지로 한다.

15 다음 중 부가가치세법상 매입세액공제가 가능한 것은?

① 사업과 관련하여 접대용 물품을 구매하고 발급받은 신용카드매출전표상의 매입세액
② 제조업을 영위하는 법인이 업무용 소형승용차(1,998cc)의 유지비용을 지출하고 발급받은 현금영수증상의 매입세액
③ 제조부서의 화물차 수리를 위해 지출하고 발급받은 세금계산서상의 매입세액
④ 회계부서에서 사용할 물품을 구매하고 발급받은 간이영수증에 포함되어 있는 매입세액

실무시험

㈜유미기계(회사코드:1112)는 기계부품 등의 제조·도소매업 및 부동산임대업을 영위하는 중소기업으로 당기(제10기) 회계기간은 2025.1.1.~2025.12.31.이다. 전산세무회계 수험용 프로그램을 이용하여 다음 물음에 답하시오.

기본전제

- 문제에서 한국채택국제회계기준을 적용하도록 하는 전제조건이 없는 경우, 일반기업회계기준을 적용하여 회계처리 한다.
- 문제의 풀이와 답안작성은 제시된 문제의 순서대로 진행한다.

문제1 다음은 [기초정보관리] 및 [전기분재무제표]에 대한 자료이다. 각각의 요구사항에 대하여 답하시오. (10점)

1 다음의 신규 거래처를 [거래처등록] 메뉴를 이용하여 추가로 등록하시오. (3점)

- 거래처코드 : 5230
- 거래처명 : ㈜대영토이
- 사업자등록번호 : 108-86-13574
- 업태 : 제조
- 사업장주소 : 경기도 광주시 오포읍 왕림로 139
  ※ 주소입력 시 우편번호 입력은 생략해도 무방함.
- 유형 : 동시
- 대표자 : 박완구
- 종목 : 완구제조

2 ㈜유미기계의 기초 채권 및 채무의 올바른 잔액은 다음과 같다. [거래처별초기이월] 자료를 검토하여 잘못된 부분은 오류를 정정하고, 누락된 부분은 추가하여 입력하시오. (3점)

계정과목	거래처	금액
외상매출금	알뜰소모품	5,000,000원
	튼튼사무기	3,800,000원
받을어음	㈜클래식상사	7,200,000원
	㈜강림상사	2,000,000원
외상매입금	㈜해원상사	4,600,000원

3 전기분 재무상태표를 검토한 결과 기말 재고자산에서 다음과 같은 오류가 발견되었다. 관련된 [전기분 재무제표]를 모두 수정하시오. (4점)

계정과목	틀린 금액	올바른 금액	내용
원재료(0153)	73,600,000원	75,600,000원	입력 오류

문제2 [일반전표입력] 메뉴를 이용하여 다음의 거래 자료를 입력하시오(일반전표입력의 모든 거래는 부가가치세를 고려하지 말 것). (18점)

───── 입력 시 유의사항 ─────
- 일반적인 적요의 입력은 생략하지만, 타계정 대체거래는 적요번호를 선택하여 입력한다.
- 채권·채무와 관련된 거래는 별도의 요구가 없는 한 반드시 기등록된 거래처코드를 선택하는 방법으로 거래처명을 입력한다.
- 제조경비는 500번대 계정코드를, 판매비와관리비는 800번대 계정코드를 사용한다.
- 회계처리 시 계정과목은 별도의 제시가 없는 한 등록된 계정과목 중 가장 적절한 과목으로 한다.

1 08월 10일 제조부서의 7월분 건강보험료 680,000원을 보통예금으로 납부하였다. 납부한 건강보험료 중 50%는 회사부담분이며, 회사부담분 건강보험료는 복리후생비로 처리한다. (3점)

2 08월 23일 ㈜애플전자로부터 받아 보관하던 받을어음 3,500,000원의 만기가 되어 지급제시하였으나, 잔고 부족으로 지급이 거절되어 부도처리하였다(단, 부도난 어음은 부도어음과수표 계정으로 관리하고 있다). (3점)

3 09월 14일 영업부서에서 고용한 일용직 직원들의 일당 420,000원을 현금으로 지급하였다(단, 일용직에 대한 고용보험료 등의 원천징수액은 발생하지 않는 것으로 가정한다). (3점)

4 09월 26일 영업부서의 사원이 퇴직하여 퇴직연금 5,000,000원을 확정급여형(DB) 퇴직연금에서 지급하였다(단, 퇴직급여충당부채 감소로 회계처리하기로 한다). (3점)

5 10월 16일 단기 시세 차익을 목적으로 2025년 5월 3일 취득하였던 ㈜더푸른컴퓨터의 주식 전부를 37,000,000원에 처분하고 대금은 보통예금 계좌로 입금받았다. 단, 취득 당시 관련 내용은 아래와 같다. (3점)

> • 취득 수량 : 5,000주   • 1주당 취득가액 : 7,000원   • 취득 시 거래수수료 : 35,000원

6 11월 29일 액면금액 50,000,000원의 사채(만기 3년)를 49,000,000원에 발행하였다. 대금은 보통예금 계좌로 입금되었다. (3점)

문제3 다음 거래 자료를 [매입매출전표입력] 메뉴에 입력하시오. (18점)

── 입력 시 유의사항 ──
- 일반적인 적요의 입력은 생략하지만, 타계정 대체거래는 적요번호를 선택하여 입력한다.
- 채권·채무와 관련된 거래는 별도의 요구가 없는 한 반드시 기등록된 거래처코드를 선택하는 방법으로 거래처명을 입력한다.
- 제조경비는 500번대 계정코드를, 판매비와관리비는 800번대 계정코드를 사용한다.
- 회계처리 시 계정과목은 별도의 제시가 없는 한 등록된 계정과목 중 가장 적절한 과목으로 한다.

1 09월 02일 ㈜신도기전에 제품을 판매하고 다음의 전자세금계산서를 발급하였다. 대금 중 어음은 ㈜신도기전이 발행한 것이다. (3점)

전자세금계산서				승인번호	20250902146528231603488		
공급자	등록번호	138-81-61276	종사업장번호	공급받는자	등록번호	130-81-95054	종사업장번호
	상호(법인명)	㈜유미기계	성명 정현욱		상호(법인명)	㈜신도기전	성명 윤현진
	사업장주소	서울특별시 강남구 압구정로 347			사업장주소	울산 중구 태화로 150	
	업태	제조,도소매	종목 기계부품		업태	제조	종목 전자제품 외
	이메일				이메일		
					이메일		

작성일자	공급가액	세액	수정사유	비고
2025-09-02	10,000,000	1,000,000		

월	일	품목	규격	수량	단가	공급가액	세액	비고
09	02	제품		2	5,000,000	10,000,000	1,000,000	

합계금액	현금	수표	어음	외상미수금	
11,000,000			8,000,000	3,000,000	위 금액을 (청구) 함

2 09월 12일 제조부서의 생산직 직원들에게 제공할 작업복 10벌을 인천상회로부터 구입하고 우리카드(법인)로 결제하였다(단, 회사는 작업복 구입 시 즉시 전액 비용으로 처리한다). (3점)

```
우리 마음속 첫 번째 금융, ◎우리카드
2025.09.12.(화) 14:03:54
495,000원
정상승인 | 일시불

결제 정보
카드              우리카드(법인)
회원번호          2245-1223-****-15
승인번호                        34
이용구분                  76993452
                          일시불
결제 금액              495,000원
공급가액              450,000원
부가세               45,000원
봉사료                      0원

가맹점 정보
가맹점명                  인천상회
사업자등록번호        126-86-21617
대표자명                  김연서
```

3 10월 05일 미국의 PYBIN사에 제품 100개(1개당 판매금액 $1,000)를 직접 수출하고 대금은 보통예금 계좌로 송금받았다(단, 선적일인 10월 05일의 기준환율은 1,000원/$이며, 수출신고번호의 입력은 생략한다). (3점)

4 10월 22일 영업부서 직원들의 직무역량 강화를 위한 도서를 영건서점에서 현금으로 구매하고 전자계산서를 발급받았다. (3점)

전자계산서

승인번호	20251022-15454645-58811886

공급자
- 등록번호: 112-60-61264
- 상호(법인명): 영건서점
- 성명: 김종인
- 사업장주소: 인천시 남동구 남동대로 8
- 업태: 소매
- 종목: 도서

공급받는자
- 등록번호: 138-81-61276
- 상호(법인명): ㈜유미기계
- 성명: 정현욱
- 사업장주소: 서울특별시 강남구 압구정로 347
- 업태: 제조,도소매
- 종목: 기계부품

작성일자	공급가액	수정사유	비고
2025-10-22	1,375,000	해당 없음	

월	일	품목	규격	수량	단가	공급가액	비고
10	22	도서(슬기로운 직장 생활 외)				1,375,000	

합계금액	현금	수표	어음	외상미수금	
1,375,000	1,375,000				위 금액을 (청구) 함

---

5 11월 02일 개인소비자에게 제품을 8,800,000원(부가가치세 포함)에 판매하고 현금영수증(소득공제용)을 발급하였다. 판매대금은 보통예금 계좌로 받았다. (3점)

6 12월 19일 매출거래처에 보낼 연말 선물로 홍성백화점에서 생활용품세트를 구입하고 아래 전자세금계산서를 발급받았으며, 대금은 국민카드(법인카드)로 결제하였다. (3점)

전자세금계산서

승인번호	20251219-451542154-542124512

공급자
- 등록번호: 124-86-09276
- 상호(법인명): 홍성백화점
- 성명: 조재광
- 사업장주소: 서울 강남구 테헤란로 101
- 업태: 도소매
- 종목: 잡화

공급받는자
- 등록번호: 138-81-61276
- 상호(법인명): ㈜유미기계
- 성명: 정현욱
- 사업장주소: 서울특별시 강남구 압구정로 347
- 업태: 제조,도소매
- 종목: 기계부품

작성일자	공급가액	세액	수정사유	비고
2025-12-19	500,000	50,000		

월	일	품목	규격	수량	단가	공급가액	세액	비고
12	19	생활용품세트		10	50,000	500,000	50,000	

합계금액	현금	수표	어음	외상미수금	
550,000				550,000	위 금액을 (청구) 함

문제4

[일반전표입력] 및 [매입매출전표입력] 메뉴에 입력된 내용 중 다음과 같은 오류가 발견되었다. 입력된 내용을 확인하여 정정하시오. (6점)

1 07월 31일 경영관리부서 직원을 위하여 확정급여형(DB형) 퇴직연금에 가입하고 보통예금 계좌에서 14,000,000원을 이체하였으나, 회계담당자는 확정기여형(DC형) 퇴직연금에 가입한 것으로 알고 회계처리를 하였다. (3점)

2 10월 28일 영업부서의 매출거래처에 선물하기 위하여 다다마트에서 현금으로 구입한 선물 세트 5,000,000원(부가가치세 별도, 전자세금계산서 수취)을 복리후생비로 회계처리를 하였다. (3점)

문제5

결산정리사항은 다음과 같다. 관련 메뉴를 이용하여 결산을 완료하시오. (9점)

1 7월 1일에 가입한 토스은행의 정기예금 5,000,000원(만기 1년, 연 이자율 6%)에 대하여 기간 경과분 이자를 계상하다. 단, 이자 계산은 월할 계산하며, 원천징수는 없다고 가정한다. (3점)

2 외상매입금 계정에는 중국에 소재한 거래처 상하이에 대한 외상매입금 2,000,000원($2,000)이 포함되어 있다(결산일 현재 기준환율 : 1,040원/$). (3점)

3 매출채권 잔액에 대하여만 1%의 대손충당금을 보충법으로 설정한다(단, 기중의 충당금에 대한 회계처리는 무시하고 아래 주어진 자료에 의해서만 처리한다). (3점)

구 분	기말채권 잔액	기말충당금 잔액	추가설정(△환입)액
외상매출금	15,000,000원	70,000원	80,000원
받을어음	12,000,000원	150,000원	△30,000원

문제6 다음 사항을 조회하여 알맞은 답안을 이론문제 답안작성 메뉴에 입력하시오. (9점)

1   제1기 부가가치세 예정신고에 반영된 자료 중 현금영수증이 발행된 과세매출의 공급가액은 얼마인가?
    (3점)

2   6월 한 달 동안 발생한 제조원가 중 현금으로 지급한 금액은 얼마인가? (3점)

3   6월 30일 현재 외상매입금 잔액이 가장 작은 거래처명과 외상매입금 잔액은 얼마인가? (3점)

제112회 / 정답 및 해설

합격률 40.16%

이론시험

1	2	3	4	5	6	7	8	9	10	11	12	13	14	15
③	④	②	①	①	③	④	④	①	④	②	①	②	③	③

1 답 ③
해설 재무제표는 재무상태표, 손익계산서, 현금흐름표, 자본변동표로 구성되며, 주석을 포함한다.

2 답 ④
해설 생산량은 생산량비례법을 계산할 때 필수요소이다.

3 답 ②
해설 자기주식은 이익잉여금처분계산서에 나타나지 않는다.

4 답 ①
해설 위탁매출은 수탁자가 해당 재화를 제3자에게 판매한 시점에 수익으로 인식한다.

5 답 ①
해설 임차보증금은 기타비유동자산으로 분류하고, 나머지는 무형자산으로 분류한다.

6 답 ③
해설 자기주식처분이익은 자본잉여금으로 분류되고, 자기주식, 주식할인발행차금, 감자차손은 자본조정으로 분류된다.

7 답 ④
해설 기말재고자산을 실제보다 낮게 계상한 경우, 매출원가가 과대계상되므로 그 결과 당기순이익과 자본은 과소계상된다.

8 답 ④ 회계처리 : (차) 투자부동산   5,200,000원   (대) 미지급금   5,000,000원
                                                        현금   200,000원

9 답 ①
해설 총고정원가는 관련 범위 내에서 일정하고, 관련 범위 밖에는 일정하다고 할 수 없다.

10 답 ④
해설 매출원가는 손익계산서에서 제공되는 정보이다.

11 답 ②
해설 공장 인사 관리 부문의 원가는 종업원의 수를 배부기준으로 하는 것이 적합하다.

12 답 ①
해설 • 직접재료원가 완성품환산량 : 완성품 30,000개 + 기말재공품 10,000개 − 기초재공품 5,000개 = 35,000개
• 가공원가 완성품환산량 : 완성품 30,000개 + 기말재공품 10,000개 × 30% − 기초재공품 5,000개 × 70%
  = 29,500개

13 답 ②
해설 • 우리나라 부가가치세법은 소비지국과세원칙을 채택하고 있다.

14 답 ③
해설 폐업자의 경우 폐업일이 속하는 달의 다음 달 25일까지 확정신고를 하여야 한다.

15 답 ③

해설 비영업용 소형승용차가 아니므로 매입세액공제 가능하다.
- 기업업무추진비는 매입세액불공제 대상이다.
- 비영업용소형승용차의 구입, 유지, 임차를 위한 비용은 매입세액을 불공제한다.
- 세금계산서, 신용카드매출전표, 현금영수증에 기재된 매입세액은 공제가능하다.

실무시험

문제1 기초정보관리

1 [회계관리] - [재무회계] - [기초정보관리] - [거래처등록] 메뉴 - [일반거래처] 탭
'코드 : 5230 / 거래처명 : ㈜대영토이 / 유형 : 3.동시 / 사업자등록번호 : 108-86-13574 / 대표자성명 : 박완구 / 업태 : 제조 / 종목 : 완구제조 / 주소 : 경기도 광주시 오포읍 왕림로 139'을 추가 입력한다.

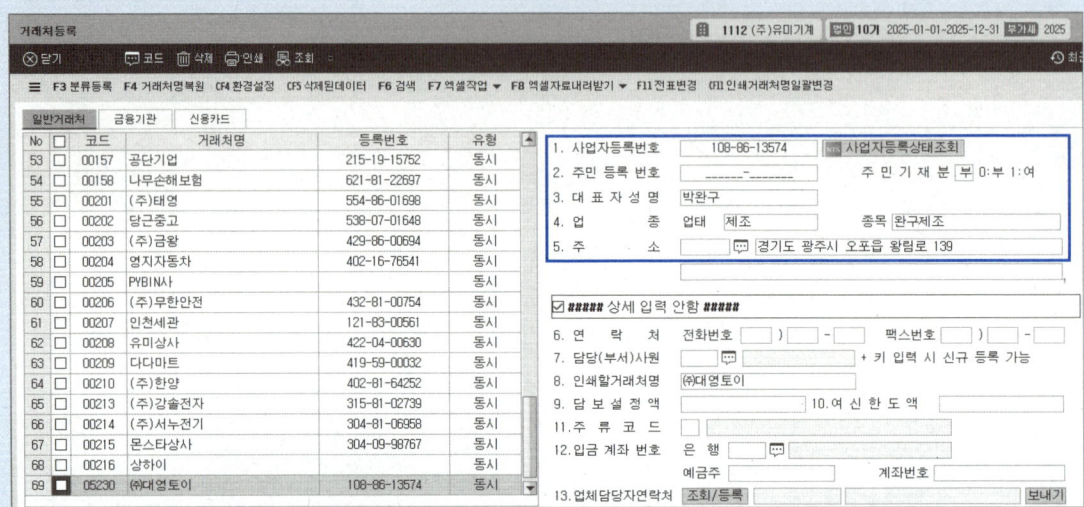

2 [회계관리]-[재무회계]-[전기분 재무제표]-[거래처별 초기이월]
[거래처별 초기이월] 메뉴에서 다음과 같이 수정한다.

- 108.외상매출금
  - 120.튼튼사무기 : 금액 '8,300,000원'을 '3,800,000원'으로 수정한다.

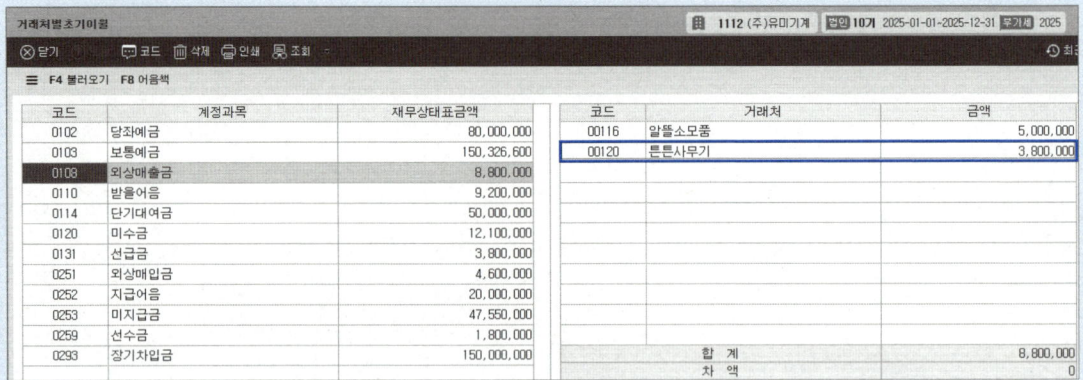

- 110.받을어음
  - 115.㈜강림상사 : 금액 '20,000,000원'을 '2,000,000원'으로 수정한다.

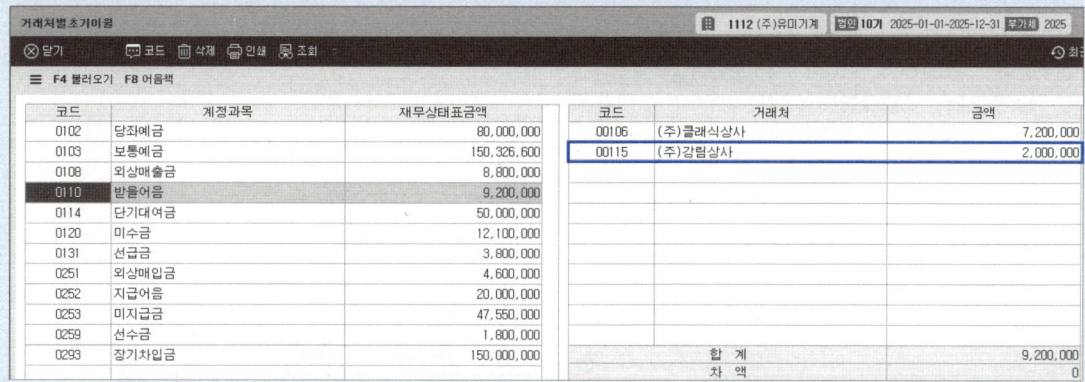

- 251.외상매입금
  - 101.㈜해원상사 : [거래처코드]란에 커서가 위치했을 때 키보드의 F2 를 이용하여 거래처 '㈜해원상사', 금액 '4,600,000원'을 추가 입력한다.

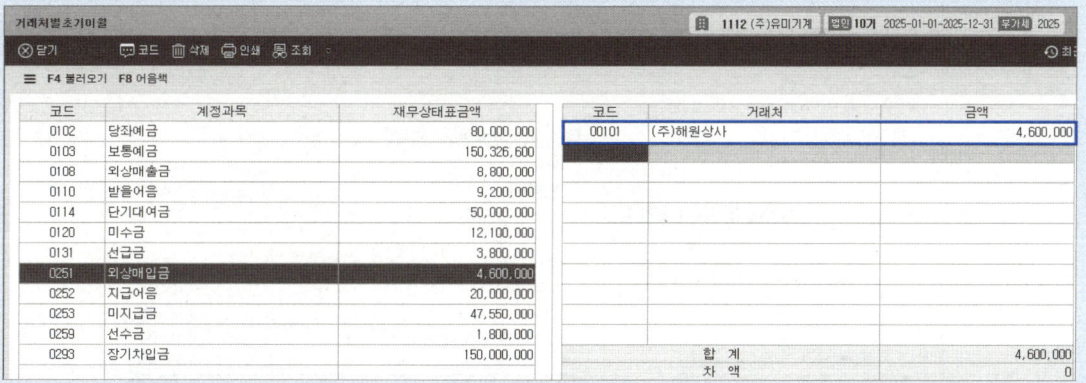

3 [회계관리] – [재무회계] – [전기분재무제표]

① [전기분 재무상태표] : 계정과목 '153.원재료'의 금액을 '73,600,000원'에서 '75,600,000원'으로 수정한다.

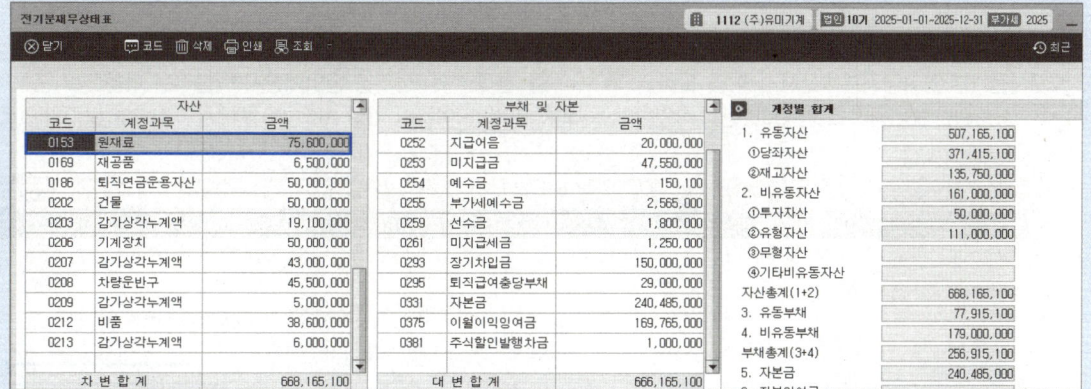

② [전기분 원가명세서] : 계정과목 '501.원재료비'를 클릭하면 나타나는 보조창에서 '기말원재료재고액'이 '75,600,000원'인지 확인한다. → '당기제품제조원가'의 금액이 '505,835,000원'에서 '503,835,000원'으로 변경되었는지 확인한다.

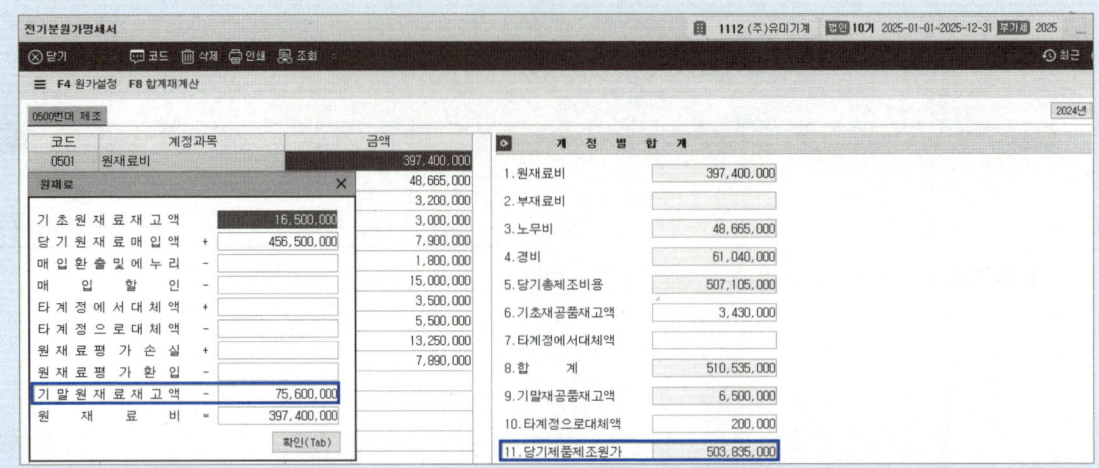

③ [전기분 손익계산서] : 계정과목 '455.제품매출원가'를 클릭하면 나타나는 보조창에서 '당기제품제조원가'를 '505,835,000원'에서 '503,835,000원'으로 수정한다. → 당기순이익이 '131,865,000원'에서 '133,865,000원'으로 변경되었는지 확인한다.

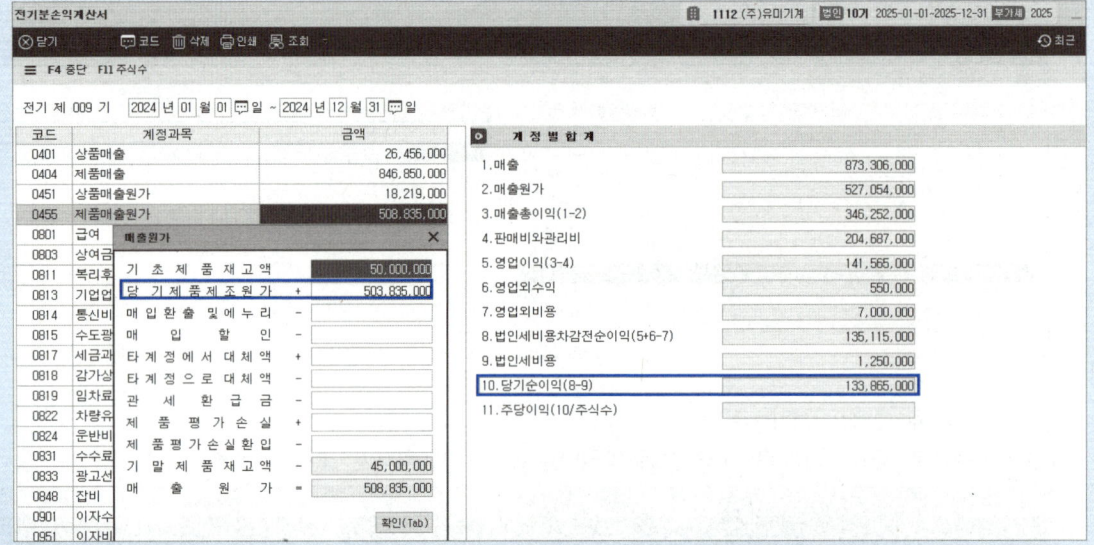

④ [전기분 잉여금처분계산서] : 상단 툴바의 F6 불러오기 를 클릭한 후 전기분 손익계산서를 불러온 다음 당기순이익이 '133,865,000원'으로 변동되었는지 확인한다. → 미처분이익잉여금이 '169,765,000원'에서 '171,765,000원'으로 변동한다.

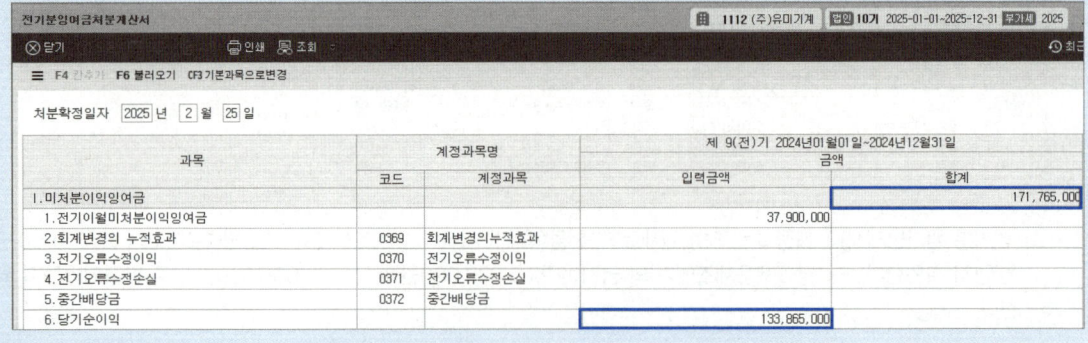

⑤ [전기분 재무상태표] : 계정과목 '375.이월이익잉여금'의 금액을 '169,765,000원'에서 '171,765,000원'으로 수정한다.
　→ 대차 차액이 없어진 것을 확인한다.

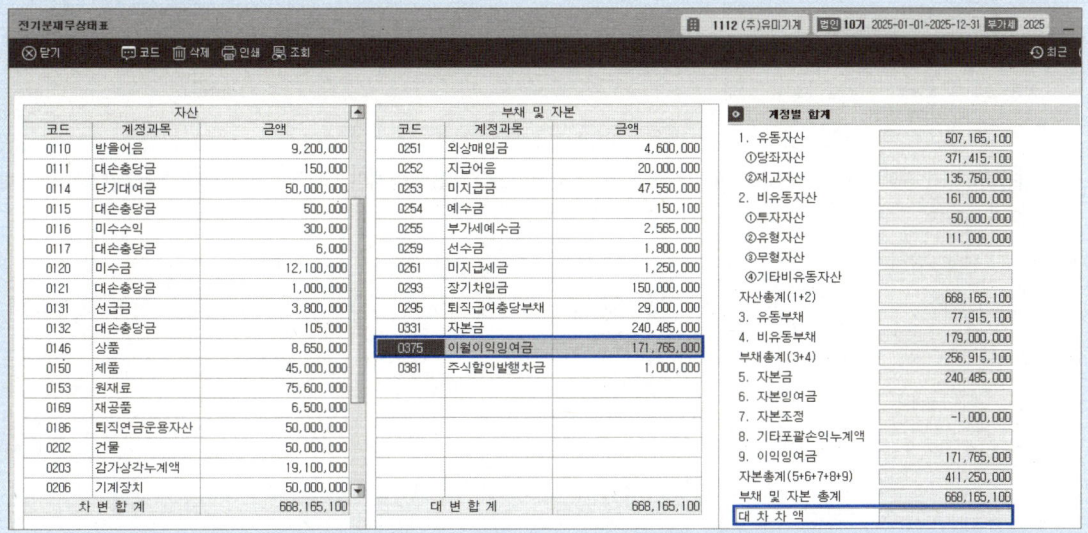

문제2　[회계관리] - [재무회계] - [전표입력] - [일반전표입력]

1 일자 : 8월 10일

(차) 예수금　　　　　　　　　340,000　　　(대) 보통예금　　　　　　　680,000
　　 복리후생비(제)　　　　　 340,000

구분	계 정 과 목	거 래 처	적 요	차 변	대 변
차변	0254 예수금			340,000	
차변	0511 복리후생비			340,000	
대변	0103 보통예금				680,000

2 일자 : 8월 23일

(차) 부도어음과수표[㈜애플전자]　3,500,000　　(대) 받을어음[㈜애플전자]　3,500,000

구분	계 정 과 목	거 래 처	적 요	차 변	대 변
차변	0246 부도어음과수표	00129 (주)애플전자		3,500,000	
대변	0110 받을어음	00129 (주)애플전자			3,500,000

합격 TIP 부도어음과 수표도 최종 부도처리전까지는 채권으로서 기등록된 거래처 코드로 관리하여야 하므로 거래처코드를 입력해야 한다.

3 일자 : 9월 14일

(차) 잡급(판)　　　　　　　　　420,000　　　(대) 현금　　　　　　　　　420,000

구분	계 정 과 목	거 래 처	적 요	차 변	대 변
차변	0805 잡급			420,000	
대변	0101 현금				420,000

합격 TIP 영업부에 지급한 일용직 근로자(계약직 근로자 포함)의 일당은 잡급으로 처리하고, 계속 근로자의 경우는 급여로 회계처리한다.

4 일자 : 9월 26일

(차) 퇴직급여충당부채　　　5,000,000　　　(대) 퇴직연금운용자산　　　5,000,000

구분	계 정 과 목	거 래 처	적 요	차 변	대 변
차변	0295 퇴직급여충당부채			5,000,000	
대변	0186 퇴직연금운용자산				5,000,000

5 일자 : 10월 16일

(차) 보통예금	37,000,000	(대) 단기매매증권	35,000,000
		단기매매증권처분이익	2,000,000

구분	계정과목	거래처	적요	차변	대변
차변	0103 보통예금			37,000,000	
대변	0107 단기매매증권				35,000,000
대변	0906 단기매매증권처분이익				2,000,000

> **합격 TIP** 단기매매증권 거래의 경우 취득 시 수수료는 수수료비용(영업외비용)으로 처리하고, 매각 시 수수료는 처분가액에서 차감하는 것이다.

6 일자 : 11월 29일

(차) 보통예금	49,000,000	(대) 사채	50,000,000
사채할인발행차금	1,000,000		

구분	계정과목	거래처	적요	차변	대변
차변	0103 보통예금			49,000,000	
차변	0292 사채할인발행차금			1,000,000	
대변	0291 사채				50,000,000

문제3 [회계관리] – [재무회계] – [전표입력] – [매입매출전표입력]

1 9월 2일

유형	공급가액	부가세	공급처명	전자	분개
11.과세	10,000,000	1,000,000	㈜신도기전	1.여	3.혼합

(차) 받을어음	8,000,000	(대) 부가세예수금	1,000,000
외상매출금	3,000,000	제품매출	10,000,000

구분	계정과목	적요	거래처	차변(출금)	대변(입금)
대변	0255 부가세예수금		00104 (주)신도기전		1,000,000
대변	0404 제품매출		00104 (주)신도기전		10,000,000
차변	0110 받을어음		00104 (주)신도기전	8,000,000	
차변	0108 외상매출금		00104 (주)신도기전	3,000,000	

2 9월 12일

유형	공급가액	부가세	공급처명	전자	분개
57.카과	450,000	45,000	인천상회		4.카드 또는 3.혼합
신용카드사	99603.우리카드(법인)				

(차) 부가세대급금	45,000	(대) 미지급금[우리카드(법인)]	495,000
복리후생비(제)	450,000	또는 미지급비용[우리카드(법인)]	

구분	계정과목	적요	거래처	차변(출금)	대변(입금)
대변	0253 미지급금		99603 우리카드(법인)		495,000
차변	0135 부가세대급금		00108 인천상회	45,000	
차변	0511 복리후생비		00108 인천상회	450,000	

> **합격 TIP** 소득세법상 "병원·시험실·금융기관·공장·광산에서 근무하는 자 또는 특수한 작업이나 역무에 종사하는 자가 지급 받는 작업복이나 해당 직장에서만 착용하는 피복"의 경우에는 실비변상적인 급여로 규정하고 있으며, 이 경우 비과세소득이므로 "복리후생비"로 처리한다.

3 10월 5일

유형	공급가액	부가세	공급처명	전자	분개
16.수출	100,000,000		PYBIN사		3.혼합
영세율구분	① 직접수출(대행수출 포함)				

| (차) | 보통예금 | | 100,000,000 | (대) | 제품매출 | | 100,000,000 |

4 10월 22일

유형	공급가액	부가세	공급처명	전자	분개
53.면세	1,375,000		영건서점	1.여	1.현금 또는 3.혼합

| (차) | 도서인쇄비(판) | | 1,375,000 | (대) | 현금 | | 1,375,000 |

합격 TIP 도서나 신문 등에 대한 지출이 발생할 경우 도서인쇄비로 처리한다.

5 11월 2일

유형	공급가액	부가세	공급처명	전자	분개
22.현과	8,000,000	800,000			3.혼합

| (차) | 보통예금 | | 8,800,000 | (대) | 부가세예수금 | | 800,000 |
| | | | | | 제품매출 | | 8,000,000 |

6 12월 19일

유형	공급가액	부가세	공급처명	전자	분개
54.불공	500,000	50,000	홍성백화점	1.여	4.카드 또는 3.혼합
불공제 사유	④기업업무추진비 및 이와 유사한 비용 관련				

| (차) | 기업업무추진비(판) | | 550,000 | (대) | 미지급금[국민카드] 또는 미지급비용[국민카드] | | 550,000 |

* 하단 분개시 대변 계정과목 미지급금의 거래처를 99602.국민카드로 수정한다.

문제4 오류수정

1 7월 31일 : [일반전표입력] 메뉴 수정
• 수정 전

(차) 퇴직급여(판)	14,000,000	(대) 보통예금	14,000,000

구분	계정과목	거래처	적요	차변	대변
차변	0806 퇴직급여		경영관리부서 퇴직연금	14,000,000	
대변	0103 보통예금	98001 국민은행	경영관리부서 퇴직연금		14,000,000

• 수정 후

(차) 퇴직연금운용자산	14,000,000	(대) 보통예금	14,000,000

구분	계정과목	거래처	적요	차변	대변
차변	0186 퇴직연금운용자산		경영관리부서 퇴직연금	14,000,000	
대변	0103 보통예금	98001 국민은행	경영관리부서 퇴직연금		14,000,000

2 10월 28일 : [매입매출전표입력] 수정
• 수정 전

유형	공급가액	부가세	공급처명	전자	분개
51.과세	5,000,000	500,000	다다마트	1.여	1.현금

(차)	부가세대급금		500,000	(대)	현금		5,500,000
	복리후생비(판)		5,000,000				

□	일	번호	유형	품목	수량	단가	공급가액	부가세	코드	공급처명	사업/주민번호	전자	분개
□	28	50001	과세	접대용 선물세트			5,000,000	500,000	00209	다다마트	419-59-00032	여	현금

구분	계정과목		적요		거래처	차변(출금)	대변(입금)	(세금)계산
출금	0135	부가세대급금	접대용 선물세트		00209 다다마트	500,000	(현금)	현재라인인
출금	0811	복리후생비	접대용 선물세트		00209 다다마트	5,000,000	(현금)	

• 수정 후

유형	공급가액	부가세	공급처명	전자	분개
54.불공	5,000,000	500,000	다다마트	1.여	1.현금 또는 3.혼합
불공제 사유	④기업업무추진비 및 이와 유사한 비용 관련				

(차)	기업업무추진비(판)		5,500,000	(대)	현금		5,500,000

□	일	번호	유형	품목	수량	단가	공급가액	부가세	코드	공급처명	사업/주민번호	전자	분개
□	28	50001	불공	접대용 선물세트			5,000,000	500,000	00209	다다마트	419-59-00032	여	현금

불공제사유 4 ④기업업무추진비 및 이와 유사한 비용 관련

구분	계정과목		적요	거래처	차변(출금)	대변(입금)	(세금)계산
출금	0813	기업업무추진비	접대용 선물세트	00209 다다마트	5,500,000	(현금)	현재라인인

문제5 결산정리사항

1 [일반전표입력] 12월 31일

| (차) 미수수익 | 150,000* | (대) 이자수익 | 150,000 |

* 당기분 이자 : 5,000,000원 × 6% × 6/12 = 150,000원

구분	계정과목	거래처	적요	차변	대변
차변	0116 미수수익			150,000	
대변	0901 이자수익				150,000

2 [일반전표입력] 12월 31일

| (차) 외화환산손실 | 80,000* | (대) 외상매입금[상하이] | 80,000 |

* 외화환산손실 : (결산일 기준환율 1,040원 × $2,000) − 장부금액 2,000,000원 = 80,000원

구분	계정과목	거래처	적요	차변	대변
차변	0955 외화환산손실			80,000	
대변	0251 외상매입금	00216 상하이			80,000

3 수동결산 또는 자동결산

다음 ①, ②중 선택하여 입력한다.

① 방법1: 수동결산

[일반전표입력] 12월 31일

| (차) 대손상각비 | 50,000 | (대) 대손충당금(109) | 80,000*1 |
| | | 대손충당금(111) | −30,000*2 |

*1 대손충당금(109) : 외상매출금 잔액 15,000,000원×1% − 대손충당금(109) 잔액 70,000원 = 80,000원
*2 대손충당금(111) : 받을어음 잔액 12,000,000원×1% − 대손충당금(111) 잔액 150,000원 = −30,000원

구분	계정과목	거래처	적요	차변	대변
차변	0835 대손상각비			50,000	
대변	0109 대손충당금				80,000
대변	0111 대손충당금				−30,000

합격 TIP 매출채권 관련 대손충당금의 증감에 대한 회계처리이므로 영업활동 관련 비용의 증가 또는 감소로 회계처리해야 한다. 따라서 대손충당금환입 계정과목을 사용할 경우 판매비와관리비 항목으로 처리하는 것이 타당하나 수험용 프로그램상 판매비와관리비 항목의 대손충당금환입 계정과목이 존재하지 않는다. 이를 영업외수익 항목의 대손충당금환입 계정과목으로 처리하는 것은 옳지 않다.

② 방법2: 자동결산

[결산자료입력] 메뉴에서 상단 툴바 `F8 대손상각`을 클릭하면 나타나는 다음의 보조창에서 계정과목 '246.부도어음과수표', '114.단기대여금', '116.미수수익', '120.미수금', '131.선급금'은 대손충당금을 설정하라는 단서가 없으므로 해당 계정과목의 [추가설정액]란에 커서를 놓고 키보드의 스페이스바를 눌러 금액을 삭제한다. 외상매출금과 받을어음의 추가설정액을 확인한 후 `결산반영`을 클릭한다. [결산자료입력] 메뉴의 상단 툴바 `F3 전표추가`를 클릭하여 [일반전표입력] 메뉴 12월 31일자에 분개를 자동 반영시킨다.

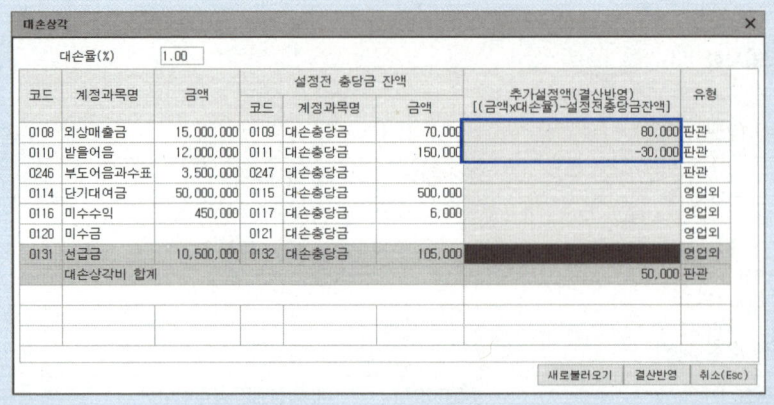

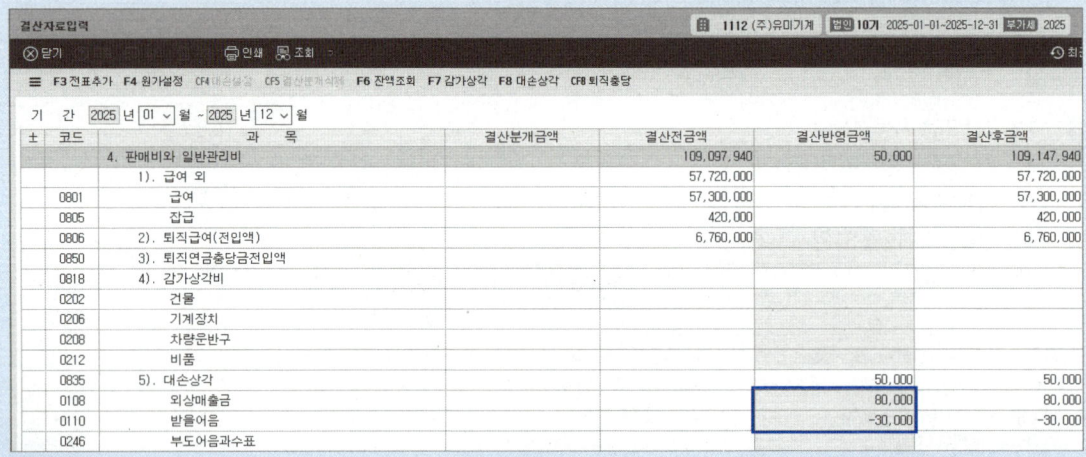

> **합격 TIP** 데이터가 연결되는 문제는 앞에서 나온 문제에 잘못된 값을 입력해도 각자의 데이터에 의하여 뒤에 나오는 문제의 정답을 정확하게 입력하였다면 문제를 풀 수 있는 능력이 있다고 보아 정답으로 처리된다. 즉, 수험생 본인의 데이터로 채점이 되는 것이다.

문제6 장부조회

1 [회계관리]-[재무회계]-[장부관리]-[매입매출장]
조회기간 '2025년 1월 1일~2025년 3월 31일', 구분 '2.매출', 유형 '22.현과'를 입력하고 분기계 부가세의 금액을 확인한다.

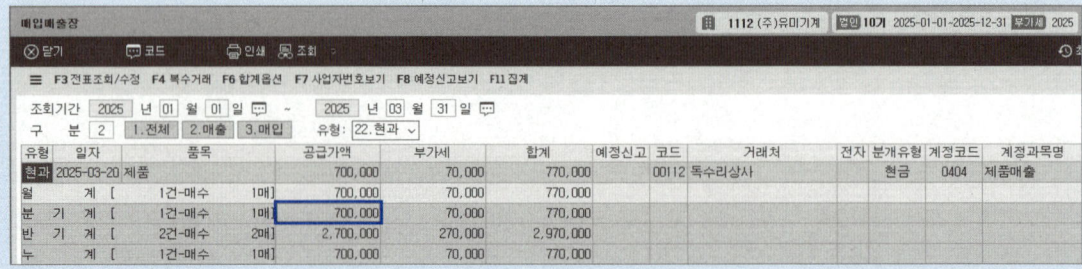

[답안] 700,000원

2 [회계관리]-[재무회계]-[장부관리]-[일계표(월계표)]-[월계표] 탭

조회기간 '2025년 6월~2025년 6월'을 입력한 후 '5.제조원가' 중 차변의 현금 금액을 확인한다.

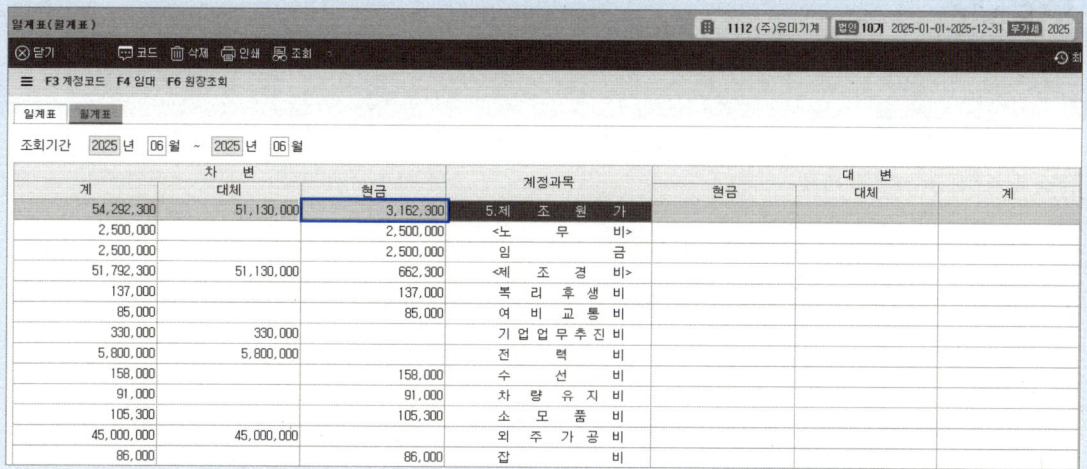

[답안] 3,162,300원

3 [회계관리]-[재무회계]-[장부관리]-[거래처원장]-[잔액] 탭

기간 '2025년 1월 1일~2025년 6월 30일', 계정과목 '251.외상매입금', 거래처 '101.(주)해원상사~99603.우리카드(법인)'를 조회한 후 거래처별 외상매입금의 잔액을 확인한다.

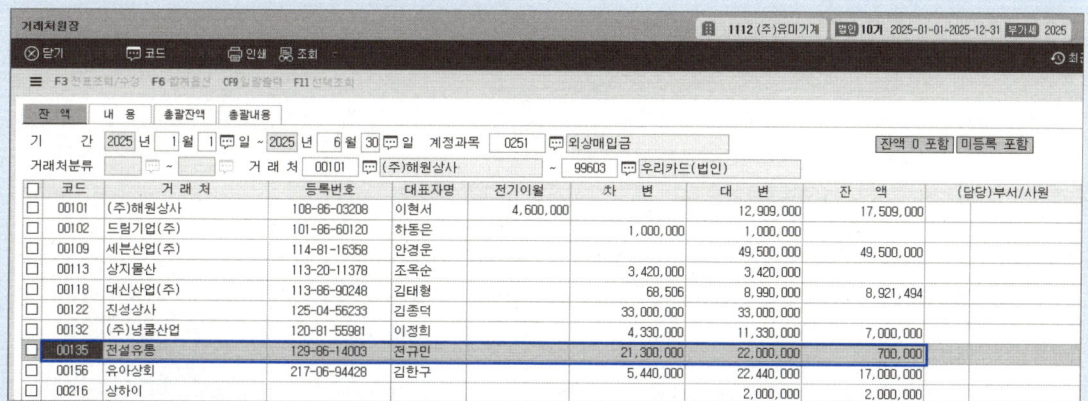

[답안] 전설유통, 700,000원

MEMO

MEMO

박진혁 세무사의 전산회계 1급 3주 완성

ISBN 979-11-94613-06-0

- 발행일 · 2018年 5月 25日   초판 1쇄
            2020年 6月 1日   2판 1쇄
            2021年 2月 25日   3판 1쇄
            2022年 3月 17日   4판 1쇄
            2023年 12月 20日   5판 1쇄
            2025年 1月 24日   6판 1쇄
- 발행인 · 이용중
- 저 자 · 박진혁
- 발행처 · (주)배움출판사
- 주 소 · 서울시 영등포구 영등포로 400 신성빌딩 2층 (신길동)
- 주문 및 배본처 · Tel : 02) 813-5334 Fax : 02) 814-5334

본서는 저작권법 보호대상으로 무단복제(복사, 스캔), 배포, 2차 저작물 작성에 의한 저작권 침해를 금합니다. 또한 저작권법 제136조에 따라 5년 이하의 징역 또는 5천만 원 이하의 벌금에 처하거나 이를 병과할 수 있으며, 저작권법 제125조에 따라 1억 원 이상의 손해배상책임이 발생할 수 있습니다.

저작권 침해 제보: 이메일 baeoom1@hanmail.net, 전화 02) 813-5334

정가 30,000원